Mitteld

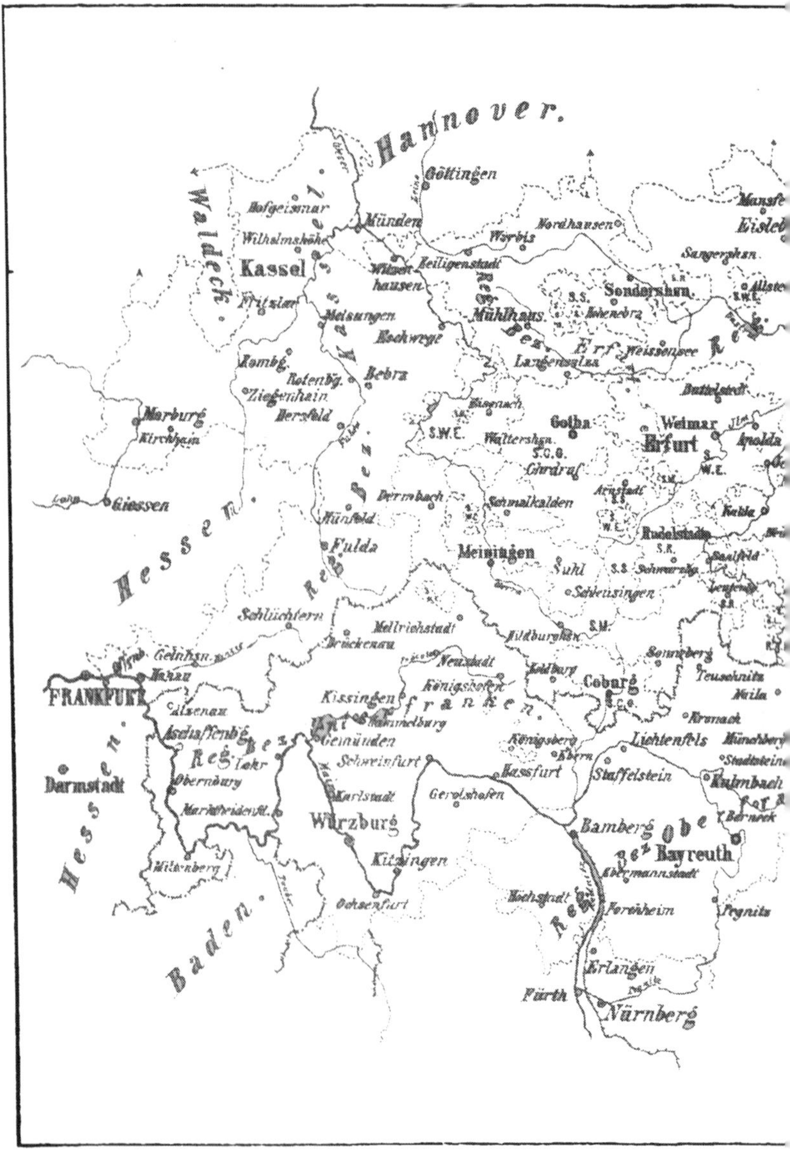

Dehio Handbuch Bd. I

…land.

S.W.E. *Grosshrzgt. S.-W.-Eisenach.*
S.M. *Herzogt. S.-Meiningen.*
S.A. „ *S.-Altenburg.*
S.C.G. „ *S.-Coburg-Gotha.*
S.R. *Fstm. Schwarzbg.-Rudolstadt.*
S.S. „ „ *Sondershausen.*
R.ä.L. *Fstm. Reuss, ält. Linie.*
R.j.L. „ *Reuss, jüng. Linie.*

Verlegt und gedruckt bei Ernst Wasmuth A.-G. Berlin.

Deutscher Verein für Kunstwissenschaft

Georg Dehio
Handbuch der Deutschen Kunstdenkmäler

Erster Band

Mitteldeutschland

BERLIN
Verlegt bei Ernst Wasmuth A.-G.
1924

Druck der Carl Flemming und C. T. Wiskott
Aktiengesellschaft für Verlag und Kunstdruck
Glogau und Berlin.

Vorwort zur dritten Auflage.

Der Plan zu der vorliegenden Arbeit wurde gefaßt zu einer Zeit, als das Interesse der kunstgeschichtlichen Forschung und bald auch des weiteren Kreises der Kunstfreunde mehr als bisher der Kunst des eigenen Landes und Volkes sich zuwendete. Unter den vielerlei Mitteln, die dieser erfreulichen Bewegung förderlich sein können, ist eines die Herstellung einer katalogmäßigen Übersicht über die Denkmäler. Die erste Anregung zur praktischen Inangriffnahme einer solchen gab ich auf der Generalversammlung der deutschen Geschichtsvereine in Straßburg 1899. Auf dem Denkmalpflegetage in Freiburg 1901 legte ich meinen ausführlichen Plan vor, der von einem Ausschuß durchberaten und gutgeheißen wurde. Die Geldmittel zur Ausführung gewährte S. M. der Kaiser aus seinem Dispositionsfonds, wobei ich der Vermittelung meines kürzlich verstorbenen Freundes A. v. Oechelhäuser dankbar gedenke.

Es handelt sich um ein Handbuch. Dasselbe soll brauchbar sein sowohl als Reisehandbuch wie als Nachschlagebuch am Schreibtisch. Auf diesen Gesichtspunkt war die Einrichtung einzustellen. Nicht Vollständigkeit, sondern gesichtete Auswahl war das Ziel. Der äußere Umfang durfte bestimmte Grenzen nicht überschreiten. Die sprachliche Formulierung mußte die knappste sein, Abkürzungen waren nicht zu scheuen. Wie die Erfahrung gezeigt hat, haben sich die Benutzer an diese raumsparenden Eigentümlichkeiten (die an sich Schönheitsfehler sind) bald gewöhnt. Die aus ihrem örtlichen Zusammenhang gelösten und in Museen übergegangenen Gegenstände habe ich ausgeschlossen (wodurch sich mein Handbuch grundsätzlich von J. Burckhardts italienischem Cicerone unterscheidet). Auf Werturteile und geschichtliche Hinweisungen habe ich nicht ganz verzichten wollen, wenn sie auch mit Zurückhaltung geübt sind.

Die wichtigste Grundlage bildeten die amtlichen Denkmälerbeschreibungen („Inventare“). Sie beliefen sich schon um die Zeit der ersten Auflage auf 150 Bände, und seither ist ihr Umfang auf mehr als das Doppelte angewachsen. In jedem einzelnen Fall auf sie hinzuweisen, schien mir entbehrlich. Daß mein Urteil, namentlich in den Zeitbestimmungen, zuweilen anders lautet als in ihnen, versteht sich von selbst. Ebenso, daß ich nach Kräften die übrige Literatur benutzt habe. Auch sie ist nur ausnahmsweise genannt worden. Die Bibliographie der deutschen Kunstgeschichte ist eine Aufgabe für sich, und es schien mir das beste, von einem Versuch in dieser Richtung, der auch bei größter Beschränkung nur inkonsequent ausfallen könnte, ganz abzusehen. Wichtige Dienste haben mir außerdem Photographien und Zeichnungen geleistet.

Nun sind aber noch nicht alle deutschen Landschaften inventarisiert. Die Lücken mußten aus anderen Quellen, vielfach durch persönliche Mitteilungen, ergänzt werden. Die Orte, die ich selbst besucht habe, sind mit dem Zeichen [D] versehen.

Die am Schluß eines jeden Bandes gegebenen Ortsverzeichnisse mußten sich den gedruckten Inventaren anschließen und konnten deshalb die im Jahre 1919 eingetretenen Grenzveränderungen nicht berücksichtigen.

Die 1914 begonnene zweite Auflage wurde durch den Krieg unterbrochen. Nach Rückkehr normaler Verhältnisse wird ihre Fortsetzung, beziehungsweise die Durchführung der dritten, wie gehofft werden darf, ohne Aufenthalt bearbeitet werden können. Die Fürsorge für das Handbuch nach meinem Tode hat der Deutsche Verein für Kunstwissenschaft übernommen.

Den Männern, die mir Ergänzungen und Berichtigungen gespendet haben und deren Zahl zu groß ist, als daß ich ihre Namen einzeln nennen könnte, sage ich meinen Dank und zugleich den aller Benutzer des Handbuchs.

Tübingen, im Mai 1924.

G. Dehio,
Dr. theol. phil. med. ing.

Verzeichnis der Abkürzungen.

a) Nach Begriffsgruppen.

beg. begonnen.
erb. erbaut.
voll. vollendet.
gew. geweiht.
zerst. zerstört.
Rest. rest. Restauration, restauriert.
Jh. Jahrhundert. *In Verbindung damit* **A.** Anfang, **M.** Mitte, **E.** Ende, **H.** Hälfte, **V.** Viertel.
bez. bezeichnet.
I. Inschrift.

---

rom. romanisch.
got. gotisch.
Ma. ma. Mittelalter, mittelalterlich.
Renss. renss. Renaissance *als Substantivum und Adjektivum.*
Bar. bar. Barock, barock.
Rok. rok. Rokoko, rokoko.
In Verbindung mit diesen Stilbezeichnungen.
fr. früh, **sp.** spät.

K. Kirche.
Kap. Kapelle.
Klst. Kloster.
Basl. Basilika.
Hllk. Hallenkirche.
Gr. Grundriß.
Sch. Schiff, **3sch.** dreischiffig.
Msch. Mittelschiff.
Ssch. Seitenschiff.
Qsch. Querschiff.
Fig. Figg. Figur, Figuren.
Lhs. Langhaus.
Bg. Bogen.
Ark. Arkade.
Pfl. Pfeiler.
Sl. Säule.
Kapt. Kapitell.
Gwb. Gewölbe.
Epit. Epitaph.

Quadr. quadr. Quadrat, quadratisch.
Rck. rck. Rechteck, rechteckig.
½ kr. halbkreisförmig.
5/8 Schluß. Schluß aus fünf Seiten des Achtecks.

N n Nord, nördlich.
S s Süd, südlich.
O o Ost, östlich.
W w West, westlich.

---

b) Nach dem Alphabet.

A. Anfang.
Abb. Abbildung.
Ark. Arkade.
bar. barock
beg. begonnen.
bez. bezeichnet.
Bg. Bogen.
bmkw. bemerkenswert.
E. Ende.
ehem. ehemalig.
Epit. Epitaph.
erb. erbaut.
Fig. Figg. Figur, Figuren.
fr. früh.
gegr. gegründet.
gest. gestiftet.
gew. geweiht.
got. gotisch.
Gwb. Gewölbe.
Gr. Grundriß.
H. Hälfte.
h. heilig.
Hllk. Hallenkirche.
I. Inschrift.
Jh. Jahrhundert.
K. Kirche.
Kap. Kapelle.
Kapt. Kapitell.
Klst. Kloster.
½ kr. halbkreisförmig.
Lhs. Langhaus.
M. Mitte.
Ma. ma. Mittelalter, mittelalterlich.
Msch. Mittelschiff.
N n Nord, nördlich.
O o Ost, östlich.
Pfl. Pfeiler.
quadr. quadratisch.
Qsch. Querschiff.
Rck. rck. Rechteck, rechteckig.
Renss. Renaissance.
Rest. rest. Restauration, restauriert.
Rok. rok. Rokoko, rokoko.
rom. romanisch.
S s Süd, südlich.
1sch. 2sch. etc. einschiffig, zweischiffig etc.
Ssch. Seitenschiff.
Sl. Säule.
sp. spät.
ursp. ursprünglich.
V. Viertel.
voll. vollendet.
W w West, westlich.
whgest. wiederhergestellt.
zerst. zerstört.

A

ABERSFELD. UFranken BA Schweinfurt.
Dorf-K. Turm im „Juliusstil", Lhs. 1688. Die reich stuckierte und bemalte Flachdecke um 1760—70.

ABLASS. Sachsen AH Oschatz.
Dorf-K. Der rechtwinklig geschlossene Chor mit rundbg. Fenster E. 13. Jh., seine Wölbung in spitzbg. Tonne 14. Jh. Wohlerhaltenes rom. SPortal, dessen 2 Säulen mit zierlichen Blätterkapitellen. Im übrigen anspruchsloser Umbau in spätester Gotik gegen M. 16. Jh. (mit Werkstücken aus dem 1539 aufgelösten Cisterc. Frauen-Klst. Sörnzig) und A. 18. Jh. — Sakramentsnische um 1480; großes Holzkruzifix in kraftvollen Formen um 1560; Altarkruzifix Meißener Porzellan bester Zeit.

ABTERODE. RB Cassel Kr. Eschwege.
Pfarr-K. Spgot. Seit 1809 Ruine.
[K. des 1077 gegr. Benedikt.Klst. 1867 abgebrochen.]

ABTLÖBNITZ. Pr. Sachsen Kr. Naumburg.
Dorf-K. Wesentlich noch der rom. Urbau, flachgedecktes Schiff, stark eingezogener rck. Chor mit Tonnengwb., darüber der Turm. — Spgot. Schnitzaltar A. 16. Jh. Kanzel in Renss.-Formen.

ABTSWIND. UFranken BA Gerolzhofen.
Protest. Pfarr-K. Spgot. mit jüngeren Veränderungen. Am W-Turm sehr hübscher Bar.Helm, schlank mit doppelter Laterne und doppelter Kuppel. — Bmkw. Schnitzaltar um 1500; im Schreine großes Relief der Pietas, kraftvoll und originell; auf den Flügeln (kaum von derselben Hand) links Dorothea und Katharina, rechts Barbara allein; die Malerei der Außenseiten, vielleicht aus Nürnberger Werkstatt, unrestauriert. — Eine zweite, vollplastische Pietas. — Reste von Gaden. — Im Ort charakteristische Hoftore.

ACHELSTÄDT. Sachsen-Meiningen Kr. Saalfeld.
Dorf-K. modern bis auf den rom. Turm an der SSeite, die Ausbildung der Schallöffnungen fällt durch Güte der Arbeit auf.

ADELSBERG. UFranken BA Gemünden.
Pfarr-K. Turm 1335, im Untergeschoß Sakristei. Langhaus 1732. Altarblätter von *G. M. Bolster* 1737. Über dem Westeingang Rotsandsteinfigur St. Laurentius um 1400.
Burg Adolphsbühl. Vom alten Schloß aus 11. Jh. (2 Inschriften) keine Reste erhalten. Das jetzige Herrenhaus von 1626 bescheiden. Im Park gute Steinfigg. um 1720. Im Hof ein rom. Kapitell.

ADELSBORN. Pr. Sachsen Kr. Worbis.
Schloß. Einfacher Renss.Bau mit 2 Ecktürmen.

ADELSHAUSEN. Sachsen-Meiningen Kr. Hildburghausen.
Dorf-K. 1sch. Lhs. 1484; der eingezogene, turmtragende quadr. Chor älter.

ADOLFSECK. Hessen Kr. Fulda.
Schloß, nach 1730 und 1740—50 vermutlich von *Gallasini* erbaut als Sommersitz der Fürstäbte. Große sym. Anlage in einfachen Bar.Formen. Originelle Tor- und Wachthäuschen. Im Festsaal Deckengemälde von *Wohlhaupter*. Park mit japan. u. chines. Pavillon, 1825—27 englisch verändert (Inschrift an der Orangerie).

AHORN. Sachsen-Coburg LA Coburg.
Pfarr-K. Chor und OTurm 14. Jh., der hohe spitze Holzhelm des letzteren mit 4 Ecktürmchen 1627. Aus derselben Zeit das Lhs. mit geputzter Flachdecke. — An den Chorwänden Bronzetafeln mit Wappen und Inschr., von Grabsteinen abgelöst. Wandgrab (Sandstein) des Wilhelm v. Streitberg 1616, vielleicht das beste Werk des in dieser Gattung vielbeschäftigten Nürnbergers *Hans Werner* (unter Mitwirkung seines Schwiegersohnes *Veit Dümpel*). Wandgrab des Wilh. Ludwig v. Streitberg † 1638, Holz in steingrauem Anstrich, von einem Schüler Dümpels.
Schloß. 4 Flügel um einen Hof; der Vorderbau 1555, ausgebaut 1621 von W. v. Streitberg; kolossales Satteldach mit der Traufe nach vorn; mächtige runde Flankentürme mit überkragendem 8eck. Aufsatz und Haubendach. Mobiliar 17. und 18. Jh.

AIDHAUSEN. UFranken BA Hofheim.
Dorf-K. Chor im OTurm, Unterbau frgot. An der flachen Lhs.-Decke gute Stuckatur um 1770. Gute Holzfig. des hl. Sebastian um 1560. Mehrere alte Glocken, eine mit Ave Maria 14. Jh., eine andere 1436. — In der Nähe mehrere Bildstöcke.

ALACH. Pr. Sachsen Kr. Erfurt.
Dorf-K. 1405. 1sch. mit Achteckschluß.

ALBERSDORF. UFranken BA Ebern.
Dorf-K. Gutes Beispiel einer Spätbarocklandkirche; um 1720; mit gutproportionierter Fassade.

ALBERSRODE. Pr. Sachsen Kr. Querfurt.
Dorf-K. rom. Turm mit gekuppelten Schallöffnungen zwischen spgot. $^3/_8$ Chor und dem Schiff von 1823, Altarwerk mit Figuren, außen Gemälde von einem eigenartigen *Cranachschüler*.

ALBSHAUSEN. RB Cassel Kr. Kirchhain.
Dorf-K. spgot., Chor aus 8Eck, im Schiff Holzgewölbe mit skulpierten Schlußsteinen. Umbau für Emporen 1714.

ALEXANDERBAD. OFranken BA Wunsiedel.
Brunnenhaus 1782 von *Riedel* nach „französischer" Bauart.

ALITZHEIM. UFranken BA Gerolzhofen.
Dorf-K. Got. Turm; Lhs. 1733. Gute Rok.Einrichtung. Im Dorf Bildstöcke von 1581, 1682 und um 1750 (gut).

ALKERSLEBEN. Schwarzb.-Sondersh. LA Arnstadt.
Dorf-K. westl. Teil 12. (?) Jh., östl. Teil spätgot. 16. Jh.

ALLENDORF b. Ober-Rottenbach Schwarzburg-Rudolstadt. **Dorf-K.** Schnitzaltar der Schule von Erfurt (?) M. 14. Jh. Ein gleicher aus der Schule von Saalfeld 1485, Flügel beiderseitig bemalt.

ALLENDORF a. Werra. RB Cassel Kr. Witzenhausen. **Stadt-K.** 1. H. 14. Jh. Ursp. 2sch. Halle, nach Brand 1637, bei welchem Gwb. und Pfll. zerstört wurden (Anschluß der Kappen an die Schildwand noch sichtbar), 1sch. mit flacher Holzdecke hergestellt. Der 5/8 Chor aus der Mittelachse nach S abgerückt. Glockenturm in der Flucht der WFassade nördl. am Sch. bez. 1427. 1898 durch Schönermark restauriert.
Wohnhäuser nach Brand 1638, in großer Zahl klassische Beispiele des Fachwerkbaus.
Totenhalle a. d. Friedhofe, interessanter Holzbau.
Ringmauern. Ehemals doppelt. Die innere vollständig erhalten, 3 Tortürme neuerlich abgebrochen.

ALLENDORF. RB Cassel Kr. Kirchhain.
Kirche hübscher Bau A. 18. Jh.

ALLENDORF. Sachsen-Meiningen Kr. Meiningen.
Ehem. **Cisterc.-Nonnenklst.**, gegr. um 1270, Neubau spgot., jetzt zu ländlichen Gebäuden vernutzt. — Im Dorf alte Fachwerkhäuser. — Die Burg Frankenstein ohne Spuren verschwunden. Jetzt künstliche Ruine (erb. 1888!).

ALLMENHAUSEN. Schwarzb.-Sondersh. LA Sondersh.
Dorf-K. bez. 1581. — Grabmal zweier Herren von Schlotheim 1589, 1619.

ALLSTEDT. Sachsen-Weimar VB Apolda.
Stadt-K. S. Johannis, 1775 ganz neu gebaut, 1sch. mit polyg. Chor, Emporen in 3 Rängen, großer Kanzelbau über dem Altar.
S. Wigperti, angeblich Gründung des 9. Jh.; im Bauernkrieg zerstört; der spgot. Chor als Wohnhaus umgebaut; erhalten der breite rom. Turm auf rck. Chor, im Obergeschoß an den Schmalseiten 1, an den Breitseiten 3 Kuppelfenster, deren feines Detail, z. B. jonische Kannelierung der Teilungssäulchen, in auffallendem Gegensatz zu dem ganz kunstlosen Charakter des übrigen steht; ist es vielleicht aus einem anderen Bauwerk verschleppt?
Rathaus. Im Erdgeschoß spgot. Portal von 1472; das übrige 16. und 17. Jh.; die Vertäfelung des Sitzungssaales 1672.
Schloß. Auf der Stelle der zuerst 979 genannten kaiserl. Pfalz; zuletzt bewohnt 1200 vom Staufer Philipp; dann in die Hände der Landgrafen übergegangen. Der jetzige, noch immer sehr ausgedehnte Gebäudekomplex aus dem sp. Ma. und der Renss.; maßvoll rest. Das Obergeschoß des hinteren Schlosses hat E. 17. Jh. eine sehr reiche Ausstattung empfangen, von welcher die Stuckdecken, aus freier Hand modelliert, erhalten sind (ähnlichen Charakters wie in Schloß Eisenberg); ferner ein Kamin, gußeiserne Ofenplatten, mehrere Möbel; Porzellane und Tapeten aus 18. Jh.; reizender Ofenschirm von 1720.

ALMSDORF. Pr. Sachsen Kr. Querfurt.
Kirche spätrom. breitrechteckiger WTurm mit gekuppelten Fenstern und 2 schlanken Spitzhelmen, deren Dachstuhl interessant verstrebt ist. Das Schiff ist mehrfach erneuert, unbedeutend, die alte Apsis abgebrochen. Außen 2 Inschr. über Grundsteinlegung 1307 in Minuskeln, über eine (Almosen) Stiftung 1377 in Majuskeln.
Steinkreuz mit Schwert.

ALSBERG. RB Cassel Kr. Gelnhausen.
Kap. zum hl. Kreuz, gegr. 1513 durch die Herren v. Hutten als Begräbnisstätte; kleiner rck. Bruchsteinbau, flachgedeckt, polyg. Chor, deformiert, wenn auch im Kern alt. — Hochaltar E. 17. Jh.

ALSLEBEN (Stadt). Pr. Sachsen Mansf. Seekreis.
Stadt-K. neu; alt (rom.) nur der, übrigens formlose, Turm.

ALSLEBEN (Dorf). Pr. Sachsen Mansf. Seekreis.
Die vorm. **Kloster-K.** abgetragen. Ein rom. Tympanon (Löwe und Drache durch einen Palmenbaum getrennt) nach Gernrode gebracht. Ebendort ein merkwürdiger rom. Taufstein 8seitig, mit rohen Reliefs.

ALSLEBEN. UFranken BA Königshofen.
Pfarr-K. 1730 f. Schöner, stattlicher Hochaltar um 1740, Nebenaltäre um 1760. Interessantes Selbdritt um 1510. Monstranz augsburgisch.
Kapelle hl. Kreuz 1431. Auf einem Nebenaltar bemalte Pietas um 1450.

ALTBESSINGEN. UFranken BA Karlstadt.
Pfarr-K. Bezeichnender Bau der Juliuszeit, rest. 1791 (klassizist. Stuckaturen). Einheitliche Altarausstattung um 1690. Geräte augsburgisch, von *F. X. Stipeldey.*

ALT-BURXDORF. Pr. Sachsen Kr. Liebenwerda.
Dorf-K. Frühgot. Ziegelbau M. 13. Jh. unter Einfluß von Klst. Güldenstern, reizvoll durch schlichte, tüchtige Durchbildung. Schiff und rechteck. Chor mit Holzdecken. Im Ostgiebel 3 spitzbg. Fenster, darüber Kreuzstabfries, die Giebel abgetreppt mit vortretenden Anfängern. — Holzbildwerke des spgot. Altars.

ALT-CHEMNITZ. Sachsen AH Chemnitz.
Dorf-K. rom. Portal 13. Jh. Altarwerk A. 16. Jh.

ALTENBACH. Sachsen AH Grimma.
Dorf-K. rom. Chor eingezogen quadr. und ½kr. Apsis. Rest. 1695 und 1838. — Holzfigg. von einem spgot. Flügelaltar.

ALTENBERGE. Sachsen-Altenburg LA Roda.
Dorf-K. spgot. — Stattliches Epitaph aus Stuck für A. L. v. Schwarzenfels † 1730. Im Herrenstuhl reich dekorierter Ofen aus Gußeisen A. 17. Jh

ALTENBEUTHEN. Pr. Sachsen Kr. Ziegenrück.
Dorf-K. mit rom. OTurm, Sakristei 14. Jh. Schiff 18. Jh. Einfacher rom. Taufstein.

ALTENBURG. Hauptstadt von Sachsen-Altenburg.
Unterkirche (S. Bartholomäi). Von den Hussiten 1430 zerstört, 1459 wiederhergestellt; 1877 rest. und zum Teil (die ganze SSeite) umgebaut. 3sch. Halle mit schmalen Sschiffen (was für die vermutete Benutzung des älteren Chors im 13. Jh. sprechen würde) und ungewöhnlichem östl. Abschluß: das Msch. schließt mit 5 Seiten des 10Ecks ohne Vorchor, die Ssch. abgeschrägt. WTurm 1668 (als Ersatz für eingestürzte Doppeltürme). — Unter dem südl. Ssch. als Überrest einer rom. K. weit kleineren Maßstabes eine Krypta; quadr. mit 4grätigen Kreuzgewölben zwischen rck. Gurten; die Mittelstütze aus 4 derben Rundpfeilern gebündelt; anschließend ½-kr. Apsis; das Detail deutet auf 12. Jh.
Oberkirche (Franziskaner). 1sch. Anlage vor 1238, sehr schlicht behandelt, Veränderungen A. 16. Jh.
Bergerkloster (Augustinerchorherren) gew. 1172; durch Brand 1588 zerstört; jetzt nur die 2 WTürme und wenige Reste des Lhs. erhalten. Backsteinrohbau mit Sandsteindetails oder Nachahmung von Sandsteinmotiven in Backstein. Die Backsteine scharriert ähnlich wie an den ältesten Backsteinbauten an der Weser (Verden) und in Holstein. Ursp. eine regelmäßige kreuzf. Basilika im gebundenen System gewölbt. Die hohen Türme haben in ihren 3 Obergeschossen jederseits 1 Paar gekuppelter Fenster, breite Ecklisenen und Stockwerkteilung durch Bogenfriese.
Von der ehemaligen **Nikolai-K.** nur der breite WTurm übrig, rom., mehrfach umgebaut.
Rathaus 1562—1564 vom weimarischen Hofbaumeister *Nik. Grohmann;* gehört zu den künstlerisch bedeutendsten Rathäusern der deutschen Renaissance; 1663 renoviert. Gr. annähernd quadr. Die Komposition der Hauptfront erinnert an das Rathaus in Saalfeld: in der Mitte ein 8eckiger Treppenturm, im Gr. mit 5 Seiten vortretend, oberhalb des Dachgesimses allseitig frei werdend und das Gebäude weit überragend; Krönung mit einfacher welscher Haube; im Erdgeschoß 4eck. Vorbau mit Balustrade. Das Hauptgebäude trägt ein mächtiges Pyramidendach. Demselben vorgelagert (Zusatz um 1580) an der OSeite zwei Zwerchhäuser. Weiterer Schmuck: zwei Eckerker und mehrere Portale in italisierenden Formen. Am NOErker ein Fries mit nackten Knaben, an Donatellos Altarwerk in Padua erinnernd; der entsprechende Fries des NWErkers hat in Flachbogenfeldern die Halbfiguren der damals lebenden Glieder des Fürstenhauses. Die Fenstergewände gotisierend, das Dachgesims im Verhältnis zu sonstigen deutschen Bauten der Zeit ungewöhnlich hervorgehoben: das Motiv des dorischen Frieses allerdings mißverstanden. — Inneres. Im Obergeschoß Vorsaal von mächtiger Erscheinung, durch 3 Holzsäulen in 2 Schiffe geteilt; Einfassungen der Türen aus Stein.
Amtshaus 1725. **Magdalenenstift** 1665 als herzogl. Witwensitz.
Wohnhäuser aus 16. Jh.: Hillgasse 5, Markt 17, 73, Sporrengasse 2; aus 17. Jh.: Tiefstr. 12, Brudergasse 7, Schmöllersche Str. 14b;

18. Jh.: Johannisstr. 7, 16, Moritzstr. 6, Tiefstr. 2 und besonders stattlich das v. Seckendorffsche Haus am Brühl 1724.
Herzogl. Schloß. Im 11. und 12. Jh. Kaiserpfalz. Der jetzige sehr große Komplex aus 15.—18. Jh. — Schloßkirche (mit Kollegiatstift). Im Unterbau Reste aus 12. Jh.; Chor 1. H. 15. Jh.; Lhs. 2. H. Der Chor stark betont: 4 Langjoche und 5/12 Schluß; das 1sch. Lhs. nur 2 Joche. Der Chor außen mit überaus reicher, wenn auch handwerkmäßig trockener Dekoration der Streben. Das Innere ohne höheren architektonischen Gehalt, aber malerisch von großer Wirkung, wozu die 1645 ff. ausgeführten Emporen und sonstigen Ausstattungsstücke wesentlich beitragen. Im Hochaltar Grablegung, Holz bez. C T R 1647. Das Chorgestühl (1516, überarbeitet 1576) gerade in seiner Stilmengerei nicht ohne Reiz; prachtvolle Orgel 1735 von *G. H. Trost*; Kanzel 1595; Grabmal des Markgrafen Wilhelm II. († 1425) ursp. freistehende Tumba; Grabplatte der Kurfürstin Margarethe († 1486) Bronze, die lebensgroße Figur graviert, der Rahmen in flachem Relief, mit Wahrscheinlichkeit als Jugendwerk *Peter Vischers* anzusprechen. Auch unter den übrigen Grabplatten und Gedenktafeln manches Gute, z. T. aus einer noch nicht näher nachgewiesenen sächsischen Gießhütte. — Hauptschloß. Der von den Zeitgenossen gerühmte Bau Friedrichs des Weisen (seit 1518) durch die Bauten von 1606 ff. und 1706 ff. großenteils beseitigt. Von 1530 (?) der Rest der Hofgalerien im N der Kirche; interessante Verdeutschung römischer Vorbilder; im Erdgeschoß Rundbögen auf toskanischen Rustikasäulen, in den folgenden Geschossen von sukzessive abnehmender Höhe Korbbögen, zuletzt jonische Säulen. Die jetzige Haupterscheinung bedingt durch den Umbau 1706 bis 1744; Architektur von *G. S. Vater*, Malereien von *J. H. Ritter*, Stuckaturen von den Brüdern *Castelli*; der Brand 1864 hat im Innern vieles beschädigt. Von den sonstigen Baulichkeiten hervorzuheben das Schönhaus, ein Kasino im Sinne römischer Gärten.

ALTENBURG b. Bamberg OFranken.
Auf den Ruinen der historisch denkwürdigen **Burg** moderner Phantasiebau.

ALTENBURG. RB Cassel Kr. Melsungen.
Burgruine. Rundturm von 1388.

ALTENBURG b. Naumburg, Pr. Sachsen.
Spuren der 1010 zerstörten **Burg** des **Markgr.** Gunzelin.

ALTEN-DAMBACH. Pr. Sachsen Kr. Schleusingen.
Dorf-K. 1617 ähnlich Hinternah.

ALTENDORF. RB Cassel Kr. Wolfhagen.
Dorf-K. 18. Jh. mit spätgot. Turm. Befestigter Kirchhof, Wehrgang, Scharten.

ALTENGÖNNA. Sachsen-Weimar VB Apolda.
Dorf-K. des 17. Jh. — Schnitzaltar um 1500, einer der besten des Gebietes, auch gut erhalten.

ALTENGRONAU. RB Cassel Kr. Schlüchtern.
Wasserburg mit 4 Ecktürmen, alter Huttenscher Sitz.

ALTENHASSLAU. RB Cassel Kr. Gelnhausen.
Martins-K. (reformiert), im Kern 1. H. 13. Jh. Lhs. quadr. flachgedeckt; im O starker Turm; dessen gewölbtes Erdgeschoß als Altarhaus. — Innere Ausstattung 1752.
Luthrische K. 1724 aus einem Jagdzeughaus aptiert.
Amtshaus bez. 1593 und 1684.

ALTENHOF. Sachsen AH Döbeln.
Dorf-K. rom. Lhs. rck. 9 : 10,5, Chor eingezogen quadr. mit Apsis, auch noch einige Details rom. — Schöner K e l c h A. 16. Jh.

ALTENKUNDSTADT. OFranken BA Lichtenfels.
Pfarr-K. spgot. ursp. Hallenbau, später die Pfeiler ausgebrochen und Holztonne; Chor bar. auf got. Fundament; Anzahl G r a b s t e i n e aus 16. Jh.

ALTENRODA. Pr. Sachsen Kr. Querfurt.
Dorf-K. WTurm und Ostchor gotisch, unbedeutend, das Schiff nach „der Architektur und Direktion" des Pfarrers *H. G. Zincke* 1718, der seit 1711 mehrere Kirchen (Großwangen, Wippach) gebaut.

ALTENSCHÖNBACH. UFranken BA Gerolzhofen.
Prot. Dorf-K. Polygonchor und Turm (SO) mit Krypta (Beinhaus) von 1496; Lhs. um 1600 erweitert, an der bemalten Balkendecke viele Wappen des fränkischen Adels. — 9 E p i t a p h e der Frh. v. Crailsheim und Geier; hervorzuheben das des Georg Wolf von Crailsheim und seiner Schwester Anna Maria 1595.
Burg der Crailsheim spätmittelalterliche Wasseranlage mit quadr. Bergfried und polyg. Bering.

ALTENSTEIN. Sachsen-Meiningen Kr. Salzungen.
Schloß. Neubau 1889. Bmkw. Kunstsammlung. Von der ma. Burg schwache Spuren. Der Park eine einheitliche Anlage von 1798—1803 und für diese Zeit bezeichnend; chinesisches Häuschen, aber auch schon Ritterkapelle, Sennhütte, Äolsharfe. Schöne steinerne Halbrundbank mit Büste der Herzogin Charlotte Amalie 1801.

ALTENSTEIN. UFranken BA Ebern.
Ehem. **Dorf-K.** (außer Gebrauch). Erb. 1561. Seltenes Beispiel einer intakten Renss.Kirche kleinen Maßstabes. Alabasterepitaph 1595.
Burgruine. Das mächtige, weithin sichtbar gelegene Stammschloß der Stein zum Altenstein. Zeitweise Sitz von 7 Einzelfamilien. In dem von einem tiefen Graben umschlossenen Mauerring noch große Reste einer starken Renss.Befestigung (2 große Tortürme), sowie ein mächtiger sprom. Bergfried (quadratisch, mit Bossenquadern; 13. Jh.), ferner Fragmente der stattlichen Burgkapelle aus 2. H. 15. Jh.

ALTENSTEIN. RB Cassel Kr. Melsungen.
Ehem. Schloß, jetzt Försterhaus. Die ältesten Teile der Ruine nach 1438. Wohnbau bez. 1620.

ALTERSHAUSEN. Sachsen-Coburg LA Coburg.
Dorf-K. Spgot. Anlage, 1sch. mit quadr. turmtragendem Chor.

ALTHAUSEN. UFranken BA Königshofen.
Dorf-K. Chor im OTurm, mittelalterlich, 1573 erhöht; Langhaus 1693. — Deckengemälde (Triumph des Kreuzes) von *Joh. Peter Herrlein*, gegen 1777.

ALTHÖRNITZ. Sachsen AH Zittau.
Schloß 1650—54 von Meister *Valentin* in Zittau für den Zittauer Bürgermeister Chr. v. Hartig. Die Anlage des stattlichen und großzügigen Gebäudes steht in den Hauptmotiven in der Tradition der deutschen Renaissance; 3geschossiger Hochbau auf 3eck. Gr.; 2geschossige, kräftig und zugleich flüssig gegliederte Giebel, je 2 an den Langseiten, 1 an den Schmalseiten; 1 starker Eckturm (der zweite neu; die alte Wendeltreppe lag im Innern).

ALTJESSNITZ. Pr. Sachsen Kr. Bitterfeld.
Dorf-K. In der Anlage rom. Der spgot. Schnitzaltar von den besseren.

ALTMÜGELN. Sachsen AH Oschatz.
Dorf-K. Ältester Teil der Turm, 1850 umgebaut. Chor und Langhaus unter B. Johann VI. von Meißen (1487—1512). Lhs. als 3sch. Halle geplant; Pfl. unausgeführt; jetzt Flachdecke mit Malereien von 1720. Im 1sch. $^{3}/_{8}$ Chor reiches Netzgwb. — Bmkw. Grabdenkmäler 1536, 1579.

ALTOSCHATZ. Sachsen AH Oschatz.
Dorf-K. Gemengbau aus Spgot. und Bar. Der im O anschließende Rundbau alter Karner (?). — Stattliche ren. Grabdenkmäler aus Dresdener Werkstatt 1578, 1599; geringer das von 1620; charakteristische Zopfarbeit 1785. [Spgot. Flügelaltar im Dresdener Altert. Ver. Inv. Nr. 95, 96.]

ALTSCHÖNFELS. Sachsen AH Zwickau.
Burg. Kap. auf quadr. Gr. in den Formen des 15. Jh. — Ausstattung 17. Jh. Im Hof Holzgalerien, im Innern spgot. geschnitzte Balkendecken auf reich behandeltem Ständer.
In der **Dorf-K.** Altarwerk um 1500 und Grabsteine der v. Wilkau A. 17. Jh.

ALTSTADT. UFranken BA Hammelburg.
Franzisk.-Klst.-K. 1699. Mächtige, etwas trockene Bar.Altäre. Die dem Tonnengwb. aufgemalten Rok.Ornamente modern. — Vor der K. Kapelle mit reicher Hausteinfassade 1733. Passionsstationen in großer Kreuzigungsgruppe endigend.
Schloß Saaleck. Erste Neuerung 1228. Runder rom. Bergfried, etwa M. 12. Jh. Wohnbauten 17. und 18. Jh.

ALTSTADT. Sachsen AH Pirna.
Dorf-K. 1sch. mit plattem Chor und Holzdecke, ursp. wohl sprom. Basilika, von welcher am OGiebel noch Reste erhalten; die Einzelheiten an die Nikolai-K. in Dippoldiswalde erinnernd. Unterspitzer Triumphbg. und ½ kr. Öffnungsbgg. der ehemaligen Seitenapsiden. — Altarwerk 1664. Reste eines spgot. Schnitzaltars auf dem Kirchenboden.

ALTZELLA. Sachsen AH Meißen.

Zisterz.-Klst. (Ruine). Ältestes und baugeschichtlich wichtigstes der Markgrafschaft. Gegr. 1162, 1175 die Wohngebäude bezogen, 1198 Weihung der K., 1339 Andreas-Kap., 1506 Rest. sämtlicher Hauptgebäude, 1540 Auflösung des Klst., 1599 Blitzschlag und Verfall. — K i r c h e. Erhalten nur 2 Bruchstücke der WWand; frühestes Zeugnis des Backsteinbaus in diesem Gebiet (an der mit Haustein gemischten Technik glaubt Stiehl einen italienischen Werkmeister zu erkennen). An Stelle des alten Chors 1787 bis 1804 Mausoleum in nüchtern klassizistischen Formen. — Kreuzgang und Klostergebäude (wie in Maulbronn) auf der NSeite; im weiteren Umkreis Kapellen (ehedem 16) und Wohn- und Wirtschaftsgebäude. Am besten erhalten das Tor der Ringmauer und das Winter-Refektorium. D a s T o r; rom.; bedeutende Abmessungen; Gewände (über 1 m im Boden) dreimal abgetreppt; Basaltquadern mit Bruchsteinfüllung, Archivolten Backstein mit Basaltrundstäben, Basaltsäulen mit Würfelkapitenen. W i n t e r - R e f e k t o r i u m (jetzt Kuhstall), westl. vom Kreuzgang und in gleicher Flucht mit dem Paradies der Kirche. Werkstoff Backstein. Anlage ähnlich Maulbronn. Niedrige, in 2 Sch. kreuzgewölbte Halle, 4 Sll. mit frgot. Basaltkaptt. und 1 Pfeiler. Rundbg. Doppelfenster. An der sonst glatten WWand Strebepfeiler aus Backstein, an der OWand die frgot. Konsolen und rundbg. Schildbogen des ehem. Kreuzgangs. Das spgot. (1506) erneuerte Obergeschoß ein holzgetäfelter Saal mit großen Vorhangbg. — A n d r e a s - K a p. (Wettinisches Erbbegräbnis) an der SWEcke der K. nur in den quadr. Grundmauern erhalten. — Vom S o m m e r - R e f e k t o r i u m auf der NSeite des Kreuzgangs die WWand mit 4 hohen schmalen spitzbg. Fenstern; [die 2 steinernen reich sprom. P o r t a l e in die Stadt-K. von Nossen übertragen]. Schöner Schlußstein unter den Fundstücken im Park. Das K a p i t e l h a u s an der OSeite war ein rom. Steinbau. — S k u l p t u r e n: a) im Mausoleum 4 wettinische Hochrelief-Grabplatten um 1300, prachtvolle frgot. Gewölbeschlußsteine, Reste von hölzerner Altarplastik um 1500 [ein vollständiger Flügelaltar in Gleisberg]; b) im Abtshaus 2 Grabplatten A. 15. Jh.; c) im Garten got. Betsäule um 1300.

ALZENAU. UFranken BAmtsstadt.

Pfarr-K. 1754 f. Hochaltar in spätestem Rok. nach 1769, Seitenaltäre ein Jahrzehnt älter. M o n s t r a n z augsburgisch 1749.

Burg E. 14.—15. Jh., der Palas noch unter Dach, Saal mit Kamin und Kapellenerker.

AMALIENRUHE b. Meiningen.

Herzogl. Gutshof. Reichere Rok.Einrichtung um 1760—70.

AMMELSHAIN. Sachsen AH Grimma.

Dorf-K. rom., eingezog. quadr. Chor mit Turm und Apsis, im Turm gekuppelte spitzbg. Fenster.

AMMERBACH. Sachsen-Weimar VB Apolda.
Dorf-K. mit rom. OTurm über dem Altar. Großes spgot. Altarwerk mit Doppelflügeln.

AMMERN. Pr. Sachsen Kr. Mühlhausen.
Dorf-K. modern. Bmkw. Taufstein A. 14. Jh.

AMÖNEBURG. RB Cassel Kr. Kirchhain.
[**Kathol. K.** Neubau 1865 an Stelle einer schlichten got. Hallenkirche aus sp. 14. Jh., wobei der alte Turm erhalten blieb.]
Schloß. Erb. von Kurmainz im 13. u. 14. Jh. Zerst. 1646, 1762, 1866. Noch immer großartige Ruine.

AMORBACH. UFranken BA Miltenberg.
Benedektinerabtei-K., jetzt protestant. Die bedeutendste Barock-K. in diesem Gebiet. 1742—47 ausgeführt als Umbau einer rom. K. Aus dieser der WBau und die Umfassungsmauern des Lhs. beibehalten. Der WFront eine Barockfassade vorgeblendet. Unberührt rom. die 3 Freigeschosse der Türme, etwa M. 12. Jh., stattliche Abm ungen, Detail ohne Feinheit. — Der neue Plan vom kurmainzischen Hofarchitekten General *v. Welsch*, ausgeführt vom Fähnrich *Schick*, der anscheinend auch einige Umänderungen vornahm. Kreuzförmige Basilika von 4 Joch im Lhs. Die breiten Pfll. mit gepaarten Pilastern besetzt. Tonnengwb. mit Stichkappen ohne Gliederung. In der Schildwand Kreisfenster. Die Profile durchweg von mäßigem Relief. — Im Chor setzt sich das System des Lhs. in 2 Joch fort, Schluß ½kr. — Das Bedeutendste an der K. ist die in unübertroffenem Gleichmaß der Gesamtwirkung durchgeführte Dekoration. Sie rückt den Bau in die erste Reihe der deutschen Rokokokirchen. Die Stuckierung von *J. M. Feichtmayer* und *Gg. Uebelher*. (Beide aus der Wessobrunner Schule, ersterer in Augsburg ansässig, letzterer vorher in den „reichen Zimmern" der Münchener Residenz und der Klst.K. Diessen tätig.) Sie vertritt die deutsche Nuance des Rokoko. Die Farbe ist weiß, hie und da durch gelb und gold belebt, die Pilaster aus blaßrot gestreiftem Stuckmarmor. Eine wichtige Rolle ist den Deckengemälden zugewiesen; voll. 1749 von *Math. Günther* aus Augsburg (einem Schüler der Asam, auch von Tiepolo beeinflußt, im einzelnen flüchtig und manieriert, stupend sicher in Massenverteilung und Perspektive, der lichten Haltung des Ganzen trefflich angepaßt. Kolossaler, ziemlich strenger Hochaltar aus Marmor. Die Seitenaltäre stehen zum Glück nicht an den Schiffspfeilern, sondern an den Seitenwänden unter den Fenstern; die antitektonische Tendenz des Rokoko spricht sich in ihnen sehr unumwunden aus; einige sehen aus wie aus Korallenriffen aufgebaut; von *Feichtmayer* und *Uebelher*. Die überaus glänzende Kanzel, Holz, hellbraun und gold, von *Joh. Wolfg. van der Auwera* und die prachtvollen Abschlußgitter des Lhs. von *Gattinger*. Verhältnismäßig sehr einfach die Chorstühle. Glocke 1. H. 13. Jh.
Klostergebäude. An die rom. Epoche erinnert eine kleine Tür im 2. Geschoß der SWand des südl. Turms, sie führte in einen

Korridor über den Kreuzgang. Aus letzterem 20 Säulchen von trefflicher Arbeit, E. 12. Jh., erhalten. Die Hauptgebäude aus 17. und 18. Jh. (jetzt Residenz des Fürsten von Leiningen). Bibliotheksaal 1790, Grüner Saal 1795.

Kathol. Pfarr-K. 1752—54. Ein stattlicher 3sch. Bau in dem im Rok. selten angewandten Hallensystem, ähnlich S. Peter in Mainz, beide vermutungsweise von *Jos. Val. Thoman;* das Äußere in Quadern von rotem Sandstein, durch Doppelpilaster gegliedert, von guter Wirkung die mit der Chorapsis gruppierten Türme. Deckengemälde von *Zick.* Die trefflichen Skulpturen des Hochaltars von *Joseph Keilwerth* aus Würzburg (einem sonst unbekannten Künstler); besonders der h. Sebastian durch feine Empfindung und ehrliches Naturstudium über die Masse der zeitgenössischen Produktion hervorragend. — **Klostermühle** 1448. (Inschr.)

Kurmainzisches Amtshaus mit dem Wappen der Erzbischöfe Dither v. Isenburg und Berthold v. Henneberg (1475—1504).

AMORSBRUNN bei Amorbach. UFranken.

Kapelle. 1521. Geschnitzter Flügelaltar mit der Wurzel Jesse, recht gute Arbeit um 1500. Auf einem Nebenaltar Madonna 2. H. 14. Jh. Got. Freikanzel 1576.

AMSDORF. Pr. Sachsen Mansf. Seekreis.

Dorf-K., rom. Turm zwischen Schiff und Apsis.

ANNABERG. Sachsen Amtshauptstadt.

Anna-K. 1499—1520. Hauptbaumeister *Peter von Pirna* (?), seit 1515 *Jakob von Schweinfurt.*—3sch. Halle von 7 Joch auf 56 m L., östl. Schluß in 3 parallelen polyg. Apsiden. Die Sschiffe sind fast ebenso breit wie das Msch., doch sind die Strebepfll. durchaus nach innen gelegt und zwischen sie steinerne Emporen von ca. 2,5 m Tiefe eingespannt; die oberhalb ihrer eintretende Raumerweiterung von origineller Wirkung; die Fenster in 2 Geschosse geteilt. Noch eigentümlicher die querschiffartige Erweiterung im vorletzten Joch, wo im N und S im Erdgeschoß geschlossene Sakristeien und über ihnen gegen das Sch. geöffnete Kapp. Die Unregelmäßigkeiten durch schräge Stellung der WWand und den im SW einspringenden Turm werden im Innern durch eine das ganze erste Joch einnehmende Empore ausgeglichen. Breite : Höhe = ca. 25 : 20, die Pfll. sehr schlank, mit einem Abstand von ca. 8,3 m. Die Decke mit Beseitigung aller Erinnerung an das Kreuzgwb. möglichst als Einheit behandelt; hergestellt von *Barthel v. Durbach* und *Conrad v. Buttigen (Büdingen?).* Ihre Rippen, auch in der Grundrißprojektion gekrümmt (sog. „gewundene Reihungen", für die sächsische Architektur dieser Zeit bezeichnend), wirken wie ein Geflecht von Weidenruten; ihre Ansätze an den Pfll. mit gesuchter Willkür in ungleichen Höhen, auf ihren Knotenpunkten phantastisch geformte Schlußsteine. Noch raffiniertere Klügeleien am Gwb. der südl. Sakristei. Ausgeprägte Spitzbgg. sind überall vermieden. Die Fenster schmal, hoch, nur 2teilig und mit einfachen, aber ganz schlaffen Fischblasen. Das

Äußere von fast ärmlicher Schlichtheit; Strebepfll. nur am Chor; ihre Abdeckung geschweift. Die künstlerische Absicht des stilgeschichtlich wichtigen Gebäudes ist nur im Innern zu erkennen; sie geht auf Schaffung eines weiten, übersichtlichen, rhythmisch wenig bewegten Raumbildes bei Unterdrückung der „organischen“ Strukturformen.

Reich und wertvoll der mit der Architektur zugleich entstandene plastische Schmuck, jedoch in freierem Verhältnis zu den Strukturformen, als in der echten Gotik. — Die „schöne Tür“ am nördl. Ssch. (bez. 1512 H W; 1597 vom Franziskaner-Klst. hierher versetzt); die Archit. auf wenige Glieder beschränkt; den unteren Teil flankieren, auf überaus künstlich zusammengesetzte Postamente gestellt, die aus freien Ranken sich entwickelnden Reliefbilder des h. Joachim und der h. Anna, darüber zwei Engelsfigg. mit dem Wappen Herzog Georgs und seiner Gemahlin; im Hauptfeld über dem Türsturz die Dreieinigkeit, der Gekreuzigte vor dem Schoße des Vaters, umgeben von 9 Engeln (Anspielung auf die 9 Chöre), tiefer der h. Franz und die h. Klara; in der Krönung Moses, Johannes, Adam und Eva, über der Giebelblume der Pelikan. Die ebenso klare als freie Komposition, die Energie der sehr persönlichen Stilisierung, der poetische Schwung der gegenständlichen Auffassung bringen dies Werk dem Besten der zeitgenössischen deutschen Kunst nahe. Stil und Signatur erweisen die Identität mit dem Meister des Hochaltars in Borna und der Ebersdorfer Pulthalter im Dresdener Museum. — Tür der „alten“ Sakristei; vollendet 1518 in der Zeit der Bauleitung durch Jakob v. Schweinfurt. Erstes größeres Werk der Renss. in Obersachsen; Formcharakter venezianisch, got. Erinnerungen fast ganz unterdrückt, wenn auch der neue Stil noch nicht ganz verstanden; der plastische Schmuck steht dem der „schönen Tür“ nahe, besonders frei und glücklich die Familienszene zwischen Anna und Maria. — Von derselben Hand oder mindestens aus derselben Werkstatt der Taufstein (ehemals im Zisterz.-Klst. Grünhayn); Sandstein, jedoch in genauer Nachahmung eines Buckelkelchs; am Nodus schwebende nackte Engel, am Fuß Taufkinder. — Die 100 Felder der Emporenbrüstung (1514—1517) mit Reliefs von *Franz von Magdeburg;* die ausführlichste Illustration des Neuen Testaments, die je in monumentaler Form versucht worden; ferner die Lebensalter. — Stuhlwerk von 1526, nicht mehr vollständig. — Singechor 1688 von *J. H. Böhme.* — Kanzel 1516, noch rein got.

Altäre. a) Hauptaltar. 1522 von *Adolf Dowher* (Daucher) in Augsburg; einer der frühesten der Renss. Bezeichnend die Übereckstellung der Sl.Kaptt.; Archt. aus mehrfarbigem Marmor, Figg. aus Solenhofer Kalkstein; Hauptgegenstand Wurzel Jesse. — b) Bergaltar (im nördl. Nebenchor) 1521, geschnitzt, das Tektonische im Sinne lombardischer Fr.Renss. Das zweite nördl. Flügelpaar hat Gemälde mit Motiven aus Dürers Marienleben. — c) Münzeraltar (im südl. Nebenchor) 1522, dem vorigen ähnlich. —

d) Bäckeraltar (zunächst dem vorigen). — e) Pflockscher Altar nach 1521, durchaus gemalt, der Marientod des Mittelschreins mit Benutzung des Schongauerschen Kupferstichs. — f) Altar des Münzmeisters Melch. Jomisch 1537.

Epitaph für Joh. Unwirt 1578 von Solenhofer Kalkstein.

Berg-K. S. Marien. 1616 mit Benutzung des Chors von 1582; Halle; die Sschiffe durch Emporen geteilt; derbe, schlichte Renss. — Altarwerk der Bäckerzunft A. 17. Jh., später entstellt. Schöner Intarsia-Stuhl.

Hospital-K. 1683, architekturlos. — Bmkw. Gemälde der Cranach-Schule 1557.

Rathaus. 1535—38, fast ganz erneuert 1751. — Erzgebirgsmuseum.

ANNABURG. Pr. Sachsen Kr. Torgau.

Kirche got., bar. verändert. Chor $^3/_8$. Decke des Sch. kassettiert mit bar. Grisaillemalerei. — Taufstein 1674; Orgel rok.

Schloß an Stelle eines ma. Baus 1572 von Kurfürst August. a) Das vordere Schloß, Mittelbau und 2 Flügel, an den Ecken und über dem Mittelportal schwere Rundtürme. An der offenen vierten Seite steht b) das hintere Schloß, vierstöckig, nicht großer Mittelhof mit offener Loggia auf Säulen; 3 Risalite mit Renss.Giebeln; im STurm fahrbare Wendelstiege; einfache Renss.Portale mit Stuckdecken.

ANNERODE. Pr. Sachsen RB Erfurt Kr. Mühlhausen.

Ehem. **Cisterc.-Nonnen-Klst.** Erster Bau voll. 1269. Neubau nachreformatorisch 1590, 1600; Saal mit tiefer Nonnenempore. Ecke mit figürl. Malerei. Bleiverglasungen mit geometr. Mustern.

ANZEFAHR. RB Cassel Kr. Kirchhain.

Dorf-K. 1711 mit spgot. polyg. Chor.

APFELSTEDT. Sachsen-Gotha LA Gotha.

Kirche spgot.; der polyg. Chor 1434, das 1sch. Lhs. 1491, der Turm nördl. des Chors. — Sakramentsnische 1434, darüber Kreuzigungsgruppe.

APOLDA. Sachsen-Weimar Bezirksstadt.

Stadt-K. spgot. Infolge öfteren Umbaues ohne Interesse.

Rathaus M. 16. Jh., einfach, mit manchen got. Erinnerungen.

ARNSHAUGK. Sachsen-Weimar VB Neustadt a. d. O.

Dorf-K. Taufstein 1688. — Altargemälde (Kreuzigung) von *Paul Keil* 1616.

ARNSTADT. Schwarzburg-Sondersh. Amtsstadt.

Liebfrauen-K. Baunachrichten fehlen. Nächst dem Dom von Naumburg, jedoch in bedeutendem Abstand, der bedeutendste Bau Thüringens aus dem 13. Jh., sehr lehrreich für das Eindringen des neuen, westlichen Formengeistes. Er zerfällt in zwei sehr bestimmt gesonderte Teile: Langhaus sprom., Qsch. und Chor entwickelt got. 1. Langhaus. Schwankende Bauführung und wiederholte Restaurationen (im 19. Jahrhundert 1840 u. 1888) machen den Bauhergang äußerst unklar. Auf eine flachgedeckte rom. Basilika folgte A. 13. Jh. ein Umbau, der bereits auf Gwbb. berechnet war; 2 Arkadenpfeiler der NSeite aus ihm erhalten. Bald Planwechsel unter Einfluß des Halberstädter Doms (so Giesau). Er äußert sich in veränderter Pfeilerbildung, Verlängerung um 2 Achsen, Einführung von Emporen über den Seitenschiffen, welche jedoch nicht als selbständige Geschosse ausgebildet sind; sondern nur den Dachraum hinter sich haben. Die Formen sehr schlicht. Die Gwbb. und viele Einzelheiten aus der Rest. 1888. — Die WFront seit 1911 in Erneuerung begriffen. Sie bildet bis zum Abschlußgesims des Hochschiffes eine ungegliederte Masse; die einzige Öffnung das sehr ansehnliche Portal, das seine Gestalt erst zum Schluß dieser Bauzeit erhielt (in got. Zeit verändert, jetzt rom. rest.). Die Wendeltreppen der Türme enthalten alte Türen, auf eine Sängerbühne über dem Eingang hindeutend. Die Mitte dieser Treppen fällt indes mit der Mitte der Türme nicht zusammen; also Verbreiterung der Fassade. Das letzte, was die rom. Bauperiode ausführte, war der südl. der beiden Türme. Über einem niedrigen 4seitigen Geschoß zwei 8seitige, auslaufend in 8 kleine Giebel, aus deren Mitte eine 8seitige Steinpyramide emporsteigt. In der Kraft und Leichtigkeit der Verhältnisse und Formen ein Muster seiner Gattung (nahe verwandt den Türmen von S. Blasien in Mühlhausen). Im Detail stehen spätromanische und tadellos frühgotische Formen unmittelbar nebeneinander, es arbeiten also gleichzeitig Steinmetzen von verschiedener Schulung. Am NWTurm im ganzen dieselbe Einteilung, doch größere Höhe der Geschosse; die obersten schon in reifer got. Ausbildung. Endlich stammt aus der rom. Bauzeit noch der Mittelturm; nicht über dem Qsch. (welches damals noch das alte), sondern westl. desselben über dem letzten Joch des Langhauses; daher auch der verschoben quadratische Grundriß (das zerstört vorgefundene oberste Geschoß freie Komposition von 1890). — 2. Querschiff und Chor sind etwa E. 13. Jh. (jedenfalls vor 1309) geplant und begonnen. Sie erstreben mächtigere Raumentwicklung, ohne jedoch zu den älteren Bauteilen (wie so oft!) in auffallende Disharmonie zu treten. Das Qsch. dürfte sich den Grundmauern des einstigen romanischen anschließen, nur sind die Vierungspfl. etwas weiter auseinandergerückt. Der Chor beansprucht die volle, durch die Ausladung des Qsch. ihm gestattete Breite. Sein erstes Joch setzt nach dem Prinzip der Halle, d. h. in allen 3 Schiffen in gleicher Höhe, das System des Qsch. fort. Hierauf schließen die Abseiten mit Kapellen in 5 Seiten des 8Ecks; vor das Hauptschiff legt sich ein quadr. Vorchor und dann ebenfalls $^5/_8$Schluß. Das Ergebnis ist bei beschränkter Grundfläche eine sehr bedeutende Raumwirkung (die Ähnlichkeit mit dem Dom von Regensburg nur im Gr.). Die Form der Rippen spricht für Vollendung im vorgerückten 14. Jh. — Nach der 1309 erfolgten Übergabe der K. an einen Nonnenkonvent wurde in den südl. Kreuzflügel und die südl. Chorkapelle ein Jungfrauenchor eingebaut (durch die jüngste Rest. entfernt; einzelne Bauglieder in der neuen Sakristei wiederverwendet). Die 3 Chorkapellen von gleicher Höhe, die mittlere durch Fialen und Giebel über jeder Polygonseite ausgezeichnet (rest. nach vorhandenen Ansätzen). — An der NSeite 2 prächtige Portale, ein größeres an der Qsch.Front, ein kleineres am Ssch. mit Zügen der Maulbronner Fr.Gotik. — Im Chor stehende Madonna, Holz, alt bemalt, bedeutendes und in der reichen Gewandung charakteristisches Stück aus A. 15. Jh. — Doppelflügeliges Altarwerk im südl. Nebenchor, bedeutendes Stück, bez. 1489 (wohl von *Jakob Naumann*); im Schrein Marienkrönung, zu den Seiten Laurentius und Bonifatius geschnitzt; aus welcher Schule die Flügelgemälde, ist nicht festgestellt. — Der nördl. Nebenchor enthält die Gräber der Grafen v. Schwarzburg. Hauptstücke: große Tumba Günthers XXV. † 1368 und seiner Gemahlin Elisabeth † 1381, die Platte vom trauernden Hofgesinde getragen, an der Spitze ein bärtiger Mann in einer Kutte mit Glocke und Keule, sog. „treuer Eckardt" (vgl. in ikonographischer Hinsicht Grab Heinrichs IV. in Breslau, Kreuz-K.). — Großes Prachtepitaph Günthers XLI. und der Katharina v. Nassau, errichtet 1590. — Skulpturen. Am Portal des nördl. Seitensch. im Bogenfeld Kreuzigung, daneben Kaiser Otto I. und sein Sohn Erzbischof Wilhelm von Mainz, geringwertige Arbeit aus 1. H. 13. Jh. Neben dem Portal des nördl. Qsch. 2 Fürstenstatuen, männlich und weiblich, E. 13. Jh., von mäßigem Wert, frisch und gut die Groteskfigg. der Konsolen.

Oberkirche (Franziskaner) beg. 1246. — 1sch. Rck. 11 m br., 60 m l., Holztonne aus neuerer Zeit. Trotz der Länge sehr gute Akustik. Der Chor nicht abgesondert. Fenster nur an der NSeite und der Schlußwand. Vortreffliches Maßwerk. Eingänge: 1 im W, 2 im N. Auf der SSeite der schlicht, fast roh behandelte Kreuzgang. Der Turm in der Mitte der Nwand erst 1461 angefügt. — Epitaph des G. Fischer 1505; bmkw. durch gute Charakteristik und z. T. erhaltene Bemalung. — Flügelaltar 1594, das Gemälde niederländisch. Zahlreicher die Ausstattungsstücke aus 1. H. 17. Jh.: 3geschossiger Hochaltar mit Reliefs und Freistatuen, alles Holz; Taufstein mit 5 m hohem Baldachin; der fürstl. Kirchenstand, ein auf 6 Säulen ruhender, sehr reich behandelter Einbau; der adlige Kirchenstand; die Gemeindeempore in 3 Geschossen, Brüstungsmalerei handwerksmäßig.

Neue Kirche. 1676—83 mit Benutzung von Mauerresten einer niedergebrannten aus 15 Jh. 1sch. Anlage bis zur hölzernen Decke mit Emporen angefüllt.

Gottesacker-K. 1738—43. Typisch für die thüringischen Leichenpredigtskirchen dieser Zeit. Ein nach der Längsachse verschobenes Achteck, allseitig Emporen in 3 Geschossen. Auf dem Friedhof bmkw. Grabsteine des 16.—18. Jh.

Neidechsburg. Ehem. Wasserschloß, die Gräben und der runde

Bergfried erhalten. Von dem Renss.Umbau 1557—60 nur wenige Reste erhalten, darunter hübsches Portal.
Fürstl. Schloß neben der Neidechsburg. Einfacher Bar.Bau mit großem Treppenhaus, einigen guten Rok.Zimmern; Porzellane.
Rathaus. 1583 ff. Stattlich, 3geschossig, an dem Fassadentrakt unter dem Giebel befand sich ehemals eine hohe Freitreppe mit säulengestütztem Erkervorbau; in Nischen 2 got. Statuen, Erfurter Arbeit um 1370 in der Art des *Joh. Gehart*.
Zierbrunnen. 1573.
Bürgerhäuser. Einige in gut behandeltem Fachwerk, zahlreiche Renss.Portale. Am Markt Lauben auf Steinsäulen 1585.
Von der ma. **Stadtbefestigung** das Riedtor und das Neutor.

ARNSTEIN. UFranken BA Karlstadt.
Stadt-K. S. Nikolaus. Gotisierend 1617, nach W erweitert 1725. Gute klassizistische Seitenaltäre von *Georg Winterstein* in Würzburg 1790. Reicher, meisterhafter Orgelbau um 1700 aus der Karmeliter-K. in Würzburg. — Deckengemälde im Chor von *S. Urlaub* 1726. Älteste Glocke 14. Jh.
Wallfahrts-K. Maria-Sondheim. Erb. M. 15. Jh., unvollständig ausgeführt. Jetzt großer 1sch. Raum, etwas vor der Mitte durchquert von einer 3teiligen Bogenstellung, in den OTeilen Ansätze zu Gewölben (geplant war 3sch. Hallenkirche). — Deckengemälde: Schlacht bei Lepanto mit Maria Victoria, bez. *J. Ph. Rudolph* 1770. Im Ossarium 2 interessante Steinreliefs von der alten Kanzel, Johannes und Markus in Fr.Renss.Umrahmung gegen 1520, im Gewandstil verwandt der Backofenschule (der das Werk übrigens nicht angehört). Schöne Sandsteinmadonna um 1410, typische Würzburger Arbeit. In den Chorfenstern Glasmalerei um 1480. — Grabdenkmäler in sehr großer Zahl und z. T. hoher Qualität, am reichsten vertreten die Familie v. Hutten. Sie waren im 18. Jh. als Bodenbelag vernutzt, jetzt im Innern 29 wieder aufgerichtet, mehrere außen. Von Bildnissteinen hervorzuheben: W U. v. H. 1447, fast vollrund, starre Frontalansicht; Konrad v. H. 1502; Ludwig v. H. 1517. Von Epitaphen: Philipp v. Hutten (1546 in Venezuela ermordet), vorzügliche Arbeit von *Loy Hering* in Eichstätt; Bernhard v. H., Art des älteren *Peter Dell;* Wilhelm v. H. 1554 bez. PD *(P. Dell,* wahrscheinlich der Jüngere); Stephan Zobel mit Frau und Kindern, schönes Jugendwerk von *Joh. Juncker* u. Agathe v. H. 1547, 1548; Stephan Zobel mit Frau und Kindern 1597. — Ölberg um 1500, besser als die meisten dieser Gattung.
Schloß (Amtsgericht), mit der Stadtbefestigung verbunden, Wohnbau M. 16. Jh., im Innern einiges zu beachten.
Rathaus. 1520, wiederholt verändert, namentlich 1753.
Spital, große Anlage von 1713—30.

ARNSTEIN. RB Cassel Kr. Witzenhausen.
Burg. Der erhaltene Wohnbau spgot., neues Dach, Wendeltreppe, Fenster rck. mit Kreuzstöcken, im Erdgeschoß rippenlose Kreuzgewölbe.

ARNSTEIN. Pr. Sachsen Mansfelder Gebirgskreis.
Burgruine. Eine der großartigsten am Harz; der spgot. Palas 5stöckig erhalten.

ARTERN. Pr. Sachsen Kr. Sangerhausen.
Marien-K. in der Neustadt. Unorganischer Gemengbau. Ältester Bestandteil der jetzt in der M. stehende Turm auf oblongem Gr.; in seinem oberen freien Teil hat er auf der breiten Seite 3 Paar gekuppelte Rundbogenfenster, an der schmalen Seite 1 Paar; im Erdgeschoß spitzbg. Kreuzgwb.; nach O und W öffnet er sich in großem Spitzbg. Im O ein platt geschlossener Langchor mit 2 quadr. Gwbb., ursp. rom., jetzige Gwbb. und Fstr. 15. Jh. Lhs. 1608—20, breiter als der Turm, 1sch., polyg. WSchluß, Fenster noch spitzbg.
S. Veit in der Altstadt. Qsch. und Chor bilden ein regelmäßiges lat. Kreuz nach rom. Weise. In Vierung und Chor (ohne Apsis) spitzbg. Gwb., Kreuzarm und das (kaum ursp.) 1sch. Lhs. mit Balkendecke. Vierungsturm mit Satteldach und gekuppelten unterspitzen Schallöffnungen, die Fenster der K. rundbg.

ASCHACH. UFranken BA Kissingen.
Dorf-K. Turm frgot. Chor und Langhaus 1615. Renss.E p i t a p h um 1600 von Bildhauer *Julius Emes.*
Schloß (Gr. Luxburg). 1527. In einfachsten Formen. In der Halle geschnitzter Balken mit Fabeltieren 1572. Sehr schöner O f e n 1668. — Mehrere Bildstöcke.

ASCHAFFENBURG. UFranken BAmtsstadt.
Stifts-K. S. Peter und Alexander. In schöner, beherrschender Lage. Ältere Baudaten fehlen. Rom. 12. und 13. Jh. mit vielen späteren Zusätzen; rest. 1713 und 1880. — I n n e r e s. Flachgedeckte rom. Pfl.Basilika auf typischem kreuzf. Gr. Gute Raumverhältnisse. 9 Arkaden auf schlanken quadr. Pfll. mit reich profilierten Deckplatten; Stilcharakter spätes 12. Jh. — A. 13. Jh. WBau mit 2jochig gewölbter Empore, rippenlose Kreuzgwbb. zwischen rck. Gurten. — Nach M. 13. Jh. Qsch. und Chor, plattgeschlossen, mit frühestgot. Gwbb. — Ausgezeichnet schönes rom. Bauornament am WPortale, den Sll. der WEmpore, frgot. an den Schlußsteinen des Chors. — Maria-Schnee-Kap. 1516. — Ä u ß e r e s: Großenteils verdeckt. Sichtbar nur die höchst malerische SWEcke mit Treppenaufgang aus 18. Jh. und äußerer Vorhalle. Von den 2 WTürmen blieb der nördl. unausgeführt (im Untergeschoß Taufkapelle), der südl. 14. u. 15. Jh. Über dem Schiff gebrochenes Barockdach. Der Giebel der Maria-Schnee-Kap. neugot. garstig (vorher einfacher Staffelgiebel). — An der NOSeite schöner sprom. K r e u z g a n g. Von ihm aus führt ein spgot. umgearbeiteter Verbindungsgang zum P a r a d i e s, das gleich dem Kreuzgang zeitlich mit dem OBau zusammengeht.
A u s s t a t t u n g. Großer H o c h a l t a r 1771, Baldachin auf 4 Sll. — M a g d a l e n e n a l t a r (Kap. am südl. Ssch.) von *Hans Junker* 1620, verglichen mit seinen älteren Arbeiten auffallender Zug zum Einfachen und Großen. — A l t a r

der Maria-Schnee-Kap. 1519, nur der Rahmen erhalten, die Flügel und das ursp. Hauptbild 1576 entfernt; sie waren von *Math. Grünewald;* jetzt teils in Stuppach b. Mergentheim, teils im Museum zu Freiburg i. B. — Kanzel, um 1602, bedeutende Renaissancearbeit, wohl sicher von *Hans Junker*. — Stifterdenkmal für Otto von Sachsen † 982 an der SSeite des Chors; unten eingemauert die Langseite einer frgot. Tumba, die früher frei im Chor stand; darüber eine Bronzetafel aus der Vischerschen Gießhütte in spgot. Steinumrahmung. Das Gegenstück an der NWand, Denkmal für Königin Luitgard und ihre Tochter Hildegard, erst 1772, die am Sockel benutzte Sarkophagwand sprom. — Bronzedenkmal *P. Vischers* für Kardinal Albrecht von Brandenburg, Erzb. von Mainz und Magdeburg 1525; Bildnis in flachem Relief, quer über die Knie gelegt die Inschrifttafel, Umrahmung mit zehn Wappen, über dem von Magdeburg der Kardinalshut. Das zugehörige Epitaph, Madonna, an der NWand von Hans Vischer 1530. — In der letzten Kap. des Lhs. rechts der Baldachin des Kardinals Albrecht ebenfalls aus der Vischerschen Hütte und für das Grabmal bestimmt; aus Halle übergeführt. — Ebendaher mehrere Gemälde. Das bedeutendste, Erasmus und Mauritius, von *M. Grünewald* wurde 1836 in die Pinakothek in München gebracht. In Aschaffenburg blieb die (wohl zu einem andern Altar gehörige) Predella mit dem großartigen Bilde des toten Christus, ebenfalls von *Grünewald*. Aus der Werkstatt *L. Cranachs* St. Valentin und die Auferstehung Christi. — Sonstige Denkmäler: Erzb. Theoderich v. Erbach, 1608 von *Hans Junker,* von *demselben* Joh. von Blumingen 1618; Erzb. Anselm Franz v. Ingelheim 1695. Erzb. Friedrich Karl v. Erthal 1802, der Kurfürst in antiker Gewandung, sterbend, gestützt vom Genius der Religion, der den Schleier der Ewigkeit lüftet; von *Heinrich Sommer*. — Im Msch. kurfürstl. Beamte: Südreihe: Jodokus Kammerer 1595, Bronzetafel von *H. Hack*. Kasp. v. d. Schulenburg 1517. Wolf Beheim, Hofmarschall, 1539. Dr. Balth. Sachs, kurf. Rat 1570. St. v. Fechenbach, Jägermeister 1577. — Nordreihe: Melch. v. Gränroth, Bronzetafel mit Kreuzigungsrelief von Hieronymus Hack 1584. Das künstlerisch wertvollste von allen Georg Liebenstein, kurf. Kämmerer, 1533 von einem Schüler *Backofens*. Brendel von Homburg, kurf. Kanzler, 1573. Thomas Eisenberger, kurf. Rat 1575. Math. v. Albersweiler 1567. Die übrigen brauchen nicht einzeln genannt zu werden.

Überlebensgroßes Kruzifix an der WWand A. 13. Jh.

Im Kreuzgang außer den einfachen Grabsteinen zahlreiche Wandepitaphe. Hervorzuheben: P. Schenk v. Weibstedt 1487, vor der Muttergottes kniend; Kanon. Th. Küchenmeister 1493 und seine Mutter; Joh. v. Cronberg 1439 und St. Christoph; Gertrud v. Breidenbach 1421. — Wandgemälde E. 14. Jh. Reicher Kirchenschatz. Hauptstücke die Reliquienbüsten der Titelheiligen Petrus und Alexander, 1473 von *Hans Dirnstein* von Frankfurt. Missale des Kardinals Albrecht von *Gg. Stirlein*, Passionale von *Glockendon.*

Agathen-K. Flachgedeckte frgot. Basilika, spgot. überarbeitet, unbedeutend. Der vortretende WTurm mit 4 Giebeln und Holzhelm sehr einfach rom. Außen Ölbergsgruppe aus 16. Jh., beschädigt, in Renss.Gehäuse. Kirchenschatz.

U. L. F. Pfarr-K. 1768—1775. Einschiffiger Saal von angenehmen Verhältnissen. An der nördl. Langseite rom. Glockenturm, das Obergeschoß rom. zu got. ca. 1220—30. Es hat übereinander, durch kein Gesims getrennt, 2 gekuppelte Schallöffnungen, kleeblattförmig, umschlossen von spitzbg. Blendbg., ein Vierpaß im Felde. Über den 4 Giebeln ein steinerner got. Helm, 8seitig, mit Kantblumen geziert. — Deckengemälde von *Bechthold.*

Im Erdgeschoß eingemauert sprom. Tympanon, thronende Maria zwischen Heiligen.

Studien(Jesuiten)-K. 1619—21. Interessant. In WDeutschland der erste dem römischen Barockschema folgende Jesuitenbau (vgl. dagegen Molsheim u. Köln Bd. IV, V). Schiff mit Tonnengwb. und tiefen Nischen, feines Flachornament in Stuck von *Eb. Fischer.*

Eigenartig die vorgekragte umlaufende Galerie der Apsis. — Prachtvolles Meßgerät 17. u. 18. Jh.

Sandkirche 1756. Deckengemälde von *Joh. Zick.* Hochaltar in Stuckmarmor mit Gnadenbild, einem (wertlosen) Vesperbild aus A. 15. Jh. Die Seitenaltäre um 1700.

Außerhalb der Stadt Kirchenruine hl. Grab.

Friedhof 1809. Mehrere gute Denkmäler aus dieser und der nächstfolgenden Zeit.

[Kapuziner-K. 1627. Nach Brand 1813 im J. 1908 fast ganz erneuert. An der Fassade große Gruppe der hl. Elisabeth mit dem Bettler von *Zacharias Junker* um 1630.]

Katharinenspital. Erste Nennung 13. Jh. Wesentlich 1607—09. Vierflügelige Anlage. In der Kapelle hübscher kleiner Altar A. 17. Jh.; das Gemälde wohl von einem Niederländer in Anlehnung an Tintretto. Auf einem Seitenaltar Relief, Geburt Christi von Hans Junker.

Gymnasium erb. 1717 für die Jesuiten.

Theater 1811 von Diricoyen.

Deutschordenshaus 1591. Bassenheimer Hof an der Mainbrücke um 1700. Schönbornhof um 1670—80, sehr stattlich; auf dem Altar der Hauskapelle bmkw. Vesperbild. Dalberghof 1805 von *P. Jung.* — Interessantes rom. Haus Pfaffengasse 5, ehem. Stiftskurie. Kurie Starkenburg Pfaffengasse 19 mit Fachwerkobergeschoß, E. 15. Jh. Dekanatshof 1756 Stiftsgasse 9. Stiftsglöcknerhaus, vortrefflicher kleiner Bau um 1760—70.

Schloß. Das alte Schloß zerst. 1552. Notbau 1556—1606. Neues (jetziges) Schloß 1605—1614 von *Georg Ridinger* aus Straßburg, zuletzt in Ansbachischen Diensten. Waren die wichtigeren

Schloßbauten der Renss. des 16. Jh. immer Um- oder Anbauten mittelalterlicher Anlagen gewesen, so wird hier mit Nachdruck zum erstenmal eine streng einheitliche, symmetrische Anlage gegeben (ältere Versuche in Augustusburg, Schmalkalden): 4 Flügel um einen quadratischen Hof von 84 m äußerer, 51 m innerer Seitenlänge, an den Ecken mäßig vorspringende quadr. Türme; die Symmetrie nur leicht durchbrochen von dem aus dem alten Schloß herübergenommenen Bergfried, jetzt mit dem NFlügel hofseits verwachsen. Die Flügel haben wenig Tiefe (kaum 10 m im Lichten) und in der inneren Teilung folgt Raum auf Raum ohne Korridorverbindung. Aufgänge durch Wendeltreppen in den 4 Winkeln des Hofes. — Die allgemeine Idee, aus dem Wasserschloß entwickelt, hier wohl sicher durch französ. Vorbilder mitbedingt (sehr groß die Ähnlichkeit mit Ancy-le-Franc; Ridinger kannte ihn aus dem Kupferstichwerk von Ducerceau). An Befestigung ist nicht mehr gedacht. Daher die Außenseiten in voller Pracht als Schauseiten ausgebildet. (Der ältere Typus legte den Nachdruck auf die Hoffassaden, Beispiel im Schloß zu Stuttgart.) Gliederung der 3 fast gleichwertig behandelten Geschosse durch sehr kräftige Gesimse, während vertikale Teilungslinien fehlen. Der Fassadenlänge von 85 m (mit Einschluß der Türme) entspricht eine H. von 23 m (bis Oberkante Dachgesims) und Teilung in 15 Fensterachsen; dazu das mächtige Dach, 12 m H. In der Mitte wird es durch einen reicher als alle übrigen Teile (ursp. jedoch einfacher beabsichtigten) Zwerchgiebel akzentuiert. Die Fensterverdachung mit gebrochenem Giebel entsprach der neuesten Mode, vgl. die Bauten Schickhardts in Stuttgart. Einziger Zugang durch das mäßig große Rustikaportal der SSeite. Eine Zugbrücke führte hier über den Burggraben, einst vorn durch eine porta triumphalis geschmückt. (Der Balkon 18. Jh.) Die Geschoßhöhe der Türme nimmt nach oben etwas ab, Teilung durch kräftige Gesimse, Krönung mit einem niedrigen Oktogon mit welscher Haube. Die östl. und nördl. Fassade etwas sparsamer detailliert. Wie die Lukarnen ursp. gedacht waren, zeigt ein Exemplar der WSeite. — In der Nähe erscheinen die Verhältnisse zu schwer, wie bei den meisten Bauten dieser Zeit; aus gehöriger Entfernung betrachtet zeigen sich Massen und Umrisse meisterhaft aufgebaut. Die erhöhte Lage über dem Main führte zur Anlage einer 20 m hohen Terrassenmauer, daran das mächtige Wappen des Bauherrn Erzbischof Joh. Schweickart von Mainz. Erwähnenswert, daß Ridinger vorher hauptsächlich an Festungsbauten beschäftigt war. — Die Hoffassaden wiederholen das äußere System mit der Abweichung, daß das Erdgeschoß sich in Arkaden öffnete (unglücklicherweise später zugemauert). — Die innere Ausstattung, deren geschnitzte Türen, Mosaikböden, Stuckdecken, Wandgemälde (im Kaisersaal Historien von *Georg Keller,* einem Schüler *Jost Ammanns),* ein Besucher des J. 1614 überschwänglich bewunderte, wurde durch Umbauten seit 1770 zerstört. Einigermaßen verschont nur die

K a p e l l e ; 1sch. Raum mit Netzgwb., Marmoraltar 1614 von *Hans Junker*, Bürger von Aschaffenburg, eines der kostbarsten Bildwerke der Zeit, die statuarischen Motive sehr barock. Wand-, Decken- und Fenstermalerei zerstört. Prunkvolles Portal mit Figg. von *Junker*. Denkmal Kurf. v. Ertal von Eckert 1808. — Im Schloß bmkw. G e m ä l d e g a l e r i e. — Gute klassizist. Bauten das T r e p p e n h a u s und der G a r t e n p a v i l l o n.
Schloß und Park Schönbusch. Angelegt 1776 f. von Erzb. F. K. J. v. Erthal. Der Park einer der ersten im englischen Stil von *Bode* aus Cassel. Das Schloß von *L. Schneider*, Mainzischem Baudirektor, und *E. J. Diricoyen*. Klassizistisch. 2geschossiger Aufbau über einfach rck. Gr., das flache Dach durch eine mit Reliefs geschmückte Brüstung vollends verdeckt, innere Ausstattung vornehm kühl. Sehr hübsch die den Park belebenden Pavillonbauten; in einem ein großer Speisesaal mit merkwürdigem zentralen Grundriß; Freundschaftstempel (1802) mit Statuen von *Pfaff* (?); Philosophenschule (nach 1800).
Hofgut Nilkheim, nach 1780, feiner Klassizismus.
Auf dem Wege nach Schönbusch D e n k m a l 1627 für den Johanniterritter Walter v. Kerpen, lebensgroße Freigruppe des Ermordeten vor dem Gekreuzigten von Zacharias Juncker.

ASCHERODE. RB Erfurt Kr. Hohenstein.
Dorf-K. 1606—15 nachgot.

ASCHFELD. UFranken BA Karlstadt.
Pfarr-K. 1679. Wirkungsvoller H o c h a l t a r in elegantem fr. Rok., gegen 1740, Richtung der *Auwera*. — K i r c h h o f s b e f e s t i g u n g mit Gaden 16. Jh.

ASMUSHAUSEN. RB Cassel Kr. Rotenburg.
Kirche spgot. 1sch. mit gleich breitem Chor; dort die Fenster spitzbg. mit Fischblasen, im Schiff Vorhangbögen.

ASTHEIM. UFranken BA Gerolzhofen.
Ehem. **Karthäuser-Klst.** gegr. 1409 durch Erkinger v. Seinheim-Schwarzenberg. Kirche charakteristisch nachgot. Bau (1603 f.) auf älteren Fundamenten. Netzgwb. Lettner. Das prächtige, mit Statuen geschmückte Renss.Portal an die Prokuratie versetzt. Treffliches C h o r g e s t ü h l renss., spätbar. umgearbeitet. Mächtiger H o c h a l t a r 1730, Seinsheimsche E p i t a p h e. — Vom **Klst.** erhalten die Prokuratie um 1583, die nachgot. (um 1600) Nikolauskap. und der Verbindungsgang zur Kirche. Überlebensgroßes H o l z k r u z i f i x um 1520.
Dorf-K. Epit. G. F. v. Schwarzenberg 1543, wohl von *P. Dell* d. Ä., Moritz v. Sch. 1565 von *Thomas Kissner*.

ATZENDORF. Pr. Sachsen Kr. Merseburg.
Dorf-K. Die östl. Schlußwand mit 3 pyramidal gruppierten Spitzbogenfenstern 13 Jh., sonst 17. Jh.

AUA. RB Cassel Kr. Hersfeld.
Dorf-K. daran geringe Reste des 1218 von hier nach Blankenheim verlegten Klosters; ein rom. T a u f s t e i n Träger der Altarmensa.

AUB. UFranken BA Ochsenfurt. [D.]
Pfarr-K. (ehem. Benedikt.-Propstei). Das Lhs. Neubau aus der Juliuszeit (1615), erst M. 18. Jh. aus 3sch. in 1sch. Anlage umgewandelt. Aus 13. Jh. erhalten der WBau, ein sehr bmkw. Dokument aus der ersten Rezeption des got. Stils. 1275 und 1280 die ersten Erwähnungen, zu welcher Zeit auch die Bauformen passen. Erdgeschoßhalle und Empore, beide geteilt in 3 Sch. und 2 Joch. Die Formen der ersteren noch mit viel rom. Erinnerungen, woraus nicht notwendig ein nennenswert höheres Alter folgt. Doppelt gekehlte Rippen mit Anläufen auf diagonal gestellten Kämpfern. Die oberen Pfll. aus 8 Runddiensten gebündelt, ihre Kapitelle glatt. Diejenigen der Wandfll. mit schönstem frgot. Blattwerk unter reichlicher Beimischung von Masken und Tieren. Die Fenster haben im Maßwerk Nasen, z. T. in Blumen endigend. Das Portal spitzbg. in rundbg. Blende. Tympanon fensterartig aufgelöst. Im Obergeschoß Rosenfenster. Vergleichspunkte zu fränkischen Bauten dieser Zeit fehlen; sämtliche Details weisen auf den Oberrhein und über diesen hinaus wohl auch auf direkte Bekanntschaft mit der französischen Gotik, namentlich gilt dies von der Komposition der Rosen. — Hochaltar 1682. Kanzel 1790. Hauptschmuck des Turms die schöne Kreuzgruppe aus *Riemenschneiders* Werkstatt, dem Meister selbst nahe stehend. Bmkw. Steinrelief aus 14. Jh., die Jünger am leeren Sarge Mariens. Zahlreiche Renss.Grabmäler. Das des Truchsessen von Baldersheim aus der *Riemenschneider*schen Werkstatt um 1520.
Spital-K. 14. Jh., umgebaut 1595. Fürstbischöfliches Schloß 1580—1620. In den Turmräumen (Amtsgericht) schöne Stuckdekoration um 1770, vielleicht von *Matteo Basti* (vgl. die Engelheimer Zimmer der Würzburger Residenz). Die Kap. in typischer unterfränkischer Nachgotik. — **Rathaus** 1671. — In der Nähe des Ortes mehrere schmuckreiche Bildstöcke.

AUBSTADT. UFranken BA Königshofen.
Dorf-K. renss. 1618, mit Friedhofbefestigung.

AUE. Pr. Sachsen Kr. Zeitz.
Dorf-K. des 12. Jh. Sandsteinquaderbau. WTurm. Am abgetreppten Portal die Kanten als Rundstäbe ausgebildet, im Tympanon der Gekreuzigte in langem Rock. Empore und Holzdecken mit Bar.Malerei geben ein farbenreiches Innenbild.

AUE AM BERG. Sachsen-Meiningen. Kr. Saalfeld.
Dorf-K. (ehemals Wallfahrt) im Kern rom. Überarbeitungen got. und später. — Gemaltes Triptychon um 1500.

AUERBACH. K. Sachsen. Amtshauptstadt.
Burgruine. Bergfried aus fr. Ma. noch erhalten.

AUERSTEDT. Pr. Sachsen Kr. Eckartsberga.
Dorf-K. 1718 fast ganz erneuert; Nachwirkung der ma. Anlage die östl. Stellung des Turms.

AUERSWALDE. K. Sachsen AH Flöha.
Dorf-K. Einige der wenigen im Lande, welche ihren ursp. rom.

Gr. und Aufbau unverletzt erhalten haben. Gemeindehaus fast **quadr.**; Chor ebenfalls quadr., doch kleiner; beide Teile flachgedeckt; ½kr. Apsis. Ringsum gegliederter Rundbg., Fries, an der Apsis ½ Sll., am OGiebel steinernes Kreuz, am Altar rom. **Mensa.** — Altarschrein, schöne Arbeit aus Altenburger Werkstatt, 1503.

AUFENAU. RB Cassel Kr. Gelnhausen.
Dorf-K. spgot., flachgedeckt, eingezogener polyg. Chor, WTurm, einfachste Formen. — Gemaltes Triptychon M. 15. Jh.

AUFSESS. OFranken BA Ebermannstadt.
Burg aus **Ma.** gut erhalten.
In der **Schloß-K.** Grabstein für Albrecht v. A. 1356; kunstvolles zinnernes Taufbecken von *Caspar Enderlein* († 1633).

AUGSFELD. UFranken BA Haßfurt.
Dorf-K. ca. 1730—50, 1sch. mit Lattengwb., Chor nach alter Gewohnheit im OTurm. — Dekoration und Mobiliar in munterem, ländlich splendidem Rok.

AUGUSTUSBURG. Sachsen AH Flöha.
Schloß gegr. 1568 durch Kurfürst August, wesentl. voll. 1573. Baumeister *Hieronymus Lotter* aus Leipzig, zum Schluß *Erhard van der Meer* unter Oberaufsicht des Grafen *Rochus v. Linar.* Der allgemeine Charakter ist der eines Residenzschlosses mit festungsmäßigen Anklängen (Gräben, Kasematten usw.). Der Gr. gibt in der Umfassungslinie ein Quadrat von 86 m, in der inneren Einteilung 4 massige 4eckige Eckhäuser, die durch schmale Flügel verbunden werden, so daß der Hof griechisch kreuzf. wird. Die Fronten 2geschossig ohne Gesimsteilung und in sehr niedrigen Proportionen, die 4eckigen Fenster mit got. Profilen sind die einzige Belebung der glatten Wand, dazu auf der N- und SSeite ein Einfahrtstor in Rustika, derbe Nachahmung der Festungsbauten der Sammicheles. Über dem weit ausladenden Hauptgesims ein Umgang mit Balustrade. Starke Akzente geben die Eckbauten mit Zwerchhäusern, steilen Walmdächern und hohen Schornsteinen (durch späteren Umbau vereinfacht). Die Ausstattung der Wohn- und Festräume stark reduziert; es waren vorhanden 5 Säle, 7 Vorsäle, 74 Zimmer, 96 Kammern. Auf der SSeite bildet den mittleren Verbindungsbau die **Schloßkirche** nach dem Plan *v. d. Meers.* Zwischen den tiefen Streben ringsumlaufende, steinerne Emporen, Pfl. u. Bogenstellungen mit Halbsäulen in unten dor., oben jon. Ordnung, alles in schwerster Behandlung, das Tonnengwb. in sog. Quadraturwerk stuckiert. Über dem Altar großes Gemälde von *L. Cranach d. J.* von 1571, Kurfürst August mit seiner zahlreichen Familie vor dem Gekreuzigten. Kanzel mit Gemälden von *Hans Schröer.*

AULIGK. K. Sachsen AH Borna.
Dorf-K. Chor 14. Jh., sonst im 17. u. 18. Jh. umgebaut. Grabsteine des 16. Jh. der v. Thor, v. Miltiz u. a. Orgel von *Gottfr. Silbermann,* aus Chemnitz versetzt.

AUMA. Sachsen-Weimar. VB Neustadt a. d. O.
Stadt-K. 1520 und 1793. — Reste eines Schnitzaltars A. 16. Jh.

AURA. UFranken BA Hammelburg.
Ehem. **Benedikt.-Kloster,** gegr. 1108, erster Weiheakt 1113. Im Bauernkrieg beschädigt, 1687—97 teils weiter zerstört, teils umgestaltet. Im ganzen wohlerhaltene rom. Basl., flachgedeckt, Stützenwechsel von je 2 Sll. mit Würfelknäufen und 1 Pfl. Das (zerstörte) Qsch. lag an der WSeite, die OSeite schloß mit 2 Türmen am Ende der Ssch. und 3 parallelen Apsiden. Obgleich das Klst. mit Mönchen aus Hirsau besetzt war, die Anlage nicht im Hirsauer, sondern im Regensburger Schema. Ein westl. Atrium mit Doppeltürmen (dies Motiv aber Hirsauisch) 1689 abgetragen. — Reste des rom. Kreuzgangs, z. T. erst 1874 neu zusammengestellt. — Derbe Barockaltäre 18. Jh., Kanzel und Chorgestühl E. 17. Jh. Von der rom. Klst.-anlage wenig erhalten. Dies wenige doch von Interesse.
A. 17. Jh. eine große zweite Kirche begonnen, doch nicht zur Vollendung gebracht; jetzt Ruine.

AUWALLENBURG. RB Cassel Kr. Schmalkalden.
Burgruine Wallenburg, erb. gegen 1247, erhalten ein 27 m hoher Turm, rom., von ausgezeichneter Technik, mit 2 Einsteigtüren.

AXIEN. Pr. Sachsen Kr. Torgau.
Dorf-K. rom. Backsteinbau, querrechteckiger Satelturm innen in 2 Rundbg. gegen das Sch. geöffnet, ½ kr. Apsis, Rundbogenfries im N einfach, im S verschränkt. — Aus frgot. Zeit Taufstein und Reste von Wandmalerei.

B

BAALSDORF. Sachsen AH Leipzig.
Dorf-K., rom. Anlage des 13. Jh. — Glocke E. 13. Jh. mit der Inschr. „*Heinricus Filius Tiderici me fecit*“ (ein Glockengießer *Thidericus* erscheint 1278 in Lühe bei Hildesheim; die gleiche Inschr., wie die vorliegende, haben in der Umgegend die Glocken zu Groß-Wiederitzsch, Geringswalde, Niedergräfenhein, Oetzsch).

BAHRA. UFranken BA Mellrichstadt.
Dorf-K. Frgot. Sakramentsnische. Glocke mit Apostelnamen um 1300.

BALDERSHEIM. UFranken BA Ochsenfurt.
Pfarr-K. 1611, verändert 1901. Sehr guter Grabstein 1493; andere 16. und 17. Jh.—Hochaltar um 1700 mit guten Holzfigg. vom spätgot. Altare (nach 1500).

BALGSTEDT A. U. Pr. Sachsen Kr. Querfurt.
Dorf-K. Rom. Turm mit gepaarten Fenstern. Schiff abgebrochen und im 18. Jh. im W des Turms neu errichtet. — Glocke 1311.

BAMBERG. OFranken BAmtsstadt. [D.]
Dom St. Peter u. St. Georg. Gegr. 1004 durch Kaiser Heinrich II. In der heutigen Erscheinung 1. H. 13. Jh. mit Beibehaltung des Grundrisses des Heinrichsbaus. Basilika mit zwei Chören, der östl. St. Georg, der westl. St. Peter gewidmet; Querschiff in W. Zwei Krypten schon für den ältesten Bau bezeugt. — Lichte Länge total 95 m. — Brand 1081. Wiederherstellung durch B. Otto, Weihe 1111. Neuer Brand 1185, über den Umfang des Schadens nichts bekannt. Aus den Bauformen ergibt sich, daß gegen 1200 eine umfassende Erneuerung begann, aus der der Bau in heutiger Gestalt hervorging. Baunachrichten fehlen außer Altarweihen 1229, 1232, 1235 und Hauptweihe 1237. Hauptbauzeit somit unter Bischof Ekbert von Andechs (reg. 1203—1237).
O s t b a u. Die Krypta umfaßt den Raum unter dem Chor, der bis zum 3. Pfl. des Lhs. vorgeschoben. Das abschüssige Gelände gestattete eine für rom. Krypten ungewohnt hohe und luftige Anlage. Dank der Anwendung von Kreuzrippen (mit derbem Rundstab besetzt) konnten die Gwb.Grundrisse oblong und das Msch. in größerer Breite angelegt werden. Die Stützen sind Sll., Kaptt. mit krausem, einigemal auch antikisierendem Blattwerk, an den hohen 8eck. Deckplatten frgot. Einfluß. Der Eingang wird ursp. in der Mitte der WWand gelegen haben; die hohen Sockel des ersten Pfeilerpaares deuten auf ehemaligen Podest. — Die Apsis des hohen Chors legt sich, besonders in der Außenansicht hervorragend schön kombiniert, an die große Wandfläche, die durch den OGiebel des Lhs. und den mit diesem in gleicher Flucht liegenden Unterbau der Türme gebildet wird. Der Gr. der Apsis beschreibt nur im Sockel einen ½ Kreis, mit den Wänden 5 Seiten des 10Ecks. Eine bedeutsame Neuerung. Sie weist auf Herkunft des Meisters vom Oberrhein (vgl. die Münster zu Basel und Freiburg und Pfaffenheim im OElsaß); auch das Detail der sehr reichen Schmuckformen des Äußeren ist mit dieser Annahme gut vereinbar. In den Öffnungen der oberen Turmgeschosse treten Spitzbogen auf. Wegen unsicherer Fundamentierung am NTurm im späteren Ma. Notkonstruktionen eingezogen. Das letzte Geschoß und die Helme im 18. Jh. erneuert. — Im Innern glatte Halbkuppel. Der Raum zwischen den Türmen war ursp. auf ein Tonnengwb. berechnet.
L a n g h a u s. Der an den OChor anschließende erste Abschnitt enthält 3 Arkaden. Sie sind mit der Krypta gleichzeitig ausgeführt. Die Dreizahl beweist, daß ursp. an Gwbb. nicht gedacht war. Es werden also die mittleren und westl. Teile des Lhs. (bis dahin flachgedeckte Basl.) durch den Brand von 1185 nicht so sehr gelitten haben, daß ein völliger Neubau für nötig gehalten wurde. An den Obermauern Brandspuren und vermauerte ältere Fenster. Im Laufe der Bauführung entschloß man sich zu Einwölbung nach dem gebundenen System. Die z. T. unbenützt bleibenden Wanddienste im östl. Abschnitt bezeugen die anfängliche Unsicherheit. Die Gwbb. spitzbg. mit rechteck., verhältnismäßig

schmalen Gurten und derben, mandelförmigen Kreuzrippen. Die Einzelheiten frühestgot., wohl unter Einfluß des Zisterzienserklst. Ebrach. Ebendahin weisen die geraden Scheitel (während sonst der deutsche Übergangsstil starke Busung liebt). Der Querschnitt genau nach der Proportion des gleichseitigen Dreiecks, auch dies ein zisterziensisches Merkmal.

Westchor. Im Gr. 5 Seiten des 10Ecks. Anfänglich scheint ein 6teiliges Gwb. beabsichtigt gewesen zu sein. Dann 2 schmalrck. Kreuzgwbb. In den Formen Zunahme des französischen Elements. Die kleine, jetzt unzugängliche WKrypta stammt aus dem Urbau.

Äußeres. Maßgebend die Gruppierung der 4 Türme von gleicher Höhe. 4 Portale: 2 unter den OTürmen (Adamspforte, Gnadenpforte, im Zickzackornament der ersteren Einfluß von St. Jakob in Regensburg), am nördl. Ssch. das große und prachtvolle Fürstenportal, am nördl. Qsch. das St. Veitsportal. Die WTürme haben am Unterbau Konsolengesimse, die mit den burgundisch-frgot. der Michaelskapelle in Ebrach genau übereinstimmen. In der Firsthöhe des Querschiffdaches tritt ein Wandel des Projektes ein: Achteck in 3 Geschossen, an den Diagonalseiten begleitet von tabernakelartigen Vorbauten. Dies Motiv mit einigen Veränderungen der Kathedrale von Laon entlehnt (in Laon das Oktogon 1geschossig, nur die Tabernakel in 2 Geschosse zerlegt; in Bamberg durchgehende Teilung; der Zierbaldachin über der Statue des hl. Dionys im Innern des Doms gibt das Motiv von Laon richtig wieder. Anfänglich war noch anderes projektiert: am ersten Achteckgeschoß des NWTurmes laufen ringsum vorgekragte Sockel für (nicht ausgeführte) Sll., welche das ganze Geschoß mit einer durchsichtigen Galerie umhüllt hätten. Das letzte Geschoß, konform den OTürmen, im 18. Jh. erneuert. Die echte alte Gestalt mit kleinen Helmen über den Tabernakeln zeigen eine Kirchenfahne im Domschatz und das Relief über der Hofpforte der alten Residenz. Erbauungszeit der WTürme nicht überliefert, doch kaum wesentlich später als die Kirchweihe 1237.

Nagel-Kapelle (ursp. Kapitelsaal) am südl. Qsch., die 3 ersten Joche frgot., die folgenden eine Erweiterung des 15. Jh. — Dem rom. Bau fehlte ein Kreuzgang. Der bestehende got. 1452. Die dem OChor vorgelagerte Terrassenanlage (sog. Domkranz) 1513.

Innere Ausstattung. Aus Ma. nur das Chorgestühl; im WChor reicher, E. 14. Jh., im OChor etwas jünger. Die hie und da zerstreuten Schnitzaltäre sind in neuerer Zeit aus andern Kirchen herbeigebracht, aus altem Bestand allein der in der Sepultur. Der Wunsch König Ludwigs I. war, „daß das heilige und großartige Denkmal in seinen Verunstaltungen verbessert und der ungestörte Anblick dieses erhabenen Tempels im ursprünglichen Stile wiederhergestellt werde“. Die Leitung der Restauration hatten 1832—1835 *Heideloff*, 1835—38 *Gärtner*. Sie entfernten nicht nur alle nachmittelalterlichen Gegenstände, darunter 10 Renaissanceepitaphe (jetzt in der Michaels-K.), sondern drängten auch dem der Spuren seines Lebens in der Geschichte beraubten Bau ihre eigenen hybriden Erfindungen auf. (Selbst Führich, ein Nazarener, klagte damals über die eingetretene Vernüchterung.)

Von größter Wichtigkeit ist der Bamberger Dom für die Geschichte der monumentalen Plastik im 13. Jh. a) Die Arkaturen an den Schranken des Georgenchors enthalten in ihren 2×6 Blenden die Reliefgestalten von Propheten (NSeite) und Aposteln (SSeite); die gemalten Inschriften ihrer Spruchbänder sind erloschen, weshalb nur bei den wenigsten die Benennung möglich wird. Je zwei im Gespräche. Der Stil zeigt den Moment des Aufsteigens einer säkular an die Kleinkunst gebunden gewesenen Darstellungsweise zum monumentalen Stil; zugleich in ergreifendster Weise den Zusammenstoß konventioneller Gebundenheit, in der sich deutsche Gewohnheiten mit neuerdings aufgenommenen Formen des klassischen Byzantinismus begegnen, und eines zur Freiheit erwachten leidenschaftlichen Naturalismus. Mannigfaltigkeit der Charaktere, Eindringlichkeit der Gebärdensprache sind das Hauptanliegen; die Körperbildung noch sehr fehlerhaft, oft verzerrt, nie ausdruckslos. Die Apostelseite in relativ gedämpfter, die Prophetenseite in stürmisch erregter Stimmung. Schwer zu entscheiden, ob zwei verschiedene Künstler oder derselbe in zwei Abwandlungen. Die Anordnung der SSeite ergibt ein überschüssiges Feld, darin der h. Michael. Das Verkündigungsrelief am Pfl. rechts von der Chortreppe saß früher an der NSeite, wo die Ausbruchstelle noch sichtbar. Etwa der Anfang einer neuen Reihe? (vielleicht bestimmt für den Peterschor, dessen Schranken dann ohne plastischen Schmuck, bloß mit Gemälden in den Feldern, zur Ausführung kamen) zeigt es, wie weit dem Meister das Formalschöne zur Verfügung stand. Sichere Datierung ist nicht möglich; am wahrscheinlichsten ist mir die Zeit rund 1220—30. — b) Die Adamspforte, links (SO) vom Georgenchor. Am rechten Gewände Petrus, Adam, Eva; am linken Kaiser Heinrich, Kunigunde, S. Stephan. Die Statuen sind später eingefügt; wären sie für dieses Portal, auch nach Vollendung desselben, gearbeitet worden, so hätte der Künstler sie auf Konsolen gestellt; allein sie sind mit Säulen verwachsen, die in dem Organismus dieses Portals keinen Platz finden; Petrus weist ohnedies auf den Peterschor. Dieser Bauteil ist es, mit dem architektonisch die französische Schule einsetzt, und daß der Bildhauer der Adamspforte seine Schule in Reims durchgemacht hat, habe ich anderweitig nachgewiesen. — Von derselben Hand rühren mehrere Statuen her, die jetzt im Innern an den den Georgenchor nördlich begrenzenden Pfeilern sehr ungeschickt aufgestellt sind. (Waren etwa auch sie für ein Portal gedacht?) Am Mittelpfeiler Maria, von ihr getrennt Elisabeth (als Heimsuchungsgruppe gedacht), auf der andern Seite ein Engel (Verkündigung);

am linken Pfl. ein Papst, am rechten der h. Dionys, an seiner Front ein lebensgroßer Reiter. Dieser künstlerisch und ikonographisch ein Novum. An Zusammenhang mit den Reitern an südwest-französischen rom. Fassaden nicht zu denken. Als Benennungen wurden bis jetzt vorgeschlagen: K. Konrad III., K. Stephan von Ungarn, K. Wilhelm von Holland, einer der hl. drei Könige. Alles wenig plausibel. Wahrscheinlicher ist mir, indem ich von der Bedeutung der Örtlichkeit (Georgenchor!) ausgehe, die Benennung S. Georg. Vgl. die Nachbildung im Dom von Regensburg. Dort und in Basel mit S. Martin gepaart. Vielleicht war das auch in B. beabsichtigt. Die stilistischen Beziehungen zu Reims und, wie bei Maria und Elisabeth, indirekt zur Antike sind überall klar; außerdem muß der Meister auch Burgund, etwa die Kathedrale von Langres, gekannt haben, wie die spezifische Behandlung des Akanthus am Sockel des Reiters wie auch an einigen Statuensockeln der Adamspforte anzeigt. Die Zeit der Ankunft dieses Meisters, dem mittelbar auch die WTürme zuzuschreiben sind, ist nicht zu ermitteln, etwa 1240—60. Er gehört zu den ersten künstlerischen Kräften des 13. Jh. Um so bedauerlicher, daß wir keine seiner Gestalten in dem von ihm gewollten architektonischen Zusammenhange sehen (wie ja auch sein zu vermutendes Projekt für die Erweiterung des WChors unausgeführt blieb). Viele interessante architektonische Reminiszenzen und Phantasien stecken in den Baldachinen über den Statuen, z. B. an dem über dem Reiter Reimser Maßwerk der frühesten Art. — c) Das Fürstenportal am nördl. Ssch. Am Gewände die 12 Apostel auf den Schultern von Propheten (in ikonographischer Hinsicht vgl. den Taufstein in der Vorhalle des Merseburger Doms), am Tympanon das Jüngste Gericht. Die tektonische Anordnung ist französisch, wiewohl mit der bedeutsamen Abweichung, daß die Statuen mit Sll. wechseln (vgl. Goldene Pforte in Freiberg); der Stil geht von dem lokalen der Schranken des Georgenchors aus, durchdringt sich aber mehr und mehr mit dem französischen; man erkennt die linke Seite als ältere, die rechte als jüngere, das Tympanon als letzte Stufe dieser Entwicklung. Die zu beiden Seiten angeordneten Standbilder der Ecclesia und Synagoge haben mit dem Portal ursp. nichts zu tun; sie sind dem Vorrat der vom Meister der Adamspforte hinterlassenen Stücke entnommen; ebenso gehören der Werkstatt des letzteren der Posaunenengel und der Abraham über dem linksseitigen Kämpfer. — d) Aus der älteren einheimischen Schule das Bogenfeld und die Apostelbrustbilder des Portals rechts vom Georgenchor (NO); die 2 kauernden Löwen an der OFassade von einem später veränderten Portal nach 1185. — Grabdenkmäler des 13. Jh. Auf dem Peterschor Tumba des B. Suitger, nachmals Papst Clemens II. († 1047.) Meines Erachtens ist nur der sandsteinerne Sockel alt; die glatte Deckplatte aus grauem Marmor wurde bei Öffnung des Grabes 1731 ausgeführt; und da die Seitenwände der Tumbawände aus demselben Material sind, müssen auch sie aus 18. Jh. sein; die Reliefs zeigen aber so viel Stileigentümlichkeiten des 13. Jh., daß sie als ziemlich genaue Kopien angesprochen werden müssen. Die ursp. Sandsteinplatte mit der Liegefigur des Papstes jetzt an der NSeite des Georgenchors. — Die 2 Tumben des Georgenchors: B. Gunther († 1065), Stil des 13. Jh., flaches Relief, ungewöhnlicherweise in Profil; B. Otto II. († 1196), eingeritzte Linearzeichnung, Gesicht, Hände und Füße waren mit Messing eingelegt. — Tumbendeckel des B. Ekbert v. Andechs und Meran † 1237, ähnlich dem des B. Gunther; Standort jetzt am Eingang in die Antoniuskap. — Noch immer nach demselben Schema der Tumbendeckel des B. Berthold v. Leiningen † 1283, s. unten. — Grabdenkmäler aus dem 14.—17. Jh. a) im südl. Qsch.: rechts vom Altar großartiges Bildnisepitaph des B. Phil. v. Henneberg 1487 (von derselben Hand wie Diether von Isenburg im Dom zu Mainz, fast Kopie, also trotz der individuellen Züge ohne Porträtwert); Bronzetafel für den Domherrn Wolfgang von Würzburg 1610, Guß von *Jakob Weinmann* von Nürnberg; Epit. des B. Georg IV., Fuchs von Rügheim 1561 von *Kilian Sorg;* Bronzemonument B. Phil. Voit v. Rieneck 1672. — b) Im Peterschor: Epit. des B. Georg III. Schenk v. Limpurg 1522 von *Loy Hering* in Eichstätt, Material polierter Solenhofener Kalkstein; an den Wänden mehrere Platten mit eingelegten Messingfiguren in Flachrelief, herkömmlich der *P. Vischer*schen Hütte zugeschrieben. — c) Im nördl. Ssch.: im 2. Joche B. Albert v. Wertheim 1421, B. Friedrich v. Truhendingen 1366, beide ohne Inschriftrand und fast Rundfiguren, wohl von Anfang an stehend (also technisch als Epit.) gedacht; in der Nachbarschaft die bloß mit Inschrift versehenen Bodenplatten von Bischöfen des 16. Jh., deren zugehörige Epitaphe jetzt in S. Michael; neben dem Fürstentor Denkmal des letzten Fürstbischofs Georg V. v. Fechenbach 1826. — d) An den südl. Arkadenpfl. des Msch.: B. Berthold v. Leiningen 1283; B. Anton v. Rotenhan 1459; B. Friedrich v. Hohenlohe 1351, künstlerisch das wertvollste unter den spätmittelalterlichen. — e) Monument des kaiserlichen Stifterpaares Heinrich und Kunigunde von *Tilman Riemenschneider,* beg. 1499, voll. und aufgestellt 1513. Material feiner (wohl Solenhofener) Kalkstein; Form Tumba; so hoch aufgebaut, daß die in nicht sehr hohem Relief gehaltenen Bildnisfiguren des Deckels fast unsichtbar bleiben; Reliefs an den Wänden; wenig Architekturformen. Die Reliefs stellen dar: 1. Kunigundens Feuerprobe, 2. Kunigunde bezahlt die Werkleute zum Bau der Stephanskirche, 3. Heinrich auf dem Krankenbette, 4. Heinrich durch den h. Benedikt von seinem Steinleiden geheilt, 5. Heinrichs Seelenwägung. — Sepultur der Domherren in der h. Nagel-Kap. Die Wände, soweit sie nicht von Altären eingenommen sind, tragen in dichter Reihe und gleicher Größe 64 ikon. Bronzetafeln, 1414—91 besteht die Darstellung in bloßen Umrissen; 1491—1550 in flachem Relief, nach 1550 war der

Platz besetzt und wurden in größerer Höhe bloße Wappentafeln angebracht; für eine Anzahl ist der Guß in der Forchheimer Hütte bezeugt; für welche anderen die *P. Vischer*sche in Frage käme, wäre noch zu untersuchen; wahrscheinlich ist es für die Platte des Joh. v. Limpurg († 1475), die dann die älteste in der Klasse der gravierten von *P. Vischer* wäre. — Spgot. Schnitzaltäre im nördl. Ssch. (aus Mühlhausen) und in der Nagel-Kap. — Kaiserglocken aus A. 14. Jh. Die größere nach Heinrich benannte bez. 1311, im Durchmesser 179 cm, Höhe 140 cm. Schatzkammer (seit 1907 in neuen Räumen geordnet) ist in ganz hervorragender Weise reich an Textilien: drei den Reichskleinodien beigezählte Kaisermäntel, Rationale, Grabtuch des Bischofs Günther (sämtlich 11. Jh.), Mitra des h. Otto (12. Jh.), großer Wandteppich mit der Passion (15. Jh.), ferner Kleinodien aus Metall: zwei rom. Tragaltärchen mit Email und Elfenbeinschnitzereien, großer Bronzeleuchter für Osterkerze (12. Jh.), Kurvatur eines Bischofsstabs mit Email (13. Jh.), Reliquiarien und Monstranzen. Schüssel aus Glasfluß (Opus Alexandrinum 1. Jh.). Gegenstände aus Elfenbein: Messerscheide (spätestens 9. Jh.), Pontifikalkämme (roman.), Ziborium (got.), Kruzifixe. — Bis ins 16. Jh. fand alle sieben Jahre die große „Heiltumsfahrt" (öffentliche Ausstellung der zahlreichen Reliquien) statt.

Der Dom liegt inmitten eines Komplexes von Amts- und Wohnhäusern der geistlichen Würdenträger.

Alte Hofhaltung. Weitläufiger Hof von malerischen Fachwerkhäusern mit Holzgalerien umgeben (bez. 1479); nach vorn gegen den Domplatz eine Hofmauer mit prächtigem Einfahrtstor und neben diesem ein nach der Tiefe unvollständig gebliebenes Steinhaus; durch die künstlerische Feinheit der asymmetrischen Gruppenbildung eine der allerglücklichsten und bezeichnendsten Schöpfungen der deutschen Renaissance, erbaut unter B. Voit v. Würzburg † 1577. Der entwerfende Baumeister unbekannt. *(Daniel Engelhard? Caspar Vischer?)* — In demselben Gebäudekomplex eingeschlossen die Überreste der

Andreas-Kap., eines frrom. achteck. Zentralbaus (Burgkapelle der Königspfalz?) und die

Katharinen-Kap. aus dem 12. Jh., anscheinend Doppelkapelle. (Hauskapelle des Bischofs.)

Neue Residenz. Nachdem die Bischöfe abwechselnd im Geierswörther Schloß (an der Stelle des jetzigen Oberlandesgerichts) und in einem verschwundenen Schloß auf dem Michelsberg residiert hatten, wurde 1695 von B. Lothar Franz v. Schönborn der gegenwärtige Bau begonnen. Baumeister *Leonhard Dientzenhofer*. Zur Ausführung kam (bis 1704) nur ein Fragment des riesigen Planes in drei Flügeln. Der mittlere sollte in der Querachse des Doms ein großes Portal erhalten. Ausgeführt nur die rechte Hälfte des Mitteltrakts und der östl. Flügelbau, in einem massigen hohen Pavillon endend. Die Behandlung korrekt, doch eintönig. Sehr nüchtern, an Klosterbauten der Zeit erinnernd, ist auch die innere Einteilung. Bedeutsamer nur der große Festraum, der Kaisersaal; noch ist der, in diesen Gegenden wohl zuerst von Dientzenhofers jüngerem Bruder Johann in Pommersfelden getane Schritt, die Durchlegung durch 2 Geschosse, nicht gewagt; so bleibt der Raum in der Weise der älteren Architektur im Verhältnis zu seiner Ausdehnung sehr niedrig, und erscheint es noch mehr durch den schweren Prunk der Dekoration.

Kapitelhaus (links vom OChor des Doms) 1731 nach Entwurf von *B. Neumann*. Im Hauptsaal feine Stuckdecke, noch nicht „Rokoko". 2 aus dem Dom stammende Altarblätter von *Merian* und *Sandrart*.

Alte **Domdechantei** (jetzt erzbischöfl. Palais) von *J. M. Küchel*, einem früheren Gehilfen Neumanns. Jetzige Domdechantei kleiner Rok.Bau.

Domherrenhöfe. Auf dem übrigen Teil des Domberges, soweit er nicht durch die Kirche und die beiden Residenzen eingenommen ist, breiten sich die Wohnsitze der Domherren aus. Sie scheinen die gemeinschaftliche Wohnung in der Klausur in früher Zeit schon aufgegeben zu haben, vgl. den Mangel eines rom. Kreuzganges. Eine Wanderung durch diese alten, im Laufe der Zeiten natürlich mannigfach umgestalteten Kurien mit ihren von Galerien umgebenen Höfen und ihren terrassierten Gärten ist von großem Reiz. Viele haben ihre Hauskapellen bewahrt; eine (im jetzigen Stadtrentamt gegenüber dem Kapitelhaus) ist noch rom., die übrigen got.

Das Bild der geistlichen Stadt vervollständigt sich durch die Absteigequartiere der Äbte aus der Diözese: erhalten der Langheimer Hof und der Ebracher Hof, beide nach M. 18. Jh. von *J. M. Küchel*. — Domherrenhöfe. Ferner Voitshof, Groß-Trockauhof, Würzburgshof (auch Jungkindshof genannt) 1565. Fürstenhof (mit Redwitzschem Wappen 1498). Eybscher Hof 1538. Redwitzsche Kurie (Stadtrentamt) 15. und 16. Jh.

Antoniterhof mit **Laurenzi-Kap.**, got. Anlage, 1629 umgebaut, unbedeutend.

Clarissen-Klst., gegr. 1341, profaniert.

Dominikaner-K. (jetzt Militär-Depot). Chor 1380—87 in der gewöhnlichen polyg. Anlage; das Lhs. hat 3 Sch. von gleicher Höhe mit flachen Decken. (Umbau des 16. Jh.?). Der Kreuzgang verwüstet.

S. Gangolf. Ehem. Stifts-K., gegr. 1063. Anlage und Mauerkern gehören einer rom. kreuzf. Basilika. Obergaden noch mit rom. Fenstern. Die Arkaden got. erweitert, an die Sschiffe got. Kapellen angebaut. Das Ganze got. eingewölbt. Sprom., oben in got. Formen übergehend die Doppeltürme der Fassade. Zwischen ihnen schaut der Mschiffsgiebel vor. — In den sehr verbauten Stiftsgebäuden Reste eines rom. Kreuzgangs.

S. Elisabeth. Kleiner spgot. Bau, willkürlich neugot. rest. — Ein paar H o l z f i g g. aus der Schule *Riemenschneiders.*

Franziskaner-Klst. Die K. abgebrochen, die Konventsgebäude als Landgericht umgebaut.

S. Getreu (S. Fides?). Gründung des h. Otto, 1727 ff. gänzlich erneuert, unansehnlicher Barockbau. In ihm große K r e u z i g u n g s g r u p p e, welche Endpunkt von S t a t i o n s b i l d e r n war, die sich von S. Elisabeth den Berg heraufziehen; gestiftet zwischen 1503—1505; weitgehende Anlehnung an *Adam Krafft,* die Auffassung ins Spießbürgerliche und Grelle gezogen.

Dominik.-Nonnen-Klst. zum h. Grabe. Als Militärlazarett umgebaut.

S. Jacob (ehem. Kollegiatstift), gew. 1109. Dieser Bau im wesentlichen erhalten; die got. und bar. Überarbeitung des Innern seit 1866 entfernt; anspruchslos im rom. Sinn restauriert, störend die neurom. Ausstattung. — Flachgedeckte doppelchörige kreuzf. Basilika, nach dem Vorbild des Doms das Qsch. im W., die Türme im O. Im Lhs. 8 schlank proportionierte Säulenarkaden; steile att. Basen ohne Eckblatt; das Mittelglied von der normalen Form abweichend; Würfelkaptt. mit einfacher 2gliedriger Deckplatte. Die östl. Apsis durch Barockfassade von 1771 maskiert. Die Erdgeschosse der Türme, die als Eingangshallen dienten, mit Gwbb. im Üb.-St., sonst sind die Türme got., nur einer erhalten. Der WChor einfach got. erneuert; die Krypta zugeschüttet, ihre rom. Fenster hinter den Chorstühlen erkennbar. An der OWand des Qsch. Apsidiolen; ihre sehr schlicht behandelten Bg.Friese sind die einzigen rom. Formen, die der Außenbau sich noch bewahrt hat.

Karmeliter-K. 1157 Zisterz.-Nonnen-Klst. St. Theodor, 1589 Karmeliter. Die K. 1694 ff. von *Leonhard Dientzenhofer,* ein mittelgroßer Barockbau der nüchternen Art. Um den rom. Bau nicht gänzlich zu zerstören, wurde der Chor (mit verkehrter Orientierung) zwischen dessen Fassadentürme eingebaut; von diesen jetzt nur einer erhalten, dazu das sehr große, mit Zickzackornament eingefaßte Mittelportal aus E. 12. Jh.; es hatte vorher schon ein got. Umbau stattgefunden. In den formlosen, kellerartigen Räumen unter dem jetzigen Chor rom. Reste. Das Niveau der rom. K. muß tiefer gelegen haben. Interessant der große rom. K r e u z g a n g. Am OFlügel Bogenfragmente des Kapitelsaales im Stil des 12. Jh. Der Kreuzgang selbst ruhte auf Sll. und war flachgedeckt; schon ein got. Umbau hat ihn sehr entstellt. [Ein Teil der Sll. jetzt im Münchener Nat.-Mus.] Zur Geschichte der Bamberger Lokalarchitektur bmkw. der sog. F r e m d e n b a u (links von der jetzigen Fassade) beg. 1692. Umbau des Klst. 1690—1710.

Katharinen-Kap. s. Alte Hofhaltung.

Liebfrauen- oder **Obere Pfarr-K.** — Der einzige bedeutendere got. Bau, der in Bamberg zustande gekommen ist. Geldsammlungen 1320; wann wirklich begonnen, unbekannt; Weihe 1387; die Formen sprechen für 2. H. 14. Jh. Umbau des Lhs. 1782; die Nachricht, daß der damals vorgefundene Bau flachgedeckt gewesen und auf Säulen geruht habe, die nur verstärkt zu werden brauchten, wird von den Lokalhistorikern irrig auf rom. Stil gedeutet; die Mauern des Lhs. sind, wie Sockel und Gesimse beweisen, durchaus got., auch sind die Stützenabstände des Innern nur bei einem got. Bau möglich; also war es eine flachgedeckte got. Basilika in der Art der Bettelordenskirchen; durch moderne Rest. ist das Innere jedes Interesses beraubt. — Ein neuer Plan tritt mit dem Chor ein; gewölbt; innerer Schluß $^5/_8$, Umgang $^9/_{16}$ mit Wechsel 4eckiger und 3eckiger Joche; zwischen den Strebepfll. flache Kapellen. Außen treten die Strebepfll. nur als dekoratives Relief aus der Wand hervor; jedoch wachsen sie durch das Dach durch und nehmen Strebebgg. auf. Das Äußere ist mit reichem, aber wenig edlem Schmuckwerk überdeckt; über den Kapp. Giebel, am Hochchor Flächendekoration durch Stabwerk, eine große Menge von Statuen war vorgesehen (wie auch an den Wanddiensten des Innern), kam aber nicht zur Ausführung. Am nördl. Ssch. die „Brauttür" unter einem hohen Baldachinvorbau. Der an der SWEcke stehende Turm gehört der zweiten Bauperiode an; auch nicht ganz vollendet; sein Partner nie begonnen. — Das Innere übervoll von Altären und einzelnen Kunstwerken; überwiegend 18. Jh. und modern. Zerstreut einige Holzplastik aus E. 15. bis M. 16. Jh. Darunter (jetzt hinten am Chor) 3 große Holztafeln, Reste eines Altars, beglaubigtes Hauptwerk des *Veit Stoß* bez. 1523 (aus der Karmeliter-K. in Nürnberg), das Mittelstück ca. 2,50 : 3,50, ganz gemäldemäßig komponiert; aber technisch nicht Relief, da die Vordergrundfiguren völlig rund ausgearbeitet, Christi Geburt, die Musikinstrumente der Engel 1864 z. T. „hinwegrestauriert" und dadurch die Bewegungsmotive unverständlich gemacht (vgl. die alte Abb. bei Schellenberg). — Gegenüber in einer Kap. Sakramentsnische bez. 1492; Wandkomposition; unten Grablegung; zu beiden Seiten Einzelstatuen in 2 Reihen übereinander; die Krönung 1864 verstümmelt; die schlechte Beleuchtung erschwert das Urteil, anscheinend kaum mittelmäßige Arbeit. — Taufstein mit eingelegten Holzreliefs. — Als Beispiele für die Lokalkunst des 18. Jh. wären noch zu nennen: die Hochaltarplastik von *J. J. Vogel* und am westl. Ende des nördl. Ssch. Gemälde, der verlorene Sohn, von dem seinerzeit Ruf genießenden *Joh. Nik. Treu*. — An der Brauttür, 2. H. 14. Jh., Statuen der klugen und törichten Jungfrauen, im Tympanon Vermählung Christi mit der Ecclesia. — An der WFront roher Ölberg 1502. — In der Schatzkammer bmkw. Monstranz 1477.

S. Martin. 1685—93 als K. des Jesuitenkollegiums, Entwurf von *Georg Dientzenhofer*, damals in Waldsassen (Bd. III) tätig. Anlage nach dem seit S. Michael in München für kathol. Barockkirchen beliebtesten Schema. Imposantes tonnengewölbtes Hauptschiff mit zweigeschossig, in Kapellen und Emporen, geteilten Abseiten; die Emporen liegen sehr hoch, nämlich auf der

Linie des Gewölbekämpfers; das Qsch. schmal, so daß die Vierung kein volles Quadrat bildet. Überwiegend Korb- und Stichbögen. An der Flachkuppel perspektivisch gemalte Scheinarchitektur in der Art des berühmten Jesuiten *Pozzo*, doch nicht von ihm selbst, wie irrig angenommen wurde, sondern von *Marchini* (vgl. Pommersfelden und Wiesentheid). Fassade in reicher, schwerer, unruhiger, doch sehr wirkungsvoller Gliederung; vermutlich von *Petrini*.

S. Matern. Kleiner flachgedeckter rom. Bau, fast ohne Formen.

S. Michaelis-K. Ehem. Benediktiner-Klst. Erster Bau 1009 bis 1021, zweiter 1121—1168 (?); Reparaturen 1486; weitere nach Brand 1620 und 1700 ff. — Die rom. Basilika in der Substanz, wenn auch nicht in der Formenerscheinung, erhalten. Bedeutende Abmessungen. Lhs. 39,70 l., 20,50 br.; rechnet man dazu Vorhalle, Qsch. und Chor, so muß eine Gesamtlänge von mehr als 70 angenommen werden. Trotz der Veränderungen, gerade im O und W, das Hirsauer Schema unverkennbar. Der Hauptchor got. umgearbeitet, die Nebenchöre in Rokoko-Sakristeien verwandelt. Spgot. Netzgwbb. und spgot. Fenster. Die rundbg. 9 Arkaden des Lhs. rom. und so auch der Kern der Pfeiler; ihre Form wird ebenso wie die der Pilaster des Hochschiffes der Reparatur von 1610 angehören. Echte rom. Profile am letzten östl. Pfeilerpaar; dasselbe ist durch Vorlagen kreuzförmig gestaltet und trägt Gurten im Neben- und Hauptschiff. In diesem letzten Joch auch rom. Kreuzgwb. Das ist ein charakteristisch hirsauischer Zug; der ursp. Sinn die Absicht auf Türme im Winkel zwischen Lhs. und Qsch. (vgl. Paulinzelle). Sie scheinen, wie öfters so auch hier, nicht ausgeführt worden zu sein. Eine Krypta, auch dies hirsauisch, fehlte; die Überhöhung des Chors erst im 18. Jh., wie der noch 1718 vorhandene Baldachin über dem Grabe des h. Otto beweist, für den die jetzige Anlage keinen Raum gewährt (vgl. die Abb. bei Ludewig, Scriptores rer. Bambg. 1718). Am nördl. Ssch. kleiner Rest des rom. Bogenfrieses; vollständiger am Qsch., wo auch die Fenster rom. Ganz verändert der WBau. Er hat ein got. Turmpaar und eine vorgeblendete Barockfassade. 1700 von *Leonhard Dientzenhofer*. Der plastische Schmuck von *Goldwitzer* und *Benkert*. — Innere Ausstattung 1725—48, im Gesamteindruck durch die moderne Rest. beeinträchtigt. Alle Mobilien aus Holz, die prächtige Kanzel von zwei Bamberger Künstlern, dem Tischler *Franz Böhm* und dem Bildhauer *Reuss*. Das Altarbild im Chor von *J. J. Scheubel* 1750. — Grab des h. Otto in Tumbenform 14. Jh., mittelmäßig, stark verändert; an der Wand ein ikon. Grabstein in etwas älterem Stil, angeblich ebenfalls Otto. — Die Epitaphe von Bischöfen wurden auf Anordnung König Ludwigs I. aus dem Dom hierher versetzt. Hervorzuheben: im nördl. Ssch.: no 3 und 7 B. Zobel v. Giebelstadt und B. Voit v. Würzburg, von *Hans Wemding* 1577, 1580; no 4 B. Ernst v. Mengersdorf, von *Hans Werner* 1596; no 6 B. Neidhard v. Thüngen u. B. Phil.

v. Gebsatel, beide 1811 von *Mich. Kern.* Die Reihe des südl. Ssch. bar. und rok. — Klostergebäude. Hauptbau 1696—1702 von *L. Dientzenhofer,* andere Teile jünger. Gänzlich schmucklos und nur durch die ungeheure Masse wirkend. Wirtschaftsgebäude unter Leitung von *B. Neumann.*

S. Stephan. Vom ma. Bau nur ein stattlicher Turm aus 18. Jh. übrig geblieben; 5mal durch kräftige rom. Bg.Friese und Ecklisenen geteilt, in dem oberen Geschosse gekuppelte Schallöffnungen in frgot. Form. Die K. völlig umgebaut; Chor 1628 von *Giov. Bonalino,* nach dem Plan des Brandenburgischen Baumeisters *Valentin Junker;* Sch. 1677 von *Petrini.* Annähernd gleicharmiges Kreuz, in N, S, O polyg. An einigen Stellen, besonders im Chor, treten got. Bestandteile zutage. — Das Stuckrelief über der Vierung von *J. J. Vogel.*

Propsteigebäude (jetzt Präparandenschule) von *J. M. Küchel* um 1760.

Friedhofs-Kap. an der Straße nach Hallstadt (Gönninger-Kap.), gestiftet 1767. Das Innere konnte ich nicht sehen, das Äußere in eleganten Verhältnissen und schon etwas aus dem Rokoko herausstrebend. Um das flache Dach laufen Balustraden mit Kindergruppen. Die Fenster schließen geradlinig mit gerader Verdachung. An der Fassade große Relieftafel, die Stifter vor dem Gekreuzigten.

Älteres Jesuitenkollegium (Gymnasium) 1611; bmkw. Portal zur Aula 1613. **Jüngeres Jesuitenkollegium** (jetzt öffentl. Bibliothek und Lyzeum) 2. H. 17. Jh. und A. 18., die älteren in der Tradition der deutschen Spätrenaissance. **Ernestinisches Klerikalseminar** am Maximiliansplatz. 1733 nach Entwurf *B. Neumanns* von *Justus Heinrich Dientzenhofer.*

Altes Rathaus (jetzt Hauptzollamt), großer schmuckloser Renss.-Bau.

Neues Rathaus auf der Regnitzinsel; 1744—56 aus einem got. Brückenturm (z. T. noch erkennbar) umgestaltet. Altane, Stuckdekoration, plastische Gruppe auf der Brücke von *B. Mutschelle;* alles zusammen überaus glücklich und originell in der künstlerischen Ausnutzung der Örtlichkeit, ein malerisches Architekturbild ersten Ranges.

Hochzeitshaus am Fischmarkt 1618, die prächtigen Giebel 1871 zerstört.

Hauptwache 1774, Bildhauerarbeit von *Kamm.*

Gangolfstor, schmuckreicher Bar.Bau im Charakter einer Ehrenpforte 1697 von *J. L. Dientzenhofer.*

Privathäuser. Gotik und Renaissance sind in Bamberg nicht vertreten. Dagegen begann ein Menschenalter nach dem 30jährigen Kriege eine sehr lebhafte Bautätigkeit mit einem Zuge zum Üppigen, dem eine vortrefflich ausgebildete Stucktechnik die Mittel gab. Öfter ansehnliche Treppenhäuser, z. B. Grüner Markt 14 und Karolinenstr. 18. — Palastartig glänzend behandelt das nach einem späteren Besitzer benannte Prellsche Haus, Judengasse 14, und das Concordiahaus. Beide für denselben Bauherrn, Hofrat J. J. T. Böttinger. Die Grundrißdisposition auf ansteigendem Gelände und dessen Ausnutzung zu Hof- und Gartenterrassen erinnert an italienische, speziell genuesische Vorbilder. Die stilistische Ausbildung aber ist ganz verschieden. Im Prellhause (1707—1711) sind die Treppen und sonstigen Innenräume noch im Sinne des 17. Jh. in gedrückten Verhältnissen, in der noch durchaus bar. Dekoration schwülstig und beinahe roh, aber von großer Kraft der malerischen Effekte; ebenso die Fassade. Der Architekt nicht bekannt. Die neueste Zuschreibung, an *Maximilian Welsch,* hat mich nicht überzeugt, mehr die des Concordiahauses (etwa 1720—1730) an *Joh. Dientzenhofer*. In den Stuckaturen wurden Jugendarbeiten *D. Zimmermanns* vermutet. — Den *Dientzenhofer* zugeschrieben: Langgasse no 18 und no 32, Nonnenbrücke no 1, Grünmarkt no 31, Karolinenstraße 11 (a. 1716). — Von *J. M. Küchel* (lebte 1703—69) Karolinenstr. 1, 2, Kaulberg no 7, Judengasse 7, 12. — Von *Fink* 1789: Langgasse no 13.

Brunnen. Neptunsbrunnen („Gabelmann") am Grünmarkt 1698; an der Domterrasse 1777 von *Trautmann*.

Sammlungen. K. Bibliothek mit wichtigen Bilderhandschriften. Gemäldegalerie auf dem Michaelsberg.

BANZ. OFranken BA Staffelstein. [D.]

Benediktiner-Klst. (jetzt Schloß). Die Kirche 1710—18 von *Joh. Dientzenhofer*. Die Möglichkeit der Benutzung eines fremden Planes nicht ausgeschlossen. — Das typische Schema der Barockkirche — Langschiff mit Seitenkapellen und Emporen und eingezogenem Chor — ist nur im allgemeinsten beibehalten, in der Einzelausbildung unterliegt sie einer Umbildung, die an die extremsten italienischen Barockmeister, wie Borromini und Guarini, sie überbietend, erinnert. Ein Longitudinalbau mit Zentralgedanken durchsetzt und zerwühlt. Die gerade Linie ist im Grundriß völlig aufgegeben, die Pilaster stehen deshalb schräg, und die Gewölbegurten folgen ihrer Richtung. Die große Pfeilermasse, die das Sch. in zwei Querräume zerlegt, setzt sich aus den Segmenten größerer und kleinerer Ellipsen, die im Grundriß der Gewölbegurten wieder aufgenommen werden, zusammen. Wieder andere Ellipsen bestimmen den Gr. der je 2 Seitenkapp. und der über diesen angelegten Emporen. Für das Auge unmittelbar faßbar ist der geometrische Einteilungsgrund nicht und soll es auch nicht sein. Nur um Einheit im malerischen Sinne handelt es sich, und auch nur für einen einzigen Standpunkt, beim Eintritt in die Kirche, ordnen sich die Linien vollkommen zu dem erstrebten Bilde; hier aber ist es in hohem Grade harmonisch und großartig, in der Wirkung noch erhöht durch die raffinierte Kunst der Lichtführung. Es bleiben nämlich dem Beschauer die Fensteröffnungen, immer den genannten maßgebenden Standpunkt vorausgesetzt, unsichtbar, vergleichbar den Lampen einer Theaterdekoration, an die man überhaupt durch die ganze Anlage erinnert wird. Zum Schluß trennt eine durchsichtige Säulenstellung den Altarraum von dem dahinterliegenden langgestreckten Mönchschor; der geheimnisvolle Durchblick ist wieder ein ganz malerischer und als solcher vorzüglich durchgeführter Gedanke. Alles eigentliche Detail ist aber gleichgültig, ja roh behandelt und kommt auch neben den starken Effekten der ganz in Gold gesetzten Altäre und farbenkräftigen Deckenfresken kaum in Betracht. Langgestreckte Krypta mit Mönchsgräbern, z. T. bar. Nachbildungen von ma. Vorbildern. — Die Außenarchitektur kann an den, zum Glück wenig sichtbaren, Langseiten nur abstoßend heißen; sie hat die Kosten der oben gerühmten Innenbeleuchtung zu zahlen; recht tüchtig dagegen die zweitürmige Fassade, zumal in der Fernwirkung.

Klostergebäude. Zum Teil älter als die K., zum Teil jünger. Der kolossale, 27 Achsen in der Front und mehrere Lichthöfe umfassende Hauptbau, 1698—1704 von *Joh. Dientzenhofers* älterem Bruder *Leonhard*. Der Mittelbau der Fassade jünger. Die Verwaltungs- und Wirtschaftsräume, auf einer tieferen Stufe des stark abfallenden Geländes, 1752 ff. nach Angaben von *Balth. Neumann*. Die Kunstformen durchweg einfach; das gediegene Quadermaterial und die glückliche Ausnutzung der Terrainbewegung wirken doch zu einem bedeutenden Gesamteindruck zusammen.

BARCHFELD. RB Cassel Kr. Schmalkalden.

Schloß der Familie v. Stein 1571, mit älterem Turm, in dessen Verlies originelle Reliefs von 1570, von einem Gefangenen ausgekratzt.

Landgräfliches Schloß, von 1690, im 18. Jh. gänzlich umgebaut, mit gut eingerichteten Zimmern in Rokoko und Empire.

BÄRENSTEIN. Sachsen AH Dippoldiswalde.

Stadt-K. 1495. Nach wiederholten Bränden 1738 unter Leitung von *J. Ch. Simon* erneuert. Reste eines stattlichen Altarwerks, Renss. 16. Jh., mit Sandsteinreliefs. Grabst. 1522, 1612, 1703.

Schloß 15. und 16. Jh.

BARNSTEDT. Pr. Sachsen Kr. Querfurt.

Dorf-K. Spätgot. WTurm mit gedrehtem Spitzhelm. Schiff 1748, stuckiert, Kanzelaltar und Orgel aus dieser Zeit.

BARUTH. Sachsen AH Bautzen.

Dorf-K. 1704, rck. Saal mit Holzemporen, Turm 1768 hinzugefügt. — v. Gersdorfsche Grabsteine, 1597, 1620, 1628, 1629, 1658.

Schloß. Unregelmäßige spgot. Anlage, SFlügel 17. Jh. Ansprechende Bar.Einrichtung der Kapelle. Galerie mit schöner Stuckdecke und zahlreichen Porträts.

BASDORF. RB Cassel Kr. Frankenberg.

Gerichtslinde mit Bänken und von Steinsäulen getragenem Gebälk zur Unterstützung des Astwerks.

BATZDORF. Sachsen AH Meißen.
Schloß. Verwinkelte Anlage des 16. und 17. Jh.

BAUERBACH. RB Cassel Kr. Marburg.
Dorf-K. Geringer spgot. Bau. Der quadr. Chor-Turm aus rom. Anlage wie auch an der WWand 2 vermauerte rom. Fenster.

BAUMERSRODE. Pr. Sachsen Kr. Querfurt.
Dorf-K. Rom. OTurm mit gepaarten Fenstern. Schiff 1640.

BAUNACH. UFranken BA Ebern.
Pfarr-K. 1sch. spgot. mit hohem Turm (W), charakteristisch der Helm mit vier Ecktürmchen. Steinrelief 1. H. 15. Jh.
Wallfahrts-K. (Sog. Überkomm-Kap.) Spgot. Anlage mit polyg. Chor und reicher Außengliederung. — Einrichtung bar. um 1680. Sonst erwähnenswert die spgot. Tumba des sel. Überkomm im Chor mit einfachen Spitzbogenblenden. — Johannesschüssel, 2. H. 15. Jh., geschnitzt. — Verschiedene spgot. Holzfigg. um 1500. — Auf dem freien Platz an der Kapelle Predigtkanzel; spgot. um 1500.
Amtshaus. 2geschossige langgestreckte Anlage von 18 Fensterachsen; spätbar., mit Treppenturm. Innen guter schwarzer Kachelofen der Zeit; vermutlich Bamberger Arbeit.
Rathaus. Hübscher kleiner Rok.Bau.
Hoftor in der Eberner Straße; die sog. „Hölzernen Männer". Typische Toreinfahrt im Rundbogen, den zwei in Hochrelief geschnitzte Reisige in barocker Tracht stützen; das Ganze mit Pultdach gedeckt; bez. 1710.

BAUTZEN. Sachsen Amtshauptstadt.
Dom S. Peter. Älteste Pfarr-K. der Stadt. Von den Bauten der Meißener Bischöfe Eiko (992—1015) und Benno (1066 bis 1106) hat sich nichts erhalten. Lebhafte Bautätigkeit 1293 bis 1303 und dann wieder in 2. H. 15. Jh.; Vollendung 1497. Erhebliche Ausbesserungen nach Bränden 1634 und 1813. Im 16. Jh. wurde die K. in der Weise geteilt, daß das Lhs. den Protestanten eingeräumt wurde, der Chor den Katholiken verblieb. — a) Westbau. Ältester Teil das vorspringende Mittelstück. Ein starker Einzelturm war beabsichtigt, wurde aber nur bis zum Zickzackfries des Erdgeschosses ausgeführt. Spitzbg. Portal mit schlichtem Wimperg, am Gewände je 1 Sl. zwischen gekehlten Profilen, E. 13. Jh. Bald darauf Übergang zu 2türmigem Projekt. Ausgeführt der STurm, nach Brand 1441 erneuert; Krönung mit 2 Achteckgeschossen; der Bar.Helm in vortrefflichem Umriß 1664 von *Martin Pötzsch.* Die Mitte und der rechte Flügel der Fassade blieb unvollendet, ein Giebel mit bar. Zierat schließt sie ab. b) Langhaus. 3sch. Hallenkirche von 8 Jochen, Schluß 3seitig mit 5seitigem Umgang. Zwischen dem 3. und 4. Joch starke Knickung der Fluchtlinie nach S. Formencharakter des 15. Jh., wenn auch Teile der NWand älter sind. Schlanke kämpferlose 8 Eck-Pfll., Netzgwb. 1456—63 wurde nach S ein viertes Schiff angefügt; es ist durch große 6teilige, besonders prächtige Fenster ausgezeichnet. Das kolossale Satteldach ist allen 4 Schiffen ge-

meinsam; seine Firsthöhe 39 m, während die Gwb.Scheitel nur 16 m haben. Ganze innere L. 60 m. **Material in den älteren wie in den jüngeren Teilen Granit.** — A u s s t a t t u n g d e s p r o t e s t a n t i s c h e n T e i l s. Landständische Empore unter der Orgel, nach 1636. Fürstenloge 1673. Altar 1644, 2geschossig mit je einem großen Reliefbild. Kanzel 1817. Orgel 1642, wiederholt umgebaut. — A u s s t a t t u n g d e s k a t h o l i s c h e n T e i l s. Vieles in neuerer Zeit beseitigt, z. T. im Domstift untergebracht. Hochaltar bar. Säulenbau aus Marmor 1722 von *Fossati*. [Die Statuen zweier Kirchenväter von *Permoser*, zu seinen besten Arbeiten gehörend, jetzt im Domstift. Ebenda Gemälde von P e l l e g r i n i.] Am neuen Altar der NSeite lebensgroßes K r u z i f i x von *Permoser*. C h o r g e s t ü h l A. 18. Jh., reich geschnitzt, im Aufbau unbedeutend. Reizvoller R o k. A l t a r in der Sakristei. — D o m s c h a t z. Tragaltäre 1398 und 1450. Prachtvolles Pazifikale um 1530. Reliquiarium um 1500. Eine Reihe sehr schöner spgot. Kelche. Silberne Statuetten des hl. Petrus und Bartholomäus, hervorragend. Bischofsstäbe. — B i l d n i s g r a b s t e i n e des 16. und 17. Jh. in großer Zahl. Hölzerne W a n d e p i t a p h e.

Liebfrauen-K. 1sch. Bau des 15. Jh., im 17. und 19. Jh. völlig umgestaltet.

Nikolai-K. Kleine symmetrisch 2sch. Hallenkirche des 15. Jh. Seit dem Stadtbrande 1634 Ruine. — Auf dem Kirchhof D e n k m ä l e r des 18. Jh.

Michaelis-K. Kleine 3sch. Hallenkirche um 1430.

Mönchs-K. (Franziskaner). Beg. um 1300 als Bruchsteinbau. Um 1400 in Backstein gegen O erweitert. Ruine.

Täufer-K. Ursp. vor der Stadt. Klein, unbedeutend, oft verändert. — Ausgedehnter Kirchhof mit sehr zahlreichen und z. T. aufwändigen Denkmälern des 17. und 18. Jh.

Ortenburg. Als Grenzburg angelegt um 1000. Von Grund aus neu gebaut 1483—86 im Auftrage des Königs Matthias von Ungarn. Im 30j. Kriege stark beschädigt, im 19. Jh. z. T. umgebaut. — Die aus mehreren Gebäuden bestehende Anlage folgt dem Umriß der Felsplatte. Der Hauptbau spgot. Durchgreifende Rest. 2. H. 17. Jh. durch *Ezechiel Eckhardt*. Mächtiges Dach mit 3 wohlgegliederten großen Zwerchhäusern. Audienzsaal mit ausgedehnter, sehr reicher Stuckdecke von 1662; das Figürliche überwiegt; 8 Felder mit Darstellungen aus der Fürstengeschichte von Böhmen, Österreich, Schlesien und Sachsen; im Rahmenwerk Putten und Karyatiden. — Der bedeutendste Baurest der got. Periode der Schloßturm; unten Torfahrt; darüber 3teilige Ädikula, bez. 1486, in der Mittelnische K ö n i g M a t t h i a s C o r v i n u s thronend, von Engeln gekrönt, als Fußschemel ein Löwe; die Wappen der Seitenfelder zerstört; im ersten Obergeschoß Wachtstube; im zweiten Kapelle mit zierlicher, sehr bmkw. Innenarchitektur.

Domstift. Neubau 1507, E. 17. Jh. fast ganz umgebaut, Hauptportal 1753.

Rathaus wesentlich A. 18. Jh., aus dieser Zeit auch der durch feinbewegten Umriß ausgezeichnete Bar.Helm des im Mauerwerk spgot. 8 Eck-Turms. Die Sandsteinstatue des sog. Ritters Deutschmann krönte ursp. einen Brunnen; 1576 von *Chr. Wolter* in Dresden. Treppenhaus der NSeite 1729. Prächtige Tür des Raatssaales 1664. Reihe von Bildnissen. [Der Ratsschatz jetzt im Museum.]

Gewandhaus. Unter den Neubauten von 1882 der spgot. Ratskeller; das Sterngwb. ruht auf einem einzigen granitenen Mittelpfl.

Schießhaus. Oft umgebaut, zuletzt 1767. Bmkw. Schatz und Scheibenbilder. — Von der einst sehr starken **Stadtbefestigung** hat sich ein beträchtlicher Teil der inneren Türme erhalten. Ferner: der Lauenturm 1400, Laternenhelm 1732; der Reichenturm, schlanker spgot. Rundbau mit steinerner Bar.Krönung 1717; an der Mauer das Denkmal für Kaiser Rudolf II. von *Martin Michael* 1577, im 19. Jh. stark übergangen. Der Wendische Turm, gleichfalls rund, mit interessantem Helmstübchen. Der Schülerturm mit spgot. Kreuzigungsrelief. Die Gerberbastei, ein Rundturm mit 3,5 m starken Mauern, erb. 1503. Nikolaiturm 1521, mit Stadtwappen. Technisch interessant und von imponierender Silhouette die „alte Wasserkunst“, erb. nach 1558 von *Wenzel Röhrscheidt*. Die „neue Wasserkunst“ 1600.

Wohnhäuser. Sie lassen Bautzen wesentlich als eine Stadt des Barockstils erscheinen. Die älteren Bauten sind durchweg so umgestaltet, daß sie sich nur aus wenigen Resten erkennen lassen. a) Zwischen 1634 (Stadtbrand) und 1709. Reichenstr. 12, an der Fassade über und zwischen den Fenstern Stuckdekoration in schweren Blumengehängen, um 1720 hinzugefügt. Burgplatz no 6 um 1680. Burglehn no 7a. 1699. — b) Zwischen 1709 und 1720. Reichenstr. no 14, Innere Lauenstr. no 6, beide mit Fassadenschmuck in Stuck, Fleischmarkt no 8 Hof und Innenräume zu beachten. — c) Zwischen 1720 und 1740. Wendische Str. no 8, stattliche Pilasterfassade. Heringsgasse no 1, Eckhaus, im Innern Stuckdecken. Hauptmarkt no 8. Reichenstr. no 5. — d) Zwischen 1740 und 1780. Reichenstr. no 24, Töpferstr. 34.

Stadtmuseum am Kornmarkt.

BAYREUTH. OFranken BAmtsstadt. [D.]

Stadt-K. Von dem Bau des 13. Jh. vielleicht die Fundamente der WTürme; sonst Neubau, beg. E. 14. Jh. mit dem Chor, Hauptzeit 1438—68. Mittelgroße 6jochige Basilika, Chor in der Höhe des Msch. 2 Joche und 5/8 Schluß. Netzgwb. 17. Jh. Imponierende weiträumige Verhältnisse, Formen äußerst nüchtern. Das Äußere, ernst und kraftvoll, verrät wenig die Entstehungszeit. Besonders bmkw. die nachdrückliche Behandlung des Strebewerkes mit offenen Bögen; an den Fenstern mäßige Verwendung von Fischblasen. Brauttür am Treppen-Turm der Sakristei 1575. — Die

Türme 5geschossig geteilt durch Maßwerkfriese; kurze oktogonale Aufsätze mit welschen Hauben 1621. — Das Innere durch die Rest. des 19. Jh. seiner prächtigen Barockausstattung beraubt; nur der treffliche Hochaltar von 1615 und der gleichzeitige Taufstein mit Reliefs von *H. Werner* erhalten. Die wenigen übriggebliebenen Statuen an den Chorstreben A. 15. Jh. geringwertig.

Schloß-K. 1753 von *St. Pierre;* einfacher, niedriger Saal mit Flachdecke; durch modernen Anstrich ernüchtert; die leichte zierliche Stuckierung von *Martino Petrozzi.* Gruftkap. für das Markgrafenpaar Friedrich und Wilhelmine in trockenstem Zopf.

Spital-K. 1748 von *St. Pierre;* über dem schlichten quadr. Raum Deckenbild von *Wunder.*

Ordens-K. in S. Georgen. Als Kapitels-K. des Ordens „de la sincérité" (nachmals Roten Adlers) 1705—11 von *G. v. Gedeler.* Griechisches Kreuz mit Emporen. Stuckaturen und Malereien von einheimischen Meistern. Im Aufriß toskanische Pilaster. (In der Sakristei interessantes Gemälde von *H. S. Beham,* früher in der fürstl. Loge der Stadt-K.)

Betsaal der **Gravenreuther Stiftung** 1741 von *J. G. Weiß.*

Kanzlei. 1625 von *Abraham Schade.* Streng klassizistische, die niederländische Schulung *Schades* verratende Formen. Die Temperantia und Justitia über dem gebrochenen Portalgiebel von *Abr. Groß* aus Kulmbach (vgl. dessen Arbeiten am Rathaus zu Nürnberg). Im 18. Jh. die Fassaden symmetrisch verlängert.

Altes Schloß. Vom Bau des 16. Jh. der Mauerkern des 8eckigen Turms; die fahrbare Schneckenstiege 1610; das Sonstige, Umbau und Erweiterung seit 1667. Unregelmäßiges, nach dem Marktplatz („Maximilianstr.") offenes Quadrat. Die Fassaden von dem Hugenotten *Ch. Ph. Dieussart.* Auffallenderweise hat das Erdgeschoß die reichste Behandlung: gequaderte dorische Pilaster, über den Fenstern Medaillons mit Büsten, alles in vortrefflich reiner, strenger Zeichnung; das Mittel- und Obergeschoß nur in Verputz, ohne Pilaster und Gesimse. Nach dem Brande 1753 z. T. Ruine. Im Innern nur ein Treppenaufgang alt.

Neues Schloß. 1754 von *St. Pierre.* Langgestreckt, wenig tief, nur der 3achsige Mittelbau in bedeutenderen Architekturformen. Eingangshalle und Treppenhaus verhältnismäßig bescheiden. Die Wahl der Gemächer ist groß, ihre Ausstattung entfernt nicht so prunkvoll wie etwa in den geistlichen Fürstensitzen aus der ersten Jahrhunderthälfte. Die Mittel waren geringer, doch auch der Geschmack in der Wendung zum Intimen und Natürlichen. Im Festsaal Wandgliederung durch gekuppelte korinth. Pilaster von schwachem Relief; das Gebälk nicht verkröpft; Rokokoornament (von *Petrozzi)* nur an der flachen Hohlkehle; das Deckengewölbe (von *Wunder)* jetzt übertüncht. Hervorzuheben noch das Spalierzimmer, das Musikzimmer, die mit Zedernholz vertäfelte Speisegalerie. — Ursprünglich alleinstehend der 1759 errichtete „italienische Bau"; der von *Petrozzi* dekorierte Festsaal gibt eine wohlgelungene Verschmelzung von Rokokoformen mit Barockerinnerungen.

Opernhaus. 1744—48, Fassade von *St. Pierre*, innere Einrichtung von *Carlo Bibiena* aus Bologna nach Entwurf seines Vaters *Giuseppe*. Die Bühne überrascht durch ihre Tiefe (30 m), die ebenso groß ist, als die des Zuschauerraums. Der letztere im Gr. überhöhter Halbkreis, 3 Reihen Logen und vorgebaute Parterreloge, zu der Rampentreppen hinaufführen. Das Parterre verhältnismäßig klein. Der Bühne gegenüber die Fürstenloge, zu beiden Seiten der Bühne Trompeterlogen. Das Ganze für die Hofgesellschaft, die sich selbst ein Schauspiel neben dem Schauspiel auf der Bühne war, der denkbar prächtigste und charakteristischste Rahmen. Die Flüchtigkeit der Ausführung bei der schwachen Beleuchtung damaliger Zeit nicht störend. Farbe: blaugrauer Grundton mit ockergelbem, in den plastischen Teilen vergoldetem Ornament. Der Stil hat weder mit dem französischen Louis XV. noch mit dessen deutschen Parallelen etwas gemein; er ist nicht „Rokoko“, sondern eine spielende Abart des italienischen Barock, in der immer noch viel mehr konstruktive Konsequenz übriggeblieben ist, als das Rokoko duldet. — Die Seltenheit der Erhaltung von Theatern aus dem 18. Jh. verleiht dem Bayreuther erhöhten Wert.

Kaserne. 1740 von *J. F. Graul;* großer 3flügeliger Bau von geschickter Massenverteilung.

Privathäuser. Ein älterer Typus, durch Vorliebe für mehrstöckige Erker gekennzeichnet, dauert bis ins 18. Jh., z. B. Rathaus an der Maximilianstr. Ihm tritt unter Markgraf Friedrich ein neuerfranzösisierender entgegen; Hauptmeister *St. Pierre* und besonders *Karl Philipp Gontard*. Die splendide Ausführung in Sandsteinquadern heute durch starke Rußschwärzung beeinträchtigt. Von *St. Pierre:* Friedrichstr. 2 und 7. Von *Gontard:* Hofapotheke Palais Reitzenstein, Luitpoldplatz 15, Haus der Gesellschaft Harmonie beim alten Schloß, in der Nähe sein eigenes Haus.

Reiterstandbild für Christian Ernst 1698 von *Elias Ränz* nach Entwurf von *Leonhard Dientzenhofer;* früher vor dem alten, jetzt vor dem neuen Schloß; eine wunderlich überfüllte und dadurch kleinlich wirkende Barockkomposition.

Markgräfliche Schlösser in der Umgegend:

St. Georgen. 1725 von *J. D. Ränz d. J.* Nur als Bruchstück erhalten (jetzt Zuchthaus). Die Fassade läßt den (durch *Decker* vermittelten) Zusammenhang mit Schlüter erkennen; der Fries und die neuerfundenen Kaptt. der Pilaster erinnern an den von Georg Wilhelm gestifteten Orden des Roten Adlers. Der prunkvolle Festsaal soll demnächst hergestellt werden.

Eremitage. Für bestimmte Seiten der Kultur des 18. Jh. eine Illustration von kostbarer Unmittelbarkeit; weniges dergleichen hat sich so gut erhalten. Begonnen von Georg Wilhelm ca. 1720. Eine mit pedantischem Ernst durchgeführte Maskerade. An einem nicht großen länglichen Hof liegen die „Zellen“, in die sich die Herren und Damen des Hofes als „Eremiten" zurückzogen; daher die wilde Rustikaarchitektur. Die **Markgräfin Wilhelmine** schuf sich hieraus (seit 1736) einen Ruhesitz, in dem die Sehnsucht nach einem natürlicheren Lebenszustand feiner, nach unserem Gefühl immer noch mit reichlich viel theatralischer Appretur, zum Ausdruck kommt. Die ältere Einrichtung blieb erhalten in den beiden Schmalseiten, dem Grottensaal und dem „Refektorium"; letzteres aus kostbarem Marmor; die Absicht, phantastisch zu wirken, bringt es nur zu schwerfälliger Willkür. In den Gemächern Wilhelminens herrscht Anmut und Behagen; eine Meisterleistung feinen Geschmacks namentlich das Musikzimmer, echtes Rokoko, also ganz ohne Architekturformen, nur Rahmenwerk und Füllungen. Das obligate Chinesische Zimmer ist dadurch ausgezeichnet, daß die Flachrelieftafeln wirklich chinesisch sind. Die Porträts nur historisch von Interesse und ihre Benennung nicht überall gesichert. — Aus den 40er Jahren die „Orangerie", erbaut von *St. Pierre.* Eine im Halbkreis angeordnete Kolonnade, dahinter kleine Zimmerchen; im Scheitel eine Unterbrechung, in welcher als selbständiger kleiner Zentralbau der „Sonnentempel" steht. Den regelrecht durchgeführten Architekturformen ist auch hier ein phantastisches Element zugesellt, indem die Säulen eine Inkrustation von bunten Kieseln, Glasschlacken und Bergkristall tragen. Dagegen das Innere des Sonnentempels sehr ernsthaft und imposant. (Der reiche Skulpturenschmuck nicht mehr vorhanden.) Einige Plafonds der kleinen Gemächer haben eine Stuckdekoration von bezaubernder Grazie, leicht hingeworfene Blumenranken, farbig auf weißem Grund, das Relief von schärfster Präzision, als wäre es Porzellan (als Ausführende werden Italiener genannt). Erst aus den 70er Jahren dürfte das „Gartenzimmer" stammen, an dem der modernste „Amorphismus" noch viel zu lernen hätte. — Die Gartenanlagen unter dem letzten Markgrafen „englisch" umgearbeitet; daher die Grottenarchitekturen und Wasserkünste in ihrem Zusammenhange nicht mehr verständlich.

Fantaisie. Begonnen unter der Markgräfin Wilhelmine († 1758), vollendet 1765 (von *Rud. Heinr. Richter?).* Ein Schlößchen im Sinne des vordringenden Klassizismus; seither mehrfach verändert.

Sanspareil. Park mit allerlei Grottenarchitektur, Naturtheater usw. Reflex von Fénélons Telemach. In vollem Verfall.

BECHSTEDTWAGD. Pr. Sachsen Kr. Erfurt.

Dorf-K. mit rom. OTurm und Apsis.

BEDHEIM. Sachsen-Meiningen Kr. Hildburghausen.

Dorf-K. 1sch. Lhs. 15. Jh., überarbeitet 1699; der quadr. Chor turmtragend, in der Anlage von 1290. — Ikonische Grabsteine der Familie v. Heiberg von 1545, 1553, 1558, namentlich der letztere tüchtig.

Schloß, ehemals Wasserburg; die Kunstformen weisen auf zwei Zeiten stärkerer Bautätigkeit, 16. und 18. Jh.

BEERENDORF. Pr. Sachsen Kr. Delitzsch.
Dorf-K. aus 14. und 16. Jh. An den Portalgewänden Hochreliefs der Madonna und eines nicht erklärten männlichen Heiligen.

BEERWALDE. Sachsen AH Döbeln.
Dorf-K. 1783. — 3 Alabasterreliefs aus der Schule der *Walther* (2. H. 16. Jh.), von einem Grabmal. Andere Denkmäler 1574, 1683, 1724.

BEESENLAUBLINGEN. Pr. Sachsen Saalkreis.
Dorf-K. 1sch. rom. Turm im W und got. Chor. Sprom. Portal, im Tympanon rohes Relief, Christus zwischen Petrus und Paulus. — Einfacher rom. Taufstein.

BEHRUNGEN. Sachsen-Meiningen Kr. Hildburghausen.
Pfarr-K. Nach 30j. Krieg rest., der got. Grundcharakter erhalten; Altarbau und Orgel mit einigem Aufwand A. 18. Jh.

BEICHLINGEN. Pr. Sachsen Kr. Eckartsberga.
Dorf-K. 1710. — **Schloß** wesentlich 16. Jh., formenarm.

BEIERNAUMBURG. Pr. Sachsen Kr. Sangerhausen.
Dorf-K. ähnlicher Anlage wie S. Veit in Artern. Am Vierungs-Turm 3teilige Fenster in hübscher rom. got. Ausbildung.

BELGERN. Pr. Sachsen Kr. Torgau.
Stadt-K. E. 15. Jh. Stattlicher verputzter Backsteinbau, 1sch. 6achsig, Chor $^3/_8$, Satteltum in Bruchstein, reiche Sterngwbb. — Schnitzaltar 1660 in Knorpelbarock, Emporen 1632 mit interessanten Kerbschnitzmustern, hölzerne Epitaphe 1658, 1769.
Klosterhof und **Diakonatsgebäude.** Reste des 1256 erb. Zisterz. Klst. Die älteren Teile Granit, die jüngeren spgot. Backstein, 4 Ecktürme.
Rathaus, renss. 2stöckig, Volutengiebel, Dachreiter mit welscher Haube. An der SWEcke ein
Roland, an Stelle eines älteren im 17. Jh. errichtet.
Privathäuser verschiedentlich mit renss. Portalen.
Meilenzeiger als Obelisk 18. Jh.

BELGERSHAIN. Sachsen AH Grimma.
Dorf-K. 1682, rck. mit flach polyg. Schluß. Durch die Ausstattung zu malerisch stattlicher Wirkung gebracht. Der Altarbau getragen von 2 Palmbäumen, im Mittelfeld Kopie von *Rubens*' Kreuzabnahme. Denkmäler der Familie v. Ponickau.

BELRIETH. Sachsen-Meiningen Kr. Meiningen.
Dorf-K. mit fester Ringmauer (Gaden) vgl. Bettenhausen.
Burgruine mit Spuren doppelter Ringmauer.

BELVEDERE. Sachsen-Weimar VB Weimar.
Herzogl. Jagdschloß. 1724—1732. Äußeres in symmetrischer Anlage, bedeutsam gegliedert, in der Behandlung einfach ländlich. Inneres: bescheidenes Rokoko.

BENDELEBEN. Schwarzb.-Sondersh. LA Sondershausen.
Dorf-K. Umbau 1588. — Über dem Altar Holzrelief, Abend-

mahl, um 1590; K a n z e l, bez. 1611, als **Fuß Mosesstatue**; über dem Eingang zur Gruft des Herrn v. B. E p i t. 1661, 2geschossig mit großem Mittelrelief (Kreuzigung, Auferstehung) in überladener archit. Umrahmung, Knorpelornament.

BENKENDORF. Pr. Sachsen Mansfelder Seekreis.

Dorf-K. Gemengbau aus verschiedensten Zeiten. Die rom. Kuppelfenster des Turms als Beispiele roher ländlicher Kunstübung von einigem Interesse.

BENNDORF. Pr. Sachsen Kr. Delitzsch.

Dorf-K. aus Findlingsblöcken, ziemlich gut erhaltene rom. Anlage, E. 12. Jh. 1sch. mit ½ kr. Apsis.

BENNDORF. Pr. Sachsen Kr. Naumburg.

Dorf-K. Rom. Chor-Turm, Schiff 1775 erhöht, hübscher Rok.Altar.

BERGEN. RB Cassel Kr. Hanau.

Ehem. K., jetzt Scheuer. Spgot. Portal, bez. 1524, 1564.

Burg. Stammschloß der Schelm v. Bergen, Wasserburg, 1700 umgebaut.

Ringmauer mit Wehrgang, 1 Turm.

Berger Warte. Runder Turm, am Türsturz bez. 1527.

BERGRHEINFELD. UFranken BA Schweinfurt.

Dorf-K. 1688—91, eingezogener Chor, außen Strebepfeiler. Auf der OSeite die alte Ritterkapelle mit fünfseitigem unregelmäßigem Schluß. 1. H. 14. Jh. Neuer Hochaltar mit Figg. von *Peter Wagner* 1781. G e m ä l d e der Nebenaltäre von *Oswald Onghers* 1695.

BERGTHEIM. UFranken BA Würzburg.

Dorf-K. Gotisierender Umbau 1602 mit Beibehaltung des ma. OTurmes. Juliuswappen. — S a k r a m e n t s n i s c h e ; 2 Kandelaberpfll. tragen einen got. Giebel. — Beim Schulhaus B i l d s t o c k um 1600 mit Abendmahlrelief in der Richtung des *Mich. Kern;* mehrere andere 18. Jh.

BERKA. Sachsen-Weimar VB Weimar.

Dorf-K. 1739. — T a u f b e c k e n von der Gruppe Christi und Johannis getragen. — Stattlicher K a n z e l b a u.

Von dem 1251 gest. **Zisterz.-Klst.** schwache Reste im Pfarrhaus.

Burgruine gering.

BERKA A. D. WERRA. Sachsen-Weimar VB Eisenach.

Stadt-K. Der quadr. Chor im spgot. OTurm, dessen geschieferter Helm 4 Erker hat. Hauptraum 1. Viertel 17. Jh., hölzerne Emporen in 2 Rängen, hölzernes kassettiertes Tonnengwb. — Spätgot. T a u f s t e i n um 1530. Gestühl und Kanzel sprenss. O r g e l mit reichem Gehäuse 1667.

Fachwerkhäuser. Ältestes das Gasthaus zum Stern. (Inschr. 1521 neu.)

BERKA VOR DEM HAINICH. Bez. Eisenach.

Dorf-K. 1752, stattlicher 1sch. Bau, das Innere ungewöhnlich reich für diese Gegend.

BERLEPSCH. RB Cassel Kr. Witzenhausen.

Burg. Bewohnbar. Malerische Gruppe aus sp. Ma. und Renss.

BERMBACH. Sachsen-Weimar VB Dermbach.
Dorf-K. neu. Taufstein 1610 mit merkwürdigem, an die Holzarchitektur der Gegend erinnerndem Ornament. Auf der Orgelempore 3 Holzfigg. A. 18. Jh. — Geschnitztes Fachwerkhaus (no 27) aus 17. Jh.

BERNBRUCH. K. Sachsen AH Grimma.
Dorf-K. im Kern rom. 12. oder 13. Jh. Flügelaltar um 1480.

BERNECK. OFranken BAmtsstadt.
Burg, erb. E. 12. Jh., zerst. 1431, erhalten Teile des Berings und hoher 4eck. Bergfried, Kapelle von 1480. Weiter oberhalb eine zweite Burg, Hohenberneck, erb. 1485.
Rathaus. 1657.

BERNECKE. Pr. Sachsen Kr. Sangerhausen.
Dorf-K. Anlage rom. wie in Hain.

BERNSTADT. Sachsen AH Löbau.
Stadt-K. 1sch. kreuzf. Anlage aus 13. Jh. (?), 1519 eingewölbt, nach Brand 1686 wiederhergestellt, der hohe WTurm 1706. — Grabdenkmäler 17. und 18. Jh. in großer Zahl.

BERNTERODE. Pr. Sachsen Kr. Heiligenstadt.
Dorf-K. Spgot. 1sch. 5achsig, Chor $^3/_8$. Interessant als Typus der eichsfeldischen Kirchen vor der, den meisten von ihnen widerfahrenen, Barockisierung. Ausstattung rok.

BERTELSDORF. Sachsen AH Löbau.
Dorf-K. Wesentlich 1724. Saalbau mit Emporen. Kanzelaltar 1771. — Bildnisgrabsteine derer v. Gersdorf 1580 ff.
Herrenhaus. 1722 u. 1790. — **Häuser** der Herrenhuter Unität 1790.

BERTSDORF. Sachsen AH Zittau.
Dorf-K. 1672 nach Riß von *Klengel.* 1sch. mit polyg. ($^5/_{10}$) OSchluß. Gurtenlose Kreuzgwbb. Zwischen den nach innen gezogenen Strebepfll. hölzerne Emporen. Spitzbg. Maßwerkfenster. WTurm über Dach 8eckig. — Kirchhof; Portal Renss., Denkmäler 18. Jh.

BERZDORF. Sachsen AH Löbau.
Dorf-K. Kleiner 1sch. Bau mit gewölbtem quadr. Chor. Durch den Brand im Hussitenkriege nicht ganz zerstört. Die rom. Rundbg.Fenster nach der Chronologie dieser Gegend um oder nach 1300. — Schnitzaltar ca. 1480. Emporen 1608.

BESENHAUSEN. Pr. Sachsen Kr. Heiligenstadt.
Herrenhaus erb. 1686 von General v. Hanstein.

BESSE. RB Cassel Kr. Fritzlar.
Dorf-K. 1716. Turm 1517, hohes Walmdach mit polyg. Ecktürmchen. — Sandsteinrelief, Kreuztragung, von spgot. Gliederungen umgeben.

BETTENBURG. UFranken BA Hofheim.
Schloß. Von 1343 bis heute Besitz der Truchseß v. Wetzhausen. Neubau nach dem Bauernkrieg, gotisierend mit Renss.Detail. Inschrift 1535, 1627. Englischer Garten 1790 mit romantischen Denkmälern für Götz v. Berlichingen, Ulrich v. Hutten u. a. m.

BETTENHAUSEN. Sachsen-Meiningen Kr. Meiningen.
Pfarr-K. mit Festungsmauer (Gaden). Schönes sprenss. Portal. Deckenmalerei und Mobiliar 1770.

BETZENSTEIN. OFranken BA Pegnitz.
Schloßruine. Ringmauern und Rundtürme, sonst sehr zerstört.

BEUCHLITZ. Pr. Sachsen Kr. Merseburg.
Dorf-K. rom. Anlage, sehr verbaut, Chor-Turm mit ½ kr. Apsis.

BEUREN. Pr. Sachsen Kr. Worbis.
Ehem. **Kloster-K.** (jetzt Guts-Scheune) 1sch. rom. in sorgfältiger Quaderverblendung; Bogenfries mit Schachtbrettgesims. Bar. Stuckdecke mit Malerei. Turm unten sprom., dann frgot., bar. Obergeschoß mit Schieferhaube.
Wach-Turm aus fr. Ma., rund, beschieferte Pyramide mit 4 herausgebauten Erkern. Häuser in Fachwerk.

BEUTNITZ b. Jena Sachsen-Weimar.
Dorf-K. Rechteck. frühgot. Chor, Langhaus spätgot. mit Stabwerkportal, got. Beschläge, Turm zur Verteidigung eingerichtet. Kruzifix A. 15. Jh.

BEYERSDORF. Pr. Sachsen Kr. Bitterfeld.
Dorf-K. rom. roher Bruchsteinbau, Fenstergewände aus Backstein.

BIBRA. Sachsen-Altenburg LA Roda.
Dorf-K. In der Anlage rom. — Rom. Rauchfaß.

BIBRA. Sachsen-Meiningen Kr. Meiningen.
Kirche. 1492. Eine der wenigen gotischen des Kreises, deren Archit. von künstlerischer Bedeutung. Flachgedeckter Saal mit rok. Emporen, gewölbter $^{3}/_{8}$ Chor, an den Gwbb. Konsolen, Halbfigg. von Heiligen aus der Würzburger Schule. — Ausstattung einheitlich um 1500—1520. Vom Hochaltar 4 Flügel erhalten, außen mit Gemälden, innen geschnitzt, nur mit entfernter Beziehung zu *Riemenschneider*. Dasselbe gilt von den Seitenaltären. Näher steht ihm eine Standfig. des Hl. Kilian und ein sitzender Papst (in der Sakristei). — Schlichte steinerne Maßwerkkanzel. — Von den Glasgemälden alt nur 2 Wappenscheiben von 1503 (Bischof Lorenz und Dompropst Albert v. Bibra). — Eine Reihe guter Grabsteine. Georg v. B. 1473, ausgeführt um 1500 in der Riemenschneiderschen Werkstatt (Wiederholung des Schaumbergdenkmals in der Marienkap. in Würzburg). Auf 7 Steinen (6 Bibra, 1 Seckendorf) das Monogramm J. H., ausgeführt in einem Zug ca. 1550—60, die Todesdaten teils früher, teils später. 5 Steine von einem Meist. J. E. 1674—95, auch hier die Ausführung mehrfach viele Jahre vor dem Tode.

BIEBELRIED. UFranken BA Kitzingen.
Pfarr-K. 15. und 18. Jh., im 19. Jh. fast ganz neugebaut. — Im neuen Hochaltar schöner Kruzifixus vielleicht von *Riemenschneider* oder ihm nahestehend; ebenso der Salvator (vgl. das Exemplar im Dom zu Würzburg).
Johanniterkastell. Regelmäßiges 4Eck von 35 : 40 m. Erhalten Teile der Außenmauer mit prachtvollem Quaderwerk vom Bau

von 1275. An der SOEcke ein vorgekragtes Chörlein von der ehemal. Kapelle.

BIEBEREHREN. UFranken BA Ochsenfurt.

Rathaus. Hübscher Fachwerkbau mit Juliuswappen 1612. — Im Pfarrhof gutes Holzkruzifix um 1520. An der Brücke Bildstock bez. 1432.

BIEBERGAU. UFranken BA Kitzingen.

Pfarr-K. 1733. Bmkw. schöne Kanzel mit 4 Evangelisten, um 1750.

Schlößchen, Weiherhaus aus 2. H. 16. Jh.

BIEBERSTEIN. Sachsen AH Meißen.

Pfarr-K. Umbau aus Ma. 1676 gänzlich umgestaltet. Altaraufsatz mit ziemlich rohen Stuckreliefs 1679 von *Körmser*.

Schloß in malerischer Lage, der ältere Teil 14. Jh., der neuere 1666 mit Umbau 1710.

Schloß, auf 500 m hohem Vorberge der Rhön. Erster Bau 1150 von Abt Marquard. Zweiter Bau nach Plänen *Joh. Dientzenhofers* 1711—13, stattliche Anlage im Viereck. 1908 nach Brand mit neuen Dachaufbauten versehen.

BIELEN. Pr. Sachsen Kr. Sangerhausen.

Dorf-K. Alt der platt geschlossene Chor mit rippenlosem Kreuzgwb. und Fenstergruppe gleich Windhausen.

BILDHAUSEN. UFranken BA Kissingen.

Ehem. **Zisterz.-Klst.** Gegr. 1156. Die Kirche 1876 abgetragen. Altäre nach Laubach, Wächterswinkel und Reyersbuch gebracht. — Von der alten Anlage ist erhalten: Im Untergeschoß des Klosterbaues kreuzgewölbter, zweischiffiger Raum zu 4 Jochen. Rundbg. Fensternischen noch sichtbar, wahrscheinlich das alte, rom. Refektorium. Daneben zwei frgot. Räume. — Rom. Torhaus mit schönen Details, außen Steinmadonna aus 2. H. 14. Jh. Daneben die alte rom. Torkapelle. — Abteigebäude 1625, zweigeschossiger Giebelbau, Treppenhaus 1754 mit reichen Geländern und Stuckdecken. Mehrere Rok.Zimmer (Einfluß des Würzburger Schlosses). Konventsgeb. nach 1730, im Sockelgeschoß ein in 2 Sch. und 4 J. gewölbter Raum aus 12. Jh., ein kleinerer 13. Jh. Im Eckpavillon Bibliotheksaal. Sehr hübscher Gartenpavillon 1766.

BIMBACH. UFranken BA Gerolzhofen.

Schloß im Bauernkriege verwüstet, A. 18. Jh. erneuert.

BINDLACH. OFranken BA Bayreuth.

Dorf-K. Hübscher Bau aus M. 18. Jh. im sog. Markgrafenstil.

BIRKENFELD. UFranken BA Hofheim.

Schloß. 1739—53. Vornehm-behagliche Anlage im Hufeisen, Hauptbau quadr., die langen Flügel abgesondert. Hübsche, vollständig erhaltene Inneneinrichtung nach Zeichnungen des Malers *Gout* von einheimischen Dekorateuren.

BIRKENFELDE. Pr. Sachsen Kr. Heiligenstadt.

Zwei ansehnliche **Herrenhäuser** derer v. Linsingen: Steinerhof 1555 und Roterhof (Fachwerk) 1659.

BIRNFELD. UFranken BA Hofheim.
Schloß. A. 18. Jh. mit Wappen der Fürstbischöfe J. Ph. v. Greifenklau und J. Ph. Fr. v. Schönborn. — Dorfhaus no 1 schöner Fachwerkbau. „Tausendjährige" Gerichtslinde; der Stützbau mit 2 konzentrischen Kreisen von steinernen Säulen 1719.

BIRSTEIN. RB Cassel Kr. Gelnhausen.
Dorf-K. 1556. — Epit. einer Gräfin v. Isenburg 1596.
Burg. Die ganze Anlage 200 m lang und 90 m breit. Sie gruppiert sich um 3 Höfe im Anschluß an die Disposition der vorausgegangenen ma. Burg. Am geschlossenen mittleren Hofe westl. der „Küchenbau", umgebaut 1549, und der „neue" Bau von 1527, noch gotisierend; der südl. „Kapellenbau" 1555, der nördl. Hauptflügel 1603. Im nördl. Hof der neue Kanzleibau 1733. Neubau des Hauptflügels 1764 vom nassau-usingischen Hofbaumeister *A. W. Faber*, einem Schüler *Stengels*, als standesgemäßes fürstliches Residenzpalais, doch verhältnismäßig einfach.

BISCHHAUSEN b. Jesberg RB Cassel Kr. Eschwege.
Dorf-K. 1742 Umbau aus spgot. — Großes handwerkliches Epitaph der Familien v. Trott und v. Haxthausen 1579, bmkw. durch starke got. Reminiszenzen.

BISCHHEIM. Sachsen AH Kamenz.
Dorf-K. 1803. Saalbau mit Emporen, die schlicht sachliche Behandlung nicht ohne Reiz.
Herrenhaus und **Park** um 1800.

BISCHOFFERODE. Pr. Sachsen Kr. Worbis.
Dorf-K. E. 17. Jh. 1sch. Putz- und Quaderbau.
Gemeindeschänke reicher Fachwerkbau um 1560.

BISCHOFSGRÜN. OFranken BA Bayreuth.
Dorf-K. Altargemälde, Ankunft Christi zum Gericht mit der unechten Inschr. 1304.

BISCHOFSHEIM. RB Cassel Kr. Hanau.
Dorf-K. Kleine spgot. Hallenkirche mit polyg. Chor und hohem vortretendem WTurm mit Zinnenkranz.

BISCHOFSHEIM. UFranken BA Neustadt a. S.
Kirche. 1610. Nachgot. Basilika im „Juliusstil". Aus gleicher Zeit Kanzel und Taufstein in reicher Renss. — Grabstein Herrn v. Weyers † 1462, ausgeführt A. 16. Jh. Monstranz von Stipeldey in Augsburg 1797.
Der sog. **Zehntturm** rom. E. 12. Jh. Kann wohl nur ein T. der alten Kirche sein.
Befestigung, ohne die Tore, in größeren Abschnitten erhalten.
2 **Stadtbrunnen,** die Becken aus gußeisernen Platten, am Ort gegossen.

BISCHOFSRODA. Sachsen-Weimar VB Eisenach.
Dorf-K. rom. 12. Jh. 1sch. flachgedeckt, Chor rck. mit Tonnengwb. Am Turm gekuppelte Fenster, durch einen Pfl. getrennt, ornament- und profillos. — Grabsteine 1516. — Reich geschnitztes Fachwerkhaus 17. Jh. (no 54). Im Herrenhaus ornamentale rok. Malerei.

BISCHOFSTEIN. Pr. Sachsen Kr. Heiligenstadt.
Schloß 1747 von *Chr. Heinemann* für den Landesherrn Kurfürst Joh. Friedrich v. Mainz.
Burgruine, sehr zerstört; unterhalb Spuren einer ehem. K.

BISCHOFSWERDA. Sachsen AH Bautzen.
Stadt-K. Der Bau von 1497 war eine 3sch. Halle. Nach Brand 1813 Wiederaufbau durch *J. G. Michael*. Einige Grabdenkmäler des 17. Jh.
Begräbnis-K. 1573, erneuert 1814. — Kolossales Sandsteinkruzifix E. 16. Jh. Sandsteinkanzel, einfacher Aufbau mit großen Reliefs. Recht gute Holzfigg. um 1500. Grabdenkmäler des 18. Jh. in großer Zahl.
Rathaus 1818 von *Thormeyer*. **Wohnhäuser** aus derselben Zeit, sehr bezeichnend in seiner hochmonumentalen Austerität das Gasthaus zum goldenen Löwen. — Stadtmuseum.

BITTERFELD. Pr. Sachsen Kreisstadt.
Stadt-K. Gering spgot. — Großer Wandelaltar mit Doppelflügeln, die Gemälde angebl. von dem Meister des Marktkirchenaltars in Halle.

BLANKENAU. RB Cassel Kr. Fulda.
Ehem. **Zisterz.-Nonnen-K.** sprom. mit got. Umbau, 1sch. auf kreuzf. Gr. Vierung und Chor mit quadr. rundbg. Kreuzrippengwb. Vierungsturm.

BLANKENBERG. Pr. Sachsen Kr. Ziegenrück.
Schloß. Wohl alte Grenzburg gegen die Slawen. Der Wohnbau auf eiförmigem Grundriß hat rom. Mauerwerk, in jüngerer Zeit dürftig hergestellt.

BLANKENBURG. Schwarzb.-Rudolst. LA Rudolstadt.
Stadt-K. Turm von 1385, im übrigen modernisiert.

BLANKENHAIN. Sachsen-Weimar VB Weimar.
Dorf-K. spgot., verbaut. — Reste von Altarwerken, darunter bmkw. das Relief der H. Sippe, die Bemalung gut erhalten, um 1525. — Epit. v. 1722. — Grabst. -- Glasbilder aus 16. Jh.
Schloß (jetzt Hospital). E. 15. bis A. 16. Jh. nach Bränden 1527 und 1667 erneuert.

BLANKENHAIN. Sachsen AH Zwickau.
Dorf-K. 1714 erweitert und ausg. Burgkap. des 13. Jh., erhalten rundbg. Turm ohne Bogenfeld. — 5 Holzfigg. von einem zerstörten Altarwerk des 17. Jh.

BLANKENHEIM. RB Cassel Kr. Rotenburg.
Ehem. **Nonnen-Klst.-K.** 1218 hierher verlegt. 1sch. kreuzf. Anlage im Übergangsstil. Teils zerstört, teils profan umgebaut. Reich skulpierte Kragsteine am OGiebel und spitzbg. Fenster mit Säulchen und reichen Kapitellen. Interessantes Portal am nördl. Ssch.

BLEICHERODE. RB Erfurt Kr. Hohenstein.
Pfarr-K. Erb. 1411 als kleine 3sch. Halle. Quadr. Chor in Breite des Msch. 1711 völlig verändert.

BLINTENDORF. Pr. Sachsen Kr. Ziegenrück.
Dorf-K. 1626 rest. mit abgeflacht 3seitigem Schluß und kleinem

WTurm. — Künstlerisch dürftig, nur als Spezimen aus dieser im Kirchenbau toten Epoche von Interesse.

BLOCHWITZ. Sachsen AH Großenhain.

Dorf-K. Schlichter, niedriger Saal, in der Farbenstimmung anziehend durch die Bemalung der Kassettendecke (1668) und des Gestühls. — Taufe schlichte steinerne Kuppa aus 13. oder 14. Jh., mit Holzverzierung aus 17. Jh. Kanzel Sandstein 1550.

BLOSSWITZ. Sachsen AH Oschatz.

Dorf-K. A. 16. Jh., umgebaut 1697. Saal mit 3stöckigem Schluß. Fenster spitzbg., flache Stuckdecke. Reste guter Holzplastik um 1510. Kanzelaltar von *Valentin Walter* 1705. Grabdenkmäler 16.—18. Jh. in großer Zahl, die ansehnlichsten für Angehörige der Familie v. Schleinitz.

BLUMBERG. Pr. Sachsen Kr. Liebenwerda.

Dorf-K. 1694. Gut erhaltener Fachwerkbau, das weiträumige Innere durch Bemalung und Ausstattung von guter Wirkung. — 9 Epitaphe, hervorzuheben das des Joh. Chr. Weißenbach † 1690. Glocke 1475.

BOCKENHEIM. RB Cassel Kr. Hanau.

Edelhof ehem. der Herren Gremp v. Freudenstein. Portal bez. 1582, Wappen 1593.

BOCKLET. UFranken BA Kissingen.

Badanlage 1754.

BODELWITZ. Pr. Sachsen Kr. Ziegenrück.

Dorf-K. Rom. OTurm mit ½kr. Apsis. Tür bez. 1483.

BODENLAUBEN (Botenlauben). UFranken BA Kissingen. Von der bedeutenden **Burg** der Grafen v. Henneberg wenig erhalten. An beiden Enden der gestreckten Anlage 2 runde Bergfriede 13. Jh.

BODENRODE. Pr. Sachsen Kr. Worbis.

Dorf-K. ursp. got., 1688 erneuert, 1sch., Chor $^3/_8$. Rom. Turm mit gekuppelten Fstrn. ursp. über dem Altarraum. — Ausstattung bar.

BODENSTEIN b. Wintzingerode Pr Sachsen Kr. Worbis.

Schloß im 17. Jh., rest. und ausgebaut. Kapelle 1688 in gotisierendem Barock, Ausstattung und Epit. aus der Bauzeit. — Außen nach W Trümmer eines ma. Gebäudes.

BÖLLBERG. Pr. Sachsen Saalkreis.

Ganz einfache, aber wohlerhaltene rom. **Dorf-K.,** eingezogene Apsis, kein Turm. Auf der mit Brettern verschalten Balkendecke spgot. Malerei, Teppichmuster.

BOLZHAUSEN. UFranken BA Ochsenfurt.

Pfarr-K. Chor 1614, Lhs. 1730. — Außen Madonna, treffliche Holzfig. um 1540.

BONNLAND. UFranken BA Karlstadt.

Pfarr-K. Lhs. 1685, Chor im Turm, dessen Unterbau 13. Jh. Zahlreiche Grabsteine der Herren v. Thüngen und v. Rußwurm. — Abendmahlskelch A. 15. Jh.

Schloß (15.—17. Jh. Thüngen, dann Rußwurm). Malerische 2flügelige Gruppe aus sp. 16. Jh.

BORAGK. Pr. Sachsen Kr. Liebenwerda.
Dorf-K. 13. Jh. Rom. Backsteinbau, ursp. ohne Turm, der Chor nach dem Beispiel von Burxdorf rck. zu ergänzen.

BORITZ. Sachsen AH Meißen.
Dorf-K. wesentlich modern. Bmkw. Schnitzaltar ca. 1500 bis 1520, einer der besten in sächs. Dorf-K., angeblich aus dem Meißener Dom.

Borna. Sachsen AH Borna.
Haupt-K. Chor voll. 1434, Schiff 1455, kleine 3sch. Hallenkirche, das Lhs. 20,8 : 17,7 m; langgestreckter Chor mit 3 Seiten des 6Ecks geschl. — Altarwerk 1512, wohl das bedeutendste in Sachsen aus dieser Zeit; 4 bewegliche und 2 feste Flügel; in geschlossenem Zustande zeigen sich nur Gemälde, bei der ersten und zweiten Wandlung nur Schnitzwerk, bez. H W Z, dem Stil nach identisch mit dem Meister der „schönen Tür" in Annaberg (Flechsig). — Schöne Glocke 1493.
Kunigunden-K. nach 1200. Unter starker Verunstaltung erkennt man als Kern eine rom. flachgedeckte Pfeilerbasilika aus Backstein.

BORNA. Sachsen AH Oschatz.
Dorf-K. 1606, rest. 1709. Rck. Saal, innen ½kr., außen polyg. geschlossen. Sandsteinkanzel um 1550 mit hübschem Relief an der kreisrunden Brüstung. Stattlicher Taufstein um 1610. Denkmäler 17. und 18. Jh., recht gut das des Pastors D. Wagner 1617.

BORNA. Sachsen AH Pirna.
Dorf-K. 1753. Altarwerk aus buntem Marmor 1756 von *Andrea Salvatore Aglio.*

BORNITZ. Sachsen AH Oschatz.
Schloß. Hufeisenf. Gr., der mittlere Flügel um 1500, der südl. um 1580, der nördl. um 1600, in den Einzelheiten manches Bemerkenswerte.

BORSCH. Sachsen-Weimar VB Dermbach.
Kath. Dorf-K. In reicheren Barockformen um 1730, so auch die Ausstattung. An der Rückwand des bar. Altars Schnitzwerk um 1500 (in dieser Gegend nicht oft erhalten). — Fachwerkhäuser 17.—18. Jh.

BORTHEN. Sachsen AH Pirna.
Altes Schloß 1543; gotisierende Fensterumrahmungen, schönes rundbg. Portal.
Neues Schloß 1700. Bildnis der Gräfin J. W. Bose, Meisterwerk von *Antoine Pesne.*

BOSAU. Pr. Sachsen Kr. Zeitz, s. Posa.

BOTTENDORF. Pr. Sachsen Kr. Querfurt.
Dorf-K. spgot. Chor in $^3/_8$ mit Sakramentsnische, Schiff 1787, guter Kanzelaltar A. 18. Jh.

BÖTTIGHEIM. UFranken BA Marktheidenfeld.
Pfarr-K. erb. 1701. Gute Innenausstattung. Hochaltarblatt von *Mart. Bolster* 1706. Holzfig. St. Sebastian E. 15. Jh.

BOYNEBURG. RB Cassel Kr. Eschwege.
Burg. Stark zerstörte Ruine, 12. und 14. Jh., über dem letzten der 4 Tore Rest der rom. Burgkap., 3stöck. (got.?) Palas.

BRACHSTEDT. Pr. Sachsen Saalkreis.
Rom. **Dorf-K.**, got. umgebaut. Got. Sakramentsnische.

BRAMBERG. UFranken BA Hofheim.
Burgruine. Erste Zerstörung durch Friedrich Barbarossa. Die vorhandenen Bauten spgot.

BRANDENBURG bei Lauchröden. Sachsen-Eisenach.
Burgruine an der Werra. Eine der umfangreichsten und malerischsten Thüringens. 2 große Bergfriede. Der der „hinteren" Burg 13. Jh., unten 6eck., oben rund; der der „vorderen" A. 14. Jh., noch 23 m h. Weiterhin Wohnturm mit Buckelquadern an den Ecken, Palas spgot. um 1600, Rondell für Feuergeschütz. Bis 14. Jh. Grafen v. Br., später Besitz der v. Heringen und der v. Kockrodt.

BRANDENFELS. RB Cassel Kr. Eschwege.
Ansehnliche Burgruine, Kap. 1248 (?).

BRANDERODE. Pr. Sachsen Kr. Querfurt.
Dorf-K. Rechteckchor. Schiff, WTurm spgot. unbedeutend. Gute Holzmadonna. Grabst. 1559. 1640.

BRANDIS. Sachsen AH Grimma.
Stadt-K. 15.—17. Jh. — **Herrschaftshaus** 1696, recht stattlich.

BRAUNA. Sachsen AH Kamenz.
Schloß um 1700. Gemäldesammlung.
Herrenhaus aus der Zeit, als der Dichter Gf. Fr. Leopold zu Stolberg Besitzer war.

BRÄUNSDORF. Sachsen AH Chemnitz.
Dorf-K. A. 16. Jh. aus einer rom. Anlage nach O und W erweitert. Der alte Chorturm jetzt in der Mitte. 4flügeliges Altarwerk bez. 1512.

BRAUNSDORF. Pr. Sachsen Kr. Querfurt.
Kirche mit WTurm auf rom. Grundlage, 1700 und 1873 rest., wobei treffliche rom. Kapitelle, denen des Doms in Naumburg verwandt, gefunden.

BRÄUNSDORF. Sachsen-Weimar VB Neustadt a. d. O.
Schloß. Wasserburg mit 4 Türmen aus 16. Jh.; verfallen und umgebaut.

BREBERSDORF. UFranken BA Schweinfurt.
Pfarr-K. Turm im Juliusstil. Lhs. 1807. Hochaltar aus Klst. Himmelpforten b. Würzburg, 2. H. 17. Jh., die Figuren um 1780.

BREHNA. Pr. Sachsen Kr. Bitterfeld.
Stadt-K. (ursp. Nonnenkloster) um 1200, spgot. verbaut.

BREITENAU. Sachsen-Coburg LA Coburg.
Dorf-K. Der OTurm über dem rom. Chor; die rom. Apsis abgebrochen.

BREITENAU. RB Cassel Kr. Melsungen.
Ehem. **Benedikt.-Klst.-K.** Gegr. 1113, voll. 1142. Einige spgot. Veränderungen. Jetzt die Ssch. abgebrochen, die Arkaden und

Fenster zugemauert, als Arbeitsanstalt vernutzt. — Rom. flachged. Pfl.Basl. auf kreuzf. Gr.; der Chor nach Hirsauer Muster, d. h. 3sch.; 5 Apsiden so geordnet, daß 3 gleichfluchtige am Chor, 2 an der OWand der Kreuzflügel; Doppeltürme im W. Haupt L. 65 m. — Der Hauptchor von den Nebenchören durch eine Doppelarkade getrennt. Im Sch. 7 Arkaden. Die Pfll. quadr., von schlankem Aufbau, mit verzierter Schräge und glatter Platte abgedeckt. Über den Pfll. steigen lisenenartige Glieder auf, die mit dem Hauptgesims sich verbindend, für jeden Arkadenbg. eine rck. Umrahmung ergeben (vgl. Paulinzelle und andere Hirsauer Bauten). Am WEnde zwischen den Türmen eine gegen das Sch. mit 3facher Ark. sich öffnende Vorhalle, darüber eine desgl. Empore; das Stützensims sind Sll. mit Würfel-Kaptt., an einem Kapt. eine männliche Figur mit der Beischrift *Henricus*. — Außenbau: Lisene mit einfachem Dachgesims, an den Apsiden bereichert durch Bogenfries. Das WPortal verstümmelt. Das 2. WGeschoß im 13. Jh. umgestaltet; daher auch die Gwbb. der Empore. Die Türme ohne Obergeschoß (abgetragen? oder nie ausgeführt?) In der Mitte der WFront ein mächtiger Glockenturm, 1898 errichtet. — An den spgot. Gwbb. des Qsch. ziemlich gut erhaltene Malereien (so 1866; jetzt übertüncht). Von den Klostergebäuden und Ringmauern unerhebliche Reste.

BREITENBACH. Pr. Sachsen Kr. Zeitz.

Reichsburg. 1138 von Kaiser Konrad III. dem Bistum Zeitz geschenkt. Die 1908 ausgegrabenen Fundamente ganz erhalten. Ringmauern 2,20 m stark. Bergfried 9 m im Geviert, Mauerstärke über 3 m. Die Burg liegt in einem vorgeschichtlichen doppelten Ringwall. Nebenan eine kleine Burg, sog. Kemnate.

BREITENBACH. Kr. Cassel-Land.

Dorf-K. 1sch. einfacher Renss.Bau um 1680, außen 2 Fensterreihen, innen Emporen, Altar im OTurm mit beschiefertem Spitzhelm und Erkertürmchen.

BREITENHAIN. Sachsen-Altenburg LA Altenburg.

Dorf-K. Chorquadrat und Apsis rom., Lhs. 1505.

BREITENSEE. UFranken BA Königshofen.

Pfarr-K. Typischer Juliusbau (1598) mit selten in ähnlicher Vollständigkeit erhaltener Renss.Einrichtg. (Flügelaltar mit Reliefs, Sakramentsnische, Orgelgehäuse und Spuren von Renss.Malerei [übertüncht] an den Langhauswänden.)

BREITENWORBIS. Pr. Sachsen Kr. Worbis.

Dorf-K. 1681. 1sch. mit $^{3}/_{8}$ Schluß; der westl. Dachreiter mit umlaufender Galerie nach mittelthüringischem Typus.

BREITUNGEN s. Frauenbreitungen und Herrenbreitungen.

BREMEN. Sachsen-Weimar VB Dermbach.

Dorf-K. (kath.). Erb. 1730 durch den Fürstabt von Fulda Ad. v. Dalberg, Verputzbau mit Sandsteingliederung in guter Formbehandlung. Der 1sch. flachged. Innenraum mit würdevollem Reichtum ausgestattet. — Kanzel und 3 Altäre aus Stuckmarmor, prächtig geschnitzte Kommunionbank.

BREND-LORENZEN. UFranken BA Neustadt. [D.]
Kirche St. Johannes Bapst. Nach Ansicht von K. Gröber (Inv.) identisch mit der 826 erwähnten Basilica sancti Martini. Für das Qsch. der frrom. Ursprung evident. Im Inv. wird ein gleiches für das Lhs. behauptet, nur daß dasselbe ursp. niedriger gewesen wäre. Danach Tförmige Anlage. Die wenig vortretenden Querarme durch eine Doppelarkade von der Vierung geschieden, was in karoling. Zeit öfters vorkommt. Die Vierung war überhöht. Die vorauszusetzende Apsis 1. H. 13. Jh. durch einen Turm ersetzt, in dessen Erdgeschoß das Altarhaus. In der Juliuszeit Erhöhung des Lhs. und andere Veränderungen. — Altäre barock. 2 got. Pietasgruppen, um 1350 und um 1500. Außen roher Ölberg 1497.
Laurentius-Kap. mit hoher Ringmauer, Typus einer mittelalterlichen Zuflucht.

BREUNA. RB Cassel Kr. Wolfhagen.
Dorf-K., got. Chor-Turm, Lhs. 1sch. mit 3 quadr. Kreuzgwbb., breite ungegliederte Gurten. — Steinkanzel 1561 mit 4 Evangelisten. Taufstein rom. reich mit Blattwerk. 3 Epitaphe derer v. d. Malsburg gering, gut die Bronzetafel 1631 von *Gottfr. Köhler* aus Cassel.

BRIESSNITZ. Sachsen AH Dresden-A.
Dorf-K. 1474 fast ganz erneuert als langgestreckter flachgedeckter Saal mit WTurm; erhalten blieb aus E. 13. Jh. der eigenartig profilierte Triumphbg. und die Umfassungsmauern des 5/8 Chors, am Schluß ein frgot. Maßwerkfenster, 3teilig mit spitzen Kleeblattbgg. und 3 Dreipässen. — [Fragmentierter Flügelaltar E. 15. Jh. im Dresdener Altert.-Ver. no 2621—23. Kreuzigungsgruppe 1529, Bemalung 17. Jh. ebenda no 2515.] Glasgemälde um 1500. Rom. Taufstein. Mehrere Denkmäler 17. und 18. Jh.

BRINNIS. Pr. Sachsen Kr. Delitzsch.
Dorf-K., rom. Unterbau, spgot. erneuert. — Der spgot. Schnitzaltar gehört zu den besseren.

BRONN. OFranken BA Pegnitz.
Dorf-K. mit rom. Portal.

BRUCHKÖBEL. RB Cassel Kr. Hanau.
Dorf-K. 1724. Turm 1410, Abschluß mit Zinnen, erhöhten Ecken, steinernem Helm.

BRÜCKEN. Pr. Sachsen Kr. Sangerhausen.
Dorf-K. Chor 13. Jh. gerade geschlossen, rippenloses Kreuzgwb.

BRÜCKENAU. UFranken BAmtsstadt.
Schloß (jetzt Hotel) erb. in 2. H. 18. Jh. von den Fürstäbten von Fulda.

BRÜNN. Sachsen-Meiningen Kr. Hildburghausen.
Dorf-K. 1671. Emporen in 2 Geschossen. Flache Decke. Fenster spitzbg. und auch sonst noch got. Reminiszenzen.

BRUNNHARDTSHAUSEN. Sachsen-Weimar VB Dermbach.
Kirche von 1782.

BUCH. Sachsen AH Döbeln.
Zisterz.-Klst. A. 13. Jh. Seit 16. Jh. zerfallen. Aus Bruchstücken und ausgegrabenen Grundmauern die Anlage erkennbar. Gr. normal kreuzf. Seitlich vom Chorquadrat je 2 Kapp., die mit der OWand des Hauptchors in gleicher Flucht schließen; im Msch. 5 Quadr., doppelt soviel in den Ssch., also gebundenes System. Die Ssch. hatten Kreuzrippengwbb. Ungewiß die Deckenform des Msch. Chorkapellen mit ½kr. Tonnen. Baustoff: Bruchstein mit Hausteingliedern. — Klostergebäude. Auf der WSeite des Hofes das 2sch. 5jochige Refektorium. Verhältnismäßig gut erhalten das abgesonderte Abtshaus, z. T. 13., z. T. 15. Jh.

BUCH. UFranken BA Haßfurt.
Dorf-K. 1616. 1sch. flachgedeckt, der gewölbte Chor im OTurm. Stuckdekoration und Altarausstattung M. 18. Jh.

BUCHA. Schwarzburg-Rudolstadt LA Rudolstadt.
Dorf-K. Lhs. got. Der in der Anlage rom. Turm infolge von Erweiterungen in der Mitte. — Kanzelaltar 17. Jh.

BUCHAU. OFranken BA Kulmbach.
Pfarr-K. Einfach sprenss., rck. mit 3seitigem Schluß. Schöner Giechscher Grabstein 2. H. 16. Jh.
Schloß der Grafen v. Giech, kleiner Befestigungsbau mit halbrunden Mauertürmen, z. T. mit Buckelquadern. Palas 1470.

BUCHBRUNN. UFranken BA Kitzingen.
Ev. Pfarr-K. Wohlgegliederter OTurm, Überg.-Stil nach M. 13. Jh. — Bmkw. spgot. Taufstein 1522.
Kath. Pfarr-K. um 1700, noch mit gotisierenden Anklängen.

BUCHELOH. Schwarzburg-Rudolstadt. LA Rudolstadt.
Große **Dorf-K.** Der rom. Turm in der Mitte; ehemals Chor-Turm; Lhs. 1729; aus derselben Zeit die Kanzel und der hübsche Taufengel.

BUCHHOLZ. Sachsen AH Annaberg.
Katharinen-K. 1504—21. Geplant als 3sch. Hallenbau mit Emporen, jedoch unvollendet gelassen, mit Holzdecke geschlossen. Die jetzigen Emporen 1872. — Die Gemälde an der Chorwand entnommen dem ehem. Hochaltar in der Franziskaner-K. in Annaberg, von einem sächsischen (nicht oberdeutschen) Meister nach 1521, z. T. mit Benutzung von Dürers Marienleben.
Begräbnis-Kap. Flügelaltar, im Mittel Gemälde mit dem hl. Wolfgang und der Sage vom Traum des Bergmanns David und dem Ursprung des Annaberger Bergbaus, um 1520.

BÜCHOLD. UFranken BA Karlstadt.
Pfarr-K. Chor (⁵/₈) in der Anlage aus Ma., das 1sch. flachged. Lhs. und die 2 den Eingang zum Chor flankierenden Türme 1619. Gleichzeitig die dekorative Ausmalung, hauptsächlich Umrahmungsmotive um Fenster, Türen und Chorbg., von *W. Ritterlein*, und die Altargemälde in frbar. Aufbau.
Schloß. Runder rom. Bergfried, Bering annähernd kreisf., got.

BÜCHENBACH. OFranken BA Höchstadt.
Dorf-K. Spuren von Befestigung.
BÜHLER. UFranken BA Karlstadt.
Pfarr-K. Erb. von B. Julius 1611—14, **Turm über dem Chor.** Sandsteinkanzel 1594.
BULLENHEIM. UFranken BA Kitzingen.
Pfarr-K. Chor im OTurm um **1300, rom.-got. Kompromiß.** — Einheitliche Ausstattung um **1660. Stattliches** Bildnisepitaph eines Gf. v. Schwarzenberg † **1579.**
Im Dorf eine Reihe gefälliger **Fachwerkhäuser.**
BUNDORF. UFranken BA Hofheim.
Schloß der Truchseß v. Wetzhausen. SFlügel 2. H. 16. Jh., NFlügel um 1700. Hübsche Innendekoration A. 18. Jh.
BÜRABERG. RB Cassel Kr. Fritzlar.
Kapelle. Ältester hessischer Bischofssitz, vom h. Bonifazius gegr. Jetzt einfache Wallfahrts-K., im 17. Jh. mit Beibehaltung der rom. Anlage hergestellt.
BURGEBRACH. OFranken **BA Bamberg II.**
Pfarr-K. Chor und Turm **1454, Schiff 1731.** — **Ölberg aus Fürnbach übertragen, ca. 1480—1500.**
BÜRGEL. Sachsen-Weimar VP Apolda.
Kirche spgot. und 17. Jh., am Portal Formen aus beiden Epochen zusammengearbeitet. — Reste der Stadtbefestigung.
Klst. Bürgel s. Talbürgel.
BURGGAILENREUTH. OFranken BA Ebermannstadt.
Schloß, nach Zerstörungen im Bauernkrieg und im 30j. Krieg einfach hergestellt.
BURGGEHAIG. OFranken BA Kulmbach.
Zahlreiche schöne **Fachwerkhäuser.**
BURGGRUMBACH. UFranken BA Würzburg.
Dorf-K. Gotisierender Neubau **1613. Juliuswappen.** — Reiche Bar. Kanzel A. 18. Jh. Gemälde des ehemal. **Hochaltars** bez. *Francesco Mica* 1714. Grabmal der Anna v. Grumbach († 1598), von *E. Borg* liebenswürdige Kinderfigur in Renss.-Aedikula. — Im Dorf 4 bar. Bildstöcke mit reicher Plastik.
Schloß. Stammsitz des 1328 ausgestorbenen Geschlechtes der Grumbach; kam dann an die Wolfskeel, die sich nach G. nannten. Die bestehenden Bauten unbedeutend, E. 16. Jh.
BURGHÄSELER. Pr. Sachsen Kr. Eckartsberga.
„Alte Kapelle" (jetzt Remise), ein seiner Bestimmung nach rätselhafter 3stöckiger, in viele kleine Gemächer geteilter Bau aus A. 16. Jh.
Dorf-K. mit gut erhaltenem rom. OTurm.
BURGHASUNGEN. RB Cassel Kr. Wolfhagen.
Turmruine sprom. Einziger Rest der 1082 gegr. Benedikt.-Abtei. 4seitiges Erdgeschoß, hohes 8seitiges Obergeschoß. Im Jahre 1896 stürzte dieser Turmrest ein. Ecklisenen, keine horizontale Gliederung bis auf den Zahnschnitt unter dem Obergeschoß, letzteres mit schlanken gekuppelten Schallöffnungen.

BURGHAUN. RB Cassel Kr. Hünfeld.
2 **Kirchen** (kath. u. ev.) 1713 und 1730 nebeneinander, Formen des Fuldaer Barock.

BURGISDORF. Pr. Sachsen Mansfelder Seekreis.
Dorf-K. rom. einfachster Art, keine Apsis. Seitliche Vorhalle mit gekuppelten Fenstern. Türloser WTurm in der Breite des Schiffes. Am rechteckigen Türsturz altertümliche Ornamentik. An der OWand großes frühgot. Wandgemälde um 1230—40.

BURGJOSSA. RB Cassel Kr. Gelnhausen.
Wasserburg. Rätselhaft der große ½ kr. Ausbau aus Buckelquadern; die Vermutung, daß er der Rest eines großen Bergfrieds des 12. Jh. sei, hat sich nicht bestätigt. Das Herrenhaus einfache Anlage bez. 1573.

BURGK. Reuß ä. L. LA Greiz.
Fürstl. Schloß aus 16. und 17. Jh., wohl erhalten, doch ohne archit. Bedeutung. Einige hübsche dekorierte Gemächer.

BURGKUNDSTADT. OFranken BA Lichtenfels.
Pfarr-K. 1812, Toranlage des Pfarrhauses 1723.
Rathaus mit hervorragend schöner Holzarchit. des 17. Jh. Auch sonst viel vortreffliche und gut erhaltene Fachwerkhäuser 17. bis 19. Jh.

BURGLAUER. UFranken BA Kissingen.
Dorf-K. Turm unten spgot., oben 17. Jh. Langhaus 1602. Portal 1603 von *Julius Emes*. — Holzfigur der Madonna. Würzburger Schule. A. 16. Jh. Grabsteine des Ritters Bernhard von Steinau und seiner drei Frauen 1486, 1494, 1500, 1508.

BURGLEMNITZ. Schwarzb.-Rudolst. LA Rudolstadt.
Dorf-K. von rom. Anlage. — Hübscher Taufstein aus 1. H. 17. Jh., Alabaster. Auf dem Kirchenboden Reste von 3 spgot. Altarwerken.

BURGREPPACH. UFranken BA Hofheim.
Ev. Pfarr-K. Chor mit Turm 1585, Lhs. 1734. — Bar. Grabsteine der Reichsfreiherren Fuchs von Bimbach.
Schloß nach 1726. Stattliche, monumental gehaltene Anlage, Gr. triklinienförmig, der Eckpavillon turmartig überhöht, Details in der Richtung des Bamberger Spätbarock. Saal mit guten Stuckaturen und Gobelins.

BURGSCHEIDUNGEN. Pr. Sachsen Kr. Querfurt.
Dorf-K. Der rom. Ursprung in mehreren Einzelformen erkennbar. Bedeutend die 3 Epit. der Familie v. Wiehe 1568, 1596, 1598, wohl alle drei von *Christoph Weber*, in dem man hier einen hervorragend tüchtigen Meister kennen lernt; von ihm wohl auch die Kanzel.
Schloß. Von der Burg des Ma. nichts erhalten. E. 16. und A. 17. Jh. regelmäßige 3Flügelanlage, die vordere Hofseite nach der Unstrut offen. Ausgebaut 1724 ff. von *Daniel Scholz* für Gf. Levin v. d. Schulenburg. Vom älteren Bau der SOFlügel mit Treppen-Turm und reichem Portal bez. 1633. Der Scholzsche Umbau nicht in Vollständigkeit ausgeführt. Splendider Quader-

bau mit Keller, 2 Hauptgeschossen und **Mansarddach.** Ungemein reich, aber in die Gesamtkomposition nicht gut eingefügt (ein späterer Gedanke) der Mitteltrakt; aus dem Gartensaal führt eine Freitreppe mit geschwungenem Doppellauf zum Park. Dieser mit Terrassen, Grotten und Statuen reich ausgestattet.

BURGSINN. UFranken BA Gemünden.

Pfarr-K. neu. Klassizist. Hochaltar um 1770—80 mit guten Holzfigg. An den Langhauswänden Epitaphien des 16. und 17. Jh. Neben dem Hochaltar Ölgemälde, die drei Frankenapostel, um 1700, in der Art des *Osw. Onghers.*

Wasserschloß. Quadratische Anlage mit 3 quadratischen und einem runden Eckturm. Quadr. massiger Bergfried vielleicht 11. Jh.; aus dieser Zeit noch die Anlage des teilw. erneuerten Beringes. Die Wohnbauten aus 16. Jh. Das ursp. Aussehen einer fränkischen Wasserburg gut bewahrt.

Fronhofschlößchen. 1607. Hübscher, 2geschossiger Renss.Bau mit ausspringendem Treppenturm und gegründetem Erker.

Neues Schloß. 1620. Einfach.

BURGSTÄDT. Sachsen AH Rochlitz.

Stadt-K. 1522, 1sch. flachgedeckt, Schluß 5 Seiten des 10Ecks, bedeutende Raumwirkung, 36,5 m l., 17,1 m br.

BÜRGSTADT. UFranken BA Miltenberg.

Pfarr-K. Rom. Anlage, im 15. und 17. Jh. verändert. — Tympanonrelief, Auferstehung Christi, M. 15. Jh. — Altäre um 1720. — Holzskulpturen um 1700. — Monstranz augsburgisch um 1720.

Martins-Kap. rom. und got., sehr einfach. — Hübsches spgot. WPortal mit Martinsrelief und schönem Beschlage. — Originelle Ausmalung 1593.

Rathaus 1591. 2geschossiger massiver Bau mit Volutengiebeln. Wappenscheiben.

BURGWALDE. Pr. Sachsen Kr. Heiligenstadt.

Dorf-K. (kath.). Umbau von 1700, bmkw. Schnitzaltar aus 2. H. 16. Jh.

BURGWENDEN. Pr. Sachsen Kr. Eckartsberga.

Dorf-K. OTurm mit sprom. gekuppelten Fenstern und Spuren einer Apsis. Lhs. 1695 erweitert.

BURGWERBEN. Pr. Sachsen Kr. Weißenfels.

Dorf-K. Eine ehemalige Pfl.Basl. im Übergangsstil des 13. Jh., die im 30j. Kriege ihre Seitenschiffe verloren hat; das polyg. Altarhaus 1581.

BURGWINDHEIM. OFranken BA Bamberg II.

Pfarr-K. einheitlich rok. Im Innern Kreuzwegstationen mit Schnitzb. von einem Altar. E. 15. Jh.

Kurie des Klst. Ebrach (jetzt Rentamt), 1720—25, für *B. Neumann* in Anspruch genommen; originelle Gr.Gliederung; aus einem quadr. Mittelbau, der einen einzigen großen Saal enthält, entwickelten sich in dreifachem Vorsprung 4 Eckpavillons; bei mäßigen Dimensionen imposante Gesamtwirkung.

BURKARTSHAIN. Sachsen AH Grimma.
Dorf-K. Der gerade Chor rom., sonst 15. Jh. Gute Grabsteine 16. Jh.

BURKAU. Sachsen AH Bautzen.
Dorf-K. 1725 und 1897. — Vortreffliches Relief der hl. Sippe A. 16. Jh. — Altar im Ohrmuschelstil. — v. Braun- und Wartenbergsche Gruft A. 18. Jh., mit Denkmälern.

BURKHARDRODA. Sachsen-Weimar VB Eisenach.
Kirche. 1787. Glocke 1505 mit Relief der hl. Anna Selbdritt.

BURKHARTSWALDE. Sachsen AH Meißen. Inv.
Dorf-K. (ehem. Wallfahrt) 15. Jh., 3sch. Halle, von den Gwbb. nur die Ansätze vorhanden, wahrscheinlich nach W länger beabsichtigt, niedriger netzgewölbter Chor. — Üppig überladener Sandsteinaltar mit den Stifterfiguren des Heinrich von Ende und seiner Familie, A. 17. Jh. Denkmäler 16.—18. Jh.

BUSCHDORF. Pr. Sachsen Saalkreis.
Rom. **Dorf-K.**, got. umgebaut. Bmkw. das rom. Sakramentshäuschen.

BUTTENHEIM. OFranken BA Bamberg I.
Pfarr-K. 1754, Fassade mit Statuen, reiche Innenausstattung. 10 Grabmäler der Familie v. Stiebar 1491—1579.
Schloß der Frhh. v. Seefried.

BUTTHART. UFranken BA Ochsenfurt.
Pfarr-K. 1769 von *Geigel*, Turm 1594. — Ölberggruppe 17. Jh., überlebensgroß, nicht schlecht.

BUTTLAR. Sachsen-Weimar VB Dermbach.
Dorf-K. (kath.). Nach Brand 1867 fast neu. — Kanzel und Hauptaltar von auffallend feiner Qualität (aus Klst. Amöneburg).

BUTTSTEDT. Sachsen-Weimar VB Apolda.
Stadt-K. S. Michaelis, spgot. Hallenkirche mit Emporen aus 18. Jh. Der seitlich stehende Turm ähnlich dem der Haupt-K. zu Jena. Das Ganze typisch für eine barockisierte thüringische Kleinstadtkirche. — Prunkvoller, sehr „katholisch“ aussehender Altar- und Kanzelbau 1727. Deckenmalerei von *Fr. Dom. Minetti.*
Friedhof mit offenen Renss.Hallen die Mauern entlang. Unter den Grabsteinen vom 16. Jh. ab viel Gutes.

C

(Siehe im übrigen K)

CHEMNITZ. Sachsen Amtshauptstadt.
Schloß-K. (Benedikt.-Klst.), gegr. 1136, Erneuerung des Klst. 1499 ff., der K. 1514—1525. Vom rom. Bau rühren her das Chorquadrat, die außen platt, innen mit ½ kr. Nischen schließenden, mit Tonnen überwölbten Nebenchöre und das südl. Qsch.; hier auch einiges Detail aus 12. Jh. Die (vermauerten) Fenster an der

Hochmauer des Chors und einiges im Qsch., wo eine mit den Wohnungen der Mönche kommunizierende Empore gewesen zu sein scheint, rom. zu got. Der anschließende OFlügel des Kreuzgangs frgot. Das Lhs. spgot. von ähnlichem Habitus wie die K. in Freiberg, Annaberg, Pirna, nur schmäler in den Sschiffen (eine Folge der beibehaltenen rom. Grundmauern). Das Prinzip der einheitlichen Decke besonders konsequent durchgeführt; die Gurtrippen fehlen ganz. Empore nur im nördl. Ssch. Außerhalb der westl. Stirnmauer eine Vorhalle und über ihr zwei, nur bis zur Schiffshöhe ausgeführte Türme. Über der kleinen Tür des nördl. Ssch. erhebt sich in voller Höhe der Wand eine eigentümliche plastische Dekoration, bez. 1525. Sie ahmt ein Baugerüst von rohen Stämmen nach; die Äste teils gekappt, teils miteinander verschlungen; die zwischen ihnen liegenden Wandfelder mit Statuen ausgesetzt. Zu unterst Löwen; darüber, in Höhe der Türgewände, der Kaiser Lothar und die Kaiserin Richenza als Stifter; im folgenden Geschoß die Maria und 4 Heilige, im dritten die Trinität und Engel. Neben der „schönen Pforte" in Annaberg die wertvollste plastische Leistung dieser Zeit und Landschaft. Die Körperbildung hat Wucht und Würde, die Behandlung des Fleisches ist weich und breit, die Gewandung erinnert an die Würzburger und noch mehr an die Mainzer Schule; eventuell Vermittlung durch den *Backofenschüler* in Halle. — Im Innern die aus einem einzigen Stamm geschnitzte Gruppe der Stäupung Christi; die gegenständliche Auffassung grell naturalistisch, die künstlerische Behandlung nicht ohne Feinheit, nahe verwandt der Tulpenkanzel im Freiberger Dom. [Die schöne Sandsteinkanzel, Fr.Renss. 1538, jetzt im Museum.]

Kloster. Wenige Reste erhalten: ein Maßwerkgiebel in Backstein E. 15. Jh., dekorative Bruchstücke von einem Bau des Kf. Moritz.

Jakobi-K. 15. Jh.; vom Bau des 13. nichts erhalten. — Hallenkirche von 4 Jochen, Sschiffe mit 8Eckschluß, der Hauptchor zu einer 3sch. Anlage mit $^7/_{16}$ Umgang erweitert. Turm isoliert in südwestl. Richtung. — [Heiliges Grab aus Holz geschnitzt von *Georg Johann Kil* 1480; es ist 2,75 m l., 1,25 m br., 3,45 m h. und baut sich zweigeschossig in Form einer Laube auf; in den 8 Nischen des niedrigen Untergeschosses je ein schlafender Wächter; im Obergeschoß der Leichnam Christi; draußen vor den 8 Bogenöffnungen (je 3 an den Langseiten und 1 an den Schmalseiten) standen auf Konsolen ebensoviel Leidtragende (Joseph von Arimathia, Nikodemus usw.); die Gesamtanordnung also vergleichbar dem Sebaldusgrab *P. Vischers*. Das Figürliche derb handwerksmäßig, das Architektonische mit seinen geschmeidigen Maßwerkformen in seiner Art vortrefflich. Das stark beschädigte und mehrerer Figuren beraubte Werk jetzt im Museum des Chemnitzer Geschichtsvereins; ebenda noch andere aus der Jakobi-K. stammende Kunstwerke.] [Flügelgemälde des abgebrochenen Hochaltars aus A. 16. Jh. im Museum.] Auch der an seine Stelle getretene Bar.Altar entfernt; seine Gemälde, von

A. F. Oeser, jetzt in der Sakristei. — 2 Abendmahlskannen 1663, Augsburger Arbeit.
Johannis-K. Erster Bau 1254, zweiter A. 16. Jh., nach Zerstörung 1547 erneuert 1565; ohne archit. Interesse. Portal mit ähnlicher Umrahmung von Astwerk wie das der Schloß-K.; im Mittel Relief mit der Auferstehung der Toten nach Hesekiel c. 37; darüber ein zweites mit dem Jüngsten Gericht. — Kanzel 1721 aus dem spgot. Altarwerk zusammengesetzt. — Taufstein, am Fuße betende Kinderfiguren (vgl. Annaberg; das Motiv erhält sich bis A. 17. Jh., s. Weißbach AH Flöha).
S. Pauli-K. 1750. Altarbau von reicher Archit., steinerne Freifiguren der beiden Johannes, Gemälde v. *Ch. W. E. Dietrich.*
Rathaus ursp. 1496, durch öftere Brände beschädigt; in einigen Räumen Einzelheiten aus Fr.Renss.
Wohnhäuser. Durch den Stadtbrand im 30jähr. Kriege und andere im 18. Jh. viel zerstört. Die Überreste zeigen, daß Chemnitz eine reiche Fr.Renss. der lombardischen Richtung besaß. Das Portal im Hofe der inneren Klosterstr. no 8 bez. 1542, in der Figur des guten Hirten Anklang an den Hallenser *Backofenschüler* (vgl. Portal der Schloß-K.). Sehr gut das Portal Markt no 15 bez. 1559. Altertümersammlung im König-Alberts-Museum.

CHOREN. Sachsen AH Meißen.
Herrenhaus, sehr stattlich, 1755 von *Samuel Locke* für K. L. Marschall v. Bieberstein.

CHRISTENBERG. RB Cassel Kr. Marburg.
Dorf-K. Das flachged. Schiff hat kleine rom. Fenster, 1817 erhöht und modernisiert. Chor 1520, 2stöckige Außenhalle als Kanzel. Fränkischer Steinsarg.

CHRISTES. Pr. Sachsen Kr. Schleusingen.
Wallfahrts-K. am Christusborn. M. 15. Jh. Kleine 3sch. Basilika von 3 Jochen. In der Sakristei achtbare spgot. Wandmalerei.
Bauernhaus. Reicher Fachwerkbau 1619.

D

DAGOBERTSHAUSEN. RB Cassel Kr. Melsungen.
Dorf-K. spgot. auf rom. Fundamenten. Quadr. Turm mit Spindeltreppe. Rom. Altarmensa.

DAHLEN. Sachsen AH Oschatz.
Stadt-K. Der stark gestreckte Chor mit 3/8 Schluß 1475. Lhs. 3sch. Halle aus 2. H. 16. Jh., reiches Netzgwb. mit schwächlich profilierten Formziegelrippen. Portal in feiner, nicht zu reicher Renss. — Stattliches spgot. Sakramentshaus. Mosesstatue (Kanzelfuß) um 1500. Schöner, interessanter v. Schleinitzscher Grabstein um 1530 in der Art des *Hans Schickentanz.*
Schloß. 1744—51 für Gf. Heinrich v. Bünau. Grundriß in Form eines H. Außenarchitektur sehr einfach. Im Innern besonders

bmkw. der Saal in weißem Stuckmarmor; die Kinderreliefs in der Art *Knöflers*, die Deckenmalerei 1756—59 von *A. F. Oeser*; von demselben das Treppenhaus und der Kaisersaal. Bmkw. Bildnisreihe von *Silvestre, Liotard, Graff, Oeser, Vogel*. Meißener Porzellan z. T. ersten Ranges.

DALLWITZ. Sachsen AH Großenhain.

Stattliches **Herrenhaus**, erb. um 1740 für den Minister Gf. v. Beichlingen.

DANKMARSHAUSEN. Sachsen-Weimar VB Eisenach.

Dorf-K. 1sch. mit 5seitig polyg. Chor von 1586 und WTurm von 1431, das Kielbogenportal 1586, Dächer barock.

DARSTADT. UFranken BA Ochsenfurt.

Dorf-K. 1597, spitzbg. Fenster und Netzgwbb., Ehewappen Zobel-Echter. — Deckengemälde bez. *Thalheimer* 1765. Hochaltar mit reicher und tüchtiger Sandsteinplastik (Himmelfahrt), alt bemalt, 1598 von *Joh. Junker*. Von *demselben* die Kanzel. — Bildnisgrabsteine der Zobel v. Giebelstadt 1553 (Art des *Peter Dell*), 1554, 1560, 1772. — Kelch von *Stipeldey* in Augsburg 1777.

Schloß der Zobel. Zwei durch einen (jüngeren) Zwischenbau verbundene Giebelhäuser mit runden Ecktürmen, etwa A. 17. Jh.

DASCHENDORF. UFranken BA Ebern.

Pfarr-K. Posthume Gotik um 1600. — Bmkw. feines Schnitzbild der hl. Elisabeth mit dem Bettler, um 1500. Gute Rok.-Madonna.

DAUMITSCH. Sachsen-Weimar VB Neustadt a. d. O.

Dorf-K. aus A. 16. Jh., im 18. Jh. für die Verhältnisse prächtig erneuert; die Brüstungen der Emporen und die flache Decke ganz bemalt; besonders reich der Altarbau.

DAUTZSCHEN. Pr. Sachsen Kr. Torgau.

Dorf-K. 1sch. rom. Anlage mit frgot. und bar. Veränderungen. Schiff, Chor und Apsis in den Breiten voneinander abgesetzt. — Rom. Taufstein.

DEHLITZ U. B. Pr. Sachsen Kr. Merseburg.

Dorf-K. Gut erhaltene frühestgot. Anlage des 13. Jh., am eingezogenen, platt geschlossenen Chor spitzbg. Dreifenstergruppe.

DELITZSCH. Pr. Sachsen Kreisstadt.

Stadt-K. Backstein mit Sandsteingliedern, spgot. Hallenkirche 1404, Netz- und Stern-Gwb.; der in den Gr. unorganisch eingefügte WTurm auf älteren Grundmauern. Die Emporen sollen z. T. noch aus 15. Jh. sein. Ölberg 1410; Schnitzaltar 1437 mit Doppelflügeln von 1492; gelobt ein Triptychon von 1511, ganz gemalt; in der Kreuzkap. ansehnliche Renss.Grabmäler 1576, 1584, 1614, 1615.

Gottesacker-K. Wertvoller Schnitzaltar A. 16. Jh. (das J. 1550 das der Übertragung, nicht der Entstehung).

Spital-K. spgot. 1sch. Doppelflügeliger Schnitzaltar.

An **Bürgerhäusern** einige Renss.Portale. **Stadtmauern** und 2 Türme.

DERMBACH. Sachsen-Weimar Bezirksstadt.
Kathol. Pfarr-K. Reicher Barockbau 1732—36, verwandt den Kirchen in Bremen und Schleid. 1sch. mit 3 weiteren Kreuzgewölben über reicher Wandarchitektur. In der ½ kr. Chornische der imposante Hochaltar mit korinth. Sll. aus farbigem Stuckmarmor und 4 sehr großen geschnitzten Figg. Kanzel und Schalldeckel in Stuckmarmor. Gestühl und 4 Beichtstühle gut geschnitzt, Eichenholz. Wappentafel des Abts v. Dalberg. — Daneben das 1730 erbaute Franziskaner-Kloster.
Evangel. Pfarr-K. Sch. 1714. Turm aus sp. Ma. Kirche 3sch. mit Tonnengewölbe aus Holz. 2 Emporen übereinander auf Rundsäulen. 2 gute reiche Barockportale. Holzrelief des Abendmahls um 1475, nach der Tradition aus der Kirche von Hartschwinde bei Dermbach stammend. Bar. Epitaph.
Schloß der Fürstäbte von Fulda 1707, Wappentafel v. Schleifras. — Gasthaus, Fachwerkbau 1613.

DETTELBACH. UFranken BA Kitzingen. [D.]
Pfarr-K. Oft veränderter Mischbau. Die spgot. Hälfte könnte als Hallenkirche geplant gewesen sein; jetzt 1sch. mit umlaufenden Kapellen, Schluß in 4 (sic) polyg. Seiten. 1770 ein ebenfalls polyg. schließender WBau angefügt. — Reichliches Altargerät um und nach 1700, durchweg augsburgisch.
Wallfahrts-K., verbunden mit Franzisk.-Klst. 1610—1614. Ein Hauptbeispiel des sog. Juliusstils, d. i. eines Kompromisses von Sp.Gotik und Fr.Barock. Erhalten blieb aus A. 16. Jh. der graziöse spgot. Chor. Das Gwb. in kunstvollen „gewundenen Reihungen", an den Schlußsteinen die Wappen der Fürstbischöfe Lorenz v. Bibra (1493—1519) und Konrad v. Thüngen (1519—40). — Der Juliusbau nach neuem Plan und in größerem Maßstab (aus den Akten geht nicht hervor, welchem der mehreren Werkmeister der Entwurf zukommt). Qsch. 32 m l., 10,5 m br.; Lhs. 1sch. 20 m l., 11,5 m br. Der Raumeindruck dem eines Zentralbaues sich nähernd, in seiner bequemen Weite renss.mäßig. Decke Tonnengwb. mit got. gewundenen Reihungen auf Renss.Pilastern. Die Mönchsempore im nördl. Qsch. 1659 eingebaut. — Äußeres: Verputzbau mit Quaderecken. Die Formen got. in den spitzbg. Fenstern mit Fischblasenmaßwerk und den abgetreppten Strebepfeilern, renss. in den Gesimsen und dem schweren Giebelschmuck. Die WFront gibt eine große glatte Fläche als Folie für einen der prunkvollsten Portalbaue. Dieser in frbar. Formcharakter, von *Mich. Kern* 1611—13. Um die nicht große rundbg. Türöffnung eine kolossale Rahmenarchitektur, die in ihren Motiven sich den Altarbauten dieser Zeit eng anschließt; ebenso in der Anordnung des überreichen plastischen Figurenwerks. — Innenausstattung. Aus der Juliuszeit nur die überaus prunkvolle Kanzel (Sandstein und Alabaster) erhalten, 1626 von *M. Kern;* gegenständliches Motiv die Wurzel Jesse; in der dekorativen Empfindung noch viel Spätgotisches. Im Zentrum großer Gnadenaltar in Stuckmarmor, von *Augustin Bossi* 1779; das

Gnadenbild (Pietasgruppe) um 1500. — Im Kirchenschatz hervorragendstes Stück Monstranz von *Joh. Zeckel* (Augsbg.) um 1700.

Klostergebäude 1616—20, 4flügelige Anlage in einfachster Behandlung.

Rathaus A. 16. Jh. An der Fassade (Langseite) baut sich nicht ohne monumentale Wucht eine doppelläufige Freitreppe auf, über dem Podest eine Laube und über dieser ein polyg. Chörlein; die einfach behandelten Fenster asymmetrisch verteilt; die Giebel der Schmalseiten mit derber Blendengliederung. Das Innere großenteils verändert, gut erhalten und bmkw. die Ratsstube mit Erker und Vorplatz; got.-renss. Kompromiß.

Stadtbefestigung vollständig erhalten, wenn auch in bröckligem Zustande. 36 vollrunde Mauertürme in Abständen von 25—30 m. Gewöhnlich folgt auf 2 kleinere ein größerer. Von den einst 5 Toren noch zwei.

DETTINGEN. UFranken BA Alzenau.

Pfarr-K. 1. H. 15. Jh. — Sakramentshäuschen reich im Aufbau mit netten Figürchen.

DIEBACH. UFranken BA Hammelburg.

Pfarr-K. A. 13. Jh. Rom. Chor und Ostturm. Querschiff und Langhaus stark verändert. — 5 spgot. Holzfigg. E. 15. Jh., im Stilcharakter mehr thüringisch als fränkisch.

DIEDORF. Sachsen-Weimar VB Dermbach.

Dorf-K. Einheitlich 1785. Altar, Taufstein, Kanzel und Orgel in charakteristischer Zusammenordnung.

DIENSTÄDT. Sachsen-Altenburg LA Roda.

Dorf-K. Rom. Turmchor; sonst im 15. und 17. Jh. umgebaut. — Schnitzaltar nach 1500, wohl der beste der Gegend.

DIETENBORN. RB Erfurt Kr. Hohenstein.

Ehem. **Kloster.** Die spgot. Konventgebäude als Landsitz umgebaut, wenige rom. Reste der K.

DIETERODE. Pr. Sachsen Kr. Heiligenstadt.

Dorf-K. 1785. Sandsteinquaderbau. Fenster mit gemusterter Blankverglasung. Gestühl rok.

Schönes Fachwerkhaus mit Zahnschnitten 17. Jh.

DIETLAS. Sachsen-Meiningen Kr. Meiningen.

Schloß Feldeck, ehemals Wasserburg. Im Hof die Zahl 1534. Rechteckige Fenster 1605 in die ma. Mauern eingebrochen. Viereckiger Bergfried. In der 8 Meter hohen Ringmauer des Hofes ein Rundbogenportal.

DIMBACH. UFranken BA Gerolzhofen.

Dorf-K., ehedem Propstei-K. zu Münster-Schwarzach. Beg. 1325 (Inschr.) noch mit rom. Reminiszenzen. Chor 1sch., 2 gerade Joche und $^5/_8$ Schluß. Langhaus flachgedeckt, Basilika in 4 Achsen und 3sch. Westbau mit Mittelturm. Binnenpfeiler 8eck. (in der 4. Achse südl. eine Säule!); Scheidbogen in der östl. Achse rund; sonst spitz. Beiderseits vom Chor quadrat. Kapellen: Anfänge nicht ausgebauter Türme. Vgl. die Doppeltürme in Haßfurt, Gerolzhofen, Königsberg i. Fr., hier jedenfalls an den analog disponiert gewesenen rom. Bau von Münster-Schwarzach angeknüpft und in der Gegend das früheste Beispiel von got. Doppelturmanlage. Gute Altäre um 1720. Im Hochaltar Gnadenbild, Madonna um 1400, Holz, von mäßiger Qualität, aber mit originellen Zügen.

DINGELSTEDT. Pr. Sachsen Kr. Heiligenbeil.
Marien-K. 1688.
Das Franziskaner-Klst. auf dem Korbschen Berge neu. Die Altäre enthalten alte Schnitzfigg. aus einem der früheren eichsfeldischen Klöster. Bmkw. die Stationsbilder der Wallfahrt.

DINGSLEBEN. Sachsen-Meiningen Kr. Hildburghausen.
Dorf-K. Alte Gründung. Der jetzige Bau 1730—42. Einfaches Rck. mit Emporen. Die Ausstattung gibt ein einheitliches und bezeichnendes Gesamtbild. — Vom älteren Bestande der spgot. Taufstein.

DIPPACH. Sachsen-Weimar VB Eisenach.
Dorf-K. mit ma. Chor-Turm. Das Sch. mehrfach erneuert. — Taufstein 1549 mit guten Skulpturen.

DIPPOLDISWALDE. Sachsen AH Dippoldiswalde.
Marien-K. Von der älteren Kirche der WTurm, M. 13. Jh.; die 4 durch gegliederte Bogenfriese geteilten Stockwerke treppen sich zurück. Das Portal rom. organisert, aber spitzbg. geschlossen; es war eine offene laubenartige Vorhalle beabsichtigt wie in Wechselburg. Im übrigen spgot. Halle auf fast quadr. Gr.
Nikolai-K. Gut erhaltene Basilika im Üb. St. wohl erst nach M. 13. Jh. (im 20. Jh. erneuert von *Lossow* und *Kühne*); Lhs flachgedeckt, Chor mit Kreuzrippengwb., an den Ecksll. frgot. Laubkaptt. Das 3sch. Gemeindehaus 22 : 19,5 m, sehr breit im Msch., quadr. Vorchor, Apsis unregelmäßig polyg. ($^5/_{10}$). Die niedrigen rck. Pfll. haben gegen das Msch. eine eckige Vorlage, um welche sich das Gesims verkröpft, die Arkaden spitzbg., ebenso der Triumphbg. Die Fenster nicht in den Achsen; sie schließen rundbg., das Portal spitzbg. mit einfachem Windberg. Sonst das Äußere schlicht, Bogenfriese, keine Lisenen. Ein Turm ist nicht und war nie vorhanden. — Das Innere war reich bemalt; zwischen Arkaden und Fenstersohlbank Einteilung von 30 Feldern in 2 Streifen erkennbar. — Flügelaltar (rest.), Schrein geschnitzt, die Flügel auch auf der Innenseite bemalt, um 1520, über den Meister s. Oberbobritzsch.
Schloß, wesentlich 16. und 17. Jh. Den architektonisch wichtigsten Teil bildet die Hofseite. Das Mittelhaus im Charakter der Bauten des Kurfürsten Moritz, also um 1530—40. Interessant die Pilasterordnung nach ital. Vorbild. Proportionen nicht gelungen, doch reizvoll die Einzelheiten.
Rathaus. E. 15. Jh., NGiebel 1540. Rundbg. Portal mit verschränktem got. Stabwerk und Sitznischen, darüber Wappen bez.

1534. Auf Konsolen 2 gute Statuen, **Maria und Laurentius**, A. 16. Jh.

Haus am Markt no 19, Renss.Portal bez. 1543, von Pilastern ähnlich denen am Schloß flankiert, in den Zwickeln Delphine.

DITTERSBACH. Sachsen AH Pirna.

Dorf-K. 1662, 1sch., Holzdecke, $^3/_8$ Chor, WTurm 1721. — Grabstein der Familie v. Kiesenwetter 17. und 18. Jh.

DITTMANNSDORF. Sachsen AH Borna.

Dorf-K. 17. Jh. Interessanter Gewölbebau mit steinernen Emporen.

DÖBELN. Sachsen Amtshauptstadt.

Stadt-K. S. Nikolai. Nach Brand 1333, rest. 1497 und 1885. Hallenkirche von 4 Jochen, Ssch. platt, Msch. aus 8Eck geschlossen. Pfll. glatt 8eckig, Gwbb. auf Konsolen, in dem Ssch. kreuzf., im Msch. sternf., Fenstermaßwerk z. T. aus 14. Jh. Mäßiger WTurm, die oberen Teile nach Bränden 1629 und 1730. — Bedeutender Schnitzaltar A. 16. Jh. vielleicht von *Hans Degen;* im Schrein 3 fast lebensgroße Statuen, auf den Flügeln je 2 Heilige in Hochrelief, reiche durchbrochene Krönungsarchitektur; das Ganze ca. 11 m h. — Kanzel vom Tischler *David Schatz* 1599. — Taufstein, prächtig aus Sandstein und Marmor, 1603. — Epitaphe des Bürgermeisters Zimmermann, Holz, 1662; des G. Petsch, Sandstein, 1617. — Bmkw. Kelch ca. 1470.

Gottesacker-K. neu; von der alten verwendet die bemalte hölzerne Decke von *Hans Dittmann* 1685.

Rathaus. Umbau 1571, 1733. — Altertumsmuseum.

Wohnhäuser. Einige Renss.Tore und Fenster.

DÖBEN. Sachsen AH Grimma.

Dorf-K. Im OTurm rom. Formen; Chor 1507. — Schnitzaltar 1594, wohl vom Leipziger *Valentin Silbermann.* — Rom. Grabst., wohl für den Burggrafen Konrad v. Döben, andere 1605, 1633.

Schloß, 14. und 17. Jh., nach Brand 1857 renoviert.

DÖBERGAST. Pr. Sachsen Kr. Weißenfels.

Dorf-K. Neubau 1866. Vorher sprom. Backsteinbau, durch das Material eine für diese Zeit und Gegend ungewöhnliche Erscheinung.

DOBICHAU. Pr. Sachsen Kr. Querfurt.

Kirche. Neubau 1801, also aus einer Epoche, die für den Kirchenbau wenig übrig hatte. Klassizismus in ärmlicher Gestalt.

DÖHLEN. K. Sachsen AH Dresden-A.

Dorf-K. neu; zahlreiche ikon. Grabst. 16. und 17. Jh., darunter einige gut charakterisierte martialische Gestalten aus dem 30j. Kriege. Auf dem Kirchhof feiner jonischer Rundtempel als Denkmal für A. Ch. v. Schönberg 1801.

DOHNA. Sachsen AH Pirna.

Stadt-K. Spgot. Hallenkirche, 1833 im W um 1 Joch vergrößert. Der Formcharakter paßt zu der an der OChorwand befindlichen

Inschr. 1489. Schlanke Rundpfll. ohne Kapitelle. Die Rippen sitzen am Schaft wie abgebrochen und greifen, einander überschneidend, aus einem Joch ins andere über. An den Gwbb. einfaches Sternmuster; der an der SOEcke eingreifende Turm in den unteren Teilen aus älterer Bauepoche; Achteckchor. — Schnitzaltar um 1500, mit besonders reicher in Laubwerk aufgelöster Krönung. — Taufstein, 6eckig, überzogen mit Maß- und Laubwerk in vielfachen Überschneidungen. — **Pfarrhaus** 1493. Tür mit Vorhangbg.
Schloß der Burggrafen von Dohna, 1402 zerstört, Fundamente erkennbar.

DOMMITSCH. Pr. Sachsen Kr. Torgau.
Stadt-K. Spgot. Hallenkirche in Backsteinrohbau. Gwb. im 7j. Kriege zerstört. WTurm. Rathaus einfacher, stark veränderter Renss.Bau.

DORFPROZELTEN. UFranken BA Marktheidenfeld.
Pfarr-K. Gute Holzfigg. der Madonna um 1460 und St. Sebastian um 1500. — Messingkronleuchter mit kleiner Doppelmadonna 1. H. 17. Jh. von *Hans Klanbacht.*

DÖRINGSTADT. OFranken BA Staffelstein.
Pfarr-K. Chor 1412, Lhs. 1716.

DÖRNA. Pr. Sachsen Kr. Mühlhausen.
Dorf-K. 1713. Großer Taufstein mit Maßwerk etwa 14. Jh.

DORNBURG. Sachsen-Weimar VB Apolda.
Stadt-K. 1576, spgot., 1717 umgebaut. — Weinkanne und Kelch schöne Augsburger Arbeiten.
3 Schlösser, das steile Felsenufer der Saale malerisch krönend. 1. Das nördliche. Rom. 8eck. Hauptturm, Palas und Nebengebäude rom. und spgot., großer Küchenbau. Im sog. Pfalzgrafenzimmer verrestaurierte Wandmalerei des 16. Jh. 2. Das mittlere. Reizender Rok.Bau um 1740. Von G. H. Krohm nach dem Plan eines Italieners erbaut und dekoriert. Graziöse Stuckdecken. Von jedem der 3 Geschosse gelangt man auf eine andere Terrasse des Gartens. 3. Das südliche. Spätrenss. Am Portal bez. 1608. Im Innern Türen mit Intarsien. Die drei Goethezimmer in Empire.

DORNDORF. Sachsen-Weimar VB Dermbach.
Dorf-K. ern. 1727; Emporen und gemaltes Brettergwb., im O über mittelalterl. Resten Turm mit gefälliger Haube.

DÖRNHAGEN. Kr. Cassel-Land.
Dorf-K. Unter späteren Umbauten der rom. Mauerkern des Lhs. erhalten, ebenso der Ansatz zu einem westl. Glockenhaus ursp. in voller Br. des Schiffs, mit diesem durch Doppelarkade verbunden. Sprom. Umbau, aus welchem die Fenster des Obergeschosses. Im Lhs. got. Gwb. — Reste der ma. Friedhofsbefestigung.

DORNHEIM. Schwarzb.-Sondersh. LA Arnstadt.
Dorf-K. alt. — Epit. des Chr. v. Entzenberg. 1585.

DORNREICHENBACH. Sachsen AH Grimma.
Dorf-K. erneuert 1653. — Grabdenkmäler des 16. und 17. Jh., schlichte tüchtige Arbeiten.

DÖTHEN. Sachsen-Weimar VB Apolda.
Dorf-K. rom., umgebaut. — Kreuzigungsgruppe, lebensgroß, Holz, 15. Jh.

DRACKENDORF. Sachsen-Altenburg LA Roda.
Dorf-K. spgot. und 1653. — Bmkw. 3 Ölgemälde, die einst den Kanzelbau von 1643 schmückten.
Lobdaburg. Die sog. obere Burg, eine Vorburg am Rande des Bergplateaus, ganz zerstört. In der mittleren steht der Palas in 3 Geschossen, rom., 12. Jh.; an der SSeite des Rittersaales kunstreiche Arkadenfenster. Kaminanlage. Der NFlügel enthielt eine geräumige Kapelle, von ihr erhalten 2 Rundbogenfenster und eine als Erker vorgekragte Altarnische. Am Westrande Turmstumpf mit Zisternenanlage. — Die untere Burg gehört zu Sachsen-Weimar (vgl. Lobeda).

DREITZSCH. Sachsen-Weimar VB Neustadt a. d. O.
Dorf-K., umgebaut 1703; Holzdecken und Emporenbrüstungen mit historischen und ornamentalen Malereien reich staffiert.

DRESDEN. Sachsen.

Kirchen

Annen-K. Nach Brand im 7j. Kriege volkommen neu gebaut 1765—69 von *J. G. Schmidt*. Rechteck (33 : 23 m) mit ½kr. Abschlüssen. Emporen zwischen leichten Pfll. auf ovalem Gr. Flache Holzdecke. Neuerdings Umbau zur Gewinnung besserer Beleuchtung 1907 von *R. Schleinitz*. [Denkmäler in mehrere Sammlungen zerstreut, u. a. bedeutender Renss.Altar von *Hans Walther*.]
[**Bartholomäus-K.** An Stelle eines ma. Baues Neubau 1564, abgebrochen 1839. Erhalten hat sich einiges von den Mobilien, jetzt im Stadtmuseum.]
Dreikönigs-K. [Die ma. K. stand an anderer Stelle.] Neubau 1732—39. Der Plan von *Pöppelmann*, der innere Ausbau von *Bähr*. Einfaches Rck. Im W eingebaut ein quadr. Turm. An dessen Innenseite eine hohe Nische für den Altar. Seitlich Vorhallen und Treppen, eine zweite Vorhalle im O. Für das Gemeindehaus bleibt ein Raum von 45 : 28 m. Daraus ein ovaler Mittelraum abgegrenzt. In dem schmalen Ssch. 2 Ränge Emporen. Muldenförmiges Holzgwb. (Die oberste Empore 1891 beseitigt.) Ausbildung der Schauseiten ganz einfach. Das W-Portal aus dem älteren Bau herübergenommen. Der Turm 1854 vollendet.
[Dreikönigsaltar; nur der Schrein erhalten (Altert.-Ver.), vielleicht von *Hans Eiffländer* A. 16. Jh.; die Flügelreliefs von geringerer Hand.] — Der jetzige Altar 1738 mit schönem Gitter, die Plastik von *B. Thomä*. Kanzel aus der älteren K., 1688. — Statue der Dorothea Stubing († 1677), von einem grö-

ßeren Denkmal, tüchtige Arbeit (Altert.-Ver.). — Gemälde: Kreuzigung und Kreuzabnahme, in der Art *Wolgemuts*, doch geringer; Pastorenbildnisse 1698—1818. — Unter dem Altargerät manches bmkw.

Frauen-K. An Stelle einer älteren spgot. erb. 1726—1738 vom Ratszimmermeister *George Bähr*, letzte Arbeiten bis 1743. Nach einer langen Epoche kleinmütiger Bescheidenheit erhebt sich hier der protestantische Kirchenbau zum erstenmal wieder seit Paul Frankes Wolfenbütteler Marienkirche (1604) zu einem großen und freudigen monumentalen Entschluß. Das Zweckliche der Predigtkirche ist sorgfältig durchdacht, aber Bähr bleibt nicht daran kleben. Er kehrt den geometrischen Spielereien in den Grundrißlösungen vieler Vorgänger den Rücken und nimmt die durch die Jahrhunderte geweihte Form der einfachen Rotunde für den Hauptraum auf. Die auf 23,5 m im Lichten gespannte Kuppel wird getragen von 8 durch Rundbogen verbundene Oblongpfeiler, zwischen ihnen Emporen in 7 Rängen, seitwärts gegen die Umfassungsmauern Verbindungsgänge zu den sehr bequemen und ausgiebigen Treppen, so daß die 3600 Sitzplätze fassende Kirche sich schnell und sicher entleeren kann. Zuzugeben ist, daß die Lösung ästhetisch doch nicht ganz befriedigt. Denn die Emporen sind hier ein nur vom sachlichen Zweck, aber nicht vom baulichen Organismus geforderter Appendix. Sie bringen eine Unruhe in den Raum, die ein Zentralbau am wenigsten vertragen kann. Zur Entschädigung hat Bähr es gewagt, dem Außenbau eine an einer protestantischen Kirche bisher unbekannte Kraft und Bedeutsamkeit zu verleihen. Zwar keine Pracht. Die Formen sogar von ziemlich trockener Bürgerlichkeit. Aber der Hauptumriß ganz ausgezeichnet gut, würdevoll und zugleich graziös elastisch. Der Grundriß erscheint hier quadratisch, in den Mitten und an den abgestutzten Ecken durch Risalite belebt, welche die Aufwärtsbewegung der Masse sehr glücklich einleiten. Von ganz origineller Wirkung, dabei konstruktiv voll Zweckmäßigkeit der konkav geschwungene Kuppelhals.

Der alte Frauenkirchhof mit seinen 112 Erbbegräbnissen 1722 abgebrochen. Unter den Denkmälern waren viele von gutem Kunstwert. Jetzt z. T. in andern Kirchen, z. T. im Stadtmuseum. In der K. ein Schmerzensmann in Marmor vom zerstörten Epitaph des Kanzlers Pfeifer um 1634, von *Hegewald* oder einem andern Schüler *Nossenis*. [Epit. Bünau von *Hans Kramer* im Alt. Museum.]

Friedrichstädter-K. 1728—32. Die Anlage erinnert an die Dreikönigs-K. und soll, gleich dieser, von *Pöppelmann* herrühren. Das Äußere zeigt den Meister des Zwingers in einer bis zu erstaunlicher Nüchternheit sich herbeilassenden Beschränkung. — **Kath. Pfarr-K. S. Michaelis**, erb. 1748 als Kap. des K. Krankenstifts.

Josephinenstift und Kirche, 1760 von *Ch. F. Exner*.

Reformierte K. 1760 von *Samuel Locke*.

Kathol. Hof-K. von *Gaetano Chiaveri* aus Rom 1738—46; nach Unterbrechung fortgesetzt von *Knöffel* und *Schwarze,* aber ohne Planveränderung. Die Formen römischer Spätbarock, die Anlage unrömisch. Als basilikaler Langbau mit Chorumgang und hohem Frontturm erinnert sie, ganz allgemein gesprochen, an den deutsch-gotischen Kirchentypus; nebenbei auch etwas an die Schloßkapelle in Versailles. In allen Einzelheiten ist die Grundrißlösung originell. Das hochräumige, 52 m lange Msch. schließt am östl. wie am westl. Ende im ½Kreis. Die Langseiten haben 6 relativ enge Joche. Verdoppelte Sschiffe. Über den inneren eine Empore, die auch über die runden Endigungen sich fortsetzt. Auch der Aufbau scheint in der Gliederung der Pfeiler und der Art ihrer Verbindung mit dem Gewölbe (Tonne mit Stichkappen) gotisch inspiriert. Sehr originell die äußere Silhouette. Die Dächer ganz flach geneigt und durch Attiken mit Balustraden und dichtem Statuenkranz verdeckt, so daß für das Auge rein horizontale Abschlüsse entstehen. Der in Pfeiler- und Säulengruppen aufgelöste Turm (83 m H. gegen 93 m Gesamtlänge) führt einen Gedanken weiter, den zuerst *Borromini* in Sta. Agnese an der Piazza Navona ausgesprochen hat. Zu allen römischen Barockkirchen im Unterschied, wieder mehr im Sinne einer gotischen Kathedrale, die am Außenbau gleichmäßig an allen Seiten durchgeführte Pracht. Dagegen fehlt dem Innern die spezifische Barockpoesie, die an gleichzeitigen süddeutschen Kirchen so stark ist; es wirkt bei aller Wucht der Formen frostig. Auffallend u. a. die geringe Rolle der Stuckdekoration. — Hochaltar, mit dem über 9 m hohen Gemälde von Christi Himmelfahrt, von *Raf. Mengs* 1752 ff. Seitlich Marienaltar und Josephsaltar von demselben 1750 und 1751. Die Gemälde in den Kapellen von Italienern und Franzosen, wenig bedeutend. Unter den Deckenbildern möchte das kräftigste das in der Benno-Kap. von *Anton Maulbersch* sein. In der Nepomuk-Kap. malte *Karl Palko.* — Kanzel von *Permoser* und *Hackl,* Holz in Weiß und Gold staffiert; die Bühne von einem schwebenden Wolkenknäuel mit Evangelisten und Engeln getragen; im Gegensatz dazu Brüstung und Treppengeländer in einfachen Flächen; am Schalldeckel Trophäe der Marterwerkzeuge. — Weihwasserbecken, Muschel auf einer Wolke, aus der Engelsköpfe hervorlugen. — Im Umgang Beichtstühle von *Hackl.* — Im NWSchiff weichlich virtuose Statue der h. Magdalena von *Francesco Baratta.* Johannes d. T. in der Tauf-K. des SOSchiffes angebl. von *Lorenzo Bernini* (??). In der Gruft Statue Christi an der Martersäule von *Balthasar Permoser* 1721. Die 59 doppeltlebensgroßen Standbilder an den Dachbalustraden von *Lorenzo Mattielli.* — Ausgezeichnet vertreten ist die Goldschmiedekunst der Zeit durch Arbeiten von *Drentwett* und *Bauer,* beide Augsburger.

Kreuz-K. Gegr. gleichzeitig mit der Stadt um 1200; zweimal vollständig erneuert: 1491 und 1760. Vom spgot. Bau sind

Grundriß und Ansichten erhalten: Hallenbau in der Richtung der Erzgebirgsschule. Der etwas ältere Chor war in seiner reichen Dekoration an Streben und Fenstern der Marien-K. zu Bernburg ähnlich und rührt von denselben Meistern her, *Hanns* und *Matthias Kumoller*. — Der jetzige Bau nach der Zerstörung des vorigen im 7j. Kriege erb. 1764—92. Langer Streit um den Plan zwischen dem Ratszimmermeister *J. G. Schmidt* (Schüler *Bährs* und dadurch Vertreter der deutschen Barocktradition) und dem Hofbaumeister und Akademiker *Krubsacius* (der dem eben aufkommenden Pariser Klassizismus zuneigte). Ein Gutachten *Chiaveris* verhalf *Schmidt* zum Siege. Die Anlage ein Kompromiß zwischen zentraler und longitudinaler Grundform. Von dem rechteckigen Umfang kommt der WBau für Turm und Emporentreppen in Abzug; ferner sind am OEnde die Ecken abgerundet; als Gemeindehaus verbleibt ein Quadrat, in dem aber doch wieder durch elliptischen Grundriß der Emporen die west-östl. Achse stärker betont ist. Die Emporen gestützt auf wenige schlanke, die Übersicht nicht hemmende Pfeiler. Ihretwegen kein massives Gewölbe, sondern nur ein verputztes Schalwerk gewagt. Der Außenbau nach *Schmidts* Tode (1774) von *Chr. F. Exner*. Der Turm erst 1788 von *G. A. Hölzer*, im einzelnen ohne Reiz, aber mit seinen wohlproportionierten Maßen ein sehr glückliches Element in der Stadtsilhouette. — Das Innere nach Brand 1897 von *Schilling* und *Gräbner* durchgreifend umgestaltet, in der Lichtführung verbessert und in der Dekoration mit frei modernen Einzelheiten.

Sophien-K. Die einzige K. Dresdens, von der noch wesentliche Teile ihrer ma. Gestalt erhalten sind. Erb. 1351 für das (1265 gegr.) Barfüßerklst. Hallenkirche von 2 Schiffen und 2 Chören. Um 1400 die Kap. der Familie Busmann angebaut, Gwb.Konsolen mit Bildnisköpfen. — 1421 Erweiterung der K. nach W. In Reformation profaniert, 1602 wieder als K. umgebaut. 1737 der protestantische Hofgottesdienst aus der Schloßkapelle hierher verlegt, wobei sämtliche Ausstattungsstücke mit übernommen. 1834 und 1864 Überarbeitung im Sinne akademischer Neugotik. Letzte Neueinrichtung 1910. — Von der alten Ausstattung im 19. Jh. vieles entfernt. Hauptaltar 1606 von dem Hofarchitekten *Giovanni Maria Nosseni* aus Lugano unter Mitwirkung von *Sebastian Walther*. Aufbau aus mehrfarbigem Marmor in schulmäßiger italienischer Hoch-Renss., nur das seitlich den Umriß belebende Schnörkelwerk aus der deutschen Formenwelt. [Das h. Grab der Busmann-Kap. aus A. 15. Jh. im Mus. des Altert.-Ver.] Grabmal Nossenis († 1620) beg. 1616; wohl von ihm selbst seine kniende Bildnisstatue, ein Meisterwerk vornehmer Charakteristik, geringer seine drei Frauen. Von seinen Schülern *Sebast. Walther* und *Hegewald* der Schmerzensmann, eine Transposition von Michelangelos Christus in der Minerva zu Rom. Epitaphe: v. Osterhausen 1615 von *Hans Reis;* Marcus Gerstenberger 1613, wohl dazu gehörig das Marmorrelief der Grablegung, manieristisch falsches Pathos bei meisterhafter Durchbildung (von *Nosseni?*). Großes Alabasterrelief der Kreuztragung von einem Unbekannten aus A. 17. Jh. Epitaphe für Paul John 1631, R. v. Bünau 1643 (Stadtmuseum), Herzogin Sophie 1653, A. v. Schönberg 1688. Lange Reihe von Hofpredigerbildnissen; Engelschall von *R. Mengs*, Strauß und Hermann von *A. Graff*.

Profanbauten.

Königl. Schloß. Große unregelmäßige Baugruppe, deren Bestandteile infolge vielfacher Veränderungen sich nicht mehr leicht historisch scheiden lassen. Vom ma. Bau (letzte Erweiterung 1471—76) sind einzelne Mauerteile (Flügel an der Schloßstr.), doch keine Kunstformen erhalten. Das 16. Jh. wandelte die Burg zum Schloß um. 1701 wütete ein schwerer Brand. Nur das Innere wurde von August dem Starken mit Pracht neu eingerichtet, das Äußere in unscheinbarer Weise eilfertig instand gesetzt. Der König trug sich längere Zeit mit dem Plane eines neuen Schloßbaues an anderer Stelle. — Mit dem Georgenbau 1533 (nach der Überlieferung von *Hans Schickentanz*) hielt die Renss. ihren Einzug in Dresden. Beim Brande 1701 nur das Erdgeschoß erhalten. Das eine der beiden Portale beim Umbau 1899 in den Winkel gegenüber der kath. Hof-K. versetzt; der reiche Dekor in ausgeprägt lombardischem Stil; die ursp. Bekrönung war höher, ein zu ihr gehöriges Relief in der Durchfahrt zum Jagdtor. Fries mit Totentanz im Mus. des Gr. Gartens. — Moritzbau. Ein vollständiger Um- und Vergrößerungsbau begann 1548. Entwurf von *Caspar Vogt*, Oberaufsicht von *Hans Dehn*. Unter den folgenden Regierungen weitere Um- und Zubauten. Den Zustand E. 17. Jh. zeigt das bmkw. große Modell im Grünen Gewölbe. Als Hauptfassade hat die WSeite des großen Hofes zu gelten. In der Mitte erhebt sich der mächtige, aus dem ma. Bau herübergenommene Hausmannsturm, überhöht und mit Bar.Helm versehen 1674 von *Klengel*. Vor ihn legte sich der große Altan in 3 Geschossen offener Bogenhallen; er sollte, da der Turm keine Türen hatte, die Verbindung zwischen den beiden Hälften vermitteln (1896 wurde er um 2 m vorgerückt). Das jetzt das Erdgeschoß des Hausmannsturms durchbrechende Grüne Tor nach 1691. Aus der Zeit Moritzens stammen die in die Winkel des Hofes verlegten großen Treppentürme („Schnecken") aus dem 8Eck mit rundem Oberbau, und die ihnen zunächst liegenden Zwerchhäuser. Nur die Schnecken und der Altan haben architekt. Gliederung; die sonstige Fassade ist glatter Verputzbau; die sie schmückende sehr reiche Sgraffitomalerei (von den Italienern *Ricchini* und *de Thola)* ist verschwunden. Am Altan die erste Brüstung mit Reliefs, wohl von *Hans Walther*. — Das Tor an der Schloßstraße 1589; kräftige Rustikasäulen dorischer Ordnung tragen einen Metopenfries; der Aufsatz umgestaltet. Der Kleine Schloßhof 1592 von *Paul Buchner* in derber deutscher Renss. Der Durchgang zum Großen Hof nebst Portal in vornehmeren Barockformen 1682. — Von der inneren Einrichtung der älteren Teile ist infolge von Bränden und Umbauten wenig übrig: Die Deckenmalerei im sog. Wettinzimmer von *Hans Willkomm* und *Gg. Fleischer;* dagegen von Italienern die Decke des sog. Porzellanzimmers im Hausmannsturm; zartes Groteskenornament in Stuck auf farbigem Grunde in der Art der raffaelischen Loggien, speziell an dessen in Genua tätigen Schüler *Perino del Vaga* erinnernd (vielleicht aus der genuesischen Künstlertruppe, die 1538 nach Prag berufen war). — Aus der ersten Zeit August des Starken stammt die Ausstattung der Chambre de lit und des Thronsaals. — Von den 7 Räumen des Grünen Gewölbes besitzen das „Silberzimmer“ und der „Preziosensaal“ Stuckdecken aus 16. Jh.; andere haben 1721—24 ihre Dekoration erhalten, als August der Starke in ihnen den unvergleichlichen Schatz von Edelmetallarbeiten, der noch heute dort bewahrt wird, aufstellen ließ. — Aus letzterer Zeit auch der „Gardesaal“ nahe der „englischen Treppe“; diese ist älter, von 1669. — Verschiedene Nebengebäude, wie das Ballhaus und das Komödienhaus, sind verschwunden. — Die Schloßkapelle, im Moritzbau im S des Hausmannsturms, wurde 1602 und 1662 umgebaut, nach dem Übertritt des Kurfürsten Friedr. August I. zur kathol. Kirche 1737 dem Gottesdienst entzogen und zu den Wohnräumen geschlagen. Der erste Bau unter Moritz folgte dem Typus der Schloßkapelle zu Torgau. Davon hat sich das (an den Jüdenhof versetzte) herrliche Portal erhalten, bez. 1555, Formen und Verhältnisse in rein italienischem Geist, doch von einem Deutschen *(Hans Walther?, Christoph Walther?)*. Der Altarbau von 1602, von einem der *Walther,* ist in die Schloßkapelle zu Torgau übergeführt. Der Taufstein jetzt in der Sophienkirche, um 1555, mit Veränderungen 1602. Ebendahin gelangten die wertvollen Altargeräte.

Palais am Taschenberg. 1707 ff. unter starkem Anteil von *Pöppelmann.* Die 48 m breite Front hat 19 Fensternischen und 4 Geschosse. Das Mittelrisalit springt wenig vor, ist aber durch reichen Fensterschmuck ausgezeichnet. Im Innern eine großartige (nur zur Hälfte erhaltene) Treppenanlage. 1756 ff. die seitl. Erweiterungsbauten unter Leitung von *Schwartze.* Die köstlichen Brunnen und sonstigen plastischen Arbeiten von *Gottfr. Knöffler.* Von der alten Einrichtung erhielt sich nur die Kapelle.

Kanzleihaus (jetzt Hofapotheke), 1567 von *Hans Irmisch;* die Sgraffitomalerei, von *Benedikt de Thola,* zerstört; einige Mobilien aus der Erbauungszeit.

Stallhof (heute Johanneum und Gewehrgalerie). 1. Der kurfürstl. Stall, 1586 ff. von *Paul Buchner;* nach Ausweis alter Zeichnungen eine nicht nur sehr ausgedehnte, sondern auch überraschend glänzende Anlage, Sgraffitomalerei an den Wänden, reich dekorierte Zwerchhäuser am hohen Dach; jetzt ganz verunstaltet. 2. der „lange Gang“, seit 1731 als Gewehrgalerie benutzt; die

53 Fürstenbildnisse (meist von *Heinrich Göding* ca. 1570—80) haben nur dekorativen Wert, die 29 Turnierbilder nur kulturgeschichtlichen. Außen das derbkräftige „Jagdtor", die Bildwerke von *Andreas Walther*. 3. Der „Stallhof" selbst; im 18. Jh. für die Gemäldegalerie umgebaut; seither weiter verändert. Zwei prachtvolle bronzene Säulen (1588) auf dem Hofe dienten beim Ringelrennen.

Zeughaus (heute Albertinum) 1559—63 von *Paul Buchner*, gebürtig aus Nürnberg, bis dahin in den Niederlanden tätig, von wo er die reiferen Renaissanceformen einführte. 4 Flügel umgeben ein gestrecktes etwas verschobenes Rechteck. Das Erdgeschoß (das sich allein in ursp. Gestalt erhalten hat), wird durch toskanische Säulen rundum in zwei Schiffe geteilt; erhalten ferner 2 Tore gegen W in Rustikaarchitektur.

Zwinger. 1711—22 von *Matthäus Daniel Pöppelmann* (1662 bis 1736). Die monumentale Gestaltung eines Renn- und Festspielplatzes, dergleichen um jene Zeit in Florenz, Wien und Paris öfters, in Dresden selbst im Jahre 1709, in provisorischer Holzkonstruktion zur Ausführung gekommen waren. Etwas von der phantastischen Pracht der Bühnenarchitektur ist auf die Anlage übergegangen, aber gemäßigt durch eine hohe, klare und für den gegebenen Zweck überaus glückliche Grundrißdisposition. Den Zwinger von der SWHauptpforte betretend, hat man vor sich einen Hof von 106 m Tiefe und 107 m Breite; aus den Langseiten treten Flügel mit Segmentbogenschluß hervor, wodurch das Ganze kreuzförmige Gestalt erhält, mit Erweiterung der Querachse auf 204 m. Die dem Eingang gegenüberliegende Seite (wo jetzt *Sempers* Galeriegebäude steht) blieb offen und man weiß nicht genau, mit welchem Programm *Pöppelmann* hier zu rechnen hatte. (Vor der Eingangseite zog sich der breite Stadtgraben [jetzt Ostraallee] hin, und links schlossen sich die hohen, schon damals mit Bäumen bepflanzten Wälle an). Den großen Hof umgibt eine Pfeiler- und Bogenhalle auf hohem Sockel. Aus ihr erheben sich mehrere Pavillons, 4 an den Langseiten des Mittelhofs und 2 am Schluß der Kreuzflügel. Von ihnen aus schaute die Hofgesellschaft den Spielen zu, während die Arkadengänge eine Orangerie enthielten; mit diesem Zweck hängen die vor jeder Arkade angeordneten Konsolen zusammen. — Über der genialen Phantastik der Behandlung darf der Wert der Gesamtanlage nicht übersehen werden: der wundervolle Rhythmus des Grundrisses und die hohe Angemessenheit der Proportionen des Aufbaues. Der Stil der Zwingerarchitektur hat mit dem Rokoko historisch nichts zu schaffen, ist ihm auch nicht stimmungsverwandt; er ist aus umfassenden italienischen Studien hervorgegangen; selbst *Palladio* dürfte mit seinen Villenentwürfen nicht ohne Einfluß gewesen sein. Charakteristisch für den Zwingerstil ist die enge Verbindung von Architekturformen mit figürlicher Plastik. Je einer der 4 Saalbauten ist in seiner Dekoration Jupiter, Neptun, Vulkan und Apoll gewidmet.

Von *Permoser* der Atlas auf dem Wallpavillon, die vier Jahreszeiten am Eingangspavillon, die Entwürfe zu den Faunen unter den Konsolen vor den Arkaden; anderes z. T. spät; so die Statuen am Uhrpavillon von *J. B. Dorsch* 1785. — Außerhalb des Hofes im nördl. Winkel das Nymphenbad; das im südl. Winkel gelegene große Opernhaus ist nach Brand 1849, das kleine 1841 abgebrochen.

Palais im Großen Garten. Der Garten beg. 1676 unter Johann Georg II.; schnurgerade Alleen, Rennbahn für Reiterspiele, Naturtheater, Irrgarten, Wasserkünste, zahlreiche Pavillons (im heutigen Bestande aber nur in einzelnen Andeutungen noch zu erkennen). In der Mitte das Palais, 1679 von Oberlandbaumeister *J. G. Starke*. Es sollte „italienisch" gebaut werden. Anklänge speziell an die Gartenpaläste Genuas (durch das Buch von Rubens sehr bekannt) nicht zu verkennen. In der Verbindung des Monumentalen mit dem Anmutig-Heiteren eine ausgezeichnete Leistung. Gr. gestreckter Mittelbau mit kurzen, nach beiden Seiten vorspringenden Querflügeln. Im Aufriß folgen sich: Erdgeschoß in Rustika; Hauptgeschoß mit Pilastern und großen Fenstern; Attika als Halbgeschoß. Der Mittelbau hat auf beiden Seiten eine weitläufige Freitreppe in der Höhe des Erdgeschosses und ein Mittelrisalit mit gekuppelten Sll., toskanisch im Erdgeschoß, jonisch im Hauptgeschoß. Die Mauerflächen neben ihr und über den Fenstern sind mit Festons und Draperien geschmückt; ferner spielen Nischen mit Statuen und (im Attikageschoß) Büsten eine Rolle. Auf dem mittl. Dachfirst eine Balustrade mit Vasen. Im ganzen herrschen gerade Linien, wie überhaupt der Bau mehr renaissancemäßigen als barocken Charakter hat. Der den ganzen Mittelbau einnehmende Saal in seinem gravitätischen Prunk sehr eindrucksvoll; Gliederung der Wand durch Nischen mit überlebensgroßen Standbildern antiker Göttinnen (vom Niederländer *Dierks*), Buntmarmorsäulen, schwerem verkröpftem Hauptgesims, Spiegelgewölbe — alles kraftvoll mit Stuck und Farbe dekoriert. — Die Marmorstatuen und Vasen des Gartens (einst 150) in Rom und Venedig bestellt, von *Baratta, Balestra, Corradini* und angebl. auch *Bernini*, von dem aber heute nichts mehr nachzuweisen. Die in entfernteren Teilen zerstreuten Sandsteinbildwerke meist von deutschen Künstlern; bmkw. die Apotheose eines Fürsten (Eugen v. Savoyen?) von *Permoser* (ursp. an anderem Ort).

Japanisches Palais in der Neustadt. Hieß ursp. „holländisches". Erster Bau 1715 von *Pöppelmann* für Gf. Flemming. Dann vom König angekauft und 1729—41 umgebaut und vergrößert von *Pöppelmann* († 1733) und *Longuelune* unter Oberleitung des Generalintendanten *Jan de Bodt*. *Pöppelmann* gehört der Elbflügel und der Arkadenhof. — 4 Flügel im Rck., außen 74 : 56 m. Jede Langseite durch Eck- und Mittelvorlage, jede Vorlage durch Pavillondach herausgehoben. Die kräftigste wagerechte Teilungslinie über dem Erdgeschoß; es folgen Hauptgeschoß und

Mezzanin, durch senkrechte Streifen zusammengehalten; das Mittelrisalit hat einen Giebel, getragen von 4 Paaren gekuppelter Säulen. Die eigenartig geschwungenen Linien des Kupferdachs sollen an Japanisches erinnern. Augusts Plan, das ganze Innere einheitlich mit Porzellan zu dekorieren, kam nur zum kleinsten Teil zur Ausführung. — Die dekorative Plastik, vornehmlich im Hof, von *J. Ch. Kirchner*. Die Gartenanlage von *Pöppelmann*, früher reichlicher mit Vasen und Statuen dekoriert.

Kurländer Palais. Erster Bau für Gf. Wackerbarth 1718, Umbau 1728 wahrscheinlich durch *Joh. Christoph Knöffel*. Die Anlage gruppiert sich unregelmäßig, doch mit trefflicher Raumausnutzung, um mehrere Höfe. Die nicht sehr ausgedehnte Fassade erreicht monumentale Wirkung; Erdgeschoß und Hauptgeschoß mit fast verborgenem Mezzanin. Im Innern hat der Gobelinsaal seine Einrichtung fast vollständig erhalten; die Ölgemälde über den Türen von *Silvestre* und *Casanova*, die Bildwebereien mit Darstellungen aus dem Bauern-, Schiffer- und Hirtenleben von dem Brüsseler *van dem Borcht* nach David Teniers d. J. Der Festsaal von *Joseph Deibel* in der Zeit, als der Chevalier de Saxe Besitzer war (um 1761).

Landhaus. An der Stelle des in der Belagerung von 1760 beschädigten Flemmingschen Palais 1770 von *F. A. Krubsacius*. Die 77 m lange Schauseite auf die Wirkung in enger Straße berechnet. Die Hofseite gab Gelegenheit zu einem kräftig vortretenden Mittelbau mit riesigem Treppenhaus. Die Einzelformen sehr einfach, auf eigentliches Ornament ganz verzichtend.

Regimentshaus 1710.

Hotel de Saxe und **British Hotel.** Ursp. vornehme Adelshäuser, um 1720 von *George Bähr*. Geistvolle und prächtige, lebhaft bewegte Kompositionen bei recht derber Detailbildung.

Hoymsches Palais (Harmonie). Die Front gegen die Landhausstraße von *Knöffel*, die gegen die Rampische Str. von *Krubsacius*, Lisenengliederung von guten Verhältnissen, sparsames Zierwerk. Im Hofe reizender Brunnen von *Gottfr. Knöffler*.

Coselsches Palais. Gleich dem vorigen für das sächsische Spätbarock besonders bezeichnend. Der hohe Mittelbau 1744 von *Knöffel* in der bei ihm beliebten Lisenenarchitektur mit schwachen Gruppierungskontrasten. Die vorspringenden niedrigen Flügel 1762 hinzugefügt.

Palais des Chevalier de Saxe (Palais Prinz Johann Georg) 1764 bis 1770 von *F. A. Krubsacius*. 1855 umgebaut. Es hatte ursp. ein einziges Hauptgeschoß, darüber ein Halbgeschoß und die in dem hohen Dach angebrachten Mansardenzimmer. Charakter: vornehme Einfachheit. Die Trophäen und Putten von *Gottfr. Knöffler*. Im Park Zierbauten — Ruine, Tempel, Einsiedelei (1799) und dergl. — von *Weinlig* (?), Vorahnungen der Romantik in klassizistischem Gewande. Gartenplastik.

Ministerpalais in der Seestraße. 1753 als Privatgebäude, in der Art *Knöffels*. Fassade von 9 Achsen in schlichter Lisenenarchitektur; 4 Geschosse, von denen nur das erste und das letzte durch Gurtgesimse abgesondert, so daß doch wieder ein Dreiklang entsteht.

Palais des Grafen Brühl, später Marcolini (jetzt Stadtkrankenhaus) 1746. Langgestreckter Bau (200 m) in einfacher Lisenenarchitektur. In der Achse kleiner Ehrenhof. Die Hermen an den Torpfeilern von *Wiskotschill*, die wunderlichen Löwen (nach chinesischen Mustern?) von *J. B. Dorsch*. Von der Inneneinrichtung blieb wenig intakt, so der chinesische Saal und ein pompejanisches Zimmer. Im Garten der großartige N e p t u n s - b r u n n e n nach *Longuelunes* Entwurf von *Lorenzo Mattielli* 1741—44, eine Fels- und Grottenarchitektur mit plastischen Kolossalfiguren in meisterhaftem Gruppenbau. [Eine reizende Brunnengruppe mit Amphitrite von *Knöffler* jetzt im neuen Ständehaus; die einst im Garten zerstreuten Vasen und E i n z e l - s t a t u e n auf der Bürgerwiese.]

K. Stallgebäude. 1794 von *Ch. Weinlig.*

Justizministerium. 1733 angeblich von *Pöppelmann.*

Blockhaus (jetzt Hauptwache) erb. 1737 ff. von *Zacharias Longuelune,* als wichtiger Richtungspunkt für die Straßenzüge der Neustadt. Ein wesentlicher Bestandteil, die Krönung durch Pyramide und Obelisk mit dem Bilde Augusts des Starken, blieb unausgeführt. Das jetzige Obergeschoß über dem Hauptsims nach 1880.

Palais des Grafen Wackerbarth, begonnen 1725 als Kadettenhaus, dazu Reitbahn.

Rathaus der Altstadt. 1741—45 nach *Knöffels* Entwurf.

Rathaus der Neustadt. 1750—54 von *Berger* und *Winkler;* sehr schlicht, nur durch die sorgfältig abgewogenen Verhältnisse wirkend.

Gewandhaus 1768 von *J. G. Schmidt.*

Bürgerhäuser. Dresden war bis ins 16. Jh. eine unbedeutende Stadt. Von ca. 1550 begann eine lebhafte, wenn auch nicht glänzende Bautätigkeit, die durch den 30j. Krieg unterbrochen wurde. Von dessen Ende bis zum 7j. Kriege ist Dresdens klassische Zeit. In keiner anderen deutschen Stadt ist diese Epoche im bürgerlichen Bauwesen so gut vertreten, trotz großer Einbußen durch den Brand der Neustadt 1695, die Belagerung von 1760 und die umgestaltende Tätigkeit des letztverflossenen Menschenalters. Im folgenden nur eine Auswahl charakteristischer Beispiele.

a) A u s d e r S p ä t g o t i k. **Marien-Apotheke;** spitzbg. Tor um 1460—70, im schrägen Gewände Sitznischen mit Baldachin, in Bgg. verschränktes Stabwerk; jetzt im Zoologischen Garten; ein zweites kleineres an der Hofseite des Hausflurs. — Interessanter Gr. Wilsdruffer Str. 2. — Gewölbte Hausflure Schloßstr. 32 und Seestr. 2 mit angeputztem gewundenem Netzwerk. — [Mehrere bis ins 19. Jh. erhaltene Votivmadonnen jetzt im Altert.-Ver.].

b) Frührenaissance. Ecke Frauenstr. und Neumarkt Runderker mit reizendem Kinderfries um 1530. — Reich mit Masken belebte Treppentür in Schloßstr. 1 und 20. — Portalaufsatz Altmarkt 20 von 1538.

c) Hoch- und Spätrenaissance 1550—1650. In sonst umgebauten Häusern Fenster aus dieser Epoche: Webergasse 3, 5, 9, 13; Scheffelstr. 4, 7, 13; Wilsdruffer Str. 3, 6, 10, 13, 20, 31, 36, 40; Schloßstr. 6, 12, 15, 18, 23; Schössergasse 5, 11, 17, 27. — Da in dieser Epoche die Firste regelmäßig parallel zur Straße angelegt werden, kommen größere Giebel nur an Eckhäusern vor; sonst nur Zwerchgiebel; besonders bmkw. Exemplare haben sich nicht erhalten. — Ganze Fassaden: Schreibergasse 12 mit 3geschossigem rck. Erker an der Ecke. — Seestr. 1, Erker ähnlich dem vorigen. — Wilsdruffer Str. 15 Hotel de France, 4geschossig zu 6 Fenstern in dichter Stellung, Details nach Serlios Musterbuch. — Schloßstr. 11 Hotel Stadt Gotha, kräftig ausgebildeter Erker auf gequadertem Tragstein, vor A. 1591. — Schloßstr. 6, 2geschossiger Erker mit gequaderten Ecklisenen. — Schloßstr. 30, Erker mit den Halbfiguren des Kurf. Christian II. und seiner Gemahlin, 1612 von *Hans Steyer*. — Schloßstr. 11 und 34, wo auch ein größerer Giebel. — Hübsche, doch nicht hervorragend reiche Portale: Zahngasse 13, Pfarrgasse 7, Kleine Kirchgasse 5, Weißegasse 2. — Reste alten Holzbaus selten.

d) Barockbauten 1650—1690. Ecke Wilsdruffer Str. 14 und Große Brüdergasse 1 um 1650—60, Schloßstr. 14 um 1660 — mit Kartuschenumrahmung der Fenster —, Wilsdruffer Str. 15 vorzüglich erhaltener reicher Erker um 1680. — Ebenda 42 um 1690. — Rampische Str. 9 große Fassade in niederländischer Art um 1690.

e) Barockbauten 1690—1715. Sporergasse 2, großes Haus, mit einfachen Mitteln kraftvoll gegliedert, der Art *Klengels* nahestehend, um 1695. — Portal Neumarkt 12, jetzt als Fenster umgebildet. — Scheffelstr. 5, dor., jon. und korinth. Pilasterordnungen, an den Fensterbrüstungen aufgehängte Tücher, um 1700. — Landhausstr. 13 um 1710. — Große Brüdergasse 39 unter *Pöppelmanns* Einfluß um 1710, polyg. Erker. — Häuser derselben Richtung von zunehmender Stattlichkeit sind: das Eckhaus Wilsdruffer Str. 1 von *J. G. Fehre*, einerseits 8, andererseits 9 Achsen, an der Ecke durchgehende Erker, im Aufbau die schwierige Vierzahl der Geschoßteilung geschickt gelöst; Galeriestr. 14 von *G. Hase*; Große Brüdergasse 31; An der Mauer 2 von *George Bähr*, für sich selbst, 3achsig, originelle Stockwerkteilung; Rampische Str. 7 von *Georg Hase*, 5achsig, flacher Mittelerker, eigenartig krause Verdachungen. — Frauenstr. 9, tiefes Grundstück, Fassade 3achsig, Hof mit gewölbten Bogengängen durch 5 Stockwerke. — Schloßstr. 5 um 1710. — Jüdenhof 5 (für den berühmten Goldschmied Chr. Georg Dinglinger), die Fassade voll rhythmischen Lebens, eine der feinsten unter den *Pöppelmann* nahestehenden, mit Ausnahme des Erdgeschosses ganz unverändert. — Große Klostergasse 2, wohl von *Pöppelmann* selbst bez. 1715. — Ebenso Hauptstr. 17 und Rampische Str. 5.

f) Barockhäuser 1715—40. Wilsdruffer Str. 7, Goldener Engel, die 4 mittleren der 6 Achsen durch reiche Fensterverdachung ausgezeichnet und über dem Dachgesims mit einem Stichbogengiebel gekrönt. — Ähnlicher Kompositionsgedanke auf ein Dreifensterhaus angewendet Rampische Str. 33. — Zahnsgasse 10, beg. 1722, 8 Fenster Front, durch Wechsel der Verdachungen rhythmisiert. — Heinrichsstr. 2 von *Fehre* 1720. — Hauptstr. 26 um 1730. — Jüdenhof 2 bez. 1736. — Königstr. 1 bez. 1734; ähnlich 5.

g) Rokokohäuser vor 1760. Frauenstr. 14 um 1750 mit reizendem plastischem Schmuck von *Knöffler*. — Sophienstr. 1, Gliederung durch Lisenen, zwischen den Fenstern trefflich gezeichnete Kartuschen. — Altmarkt 1 von *Knöffel* 1741.

h) Rokokohäuser nach 1760. An der Frauenkirche 20 von 1764. — Breitestr. 12. — Moritzstr. 6 ganz ohne architektonische Glieder, nur mit frei über die Fläche verteiltem Stuckornament. — Ähnlich Landhausstr. 4. — Im ganzen jedoch herrscht in dieser Zeit einfache Lisenengliederung der Flächen, z. B. Neumarkt 10 Stadt Rom; An der Frauenkirche 5; Augustusstr. 2.

i) Der Klassizismus: Landhausstr. 18 und 27. — Pillnitzer Str. 26. — Johannesstr. 23. — Pirnaische Str. 50. — Polierstr. 19. — Gewandhausstr. 7 dorisch.

Museen: Altertums-M.; M. des K. S. Altertumsvereins; Sammlung für Baukunst d. Techn. Hochschule; Stadtmuseum im neuen Rathaus; M. d. Ver. f. sächs. Volkskunde.

Denkmäler. Reiterstandbild Augusts des Starken auf dem Markt der von ihm geschaffenen Neustadt, 1732 von *Ludwig Wiedemann*. Denkmal für den Kurfürsten Moritz nach 1553 (jetzt an der Brühlschen Terrasse); in einer Ädikula dorischer Ordnung reliefartig wirkende Rundfigg. vor festem Hintergrund: Moritz, vom Knochenmann gedrängt, übergibt seinem Bruder August das Kurschwert. Meister unbekannt [*Hans Walther?*].

DROYSSIG. Pr. Sachsen Kr. Weißenfels.

Dorf-K. Der östl. platt geschlossene Teil mit schmalen spitzbg. Fenstern deutet auf 13. Jh. — Guter spgot. Schnitzaltar. Zahlreiche Grabdenkmäler 14. bis 18. Jh., z. T. vortrefflich.

Schloß. Sehr interessante ma. Anlage, ovaler Grundriß, 5 (ursp. 6) halbrunde Türme, Zwinger, die Wohnbauten renss. und bar. Reizvoll malerischer Eindruck.

DRÜGENDORF. OFranken BA Ebermannstadt.

Pfarr-K. 1775 Altäre und Kanzel von *J. B. Kamm*, Deckenfresken von *Wunder* bez. 1770, Hochaltargemälde von *Mattenheimer*.

DUTTENBRUNN. UFranken BA Karlstadt.

Pfarr-K. Chor und OTeil des Lhs. E. 12. Jh., Erweiterung 17. Jh.

E

EBELEBEN. Schwarzburg-Sondersh. LA Sondersh.
Dorf-K. Umbau 1702; gräfl. Schwarzbg. Grabkap. 1642. Epit. der Herren v. E. 1569.
Fürstl. Schloß 16.—18. Jh.

EBELSBACH. UFranken BA Haßfurt.
Schloß. Von 1396 bis zur Gegenwart im Besitz der Herren v. Rotenhan. Erb. 1564 ff. Wasseranlage. Die Umfassungsmauern regelmäßiges Rck. mit Ecktürmen. Nur an 2 Seiten wohnmäßig ausgebaut, Fachwerk über Quaderunterbau. Kapelle 1580, neu ausgestattet A. 18. Jh.

EBENHARD. Sachsen-Meiningen Kr. Hildburghausen.
Dorf-K. Der turmtragende eingezogene quadr. Chor in der Anlage frgot., Lhs. rck.

EBENHAUSEN. UFranken BA Kissingen.
Pfarr-K. Bmkw. spätklassizist. Bau 1819. Der großartige Rok.-Hochaltar aus der Augustiner-K. in Würzburg.

EBERN. UFranken BAmtsstadt. [D.]
Pfarr-K. 2. H. 15. Jh. Hallenkirche mit niedrigeren Sschiffen. Die letzteren schließen polyg., ebenso der das Msch. fortsetzende (ältere) Chor. Im Msch. Sterngwbb. von strenger Bildung, im Chor und in den Ssch. einfache Kreuzgwbb. Die runden Pfll. haben schlichtes Kämpfergesims. WEmpore jünger (1492). Außen Quaderbau, bar. und modern rest. Turm im W. Im nördl. Sschiff prächtiger Bar.Altar, Bamberger Arbeit. — Sandsteinkanzel ca. 1610. — Rotenhansche Epitaphe, ein bronzenes 1539, ein steinernes 1559 vielleicht von *Kilian Sorg*. — Neben der K. 2stöckige
Michaelis-Kap. 1464 (Inschr.). Zweigeschossiger Karner. Unten Beinhaus, Erkerchor, kleines Relief mit Jüngstem Gericht.
Marien-K. auf dem Friedhof. 2. H. 15. Jh. Mit zierlichem polyg. Chor, darin feingemusterte Sterngewölbe (1518), die Strebepfeiler auf statuarische Ausstattung berechnet. Lhs. 18. Jh. — Wirkungsvoller Hochaltar 1750, Altarblätter von *J. A. Glantschnigg* 1745, 1746. Pietas um 1480. Glasgemälde um 1520.
Judenfriedhof.
Ehem. fürstbischöfl. **Amthaus** (jetzt Gericht), renss.
Rathaus 1604. Steinernes Erdgeschoß in 4 Säulenarkaden geöffnet, Obergeschosse reich gemusterter Fachwerkbau, am Giebel Dachreiter. Mehrere wohlerhaltene **Tor- und Mauertürme,** 2 bar. **Brunnen,** Neptun und Pallas.

EBERSBACH. Sachsen AH Löbau.
Dorf-K. Der originelle Gr. entstand 1726 durch Anfügung eines zentrischen, aus Kreis und Polygon gemischten OBaus an einen älteren Langbau. Hölzerne Tonnen- und Kuppel-Gwbb. Ringsum Emporen in 3 Geschossen. Die Inneneinrichtung ein

besonders stattliches Paradigma der Lausitzer Predigt-K. In allen Teilen polychromiert. An den Emporen 54 biblische Gemälde von 1733. Ansehnlicher Baldachinaltar 1787. Hübsches Gestühl. Der Prospekt der Silbermannschen Orgel von 1738 ist einer der prachtvollsten Sachsens.
Herrenhaus um 1700.

EBERSBERG. RB Cassel Kr. Hersfeld.
Burgruine. Ein Teil der Ringmauer und 2 runde Türme erhalten. 1274 zerstört, 1396 wieder aufgebaut.

EBERSDORF. Reuß j. L. LA Schleiz.
Fürstl. Schloß 1690—93.

EBERSDORF. Sachsen AH Flöha.
Ehem. **Stifts-K.** um 1400, die reiche Ausstattung E. 15. und A. 16. Jh. — Das Lhs. 1sch. begonnen, noch während des Baues durch Einziehung von Pfll. in ein 2sch., ein weiteres und ein schmäleres geteilt; dadurch schneidet ein Pfl. unsymmetrisch in den etwas eingezogenen Chorbogen, Kreuzgwb., Chor gestreckt mit Schluß aus 8 Ecken, Sterngwb.Turm an der SWEcke. — Schnitzaltar 1513 mit 4 beweglichen und 2 festen Flügeln. Aus derselben Zeit Reste eines schönen Chorgestühls. Ikon. Grabst. des Dietrich v. Harras, des kühnen Springers der Sage, um 1500. [Von hohem Wert die geschnitzten Figg. eines Engels und eines Diakons als Lesepulthalter, jetzt im Altert.-Ver. in Dresden; nach Flechsig vom Meister der „schönen Tür“ in Annaberg.]

EBERSRODA. Pr. Sachsen Kr. Querfurt.
Dorf-K. Rom. OTurm mit gepaarten Fenstern.

EBRACH. OFranken BA Bamberg II. [D.]
Ehem. **Zisterz.-Klst.** gegr. 1127, die älteste und stets vornehmste Niederlassung des Ordens in Franken. Die bestehende Kirche Neubau des 13. Jh. Erste Altarweihen, wohl nicht lange nach Beginn des Baues, 1218 und 1221. Letzte Vollendung 1282. Trotz der langen Bauzeit völlig einheitlich im Plan und nahezu einheitlich in den Stilformen. Die späteren Jahrhunderte brachten keine Veränderungen, außer in den Ausstattungsstücken, bis Abt Wilhelm Roßhirt (1773—91) durch *Materno Bossi* den ganzen Innenbau in einer dem französischen Louis XVI. verwandten Manier neu dekorieren ließ. Der großartigste frgot. Bau, den Deutschland hervorgebracht hat, wurde dadurch, wo nicht materiell, so doch ästhetisch vernichtet. Indessen ist durch die Verschmelzung von Zopf und Gotik ein eigentümlicher Reiz entstanden. — *Bossi* verdient insofern Dank, als er nicht ganz so rücksichtslos verfuhr, wie in ähnlichen Fällen vor ihm viele Barockmeister. Er ließ das neue Gewand sich eng an den alten Gliederbau anschmiegen, so daß man den kühnen und strengen Rhythmus desselben noch immer herausfühlt. Ein Irrtum ist es, den Ebracher Bau dem Übergangsstil zuzurechnen; er ist rein frgot., wenn auch nicht in französischen, sondern in jenen burgundischen Schulformen, die wir heute am besten in den südlich

von Rom gelegenen Zisterzienserkirchen Fossanova und Casamari kennen lernen. Wer jene in Erinnerung hat, erstaunt über die Ähnlichkeit des Eindrucks trotz der veränderten Zierformen. — Die Anlage als kreuzf. Basilika tritt zumal im Außenbau klar und einfach in die Erscheinung. Auf das Lhs. fallen 7 Joche, auf den Hauptchor 3 Joche in gleichem System, bei engeren Intervallen. Der östl. Schluß geradlinig. Um ihn setzen sich die Sschiffe als Umgang fort und an diesen schließt sich, niedriger und in Kapellen (12 an der Zahl) aufgeteilt, ein zweiter. Der nördl. und südl. Flügel dieses äußeren Umgangs war im ersten Plan noch nicht enthalten (Scheidewände dünner als im OFlügel und nicht in den Pfeilerachsen; Gegenprobe in der von Ebrach abgeleiteten K. in Riddagshausen bei Braunschweig). L. bis zum Schluß des Hauptchors 76 m, mit Zuzählung der Kap. 87 m. Lichte Br. des Lhs. 23,6, H. 21,9. Querschnitt nach der von den Zisterziensern überall gern angewendeten Proportion des gleichseitigen 3Ecks, in französischer Weise vom Sockel gemessen. Die Gwbb. sind im Msch. rck., in den Ssch. annähernd quadr. Das Qsch. etwas schmäler als das Msch. und stark ausladend, so daß jeder Flügel 3 rck. Gwbb. enthält (Rekonstruktion des Systems bei Dehio und Bezold Taf. 496). Die Pfll. kreuzf. und mit Halbsll. besetzt. Im Msch. gingen die Dienste nicht bis zur Erde, sondern setzten dort auf Konsolen ab, auf der Höhenlinie, wo sie jetzt, zu korinthischen Sll. umgebildet, ihre Basen haben. Die Gewölbescheitel, was für die französische Filiation bezeichnend ist, wagerecht. Die kräftigen spitzbg. Gurten und Rippen und die mit frgot. Laubkränzen geschmückten Schlußsteine sind erhalten; ebenso die spitzbg. Form der Arkaden und Fenster; hinter den Beichtstühlen verborgen sind auch einige frgot. Eckblattbasen und Halbsäulenkapitelle verschont geblieben. Das Hochschiff hat an der östl. Chorwand wie an den Fronten des Qsch. frgot. Rosenfenster, genau so angeordnet wie in Fossanova; ein solches muß sich auch an der WFront befunden haben, wurde aber durch eine größere hochgot. Rose (jetzt Kopie, das Original im Münchener National-Mus.) ersetzt; die Komposition des Maßwerks ist der Rose am Qsch. der Notre-Dame in Paris nahe verwandt, geht aber nicht unmittelbar auf sie zurück, sondern auf eine in den Entwürfen zum Straßburger Münster vorkommende Variante (ausgeführt in Rufach i. E.). Das Äußere wird klar und kräftig durch Strebepfll. am Hochsch. wie an den Ssch. gegliedert; Strebebgg. fehlen (wie immer bei den älteren Zisterz.-K.). Ein für die Schulzusammenhänge bezeichnender Unterschied ist der, daß am Chor und an der OWand des Qsch. Konsolengesimse von spezifisch burgundischer Fassung angewandt sind, während an der WWand des Qsch. und am Lhs. deutsche Rundbg.Friese auftreten. Der Dachreiter bar. erneuert.

Ausstattung. *Bossi* hat einige Prachtstücke aus 17. und A. 18. Jh., die ihm für die Einheitlichkeit der Wirkung ungefährlich waren, beibehalten, die meisten aber neu hergestellt; der große und prachtvolle Bernhardus-Altar von *Veit Dümpel* 1622. Verschwunden ist alles Mittelalterliche mit Ausnahme einiger Grabst. vom 15. Jh. ab. Die Grabst. der Königin Gertrud, Gemahlin Konrads III., und ihres Sohnes Friedrich v. Rotenburg (hinter dem Hochaltar) sind freie Erfindungen des 17. Jh. Zahlreicher, doch nicht höheren Ranges, die Denkmäler der Renss.-Epoche. Das des Abtes Höllein 1618 von *Nik. Lenkhart*. Das sog. Mausoleum des ersten Abtes, Adam, ist ein wunderlicher gotisierender Versuch italienischer Stuckatoren vom J. 1697. Bmkw. die 2 Orgeln.

Michaels-Kap. 1sch. kreuzf. Anlage an der NFront des Qsch. Die Art, wie das Qsch. der Kap. in die Ecke des Qsch. der K. eingreift, beweist, daß sie vor dieser begonnen war, wozu das überlieferte Weihungsjahr 1207 paßt. Indes ist der vorhandene Bau nicht einheitlich; die Achse des Schiffs deckt sich nicht mit der des Altarhauses; die Einzelheiten zeigen mehrfachen Wechsel der Bauführung; die OPartie mit nordfranzösischer Färbung, die sonst in E. nicht zu bemerken ist, die westl. Teile unter Einfluß des Maulbronner Kreuzgangs, jedoch verhältnismäßig unfein und in einer den Zisterziensern sonst fremden Weise überladen, immerhin eindrucksvoll.

Klostergebäude. Sie eröffnen für Franken die Reihe jener im Verhältnis zum Zweck unbegreiflich kolossalen Anlagen, in denen die süddeutschen Klöster im letzten Jahrhundert vor der Säkularisation ihren Ruhm suchten. 1687 bis 1698 von *Leonhard Dientzenhofer*, Umbau und Erweiterung 1716 ff. nach Plänen *Balthasar Neumanns*, ausgeführt von *Joseph Greising* († 1722). Die Scheidung der verschiedenen Anteile nicht überall leicht. Die Gebäude wurden weit nach W vorgeschoben. Ihre Grundfläche des 6fache der ma. Klausur. 2 geschlossene und 3 triklinenförmig geöffnete Höfe. Die NFassade, rechtwinklig zur Kirchenfront, zeigt die Formen des deutschen Barock, am deutlichsten in den 2 reichen Erkern; den in seiner Länge eintönigen Bau unterbrach *Neumann* durch ein machtvolles Mittelmotiv mit brillantem Treppenhaus. Eine zweite, noch prächtigere Schauseite öffnet sich nach W zu den großen, jetzt verwüsteten, Gartenterrassen, in deren Mitte ein Kolossalbrunnen in Berninischer Manier von *Jakob van der Auvera*. Die Dekoration der großen Aula (Kaisersaal) liegt stilgeschichtlich auf der Grenze zwischen Barock und Rokoko; Stuckatur von *Hönnicke* (der von hier nach Pommersfelden ging), die Fresken von *Lünenschloss* (1722), *Antonio Nave, Jo. Ad. Remela* (später in Bronnbach tätig).

EBSDORF. RB Cassel Kr. Marburg.

Dorf-K. 1sch., rom. Mauerwerk, vermauerte rom. Pforten in S und N. Spgot. Chor.

ECKARDSHAUSEN. UFranken BA Schweinfurt.

Ehem. **Wallfahrts-** jetzt Pfarr-K. Flachgedeckter Bau aus mehreren Bauführungen 1467—1525. Spgot. Sakramentshäuschen. Im klassiz. Hochaltar Gemälde bez. *Asam* 1760. Seitenaltäre 1756. Epitaph 1540 bez. H R.

ECKARTSBERGA. Pr. Sachsen Kreisstadt.

Pfarr-K. stillos verbaut; die südl. Erweiterung zur Beschaffung eines größeren Predigtraumes 1559; aus diesem Jahr die Kanzel; Altarbau 1607.

Burgruine, große regelmäßige 4eck. Anlage, 2 Bergfriede.

ECKERSDORF. OFranken BA Bayreuth.

Pfarr-K. 1525 aus ehem. Schloßkap. erweitert. — Grabst.

ECKSTEDT. Sachsen-Weimar VB Weimar.

Dorf-K. 1744. Im 8Gr. Eck, an dessen östl. Seite sich ein kleineres ½ 8Eck anschließt. — Taufgestell: Muschel auf Delphinen.

EFFELDER. Sachsen-Meiningen Kr. Sonneberg.

Pfarr-K. Wesentlich 15. Jh., mit Benutzung älterer, vielleicht noch rom. Teile. Der gewölbte polyg. Chor gut ausgebildet, das flachged. Lhs. im 17. Jh. überarbeitet. — Grabsteine unerheblich. — Kirchhofsmauer mit Schießscharten.

Schloß. Hauptbau 1470 und 1533.

EFFELDORF. UFranken BA Kitzingen.

Pfarr-K. Als Loretto-Kap. erb. 1653 von den Würzburger Jesuiten. Lhs. 1753. Hübsche Ausstattung bar., rok. und klass.

EFFELTRICH. OFranken BA Forchheim.

Dorf-K. um 1450; unter den in diesem Teile Frankens nicht seltenen Festungskirchen eine der interessantesten; der Wehrgang und 3 spitzged. Ecktürme erhalten; über dem Eingang der Ringmauer 3 Holzfigg. aus A. 16. Jh., um einiges älter daneben in spgot. Nische der reitende S. Georg. Weitere Holzplastik im Innern.

EGENHAUSEN. UFranken BA Schweinfurt.

Dorf-K. von Oberstleutnant *Joh. Mich. Müller* um 1766. Ansehnlich in Bau und Ausstattung. Ostturm 1585 nachgot.

EGGOLSHEIM. OFranken BA Forchheim.

Pfarr-K. 1826, erhalten der frrom. T.

EHLEN. RB Cassel Kr. Wolfhagen.

Kirch-Turm rom. 12. Jh.. Im niedrigen türlosen Erdgeschoß kuppeliges Kreuzgewölbe.

EHRENFRIEDERSDORF. Sachsen AH Annaberg.

Stadt-K. S. Nikolai; 2sch. 3jochige Hallenkirche aus 15. Jh., der unsymmetrisch anschließende platt geschlossene Chor aus 14. Jh. — Altarwerk mit 4 beweglichen und 2 festen Flügeln, wichtig; die hervorragend schönen Schnitzfigg. im Stil des Annaberger Meisters *W Z* von 1512; auch die Flügelgemälde bmkw. (dieselbe Hand in Einsiedel und Tannenberg). — Ausgezeichneter spgot. Kelch.

EHRINGEN. RB Cassel Kr. Wolfhagen.

Dorf-K. 1sch. mit 3 got. Kreuzgwbb., eingezogen quadr. Chor, WTurm.

EHRINGSDORF. Sachsen-Weimar VB Weimar.
Dorf-K. rom., Turm frühgot. mit breitem Zeltdach. 8 gemalte Apostel von einem spgot. Altar.

EIBAU. Sachsen AH Löbau.
Dorf-K. 1703. Sehr stattlicher Gwb.Bau nach dem Vorbilde von Bertsdorf; 15,5 m br., 32 m. l., Schluß 5/10, zwischen den eingezogenen Strebepfeilern 3fache Emporen, auch um den Altar herumgeführt. Auf dem Kirchhof zahlreiche Denkmäler. — Die Wohnhäuser des 18. Jh. zeugen von großer Wohlhabenheit, viele mit Türen aus Sandstein oder Granit.

EIBELSTADT. UFranken BA Ochsenfurt.
Pfarr-K. Ein Bau des 13. Jh., von dem der Turm (W) erhalten, wurde 1500—1530 langsam durch einen Neubau ersetzt. 3sch. 3jochige Hallenkirche mit 1sch. Chor; Netzgwb. auf leichten Rundpfeilern; reiches Maßwerk, charakteristisch für die letzte spgot. Phase. Einige Veränderungen 1624. — Auf den stattlichen Bar.Altären von E. 17. Jh. sind spgot. Holzfigg., z. T. von hoher Qualität, und Renss.Reliefs von 1625 wiederverwendet; Gemälde von *Osw. Onghers.* Taufstein um 1600 von *Zach. Juncker.* Alabaster, originell komponiert. Vielleicht von derselben Hand Grabstein eines kleinen Mädchens mit Blumen und Totenkopf. Im Chorbg. Kreuzgruppe aus der Umgebung *Riemenschneiders.* Unter den Altargeräten gute Augsburger Arbeiten des 17. und 18. Jh. — Außen am Lhs. Ölbergkap. mit überlebensgroßen Figg. um 1620.
Hl. Kreuz-Kap. 1657. Flachgedecktes Schiff, stark ausladend. Qsch. und ½kr. Apsis. Gute Altäre aus der Erbauungszeit, einer mit Gemälde bez. *Oswald Onghers* 1660.
Rathaus 1706 vom Würzburger *Peter Zwenger* in schwerem sp. Barock, Erdgeschoß und Hauptgeschoß wirkungsvoll kontrastiert. — Hübsche Wohnhäuser des 18. Jh.
Stadtbefestigung. 15. und 16. Jh. Im ganzen Umkreis erhalten. 15 Rundtürme in Abständen von 60—80 m. 3 Tore (das vierte abgebrochen). — Mariensäule 1660 und Sebastianssäule 1773, vortrefflich. In einem Privatgarten bmkw. steinerne Madonnenstatue 2. H. 14. Jh. Mehrere Bildstöcke mit reichen und guten Skulpturen des 17. Jh.

EIBSTADT (Groß- und Klein-). UFranken BA Königshofen.
Dorfkirchen. Got., mit OTürmen über dem Altar. Diese Verbindung ist für das ganze Gebiet, in rom. wie in got. Zeit, typisch.

EICHELSDORF. UFranken BA Hofheim.
Dorf-K. Einheitlicher nachgot. Bau von 1608.
Schloß 1678. Großer Saal mit Stuckdecke 1703.

EICHSTAEDT (Ober- u. Nieder-). Pr. Sachsen Kr. Querfurt. An beiden **Kirchen** querrck. WTürme, in der Anlage rom. — In beiden Reste von spgot. Altarplastik in bar. Aufbau.

EILENBURG. Pr. Sachsen Kr. Delitzsch.
Stadt-K. Backstein mit Sandsteingliedern. Hallenbau aus 15. und 16. Jh. — Altaraufbau und Kanzel 1684.
Rathaus. 1544.

EINBERG. Sachsen-Coburg LA Coburg.
Dorf-K. Chor spgot., Lhs. 1sch., 17. Jh., Emporen und Mobilien 18. Jh.

EINHAUSEN. Sachsen-Meiningen Kr. Meiningen.
Dorf-K. 1726. Älterer stark befestigter Kirchhof mit hohen Tortürmen.

EINSIEDEL. Sachsen AH Chemnitz.
Dorf-K. neu. Schnitzaltar mit ausgezeichneten Flügelgemälden von einem Chemnitzer Meister um 1510—20 (vgl. Ehrenfriedersdorf). Ausgezeichneter Kelch in der Art des Freiberger Meisters *Samuel Klemm*, 2. H. 17. Jh.

EISENACH. Sachsen-Weimar BAmtsstadt. [D.]
Benedikt. Nonnen-K. S. Nikolai. Baugeschichte unbekannt, wohl E. 12. Jh. — Flachged. Basilika von 6 Arkaden im Wechsel von Sll. und Pfll. und zwar so, daß die Reihe mit Pfll. beginnt und schließt. Ornamentierte Kaptt. 1886 weitgehende Rest. von H. Stier; sie zeigte vorher am Außenbau keine rom. Formen außer am wohlerhaltenen Turm, an dem nur Helm und Giebelchen neu sind. WEmpore. Kein Qsch., aber südl. am Chor ein Turm, unten 4seitig, weiterhin durch vier Geschosse 8eck. Ausmalung des Inneren 1894 (höchst bedenklich). An der NSeite das ehem. Klst. Jetzt Diakonissenhaus, im Zimmer der Oberin reicher Wand- und Deckenschmuck in Stuck um 1700.
Franziskaner-K. Der Orden faßte in Thüringen zuerst 1224 in Erfurt Fuß. 1225 in Eisenach angesiedelt. 1236 definitive Kirche. Sie wurde 1597 abgebrochen, 1883 in den Fundamenten freigelegt. Anlage rck., enorm gestreckt, 55 m l., nur 11 m br., trotzdem in 3 und zwar gleich breite Schiffe geteilt; Strebepfll. deuten auf Gwbb., doch wohl nur für die Unterkirche; als Oberkirche Saal zu ergänzen.
Dominikaner-(Prediger-)K. Gegr. 1235 als Nonnenklst., bald darauf dem neuen Orden der Dominikaner übergeben. Der 47 m lange, nur 8 m breite Raum gehört zur Hälfte dem Chor. Unter diesem eine 3sch. 7jochige Unterkirche (wie sie namentlich bei Zisterz. Nonnenkirchen häufiger vorkommt); von den Sll. nur die flachen Basen mit frgot. Eckblättern erhalten; im Oberchor (jetzt Bibliothek des Gymnasiums) frgot. Dreisitz (im Inv. irrig der Zeit um 1400 zugeschrieben). Das Gemeindehaus Basl. mit nur 1 (nördl.) Ssch., auf derben quadr. Pfll. von rom. Haltung sehr hohe und weite spitzbg. Arkaden. Kleine Oberfenster mit Maßwerk des 14. Jh. — Kreuzgang gegen 1500, Refektorium 1512. — (K. u. Klst. beherbergt jetzt das Thüringische Museum.) Denkmäler: Bürgermeister Ludwig Merk † 1390, Gattin des Ratsherrn Joh. Gottschalk, etwa gleichzeitig, beide in Epitaphform, die Ehepaare kniend vor dem Schmerzensmann.

Markt-K. S. Georg. Gründung des Landgrafen Ludwig III. um 1190, erneuert 1513, im Bauernkrieg verwüstet, ausgebaut 1898. — Der oft veränderte Innenraum beherrscht von mächtigen Rundsäulen mit eingebauten Emporen um 1560. Kanzel 1676. Orgel mit reichem Schnitzwerk 1719. — Gedenktafel an das Reformationsfest 1617. Wandepitaphe für Prinz Fr. August 1684, Herzog Joh. Georg 1686, Bildnisgemälde in wertvollem Rahmenwerk. Bildnisstein für Nik. v. Amsdorf, gut. Hängeepitaph für Joh. Th. Moll 1587. Bronzeplatte für Eberhard v. d. Tann 1543. — Mehrere Kruzifixe, ein fast doppelt lebensgroßes um 1500. Schöne Altardecke, Weißstickerei um 1600.

Annen-K. 1sch. flachged. spgot. Gut ornamentiertes Portal 1634.

Kreuz-K. 1692—97 von *Joh. Münzel* in der Grundform des griech. Kreuzes. Geputzte Holzdecke.

Residenzhaus. WFlügel 1507, NFlügel mit großem rundbg. Portal 1559 von *Hans Lindemann.*

Stadtschloß 1742—45. Die Fassade ehem. weit reicher; schöner Festsaal; wertvolles Mobiliar und Porzellan. Im Stall reich rok. geschnitzte Pferdestände.

Rathaus 1508, nach Brand rest. 1638. Der schöne Turm von *Hans Lindemann.*

Marktbrunnen mit S. Georg. 1549, erneuert 1708.

Lutherhaus. Die jetzige Fassade mit schmuckvollem Portal 1563 von *Hans Lindemann.*

Nikolaitor sprom. und einige got. Stadttürme.

Im **Museum** einige thüringische Altäre, einzelne Schnitzfigg. des 15.—16. Jh., Grabsteine des 14.—16. Jh.

EISENBERG. Sachsen-Altenburg LA Roda.

Stadt-K. 1494, einfacher 1sch. Bau.

Zisterz.-Nonnen-Klst. bis auf geringe Spuren zerstört.

Rathaus 1579.

Schloß. Hauptbau v. 1677 von *Wilh. Gundermann* aus Altenburg. Bmkw. die Kap.; ein Umgang von korinth. Säulen mit geradem Gebälk trägt 2geschossige Emporen. Stuckierung in vollen schweren klassizistischen Barockformen, wohl von Italienern ausgeführt. — **Superintendentur.** Ansehnlich sprenss.

EISFELD. Sachsen-Meiningen Kr. Hildburghausen.

Stadt-K. Beg. 1505 und schnell zu Ende geführt. Ein Hauptwerk der südthüringischen Spgot. Quaderbau. Das Lhs. 25 : 18 m, 3 Sch., 5 Joche, die Gwbb. nach Brand 1632 durch Holzdecke ersetzt (das Inv. läßt im Zweifel, ob der Querschnitt Basilika oder Hallenkirche). 8eck. Chor mit Netzgwb. Der im NOWinkel stehende Turm mit älterem Unterbau. 3 Portale in W, N, O; die beiden letzteren unter einem zwischen die Strebepfll. eingespannten Schutzdach; unter den Zierformen macht sich das verschränkte Stabwerk in gehäufter Anwendung bemerklich.

Gottesacker-K. 1542. Über dem WPortal Gedenktafel für die Pastoren Jonas † 1553 und Kindt † 1549, treffliches Sands t e i n r e l i e f. Die zahlreichen übrigen Gedenktafeln von geringem Kunstwert.

Schloß. Nach Brand 1632 in sparsamster Bauart wiederhergestellt; der runde Haupt-Turm im Kern ma.

Schulhaus. 16. und 17. Jh.; einfach, in einer Blende rätselhafte Steinfigur („Hirt").

Superintendentur. Stattlicher Fachwerkbau des 17. Jh.

EISINGEN. UFranken BA Würzburg.

Dorf-K. 19. Jh. — Am Chorbg. K r u z i f i x von *Riemenschneider*, der Körper von feinster Durchbildung, Fassung neu.

EISLEBEN. Pr. Sachsen Mansfelder Seekreis.

Andreas-K. Einfache spgot. Halle (wohl erst nach Brand 1498) mit rom. und frgot. Resten. Im W über rck. formlosem Unterbau 2 schlanke 8eck. Türme. Am 1. und 2. Geschoß mit sprom. Bogenfries, am 3. mit got. Gesims. Die Fenster der Sschiffe anscheinend frgot., was überraschenderweise auf eine schon frgot. Hallenanlage, oder, bei basilikaler Anlage, auf ungewöhnliche Höhe der Sschiffe im Verhältnis zum Hochschiff schließen ließe (vgl. den Giebel zwischen den Türmen). Die Pfll. des Triumphbogens rom. Aus dem nördl. Nebenchor führt eine Tür mit Eselsrücken und magerem Stabwerk, abschreckendste Spgot., in einen großen Seitenturm; untere Geschosse 1486, obere 17. Jh. — Großer S c h n i t z a l t a r, einer von den besseren, K a n z e l A. 16. Jh., gute Arbeit. Im nördl. Nebenchor ein auf beiden (!) Seiten bearbeiteter G r a b s t.; die eine zeigt in eingeritzter trefflicher Umrißzeichnung den Grafen Burkhard v. Mansfeld († 1229), die andere in äußerst rohem und altertümlichem Relief 2 Figuren mit dem Mansfeldschen Wappen, ohne Umschrift; G r a b s t e i n e der Äbtissin Oda († 1351); der Gräfin Barbara v. M. († 1511); des Gf. Hans Georg († 1579); der Gräfin Katharina († 1582), der Tote, gewappnet, den Helm zu Füßen, an den Ecken überragt von 4 freistehenden Säulen mit Leuchter-Engeln. Eine zweite T u m b a aus Marmor; für welchen der Mansfelder Grafen, ist nicht nachweisbar. Von sonstigen G r a b s t. und E p i t. ist vieles verschwunden.

Nikolai-K. 1426 ff. 3sch. Hallenkirche, 3 Joche, Kreuzgwb., kurzer Vorchor, 5/8 Schluß, einfacher niedriger WTurm. — S c h n i t z a l t a r und T a u f s t e i n spgot.

Petri-Pauli-K. 1486—1513. Halle, der vorigen ähnlich, etwas geschmückter, Netzgwb. — S c h n i t z a l t a r.

Annen-K. Unregelmäßige, nie vollendete Anlage. Der gewölbte Chor 1514, das Schiff mit Gewölben von Holz und Gips um 1600. (Wiederhergestellt 1908.) Im W Mansfeldische Grabkap. von 1588; seltsam entartetes Maßwerk. — G r a b m a l des Gf. Karl v. M. († 1594); der Tote in voller Rüstung auf einfachem Sarkophag. Steinerne M o s e s k a n z e l.

Geburtshaus Luthers, 1693 und 1868 rest., zeigt nichts mehr von seinem ursp. Aussehen. — G e m ä l d e von 1569, Luthers letzte

Ordination darstellend, mit vielen Porträts, nebst anderen Gemälden des 16. Jh., aus den Hallen des alten Gottesackers stammend.
Besser erhalten **Luthers Sterbehaus,** aus A. 16. Jh.
Schloß, ehemals eine Wasserburg, im 11. Jh. zum kgl. Tafelgut gehörig; hoher frma. Bergfried.
Altstädtisches Rathaus 1519—1530. Die großen Fenster durch 3 Pfosten geteilt, der obere Abschluß treppenförmig. An der NOEcke ein gekrönter Kopf, nach der Abb. im Inv. zu urteilen spätes 13. Jh., eingemauert; im Volksmunde Kopf des „Knoblauchkönigs" Herman v. Luxemburg.
Neustädtisches Rathaus mit Portal in sehr reiner Hoch-Renss. 1580.

ELGERSBURG. Sachsen-Gotha LA Ohrdruf.
Schloß. Im 13. Jh. genannt; seither oft umgebaut, zuletzt A. 20. Jh. von Gräbner-Dresden; die wenigen vorhandenen Kunstformen weisen auf 17. Jh.

ELGERSHAUSEN. Kr. Cassel-Land.
Dorf-K. Frgot. WTurm. — Kindergrabstein 1626.

ELISABETHBRUNNEN. RB Cassel Kr. Marburg.
Brunnenhaus. Renss. 1596.

ELISABETHENBURG siehe Meiningen.

ELLINGSHAUSEN. Sachsen-Meiningen Kr. Meiningen.
Dorf-K. 1775. Gute ikon. Grabst. der Familie v. Bose 16. u. 17. Jh. Befestigter Friedhof mit Gaden und Kellern.
Schloß der v. Bose 1604, reizvoller Treppen-Turm. — Geschnitzte Fachwerkhäuser.

ELMARSHAUSEN. RB Cassel Kr. Wolfhagen.
Schloß. 1442, fortgebaut 1554, 1563, 1763. Interessante und malerische Baugruppe. Großer Ofen bez. 1596.

ELSA. Sachsen-Coburg LA Coburg.
Dorf-K. 1483, OTurm, im Lhs. jetzt Flachdecke, außen Strebepfll.

ELSNIG. Pr. Sachsen Kr. Torgau.
Dorf-K. (als Nachtaufenthalt Friedrichs d. Gr. nach der Schlacht bei T. berühmt geworden). Ursp. rom. Anlage mit eingezogenem Chor und ½kr. Apsis, rck. Turm im W. — In der Nähe kreisrunder **Burgwall.**

ELSTER. Sachsen AH Ölsnitz.
Petri-Pauli-K. 17. Jh. 1sch. mit Holzdecke; geschmückte Emporenbrüstungen. — Kanzel 1682, Altar 1737.

ELSTERTREBNITZ. Sachsen AH Borna.
Dorf-K. 1840. Von der rom. K. erhalten ein rohes, gegenständlich interessantes Tympanonrelief. — Altarwerk mit 2 beweglichen und 2 festen Flügeln, um 1500. Figurierte Glocke 1460, bez. *Nik. Eysenberg* von Leipzig.

ELSTERWERDA. Pr. Sachsen Kr. Liebenwerda.
Stadt-K. 1718, mit spgot. Chor, 1904 umgearbeitet. — 12 v. Maltitzsche Bildnisgrabsteine, 9 aus 16. Jh., die übrigen 17. Jh.

Schloß beg. ca. 1720 von Joh. v. Löwendahl, 1727—38 von König August II. weitergeführt. Dreiflügelanlage in einfacher Behandlung. — Pestsäule 1738.

ELSTRA. Sachsen AH Kamenz.

Stadt-K. 1726. 3sch. kreuzgewölbte Hallenkirche in einfachen Bar.Formen, vielleicht auf ma. Grundriß. — Ansehnlicher Hochaltar aus Marmor und Sandstein, Gemälde (Kreuzabnahme) von *Chr. W. E. Dietrich* 1733 in Anlehnung an Rubens. Prächtige Kanzel; als Fuß (anstatt der im 16. und 17. Jh. beliebten Mosesstatue) ein kühn bewegter Engel. Gute Grabdenkmäler des 18. Jh.

Rathaus 1717, ganz schlicht. — Im ehemaligen Schloßpark (das Schloß abgebrannt) Sandsteingruppe, Apotheose eines Helden (wohl Augusts des Starken) von *Balt. Permoser*.

ELTERSDORF b. Bamberg.

Kirche. Phot. zeigt einen in Quadern sorgfältig ausgeführten Zentralbau, Durchdringung von Rotunde und Kreuz, die Stirnseiten des letzteren treten nur als Risalite vor mit Volutengiebel; Zeit 1. H. 18. Jh.

ELTERLEIN. Sachsen AH Annaberg.

Stadt-K. 1662 umgebaut; 1sch. mit 8Eck-Schluß und Holzdecke; einheitliche vortrefflich erhaltene bar. Dekoration und Ausstattung. — Taufstein von Engeln getragen, bez. *Sebald Teuscher* 1697.

ELTINGSHAUSEN. UFranken BA Kissingen.

Dorf-K. Turm rom., Chor und Lhs. 1745. Decken- und Hochaltargemälde bez. *J. A. Herrlein* 1746, auf den architekturlosen Seitenaltären je 1 Holzstatue 1746 von *F. Keßler*.

ELTMANN. UFranken BA Haßfurt.

Stadt-K. Rest. 1835 von *Klenze*, erhalten blieb der got. Chorturm (E. 13. Jh., umgebaut im 15. Jh.). — Zierliche spgot. Sakramentsnische.

Heil. Kreuz-Kap. 1768, fein gegliederter Sandsteinbau auf ellipt. Gr.

Friedhof angelegt 1668. Kreuzgruppe ca. 1400, stark überarbeitet. Grabsteine got. und Renss.

Im S der Stadt **Wallburg** mit gut erhaltenem rundem Bergfried aus 12.—13. Jh., Zinnenkranz neu.

EMMERICHSHOF. UFranken BA Alzenau.

Schloß 1766. Das Herrenhaus bildet mit den Nebengebäuden und dem Hoftor eine regelmäßige Anlage.

EMPFERTSHAUSEN. Sachsen-Weimar VB Dermbach.

Kirche von 1719.

EMTMANNSBERG. OFranken BA Bayreuth.

Pfarr-K. OTurm got., Lhs. 1666, zierliche Stuckatur 1749.

Schloß einfach bar. 1689, über dem Portal große Wappentafel.

ENGELBERG. UFranken BA Miltenberg.

Kapuzinerklst. 1639. Die dekorativen Skulpturen an den Außenwänden von *Zacharias Junker*, der St. Michael mit Anlehnung an den Gerhartschen in München. Vornehme Grabsteine 18. Jh.

ENGELSDORF. Sachsen AH Leipzig.

Dorf-K., rom. Anlage mit OTurm.

EPPRECHTSTEIN. OFranken BA Wunsiedel.

Burgruine.

ERBENHAUSEN. Sachsen-Weimar VB Dermbach.

Dorf-K. 1609 mit Turm aus Ma. Burgähnlich ummauert. Grabstein **des Försters Martin Rod 1716.**

ERBSHAUSEN. UFranken BA Karlstadt.

Dorf-K. Chor-Turm **1598, Lhs. 1794.** Auf dem Hochaltar gute Skulpturen **aus der Werkstatt** *P. Wagners.*

ERDMANNSHAIN. Sachsen AH Grimma.

Dorf-K. rom. **wie Fremdiswalde.** — **Auf dem** Altar Kopie von *Rubens'* Antwerpener Kreuzabnahme.

ERFURT. Pr. Sachsen. [D.]

Die Stadt **besaß am Schluß des Ma.** über **90** Kirchen und Kapellen, darunter **36 klösterliche** Ansiedlungen. Der Stiftung nach vielleicht **am ältesten** die kleine Bonifaziuskap. auf dem Domhügel, neben S. Severi, ein schlichter kleiner Steinbau, im sp. Ma. umgebaut.

Stifts-K. S. Marien („Dom"). Gegr. angeblich 741. Neubau seit 1154 bis M. 13. Jh. Eine Weihe 1253. Erweiterung des Chors 1349—70. Umbau des Lhs. 1455 ff. und Hinzufügung der dritten Turmspitze durch Meister *Hans von Straßburg.* Ausbesserung nach Brand 1472 durch *Hans Pfau.* Im 19. Jh. mehrfach rest., zuletzt 1912. — Vom rom. Bau haben sich erhalten die Mauern des Qsch. im nördl. und südl. Flügel bis etwa 3 m unterhalb des Kranzgesimses (Rundbg.Fries beim Umbau 1455 versetzt, in situ an der NMauer des Chorhalses); die 2 zu Seiten des Chors angeordneten Türme im 1. und 2. Geschoß; im Innern die Kämpfer der Vierungsbgg., soweit sie an die Türme anstoßen. Die auf den quadr. Unterbau folgenden 8eck. Turmgeschosse sprom. 13. Jh. (der südl. soll 1201, der nördl. 1235 vollendet worden sein). Den rom. Bau haben diese Türme stattlich überragt, durch die späterhin eingetretene Erhöhung und Massenvermehrung des Chors und Lhs., namentlich als dieses sich in eine Hallenkirche mit hohem Dach verwandelte, wurden sie außer Wirkung gesetzt; um so bedauerlicher, als die unvergleichlich günstige Lage am Bergrande zur Schaffung einer kräftigen Silhouette die Aufforderung gab. Dieser folgte *Hans v. Straßburg* in der Weise, daß er die wohl schon vor ihm got. überhöhten Türme durch einen Zwischenbau verband und über diesem einen 8eckigen Aufsatz errichtete. Der Helm brannte seither zweimal, 1493 und 1717, ab; seine Erneuerung 1850 folgt den durch alte Ansichten überlieferten Umrißlinien. — Der zwischen den Türmen liegende rom. Chor war nur 7 m breit gewesen; jetzt bildet er den Durchgang zu dem fast als selbständiges Gebäude auftretenden viel breiteren Chor des 14. Jh. Dieser ist 1sch., hat 5 Langjoche, das letzte im Schlußstein mit dem als ½ 10Eck konstruierten Haupt zusammengezogen (34 m lang, bei 88 m Länge der ganzen K., 13,5 m br., 25 m H.). Der Aufbau des Chors zeigt den völlig systematisch durchgebildeten Stil der späteren Hochgotik und ist durch schöne Raumverhältnisse ausgezeichnet. Mit dem Chorbau ging die künstliche Verschiebung des Bergrandes durch eine auf gewaltigen offenen Bgg. ruhende Terrasse („Cavaten") und der majestätische Treppenaufgang („Greten" aus „gradus") zusammen. Und die notwendig gewordene Tiefe der Grundmauern führte zur Anlage einer Krypta (inschriftl. voll. 1353), dergleichen sonst nicht in den got. Baugewohnheiten liegt. — Die im 15. Jh. geforderte Erweiterung des Langhauses als Hallenkirche mußte wesentlich in der Breitenrichtung erfolgen; da jedoch auch die Fundamente der alten Pfll. weiter benutzt werden sollten, wurden die Ssch. breiter (9,4 m) als das Msch. (7,2 m) angelegt, was keine günstigen Raumverhältnisse ergeben konnte. Einfache Sterngwbb. — Am Äußern ist vor allem die Massenverteilung und Silhouette der Ostansicht eigentümlich und bedeutend. In Verbindung mit der Severi-K. eine der schönsten Baugruppen Mitteldeutschlands. Hier wie öfters zeigt sich die Phantasie des Ma. noch glücklicher in der sukzessiven Ausnutzung zufälliger Gelegenheiten durch wechselnde Geschlechter, als in der folgerichtigen Entfaltung einer einheitlichen Idee. Um 1330 die prächtige Torhalle (sog. „Triangel") auf dreieckigem Gr. als Anbau an den nördl. Kreuzarm. Die beiden freiliegenden Seiten werden ganz von mächtigen Portalen mit hohen Wimpergen eingenommen; ein zweites, mit je einem Fenster versehenes Geschoß springt etwas zurück. Die Langseiten erhielten durch die Rest. von 1868 über jedem Joch Giebel für quergestellte Sschiffsdächer, während der Hauptfirst, nicht zum Vorteil der Totalansicht, niedriger gelegt wurde. Neu ist auch der obere Abschluß der WSeite. Überhaupt hat die Rest. den spgot. Bau nach Kräften hochgotisch korrigiert. Torflügel mit reichem got. Rankenbeschläge. Löwenköpfe rom.

Kreuzgang und Stiftsgebäude. OFlügel: 2sch. Halle aus letztem Drittel 14. Jh., die dem Hof zugekehrte Seite in sprom. Formen mit einzelnen gotischen; diese überwiegen bereits am letzten Fenster; nach außen gegen die Terrasse springt die 1451 gest. Clemenskap. vor. Das Obergeschoß des OFlügels nahm das Auditorium coelicum (so genannt von den auf der azurblauen Decke dargestellten 12 Himmelszeichen) ein, welches der Universität zu Promotionen und sonstigen Festlichkeiten diente; jetzt sehr verwahrlost. Der W- und SFlügel entsprechen der fortschreitenden got. Stilentwicklung; mit Ausnahme des nördl. Fensters der WSeite, welches mit denen der OSeite gleichzeitig. Am SFlügel der ehemalige Kapitelsaal. Alle Gebäude haben durch den Brand 1472, sodann durch spätere Veränderungen gelitten.

Innere Ausstattung. Durch die Rest. des 19. Jh. von ihren „stilwidrigen" Elementen befreit. — Prachtvolles Chorgestühl bez. 1469, 1484. Hochaltar mächtiger Holzaufbau von 1697. Um 1420 großer gemalter Flügelaltar, in der Mitte die Einhornjagd. — Mitten im Chor lebensgroße bronzene Leuchterfigur, bekleidet, von starrster Bildung bei sorgfältiger Technik, 12. Jh., aber genauere Bestimmung von Zeit und Ort der Entstehung nicht zu geben. Stifterinschr. der Wolfram und Hilteburg. Glasgemälde im Chor, bez. 1403, die beste und größte Reihe, die Thüringen besitzt. — An der OWand des nördl. Qsch. 4 Nischen, ihr Inhalt aus Altem und Neuem gemischt. Besonders merkwürdig ein bogenförmiger rom. Altaraufsatz aus Stuck, an der Stirnseite Christus und die heil. Eoban und Adolar, darunter heilige Frauen mit Palmen, in der engen Nische Statue der Muttergottes, thronend, das Kind zwischen den Knien, archäische Züge verbunden mit wuchtiger Monumentalität. Es ist möglich, daß die Madonna nicht ursp. für die Nische gearbeitet war; erheblich älter als die Reliefs der Lunette, wie behauptet worden, ist sie nicht; genauere Datierung schwierig, etwa zwischen 1130—60. — An entsprechender Wand des südl. Qsch. Sakramentshaus von *Hans Friedemann* 1560, trefflich aufgebaut, doch schwach, wie immer bei diesem meistbeschäftigten Meister der Erfurter Sprenss., in der Figurenplastik. Holzrelief der Beweinung E. 15. Jh. Tumba der heil. Eoban und Adolar um 1400. — Im südl. Ssch. eiserner Leuchter mit Schmerzensmann um 1450. Links vom WEingang Taufstein mit großem phantastischem Überbau von *Hieronymus Preißer* 1587. An den Pfll. des Msch. 8 halbrund gebogene Tafelgemälde um 1500.

Grabdenkmäler. Bildnisstein eines Grafen von Gleichen mit zwei Frauen (wohl Ernst II. † 1264, ausgeführt etwa zwei Jahrzehnte später). Epitaph des Joh. v. Allenblumen † 1432, bez. R T, den Erfurter Lokalstil mit Eleganz repräsentierend. Bronzeepitaph des Henning Göden von *P. Vischer* 1521 (Wiederholung in Wittenberg). Prächtige dekorative Steinepitaphe der Familien v. Herstall von *H. Friedemann d. J.* und v. d. Weser von *Enders Gutschell* 1576. — Wichtig ist der Dom durch eine größere Reihe von bronzenen Grabplatten (die meisten im Kreuzgang). Am Choreingang junger Geistlicher, schöne flandrische Gravierung um 1350. Als älteste einheimische Arbeit bmkw. Herm. Schindeleib † 1427. Heinrich v. Gerbstädt † 1451, ausgeführt nach 1472 in der *Vischer*schen Werkstatt in Nürnberg; desgl. Hunold v. Plettenberg † 1475, Konrad v. Stein † 1499, Joh. v. Lasphe † 1510, Joh. v. Heeringen 1505; die letztere Platte (Halbfigur) von strahlender Renaissanceschönheit, wird als ein Werk *Hermann Vischers d. J.* anzusehen sein. — Gegossene Bronzeplatten Erfurter Ursprunges: Eoban Ziegler 1561 (von *Eckhard Kücher*) und G. Oland 1597 (von *Melchior Möhring*). Die schöne bronzene Wappentafel für Konrad v. Breitenbach † 1579 von *Friedemann d. Ä.*

Skulpturen am Äußeren. Am reichsten ausgestattet die beiden Portale am Triangel um 1350—60, 34 Vollfiguren, Apostel, kluge und törichte Jungfrauen, Ecclesia und Synagoge u. a.; Nachwirkung der 50—75 Jahre älteren Naumburger und Magdeburger Plastik; die Qualität weit niedriger. Am Tympanon des Kreuzgangsportals innen Kunigundens Rechtfertigung, außen Kreuzigung. An den Chorpfeilern 3 Statuen, Maria, Katharina, Barbara, aus A. 15. Jh. mit dem Zeichen *i* eines damals in Erfurt vielbeschäftigten Meisters.

Im Dommuseum. Merkwürdige, reich mit Reliefs verzierte sprom. Ampel für 12 Dochte. Bronzene Reliquienbüste E. 12. Jh. Eine gleiche E. 14. Jh. „Kasel der hl. Elisabeth" E. 13. Jh. Wandteppich in Plattstich auf Leinwand E. 13. Jh. Tischdecke mit Szenen aus Tristan, 14. Jh. Stark bewegte Alabasterfigg. 1. H. 15. Jh. Allerlei Reste von Holzplastiken und Malerei.

In der Domkurie. 2 Altarflügel mit Aposteln ca. 1420. 3 Tafeln mit männl. Heiligen ca. 1450. Tafel mit Kreuzigung ca. 1490.

Allerheiligen-K. Kleiner einfacher Bau aus M. 14. Jh., Halle mit südl. Ssch., das Schiff in origineller Weise der Straßengabelung angepaßt. Turm 2. H. 13. Jh. — Hochaltar 1757. Pietas E. 14. Jh. Grabplatten mit geritzter Zeichnung 1381, 1405, mit Relief 1418, 1422, 1536; des Dr. Eberbach 1547 bez. AB: des G. Hugolt 1619 von *Friedemann d. J.*

Andreas-K. Turm 13. Jh., Lhs. 14., nachträglich erhöht. — Über dem Haupteingang Kreuzigungsrelief um 1730 (zu vgl. mit dem Serverisarkophag). Sandsteingruppe der Beweinung ca. 1430—40 von einem Nachfolger des Meisters *i*.

Augustiner-K. (Augustiner-Eremiten; das Kloster M. Luthers). 1289—1325. 3sch. pseudobasilikale Halle mit langgestrecktem Chor; in allen Teilen Holzdecke. Das südl. Ssch. als Empore über dem NFlügel des Kreuzgangs. Der 8eckige Turm sitzt über einem Pfl., an ihm hoch oben 3 Standbilder, gut, von einem Nachfolger des *Meisters i*. — Kreuzgang und Kapitelsaal M. 14. Jh. Die Lutherzelle nach Brand 1872 erneuert.

Im Innern der K. die Steinumrahmung eines Levitensitzes A. 14. Jh. — Glasmalereien im Chor 2. H. 14. Jh. — Grabsteine der Adelheid v. Amera † 1298, gravierte und mit schwarzer Paste gefüllte Umrißzeichnung. Grabst. der Titularbischöfe Joh. v. Lepanto † 1316 und Ludwig v. Marronia † 1323 und des Professors Heinrich v. Frimar † 1354, alle drei ausgeführt ca. 1370—80 von derselben, geschmackvoll und eigentümlich arbeitenden Hand (Meister der Barfüßer-K.), neu bemalt Heinrich v. Meiningen † 1382 (Art des *Joh. Gehart*); Theodor Brun † 1462 (vom Meister des hl. Michael in S. Severi??).

Barfüßer-K. (Franziskaner). Erste Niederlassung 1221; jetzige K. voll. 1285; Brand 1291; 1316 der langgestreckte 1sch. Chor voll.; Einwölbung des Lhs. A. 15. Jh. 1838 Einsturz und Umbau. Querschifflos. Die 6 Arkaden des Lhs. sehr weit gestellt, auf je

1 von ihnen fallen im Hochschiff 2 schmale Kreuzgewbb. auf abwechselnd kurzen, vorgekragten und vollständig bis zur Erde reichenden Diensten; die Pfll. im W zierlich gebündelt, die drei östl. einfacher. Chor 4 Joche und $^5/_8$ Schluß, Lhs. 6 Doppeljoche, ganze L. 78. Formencharakter von edler Einfachheit, weniger herb als in der Prediger-K. Der im 15. Jh. hinzugefügte Turm in verwegener Übereckstellung über dem letzten Joch des nördl. Ssch.
Hochaltar um 1430, frühester Schnitzaltar Erfurts. Ehemals doppelflügelig, in neugot. Rahmenarchitektur falsch zusammengesetzt. — Im südl. Ssch. reiche Schlußsteine mit dem Zeichen *i* (vgl. Epit. Legat in der Prediger-K. und Chorstatuen am Dom). — Chorstühle aus der Erbauungszeit des Chors, sehr einfach. Am Choreingang Verkündigung, schwächere Wiederholung der Gruppe in der Prediger-K. — Grabmäler: in der sog. Saalfeldschen Kapelle südl. am Chor Cinna v. Vargula 1370, wohl Deckel einer ehemaligen Tumba; vorzügliche Arbeit, die den Stil der Zeit von seiner besten Seite zeigt; Saalfeldsche Platte, Schmerzensmann mit 6 Porträtfigg.; Margarete v. Mila 1494, dem Gegenstand nach, Madonna auf der Mondsichel, ein Epit., der technischen Form nach Grabstein. Am Ende des nördl. Ssch. Albert v. Beichlingen † 1371, von derselben Hand („Meister der Barfüßer-K.") wie der Grabstein der Cinna und gleich vortrefflich, die Auffassung durchaus statuarisch. Grabstein Berld v. Vitztum 1478. Epit. Balth. Hirschbach 1583 von *H. Friedemann d. Ä.* Epit. Nacke 1587. Epit. Mohr 1626. — Gemälde: im nördl. Ssch. schöner Flügelaltar A. 15. Jh., innen figurenreiche Kreuzigung. Erfurter Meister unter Einfluß Konrads von Soest. — Im Chor Reste vorzüglicher Glasmalerei (aus der Erbauungszeit?). — Abendmahlskannen von *Erasmus Wagner* 1621 und *Andr. Jörg* 1679.
Collegiat-K. S. Severi. Erste Nennung 836. Auf Neubau deutende Ablaßbriefe 1273—95. — Chor und OWand des Qsch. etwa E. 13. Jh. Langsame Fortsetzung von O nach W, die letzten Joche mit Sterngwbb. — Anlage und Einzelheiten enthalten manches Eigentümliche. Bei Gliederung in 5 Sch. und 6 Joche kommt der räumliche Charakter der Hallenanlage bedeutend zum Ausdruck. Das erste und letzte Joch breiter als die übrigen; sie weisen auf den ursp. Gedanken einer doppelchörigen Kirche mit doppeltem Qsch., wie u. a. an dem großen Rosenfenster der NSeite noch zu erkennen ist. Im O Gruppe von 3 Türmen, gleichzeitig, 14. Jh. Vorbild für den Domumbau 1452. Schlanke hölzerne Helme. Bei schlichtester Einzelbildung wird durch bloße Linien und Massen ein echt künstlerischer Eindruck erreicht. — Im Chor Sediliennische um 1300. — Taufstein 1467, überstiegen von einem dreiseitigen, mit der Spitze bis zum Gewölbe hinanreichenden Baldachin, im Motiv an Brunnenarchitektur erinnernd, höchster Handwerkstriumph in der Bewältigung des Steinmaterials; die schöne Madonna vom Mstr.

d. hl. Michael im Chor. — Hölzerne Kanzel von *Hans Friedemann d. Ä.* 1576. — Orgelbau in großzügigem Barock 1714. — Im südl. Ssch. gemalter Flügelaltar von einem guten Süddeutschen um 1510 („Schule des Peter von Mainz"). — In der Blasiuskap. Schnitzaltar um 1500, bedeutend, doch sehr verrestauriert. — Die Kirche ist reich an bmkw. Steinplastik. Denkmal des hl. Severus, um 1370—80; ursp. in Form einer Tumba, früh (vor 1472) auseinandergenommen. Drei der Seitenplatten trugen Szenen aus dem Leben des Heiligen in hohem Relief; jetzt dem Marienaltar im nördl. Qsch. einverleibt; die vierte mit der Anbetung der Könige jetzt im südl. Ssch. (fast genaue Wiederholung derselben Komposition am WPortal der Nürnberger Lorenzkirche). Die ehem. Deckplatte mit dem Relief des Severus zwischen Frau und Tochter krönt heute den Severialtar; in der Qualität den Seitenplatten überlegen; von neueren Kritikern nicht unbedingt überzeugend dem sog. *Meister der Barfüßer-K.* zugeschrieben. — Feine Madonna am Chorbogen um 1370—80 von Joh. *Gehart*, wahrscheinlich westlicher Import. Johannes d. T. und Katharina zu vergl. mit der älteren Madonna der Neuwerks-K. — Im Chor Alabasterrelief des hl. Michael bez. 1467, künstlerisch bedeutend, unter die Schulrichtungen der Zeit schwer einzureihen, doch wohl identisch mit dem Meister des Taufsteines. — Die Madonna am NPortal um 1360. Bedeutend der daneben befindliche große Kruzifixus, um 1500.

Dreifaltigkeits-Kap. 1500. Erkerchor mit Reliefschmuck.

Egidien-K. (Ilgen-K.). Alte, schon im 12. Jh. genannte Gründung. Jetzt zu Wohnungen eingerichtet. Nur die östl. Giebelwand zeigt kirchliche Bauformen. Unter der K. Durchfahrt vom Wenigenmarkt zu der einst befestigten Krämerbrücke. Von einigen inzwischen abgebrochenen Kirchen haben sich die Türme erhalten: **Nikolai-Turm, Johannis-Turm, Benedikts-Turm, Bartholomäus-Turm** (mit Ölbergrelief vom E. 15. Jh.), **Pauls-Turm, Georgen-Turm.** Durchweg einfache spgot. Bauten.

Kaufmanns-K. Schlichte Basilika des 13. und 14. Jh., Msch. rom., Sschiffe got. Die Türme zu Seiten des polyg. Chors erneuert, der nördl. 1684, der südl. 1859. — Taufstein A. 17. Jh. In der Sakristei hl. Sippe um 1520, Holz. — Gut kennen zu lernen die Erfurter Renaissancemeister *Friedemann* Vater und Sohn: Kanzel 1598, Hochaltar 1625. Epitaphe Ziegler 1584, Tettau 1585, v. d. Sachsen 1592.

Karthause. Die prächtige Barockfassade wohl von *M. v. Welsch.*

K. des großen Hospitals. 1385, whgest. 1488. Rechteck mit 3seit. Schluß. — Epit. Ziegler 1462, tüchtig.

K. des kleinen Hospitals. Gedenkstein der Stifter, der Schneidermeister Konrad von Duderstadt und Siegfried von Leubingen, ca. 1420—30.

Lorenz-K. Gegr. 1140, Neubau 1413, verändert im 17. Jh. — Halle mit nördl. Ssch. — Am SPortal Sandsteinstatue des hl. Wenzel um 1450. Außen neben dem Eingang Epit. Buseleyben um 1430, an der SWand Epit. Salfeld 1405. Im Innern Epit. der Gebr. Eberbach 1581 von *Friedemann d. Ä.* — Die Holzskulpturen der modernen Altäre von Antiquaren in München und Lübeck.

Martins-K. vom ehem. Zisterz.-Nonnen-Klst. Turm 1303 1sch. Langhaus 1483, 1755 mit flachem Tonnengewölbe versehen. — Ausstattung bar. Monstranz von *C. X. Stipeldey* in Augsburg 1780.

Michaelis-K. 2. H. 14. Jh., Halle mit südl. Ssch., alte hölzerne Spitztonne, hübsche spgot. Sakristei mit reliefgeschmücktem Erker. Guter bar. Orgelbau. — Kruzifixus 1405, erstes sicheres Werk des Monogrammisten *i*, des tonangebenden Erfurter Bildhauers im 1. Viertel 15. Jh. Im Innern und auf dem kleinen Friedhof Grabmäler von Renss. bis Klassizismus. Ebenda guter Holzkruzifixus 18. Jh.

Neuwerks-K. Gegr. 1196. Ein Umbau des 15. Jh. in der Substanz erhalten, dann im 18. Jh. stark verändert. Gute Ausstattung um 1720. — Madonna um 1370, feiner belebt und wahrer gefühlt als das meiste dieser Zeit (nicht von *Joh. Gerhart*). Eine zweite im Innern um 1400. Ziemlich prächtiger Hochaltar um 1730. Der ältere von ca. 1500 in der Sakristei.

Prediger-K. (Dominikaner). Das Klst. gegr. 1229. Bauführung in Absätzen von O nach W, beg. um 1300, die Fassade um 1360. — Sehr langgestreckte, querschifflose Basilika im Gr. 76 : 18,5 m, geteilt in 15 Joche von genau gleicher Abmessung; die Ssch. schließen platt (mit Fenstern), das Msch. mit 5 Seiten des 8Ecks; die Mönchskirche von der Laienkirche durch eine dem Bau gleichzeitige Schranke und einen späteren Lettner (1410) geschieden. Die ungewöhnlich hohen Seitenschiffe geben dem Bau einen hallenähnlichen Charakter. Die Gwbb. des Msch. erst 1432, doch wohl von jeher geplant. Die Hochwand hat außen keine Streben, innen vorgekragte kurze Dienste. Die Fassade turmlos, ihr großes Portal des figürlichen Schmuckes beraubt (Teile im städt. Museum). Der schlanke Treppenturm in der SOEcke des Ssch. 1447 (Inschr.). Der Kreuzgang (S) abgebrochen, das Kapitelhaus erhalten.

Hochaltar; Mensa mit Arkatur aus der Erbauungszeit; Retabulum, große in 5 Giebel ausgehende Tafel, jetzt des figürlichen Schmucks, wohl Gemälde, beraubt und verstellt durch einen großen Schnitzaltar, der bedeutendste Erfurts; die gemalten Flügel 1492 von *Lienhard Koembergk*, einem auch sonst in Erfurt nachweisbaren, stilistisch zwischen Raphon und Wolgemut stehenden Künstler. Hinter der Mensa ein steinerner Zierbau in Laternenform, 5seitig auf schlankem Fuß, hinten mit einer steinernen Wand verwachsen und durch eine Treppe zugänglich gemacht; wohl Sakramentshaus; in dieser Anordnung sonst nicht bekannt; entstanden gleichzeitig mit dem Lettner (1410), während die steinerne Umrahmung für einen Zelebrantensitz mit dem Chor gleichzeitig ist; in der Nische gutes F r e s k o, etwa M. 14. Jh. — In die innere Schranke eingelassen ein T a f e l b i l d, figurenreiche Kreuzigung, nach M. 14. Jh. — Im Chor M a r i e n s t a t u e um 1350, eine von den manieriertesten, aber fesselnd durch die delikate Behandlung. Holzrelief der Anbetung der Könige um 1520. Beiderseits der Tür Verkündigung um 1370 mit wohlerhaltener alter Bemalung. — G r a b s t e i n e. Dieser Zweig der Plastik ist in Erfurt, vgl. auch die übrigen Kirchen, reich und gut vertreten und läßt u. a. die Entstehung des Epitaphs neben der Grabplatte lehrreich beobachten. Die beiden Typen noch nicht deutlich gesondert am E h e g r a b s t e i n des Rudolf Vitztum † 1365, der Schriftrand für Erfurt frühestes Beispiel gotischer Minuskeln. Am Lettner Gf. Günther v. Schwarzburg als Mönch, † 1345, kniend in Profilansicht, die ganze Erscheinung individuell; sehr flaches Relief, Bemalung neu. Theodorich v. Lichtenhayn † 1366, ebenfalls kniend und mit Absicht auf Bildniswahrheit; Farbe verschwunden. Gottschalk Legat † 1422, Epitaphform, Mann und Frau in starkem Gefühlsausdruck betend vor dem Schmerzensmann. Friedrich Rosenzweig † 1450, ähnliche Anordnung. Im Ssch. Grab eines jungen Mannes † 1515, ausgezeichnete, unterfränkisch beeinflußte Arbeit. Über dem SEingang Gethsemanerelief bez. 1484; der Künstler *Joh. Wydemann* zugleich Donator; sein Stil von Nürnberg abhängig. W a n d e p i t a p h für Paul Mues von *Friedemann d. Ä.* 1575. B i l d n i s g r a b s t e i n des Superintendenten Aurifaber † 1575. Großes S t e i n e p i t a p h des Jakob Neffzer † 1586, elegante Arbeit eines Unbekannten. B i l d n i s e p i t a p h des Kriegsrats Burchard † 1632. Von derselben Hand Senior Silberschlag † 1635 (vgl. Epit. Mohr in der Barfüßer-K.). — Prächtige A b e n d m a h l s k a n n e 1618 von *Erasmus Wagner*.

Regler-K. (Augustiner-Chorherren). Vom rom. Bau die 2türmige WFassade. Einschneidender Umbau M. 14. Jh. Ganz schlichte Anlage. Unvollständige Flachdeckbasilika; das nördl. Ssch. zum Kreuzgang geschlagen, darüber eine gegen das Hauptschiff sich öffnende Empore. Gestreckter platt geschlossener Chor. — Großes doppelflügeliges A l t a r w e r k um 1480, an dem besonders die gemalten Teile bmkw.; früher irrig *Wolgemut* zugeschrieben; wohl von Erfurter Lokalmeistern (an Außentafeln, Innentafeln und Predella drei verschiedene Hände). An der Außenwand und sehr verwittert: E p i t a p h des Heinrich Frimar 1417, Kreuzigungsgruppe, darunter 2 kleine Adoranten, geleitet von 2 Heiligen.

Schotten-Klst.-K. S. Jakob. Basilika aus A. 12. Jh., mit Veränderungen. Die im Innern erhaltenen rom. Pfll. haben so weiten Abstand, daß ausgebrochene Zwischenstützen, wohl Sll., vermutet werden müssen. Gwbb. geplant, die jetzigen aus Holz. Frgot. Vorhalle. Barockfassade 1727. Got. Turm mit welscher Haube. — G r a b s t e i n des Walter v. Glizberg und seiner Frau, lebensgroße Figuren in starkem Relief auf vertieftem Grunde, Behandlung sorgfältig, aber wenig belebt; 2. H. 13. Jh. (oder noch später?). Gute Holzmadonna A. 16. Jh.

Thomas-K. spgot. Thomasrelief 2. V. 15. Jh. Kleiner Schnitzaltar M. 15. Jh.

Ursulinerinnen-K. E. 13. Jh. Sehr einfacher, 1sch. Bau, dem später ein nördl. Ssch. hinzugefügt wurde. Im O rck. geschlossen mit 3 hohen Fenstern. Im W Nonnenchor. Holzgwb. mit hübschem leichtem Rokokoornament. Über dem Eingang Steinrelief mit der Anbetung der Könige. — Zahlreiche Grabsteine: mit eingeritzter Figurenzeichnung 1313—1445, mit reliefierter 1436—1540. Hochaltar mit gemalten Doppelflügeln um 1480. Auf einem Nebenaltar Pietas (Holz) um 1480. Im Klst. eine desgl., um 1340, überlebensgroß, der Koburger verwandt. Ebendort Wandteppiche aus 14. Jh.

Wigperti-K. 1475, 1sch. mit 5/8 Chor, ausgezeichnet behandeltes Sterngwb. Ausstattung 18. Jh. — An der WFront 3 Statuen um 1430, handwerklich. Besser eine Madonna um 1450. Im Kreuzgang Kreuzigungsrelief aus der Nachfolge des Meisters *i*. — Sakristei mit guter Einrichtung von 1685.

[**Rathaus.** Der stattliche Bau von 1544—84 wurde 1869 abgebrochen; Einzelheiten im städtischen Museum.]

Alte Universität (Collegium majus) 1525ff. Die Schauseite nach der Michaelisstraße 1548—50; diese unverändert; im Innern und an Nebengebäuden vieles im 17. und 18. Jh. umgestaltet. — Die sehr konservativ gesinnte Körperschaft hat die Hauptfront zu einer Zeit allgemeinen Vordringens der Renss. in rein got. Formen errichten lassen; nur in der streng symmetrischen Komposition darf man den stillen Einfluß des neuen Stils erkennen. Die langgestreckte, 2stöckige Front hat 7 Achsen. Das große Tor in der Mitte ist ein Prunkstück geometrischer Künstelei. An den Doppelfenstern des Erdgeschosses regelmäßiger Wechsel von geraden Schluß- und Vorhangbgg.; die Fenster des Obergeschosses gleichmäßig rck.; an der Schmalseite verändertes System; der alte Giebel im 17. Jh. durch einen Halbwalm ersetzt. Das Auditorium maximum „möglichst im Anschluß an die frühere Form" wiederhergestellt.

Collegium Saxonicum in der Allerheiligenstr. 1542 in unbeholfener FrRenss.

Ehem. **Jesuitenkollegium** 1725, daneben schönes Portal E. 16. Jh.

Wohnhäuser. Haus zum roten Stern (Allerheiligengasse 11) 1419. Fenster des Erdgeschosses 16. Jh. — Haus zum Rebstock (Futterstr. 2) 1447. In einer Nische des dritten Stockes feine gleichzeitige Madonna. Der spgot. Bau noch in wesentlichen Zügen erhalten. Haus Moritzgasse 1467. — Haus zur hohen Lilie (Friedrich-Wilhelmsplatz) 1538. Feine frühe Renss. — Haus zum Greifenstein (Michaelisstr. 48). 1549. — Haus zum goldenen Rade (Marktstr. 50) 1554. — Haus zum goldenen Hecht (Anger 37) 1557. Typisches Portal mit Sitznischen am Gewände; Steinmetzzeichen der beiden *Hans Friedemann*. —

Haus zum roten Ochsen (Fischmarkt 7) 1562. Im 1. und 2. Geschoß antike Anordnungen; im 3. Geschoß Fenster mit gotisierenden Gewänden; am Zwerchgiebel wieder Ordnungen. — Haus zum breiten Heerd (Fischmarkt 13) 1584, vielleicht von *Hans Friedemann d. Ä.* Die Ordnungen gleichmäßig durchgeführt; reiches, kräftiges, an Heidelberg erinnerndes Detail. Im Erdgeschoß Netzgwb.; im Obergeschoß mächtiger Hausflur; Wendeltreppe. Die Wirkung durch moderne Erweiterung gestört. — Haus zum großen Christoph (Regierungsstr. 62). Altes Gasthaus. 1605. — Haus zum Stockfisch (Johannisstraße 169) 1607. Langbau, die Giebel über den Brandmauern. Im Erdgeschoß schachbrettartiger Wechsel glatter und ornamentierter Quadern, nach niederländischer Art. — Haus zum Mohrenkopf (Johannisstr. 168) 1610. — Doppelhaus Marktstr. 21 16. und 17. Jh., mit reizvollem Rokokogarten. — Klassizistische Bauten: Neuwerkstr. 23, um 1800, Hauptkatasteramt um 1825.

K. Regierung, ehemals kurmainzische Statthalterei. Die langgestreckte Fassade aus zwei disparaten Teilen zusammengesetzt, rechts Patrizierhaus der Renss. „zum stolzen Knecht" mit schönem Erker bez. 1540, Mitte und linker Flügel unter Statthalter v. Boyneburg 1710—20 von *M. v. Welsch?* Schöner Festsaal in maßvollem Spätbarock, die Stuckaturen von *August Gröninger* aus der bekannten Münsterer Künstlerfamilie, die Plafondmalerei schwach.

K. Haupt-Steueramt 1695 für Lothar v. Schönborn, Erzb. von Mainz und B. von Bamberg.

Auf dem Fischmarkt **Roland** als römischer Krieger, 1591 von *Israel v. d. Milla*, einem niederländischen (?) Italisten, der Kopf nach dem Moses Michelangelos. An der Ecke Regierungs- und Eichenstr. **Neptun** von einem ehemaligen Brunnen um 1700.

ERLABRUNN. UFranken BA Würzburg.

Dorf-K. Neubau 1655. Anlage in got. Tradition. Stuckierte Flachdecke, Engelsköpfe in Kassetten. Schwere Bar.Portale. — Kanzel und Taufstein aus der Erbauungszeit. — Bildstock 1601, gotisierend.

ERLACH. UFranken BA Ochsenfurt.

Pfarr-K. Got., im 18. Jh. verändert. — 7 adlige Grabsteine (meist Seinsheim) von 1540—82; ein älterer (1493). Bronzeplatte mit Inschr. und Wappen (Hauschild von Hirschau).

Schloß, Wasseranlage mit 8eck. Umfassung, im Hof hübsche Renss.Laube 1545.

ERLAU. Sachsen AH Rochlitz.

Dorf-K. Schiff mit Holzdecke, gewölbter $^3/_8$ Chor in sorgfältiger Durchbildung. Das 4flügelige Altarwerk (aus der Rochlitzer Kunigunden-K.) innen geschnitzt, außen gemalt, A. 16. Jh.

ERMLITZ. Pr. Sachsen Kr. Merseburg.

Dorf-K. mit OTurm, in dessen Erdgeschoß das Altarhaus; keine Apsis.

ERMSLEBEN. Pr. Sachsen Mansfelder Gebirgskreis.
Stadt-K., gänzlich deformiert, interessant nur die Spur ehemaliger rom. OTürme. — Grabst. 1561, 1602.

ERNSTKIRCHEN. UFranken BA Alzenau.
Pfarr-K. Got. Chor mit feinem Detail, 14. Jh., Lhs. 1702.

ERSHAUSEN. Pr. Sachsen Kr. Heiligenstadt.
Dorf-K. bar. 1688. Turm gotisierend 1562. Großer Bar.-Altar.

ESCHDORF. Sachsen AH Pirna.
Dorf-K. 1sch. mit Holzdecke. Rom. Portal. Sakramentsnische 1524. Gemaltes Altarwerk bez. 1588. C G (*Christoph Grohmann?*).

ESCHFELD. Sachsen AH Borna.
Dorf-K. Chor in spgot., Portal in spätrom. Formen. — Spgot. Altarwerk mit 2 festen und 4 beweglichen Flügeln. Glokken 14. Jh.

ESCHENSTRUTH. Kr. Cassel-Land.
Dorf-K. Unter jüngeren Veränderungen der rom. Kernbau erhalten, am besten im WQuerturm mit doppelbogigem Durchgang ins Schiff. Im Fenster des schon ursp. rck. Chores kleines spgot. Glasgemälde.

ESCHWEGE. RB Cassel Kreisstadt.
Markt-K. St. Dionys. Chor 1460, Sch. 1466, Turm 1. H. 14. Jh. — Hallenkirche von 4 Jochen, 1sch. polyg. Chor. Schafte rund mit 4 Diensten, nur die letzteren mit Kaptt. Die Schildbgg. des Msch. Gwb. ca. 2,5 m höher als die Scheidbgg. WTurm einspringend.
Neustädter S. Katharinen-K. Chor 1446—74, Sch. 1484—1521, Turm 1374 mit neugot. Aufbau. — Hallenkirche von 4 Jochen, Schafte rund mit 4 Diensten und Laubkaptt., welche sich auch um die Schafte ziehen. Reiche Netzgwbb. — Kanzel 1589 mit 3 Reliefs.
S. Nicolaus-Turm. 1455, Zopfdach.
Schwarzer Turm. Einziger Rest der vor 1083 gegr. Cyriakus-Abtei. Einfacher Bruchsteinbau mit wenigen kleinen rundbg. Fenstern.
Hospitals-K. S. Elisabeth. Gegr. 1278, erneuert 1466. Nur die südl. Mauer der K. und ein Teil des Kreuzganges stehen noch.
Schloß. Beg. 1386, erneuert 1581, sprom. mit got. Erinnerungen.
Ballhaus. 1578.

ESPENFELD. Schwarzburg-Sondersh. LA Arnstadt.
Dorf-K. OTurm rom. zu got., ½kr. Apsis mit rundbg. Fensterschlitzen.

ESPERSTADT. Pr. Sachsen Mansfelder Seekreis.
Dorf-K. Turm mit gekuppelten rom. Schallöffnungen und vermauerter Rundbogentür. Umbau 1612.

ESSELBACH. UFranken BA Marktheidenfeld.
Pfarr-K. erb. 1779; gleichzeitig die Ausstattung. — Holzfig. St. Barbara aus *Riemenschneiders* Werkstätte. — Spgot. Glocken.

ESSFELD. UFranken BA Ochsenfurt.
Pfarr-K. 19. Jh. Erhalten der 5geschossige sprom. Turm, 13. Jh., bar. Haubendach.

ESTENFELD. UFranken BA Würzburg.
Dorf-K. Posthum got. 1614. Chorturm im Unterbau rom. Bar. Portal 1690. Stuckdecke um 1720. — Hochaltar E. 18. Jh. mit Gemälde von *Bolsterer* 1708. Reiche Kanzel von *J. G. Moritz* 1753. Marienstatue, Holz, 1. H. 14. Jh.
Hof des Karthäuserklst. Engelgarten 1668. — An den Straßen der nächsten Umgebung zahlreiche (9) Bildstöcke.

ETTENHAUSEN. Sachsen-Gotha LA Waltershausen.
Dorf-K. rom. Anlage, umgebaut 1554 und 1706.

ETTERSBURG. Sachsen-Weimar VB Weimar.
In der modernen **K.** Doppelgrabstein des Ludwig von Blankenhain und seiner Gemahlin aus A. 14. Jh. (dürfte aus der Klosterkirche Oberweimar hierher verschleppt sein).
Schloß ganz einfach.

ETTLEBEN. UFranken BA Schweinfurt.
Dorf-K. A. 18. Jh.
Brunnenhaus. Malerische Anlage auf acht jonischen Säulen mit Kuppel.

ETWASHAUSEN. UFranken BA Kitzingen.
Kirche. 1741. Ein geistreich hingeworfener Gedanke *Balthasar Neumanns*. Kreuzanlage mit wenig verlängertem WArm; das Mittel in den Winkeln durch Kreissegmente erweitert; nach konzentrischem innerem Kreise angeordnet 4 Paar gekuppelter dorischer Säulen, durch einen Durchgang von der Wand getrennt. 3 Sll. hinter dem Altar. Die kleine Kirche voll perspektivischen Reizes. Sie ist undekoriert geblieben. Die Kuppel ganz flach und durch Stichkappen von den Kreuzarmen her zerschnitten. Nicht glücklich, wie öfters bei Neumann, die Lichtführung. Am westl. Ende ein eleganter Turm, neben dem die Ecken des Schiffs abgerundet zurückweichen.

EUERBACH. UFranken BA Schweinfurt.
Kath. Dorf-K. von 1742. Inneneinrichtung aus derselben Zeit.
Prot. Dorf-K. Chor und Turm spgot. Verschiedene Renss.-Epitaphe.
Schloß um 1600.

EUERDORF. UFranken BA Hammelburg.
Pfarr-K. Typischer Juliusbau von 1602, nach Brand 1872 stark erneuert. Reste von spgot. Altarplastik in der Richtung *Riemenschneiders*. Ringmauer und 3 Tore.

EUERHAUSEN. UFranken BA Ochsenfurt.
Pfarr-K. 1730. Mit guter, etwas jüngerer, schöner rok. Ausstattung. Der isolierte Turm ursp. Torturm der ma. Kirchhofsbefestigung, umgebaut E. 16. Jh., Juliuswappen. — Glocke 13.—14. Jh.

EUSSENHAUSEN. UFranken BA Mellrichstadt.
Dorf-K. Got. OTurm. Lhs. 1745, Verputzbau mit Sandstein-

gliederung. Opulente Altarausstattung aus gleicher Zeit. Am Turm eingemauert interessante frgot. sitzende Madonna (stark beschädigt). Hinter dem Hochaltar Reste von Wandmalereien aus 1. H. 15. Jh.

EUSSENHEIM. UFranken BA Karlstadt.

Pfarr-K. 1620 mit Chor-Turm aus 13. Jh. — Pietas um 1500. — Vor der K. großer, reicher steinerner Prozessionsaltar A. 17. Jh.

Kellerei. Charaktervoller Bau von 1638.

EYBA. Schwarzburg-Rudolstadt LA Rudolstadt.

Dorf-K., im O rom. Chor-Turm, andere Teile frgot. und Zopf.

Edelhof der Herren v. Könitz, gutes Beispiel für Anlagen dieser Art aus dem 16. Jh. (Inschr. 1555, einzelne Teile 17. Jh.).

EYERSHAUSEN. UFranken BA Königshofen.

Dorf-K. Flotter Rok.Bau um 1750, glückliche Fassade mit W-Turm. Elegante gleichzeitige Einrichtung. Besonders prächtig der Hochaltar. Deckenbild (Huldigung der hl. 3 Könige) von *Gg. Anton Urlaub* 1753 (1909 restaur.).

EYRICHSHOF. UFranken BA Ebern.

Schloß (v. Rotenhan). Das bedeutendste des 16. Jh. in dieser Gegend. Nach Zerstörung im Bauernkriege in Absätzen wieder aufgebaut (rest. 1847 und 1883). 2flügelig mit Rundtürmen; auf der NSeite schließt sich ein Rokokoflügel (um 1730) an. Inmitten eines prächtigen Parkes. — **Hauptsaal** renss., mit reichem Türgestell. In anderen **Räumen** vortreffliche Stuckdecken um 1690. Gute Renss.Schränke (Schweizer Arbeiten) und reiche (europäische) Porzellansammlung.

Schloßkap. Spätbar. Bau (1686) mit stuckierter Decke. — Zinnerne Taufschüssel, schön sprenss.

F

FAHR. UFranken BA Gerolzhofen.

Auf dem Friedhof bmkw. **Kreuzigungsgruppe**, Sandstein, ¾ lebensgroß, ausgeführt etwa 1430—40, doch zurückgeblieben (wie das bei handwerklichen Arbeiten oft vorkommt) auf der Stilstufe von 1400.

FÄHRBRÜCK. UFranken BA Karlstadt.

Wallfahrts-K. Mariä Himmelfahrt. 1686—98. Kraftvoller Bar.Bau in der Richtung *Petrinis*, 1sch. mit schmalem Kreuzgwb., gute Außenarchitektur, Turm im NO. Ausstattung aus der Erbauungszeit. Blatt des Hochaltars von *O. Onghers* 1695. Große Madonna, Holz, von *P. Wagner* 1798.

FALKEN. Pr. Sachsen Kr. Mühlhausen.

Dorf-K. Schiff und Turm 1500, der gerade schließende Chor frgot. [Eine rom. Kapelle auf dem Gottesacker 1863 abgetragen.] Das **„Schlößchen"** von 1556 ist ein ehemaliges v. Keudellsches Gerichtshaus.

FALKENBERG. RB Cassel Kr. Homburg.
Burgruine. War 1250 schon vorhanden.
FALKENHAIN. Sachsen AH Grimma.
Dorf-K. Rom. Anlage. — 6 Grabmäler 1579—1725.
Herrenhaus. Ursp. Wasserburg des 16. Jh.
FALKENSTEIN. Pr. Sachsen Mansfelder Gebirgskreis.
Schloß. Interessante Anlage mit rom. Bergfried und Wohnräumen aus 16. Jh.
FAMBACH. RB Cassel Kr. Schmalkalden.
Dorf-K. Turm rom., oben got., mit 4 Schützenerkern. Im spgot. Langhaus Emporen und bemalte Decke. 1778. — Kanzel und Altar 1617, 1623, Holz, in guter SpRenss.
FARNRODA. Sachsen-Weimar VB Eisenach.
Dorf-K. 1667. Verhältnismäßig gute Schnitzbilder von ehemaligen Altären um 1508.
Schloß 1677, merkwürdig für dieses Datum der gotisierende Saal mit Sterngwb.
FASANERIE. Sachsen-Meiningen Kr. Meiningen.
Jagdschloß des Herzogs von Meiningen, erb. E. 18. Jh. Die im klassizistischen Stil ausgeführte Einrichtung des Saales und einzelner Zimmer mit den alten Tapeten und den auf die Wände geklebten allegorischen Bildern, auch einzelnen charakteristischen Möbeln und Öfen derselben Zeit, großenteils unversehrt erhalten.
FECHENBACH. UFranken BA Marktheidenfeld.
Pfarr-K. erb. 1732. Am Pfarrhof Sandsteinfig. der Madonna um 1400.
Burgruine Kollenburg. Ziemlich gut erhaltene, typische Renss. Anlage mit älteren Resten, an der SSeite des Palas rom.
FECHHEIM. Sachsen-Coburg LA Coburg.
Dorf-K. Der (seiner alten Detailformen beraubte) rom. OTurm steht zwischen dem spgot. polyg. Altarhaus und dem Lhs. (Emporensaal) von 1702. — 3teiliges Altargemälde bez. 1480, sehr rest. — Befestigter Kirchhof.
FEILITSCH. OFranken BA Hof.
Schloß 1747.
FELDECK siehe Dietlas.
FELSBERG. RB Cassel Kr. Melsungen.
Stadt-K. Spgot. 1sch. flachged. Gewölbter polyg. Chor.
Kirchhofs-Kap. Rom. und spgot.
Burgruine mit hohem Rund-Turm.
FILKE. UFranken BA Mellrichstadt.
Mauerschedel. Ruine einer im 14. Jh. zerstörten Kirchenbefestigung. Kreisrunde Anlage mit an die Mauer angebauten Gaden. Kirchenruine rom.
FINDELBERG. UFranken BA Königshofen.
Wallfahrts-K. 1570, 1672, 1780.
FISCHBACH. UFranken BA Ebern.
Prot. Kirche 1756. Feiner Kanzelaltar.

Schloß. Malerische Baugruppe um 1530. Gegenüber Kapelle von 1756 mit hübscher Außengliederung.

FLADUNGEN. UFranken BA Mellrichstadt.

Stadt-K. Turm frgot. Langhaus ursp. 1sch., im Ssch. hinzugefügt, Flachdecke, spitzbg. Fenster 17. Jh. Einheitliche Ausstattung aus M. 18. Jh. Schöner Augsburger Kelch 1758.

Rathaus 1628, einfach. Gr. Winkelhaken.

Ziemlich gut erhaltene **Stadtmauer** mit starken Türmen, interessant die auf den Mauern lose aufgebauten Steinhaufen, die Tore abgebrochen.

FLEMMINGEN. Sachsen-Altenburg LA Altenburg.

Dorf-K. Der jetzt in der Mitte stehende Turm war ursp. Chor-Turm; Chorverlängerung 1490. Wohlerhaltenes rom. Portal um 1200. Im Tympanon 2 Quadranten mit stilisierten Blumen, am Gewände die eine Sl. mit senkrechter Kannelierung, die andere mit gewundenem Tau.

FLEMMINGEN. Pr. Sachsen Kr. Naumburg.

Dorf-K. um 1150; die einfache rom. Anlage mit Chor-Turm, Halbkuppelapsis, Säulenportal wesentlich erhalten. Kanzelaltar 1739.

FLÖHA. Sachsen AHauptstadt.

Stadt-K. 1741 (rest. 1880). — Altar mit bmkw. Gemälden um 1525, verwandt dem in St. Nikolai zu Dippoldiswalde.

FORCHHEIM. Sachsen AH Marienberg.

Dorf-K. 1719 von *George Bähr* und *Fehre*, zentrale Anlage ähnlich der K. in Schmiedeberg; die farbige Dekoration noch aus der Erbauungszeit. — Taufstein 1725, reiche, tüchtige Arbeit. Altar mit Gemälde von *Butzäus*.

Schloß. Einfacher Bau von 1558.

FORCHHEIM. OFranken BAmtstadt. [D.]

Martins-K. 823 zuerst erwähnt, 1335—1803 Kollegiatstift. — 3sch. Halle mit erhöhtem Msch. Dieses hat flache Kassettendecke, Sschiffe und Chor Rippengwbb., die 1720 durch *J. Vogel* aus Bamberg stuckiert wurden. Im S Reste eines rom. Qsch. Im N neben der Fassade spgot. Turm mit welscher Haube von 1669. — Hochaltar 1696 von *Neuner*, 1837 verändert; Apostelaltar 18. Jh., Gemälde von *Oswald Onghers*, Skulpturen von *Goldwitzer*. — An den Pfll. des Msch. 8 Gemälde auf Holz in der Richtung *Wolgemuts*, vorn Passion Christi, hinten Legende des hl. Martin; 3 Gemälde (Christoph, Nikolaus, Wenzel) um 1500 vom alten Hochaltar. — Skulpturen. Im Inneren: Im Msch. und Chor 12 Apostel, Holz, aus E. 15. Jh., doch nur in einem entfernteren Sinn der Schule des *Veit Stoß* zuzurechnen. In der Marien-Kap. Pietas, Holz, recht tüchtige Arbeit des frühen 16. Jh. Derselbe Gegenstand in veränderter, dem Schönheitsideal des Klassizismus besser zusagender Komposition auf dem Maria-Schmerz-Altar vom bambergischen Hofbildhauer *Kamm* 1786. Sehr interessant das 8figurige Relief in Lindenholz mit dem Abschied Christi von seiner Mutter, nach

1520, von einem guten, noch nicht näher festgestellten Nürnberger Künstler mit Erinnerungen an *Stoß* und *Dürer*. Epitaphe des Ph. v. Egloffstein 1558 von *Peter Dell d. J.* in Würzburg; des E. G. Pfersfelder 1590 von *Hans Werner* in Bamberg. Am Äußeren: Neben dem WPortal Martin und Barbara, 14. Jh., Eustachius 18. Jh., am Chor Kolossalfigur Christi 14. Jh., Holzkruzifix A. 16. Jh., recht gut; Ölberg aus Sandstein A. 16. Jh. im gewöhnlichen Schema, aber durch Kraft des Ausdrucks und sorgfältige Gewandung die Durchschnitts-Ölberge überragend.

Marien-Kap. soll von *Otto v. Bamberg* A. 12. Jh. erbaut sein; rom. Reste nicht erkennbar; einfacher, 1sch. flachgedeckter Raum. jetzt mit Rokokostuckierung. Am rok. Hochaltar spgot. Skulpturen. Ölberg von Ton M. 15. Jh.

Spital-K. Einfach spgot., die flache Decke im 18. Jh. stuckiert. 5 Tafelgemälde der Nürnberger Schule E. 15. Jh.

Franziskaner-K. 1690.

Schloß. Gründung der sp. Merovingerzeit; einziger Rest aus rom. Zeit das an der Fassade eingemauerte Relief mit Basilisk. 1353—63 als Bischöfl. Bambergische Residenz hergestellt; noch öfters umgestaltet; 4geschossiger steinerner Kastenbau mit Rückgebäuden in Fachwerk um 1558. Stilgeschichtlich wichtige Wandgemälde 1831 und 1907 freigelegt; nur die letzteren befriedigend rest. Rest eines größeren Zyklus um 1353 die 3 Propheten der Hauskapelle. Ebenda Anbetung der drei Könige, Verkündigung Mariä und Jüngstes Gericht. Von verschiedenen Händen, aber zeitlich einander nahe (1390—1400). Italienische Anklänge durch böhmische Vermittlung, zugleich Vorbereitung auf den Nürnberger Stil des frühen 15. Jh. Im Erdgeschoß Darstellungen, die von H. Kehrer als Satiren auf König Wenzel (?) gedeutet wurden.

Rathaus. Spgot. Fachwerkbau, teilweise 1535 in Fr.Renss.

Katharinenspital. Schöner Holzbau 1611.

Nürnberger Tor. 1698.

FÖRDERGERSDORF. Sachsen AH Dresden-A.

Dorf-K. Architekturlos; hübscher Schnitzaltar mit Reliefflügeln um 1510.

FRANKENBERG. Sachsen AH Flöha.

Stadt-K. 1741. — **Herrenhaus.** 1553.

FRANKENBERG. Sachsen-Meiningen Kr. Meiningen.

Burgruine. Sitz des 1293 ausgestorbenen gleichnamigen Geschlechtes. Der Bergfried aus sehr großen Buckelquadern noch 24 m hoch erhalten. Sonst zusammenhanglose Trümmer. Zerst. 1448 und 1525.

FRANKENBERG. RB Cassel Kreisstadt.

Liebfrauen-K. 1286 bis 1357, Chor gew. 1353, Turm voll. 1359. Gr. und System folgt der Elisabeth-K. in Marburg, und die Ähnlichkeit der Anlage würde noch größer sein, wäre nicht der Chor nur im ersten Joch nach dem ursp. Plan ausgeführt, dann aber breiter und höher fortgesetzt. Einspringender WTurm, daher im

Msch. 4 Joche, in den Ssch. 6 Joche. Ganze L. ursp. 46, jetzt 59, Br. 17,5 (Msch. : Ssch. = 8,7 : 4,4), H. 12. Die runden Pfll. mit 4 Diensten, verhältnismäßig sehr stark. Das lockere Blattwerk der Kaptt. dem Kern aufgeheftet. Im Querschnitt die Gwbb. von genau gleicher Scheitelhöhe, die Scheidbgg. und sämtliche Bgg. der Ssch. stark gestelzt. Die Fenster sind bei der hohen Lage des Kaffgesimses nicht übertrieben schlank, 2teilig, im Maßwerk ein spitzbg. Vierpaß mit 2 Dreipässen. Das Dach ist allen 3 Schiffen gemeinschaftlich und deshalb im First höher als das Dach des Qsch. Das Kranzgesims um die Strebepfll. herumgekröpft. Einfach röhrenförmige Wasserspeier. An der WFront das Dach abgewalmt, so daß die Mauer horizontal abschließt. Der Turm steckt mit seinem ersten Obergeschoß halb im Dach, so daß erst das dritte (letzte) ganz frei wird. Er schließt mit Balustraden und leicht zurückspringenden 4 Giebeln, der mäßig hohe Helm 8seitig. — Hübsches Wandtabernakel 2. H. 14. Jh. — Kanzel von Stein 1554. — Balkenköpfe der ehemaligen Empore, meisterlich geschnitzt von *Phil. Soldan* 1529.

Marien-Kap. Etwa 1380. Hervorragender Prachtbau. Der südöstl. Diagonalseite des südl. Kreuzarmes der Hauptkirche angebaut. Da auf normale Orientierung Gewicht gelegt wurde, hat der Gr. unregelmäßig zentralisierende Gestalt: der größere Teil umschreibt 5 Seiten des 8Ecks, ein 3eck. Raum vermittelt zum Qsch. der Hauptkirche. Die Mauerhöhe ist der des Qsch. gleich. Ein hohes Pyramidendach krönt das schlanke Polygon. Die Behandlung ist sehr reich und glänzend, in jener schulgemäßen Reinheit, Schärfe und Eleganz, die für jene Epoche das Höchste war. Dem Äußeren war ein sehr reicher Statuenschmuck, ca. 30 Stück, zugedacht und scheint auch ausgeführt gewesen zu sein. Auch vom Reichtum des Innern vieles verstümmelt. Erhalten der sehr bmkw. Altar. Die Mensa getragen von 3 Standfigg. (sehr beschädigt). Hohes, 3teiliges Retabulum von feinster Arbeit. Erstes Glied eine niedrige 9teilige Arkatur, der Apparat der Strebepfll., Fialen usw. gleichsam Miniatur in Stein; im Hauptgeschoß 3 Blendbgg. für Statuen, wieder aufs reichste architektonisiert; im dritten Glied 7teilige Arkatur; unter den Bogenlinien kommt schon einigemal der Eselrücken vor; sonst der Formencharakter einer etwas pedantischen Hochgotik streng festgehalten.

Spital-K. (reformiert). Kleiner 1sch. spgot. Bau. Bmkw. die reichgegliederten und mit Wappenschildern gezierten Kragsteine 1515.

Zisterz.-Nonnen-Klst. S. Georgenberg. Jetzt Amtshaus und sehr verbaut. Die Kapelle (Stall) rom. 13. Jh., sonst 14. und A. 16. Jh.

Rathaus. Fachwerk von 1509, Erdgeschoß verputzter Steinbau, die 2 Obergeschosse beschieferter Fachwerkbau, mehrere Erker mit Spitzdächern; trotz der dürftigen Herstellung aus neuerer Zeit wirkt der Bau in der Gruppierung noch immer hübsch und lebendig.

FRANKENHAUSEN. Schwarzb.-Rudolst. Amtsstadt.
Oberkirche. Reste einer rom. Anlage, deren ursp. Form schwer zu erraten. — Grabdenkmäler v. Biela 1773; Oberst Mayer 1667 saubere, tüchtige Arbeit; andere wenigstens kostümgeschichtlich bmkw. Wernersches Erbbegräbnis mit Eisengitter A. 18. Jh.
Unterkirche. Chor spgot., polyg. Schluß mit Pfll. in der Mittelachse. Lhs. 1691. Die Ssch. haben Logen in 3 Rängen auf massiven Pfll. mit Korbbgg. Im Msch. flaches Holzgewölbe. — Taufstein aus Marmor, Altarleuchter und Taufschale, alles für diese Zeit und Gegend bmkw. gut gearbeitet. Tafel mit den Porträts von Luther, Melanchthon und Johann dem Beständigen (Schule Cranachs).
Rathaus 1448, vereinfacht erneuert. (Ein Gemälde gibt den alten Bestand.)
Pfännerschafts-Haus. Sitzungszimmer 1615.
Fürstl. Schloß. Großer, einfacher Bau des 17. und 18. Jh.
Wohnhaus Burmann, Klosterstraße. Zierliches Detail im Übergang von Got. zu Renss. Alte Decken.

FRANKENHAUSEN (Altstadt). Schwarzburg-Rudolstadt.
Kirche. Rom., rck. mit ½kr. Apsis, skulpierte Pfeilerkapitelle. — An der Apsidenkuppel erloschenes Gemälde, Jüngstes Gericht, um 1300. Darüber zweite Farbenschicht mit spgot. Rankenwerk.

FRANKENSTEIN b. Salzungen Kr. Meiningen.
Von der alten **Burg** nur bescheidene Reste erhalten. Der jetzige burgartige Aussichtsturm E. 19. Jh.

FRANKENTAL. Sachsen AH Bautzen.
Dorf-K. 1587 und 1607. — Schönes Altargerät E. 17. Jh., Dresdener Beschau. — Grabdenkmäler 18. Jh.

FRAUENBERG. RB Cassel Kr. Marburg.
Burgruine. 1252.

FRAUENBREITUNGEN. Sachs.-Mein. LA Meiningen.
Pfarr-K. Turm rom., Kirche 1615. Einfacher Saalbau mit spitzbg. Fenstern und Emporen, an deren Brüstungen 49 Gemäldefelder. Wertvoller Flügelaltar bez. 1518, im Schrein 3 gute Schnitzfigg. in fränkischem Schulcharakter, auf den Flügeln Reliefszenen, außen Gemälde nach der Dürerschen Kupferstichpassion. Grabsteine unerheblich. — Glocken 1616.
Edelhof (v. Gleichen) renss., malerische Diele.
Ehem. **Amtshaus** 1606, verputzter Fachwerkbau, Stuckdecken.
Gerichtslinde. Kreisrund ummauert, 4 Eingänge mit Stufen.

FRAUENHAYN. Sachsen AH Großenhain.
Kirche. Backsteinbau 14. Jh., 1580 NSchiff angebaut. Über dem Chor bmkw. got. Dachstuhl. Schnitzaltar um 1510. Kruzifix etwa M. 16. Jh. Denkmäler v. Milku 1619, v. Pflugk 1705.
Schloß 15. u. 16. Jh., Umbau 1744.

FRAUENHORST. Pr. Sachsen Kr. Schweinitz.
Dorf-K. Um 1300 aus Feldstein; rck. mit 3 spitzbg. Fenstern in der OWand. — Spgot. Schnitzaltar.

FRAUENPRIESSNITZ. Sachsen-Weimar VB Apolda.
Ehem. **Zisterz.-Nonnen-Klst.** 13. Jh., erneuert im 17. Einschiffig mit polyg. Chor. An der NSeite nebenschiffartiger, 2geschossiger Anbau mit Herrschaftsempore und Gruft der Schenken v. Tautenburg; schöne Metallsärge.
Domänengebäude mit stattlichem Portal 1605, toskan. Rustika-Sll., Triglyphenfries, Krönung mit Ritterfiguren von verhältnismäßig guter Bildung.

FRAUENROTH. UFranken BA Kissingen.
Ehem. **Zisterz.-Nonnen-Klst.** Gegr. 1231. Erhalten der schlichte sprom. Stiftungsbau, 3sch. flachged. Basilika, jetzt 1sch., ½kr. Apsis und rundbg. Portal. (Empore ausgebrochen.) — Ein kostbarer Schatz das Grabmal des Minnesängers Otto v. Botenlauben (aus dem Geschlecht der Grafen v. Henneberg) † 1245 und seiner Gemahlin Beatrix, ausgeführt etwa 1270. In der poesievollen Idealisierung höfischer Vornehmheit unerreicht. Der behauptete Zusammenhang mit der sächsisch-thüringischen Gruppe nicht einleuchtend. Ehemals Deckplatten einer Tumba. Wahrscheinlich aus Frauenroth verschleppt und von demselben Meister die Madonna in Lauter.

FRAUENSEE. Sachsen-Weimar VB Eisenach.
Ehemalige **Zisterz.-Klst.-K.** Im Bauernkrieg verwüstet. Der Neubau der K. von 1626 im 19. Jh. abgebrochen. Erhalten ein rom. Kragstein mit Löwenkopf. — **Herrenhaus** 1632.

FRAUENSTEIN. Sachsen AH Dippoldiswalde.
Stadt-K. Nach Brand 1869 mit Benutzung der Umfassungsmauern erneuert.
Burgruine aus Ma. und Reste eines palastartigen Baues von 1614.
Schloß. 1585—87. Zwei Flügel rechtwinklig zusammenstoßend, durch stattlichen Treppen-Turm verbunden. Portalbau in strenger toskan. Ordnung.

FRAUREUTH. Reuß ä. L. LA Greiz.
Dorf-K. 1733, groß, nüchtern.

FREIBERG. Sachsen AHauptstadt. [D.]
Marien-K. („Dom"). Wesentlich nach Brand 1484, voll. 1501. Bei dieser Erneuerung wurden Mauerteile des rom. Baus von E. 12. Jh. für den OBau vernutzt, woher z. T. dessen unregelmäßige Gestaltung; ferner erhielt sich unversehrt die „goldene Pforte" am südl. Qsch. Die zwei unvollendeten WTürme setzen für das Schiff eine größere Breite voraus; aus welcher Zeit stammen die Grundmauern? Der spgot. Neubau ist Hallenkirche. Die 3 Schiffe von gleicher Breite, sehr schlanke kämpferlose 8eckige Pfll. mit konkaven Flächen, Netzgwb. ohne Scheidbgg. Die Strebepfll. zum größten Teil nach innen gezogen; zwischen ihnen Emporen mit ausgekragtem Vorsprung um jeden Pfl. Diese seither in Sachsen beliebt gewordene Emporenanlage hier zum erstenmal.

Die goldene Pforte. So genannt nach der ehemaligen Vergoldung einzelner Teile, die zum polychromen System gehörte. Urkundliche Anhaltspunkte zur Datierung fehlen; die stilistischen weisen auf das zweite Viertel des 13. Jh. Dank langjähriger Verbindung mit dem (im 19. Jahrh. beseitigten) spgot. Kreuzgang gut erhalten; seit 1902 moderner Schutzbau. — Der Höhepunkt der so reich entfalteten sprom. Portalkunst. Die erreichte Harmonie der Erscheinung ist um so bewunderungswerter, als hier zwei grundverschiedene Traditionslinien, die deutschrom. und die französisch-got., zusammentreffen. Die erste behält im künstlerischen Wollen die Herrschaft. Das Neue, von Frankreich angeregt, ist die umfassende Verbindung von Architektur und figürlicher Plastik. (Ein Wettbewerb um die Priorität besteht nur mit dem Fürstenportal am Bamberger Dom; er kann nicht mit Sicherheit entschieden werden; im architektonischen Detail manches mit dem Bamberger Georgenportal, anderes mit der italisierenden Königslutterer Schule verwandt.) Waren auch der Architekt und der Plastiker verschiedene Personen, so ist doch die Komposition, die nur dem ersteren angehören kann, ganz einheitlich. Um den verlangten Reichtum voll entwickeln zu können, ist das Gewände sehr tief angelegt: 9 Rücksprünge mit 5 Sll. und 4 Pfosten, entsprechend die Zahl der Bogenläufe* und der Kämpfer so angelegt, daß es im Gr. eine regelmäßige Zickzacklinie von gleicher Seitenlänge bildet. (So schon an dem übrigens nüchternen Naumburger Hauptportal.) Der entscheidende Unterschied gegenüber dem franz.-got. Schema liegt darin, daß die Statuen (dort in dichter Reihung) mit den Sll. wechseln und daß sie, was für das statuarische Motiv eine freiere Darstellung ergibt, nicht mit Sll. verwachsen sind, sondern an den ausgenischten Kanten der Pfosten stehen. Ganz französisch (in Bamberg unbekannt) ist die alternierende Besetzung der Archivolten mit Statuetten. Auch das gegenständliche Programm ist französisch; es drängt in ein einziges Portal zusammen, was an französischen Kathedralen meist auf drei verteilt wurde. — Im Mittelpunkt der ganzen Komposition steht das Türbogenfeld mit der Anbetung der drei Könige — Mariens höchster Ehrentag im irdischen Stande. Darüber, in der ersten Archivolte, ihre Krönung im Himmel; von ihr, wie von Christus, werden nur Kopf und Schultern sichtbar; in ganzer Figur die Engel. Die übrigen drei Archivolten tragen Bestandteile des Jüngsten Gerichts; die äußerste die Auferstehung des Fleisches, in den kleinen Figuren ein merkwürdiger Reichtum an Bewegungsmotiven und eine sehr achtbare Wiedergabe des Nackten; die mittleren Apostel, Evangelisten, Abraham, der die Seelen in Empfang nimmt, die Taube des H. Geistes. Unter den Gestalten am Gewände erkennt man sicher links Daniel, die Königin von Saba, Salomo, Johannes d. T., rechts

* Die rechtwinklige Umrahmung mit abschließendem Bogenfries ist neu und so wenig organisch, daß sie schwerlich auf alte Ansätze zurückgehen kann (bei Puttrich nichts davon zu erkennen).

Aaron und David; neben ihm die Ecclesia. — Aus derselben Schule des 13. Jh. haben sich noch einige andere Werke, sehr verstümmelt, aber doch mit Spuren hohen Wertes, erhalten: zwei kleine Bogenfelder und eine Hochrelief-Platte, aus den Umrissen Moses und die eherne Schlange erkennbar, sicher zu einer Kanzel gehörig (vgl. Wechselburg), jetzt im Albert-Museum. [Auf dem zerstörten rom. Lettner, der, nach Fragmenten zu urteilen, ähnlich dem Wechselburger aufgebaut war, stand die jetzt im Dresdener Altertums-Verein aufbewahrte Kolossalgruppe der Kreuzigung, aus Eichenholz geschnitzt, die Figuren 2,2 m h.] — „Tulpenkanzel" um oder nach 1500. Bizarrer Naturalismus der Erfindung, künstlerische Feinheit der Formenanschauung, höchste Virtuosität der aufgelösten Steinmetzarbeit. Die Bühne als großer Blätterkelch mit den Halbfiguren der Kirchenväter, getragen von 4 ganz ins Lichte ausgearbeiteten Stengeln, zwischen deren Verschlingungen Engelskinder sich tummeln. Der Treppenaufgang imitiert roh zusammengeschlagene Baumäste und Bretter. An ihrem Fuße sitzt ein Mann in Handwerkertracht (etwa der Meister, der Predigt lauschend), höher auf dem mittleren Baumstamm ein jüngerer Mann (wohl der Geselle), der mit Rücken und Armen die Treppe zu stützen sich anstrengt; dazu zwei hockende Pinscherhündchen, während auf der anderen Seite zwei Löwen Wache halten. — „Bergmannskanzel" 1638, die Architekturformen noch in ziemlich reiner Renss., das Passionsrelief am Treppengeländer ohne Feinheit, tüchtig charakterisiert die Tragefiguren zweier Bergleute. — Chor und Qsch. dienen als Fürstengruft. In der Vierung das kolossale Freigrab des Kurfürsten Moritz, 1558—63. Eine für diese Stufe der Renss. charakteristische Kollektivarbeit vieler Meister aus vieler Herren Ländern. Die Brüder *Gabriel* und *Benedikt Thola* aus Brescia zeichneten den Plan; die Oberaufsicht hatte *Hans v. Dehn-Rothfelser;* der Hoftischler *Georg Fleischer* schnitzte das Modell. Die eigentliche bildnerische Arbeit von *Anton von Zerroen* aus Antwerpen. Der Guß von *Wolff Hilger.* Nicht klar die Rolle des Lübecker Goldschmiedes *Wessel.* Auf rck. Gr. 2 Geschosse, durch ein verkröpftes von gekuppelten toskan. Säulen getragenes Gebälk getrennt. Am Sockel sitzen 12 allegor. Figuren der Künste und Wissenschaften, auf dem Gebälk antike Krieger mit den Wappen der sächs. Landesteile, auf den Wandflächen Inschrifttafeln; Material schwarzer und farbiger belgischer Marmor. Als Krönung eine sarkophagartig ausgebildete schwarze Platte und auf dieser, in weißem Alabaster, die vor dem Kruzifix kniende Gestalt Moritzens mit dem Kurschwert und anderen Waffenstücken. Die architektonischen Profile und das sonstige Ornament sind vortrefflich, die Figg. ungleich, meist nicht mehr als handwerklich. Früher umstanden das Monument die von Moritz in der Schlacht von Sievershausen erbeuteten 22 Fahnen; das Gitter von 1595 (seit 1884 mit verändertem Platz). — Der eigentliche Chor erhielt seine jetzige Gestalt seit 1585, wesentlich ein Werk des Bildhauers und Architekten *Nosseni* aus Lugano; Guß der Figg. (wohl auch von ihm modelliert) von *Carlo di Cesare* aus Florenz. Die Wandflächen unter und zwischen den 7 got. Fenstern erhielten eine vorgeblendete Kulissenarchitektur in 2 Geschossen, unten gekuppelte Sll., oben Pilaster, Sockel und Gebälk stark vorgekröpft, alle Formen höchst nachdrücklich, eigentlich schon bar., Material mehrfarbiger Marmor, oben Sandstein. In den Nischen der unteren Reihe 6 Männer und Frauen des kurfürstlichen Hauses überlebensgroß, vergoldete Bronze, tüchtige, lebensvolle Auffassung, gediegene Materialbehandlung; in der oberen Reihe 8 Propheten; an der Decke gemalt das Nahen des Jüngsten Gerichts, sehr manieriert. Im Chorschluß Altar mit Kruzifix, dahinter Charitas und Justitia; oben gegen das Fenster sich abzeichnend die großartige Fig. des Auferstandenen. Der Stil dieser Arbeiten des *Carlo di Cesare* steht etwa zwischen *Jacopo Sansovino* und *Giovanni da Bologna,* während *Nossenis* Bildnisfigg. mit *Leone Leoni* zu vergleichen sind. Auf dem Fußboden des Chors messingne gravierte Grabplatten von 28 Familienmitgliedern, von Heinrich dem Frommen † 1541 bis auf Sibylla Maria † 1643. 1811 wurde das Grabmal der Kurfürstinnen Anna und Wilhelmine aus Schloß Lichtenberg hierher versetzt, bez. *Balthasar Permoser* 1703. — Im Schiff und in der Turmhalle viele Epit.; anderes in der St. Annakap. [Die ma. Ausstattung großenteils zugrunde gegangen; wertvolle Reste im Museum und im Dresdener Altert.-Ver.]

Jakobi-K. Angelegt im 1. Drittel 13. Jh., doch gänzlich um- und verbaut; um 1500 in 3sch. Hallenkirche verwandelt. — Altarwerk bez. *Bernhard Diterich* 1610. — Kanzel 1564, schöne Sandsteinarbeit. — Taufstein bez. 1555 H. W. *(Hans Walter),* glänzend reiche Komposition, am Fuß vier Kindergestalten. (Dies Motiv war in der Gegend lange beliebt: um 1510 in Annaberg, 1610 in Dörntal, 1650 in Pfaffroda). In der Sakristei großes bar. Elfenbeinkruzifix, *Balth. Permoser* zugeschrieben.

Nikolai-K. Von der rom. Anlage des 13. Jh. die unteren und mittleren Teile der westl. Doppeltürme. Letzte Überarbeitung 1752. An der NSeite ein schöner rom. Kopf eingemauert. — Chor 1386.

Petri-K. Von der rom. Anlage im SO der „Hahnen-Turm" erhalten; sonst Neubau 1401 und 1728.

Thümerei (Chorherrenhof), 1484. Im Erdgeschoß schön gewölbte Räume, im Obergeschoß kunstvoll behandelte Balkendecken mit Holzpfll. Das Äußere wenig verändert; in den Fenstern Vorhangbgg.; Stuckfries mit Maßwerk- und Blumenmuster beschädigt.

Schloß Freudenstein. Gründung des 12. Jh. Neubau 1566 ff. durch *Hans Irmisch,* seit 1572 unter *Gf. Rochus v. Linar.* An der künstlerischen Ausstattung waren der Hofmaler *H. Göding* und der Lütticher *H. Schröer* beteiligt. Im 18. Jh. verfallen, im 19. Militärmagazin.

Rathaus. 1410, nach Brand 1471 verändert.

Kaufhaus. Schönes Portal 1545, noch wesentlich im Sinne lombardischer Ornamentik. Trinkstube 1545.

Bürgerhäuser. Spgot.: Petristr. 1, 46; Burgstr. 12, 21; Petriplatz 10; Kesselgasse 24 von 1534. — Renss.: Obermarkt 3; Untermarkt 16, Innenraum 1510; Obermarkt 1 17. Jh.; Eibische Str. 7; Kirchgasse 11 Bergamtshaus; Obermarkt 17 mit wertvollem Portal um 1530—40; Donatsgasse 8 bez. 1553; ebenda 23 bez. 1561; Burgstr. 7 von 1616 mit Erker und schöner Wendeltreppe; ebenda 9 von 1617.

Museen: K. Albert-M., M. d. Altertums-Ver.

Südl. vor der Stadt die **drei Kreuze,** die Körper jetzt im Alt.-V.

Altvaterwasserleitung über das Muldetal, M. 17. Jh.

FREIBURG A. UNSTRUT. Pr. Sachsen Kr. Querfurt. [D.]

Stadt-K. U. L. F. etwa 1210—30, im 14. und 15. Jh. teilweise got. umgebaut. Die K. ist nicht groß (ganze L. ursp. 37 m), aber durch die Anlage als kreuzf. Basilika mit Vierungs-Turm und westl. Doppel-Türmen, sowie durch die Energie der (im ganzen an die OTeile des Naumburger Doms erinnernden) Formensprache von nachdrücklicher Wirkung. Die Hauptapsis in zierlicher Gotik erneuert um 1400; das Netzgwb. erstreckt sich in den alten rom. Vorderchor; die Kreuzarme flachgedeckt. Erhalten hat sich eine der kleinen rom. Nebenapsiden, in der Außenarchitektur besonders wuchtig und gedrungen. Niedriger vierseitiger Zentral-Turm mit (rheinischem) Rhombendach zwischen den 4 Giebeln. Ein charakteristisches Formelement die rautenförmigen Öffnungen in den Turm- und Querschiffgiebeln (Naumburger Einfluß), im Kleinen wiederkehrend in den Bogenfeldern der gekuppelten Fenster. Das Lhs. got. Hallenkirche unter Bewahrung der rom. Jochteilung; an der Umfassungsmauer noch der rom. Sockel beibehalten und der rom. Bogenfries des Msch. wiederverwendet. Ganz rom. die über die Fluchten des Lhs. seitlich vortretenden WTürme, fast genaue Wiederholungen des Naumburger OPaares in ihrer ursp. Gestalt; sie dürfen unter die vornehmsten Architekturbilder, die Thüringen zu bieten hat, gerechnet werden. Im einzelnen bemerke man, daß vom STurm die Fenster des ersten Fenstergeschosses frgot. sind (nach dem Muster des Naumbg. WBaues, also nicht vor 1250), um dann wieder zum rom. Schema zurückzukehren. Zwischen den Türmen springt jetzt ein einfach gehaltenes got. Paradies vor, nach 3 Seiten offen. — Im SKreuz jetzt ein vermauert vorgefundenes rom. Tympanon, Maria zwischen 2 rauchfaßschwingenden Engeln, nach den engen, parallelen Wulstfalten zu schließen E. 12. Jh., großes Kind, Muschelnimben. Im Qsch. gut erhaltener spgot. Schnitzaltar. Im Altarhaus bmkw. Tafel mit h. Sippe. Taufstein mit Puttenfries um 1600 (vgl. Markrölitz). Zahlreiche Bildnisgrabsteine, bmkw. das des Ritters v. Taubenheim 1536 in frührenss. Umrahmung.

Rathaus, got. Steinbau, oft verändert.

Schloß Neuenburg. Einst die stärkste und nächst der Wartburg wohl glänzendste Feste Thüringens, jetzt im Gesamteindruck nüchtern, fast kasernenmäßig; schon Kurfürst August 1552 und die Herzöge von Sachsen-Weißenfels 1666 bis 1746 haben diese Wandlung herbeigeführt. Der erste Bau beg. 1090 von Ludwig dem Springer. Von ihm der mächtige Bergfried neben dem ursp. Haupttor. Das wichtigste, was vom rom. Bau sich erhalten hat, ist eine Doppelkapelle, die zum Besten und Bezeichnendsten gehört, was uns von der höfischen Kunst der Hohenstaufenzeit geblieben ist. Erb. unter Landgraf Ludwig (1217—27). Die beiden Geschosse — das untere für das Gesinde, das obere für die Herrschaft — durch eine (1856 in historisch unmöglicher Form erneuerte) Balkendecke mit kleiner (viel kleinerer als heute) vergitterter Öffnung gesondert. Nur der kleinere östliche Teil der Unterkapelle gewölbt; seine Bestimmung durch das alte Taufbecken gegeben. Die Oberkapelle in leichten freien Verhältnissen, 4busige Kreuzrippengwbb. auf abgesetzten Wandsll. und einer aus 4 schlanken Schaften zusammengesetzten Mittelstütze; die Quergurte in Zackenbgg. aufgelöst (morgenländische Reminiszenz?), das Blatt- und Rankenwerk der Kapitelle und Deckplatten, mit tierischen Elementen gemischt, von phantasievoller Erfindung und glänzender, die Form fast frei vom Grunde lösender Technik (jetzt in verständnislos greller Bemalung und Vergoldung). Zu beachten ist, daß trotz der vorgerückten Zeit dem got. Stil nach der formalen Seite keinerlei Zugeständnisse gemacht sind. — Von einigem Interesse der Fürstensaal von 1552 und das sog. Königin Luisenzimmer in gutem Zopfgeschmack.

FREIENFELS. OFranken BA Ebermannstadt.

Kirche. 1700. — **Schloß.** 1690.

FREIENHAGEN. Pr. Sachsen Kr. Heiligenstadt.

Dorf-K. Sandsteinquaderbau 1777.

FREMDISWALDE. Sachsen AH Grimma.

Dorf-K. Chor rom., eingezogene quadr. und ½kr. Apsis.

FRENSDORF. OFranken BA Bamberg II.

Pfarr-K. 1353. Angaben über die vorauszusetzenden Veränderungen späterer Zeit fehlen.

Pfarrhaus. Von *G. Bonalino,* dem Erbauer der Stephans-K. in Bamberg und der Ehrenburg in Coburg.

FREYBURG siehe Freiburg a. Unstrut.

FRICKENDORF. UFranken BA Ebern.

Elegante 3jochige **Brücke** über die Baunach um 1750 mit rok. Brückenflgg.

FRICKENHAUSEN. UFranken BA Ochsenfurt. [D.]

Ortsbild von feinem, traulichem Stimmungsreiz; was wir in der Regel nur aus alten Kupferstichen kennen, zeigt sich hier in unberührter Wirklichkeit. Der kleine Marktflecken bildet ein schmales Rechteck zwischen Mainufer und Weinbergen, einzige Hauptstraße dem Fluß parallel; in der Mitte zu einem Marktplatz erweitert, an jedem Ende ein Tor, ein drittes am **Main, Mauern** und Türme (rund) vollständig erhalten.

Pfarr-K. Neubau 1514—21, Chor und Msch.Gwb. 1605—16 (vorher Flachdecke). 4jochige Hallenkirche von klaren weiten Verhältnissen. Das Msch.Gwb. als Tonne konstruiert mit aufgelegtem Rippennetz auf Konsolen mit Renss.Profil und Engelskopf. WEmpore durch alle 3 Schiffe. Portale mit spgot. Astwerkumrahmung. Der sprom. OTurm (A. 13. Jh.) tangiert den Chor des 17. Jh. — Hochaltar 1617, von G. Borack, Wiederholung des Altars in Ochsenhausen, Holz, hoher vielgliedriger Etagenbau, marmorartig angestrichen, mit zahlreichen Statuen; auf der Mensa elegantes Rok.Tabernakel. Seitenaltäre: nördl. um 1620, südl. um 1650; zwei andere aus Stuckmarmor um 1730 mit Gemälde von *J. M. Wolcker*. Am Chorbg. großes Kruzifix 17. Jh., interessant ein Sebastian aus M. 16. Jh. — 13 Grabsteine und Epitaphe der Renss., das des Jörg Hoffmann 1550 von *Peter Dell d. J.*, des Ehepaars Erhard 1557 von *Th. Kistner*. — Außen Ölberg A. 16. Jh., einer der besseren; nicht ein Engel, sondern Gottvater selbst bietet den Kelch.

Rathaus. Spgot. Freitreppe 1480, andere Teile E. 16. Jh. ohne den spgot. Charakter zu verändern. Auf dem Platz bewegte bar. Mariensäule bez. 1710.

Knabenschule (ehem. Domkapitelshaus), bar. E. 17. Jh. — Domkapitelsche **Kellerei** 1475 (mit hübscher Kelter von 1753) und mehrere stattliche Wohnhäuser des Barock. — Zahlreiche herrenmäßige **Häuser** aus 16. und 17. Jh. und vollständige, wenn auch auf halbe Höhe erniedrigte **Ringmauer.**

FRIEDERSDORF. Pr. Sachsen Kr. Bitterfeld.

Dorf-K. Ursp. rom., sehr verbaut. — Großer spgot. Schnitzaltar mit Doppelflügeln um 1520, die Gemälde von einem Leipziger Meister, der sich auch im Dom zu Merseburg (Gregoriusaltar) findet.

FRIEDERSDORF. Sachsen AH Löbau.

Schloß. Neubau 1887. Lange Reihe von Bildnissen der Familie von Oppell, 1563 bis A. 19. Jh.

FRIEDEWALD. RB Cassel Kr. Hersfeld.

Schloßruine. Nach 1476. Regelmäßiges Viereck mit 4 starken runden Ecktürmen.

FRIEDRICHRODA. Sachsen-Gotha LA Waltershausen.

Dorf-K. Turm 1538, sonst 1770.

FRIEDRICHSWALDE. Sachsen AH Pirna.

Dorf-K. 1sch. spgot., renov. 1566. — Der Schnitzaltar gehört zu den wertvolleren aus A. 16. Jh.

FRIEDRICHSWERTH. Sachs.-Gotha LA Waltershausen.

Schloß, 1680—89 von *Jeremias Tütleb* für Friedrich I., Triklinien-grundriß. Reicher ausgebildet nur im Innern. Bmkw. die Kapelle mit üppiger Stuckdecke.

FRIESAU. Reuß ä. L. LA Burgk.

Dorf-K. Mischbau, der rom. Chorturm jetzt in der **Mitte.** — Tüchtiger Schnitzaltar bez. 1446. Etwas jünger ein zweiter. — Schöner Kelch bez. 1509.

FRIESENHAUSEN. UFranken Kr. Hofheim.

Kath. Pfarr-K. erb. 1713—15 durch den Würzburger Domherrn Fuchs v. Dornheim. 1sch. Anlage. Stichkappentonne auf toskan. Pilastern, reiche Stuckdekoration. Außen desgl. Pilaster in Haustein und profilierte Fenstereinrahmung. Der Turm springt zur Hälfte aus der WFassade vor. Die Stilformen der reich und gediegen ausgeführten K. nahe verwandt den Würzburger Bauten *Jos. Greisings.* — Marmoraltäre aus der Erbauungszeit. Orgelgehäuse um 1750. Großes Ölgemälde bez. *J. M. Bolster* 1707. Kelch 1467; anderes bar. und rok.

Ev. Pfarr-K. 1521, einfach spgot. Epitaphe v. Ostheim 1515, 1573.

Schloß. Erb. 2. H. 16. Jh. durch die Marschalke v. Ostheim. Quaderbau in guten kräftigen Renss.Formen. Die Brücke vor dem Eingangstor (bez. 1700) flankieren 2 lebensgroße steinerne Turnierritter. Schönes äußeres Gittertor um 1730.

FRIESSNITZ. Sachsen-Weimar VB Neustadt.

Dorf-K. Anlage rom. Eingezogenes Chorquadrat mit ½kr. Apsis. — Ikon. Grabstein 1605.

FRITZLAR. RB Cassel Kreisstadt.

Stifts-K. S. Peter. Gegr. 732 vom hl. Bonifatius. Von dem durch Brand 1078 zerstörten Bau (sicher nicht dem ersten) haben sich die unteren Teile des heutigen Stiftschors erhalten; sie deuten auf eine 1sch. Anlage. Von der um 1100 errichteten größeren Basilika das Wesentliche des bestehenden kreuzf. Gr., die schwachen Qsch.Mauern, die Krypta, die 4 unteren Turmgeschosse. Ganze L. (ohne Apsis) 57 m. Umgestaltung als Gwb.-Bau im 1. Drittel 13. Jh. So nach den Stilformen. Nachrichten fehlen. Welche Rolle die bei der Erstürmung der Stadt 1232 auch der K. zugefügten „Dampna gravia" gespielt haben, wäre noch zu untersuchen. Seitdem nicht mehr wesentlich verändert.

Krypta. Hauptraum unter Vierung und Chorquadrum in 3 Sch. zu 6 Jochen, grätige, gurtenlose Kreuzgwbb. auf Sll. mit gerippten Würfelkaptt. und steilen Basen mit Ecksporen; zu 1. Viertel 12. Jh. passend. Das östl. Ende zugleich mit der Hauptchorapsis A. 13. Jh. erneuert. — Die nördl. Nebenkrypta zerfällt in 2 Abschnitte; der im O, quadr. mit breitem Apsidenschluß, wird als Chor der 1078 zerstörten K. gedeutet; der vordere Abschnitt (unter dem Martinschor, d. i. NFlügel des Qsch.) ist mit der Hauptkrypta gleichzeitig. — Die Nebenräume der SSeite bilden die untere Sakristei und die alte Schatzkammer („Falkenberger Kap.").

Oberkirche. Umbau des 13. Jh. in wesentlich gleichartigen Formen ohne größere Bauunterbrechung. Die alten Mauern des Qsch. an den Ecken verstärkt. Chor quadr. mit polyg. ($^5/_{10}$) Apsis. Die Aufteilung des Lhs. in 3 Doppeljoche nicht regelmäßig: erstes Joch (östl.) quadr., zweites überquadr. (8,8 : 10,8 m), drittes noch mehr (8,4 : 11,2). Hauptpfll. und Zwischenpfll. stark kontrastiert, jene längsrck. mit vielfach abgetreppten Vorlagen, diese schlank quadr. mit ½ Sll.Arkaden-Öffnungen unterspitz, durch eine Blende mit Kielbogenspitze zusammengefaßt, Schildbgg. der Hochwand ½kr., die Gwb.Rippen ohne genaue Beziehung zur Pfl.Gliederung, derbrck., kein Schlußstein, Scheitel stark steigend (3,7 m über den Scheitelpunkt der Quer- und Schildgurten). Fenster in den Achsen der Arkaden. Das Kapt. der Bündelpfll. aus gequetschtem Pfühl und hoher vielgliedriger Deckplatte (woraufhin Abhängigkeit vom Wormser Dom behauptet wird; die betr. Form ist aber am ganzen Oberrhein verbreitet). — Das südl. Ssch. A. 14. Jh. verdoppelt. — Die schlanken WDoppeltürme in 6 Geschossen, davon die 4 ersten, fensterlosen, mit Lisenen und Bg.Friesen gegliederten vom Bau des 12. Jh., die beiden letzten, jederseits mit 2 Doppelarkaden geöffneten, aus 13. Jh., zu gleicher Zeit die Erhöhung des Zwischenbaues, Giebel und Helme 1873. Die zwischen den Türmen liegende Erdgeschoßhalle mit Empore, gegen das Sch. in 3 Arkaden geöffnet, 12. Jh. Das Paradies um M. 13. Jh. ausgebaut, 2 Joche tief, links von der rundbg. Mittelöffnung 2 spitzbgg., rechts nur 1, im ganzen also 4 Sch. Obergeschoß: 18. Jh. — Die Langseiten klar und zierlich mit fein profilierten Lisenen und Bg.Friesen. An der Hauptapsis fällt der Mangel aller Zwischengesimse auf. Oberer Abschluß durch Zwerggalerie. — Reiche bar. Altarausstattung E. 17. Jh. bis A. 18. Jh. Pfarraltar 1724. Daneben das turmartige Sakramentshaus aus 2. H. 15. Jh. Lettner abgebrochen. Reste von spgot. Schnitzaltären unbedeutend. Verstümmelter Zelebrantenstuhl 14. Jh. Kanzel 1696. Etwa gleichzeitig das Gestühl im Sch. mit geschnitzten Wangen. — In der Krypta schlichte got. Tumba des hl. Wigbert; von 1340 daneben an einer Säule sein Bild, sitzend. Hochrelief.

Die Stiftsgebäude bilden mit der K. eine malerische Gruppe. Der große 8achsige Kreuzgang beg. nach 1300; geschlossene Wände mit Fenstern. Im Obergeschoß des Ost-Flügels „Musikzimmer" mit spgot. ornamentaler Wanddekoration. Im Keller des SFlügels sehr bmkw. überlebensgroßes Hochrelief des hl. Petrus, sitzend, wohl spätestes 12. Jh.

Grabdenkmäler. Ihre Zahl sehr reduziert. Die ältesten (M. 14. Jh.) in der Falkenberger Kap. Was aus späteren Zeiten stammt, ist durchweg von geringer Qualität.

Schatzkammer. Sie enthält mehrere wichtige Stücke. Altarkreuz um 1000, dicht mit Edelsteinen besetzt und daher ornamentlos, Gravierung der Rückseite und Fuß um 1200. — Tragaltärchen mit den Halbfigg. der Apostel, braunes Email, um 1200. Pontifikalkelch, Kuppa A. 13. Jh., Fuß und Nodus um 1400. Merkwürdiges frrom. Reliquiar in ½kr. Scheibenform, in Elfenbein geschnitzt.

Evang. Pfarr-K. (ehem. **Minoriten**). Unsymmetrisch 2sch. Hallenkirche aus 1. H. 14. Jh. Schiff und Langchor von je 4 Fenstern, polyg. Schluß.

Ursulinerinnen-K. Schlichter 1sch. Bau aus 14. Jh.

Frauenmünster-K. vor der Stadt. Got., klein und unbedeutend.

Rathaus. Got., dem ehem. Casseler ähnlich, durch Umbau im 19. Jh. gänzlich entwertet.

Hochzeitshaus. 1580—90. Fachwerkbau in reicher Renss. Steinernes Erdgeschoß.

Wohnhäuser. Haus A. 14. Jh., vormalige Stiftskurie ca. 1420. Mehrere Fachwerkbauten. Im „Hessischen Hof" schöner spgot. Kamin.

Marktbrunnen mit Rittersäule 1564.

Ringmauern und **Tore,** ferner 6 an der Gemarkungsgrenze verteilte **Warttürme,** schlecht erhalten.

FROHBURG. Sachsen AH Borna.

Stadt-K. Spgot. Hallenbau, Chor um 1425, Schiff jünger. — Ikon. Grabplatten 1555, 1668.

Schloß. Starker schlichter Bau von 1544.

FRÖHSTOCKHEIM. UFranken BA Kitzingen.

Pfarr-K. Chor-Turm 15. Jh., Lhs. nachgot. A. 17. Jh. — Am Chorbg. Reliefbrustbild in Renss. Umrahmung um 1525. Wappen der Haßberg. Bedeutendes Grabmal des Ernst v. Crailsheim † 1596, Jugendwerk *Joh. Junckers* in Aschaffenburg; auf einfachem Sockelbau knien vor dem Kruzifix links der Ritter, rechts seine 3 Frauen, wuchtige, tüchtige Rundfigg., als Hintergrund eine gut abgewogene Wandarchitektur, erst in der Krönung reicher bewegt. Das Ganze gehört zu den besten Kompositionen der in der Regel zu wüster Überladung neigenden Zeit.

Crailsheimsches **Schloß,** einfache Wasseranlage mit 4 runden Ecktürmen, sp. 16. Jh., Dächer 18. Jh.

FRONHAUSEN. RB Cassel Kr. Marburg.

Dorf-K. Im Kern rom., 11. Jh., ebenso der über dem Altarhaus stehende Turm. Der im 13. Jh. angebaute got. Chor polygon. seiner Gwbb. beraubt. Spgot. Um- und Zubauten.

Steinhaus (Stiftsvogteihaus), stattlich got., 14. Jh.

FUCHSSTADT. UFranken BA Hammelburg.

Pfarr-K. Erb. 1766 durch den Neumannschüler Hauptmann *J. M. Fischer.* Ausstattung einheitlich und von bedeutender Wirkung. Deckenstuckatur und Stuckmarmoraltäre von *Materno Bossi,* gute Figuren. Der gediegene Bau durch moderne Rest. stark beeinträchtigt. Turm rom. 13. Jh.

FULDA. RB Cassel Kreisstadt. [D.]

Dom. Ehem. Benediktiner-Klst. Erster Bau 744—751. Zweiter Bau 792—819; Basilika mit O- und WChor. Wiederholte Brände und Restaurationen ließen angeblich die Grundsubstanz des karolingischen Baues unverändert, bis 1704 bis 1712 ein Neubau (der gegenwärtige) durch *Joh. Dientzenhofer* aus Bamberg ausgeführt wurde. Auch dieser mit Benutzung alter Mauerteile. —

Der wertvollste Teil der Leistung ist das Innere, das dem Besten der Epoche zuzuzählen ist. Es enthält mehr als bloß allgemeine Erinnerungen an die Peterskirche in Rom: die beherrschende Wirkung des Kuppelraums, im Lhs. die rhythmische Travee. Die letztere in der Weise fortentwickelt, daß die Pilasterpaare nicht in einem geschlossenen, nur durch Nischen gegliederten Pfeiler liegen, sondern daß sich zwischen ihnen ein wirklicher Durchgang in die Abseiten öffnet; darüber eine sehr nachdrücklich behandelte Statuennische. Es wechseln solchermaßen breitere eingeschossige und schmälere zweigeschossige Joche. Jenen (3 an der Zahl) entsprechen in den Seitenschiffen stark beleuchtete Kuppelräume; diesen (2 an der Zahl) schmale, schwach beleuchtete, kreuzgewölbte Abteilungen. So begleitet den kräftigen Rhythmus der Massen ein ebenso wirksamer Rhythmus des Lichts, der seinen Höhepunkt in dem sehr hellen Raum unter der Hauptkuppel findet. Das Motiv der Statuennischen ist im Qsch. und Chor fortgesetzt. Beide haben im Innern polygonale Abschlüsse. Die großen Altarbauten des Qsch. heben sich gegen mächtige Fenster ab, und der Baldachin des Hauptaltars steht vor der Öffnung gegen den Mönchschor, woraus sich prächtige malerische Blicke ergeben. Die Formengebung ist nicht so extrem barock, wie an anderen Bauten *Dientzenhofers*, die Färbung weiß und hellgrau. Die Dekoration der Gwbb. scheint unfertig. Die alte Krypta mit dem Grabe des H. Bonifazius ist durch den Umbau stimmungslos geworden. — Nicht ganz so gut geraten ist das Äußere, zumal in den Seitenansichten. Übrigens solide Quadertechnik. Das System der römischen Barockfassade mit dem deutschen der Doppeltürme verbunden. In den letzteren der Kern der alten rom. Türme mit ihren Wendeltreppen erhalten. Der Baumeister hat wohl am meisten auf die Schrägansicht von der Schloßterrasse her gerechnet, wo die Kuppel in die Gruppierung eingreift; seitlich erweitert sich die Fassade durch niedrige, mit Kuppeln gekrönte Kapp. — Anschließend der Konventsbau (jetzt Priesterseminar), großenteils schon 1668. — Im Innern der K. einige nicht bedeutende Skulpturen aus der alten K., darunter (rechts vom Eingang) ein Karl d. Gr., im 15. Jh. in eine karolingische Sl. gemeißelt. — Annexe der alten Klosterk. waren im O eine 973 errichtete Taufkirche, mit jener durch ein zweistöckiges Paradies verbunden, im N die noch vorhandene:

S. Michaelis-K. Erb. 820 als Kapelle des Begräbnisplatzes der Mönche. Zubauten im 11. und 12. Jh. haben den alten Kern unverändert gelassen. Die Anlage gibt den am meisten gebräuchlichen Typus altchristlicher Grabkirchen: Rotunde mit innerem Umgang (lichter Durchmesser 11,5, Mauerstärke 0,9). Ein Kranz von 8 Sll., die unter sich durch Rundbogen verbunden sind, trägt einen den Umgang übersteigenden Mauerzylinder, ursp. mit Steinkuppel. Im O für den Altar eine kleine ½runde, außen rck. Apsis. Die Mitte nahm eine Nachbildung des h. Grabes ein (bei der Neuausstattung 1731 vernichtet). Darunter eine Krypta; Umgang und Mittelraum durch einen von 4 Durchgängen durchbrochenen Mauerring getrennt: der Umgang mit ringförmigem Tonnengwb.; der innere Kreis mit einem ebensolchen, das in der Mitte von einer kurzen Sl. mit rohest jonischem Kapt. getragen wird. In diese noch unverändert bestehende karolingische Anlage wurden A. 11. Jh. Zwischenmauern in radialer Stellung eingebaut, den Umgang in 8 Zellen zerlegend. In der Oberkirche gab man 1093 nach Beseitigung der Gwbb. dem Umgang ein zweites Geschoß; beide Geschosse mit Balkendecke, der mittlere Zylinder erhöht und mit Holz gedeckt; ferner wurde im W ein 1sch. Langhaus mit Empore und niedrigem Turm angefügt (erhöht 1315). Weitere Veränderungen des 17. und 18. Jh. bei der Rest. 1854 beseitigt. Was jetzt von altem Detail vorhanden ist, gehört zum größten Teil der rom. Rest. an; aus karol. Zeit die 8 Säulen des Erdgeschosses. 4 mit antiken Kaptt., 4 mit einer Vorform des Würfelkapt. Bruchsteinmauerwerk mit sehr mangelhafter Führung der Lagerfugen.

Stadt-K. 1770—85. Pfl.Basilika, in der Raumgestaltung ähnlich Neumanns Dominikaner-K. in Würzburg; die Dekorationsformen ein ermattetes Rok., jedoch noch ohne klassizistische Tendenz. Von den 2 Fassaden-Türmen der nördl. got. 1447. — Fresken von *Herlein*.

Klst. Frauenberg (Franziskaner) 18. Jh.

Nonnen-Klst.-K. 1626. Unter den Hervorbringungen der Nachgotik eine der merkwürdigsten. Falls nicht die neueste Rest. das got. Element sehr verstärkt hat, so hätte sich dasselbe noch fast ungebrochen erhalten. Großer 1sch. Raum mit eingezogenen Streben. Kreuzgwbb. in 7 sehr schmalen Jochen. Schildbgg. spitzbg., Querschnittlinie flach rundbg. Im Außenbau Renss. Giebel und Portal mit Knorpelornament.

Hl. Geist-K. u. Spital. Fassade 1729, Inneres 1sch., 5 Joche und 2 Chorjoche, Spiegelgwb. mit Stichkappen, jon. Pilaster.

Abtsburg (Schloß). 1315 an diese Stelle verlegt und stark befestigt. Völliger Neubau A. 18. Jh. Die vorderen niedrigen Flügel der tiefen triklinienförmigen Anlage von *Andrea Gallasini*. Hauptstück des Inneren der Kaisersaal von *F. J. Stengel*, die mächtigen Hermen, welche die Decke tragen, von *D. F. Humbach*. Die bedeutende (heute entstellte) Gartenanlage nach Plänen des kurmainzischen Hofbaumeisters *M. v. Welsch* ausgeführt von *Stengel* 1722. Das Orangeriegebäude eines der besten seiner Art; die vorzüglichen Stuckaturen von *Andreas Schwartzmann* (?), Deckengemälde von *E. Wohlhaupter*. — In der Umgebung des Schlosses noch mehrere einfach-vornehme Gebäude des 18. Jh., den Charakter des geistlichen Fürstensitzes vervollständigend: P r i e s t e r s e m i n a r, H. G e i s t s p i t a l, A l t e U n i v e r s i t ä t, 3flügelige Anlage des 18. Jh. mit stuckiertem Prunksaal von *Gallasini*, L a n d e s b i b l i o t h e k 1771—78, mit schön und zweckmäßig durchgeführtem Hauptsaal.

Stadtbefestigung aus Ma., mehrere Rundtürme erhalten. Haartor 16. Jh. Das monumentale Paulustor 1711, 1771 versetzt. Auf den Höhen der Umgebung mehrere Warttürme.

G

GABOLSHAUSEN. UFranken BA Königshofen.

Pfarr-K. neu. Wertvoller St. Sebastian um 1520, Richtung *Riemenschneiders*, weich und schön modellierter Körper.

GAIBACH. UFranken BA Gerolzhofen.

Dorf-K. 1740 nach Plänen von *Balth. Neumann* von einem Maurermeister aus Werneck. 1sch. lateinisches Kreuz. Die Vierung im Grundriß elliptisch, ebenso die von ihr ausstrahlenden 3 Konchen, woraus sich für die Gewölbe pikante Schnittlinien mit windschiefen Gurten ergeben. Im 2jochigen Lhs. tief ausgekehlte Wandpfeiler, darüber Kreuzgwbb. Turm östl. am Chor in der Hauptachse. Für Neumann bezeichnend u. a. die schneidige Umrißlinie des Haubenhelmes. Fassade einfach. — Gute Rok.-Einrichtung. Altäre aus Stuckmarmor. Bmkw. Orgelgehäuse.

Kreuz-Kapelle im Schloßpark. Erb. vor 1698, vielleicht von einem der *Dientzenhofer*. Spbar. Zentralbau; außen kreisrund, innen quadr. Hauptraum mit 4 transversalen Nischen; Polygonkuppel über toskan. Pilastern. — Altäre spbar., gut in den Raum komponiert.

Schloß. Ursp. Anlage A. 17. Jh. durch die Herren Echter v. Mespelbrunn als quadr. Wasserschloß mit runden Ecktürmen über mächtigen Fundamentbauten mit Bastionen (davon 2 erhalten); unter Fürstbischof Lothar Franz von Schönborn 1694—1708 durch den Bamberger Baumeister *Johann Leonhard Dientzenhofer* ausgebaut und an der Hauptfront triklinienförmig erweitert. Besonders beachtenswert die Treppenanlage mit Deckengemälde von *Bys*. Im Innern aus dieser Zeit Stuckaturen in der ehem. Kapelle im Nordtrakt, im Charakter nicht fränkisch, eher mainzisch. Die großartige Gartenanlage und prachtvolle Barockeinrichtung dem Geschmack des frühen 19. Jh. geopfert. Der sog. Konstitutionssaal im 2. Geschoß ein typischer Repräsentationsraum um 1825, im Vorsaal Bilder von gleichzeitigen Münchenern. Reichhaltige Sammlung von chinesischem und europäischem Porzellan.

GAMIG. Sachsen AH Pirna.

Schloß. Treppen-Turm und Erdgeschoß der Hauptfront 16. Jh., sonst 18. und 19.

Kapelle aus 1. Drittel 16. Jh. Gr. quadr., 4 sehr schlanke 8eckige Pfll., so gestellt, daß ein mittleres Quadrat von 4 Rck. und 4 kleineren Quadraten an den Ecken umschlossen wird; WTurm bez. 1506. Scharfgratige Sterngwbb. Äußeres modernisiert. In der Betstube schöner Grabstein des Hans v. Carlowitz † 1578.

GANGLOFFSÖMMERN. Pr. Sachsen Kr. Weißensee.
Dorf-K. Läßt nach Größe und Anlage eine ehem. Klst.-K. vermuten. Aus rom. Zeit 2 OTürme, die sich in derselben Weise wie es an den WTürmen Niedersachsens gewöhnlich ist, aus querhausartigem Unterbau erheben und eine Galerie mit Satteldach zwischen sich haben. Angebaut ein frgot. platt geschlossener Chor. — Sch. 1785. — Spgot. Schnitzaltar. Sakramentshaus.

GÄNHEIM. UFranken BA Karlstadt.
Pfarr-K. 1639 und 1901. Einheitliche Ausstattung um 1790. Im Lhs. bmkw. Rest eines Steinaltars von Mich. Kern um 1630. **Schulhaus** 1614.

GARSTADT. UFranken BA Schweinfurt.
Dorfkirche. Um 1695. Inneneinrichtung teilweise gleichzeitig.

GÄRTENROTH. OFranken BA Lichtenfels.
Pfarr-K. 15. Jh. mit got. Chor und OTurm. Großes Wandgrab für M. A. v. Redwitz, † 1576; demselben Meister begegnet man in Wernstein.

GATTERSTEDT. Pr. Sachsen Kr. Querfurt.
Klauskirche S. Peter. Der kleine einfache rom. Bau im wesentlichen intakt. Rck. mit westl. in ganzer Breite vorgelegtem türlosem Turm.

GAUASCHACH. UFranken BA Karlstadt.
Pfarr-K. 1786 von *A. S. Fischer* in Würzburg, in der Anlage den Landkirchen Neumanns folgend. Deckenstuckatur, Altäre und reliefgeschmückte Kanzel gut klassizistisch.

GAUERSTADT. Sachsen-Coburg LA Coburg.
Pfarr-K. Typische Anlage des früheren Ma. (Rck. mit eingezogenem quadr. turmtragendem Chor) in spgot. Ausführung.

GAUKÖNIGSHOFEN. UFranken BA Ochsenfurt.
Pfarr-K. 1724—30 (nach Entwurf von *B. Neumann??*). Reiches und vornehmes Innenbild. Die Stuckdekoration 1776, schon mit klassizistischen Anklängen, recht gut. Deckengemälde bez. *J. A. Urlaub* 1777. Vornehmer Hochaltar in Stuckmarmor, frühestes Rok., um 1730, Seitenaltäre und Kanzel um 1750. **Schlößchen** der Rosenbach rok. — Am Haus no 33 Steinrelief des Marientodes, gute Arbeit um 1450. — Mehrere Bildstöcke, einer bez. *H. Rapolt,* Steinmetz zu Königshofen.

GAUSSIG. Sachsen AH Bautzen.
Schloß. Anlage A. 17. Jh., stark überarbeitet um 1800, in palladianischem Klassizismus, vornehme Innenräume. Größere Gemäldesammlung.

GAUTZSCH. Sachsen AH Leipzig.
Dorf-K. von 1718, wird zu den hervorragenden Werken des protestantischen Kirchenbaues gerechnet. — Büste des Grafen E. Ch. v. Manteuffel, dem *Andreas Schlüter* nahestehend.

GEFELL. Sachsen-Meiningen Kr. Sonneberg.
Dorf-K. Lhs. rck. spgot., rom. der einspringende quadr. Chor mit Turm.

GEFREES. OFranken BA Berneck.
Pfarr-K. got., „reich geschnitzter“ Altar.

GEHREN. Schwarzburg-Sondershausen Amtsstadt.
Stadt-K. neu. Grabst. des Herrn v. Bernstedt 1597.
Schloß, schmuckloser Renss.Bau. Schöne Tür aus dem abgebrochenen Schloß Neudeck zu Arnstadt hierher versetzt.

GEILSDORF. Sachsen AH Plauen.
Schloß. 1667 aus einer alten 4türmigen Wasserburg umgebaut; reiche Ausstattung in der Stilrichtung des Palais im Dresdener Großen Garten; in Verfall.

GEISA. Sachsen-Weimar VB Dermbach.
Stadt-K. Spgot. 2sch. mit gerader Holzdecke. Polyg. Chor mit Kreuzgewölbe und gutem **Maßwerk.** — Got. Taufstein. Opferstock 1517. Kanzel A. 18. Jh. — WTurm mit Wasserspeiern und **Maßwerkgalerie.** Schönes got. Portal bez. 1497.
Gangolfs-Kap. mit Außenkanzel in reicher Renss. Zahlreiche Grabsteine 16. Jh. 2 Schnitzfigg., Reste eines Altars um 1490—1500.
Ringmauern aus 15. und 16. Jh. mit runden Halbtürmen; der große Wappenstein (Fulda) eines derselben jetzt in der Steingasse eingemauert. Auf dem Gangolfsberg Reste eines alten **Schöffenstuhls.**
Einfaches **Schloß** (Fürstabt von Fulda) 1719.

GEISING. Sachsen AH Dippoldiswalde.
Stadt-K. 1484—1513, umgebaut 1689. Rck. mit Schluß aus 8 Eck. In den rundbg. Fenstern nasenloses Maßwerk. Schnitzaltar und Kruzifix E. 15. Jh.
Kaufhaus 1668, tüchtiger Fachwerkbau auf steinernem Erdgeschoß.

GEISLEDEN. Pr. Sachsen Kr. Heiligenstadt.
Dorf-K. (kath.) 1780 (?), stattlicher Gwb.Bau, in den Formen noch ganz bar. (Vgl. Wüstheuterode.) Außen Pilastergliederung. Der große, gut komponierte Hauptaltar im Formcharakter E. 17. Jh. Rom. Taufstein.

GEISMAR. Sachsen-Weimar VB Dermbach.
Dorf-K. (kath.) Großenteils neu. — Hauptaltar um 1700. Linker Seitenaltar mit den (sehr wunderlich angeordneten, vielleicht einem Altar des 17. Jh. entnommenen) Statuen der 14 Nothelfer. Rechter Seitenaltar Schnitzwerk um 1500, Qualität gering. Kanzel 17. Jh.

GEISMAR. Pr. Sachsen Kr. Heiligenstadt.
Dorf-K. (kath.) 1805. Der große Altar (1. H. 18. Jh.) aus dem ehemaligen Klst. Teistenburg.

GEISSEN. Reuß j. L. LA Gera.
Dorf-K. rom. Anlage, verunstaltet. — Kanzelbau hinter dem Altar um 1750. Schnitzaltar um 1500, nach Flechsig vom Meister von Chemnitz. (Erfurter Ausstellung 1903.)

GEITHAIN. Sachsen AH Borna.
Stadt-K. Konglomerat aus 3 Bauzeiten. WBau mit wohlaus-

gebildeten sprom. Doppeltürmen. Ausgezeichnetes rom. Portal mit 3 Rücksprüngen, in die Kanten eingelegt Viertelssäulen. Chor 14. Jh. unregelmäßig. Gemeindehaus spgot. Hallenkirche. Ihr sehr hohes Dach ragt zwischen den Türmen höher als diese empor. — 1593 im Msch. flache Felderdecke mit umfänglichen Malereien nach evangelischem Programm. Aus gleicher Zeit der Altarbau von *Michael Grünberger* in Freiberg und die Kanzel von *Peter Basler,* ebenfalls in Freiberg. Glocken 14. Jh.

GELCHSHEIM. UFranken BA Ochsenfurt.

Pfarr-K. Spgot. Anlage in bar. Umbau. — Grabstein mit Familienrelief 1593.

Joh. Nepomuk-Kap. 1754. — Statue des gegeißelten Heilands unter prächtigem Baldachinbau.

Rathaus. Tüchtiger Fachwerkbau 1666.

Deutschherrische **Wasserburg,** im Bauernkrieg zerstört, bescheiden whgest.

GELDERSHEIM. UFranken BA Schweinfurt.

Pfarr-K. Der Unterbau des Turms (nördl. am Chor) und die Kreuzrippengwbb. der Krypta und der Chor 1. H. 13. Jh. Die reichen Formen vergleichbar der Michaelkap. in Ebrach. Lhs. nachgot. 1602. Einrichtung spätrok. ca. 1760—70. Sehr reiche Stuckdekoration der Flachdecke, ihre Gemälde von *J. P. Herrlin.* Die Deckengemälde im Chor um 1692.

An mehreren Häusern des Dorfes Rok.Statuen.

GELENAU. Sachsen AH Annaberg.

Dorf-K. 1581. Verhältnismäßig reiche Ausstattung. Altarwerk 1724. Taufstein vortreffliche Arbeit des *Andreas Lorentz* 1581. Von demselben die eigenartig entworfene, reich skulptierte sandsteinerne Kanzel. Großes Epitaph (4,3 m br., 3,5 m h.) des Joachim v. Schönberg, sehr an die Epitaphe in Sayda erinnernd, wohl ebenfalls von *A. Lorentz.*

GELLERSHAUSEN. Sachs.-Mein. Kr. Hildburghausen.

Dorf-K. 1700, 1sch. Saal mit polyg. Schluß, ausgemalt 1714 von *A. Brückner* aus Schweinfurt. WTurm 1557.

GELNHAUSEN. RB Cassel Kr. Gelnhausen. [D.]

Marien-K. Kreuzförmige Basilika, im Lhs. flachgedeckt, im Qsch. und Chor gewölbt; 1 WTurm, 2 OTürme, Zentral-Turm. Im wesentlichen aus den 3 ersten Dezennien des 13. Jh. Doch sind einige Reste einer älteren Anlage eingebaut. Aus ihr der schwere WTurm. Das erste Lhs. war 1sch. (das an der OWand des Turms umlaufende Gesims jetzt im Inneren der K. sichtbar). Der Turm schließt mit Rhombendach. — Gegen 1220 Neubau als flachgedeckte Basilika. Gegen 1230 Ausbau der OTeile in glänzender romanisierender Frühgotik durch Meister *Heinrich Vingerhut* (wofern man die betr. Inschrift an der Giebelarkade des nördl. Qsch.Portals als Architekteninschrift gelten lassen will). Vom ersten Meister: das ganze Lhs., die westl. Vierungspfll. bis über die Kämpfer, die untere Hälfte der Qsch.Mauern und des Chorquadrums. Das Lhs. flachgedeckt mit spitzbg., weitgeöffneten Arkaden; die Gwbb. der Nebenchöre grätig. Die Bauerscheinung in den Hauptpunkten rom., nur in den Zierformen frgot berührt, aber unmittelbare Kenntnis französischer Bauten nicht voraussetzend. Der zweite Meister *(Vingerhut)* war am Mittelrhein und in Burgund ausgebildet; durch die geistvolle Art, in der er beide Elemente zu verschmelzen verstand, erwarb er sich großen Beifall und wurde für die Vermittlung der frühen Gotik im Untermaingebiet tonangebend. Neu in den Plan der Marien-K. aufgenommen hat er den $^5/_8$ Schluß des Chors und die den Vierungsraum beträchtlich überhöhende Kuppel mit Zentral-Turm. Im übrigen gibt er dem Bau eine neue Dekoration mit Steigerung der Wirkungen von W nach O. Am Lhs. von ihm nur die zierlichen Säulchen der Arkadenpfll. Die Kreuzarme richtet er für Kreuzrippengwbb. ein; zu beachten die reichen französischen Profile der Vierungsbgg. und an den Eckdiensten die diagonale Stellung der Basen und Kapitelle. Die Stirnwände des Transepts durch eine Gruppe von 3 Rosenfenstern (das Maßwerk aus Steinplatten ausgeschnitten, wie an den Zisterzienserkirchen dieser Zeit — gemeinsame burgundische Vorbilder) belebt. Prächtig in der Vierungskuppel die dekorative Verwertung der Rippen; um den großen ringförmigen, mit Blattkranz geschmückten Schlußstein stehen auf den Kappen die Namen von 8 Winden; die Fensteröffnungen auch hier als Rosetten. — An die Wände des Chorquadr. eine Arkatur und darüber eine Scheinempore vorgeblendet; die Apsis in $^5/_8$ Schluß kam neu hinzu; sie hat über der Arkatur schlanke spitzbg. Fenster und über diesen kreisrunde, mit Vierpaß ausgesetzte Öffnungen. Die Blendbgg. kleeblattförmig. Der Gurt, der den Vorchor von der Apsis trennt, hat dasselbe Profil wie die Vierungsbgg.; er wird von einem Bündel von 7 Diensten getragen, die zweimal von Schaftringen durchbrochen sind. Sind auch die Mauermassen tatsächlich erst wenig aufgelöst, so herrscht doch eine Bewegtheit in den Baulinien, die einen dem Gotischen verwandten Eindruck hervorruft, wie denn auch dieser Bauteil auf ein bestimmtes Vorbild, das er geistreich umbildet, zurückgeht: die Notre-Dame in Dijon. Das Ornament an Kapitellen und Konsolen zeigt rom. und frgot., konventionell stilisierte und naturnachahmende, Motive nebeneinander, immer in lebensvoller und technisch meisterhafter Behandlung. Es gehört zum Schönsten, das diese Epoche in Deutschland hervorgerufen hat. Die Bauepoche schloß (um M. 13. Jh.) mit dem polygonal ($^3/_8$) in den Vierungsraum vorspringenden Lettner.

Äußeres. Die ganze Wirkung ist auf die OAnsicht zugespitzt. Auf engem Gr. entwickelt sich eine höchst belebte Massengliederung. Jede der 5 Polyg.Seiten des Chors schließt mit einem kleinen Giebel, darüber ein spitziges 8seitiges Zeltdach (vgl. Sinzig und Münstermaifeld). Über den Nebenapsiden steigen schlanke 8seitige Türme auf; um M. 13. Jh. zu gegenwärtiger Höhe gebracht; die Helme ursp. kaum so schlank wie jetzt. In der Mitte beherrschend und zusammenfassend der Vierungs-Turm, auch er 8seitig und mit 8 Giebeln. Auffallend groß die Zahl der Türen. An den Sschiffen ihrer 3; vom ersten Meister; die größte derselben wahrscheinlich ursp. am Qsch.; Vingerhut ersetzte sie durch eine noch prächtigere Komposition; dann noch 2 am Qsch., so daß die keineswegs große K. schließlich 5 Portale hat. — Die Sakristei M. 14. Jh. hinzugebaut, die Obergeschosse der Sschiffe 1446.

Innere Ausstattung. Hochaltar; Mensa 13. Jh., Schrein bez. 1500 *Nikolaus Schit*. Madonna mit 4 Heiligen, lebensgroß, volle schwere Formen, Flügel gemalt; über dem Schrein reiche Krönung mit dem Schmerzensmann. — Ebenfalls spgot., doch nicht bedeutend, die Seitenaltäre. — Der hl. Kreuzaltar (Laien-A.) am Lettner kann ursp. keinen Aufsatz gehabt haben; der jetzige wohl wie die übrigen zum Jubeljahr 1500. — Am Mittelpfl. der SSeite des Lhs. schönes frgot. Weihwasserbecken. — Ein hohes Chorgestühl 2. H. 14. Jh. — Von den zahlreichen, jetzt meist entfernten Grabsteinen trugen nur wenige Bildnisfiguren; darunter der Stein des aus einer Gelnhäuser Familie stammenden Bischofs Konrad v. Bondiz in Illyrien †1372, ausgezeichneter Entwurf in mäßiger Ausführung; eine andere gute Arbeit der Stein des Schultheißen Koch 1603; im südl. Qsch. Wandgrab des Burggrafen von Laudern, E. 16. Jh. — Glasmalerei der Chorfenster 13. Jh., wichtig, wenn auch stark ergänzt. — Die oberen Blenden des Chorquadr. waren ausgemalt, 15. Jh., darunter Schicht des 13. Jh., sehr beschädigt und jetzt entfernt, wie überhaupt die letzte, hinsichtlich der Architekturteile verdienstvolle, Restauration den Gesamteindruck doch zu „neu“ gemacht hat.

Skulpturen. Tympanon des NWPortals: Christus thronend zwischen Maria und Johannes d. Ev. und 2 Halbfigg. heiliger Bischöfe. Tympanon am südl. Qsch.: Maria mit dem Kinde zwischen Katharina und Margareta, die knienden Figg. Magdalena und Martha. Tympanon des nördl. Qsch.: Kreuzigung. Die Figuren starr. Ganz prachtvoll das die Portale umrahmende Rankenornament. — Im besten got. Naturalismus das Blattwerk am Lettner; in den Zwickeln figürliche Reliefs (weit geringer) mit Totenerweckung und Hölle, unter Einfluß des Mainzer OLettners. Die Wolken-Konsole mit dem Auferstandenen jetzt in der Sakristei. Von demselben Bildhauer die Schlußsteine in Chor und Vierung.

Peters-K. sprom., jetzt verwüstet und verkommen (Fabrik). Ursp. kreuzf. Gewölbebasilika mit 3 Apsiden, kurzen Kreuzflügeln, 3 Jochen im Lhs. Die OTeile um 1200—1220, in halber Höhe Bauunterbrechung. Am besten erhalten das Qsch., dessen WWand die Elemente zur Rekonstruktion des Lhs. darbietet. Die kreuzf. Pfll. mit vorgelegten ½ Sll. und Ecksll. lassen für das Msch. Rippengwbb., für die Ssch. Gratgwbb. als beabsichtigt vermuten. Gegen M. 13. Jh. als flachgedeckte Basilika mit einfachen Rundpfll. ausgebaut, Querschnitt nach dem gleichseitigen Dreieck. Über den Nebenapsiden erhoben sich schlanke, durch rundbg. Friese und Lisenen geteilte Rundtürme (Zeichnung von 1831). Ein vom Triumphbogen stammendes prachtvolles Blattkapt. liegt als Brunnenuntersatz im südl. Ssch. Das nördl. Seitenportal mit sitzender Fig. des h l. Petrus vom ersten Meister (vgl. Aschaffenburg), im südl. Seitenportal die Eck-Sll. auf Löwen, in der Archivolte Zickzack, die ganze Formengebung an den Kaiserpalast erinnernd.

Hospital zum h. Geist. Zuerst erwähnt 1233. Die K. war eine kleine flachgedeckte rom. Pfll.Basilika mit nur einem Ssch., das Chorquadrat gewölbt; 1893 fast ganz zerstört.

[**S. Michaels-Kap.** Zweistöckig, im Erdgeschoß Beinhaus, zuerst erwähnt 1289, 1822 trotz guter Erhaltung abgebrochen; nach einer Zeichnung zu urteilen beste fr. Gotik in der Art der jüngsten Teile der Marienk.]

[**Brücken-Kap.** zum H. Kreuz, hochgot., 1816 der Materialvernutzung wegen abgebrochen.]

Franziskaner-K., ganz schlichter Bruchsteinbau vor 1248 (erste Erwähnung des Klosters), Gr. Rechteck 25 : 7 m, Spuren von grätigem Kreuzgwbb. über ½ kr. Schild- und Gurtbgg.; rundbg. Fenster; Apsis zerstört. — Kreuzgang (jetzt Stall) E. 13. Jh. — Die an der Sseite des Kreuzgangs im 14. Jh. errichtete größere K. 1826 abgebrochen.

Pfalz. Zuerst genannt 1158 im Besitz der Grafen v. G., 1180 mainzisch, erst in den letzten Jahren Friedrichs I. Reichsgut. Seit 1363 Beginn der Zerstörung, nach Ruprecht von keinem Kaiser mehr besucht. Seit 1858 Erhaltungsarbeiten. — Angelegt als Wasserburg (vgl. Büdingen, Wächtersbach, Burgjossa). Die noch im 15. Jh. bewohnte Vorburg jetzt nur in den Grundzügen zu erkennen. Die heutige Ruine gehört der schon im 14. Jh. verlassenen Kernburg; sie ist von allen staufischen Pfalzen die relativ besterhaltene und künstlerisch edelste, wenn auch weitaus nicht die größte. Nach Ausweis der Steinmetzzeichen und der technischen Eigenschaften Bau aus einem Guß. Die Hauptteile ca. 1210—20, nur die Eingangshalle vielleicht älter. — Der Gr. bildet ein Trapez: an der schmalen WSeite die Eingangshalle, an der im stumpfen Winkel davon abbiegenden NSeite der Saalbau, an der SSeite und der polyg. gebrochenen OSeite Ringmauern, an die sich Wirtschaftsgebäude anlehnten. — Die Ringmauer 2,10 m stark, Quaderverblendung, Füllung aus Bruchstein und Mörtelguß; Rüstlöcher sichtbar, doch keine Versetzung mit der Zange. — Der quadr. Bergfried, als Wehrbau nicht sehr bedeutend, im Winkel zwischen der SMauer und der Eingangshalle; hölzerne Zwischendecken; kleine Tür nach dem Wehrgang (dessen Höhe daraus zu bemessen ist), eine größere auf eine von Kragsteinen getragene Plattform, vom Hof aus mit Leitern zu ersteigen; der obere Teil des Turms in got. Zeit restauriert. — Das Eingangstor zeigt keine Spuren von Zugbrücke und

Fallgitter; doch Ansätze zu einem (zerstörten) Gußerker. Es führt in eine 2sch. 3jochige nach dem Hof offene Halle; die rippenlosen Kreuzgwbb. des NSch. ursp., im Ssch. got erneuert. Die Sll. haben Würfelknäufe mit 2teiligem Schild (eine sonst nur im Elsaß nachgewiesene Form). An der OMauer war der sog. Barbarossakopf eingemauert, jetzt im Palas. — Über der Torhalle lag die jetzt ihrer Gwbb. beraubte, ebenfalls 2sch. Kapelle. — Der Palas lehnt sich an die nördl. Ringmauer, die Schauseite nach innen. Erhalten das Erdgeschoß mit kleinen Fensterschlitzen und das erste Hauptgeschoß. Die Tür, durch eine Doppelfreitreppe zugänglich, liegt nicht in der Mittelachse (außerdem eine noch erhaltene innere Treppenverbindung zur Torhalle). Sie führte direkt in den Saal (13 : 12 m) mit einer 5teiligen Fensterarkade (ohne Spur eines Verschlusses); die Fundamente deuten darauf, daß 4 Sll. die Balkendecke trugen; an der NWand der schöne Kamin. Links an der Tür sind die Ark. durch einen Wandpfl. in 2 Gruppen getrennt. Am Saal entlang lief ein Gang, und hinter diesem lagen 2 getrennte Gemächer. Ein Obergeschoß war sicher vorhanden; auch hier ein Kamin; dessen Sll. und ein skulptiertes Tympanon jetzt in der Torhalle aufgestellt. Das Bauornament am Palas gehört zum formenschönsten und delikatesten, was rom. Meisselarbeit hervorgebracht hat; jedenfalls kann sich kein anderer Profanbau damit messen. — Am OEnde des Hofes sind Fundamente eines Rundbaues (8,6 m äußerer Durchmesser) von ungewisser Bestimmung gefunden.

Johanniterhof, vom Ordenshaus in Rüdigheim dependierend; kleines sehr herabgekommenes Gebäude in der Holzgasse; die paarweise gestellten Spitzbg.Fenster der WSeite sprechen für 14. Jh., der SGiebel mit Kreuzstöcken im 15. Jh. umgebaut. Daneben kleine Kapelle.

Deutschordenshäuser. a) Der Komturei Marburg; jetzt durch die landwirtschaftliche Winterschule ersetzt. b) Der Komturei Sachsenhausen, 14. Jh., im 16. erneuert und weiterhin modernisiert; im Hof Brunnen aus Renss.

Hof der Abtei Arnsberg. 1742 erneuert; die einfache got. Kap. aus A. 14. Jh. erhalten; Rest von Wandmalerei.

Hof der Abtei Haina. Nur die Eingangspforte aus E. 13. Jh. erhalten.

„Steitz“, Haus eines Altaristen, sehr herabgekommen, im Innern ein Lavabo und andere interessante Einzelheiten.

Romanisches Rathaus, spgot. umgebaut, im 17. Jh. durch ein Fachwerkhaus verdeckt, 1881 freigelegt. Erhalten hat sich von Kunstformen: die im Kleeblatt geschlossene Tür über einer vorgebauten Plattform und im dritten Geschoß 3 Gruppen dreiteiliger Ark., welche einen ungeteilten, die ganze Ausdehnung des Gebäudes einnehmenden Saal beleuchteten. Daß das Haus öffentlichen Zwecken diente, ist kaum zweifelhaft; unter den in Frage kommenden gilt die Bestimmung als Rathaus für die wahrscheinlichste.

Gotisches Rathaus, wahrscheinlich als Kaufhaus, zugleich für Verwaltungsstuben, E. 15. Jh. erbaut; stark modernisiert.
Fürstenhof, langgestreckter Komplex, schon im Ma. als Sitz der pfandherrlichen Amtleute vorhanden, in der Renss. erweitert; aus dieser Zeit einige gute Einzelheiten.
Wohnhäuser. 4 romanische mit mehr oder weniger bedeutenden Resten aus der Erbauungszeit: Langgasse 257, ebenda 264 sog. Mehlwage, ebenda 285 [Obermarkt 101, 1895 abgebrochen, die Werkstücke der schönen gekuppelten Kleeblattfenster jetzt in der Burg deponiert]. Gotisch: Bischofshof, jetzt Stadtschreiberei; Alte Schmidtgasse 106; Töpfergasse 69; Untermarkt 443 Hinterhaus; Obermarkt 341, altes Gasthaus u. a. m. Diese sind alle Steinhäuser. Ein got. Fachwerkhaus Langgasse 264.

GEMÜNDEN. UFranken BA Gemünden. Inv.
Pfarr-K. $^3/_8$ Chor 1sch. flachgedecktes Langhaus 1488. Turm zwischen Chor und Langhaus eingeschoben, erb. 1468 auf älterer Grundlage. Das Äußere einfach; WPortal erneuert. Der mit 4 kleinen Erkertürmchen geschmückte Turm macht durch seine stattlichen Verhältnisse eine gute Figur im Stadtbild. — Ausstattung neu. Hübsche Zunftstangen E. 18. Jh. Glocken 14. Jh. und später. — An der äußeren OWand des Langhauses Relief Christus am Kreuz zwischen den Schächern; zu Füßen Assistenzfiguren und Soldaten, M. 15. Jh. An der Kirchenmauer das ehem. Sakramentshäuschen von 1488; ruinös.
Rathaus. 1593. Giebel erneuert.
Rentamt. Behäbiger, dreigesch. Barockbau v. 1711 mit kuppelbedeckten Ecktürmen. Über dem Portal Wappen der Hutten.
Scherenburg. Erhalten der runde Bergfried und der Bering, sowie ein großer zweischiffig gewölbter Keller, alles aus got. Zeit (14. Jh.). Nur wenige Reste der Stadtbefestigung, jedoch noch immer hübsches Ortsbild. Saale-Brücke 1598.

GENSUNGEN. RB Kassel Kr. Melsungen.
Dorf-K. mit spgot. Wehrturm und Friedhofsbefestigung.

GEORGENTHAL. Sachsen-Gotha LA Ohrdruf.
Zisterz.-Klst.-K. Trümmer. Grundmauern ausgegraben. Sie erweisen einen höchst ansehnlichen Bau von 73 m Länge. Nach den jüngsten Untersuchungen von H. Giesau 2 Bauperioden in folgender Weise zu unterscheiden: 1. Zugrunde liegt eine kreuzförmige Basilika nach dem Hirsauer Schema, am Chor 5 Apsiden in staffelförmiger Anlage (Talbürgel). Im Lhs. 10 Arkaden. Wechsel von stärkeren und schwächeren Pfll. Reste eines WPortals mit einfach abgetreppten Gewänden. Dieses der Gründungsbau aus der Mitte des 12. Jh. 2. Umbau für Gewölbe im 2. Drittel 13. Jh. Die 5 Apsiden wurden niedergelegt, an Stelle der Hauptapsis gerader Abschluß des Hauptchores. Um ihn wurde ein rck. Umgang von 4,2 m Breite herumgeführt, aus seiner äußeren Wand rck. Nischen ausgespart. (Holtmeyers Rekonstruktion mit Umgang und Kapellenkranz in Art von Riddagshausen nach Giesau nicht haltbar.) Die bauliche Ausführung des Umbaues unter Lei-

tung eines Architekten aus Walkenried. Walkenriedisch-maulbronnisch auch das gesamte Detail. An der Westfront eine Vorhalle von 3 quadr. Feldern (5,6 m Seitenlänge). — Von der großartigen Klosteranlage erhalten:
Klausur auf der SSeite der Kirche. Umfängliche Grabungen von Pfarrer Baethcke zeigen eine gewaltige Anlage von echt zisterziensischem Gepräge, der von Maulbronn sehr verwandt. Bmkw. das Herrenrefektorium, wie in Maulbronn mit der Schmalseite an den Kreuzgang stoßend, wahrscheinlich 3schiffig. Auf der WSeite das Laienrefektorium, durch einen Gang vom Kreuzgang geschieden (ältere Art der Anordnung). Rippenstücke, Schlußsteine und Säulenbasen maulbronnisch, jedoch im Stil fortgeschrittener als die Reste des Chorneubaues. Auf der NSeite des Chores, in geringer Entfernung von ihm, zwei 3sch. Säulensäle, durch einen von N nach S laufenden schmalen gewölbten Gang getrennt, Bestimmung ungewiß, vielleicht Abtshaus. Ornamentierte Säulenschäfte mit Würfelkappt., 2. H. 12. Jh. — Kornhaus, got. mit interessantem Maßwerkfenster. — In der Nähe rom. Palas der Grafen v. Kefernburg, verbaut.

GEPUTZIG. K. Sachsen AH Rochlitz.

Herrenhaus (v. Wallwitz) 1735 von *David Schatz,* einfach tüchtig.

GERA. Reuß j. L. Hauptstadt des Fürstentums.

Salvator-K. 1717—20, erneuert nach Brand 1780.
Trinitatis-K. 1313, vergrößert 1611. 1sch. Anlage. Bmkw. die got. Außenkanzel. — Grabmal des Kanzlers Joh. v. Freiersleben † 1770, um einiges später ausgeführt, klassizistische Richtung. — Großes Kreuzigungsrelief mit Stifter, 1630. — Auch von den Denkmälern auf dem Kirchhof verdienen einige Beachtung.
Rathaus. 1576 und später. An der Hauptfront hoher 8eck. Turm, dem zu Altenburg nachgebildet.
Regierung. 1722.
Waisenhaus. 1724, erneuert nach Brand 1780.
Stadtapotheke mit renss. Erker.
Privathäuser des 18. Jh.
Marktbrunnen mit Simson, 1685.

GERA. Sachsen-Gotha LA Ohrdruf.

Dorf-K. Sehr alte Gründung; jetzt wesentl. 18. Jh. mit rom. Einzelheiten. Hoher Kanzelaltar.

GERBERSHAUSEN. Pr. Sachsen Kr. Heiligenstadt.

Dorf-K. (kath.) 1777. Kreuzgwb.Bau mit 3seit. Schluß.

GERBRUNN. UFranken BA Würzburg.

Dorf-K. Sprom. OTurm 1219; das flachged. Lhs. 17 und 18. Jh. — Kanzel mit Evangelistenbildern 1. H. 17. Jh. — Hübsche Holzfigg. des Rok.

GERBSTEDT. Pr. Sachsen Kr. Mansfeld.

[**Nonnen-Klst.-K.** Der 1688 eingestürzte rom. Bau durch Abb. bekannt, auch einige formierte Reste erhalten, hier und im Museum zu Halle.]

Stadt-K. Nüchternstes 18. Jh. — Großer interessanter Schnitzaltar um oder vor M. 15. Jh. — **Rathaus** in schlichter Renss. Im Keller gekuppelte rom. Lichtöffnung.

GEREUTH. UFranken BA Ebern.

Dorf-K. 1714. Sandsteinfassade. Vornehme, einheitliche Einrichtung. In der Sakristei ein reichhaltiger Schatz von Goldschmiedearbeiten derselben Zeit.

Schloß. Erb. um 1700 unter den Freih. von Greiffenklau-Vollraths. 3geschossige Anlage in 3 Flügeln mit fein durchgeführter Außengliederung.

GERLACHSHAUSEN. UFranken BA Kitzingen.

Pfarr-K. Chor und Turm 1. H. 15. Jh., Lhs. 1751. Gute Ausstattung, besonders die Seitenaltäre in Stuck, wohl von *Andreas Mayer*, Gemälde von *Dahlwein*. — An der Straße nach Sommerach reich skulptierter Bildstock 1511, einer der schönsten in Unterfranken, ruinös.

GERMERODE. RB Cassel Kr. Eschwege.

K. des ehem. **Prämonstratenser-Nonnen-Klst.** Gewölbte rom. Pfl.Basilika. Kein Qsch. Die 3 Schiffe schließen in gleicher Flucht mit 3 Apsiden. Der Chor hat 1, das Sch. 3 Doppeljoche. WBau doppeltürmig (wegen Baufälligkeit niedergelegt, 1905 in der alten Gestalt wieder aufgebaut). Dazwischen, zugleich das 1. Joch des Lhs. mitumfassend, die Nonnenempore, die von 4 Paar Sll. mit Würfelknäufen getragen wird. Im System des Msch. nehmen breite rck. Vorlagen die ungegliederten Gurt- und Schildbgg. auf; keine Diagonalbgg. Die Zwischenpfll. quadr. mit eingelegten Eck-Sll. Die Sschiffe abgebrochen. — Unter dem stark überhöhten Chor eine Krypta mit gurtenlosen Gwbb. — Hölzerne Emporen reich geschnitzt in Motiven der Fachwerkarchitektur. — Am Außenbau ist nur die OAnsicht einigermaßen intakt; die 3 Apsiden auf gut profilierten Sockeln, sonst ungegliedert.

Klostergebäude. Einige Reste mit rom. Fenstern in den Domänenhof eingebaut.

GERODE. Pr. Sachsen Kr. Worbis.

Ehem. **Benedikt.-Klst.** Jetzige K. 1778. **Scheune.** Großartiger Quaderbau in Hufeisenform 1672.

GEROLZHOFEN. UFranken BAmtsstadt.

Stadtpfarr-K. 1. H. 15. Jh. Pfeilerinschrift 1436, voll. angebl. 1479. Lhs. Halle von 3 Sch. und ursp. 4 Jochen (2 weitere 1899 hinzugefügt). Chor 1sch., 1 + $^5/_8$, flankiert von zwei Türmen, deren Erdgeschosse sich als Kapellen gegen Chor und Lhs öffnen. Im Lhs. gesimslose Rundpfeiler und gekehlte Scheidbogen, Sschiffe mit Kreuzrippen, Mschiff mit Netz auf Konsolen in Scheitelhöhe der Scheidbogen. Außen durchweg Strebepfeiler, z. T. mit Statuen (erneuert, die alten in der Johanniskap., gute Arbeiten aus A. 16. Jh.). — Einrichtung spbar. und rok., an der Kanzel spgot. Holzfigg. Holzkruzifix mit Naturstamm, *Riemenschneider* nahestehend. Geschnitzte Rosenkranzmadonna nachgot. Gruppe der Taufe Christi vermutlich von *Peter Wagner* um 1760. — Gutes Ziborium, würzburgisch um 1680.

Johannis-Kap. (Karner) beg. 1497. Erdgeschoß 2sch., Obergeschoß 1sch. in 3 Achsen und 5/8 Schluß, zierliches Netzgewölbe und reich gegliederte Fenster. Außen (W) einläufiger Treppenaufgang. [Schnitzaltar, *Riemenschneider* zugeschrieben, jetzt im Nat.-Mus. München.]

Friedhofs-Kap. 1737. Altarbilder von *Chr. Urlaub* (1745, 1748) und *Wolker* (1748). Das schöne schmiedeeiserne Gitter am Tor (2. H. 17. Jh.) stammt aus Klst. Ebrach.

Bezirksamtsgebäude. Ehem. fürstbisch.-würzb. Oberamtshaus, um 1614.

Rentamtsgebäude. Ehem. fürstbisch.-würzb. Amts- und Zenthaus. Turm und Anlage im Kern mittelalterlich (von einer Burg der Herren v. Fuchs), Erscheinung wesentlich aus A. 17. Jh.

Spital. Renss. Fachwerkbau mit geschnitztem Balken.

Stadtbefestigung. Interessant durch den doppelten Mauergürtel, Abstand stellenweise über 100 m. Er diente als Zuflucht für die umliegenden Dörfer.

GERSDORF. Sachsen AH Döbeln.

Dorf-K. 18. Jh., mit ma. Resten: Sakramentshäuschen, der Eingang von Engeln bewacht; Altarfigg.; vorzüglich ein lebensgroßer Kruzifixus A. 16. Jh.; diese jetzt im Kornhaus in Leisnig, anderes im Dresdener Altert.-Ver.

GERSFELD. RB Cassel Kreisstadt.

Kirche. 1785. Kreuzf. Anlage mit abgestumpften Ecken und WTurm. — Grabsteine der v. Ebersberg 16. und 17. Jh.

Friedhofs-Kap. 1632, an den Emporen Malereien.

Schloß (v. Ebersberg) 1500 ff., im 18. Jh. umgestaltet.

GERSTUNGEN. Bez. Eisenach. Inv.

Kirche im Charakter einer größeren Dorf-K. Chor schlicht spgot. 15. Jh. Lhs. 1588, 1sch., flachgedeckt, Emporen, Mansardendach 18. Jh., ebenso der in Fachwerk ausgeführte 8eck. Turm über dem Chor. — Grabsteine derer v. Boineburg 1486, 1519. Glocke 1484.

Fachwerkhäuser. Das bedeutendste das v. Witzlebensche (Oberförsterei) aus 1. H. 17. Jh.

GESEES. OFranken BA Bayreuth.

Pfarr-K. (ehem. Wallfahrt) frgot. Basilika mit spgot. Veränderungen; Lhs. 4 Joche, Chor 1 Joch und 5/8 Schluß; Turm in N. — Hochaltar 1673, noch im Aufbau gotischer Flügelaltäre. Steinerne Kanzel 1562. — Befestigter Friedhof.

GESTUNGSHAUSEN. Sachsen-Coburg LA Coburg.

Pfarr-K. A. 18. Jh., im Gr. den ma. Anlagen des Gebietes sich anschließend, 1sch. mit 3facher Empore. Die Dekoration ungewöhnlich reich und fein. Die flachen Decken in Chor und Lhs. tragen zwischen Stuckornament kleine Gemäldefelder vom Coburger *J. Schuster* 1714. 3geschossige Empore bez. 1712. Moseskanzel 1727. Taufstein 1643. Um den Kirchhof Mauer mit hohem Torturm.

GIEBELSTADT. UFranken BA Ochsenfurt.

Pfarr-K. (protest.). Einfacher Bau des 16. Jh. — Kanzel in strenger Hochrenss. A. 17. Jh. von *G. Brenck*, Mosesträger. Großes Epitaph einer Frau v. Zobel 1606.

Schloß der Zobel, whgest. 16. Jh., niedrige ausgedehnte Wasseranlage mit runden Ecktürmen. Portalrelief 1545 vermutlich von *Jörg Riemenschneider*.

Schloß der Geyer, Ruine.

GIEBICHENSTEIN. Pr. Sachsen Saalkreis.

Dorf-K. mit rom. Turm und rom. Taufstein. Grabsteine 1474, 1560.

Burgruine ausgedehnt, wenig erhalten, Hauptteile 1363, 1442.

GIECH. OFranken BA Bamberg.

Schloßruine bedeutend, 3 Tore, starker 4eck. Bergfried.

GIESEL. RB Cassel Kr. Fulda.

Jagdschlößchen, erb. 1717 vom Fürstabt v. Butlar an Stelle einer Burg des 16. Jh.

GIESSMANNSDORF. Sachsen AH Zittau.

Schloß 1694. Rck., in der Längsrichtung schmaler Gang, in der Querrichtung Vestibül und doppelläufige Treppe. 2geschossiger Aufbau mit durchlaufenden tosk. Pilastern. Über dem Dach schmälerer Oberbau in Fachwerk. Dachreiter. Einfluß böhmischer Schlösser.

GLASHÜTTE. Sachsen AH Dippoldiswalde.

Stadt-K. 1520—1533. Als 3sch. Halle geplant, doch 1sch. ausgeführt — 18 : 14,3 m. Eingezogener Chor 2 Joche und 9Eckschluß. Kunstlos bemalte Felderdecke 1669. — Rest wertvoller Altarmalerei aus derselben Zeit; ebenso die Glasgemälde im Chor. — Taufbecken aus Messing A. 16. Jh., gestanzte Zeichnung der Verkündigung. — Schöne Grabplatte des Pfarrers M. Kittel † 1639, bemalt, ähnlich der des Sup. Cademann in Pirna.

GLASTEN. Sachsen AH Grimma.

Dorf-K. frgot. mit platt geschlossenem Chor, darüber Turm mit 4 gekuppelten Fenstern und Satteldach.

GLAUCHAU. Sachsen Amtshauptstadt.

Stadt-K. 1726 mit Benutzung älterer Teile, darunter 2 Reliefs aus 15. Jh. — Orgel 1730 von *Gottfr. Silbermann*.

Gottesacker-K. Renss.-Pforte mit beschädigten, ehemals schönen Reliefs.

Hinterglauchen. Schönburgisches **Schloß.** Die Erscheinung wesentlich bestimmt durch den Umbau 1527 ff. Die langgestreckte, ganz einfach behandelte Hauptfront durch 4 Zwerchhäuser gegliedert, deren Giebelabsätze nach dem verbreiteten Schema der sächsischen FrRenss. als Viertelskreise gebildet sind.

GLAUSCHNITZ. Sachsen AH Kamenz.
Herrenhaus einfach stattlich, ausgebaut ca. 1760.

GLEINA. Pr. Sachsen Kr. Zeitz.
Dorf-K. Rom. Apsis mit z. T. gut erhaltenen rom. Fresken. — Gute Typen von Bauernhöfen.

GLEISBERG. Sachsen AH Döbeln.
Dorf-K. Schlicht rom., Gr. wie in Altenhof mit dem Zusatz einer dem Chor nördl. angebauten kleinen Sakristei mit Tonnengwb. — Taufstein aus Porphyr mit primitiv eingeritztem Ornamente. — Flügelaltar um 1510—20, bäurische Arbeit, doch vorzüglich gut erhalten; die Gemälde der Außenflügel stehen höher.

GLEISENAU. UFranken BA Haßfurt.
Prot. Dorf-K. 1711. **Schloß-K.** 1772 mit reicher Sandsteinfassade. — **Schloß** (Groß von Torckau) 1773.

GLEUSDORF. UFranken BA Ebern.
Schloß. Gefälliger 3geschossiger Rok.Bau mit Mansarden-Dachung sehr malerisch zwischen Bäumen. — Innendecken mit Muschelwerkstuck und eiserner Ofen von 1769.

GLOSSEN. Sachsen AH Löbau.
Schloß, erb. 1688 für H. F. v. Gersdorf. Stattliche Hufeisenanlage, Formen einfach.

GNANDSTEIN. Sachsen AH Borna.
Dorf-K. Einheitlicher, unveränderter Gewölbebau (Sternmuster) aus A. 16. Jh. Rot ornamentierte Friese, z. T. in Stuck wie in Geithain. Gute Steinkanzel mit Maßwerkschmuck bez. 1518. In den Chorfenstern Glasgemälde aus der Erbauungszeit. Betstube mit reicher Sammlung von Wappen des sächsischen Adels. Epitaph H. v. Einsiedel 1557 mit langem, von Melanchthon verfaßtem Gedicht. Epit. Joh. v. Einsiedel 1582, Sandstein, Marmor und Serpentin, z. T. vergoldet. 9 Einsiedelsche Grabsteine mit lebensgroßen Figg. Todesdaten 1461—1646, Ausführung gleichzeitig um 1640. 4 weitere bis 1756.
Schloß (seit 15. Jh. Einsiedel, vorher Burggrafen v. Leisnig). Anlage langgestrecktes Rechteck, einem Höhenzuge folgend. Im innersten Hof freistehender runder Bergfried. Am selben Hof rom. Palas mit 3teilig gekuppelten rundbgg. Fenstern; eine andere Gruppe hat Kleeblattschluß. An einem zweiten größeren Hof der Hauptbau aus 14. Jh. Kapelle mit Einrichtung des 16. Jh. 4flügeliges Altarwerk.

GNOTZHEIM. UFranken BA Kitzingen.
Pfarr-K. Einheitliche rom. Anlage aus sp. 12. Jh., anziehendes Beispiel einer vornehm schlichten Landarchitektur. — 1sch. Lhs., quadr. Chor, WTurm (ohne Eingang). Das gut gegliederte, ornamentlose Portal an der SSeite. — Reizende Sakramentsnische E. 15. Jh. Grabmal des Konrad v. Rosenberg † 1594, Verbindung von Tumba und altarartiger Bildwand, wohl von *Sem Schlör*.

GOCHSHEIM. UFranken BA Schweinfurt.
Dorf-K. Großenteils neu. Turm 1511. Interessante Kirchhofsbefestigung, ins 14. Jh. hinaufreichend.
Rathaus. Fachwerkbau 1561. Im Dorf stattliches Haus (no 183) von 1612 mit Volutengiebel.

GÖDA. Sachsen AH Bautzen.
Dorf-K. Netzgewölbte Halle von 1505. Von einem Bau aus 1. H. 13. Jh. einige fein skulptierte Zierstücke gefunden. — Hübsche Sandsteinkanzel 1514. Zahlreiche Bildnissteine des 17. Jh., recht gut der des Heinrich v. Bünau 1605.

GÖDEWITZ. Pr. Sachsen Mansfelder Seekreis.
Dorf-K., 2 einfache rom. Tympana.

GÖHREN. Sachsen AH Rochlitz.
Dorf-K., kleine apsidenlose rom. Anlage. — Schnitzaltar 1512.

GÖHRENDORF. Pr. Sachsen Kr. Querfurt.
Dorf-K. Turm rom., Chor frgot., Schiff bar.

GOLDKRONACH. OFranken BA Berneck.
Pfarr-K. got., Sandsteinemporen mit „durchbrochener Arbeit".

GÖLLINGEN. Schwarzb.-Rudolst. LA Frankenhausen.
Benediktiner-Klst., eines der ältesten in Thüringen. Von der sprom. K. wenig erhalten, nämlich: 1. Reste der Apsidenmauer, 2. der viel Eigentümliches bietende WBau. Er ist als breiter Turm ausgebildet. Die an die K. anschließende Seite durch ein modernes Wohnhaus alteriert und verdeckt. Von den Sschiffen der K. führten unter weiten Bogenöffnungen je 6 Stufen in die hochräumige Krypta; 3 × 3 grätige Kreuzgwbb.; die breiten Gurten in der Linie des Hufeisenbogens; als Stützen kräftige Sll. (auch an den Wänden) mit Eckblattbasen und flach skulptierten Würfelkaptt. Die Formen, von trefflicher Ausführung, deuten auf die Spätzeit 12. Jh. Über der Krypta hohe quadr. Turmhalle, deren östl. Vorraum sich anscheinend als Empore gegen die K. geöffnet hat. Am nördl. und südl. Ende desselben Vorraums Türen zu kleinen Treppentürmen, die in die oberen Teile des Haupt-Turmes hinaufführten. Dieser 8eckig, zweigeschossig, außen mit Lisenen, Bogenfriesen und Gesimsen ausdrucksvoll gegliedert; im letzten Geschoß weite gekuppelte Fensteröffnungen mit profilierten Gewänden.

GOLLMUTHAUSEN. UFranken BA Königshofen.
Dorf-K. Gutes Beispiel einer protest. Saalkirche der Biedermeierzeit (1819), Queranlage.

GÖLSDORF. Pr. Sachsen Kr. Schweinitz.
Dorf-K. aus Granit einfach frgot.

GOMPERTSHAUSEN. Sachs.-Mein. Kr. Hildburghausen.
Dorf-K. 1461, erneuert 1603 und 1640, Emporen mit dorischen Sll. 1808; alt im Unterbau der östl. Turmchor.

GONNA. Pr. Sachsen Kr. Sangerhausen.
Dorf-K. Rom. OTurm. — Taufstein E. 16. Jh. mit 6 Reliefs.

GORNDORF. Sachsen-Meiningen Kr. Saalfeld.
Dorf-K. mit rom. Ostbau, Lhs. 1793. — Schnitzaltar 1490 vom Saalfelder „Meister der Baldachine".

GÖRSBACH. Pr. Sachsen Kr. Sangerhausen.
Dorf-K. neu. Der spgot. Schnitzaltar nächst dem in S. Jakob in Sangerhausen der bedeutendste des Kreises.

GÖRSCHEN. Pr. Sachsen Kr. Naumburg.
Dorf-K. Aus rom. Zeit der quadr. Altarraum mit Halbkuppelapsis, das übrige 16. Jh. und neuer. — Kruzifixus bez. HF, energische Arbeit E. 15. Jh.

GORSLEBEN. Pr. Sachsen Kr. Eckartsberga.
Dorf-K. spgot. — Reicher Schnitzaltar spgot., Kanzel und Taufstein 1564 mit biblisch allegorischem Bilderschmuck.

GÖSCHWITZ. Sachsen-Weimar VB Apolda.
Dorf-K. got., 5/8 Chor, Langhaus mit Rok.Flachdecke. Im OFenster Wappenscheiben. Kopien von 2 spgot. Altarflügeln.

GOSECK. Pr. Sachsen Kr. Querfurt.
Stammsitz der Pfalzgrafen von Sachsen. 1041 von einem Sohne dieses Hauses, dem großen Erzbischof Adalbert von Bremen, in ein **Kloster** umgewandelt. Die 1043 und 1056 gew. **Kirche** hat sich in den OTeilen erhalten, welche 1625 als Schloßkap. eingerichtet wurden. Qsch. und Chor in regelmäßiger rom. Anlage; unter ihnen in ganzer Ausdehnung (veranlaßt durch abschüssiges Gelände) eine Krypta. In das Schloß (ein wenig interessanter Bau des 16. und 17. Jh.) eingebaut ein WTurm im Übergangsstil des 13. Jh. — Ecce homo, Marmortafel in reicher renss. Umrahmung, Arbeit eines sehr guten, sonst in dem Gebiet nicht wieder angetroffenen Künstlers. Altartafel, Hinrichtung der h. Katharina, von *L. Cranach d. Ä.* Großes reiches Epitaph des Bernh. v. Pölnitz † 1628.

GOSSMANNSDORF. UFranken BA Ochsenfurt.
Der Ort enthält an Kirchenausstattung, Bildstöcken, Fachwerkhäusern, Befestigungsresten allerlei hübsche Kleinigkeiten.

GOSSMANNSDORF. UFranken BA Hofheim.
Dorf-K. Chor im OTurm, Unterbau frgot. Lhs. 1716 (angeblich von *B. Neumann?*). Stattliche Fassade. Hochaltar um 1730. Reiche Seitenaltäre um 1760. — Interessante Kirchhofsbefestigung, wohl 14. Jh.
Vogteihaus, charaktervoller Fachwerkbau von 1595. Schönes schmiedeeisernes Wirtshausschild (zum Schwan) 1791. (Ein ähnliches in Manau.)

GÖSSNITZ. Sachsen-Altenburg LA Altenburg.
Stadt-K., im 15. Jh. nach relativ großartigem Plan beg., im 16. verkümmert ausgeführt, im 17. umgebaut.

GÖSSWEINSTEIN. OFranken BA Pegnitz.
Kloster-K. 1730—39 von *Balthasar Neumann.* Die 1728 vom Mainzer F. A. Ritter von Grünstein gelieferten Pläne schwerlich von Einfluß. Der Grundriß durchaus neumannisch gedacht: ein flüssig behandeltes lateinisches Kreuz. Die querrechteckige

Vierung mit elliptischer Flachkuppel stark betont, Querarme und Chor nahe herangezogen, ein jedes 3seitig geschlossen. Am 2jochigen Lhs. schmale Abseiten, die Wandpfeiler mit Durchgangstoren. Das Tonnengwb. mit starken Quergurten ist reich stuckiert. Die innere Ausstattung schon in den Formen des Rok.; der Hochaltar (1742) erinnert in seiner Verwendung von konstruktiv nicht zulässigen Elementen zu Stützen und Streben an Vierzehnheiligen, ist vom Bildhauer *Benkert*, die Nebenaltäre von *Küchel*. Der Außenbau einfach, mit 2 Front-Türmen. — Über dem Portal eine gewaltige plastische Gruppe, die h. Dreifaltigkeit. An der Rückseite eingemauert Epit. Mengersdorf von *Hans Werner* 1588.

GOTHA. Ehem. Hauptstadt von Sachsen-Gotha.

Augustiner-K. Gegr. 1366, überarbeitet 1676. Einfaches, turmloses Rck. von 49 : 14,5. — Fürstenstand am Chor in derbem Bar.; desgl. die Kanzel; Rest eines got. Altarwerks. Die große Gedenktafel für Herzog Johann, † 1605, stammt aus Reinhardsbrunn. — Das Klst. verbaut; der Kreuzgang rest.

Margareten-K. spgot. E. 15. und A. 16. Jh., rest. 1652 und 1725. ursp. 3sch. Hallenkirche. — Denkmal für Herzog Ernst den Frommen 1728 von dessen Enkel errichtet. — Taufstein bez. 1687. — Sehr schöne bar. Engelsfigg., Holz.

Schloß Friedenstein. 1643—1654 für Herzog Ernst d. Fr. von *Andreas Rudolfi*. Groß in den Abmessungen, in der Ausführung sparsam, nüchtern, schwerfällig, fast noch mehr im Charakter einer Zitadelle als eines fürstlichen Wohnhauses, ein echtes Abbild der freudenarmen Stimmung am Ende des großen Krieges. Ein 4eck. Hof, im Lichten 86 : 65 m, wird von 3 Flügeln umgeben, an der 4. Seite Mauer mit Tor, an den Ecken breite Türme mit welscher Haube. Die in der deutschen Renss. an einem Kunstbau nie fehlenden Giebel sind aufgegeben. Rings um den Hof Bogengänge auf schweren gequaderten Pfll. — Die innere Einteilung ohne größere Raumentfaltung. Tiefe, niedrige Gemächer. Darunter leidet die 1685 ff. hinzugefügte prunkhaft derbe Barockdekoration. — Einige Räume M. 18. Jh. Das Porzellankabinett und anderes, was nicht mehr sicher nachzuweisen, 1751 vom Nassau-Saarbrückener Hofarchitekten *Stengel*. Die Schloß-K. nahe verwandt der zu Weißenfels (vgl. dort). In der Fürstengruft viele, z. T. aufwandreiche, Särge. Orangerie von *G. H. Krohne*.

Schloß Friedrichstal. 1711. Nach französischen Mustern in vereinfachter Formgebung.

Rathaus, beg. 1567, verändert im 17. Jh. Das Portal von auserlesener Feinheit der Erfindung und Ausführung; bez. 1574, aber noch im Charakter der Fr.Renss. An der SFront eingemauertes Reliefbild eines h. Bischofs aus 13. Jh.

Gute **Barockhäuser** die städt. Sparkasse und der ehem. Preußische Hof.

Auf dem Friedhof bmkw. Familiengrabmäler der Barockzeit erhalten.

GOTTESBÜREN. RB Cassel Kr. Hofgeismar.
Ehem. **Wallfahrts-K.** bez. 1331, platter Chorschluß, Ssch. im 15. Jh. hinzugefügt. Im Schiff und Chor je 2 Joche. Kreuzgwbb. auf kurzen Diensten. Vortreffliches Detail.

GOTTESGRÜN. Reuß ä. L. LA Greiz.
Kirche aus 17. Jh. Kleiner, aber origineller und zierlicher Altaraufbau; das eingefügte Holzrelief mit dem Abendmahl ist älter, um 1500, anziehendes Stück.

GOTTLEUBA. Sachsen AH Pirna.
Stadt-K. 1sch. spgot. um 1525. Am Chor Portal mit Baumstämmen und Astwerk gegliedert (vgl. Chemnitz), am Schiff renss. Portal bez. 1553.

GOTTSTEDT. Pr. Sachsen Kr. Erfurt.
Dorf-K. aus neuerer Zeit, rom. Turm 12. Jh., an den gekuppelten Fenstern Würfelkaptt. mit eingeritzten geometrischen Ornamenten. — Überreste eines S c h n i t z a l t a r s aus 15. Jh.

GRABA bei Saalfeld. Sachsen-Meiningen Kr. Saalfeld.
Pfarr-K. Vom spgot. Bau der Chor 2jochig 3seitig geschlossen mit Sterngwb. und der Turm an der NSeite des Schiffes; dieses erweitert 1775. — Mehrere H o l z b i l d w e r k e in der Art *Lendenstreichs*. Der bar. M a r m o r - A l t a r aus der Barfüßer-K. in Saalfeld übergeführt. Auf dem Friedhof zahlreiche Schmiedekreuze des 17. und 18. Jh.

GRADITZ. Pr. Sachsen Kr. Torgau.
Schloß mit Nebengebäuden E. 18. Jh.

GRÄFENBERG. OFranken BA Forchheim.
Pfarr-K. 18. Jh., einfach.

GRAFENGEHAIG. OFranken BA Stadtsteinach.
Pfarr-K. got. Die Anlage als 3sch. Hallenkirche vielleicht vom Umbau 1448. Großes K r u z i f i x 1532.

GRÄFENHAIN (OBER-). Sachsen AH Rochlitz.
Dorf-K. Rom. Anlage, der Turm über dem Chor.

GRÄFENRODA. Sachsen-Gotha LA Ohrdruf.
Dorf-K. Stark modernisiert. Großer S c h n i t z a l t a r A. 16. Jh.

GRAFENRHEINFELD. UFranken BA Schweinfurt.
Dorf-K. Ansehnlicher Bar.Bau 1755—65 von *Joh. Mich. Fischer*, einem Schüler *Neumanns* (nicht zu verwechseln mit dem Münchener!) Besonders die Fassade reich ausgebildet. Von den 2 OTürmen nur der südl. got. Chor ⅝ kr. geschlossen. Im Lhs. Stichkappentonne. Unterwölbte WEmpore. D e c k e n g e m ä l d e bez. *Joh. Zick* 1756. Vorzüglicher, triumphbogenartig aufgebauter Hochaltar mit älterem G e m ä l d e , wohl von *Onghers*; von *demselben* 1671 der hl. Sebastian auf einem Nebenaltar. S e i t e n - a l t ä r e und K a n z e l von *J. P. Wagner* 1766. C h o r s t ü h l e , T a u f s t e i n , S t a t i o n s b i l d e r in späterem Rok.

Rathaus. Giebelhaus in Fachwerk 1602. Amtsvogtei 1626. An mehreren Häusern Heiligenstatuen. — Großer Bildstock 1628. Ein kleinerer 1694.

GRÄFENTAL. Sachsen-Meiningen Kr. Saalfeld.

Dorf-K. Wesentlich Erneuerung 1724. — Stattlicher Kanzelbau hinter dem Altar. Ikon. Grabstein der Familie v. Pappenheim 1561, 1563, 1590. Reste von mittelalterl. Wandmalerei.

Schloß Wespenstein. Ausgedehnte, sehr malerische Anlage mit interessanter Torhalle.

GRÄFENTONNA. Sachsen-Gotha LA Gotha.

Haupt-K. Große 1sch. spgot. Anlage, barock überarbeitet. — Altarwerk, wohl das umfangreichste, das Thüringen besitzt. Die 3geschossige Archit. 1646 (oder eher 1687?). Die Reliefs von einem auseinandergenommenen Flügelaltar des Klst. Grimmental, angebl. aus Nürnberg. 10 Grabsteine der Grafen v. Gleichen 1525—75.

Kettenburg. Das alte Schloß der Grafen v. Gleichen. Jetzt Zuchthaus und ganz barbarisiert. Der Turm in der NWEcke 14. Jh. Andere Bauteile zeigen Formen der Renss. des 16. Jh.

GRAMSCHATZ. UFranken BA Karlstadt.

Pfarr-K. 1731, reiche Fassade und gute einheitliche Rok.Ausstattung um 1740.

GREBEHNA. Pr. Sachsen Kr. Delitzsch.

Dorf-K. Sprom. Bruchsteinbau. Am Portal Tympanon mit stilisiertem Baum.

GREBENSTEIN. RB Cassel Kr. Hofgeismar.

Stadt-K. 2. H. 14. Jh., nach Brand 1637 rest. Hallenkirche von niedrigen Verhältnissen. Die Sschiffe haben über jedem Joch ein besonderes Dach mit einfachem Giebel. Reich skulptiertes Portal, die Figg. sehr verwittert. WTurm 1905 rest.

Rathaus in Fachwerk A. 17. Jh.

2 **Fachwerkhäuser** um 1480.

Burgruine. Der Palas um 1500.

Gut erhaltene **Stadtbefestigung.**

GREIFENHAIN. Sachsen AH Borna.

Dorf-K. Sprom. OTurm, in dessen Erdgeschoß der Chor. Gleichzeitig die WMauer. Im übrigen Umbau 1. H. 15. Jh.

GREIFENSTEIN b. Blankenburg. Schwarzburg-Rudolstadt.

Burgruine. Sehr große, ziemlich gut erhaltene Anlage; 3 durch Gräben getrennte Vorburgen, zierlicher got. Palas. Genannt 1137, zerfallen seit 1560.

GREIZ. Ehem. Hauptstadt von Reuß ä. L.

Oberschloß. Große unregelmäßige Anlage, außen formenarm, im Innern hübsche, doch nicht bedeutende Rok.Dekoration, auch Reste von Renss.

GRETHEN. Sachsen AH Grimma.

Dorf-K. Im wesentl. unversehrte Anlage des 13. Jh. — Tür mit rom. Eisenbeschlag.

GRETTSTADT. UFranken BA Schweinfurt.
Dorf-K. Chorturm (O) 1471, darin spgot. Sakramentshäuschen. Lhs. 1766 mit stattlicher Fassade von Hauptmann *J. M. Fischer.* (Vgl. Grafenrheinfeld.) Einheitliche Einrichtung. Gutes Vesperbild E. 15. Jh.
Rathaus. Inschrift 1590, 1614. Stattlicher 2geschoss. Fachwerkbau mit Freitreppe und Volutengiebeln. Davor Dorflinde mit Stützenbau.

GRIESHEIM. Schwarzburg-Rudolstadt LA Rudolstadt.
Dorf-K. mit rom. Details. — Zahlreiche Grabsteine, z. T. nicht übel. — Stattliches adl. **Schloß** aus A. 18. Jh.

GRILLENBERG. Pr. Sachsen Kr. Sangerhausen.
Burgruine mit 5 Rundtürmen; seit 1217 genannt.

GRILLENBURG. Sachsen AH Dresden-A.
Schloß. 1558 unter Oberleitung von *Hans Dehn-Rotfelser,* jetzt völlig verändert; auf der Brücke 2 lebensgroße Jäger in Sandstein um 1600 in der Art des *Chr. Walther.*

GRIMMA. Sachsen Amtshauptstadt.
Ehem. **Zisterz.-Nonnen-Klst. Marienthron.** 1251, erweitert 1277. Reste in der jetzigen Superintendentur.
Frauen-K. beg. um 1230—40. 3sch. rom. Pfl.Basilika von regelmäßiger kreuzf. Anlage. Hauptchor gerade geschlossen, am Qsch. ½ kr. Nebenchöre. Der WBau mit 2 Türmen, im Gr. etwas schmäler als das Lhs., noch in rein rom. Formen; die Türme in 3 Freigeschossen; zwischen ihnen Glockenstube mit 3 gekuppelten Öffnungen, der Giebel darüber von der Rest. 1888. Das Lhs. in 4 Pfeilerarkaden von schlichtesten spitzbg. Formen, die ursp. flache Decke im 15. Jh. durch Gewölbe ersetzt. Am Chorschluß Gruppe von 3 hohen schmalen spitzbg. Fenstern. Die Rippengwbb. der Nebenchöre hochgot. — Denkmäler 1693—1760.
[**Nicolai-K.** 1sch. Anlage aus 13. und 16. Jh., 1888 abgebrochen. — Schnitzaltar, hervorragende Arbeit von 1519, geringeren Wertes die Gemälde von 1530. Jetzt in der Gottesacker-K. Schallgefäße. Lange Reihe von Bildnissen jetzt im Stadthause.]
Augustiner-K. (bei der Landesschule) 1290, überarbeitet A. 15. Jh. Rck. von 57,5 : 15 m; ursp. flach; Emporen 1684. — Denkmäler und Bildnisse ohne Bedeutung.
Gottesacker-K. 1556, einfach rck. — Grabplatten und Denkmäler ohne Bedeutung. Auf dem Kirchhof manche charakteristische Arbeiten des 18. Jh.
Schloß. 1200 genannt. Aus A. 13. Jh. schönes großes Fenster, vier schmale, durch zierliche Säulchen getrennte, spitzbg. geschlossene Öffnungen werden von einem rundbg. Blendbogen zusammengefaßt, in dessen Feld ein Vierpaß. Weiter ausgebaut E. 14. und A. 16. Jh.; aus beiden Epochen Bauformen erhalten. — **Rathaus** 1442, Freitreppe 1585, Giebel um 1600. — **Knabenschule** an der Frauen-K. 1614. — An **Wohnhäusern** meist nur einzelne Teile aus älteren Epochen. — **Altertums-Museum.**

GRIMMENTAL. Sachsen-Meiningen Kr. Meiningen.
Ehem. **Wallfahrts-K.** 1809 abgebrochen. Bauinschrift 1499 neben dem Portal des 1547 erb. Spitals eingemauert. [Der berühmte Altar jetzt in Gräfentonna.]
Linde mit Treppen und gezimmertem Boden, gilt für einen der ältesten Bäume Deutschlands.

GRÖBA. Sachsen AH Großenhain.
Dorf-K. 1720. — Denkmäler der Nitzschwitz und Arnim. — Stattliches Herrenhaus um 1700. Im Park Sandsteinstatuen.

GRÖDITZ. Sachsen AH Bautzen.
Dorf-K. Neubau 1902. Erhalten ein rom. Sl.Portal um 1200, Granit. — Grabdenkmäler des 17. und 18. Jh., v. Ziegler und v. Metzrodt.
Schloß. Einfach bar. 1738 mit Benutzung von got. Teilen.

GROITZSCH. Sachsen AH Borna.
Frauen-K. Ursp. rom. Pfl.Basilika; davon der Unterbau des Schiffes; sonst verändert.
Aegidien-K. Von der rom. Anlage der Turm erhalten.
Burg. Zerstört bis auf eine rom. Rundkap. mit ¾ kr. vorspringender Altarnische; das Mauerwerk bis auf 2,5 m erhalten; lichter Durchmesser 3,3.

GROSSBARTLOFF. Pr. Sachsen Kr. Heiligenstadt.
Dorf-K. (kath.). Anständiger Bar.Bau 1740, 4 Kreuzgwbb., außen Pilastergliederung in Sandstein. WTurm 1551. — 2 Nebenaltäre in Stuckmarmor. Schöne Kanzel. Taufstein aus der älteren K. bez. 1606.

GROSSBODUNGEN. Pr. Sachsen Kr. Worbis.
Dorf-K. Bar. — **Schloß.** Quaderbau von 1331, Türen und Fenster 1584. — **Amtsgericht.** Schöner Fachwerkbau mit Erker 1660.

GROSSBREITENBACH. Schwarzb.-Sondersh. LA Gehren.
Stadt-K. 1680, einfach geräumig.

GROSSCORBETHA. Pr. Sachsen Kr. Weißenfels.
Dorf-K. Chor aus guter got. Zeit (die Inschrift 1298 nicht ursp.), Schiff A. 16. Jh., das stuckierte Holzgwb. 1700 von *Antonio Perri*. — Steinerne Kanzel 1627, Altar 1696.

GROSSECKMANNSDORF. Sachsen AH Dresden-N.
Dorf-K. 1701 auf Gr. aus 16. Jh. Anlage und Ausstattung bezeichnendes Beispiel des Zeitstils. Gut aufgebauter Altar 1706; Emporen mit biblischen Malereien, handwerklich, aber nicht ungeschickt; flache Decke mit Kehle; bewegte Dachlinie.

GROSSENBEHRINGEN. Sachsen-Gotha LA Waltershausen.
Schloß der Herren v. Wangenheim 1547.

GROSSENHAIN. Sachsen Amtshauptstadt.
Stadt-K. Mit Benutzung der abgebrannten ma. K. 1748 erneuert und erweitert von *J. G. Schmidt* in Dresden (Schüler *Bährs*). Die Idee der protestantischen Predigtkirche klar und nachdrücklich ausgesprochen. Über dem alten ($^5/_8$) Chor der Turm (ausgebaut erst 1801), das Schiff nach O durch eine gerade Quermauer abgeschlossen, der Altar (darüber Kanzel und Orgel) in der Mitte

der nördl. Langseite, ihr gegenüber an der SSeite vorspringender breiter Querflügel; also Erweiterung der „Querkirche" zu T-förmigem Gr. Die Muldendecke wird von rundbg. Arkaden mit korinth. Sll., die der Linie der Umfassungsmauern folgen, getragen. Die K. faßt 2000 Personen. — Schöne got. Kelche. Großer Kanzelaltar 1755.
Ruine des **Nonnen-Klst.** 2. H. 15. Jh. Das Refektorium mit Zellengwb. jetzt Bierkeller. Mächtiges Schütthaus.

GROSSENLUPNITZ. Bez. Eisenach.
Dorf-K. 1668 und 1716. Altarschrein 1516, die Schnitzbilder gehören zu den besten dieser armen Gegend; auch die Gemälde der Flügel zu beachten.

GROSSENLÜDER. RB Cassel Kr. Fulda.
Kirche. Erhalten der Chor im Übergangsstil des 13. Jh. Quadr. Vorchor mit Kreuzgwb., darüber Turm, mehrmals erhöht, der beschieferte Helm mit Erkertürmchen 16. Jh. Die Apsis polyg., die Fenster ungeteilt spitzbg. mit rom. Gewändform. An den äußeren Ecken der Apsis 2 aufeinandergestellte Sll. mit Blattkaptt. und att. Basen, rundbg. Fries. Reiches Portal mit Kleeblattbogen. Fassade 1734 mit großen skulptierten Stiftswappen. Die Sakristei mit Tonnengwb. und ½ kr. Apsis offenbar der Chor der ältesten Kirche (gegr. 822). — Grabmal der Jutta v. Boyneburg 2. H. 16. Jh.

GROSSENSEE. Sachsen-Weimar VB Eisenach.
Dorf-K. Turm über dem Chor 1480, Sch. 1650.

GROSSFAHNER. Sachsen-Gotha LA Gotha.
Kirche. Herstellungsbau von 1653 und 1678. Im Sch. noch 5 rom. Scheidbögen des ehemaligen nördl. Ssch. aus 12. Jh. zu erkennen. — 2 **Schlösser** der Frhr. v. Seebach um 1680 und 1722. Wappentafel bez. 1502. Im Innern einige Räume in reicher Barockausstattung.

GROSSFURRA. Schwarzb.-Sondersh. LA Sondershausen.
Dorf-K. S. Bonifazius. Im Kern rom., 1326 den Zisterz.-Nonnen überwiesen. Interessante Anlage. 1sch. mit 2 rechteck. Türmen am Ostende des flachgedeckten Lhs. und kreuzgewölbtem Chor.

GROSSHARTAU. Sachsen AH Bautzen.
Dorf-K. 1794. Feines Buchsbaumkruzifix um 1700. Schöner Wappengrabstein um 1500.
Schloß 18. Jh., neuerdings sehr verändert. Erhalten die stattliche französische Parkanlage mit Sandsteindekoration.

GROSSHEIRATH. Sachsen-Coburg LA Coburg.
Kirche 1463 und 1513. Chor mit Kreuzgwb. 3geschossige Empore 17. Jh. Der sehr hohe obere Teil des Turms 17. Jh. mit Schweifkuppel und Arkaden 1720.

GROSSHENNERSDORF. Sachsen AH Löbau.
Schloß. Große unregelmäßig 4flügelige Anlage, mit Benutzung älterer Teile nach 1676 für M. v. Gersdorf zurechtgemacht und erweitert. Verwahrlost.

Katharinenhof. Erb. 1726 von Sophie v. Gersdorf als Armen- und Waisenhaus.

GROSSHEUBACH. UFranken BA Miltenberg.
Kirche. 1609, erweitert 1738. An der rechten Seite des Turms Epitaph von *Mich. Juncker d. A.* Ölberg Werkstatt der Juncker. **Rathaus,** schöner Fachwerkbau auf massivem Erdgeschoß 1611.

GROSSKMEHLEN. Pr. Sachsen Kr. Liebenwerda.
Dorf-K. Umbau des 18. Jh. — Im Altarbau von ca. 1620 sind 2 niederländische Schnitzaltäre (von *Jan Bormann?*) kombiniert, wahrscheinlich Geschenke der dänischen Gemahlin des Kurf. Christian II. (vgl. Prettin). Die Flügelgemälde sehr verdorben und schwer zu beurteilen. Moseskanzel aus Stein. In der Turmhalle großes Triumphkreuz. Grabsteine des sp. 17. Jh.
Schloß. Wasseranlage des 16. Jh., 3geschossig mit runden Ecktürmen.

GROSSKOCHBERG. Sachsen-Meiningen Kr. Saalfeld.
Dorf-K., rom., Turm über dem quadr. Chor, übrigens 15. und 18. Jh. — Schnitzaltar vom Saalfelder „Meister der Baldachine", E. 15. Jh. — **Schloß,** einfache Sprenss. 16. und 17. Jh.

GROSSKRÖBLITZ. Sachsen-Altenburg LA Roda.
Vom ehemaligen **Edelhof** das schöne sprenss. Hoftor.

GROSSLANGHEIM. UFranken BA Kitzingen.
Pfarr-K. Umbau von 1596, Turm um 1400. — Lobenswerter Hochaltar um 1700, gleichzeitig der Taufstein, später das Chorgestühl. Auf den Seitenaltären gute (leider neu bemalte) Holzskulpturen des fr. 16. Jh., ausgezeichnet besonders eine Pietas von einem mit Riemenschneider nur entfernt verwandten Künstler um 1520. Außen Ölberg, lebensgroße Sandsteinfigg., handwerklich.
Antonius-Kap. 1399. Über dem Portal Figurennische mit dem Wappen der Teck, Castell, Hohenlohe und Montfort, um 1400. Auf dem (neuen) Hochaltar Grablegungsgruppe um 1500, als Antependium interessantes Relief, Bestattung des Eremiten Paulus durch Antonius, um 1500. Die großen Holzfigg. an der Chorwand, Jakobus und Antonius, in etwas manierierter Gefühlsseligkeit. Reich bewegte Kreuzigungsgruppe um 1750 (vom ehemaligen Hochaltar).
Stattliche **Häuser,** mehrfach mit Marienbildern des 18. Jh. geschmückt. — Bildstöcke 1501, 1513, 1713, 1795.

GROSSLÖBICHAU. Sachsen-Weimar VB Apolda.
Dorf-K. Im Chor Sakramentshaus 16. Jh. Frgot. Kruzifix. Schnitzaltar aus Altenburger Werkstatt, vgl. Maua.

GROSSMÖLSEN. Sachsen-Weimar VB Weimar.
Dorf-K. gilt für eine der ältesten Stiftungen in Thüringen; das jetzige Gebäude Gemengsel aus den letzten 4 Jahrhunderten. —

Taufgestell, Kanzel und Gestühl 1723; dem Kanzelbau eingefügt 2 gemalte Flügel 1520 von *Peter v. Mainz* mit den 7 Freuden und 7 Leiden Marias; ikon. Grabstein 1612.

GROSSNEUHAUSEN. Sachsen-Weimar VB Apolda. Stattliche **Dorf-K.** 1729 mit opulenter Ausstattung. — **Schloß** der Grafen v. Werthern-Beichlingen 1710.

GROSSOLBERSDORF. Sachsen AH Marienberg. **Dorf-K.** Gemengbau 16.—18. Jh., Altarwerk um 1645 mit den knienden Alabasterfigg. des Stifters Hildebrand v. Einsiedel, wohl von *Joh. Böhm* in Schneeberg. Eigenartig prächtiger Kelch des Freibergers *Samuel Klemm.*

GROSSOSTERHAUSEN. Pr. Sachsen Kr. Querfurt. **Dorf-K.** Die stattlichste got. des Kreises. Die Form der Streben und Fischblasenfenster des 3seitigen östl. Schlusses weisen auf ca. 1500; wohl älter in der Anlage der breite, nur vom Schiff aus durch ein Pförtchen zugängliche WTurm, dem ein hohes Zeltdach zwischen polyg. Ecktürmchen einen charaktervollen Umriß gibt. — Bmkw. spgot. Schnitzaltar mit den 14 Nothelfern. Eleganter renss. Taufstein 1594. Pastorengrabsteine 17. Jh.

GROSSOSTHEIM. UFranken BA Aschaffenburg. **Dorf-K.** mit rom Chor, sonst got. und bar. 7figurige Gruppe der Beweinung Christi, Holz, um 1501. — Vor dem Ort Kapelle mit dem Wappen des Mainzer Kurfürsten Uriel von Gemmingen 1513. Darin eine gleichzeitige Kreuzigungsgruppe aus Sandstein. Nach den äußeren Umständen könnte eine Arbeit aus der Werkstatt *Backofens* vermutet werden, was näher untersucht werden müßte.
Reste ma. **Stadtbefestigung.**

GROSSPÖTEWITZ. Pr. Sachsen Kr. Weißenfels. **Dorf-K.** OTurm rom. mit got. Chor, 3sch. got. Hallenkirche. Die außen eingemauerten Reliefs scheinen älter. — Großer und vortrefflich erhaltener Schnitzaltar; Sakramentsnische.

GROSSRÖHRSDORF. Sachsen AH Kamenz. **Dorf-K.** Großer Saalbau von 1731, ansehnlich ausgestattet. Einige Reste von spgot. Altarplastik.

GROSSSCHÖNAU. Sachsen AH Zittau. **Dorf-K.** 1705. Stattlicher Emporensaal (14 m br.) mit 3seit. Schluß. — Altarbau 1802 mit Gemälde von *J. E. Zeissig* in Dresden, genannt *Schenau,* 1786. — Bildnisgrabsteine des H. v. Nostitz † 1607, des Malers Schenau † 1806. — Ansehnliche Bauernhäuser.

GROSSSCHWABHAUSEN. Sachsen-Weimar VB Apolda. **Dorf-K.** Gilt als typisches Beispiel einer frührom. Missionskapelle; got. und bar. verändert.

GROSSSEDLITZ s. Sedlitz.

GROSSSTECHAU. Sachsen-Altenburg LA Altenburg. Hübsche spgot. **Dorf-K.**

GROSSTHIEMING. Pr. Sachsen Kr. Liebenwerda.
Dorf-K. 1sch. mit 3seit. got. Chor und 8Eckturm von 1629. — Guter Renss.Altar mit Gemälde um 1620.

GROSSWALBUR. Sachsen-Coburg LA Coburg.
Dorf-K. Der rom. Chorturm mit spgot. Achteckaufsatz und bar. Helm steht seit der Erweiterung von 1477 in der Mitte; das Lhs. noch einmal 1748 erneuert. — Hübsche spgot. Sakramentsnische. Kanzel 1538. Mehrere gute Kelche aus 17. Jh.

GROSSWEITZSCHEN. Sachsen AH Döbeln.
Dorf-K. Der WTurm rom., alles übrige stillos verbaut. — [Schnitzaltar aus 16. Jh. im Dresdener Altert.-Ver.]

GROSSWELZHEIM. UFranken BA Alzenau.
Kirche neu. Interessante Holzfig. der Muttergottes um 1530.

GROSSWENKHEIM. UFranken BA Kissingen.
Dorf-K. Turm frühes 15. Jh. Kirche 1769—72. Deckenbild von *J. P. Herrlein.* Pietas aus Gußstein 1. H. 15. Jh. Monstranz E. 16. Jh. Auf dem Kirchhof: Denkmal des letzten Abtes von Bildhausen † 1812.

GROSSZSCHOSCHER. Sachsen AH Leipzig.
Dorf-K. von rom. Gründung; OTurm und Chor spgot. Altar und Herrschaftsstübchen charakteristische Arbeiten E. 17. Jh.

GRUB AM FORST. Sachsen-Coburg LA Coburg.
Pfarr-K. Rom. Anlage mit spgot. und noch späteren Veränderungen. Holzdecke 16. Jh. — Geschnitzte **Fachwerkhäuser** 17. Jh. — **Dorf-K.** Chorturm mit rom. Kern, Lhs. 16. und 17. Jh. — Sandsteinkanzel 16. Jh. — **Brunnen** mit Tritonen und Nereiden 1720.

GRUBNITZ. Sachsen AH Grimma.
Dorf-K., Kernbau wesentlich rom.

GRUMBACH. Sachsen AH Meißen.
Dorf-K. Die Türen der Nordwand wohl 13. Jh. Sonst wesentlich A. 17. Jh. Die flache Felderdecke 1673 von *Gottfr. Unger* mit lebendig erzählten biblischen Szenen ausgemalt. Prunkvoller Altarbau 1688, das exaltierte Statuenwerk von *J. F. Richter* aus Meißen.

GRUNAU. Sachsen AH Zittau.
Kathol. K. 1739.

GRÜNAU. UFranken BA Marktheidenfeld.
Ehem. **Karthause,** gestiftet 1328. Von dem ehemals ziemlich ausgedehnten Baukomplex stehen nur mehr unbedeutende Reste des 17. und 18. Jh.

GRÜNHAIN. Sachsen AH Schwarzenberg.
Vor der Stadt die Trümmer des reichen **Zisterzienser-Klst.** gleichen Namens.

GRÜNLICHTENBERG. Sachsen AH Döbeln.
Dorf-K. 18. Jh. Der eigenartige Turm auf rom. Grundmauern. — Lebensgroßer Kruzifixus A. 16. Jh. — Schnitzaltar 1431; ein zweiter E. 15. Jh.

GUDENSBERG. RB Cassel Kr. Fritzlar.
Stadt-K. 1sch. got. Das Sch. seiner Gwbb. und Strebepfeiler beraubt. Der etwas schmälere Chor hat 1 Joch und Schluß aus dem 6Eck. Rippenprofil geschärfter Rundstab. Im Maßwerk 2 Spitzbgg. ohne Nasen, darüber großer 3Paß.
Spital-Kap. spgot., auch die alten Spitalgebäude vollständig erhalten. — **Schloßruine,** seit 1388 in Trümmern.

GÜGEL bei Scheßlitz. OFranken BA Bamberg.
Wallfahrts-K. auf hoher Felskuppe. 1398, 1439, 1499 mehrfach verändert, besonders 1612. — Hochaltarblatt 1616/20 von *Fuger* (Fukher). Die auf Chor und Schiff verteilten Alabasterstatuen der 14 Nothelfer in Muschelnischen 1611 von *Mich. Kern.* Schöne Wappensteine mehrerer Bischöfe.

GUMPERDA. Sachsen-Altenburg LA Roda.
Dorf-K. rom. Die späteren Veränderungen greifen weniger tief ein als gewöhnlich; 2 Türen mit plumpen Tympanonskulpturen, ungewöhnlich der Gegenstand: Sündenfall, Adam grabend und Eva spinnend. — Schnitzaltar bald nach 1400 (also einer der ältesten des Gebietes), 13 Heilige unter Baldachinen, Abschluß nach oben gerade.

GUNDORF. Sachsen AH Leipzig.
Dorf-K. rom. Anlage. Emporen und Gestühl in guter Behandlung A. 18. Jh. [Flügelaltar gegen 1400 im Dresdener Altert.-Ver.].

GÜNTERODE. Pr. Sachsen Kr. Heiligenstadt.
Dorf-K. 1713. Wertvoller got. Schnitzaltar (aus Erfurt?).

GÜNTERSLEBEN. UFranken BA Würzburg.
Pfarr-K. Turm unten rom., Chor um 1400. Spgot. Tympanon mit blindem Maßwerk, in welches Figürchen eingestreut sind. — Rok.Altar mit guter Kreuzigungsgruppe. Schöne Monstranz um 1710, augsburgisch. — An einem Hause gute got. Madonna, Stein.

GÜNTHERSLEBEN. Sachsen-Gotha Kr. Gotha.
Dorf-K. rom. WTurm, sonst 17. Jh.

GUTMANNSHAUSEN. Sachsen-Weimar VB Apolda.
Dorf-K. 18. Jh., gut rest. Gutsgebäude, wirkungsvoller Bau um 1700.

GUTTAU. Sachsen AH Bautzen.
Dorf-K. nach Brand 1813. — Aus derselben Zeit das streng-anmutige **Herrenhaus,** 1stöckig, in der Mitte offene Halle mit dor. Sll.

GUTTENBERG. OFranken BA Stadtsteinach.
Pfarr-K. um 1800, Grabmäler 16.—18. Jh.
Schloß, malerischer Komplex, großenteils 18. Jh., Zwinger und Tor aus sp. Ma. Schöne Wappentafel 1482.

GÜTZINGEN. UFranken BA Ochsenfurt.
Dorf-K. mit guter Bar.Ausstattung (aus dem Würzburger Hofspital); Gemälde von *Onghers.*

H

HAARHAUSEN. Sachsen-Gotha LA Gotha.
Dorf-K. rom. OTurm, sonst got. und bar.

HABESBURG (Habichtsburg). Sachsen-Meiningen.
Burgruine sehr zerstört.

HAFENLOHE. UFranken BA Marktheidenfeld.
Pfarr-K. Holzfig. St. Blasius, handwerkliche Arbeit des späten 13. Jh., lebensgroß, gut überarbeitet. Sandsteinfig. St. Eucharius um 1350.

HAIMBACH. RB Cassel Kr. Fulda.
Kirche modern. Turm in zierlichen sprom. Formen.

HAIN B. HERINGEN. Pr. Sachsen Kr. Sangerhausen.
Dorf-K. rom. Turm über dem Altarhaus, kleine ½ kr. Apsis.

HAIN B. STOLBERG. Pr. Sachsen Kr. Sangerhausen.
Dorf-K. rom. Anlage wie in Hain b. Heringen.

HAINA. Sachsen-Meiningen Kr. Hildburghausen.
Pfarr-K. 1497, polyg. Chor mit Sterngwb., Sch. flach. — Kanzel 1622; Altarbau 1733; ziemlich guter ikon. Grabstein 1424.

HAINA. RB Cassel Kr. Frankenberg.
Ehem. **Zisterzienser-Klst.** Hierher verlegt 1221. Ein Weiheakt 1224 kann sich nur auf die ersten Anfänge des Kirchenbaues beziehen. Weiterhin fehlen alle sicheren Nachrichten. Der Grundriß einheitlich im normalen Schema des Ordens: Chor rck. mit plattem Schluß, an der OWand des Qsch. je 3 Kapp., Lhs. von 9 Jochen. In der Ausführung 3 Abschnitte. 1. Unterbau der OTeile rein rom., auch die aus dem Kreuzgang (OFlügel) in das erste Joch des Lhs. führende Tür rundbg., wenn auch mit gotisierendem Blattwerk. 2. Übergang zum Hallensystem und zur frühgot. Stilform unter einer wesentlich französisch gefärbten Bauleitung, ohne Anklänge an den deutschen Übergangsstil. Der jüngste Bearbeiter der Baugeschichte von H. (O. Liemke) setzt den Eintritt des got. Meisters 1224 bis 1228 und erklärt H. für den zweitältesten rein got. Bau in Deutschland, unmittelbar nach Wetzlar und vor Marburg. Diese Behauptung enthält nichts geradezu Unmögliches, aber es fehlt ihr doch auch jede festere Begründung. Die Schulrichtung ist dieselbe wie in S. Elisabeth (Mutterschule Soissons), und ich halte es noch immer für das wahrscheinlichste, daß sie in Hessen zuerst hier eingesetzt hat. Danach wären die ältesten got. Teile in H. in die 40er Jahre zu setzen. Es ist der Oberbau von Chor und Qsch. Die Fenster sind hier 2teilig, der große Kreis der Krönung mit Sechspaß ausgesetzt (in Marburg noch glatt), besonders schön das 2 × 2 geteilte große Fenster des Chorschlusses. Die Fenster der 5 östl. Langhausjoche bleiben 2teilig, nehmen aber Kleeblattbogen an und in der

Krönung eine Gruppe von Dreipässen. — Das angenommene Verhältnis zu Marburg bezieht sich nur auf die OTeile. Mit der Annahme des Hallensystems könnte H. im Vorsprung gewesen sein. Der Querschnitt ähnelt in der Schmalheit der Sschiffe und der starken Stelzung ihrer Gwbb. dem Marburger, in der weniger steilen Höhenproportion den westfälischen Hallenkirchen. Enorm stark im Verhältnis zur Arkadenöffnung sind die Pfeiler. Ihre Zusammensetzung wie in Marburg, nur daß der dem Quergurt entsprechende Dienst in 4 m H. auf einen Kragstein gesetzt ist. Das Wandsystem ist 2geschossig und im Erdgeschoß sehr stark (2 m), auf der NSeite durch Nischen mit kleinen Fenstern gegliedert, auf der SSeite (wegen des Kreuzganges) ohne Durchbrechung; im 2. Geschoß dünne Wandung, Strebepfl., Fensterdurchbrechung. 3. Die 4 WJoche und die WFront 1. H. 14. Jh. Das System bleibt dasselbe, verändert ist das Detail, am auffälligsten in den Maßwerkformen. — Am 6. Pfeilerpaar Lettner E. 13. Jh. in schlichten, spröden got. Formen. Im Chor Wandtabernakel 1. H. 14. Jh. von schärfster Feinheit der Meißelarbeit. — Chorstühle 14. Jh. — Grabsteine der Grafen v. Ziegenhain (der letzte † 1450). Steinrelief, auf Landgraf Philipps Klosterreformation bezüglich, 1542. — Glasmalereien des 14. Jh., grau in graue Teppichmuster (mehrere neu). — Glocke im Dachreiter älter als dieser, 1225 vom Erzbischof von Mainz geweiht und mit dessen Siegel versehen.

Klostergebäude (jetzt Irrenanstalt). OFlügel des Kreuzgangs E. 13. Jh., S- und WFlügel 1. H. 14. Jh., NFlügel 1858. Im O 2 Säle, jeder mit 2×3 Kreuzgwbb. Im S Refektorium, 2×5 Gwbb. (Obergeschoß neu), westl. anschließend die Küche, östl. die sog. Wermutskammer. Die Gebäude am westl. Flügel mit dem Sommerrefektorium 15. Jh.

HAINDORF. RB Cassel Kr. Schmalkalden.

Marien-K. 1449. Unsymmetrisch 2sch. Hallenkirche. Der Chor entspricht dem Msch. WTurm. — Sakramentshäuschen spgot. — Steinskulptur (Krippe) unter einem von 4 Pfosten getragenen Baldachin, der Figg. beraubt. — In der Sakristei Gewölbemalerei.

HAINEWALDE. Sachsen AH Zittau.

Dorf-K. 1705, Anlage nach dem Muster von Bertsdorf. Innenausstattung im ursp. Zustande. Recht hübsch die Orgel. Charakteristische Denkmäler. — Auf dem Friedhof Kanitz-Kyausche Gruftkapelle in reicher bar. Nischenarchitektur mit allegorischen Figuren.

Altes und neues **Schloß**, 1564 und 1749; großartiger Terrassengarten.

HAINICHEN. Sachsen-Weimar VB Apolda.

Kirche mit rom. Portal, etwa 1. H. 12. Jh., sonst 15. und 17. Jh.

HALLBURG. UFranken BA Gerolzhofen.

Von der **Burg** (als kastellisch zuerst erwähnt 1230) stehen noch der ma. Bergfried und ein langgestreckter rck. Bau.

HALLE A. S. Pr. Sachsen Saalkreis. [D.]
Dom (zum ehem. Moritzstift). Erbaut um 1300—1350 als Dominikaner-K., 3sch. Halle von 8 Jochen mit leicht überhöhtem Msch., kurzer 1sch. Chor mit $^5/_8$ Schluß, 8eck. Pfll. ohne Kaptt. Außenbau turmlos. Ganze L. 68 m. — 1520—23 durch Kardinal Albrecht von Brandenburg, Erzbischof von Mainz und Magdeburg ohne tiefgreifende Veränderungen umgebaut. Die Gewölbe alt. Die Emporen der Ssch. unter Albrecht eingebaut, im 17. Jh. erneuert. Das Dach nach den 3 Schiffen zerlegt, über den Abseiten in dichter Reihung Renss.Zwerchhäuser (Backstein) mit ½ kr. Giebeln. — Von erheblichem kunstgeschichtlichem Interesse die plastische Ausstattung. Mit ihr hielt die Renaissance ihren Einzug in Obersachsen. Die erstaunlich kurze Zeit der Ausführung (1523 bis 1526) setzt eine stark besetzte Werkstatt voraus. An ihrer Spitze stand als Figurenbildhauer, doch auch als Dirigent des Ornaments, ein Schüler *Hans Backofens* aus Mainz (wohl von demselben die Kreuzigungsgruppe in Hessental von 1519). Auch das Material (Tuff) ist rheinisch. An den Portalen trat ein Architekt hinzu, der eingehende und verständnisvolle Studien in der Lombardei (Certosa, Como) gemacht hatte. 1. Die zwei Weihetafeln an der NWand des Innern, bez. 1523, das prachtvolle Wappen des Kardinals in Ädikula, dazu die hll. Erasmus, Moritz und Magdalena. 2. Sakristeitür und südl. Außenportal bez. 1525. 3. Kanzel bez. 1526, nicht groß, aber von höchstem plastischem Reichtum. 4. An den Pfeilern des Inneren großartiger Statuenzyklus (Christus, elf Apostel, Paulus und Mathias und die drei Titelheiligen der K.); die reiche Abwechslung der Körper- und Gewandmotive, die eindringende Charakteristik der Köpfe, das ganze Pathos der Empfindung und das malerische Formgefühl, dies alles ist im Wesen schon barock. [Die vom Kardinal gestifteten mobilen Kunstwerke kamen, als Halle die Reformation annahm, nach Aschaffenburg; *Grünewalds* Tafel mit den hll. Erasmus und Mauritius jetzt in der Pinakothek zu München.] Chorgestühl von spgot. Charakter mit einigem Renss.Einschlag. Emporen und Altar M. 17. Jh.

Markt-K. U. L. Fr. Ursp. standen hier dicht hintereinander 2 Kirchen, S. Marien und S. Gertruden. Kardinal Albrecht von Brandenburg ließ sie 1529 abbrechen bis auf die Türme und verband diese durch einen Neubau, das jetzige Lhs. Charakteristisches Werk der spätesten Gotik im Anschluß an die Schule des sächsischen Erzgebirges. 3sch. schlanke Hallenkirche von zehn schmalen Jochen; die Sschiffe noch einmal geteilt durch eingebaute steinerne Emporen. 8eckige Pfll. mit glatten, im Gr. konkav gekrümmten Flächen. Das wirre Rippenwerk der Netzgewölbe hat keine struktive Bedeutung mehr und verschmäht auch formal jeden Zusammenhang mit den Stützen. Ein gesonderter Chor fehlt. Das östl. Turmpaar (vor der Marien-K.) sprom., Obergeschosse got., durch eine Brücke verbunden. Die Hauben von 1551 aus SpGotik und Renss. gemischt, interessant als Vorstufe zu dem norddeutschen Bar.Typus. Im W die „blauen Türme“, spgot. mit rom. Resten, ihre Helme entwickelten sich ehemals aus einer Krönung von 8 kleinen Giebeln, die 1913 auf Grund eines alten Modells der Kirche (ca. 1695—1704) wieder hergestellt sind. Das Hauptportal ein Muster jener komplizierten Stabwerkverflechtungen und Überschneidungen, in denen sich besonders die sächsische Schule gefiel. In den Profilen der Rippen und der Fenstergewände herrschen matte Hohlkehlen. Die steinernen, ehemals reich bemalten und vergoldeten E m p o r e n (von *Nickel Hofmann* 1550—1554) geben eine interessante Verbindung von got. Strukturformen mit renss. Ornament. Eine zierliche, doch höchst verzwickte, lediglich mit geometrischem Ornament rechnende Komposition ist die K a n z e l aus Sandstein; der Meister sucht nach neuen Formen, aber kommt von den alten nicht los. Ausgeprägte Renss. in dem Tafel- und Stuhlwerk über den Emporen, 1562—1575 von *Ant. Pauwart* aus Ypern in Flandern. Die weiteren Wandlungen des Ornaments veranschaulichen die B r ä u t i g a m s s t ü h l e, eine ausgezeichnete Arbeit von 1595. Aus derselben Zeit der originelle S c h a l l d e c k e l der Kanzel (1596). T a u f k e s s e l 1430 gegossen in Magdeburg von *Ludolf v. Braunschweig* u. s. Sohne Heinrich. Großer W a n d e l - a l t a r mit je 3 Flügeln, in allen Teilen gemalt, 1529 von einem Cranachschüler. An der OWand des nördl. Ssch. T a f e l b i l d, Christus die Wechsler vertreibend, bez. 1498, in der Sakristei gotischer Schrank mit reichem Beschlagwerk.

Moritz-K. Hallenkirche von 8 schmalen Jochen bei breitem Msch.; Schluß mit 3 Polygonalchören in gleicher Flucht. Die 4 OJoche und der Chor 1388 ff.; die westl. Hälfte (an Stelle des bis dahin bestandenen rom. Sch.) M. 15. Jh. Die beabsichtigten westl. Doppeltürme nicht ausgebaut. Die Gwbb. 1557 rest. Im Äußeren sind die Strebepfeiler der östl. Hälfte mit Stäben, Giebeln und blinden Fialen überreich dekoriert; die westl. einfach; die Fenster mit Eselsrücken und Scheitelblumen. — Im Innern mehrere S t e i n s k u l p t u r e n von *Konrad v. Einbeck* (welcher auch die äußere Dekoration der östl. Teile geleitet hat, von ihm hier vor allem figurierte Konsolen über den Chorfenstern z. B., auf 6 Konsolen verteilt, Anbetung des Kindes, nur das Kind in ganzer Figur, alles andere in Kopfdarstellungen): an einem Pfl. S. M o r i t z v. 1411, derbe Figur in genauer Zeittracht; in der SOVorhalle E c c e h o m o von 1416, im Nackten aufmerksame Naturbeobachtung, klagende Maria und C h r i s t u s an der Martersäule und ein R e l i e f mit der Anbetung der drei Könige — alles mit Künstlerinschrift. Eine B ü s t e im nördl. Nebenchor, von höchst bmkw. Energie der Individualisierung, gilt für Konrads Selbstbildnis, ist aber etwas jünger. — A l t a r: Mensa mit rom. Ornament, großes und wertvolles Retabel mit 3fachen Flügeln, im Mittelschrein Schnitzfiguren, die Gemälde 1511 von *Georg Jhener* von Orlamünde. — Steinerne K a n z e l mit ausgedehnten Reliefs in konventionell italisierendem Stil, 1592 von *Zacharias Bogenkrantz;* Schalldeckel 1604.

Ulrichs-K. Zum ehemaligen Kloster der Marienknechte (Serviten). Spgot. unsymmetrische Halle; es fehlt das südl. Ssch.; beg. 1339, Gwb. in Netzform 1510. Tympanon (Marientod) 14. Jh. — Einfaches modern ergänztes Chorgestühl E. 14. Jh. Taufkessel v. 1430, ähnlich dem der Markt-K. und von denselben Meistern. — Altar: Mensa mit blindem got. Maßwerk bald nach 1339, der Schrein mit Doppelflügeln 1488. — Sakramentshäuschen um 1525, für die barocke Strömung dieser Zeit sehr bezeichnend; eine Ädikula in den Fr.Renss.Formen des Doms wird getragen von dem Stamm und umspielt von den Ästen eines Baumes in spgot. Stilisierung. — Kanzel, Holzschnitzerei von 1588, Schalldeckel von 1645. — In der Sakristei wertvolle Gefäße, darunter Weinkanne und Hostienbüchse 1580, emaillierter Kelch 1654.

Neumarkt-K., 15. und 17. Jh. mit wenigen rom. Resten. Sandstein-Taufstein von 1478.

Glauchaische K., 1740, Gr. griech. Kreuz, Emporen.

Der **„rote Turm“**, freistehender selbständig gebauter Glockenturm 1418—1506. Erstes Geschoß Rechteck, die 2 folgenden verzogenes 8Eck. Schlanker Helm, die Ecktürmchen vielleicht erst aus M. 16. Jh. Der Sockelumbau aus Backstein neugot. 1825.

Betsäule 1455 auf dem Riebeck-Platz, rohes Relief der Kreuzigung.

Moritzburg, 1484—1503 erb. von Erzbischof *Ernst v. Magdeburg,* beendet durch einen Ostturm v. 1517 durch Erzb. Abrecht v. Brandenburg; durch einen Brand im 30j. Kriege schwer entstellt; von Kunstformen wenig übriggeblieben, zum Teil Ruine. Die Fenster im NFlügel bezeichnende Beispiele der sich auflösenden Spätgotik.

Rathaus, unregelmäßige Anlage aus 15. und 16. Jh. Die „neue Laube“ von 1558 würde als Renss.Versuch des Spätgotikers *Nickel Hofmann* interessieren, ist aber, wie alle älteren Teile, deformiert. Die Backsteingiebel zeigen die Maßwerkbekleidung in ödester Entartung. — Der **„kühle Brunnen“**, Haus des erzbischöflichen Günstlings H. Schönitz, vollständig verbauter Frührenss.-Bau nach 1522 mit ehemals reicher Innenausstattung. Im selben Charakter die **Residenz** seit 1530, ursp. als Kollegiengebäude für die vom Kardinal geplante Universität bestimmt. — **Wage** vor 1575, mit gutem Portal. — 2 Täfelungen 1594 und aus 17. Jh. aus dem **Talhaus** jetzt im städt. Museum in der Moritzburg eingebaut.

Stadtgottesacker auf dem Martinsberg, östlich vor der alten Stadtmauer. Nach innen offene Arkaden mit Grabkammern, einen verschoben vierseitigen Begräbnisplatz umgebend. 1558 von *Nickel Hofmann* begonnen, mit dem 94. Bogen erst 1594 vollendet, Pilaster u. Bogenzwickel dekorativ skulptiert mit Benutzung von Aldegrever Stichen.

Leipziger Turm, letzter Rest der alten Stadtbefestigung vor dem Leipziger Tor im Osten der Stadt. Hoher Rundbau, 15. Jh., Haube 16. Jh.

HALLENBERG. RB Cassel Kr. Schmalkalden.
Burgruine. Bis 1518 vom Grafen v. Henneberg bewohnt.

HALLSTADT. OFranken BA Bamberg. [D.]
Pfarr-K. 1013 vorhanden, jetziger Bau angeblich 1442. — Ansprechendes Beispiel einer nicht reich aber sorgfältig ausgeführten Kleinstadtkirche. Hallenbau. Die 3 Schiffe gleich hoch und gleich breit, Rundpfll., Kreuzgwbb., die Rippen auf Kragsteinen, im W Empore, sehr hohes Dach, ausgebauter Chor. Altäre und Gestühl bar., ansehnlich und von gutem Geschmack. Außen tüchtiger Quaderbau, leicht verzierte Strebepfll., Turm im NO, vor der Fassade 2 offene Barockkapp. mit Ölberg.

HAMMELBURG. UFranken BAmtsstadt. Inv.
Pfarr-K. Chor beg. 1389. Lhs. voll. 1461. Basilikale Anlage mit flachgedecktem Mschiff und netzgewölbten Sschiffen. Der Unterschied zwischen der elastischen Hochgotik des Chores und der spielerischen, derben Spätgotik im Lhs. sehr bedeutend; immerhin gehört der ganze Bau noch zu den besseren in dieser Gegend. — An der Außenseite got. und renss. Grabsteine, der inschriftlose mit Dreifaltigkeitsrelief wohl von *Peter Dell d. Ä.* Familienepitaph des Bürgers Mich. Ullrich 1620 von *Balth. Grohe*, Knorpelornament. 3 figurenreiche Kreuzwegreliefs um 1520. Altargerät A. 18. Jh.
Ehem. **Schloß** der Fürstäbte von Fulda, jetzt Bezirksamt. Einheitlicher Umbau unter FA. Adolf von Dalberg 1727. Vier Flügel um einen rechteckigen Innenhof, trockenes Spätbarock.
Marktbrunnen unter Baldachin. 1541 von *Joh. Schoner*. Frische und exakt durchgebildete Frührenss.Arbeit. Zusatz 1669.
Saalebrücke 12. Jh. Restaurationen 1526, 1682. Gute Sandsteinfiguren.

HANAU. RB Cassel Kreisstadt.
Marien-K. Die Erhebung zur Stifts-K. veranlaßte die Erbauung eines neuen größeren und mit Aufwand durchgeführten Chors 1487. 4 Joche im Längsteil, 3/8 Schluß; Netzgwbb. mit Wappenschmuck in den Schlußsteinen und reicher Meißelarbeit an Dienstsockeln und Konsolen; 3teilige Fenster mit reichem Fischblasenmaßwerk; hohl geschwungene Abdeckung der Strebepfll. Das Lhs. erneuert 1558—61; hölzerne Emporen in 2 Rängen; die Mauern niedriger als die des Chors, der Dachfirst in gleicher Höhe, Turm im südöstl. Winkel. — Der Chor diente 1451—1612 als Begräbnisstätte für das gräfliche Haus Hanau-Münzenberg. Die Grabsteine sind durchweg heraldisch, und es ist der Brauch festgehalten, Wappen und Inschriftrand in Bronze auf den Steinrand zu setzen. Einigen Grabsteinen sind Wandepitaphe beigegeben. Adriane v. Nassau † 1477, überlebensgroße, kniende

Steinfigur; Philipp III. † 1561, Standbild in flacher, von Konsolen getragener Nischen- und Pilasterarchit., gefällige, doch nicht bedeutende Renss.Arbeit, im Ornament hauptsächlich Groteskenwerk und Anfänge von Rollwerk; Helene von der Pfalz † 1579, Seitenstück zum vorigen, die Archit. pompöser, das Rollwerk hat breitere Ausdehnung gefunden, Hermen mit jon. Kaptt. (alles auf niederländischen Einfluß deutend), Philipp Ludwig I. † 1580, künstlerisch das beste Stück der Reihe, im Stilcharakter der internationalen Hoch-Renss., von *Johann Robyn* aus Ypern, das Standbild ungewöhnlich frei und herrenmäßig in der Haltung, der triumphbogenartige Aufbau klar disponiert und fein gestimmt in den Verhältnissen, treffliches Ornament, das Rollwerk mit großer Zurückhaltung. — Vom got. Chorgestühl 12 Wangenteile erhalten, ungewöhnlicherweise mit Porträtfiguren aus dem Grafenhause geschmückt. — Orgel 1696, gegen die sonstige Kahlheit des Innern durch ihr Prachtgehäuse (von *Franz Nagel* aus Miltenberg) auffallend abstechend. — An den Chorgwbb. Reste von Malerei 1909 aufgedeckt und rest.

Wallonisch-Niederländische K. (reformiert). Gegr. 1599. Ein größerer und ein kleinerer Zentralbau, jener 12Eck von 34,5 m Durchmesser, dieser 8Eck von 23 m Durchmesser, sind ineinander verschränkt. Der größere 1651 hinzugefügt, um der Zweisprachigkeit der Gemeinde Rechnung zu tragen. Umgänge von 12 resp. 8 Sandsteinsäulen tragen die flachen Decken und die nur 1geschossige Empore. Zugang zu der letzteren durch Treppentürmchen in den einspringenden Winkeln zwischen den beiden Kirchen. Die Scheidemauer durchschneidet auch den in der Mitte stehenden 8seitigen Turm. Beide K. sind gleichförmig ausgestattet, in calvinistischer Schlichtheit. Fenster rundbg. mit Maßwerk. An den Ecken Strebepfll. Besonders durch die ungeheuren, unter sich nicht gleichhohen, aber die Mauern an Höhe weit übertreffenden Walmdächer empfängt das Äußere einen ganz eigenartigen Umriß.

Johannes-K. (luth.) 1658—60. Einfaches Rck. mit Schluß in 3 Polygonseiten. Fenster spitzbg. mit ausgeartetem Maßwerk, schwere Barockportale. 1727 Erweiterung an einer Langseite. Gleichzeitig neue Ausstattung mit Marmorkanzel und reichem Orgelprospekt. Begräbnisstätte der letzten Grafen von Hanau-Lichtenberg.

Stadtschloß. Unregelmäßige Gruppe, meist Spätrenss., im heutigen Zustand kunstarm und interesselos.

Altstädter Rathaus. 1537—52. Oft verändert, jetzt whgest. Erdgeschoß ursp. offene Steinhalle, Obergeschosse Fachwerk mit Erkern. Eingebauter Justitiabrunnen. — Ein gegenüberliegender spgot. Erker vom älteren Rathaus.

Neustädter Rathaus. 1725—33 von Baudirektor *Hermann*. Gute Massenverteilung, derbstrenge Formen. Im Erdgeschoß Arkaden, teils offen, teils verblendet; 2 Obergeschosse mit leichtem Mittel-

risalit, dessen Giebelfeld mit Hochreliefs gefüllt ist; hohes gebrochenes Dach, auf dem First kleines Uhrtürmchen.
Gymnasium. 1664. Stattliches Portal, noch im Charakter der Spätrenss.
Fachwerkhäuser 16.—17. Jh., **Stadtmauerreste.**

HANNBERG. OFranken BA Höchstadt.
Dorf-K. befestigt.

HANSTEIN. Pr. Sachsen Kr. Heiligenstadt.
Bedeutende **Burgruine.** Zuerst genannt 1070 bei der Zerstörung durch König Heinrich IV. (damals im Besitz Ottos von Northeim). Später welfisch und seit 1209 mainzisch. Neubau 1308 ff. durch den Erzbischof und die Herren v. H., Erweiterungen 1414 und 1519, nach vergebl. Belagerung im 30j. Kriege E. 17. Jh. aufgegeben. Eine zentrische Anlage von mustergültiger Ausprägung. — Die Hochburg umschließt einen engen 5eck. Hof. Die Bestimmung der einzelnen Räume nicht sicher (teilweiser Ausbau 1838). Mauerwerk und Details mit einer im 14. Jh. nicht mehr gewöhnlichen Sorgfalt. Tiefer liegt in weitgespanntem Kreise die Zingelmauer. A. 16. Jh. Verstärkung durch Zwinger mit Rondellen. Die beiden größten Durchmesser sind 125 und 150 m.

HAPPERTSHAUSEN. UFranken BA Hofheim.
Dorf-K. modernisiert. Ausstattung und Holzfigg. 18. Jh. Bmkw. Madonna A. 15. Jh.

HARDISLEBEN. Sachsen-Weimar VB Apolda.
Dorf-K. 1496—1505, E. 17. Jh. durchgreifend erneuert, die Ausstattung in Stuck und Farben einheitlich. — Altaraufsatz „recht bedeutend".

HARLE. RB Cassel Kr. Melsungen.
Dorf-K. 1492. 1sch. mit 3 Jochen und polyg. Schluß. Großer WTurm, öffnet sich gegen das Schiff mit einer hölzernen Empore von 1589.

HARRA. Reuß j. L. LA Schleiz.
Dorf-K. Mischbau spgot. und barock. — Altarwerk A. 16. Jh. „sehr interessant" (so im Inv.).

HARRBACH. UFranken BA Gemünden.
Pfarr-K. Gute, klassizistische Ausstattung, gefertigt vom Schreiner *Schmidt* in Nordheim 1788. — An der Südseite Holzfig. der Madonna; teilweise ergänzt, würzburgisch, E. 15. Jh.

HARSDORF. OFranken BA Kulmbach.
Pfarr-K. OTurm got., Lhs. 18. Jh., hölzerne Doppelempore.

HÄRTENSDORF. Sachsen AH Zwickau.
Dorf-K. (fast neu) in burgähnlicher Lage, umgeben von fester Ringmauer. — Schöner Kelch A. 16. Jh. Taufstein und Sakramentsnische um 1500, in reicher, aber unfeiner Steinarbeit. Bildnisgrabsteine v. Wildenfels 1558, 1602. Glocke mit Reliefs M. 15. Jh.

HARTENSTEIN. Sachsen AH Zwickau.
Schloß (Fürst Schönburg). Von der Burg des Ma. Teile der Vorburg erhalten. Erneuerung 1570 ff. Familienbildnisse von *Meyner*, *Graff* u. a. — Im Dorf herrschaftlicher Witwensitz, ansehnlicher Fachwerkbau des 17. Jh.

HASLOCH. UFranken BA Marktheidenfeld.
Pfarr-K. Am neuen Altar spgot. Flügelbilder von nicht übler Qualität; Verkündigung, St. Barbara, St. Margaretha; E. 15. Jh., schwäbisch?

HASSEL. Pr. Sachsen Kr. Weißenfels.
Dorf-K. (z. Z. außer Gebrauch). Rom. Anlage. Apsis. Portal mit Tympanonskulptur ähnlich dem in Aue. — Auf dem Altar ein guter geschnitzter Rok.Aufsatz.

HASSENBACH. UFranken BA Kissingen. Inv.
In einer **Kapelle** am Wege nach Schlimpfhof ausgezeichnete Pietas A. 16. Jh.

HASSENBERG. Sachsen-Coburg LA Coburg.
Dorf-K. 1690. Einfaches Rck. Die meisterhaften Stuckdecken von einem der in dieser Zeit in Thüringen viel beschäftigten Italiener (Castelli?).
Schloß (jetzt Zuchthaus) 1694; an der Front durchgehende Pilaster nach palladianischem Muster.

HASSENHAUSEN. Pr. Sachsen Kr. Naumburg.
Dorf-K. Frgot. Bruchsteinbau mit Werksteingliedern, rck. Sch., über dem quadr. Chore der Turm, wie häufig gebräuchlich an der mittleren Saale; erhalten noch das Hauptgesims und der WGiebel mit Steinkreuz; bar. verändert.

HASSFURT. UFranken BAmtsstadt. [D.]
Stadt-K. Gegr. 1390 (Inschr.) durch Gerhard von Schwarzburg, in manchen Beziehungen verwandt der von demselben Würzburger Bischof erb. K. in Königsberg i. Fr. — Breiträumige Hallenkirche, das Msch.Gwb. stark überhöht. Steinerne WEmpore. Reich behandelter $^5/_8$ Chor (Statuen nicht ausgeführt), flankiert von 2 Türmen (der in SO aus älterer Anlage). — Die bar. Ausstattung bei der Rest. 1888 entfernt. — Am Chorbg. unbemalte Holzstatue Joh. d. Täufers, sehr vorzüglich, die Zuschreibung an *Riemenschneider* für mich nicht einwandfrei. Aus dessen Werkstatt Madonna (durch moderne Bemalung beeinträchtigt) und auf dem (neuen) Hochaltar die 3 irischen Heiligen, S. Kilian durch das Schwert als Würzburger Bischof charakterisiert. Gute Augsburger Altargeräte 17. und 18. Jh.
Ritterkapelle. Die Bedeutung der Adelsfraternität, durch und für die sie gebaut wurde, ist noch nicht aufgeklärt. Chor beg. 1390, Lhs. 1431, Abschluß (Inschr.) 1455. Eingreifend rest. unter Fürstb. Julius von Würzburg 1603—05 und (sehr willkürlich) M. 19. Jh. durch *Heideloff*. — 1sch. Lhs. 14 : 26,5 m; Chor 9 : 20 m mit 3seit. Schluß. Sehr eigentümlich und schwerlich dem ersten Plan entsprechend ist die Verbindung zwischen Chor und Lhs.: ersterer nämlich geht mit schrägen Mauerstücken in die Lhs.-

Wände über und der Chorbg. wird 3teilig. Das Lhs. wird ursp. 3sch. geplant gewesen sein, es wurde dann 1sch. mit Flachdecke ausgeführt; erst 1603 erhielt es die vorhandenen 3 großen Kreuzgwbb. und die zugehörigen Strebepfll.; das z. T. renss. Detail durch Heideloff neugot. umgearbeitet. Unverfälschter in der Bauweise des fr. 15. Jh. zeigt sich der Chor, trefflich im Aufbau, reich und originell dekoriert. Mit dem unter dem Dach hinlaufenden Bogenfries (Balustrade und Fialen von Heideloff hinzugefügt) sind 3 Reihen Wappenschilder verbunden, andere im Innern an den Schlußsteinen der Netzgwbb., zusammen 226. Früher noch mehr, da der Wappenfries auch über die WWand des Chors sich hinzog (jetzt unter dem erhöhten Dach von 1603 versteckt). Ferner war außen an den Fenstern und Strebepfll. ein ganzes Heer von Statuen in Aussicht genommen; zählt man die durch Konsolen und Baldachine bezeichneten, schließlich leer gebliebenen Plätze für sie zusammen, so hätten sie sich auf 52 belaufen müssen. Zur Ausführung kamen die Bogenfelder am S- und WPortal, bewegte, gemäldemäßige Kompositionen, in der plastischen Ausführung stümperhaft (Zug der hll. drei Könige vor 1438, Kreuzigung bez. 1455). Von den einst noch zahlreicheren Grabdenkmälern sind 15 innen und 11 außen erhalten; mehrere ursp. von guter Qualität, aber durch Ölfarbkrusten entstellt. Ausstattung neugot.

Spital-Kap. z. Hl. Geist. 2. H. 15. Jh. Schnitzaltar mit interessanten bemalten Flügeln, E. 15. Jh. (Kirchenväter, Apostel-trennung in reicher Landschaft). — Das Spitalgebäude einfacher Bau des B. Julius 1614.

Bischöfl. Amtshaus (jetzt Bez.A.). Guter Bar.Bau der Würzburger Schule um 1725. — Stattliche Zehntscheuer 15. Jh., rest. 1617.

Von der Stadtbefestigung 3 Tore, einfach, 16. Jh., erhalten.

HASTRUNGSFELD. Sachsen-Gotha LA Waltershausen.

Dorf-K. Rom. Anlage, Turm im O.

HATTENBACH. RB Cassel Kr. Hersfeld.

Dorf-K. Unscheinbarer kleiner rom. Bau.

HAUDEA. RB Cassel Kr. Hofgeismar.

Dorf-K. mit rom. Turm und rom. Taufstein.

HAUNECK. RB Cassel Kr. Hünfeld.

Burgruine. 12. Jh., nach Brand 1469 hergestellt.

HAURÖDEN. Pr. Sachsen Kr. Worbis.

Dorf-K. Reicher Fachwerkbau um 1670. Besonders bmkw. die reichgeschnitzten Träger des Dachreiters. — Rom. Taufstein.

HAUSEN. UFranken BA Schweinfurt. Inv.

Dorf-K. wesentlich neu. Hübsche Sakramentsnische 1496, sitzende Madonna um 1430—40.

HAUSEN. RB Cassel Kr. Ziegenhain.

Dorf-K. Zahlreiche Grabdenkmäler der Familie v. Dörnberg.

Schloß. Erb. im 14. Jh., 1674 fast ganz neu aufgebaut.

HAUSEN. UFranken BA Kissingen. Inv.
Ehem. **Prämonstratenser - Nonnen - Klst.** Die jetzige **Dorf - K.** A. 18. Jh. wohl von *Greising* in Würzburg. Der für diese Zeit ungewöhnliche Gr. des lat. Kreuzes erklärbar als Anlehnung an die ma. Anlage. Stuckmarmoraltäre um 1720.

HAYNA. Pr. Sachsen Kr. Delitzsch.
Sprom. **Dorf-K.** mit verhältnismäßig reich ausgebildetem Portal.

HAYNSBURG. Pr. Sachsen Kr. Zeitz.
Ruine der ehem. bischöflichen Burg; erhalten ein hoher, runder rom. Bergfried, Mauerstärke 4,6 m. Wehrgang in 50 m Länge erhalten. Wohnbau renss.
Dorf-K. 18. Jh. mit got. Chor von 1493. Auf dem Friedhof hübsche klassizist. Grabdenkmäler.

HEICHELHEIM. Sachsen-Weimar VB Weimar.
Dorf-K. Chorturm aus rom. Anlage, 1589 der Chor gegen O erweitert, Lhs. mit Holztonne 1686.

HEIDAU. RB Cassel Kr. Melsungen.
Ehem. **Zisterz.-Nonnen-Klst.** (jetzt Domäne). Kirche E. 13. Jh. 1sch. in 5 Jochen und 5/8 Schluß. Kreuzgwbb. mit Birnstabrippen auf Kragsteinen, die Strebepfll. entsprechen nicht den Gurtbgg. In den 2 westl. Jochen Nonnenempore über 2sch. Halle; später fürstlicher Kirchenstand mit großem Ofen von 1669. Sehr einfacher ungewölbter Kreuzgang, etwas reicher das Refektorium. A. 17. Jh. ein Schloß eingebaut; Saal mit Brettertonne; Alabasterkamin 1619.

HEIDENFELD. UFranken BA Schweinfurt.
Ehem. **August.-Chorherrenstift** (jetzt Nonnen). Die K. (got.) A. 19. Jh. abgebrochen. Die Konventsbauten in gutem Barock 1725—34. Gleichzeitige Stuckdekoration. Die Gastzimmer ebensolche ca. 1760—70. Der alte Prunksaal (jetzt Kapelle) 1728. Die Zimmer des Propstes mit pompejanischen Malereien und Tapeten um 1780. Torbau 1687. (Ein Entwurf *B. Neumanns* für Neubau der K. um 1750 nicht ausgeführt.)
Dorf-K. mit vollständiger Ausstattung von *J. P. Wagner* 1791.

HEIDINGSFELD. UFranken BA Würzburg. [D.]
Pfarr-K. Rom. Pfl.Basilika des 12. Jh. (wegen wiederholter Rest. die genauere baugeschichtliche Beurteilung schwierig). Im Lhs. 6 Arkaden auf schweren Pfll. mit einfachstem Kopf- und Fußgesims. Das Qsch. in seinen Fronten gleichfluchtig mit den Sschiffen. Chor 1408 verlängert. Aus gleicher Zeit die Sterngwbb. des Qsch. Das Lhs. noch flachgedeckt mit Malerei des 18. Jh. Die Raumproportion geht in die Breite (Lhs. 23,5 m l., 20 m br., 11,8 m h.). Hoher sprom. Turm in der SOEcke. 2 rom. Portale, an der WFront und am nördl. Kreuzarm. — Großer Hochaltar 1712. Feines Sakramentstürmchen M. 15. Jh. Spätestgot. Kanzel, Stein, das Maßwerk in Astverschlingungen umgedeutet, an der Brüstung Statuetten (nur 3 alt); das Meisterzeichen h b auf den Würzburger *Hans Bock* zu beziehen. Taufstein renss. 1581. Chorstühle um 1710,

ziemlich einfach. Im Chor Steinrelief mit Beweinung Christi bez. 1508, allgemein als Werk *Riemenschneiders* anerkannt, auch in seinen Schwächen für ihn charakteristisch. Aus seiner Werkstatt die Kreuzgruppe am Chorbg. Bürgerliche Epitaphe des 16. Jh. Das beste der Bildnisstein für das Ehepaar Eltlin (Stifter des Beweinungsreliefs) um 1527, Werkstatt *Riemenschneiders*. Ein Berlichingen † 1561 von *Peter Dell d. J.* — An der SSeite des Lhs. Ölberg-Kap. 1510. Totenleuchter. Michaeliskap. Kirchhofsmauer mit 2 Tortürmen.

Spital-K. Ein Juliusbau. Ausstattung klassizistisch.

Stadtbefestigung mit mehreren Türmen und 3 Toren, 14. Jh.

Rathaus spgot. und bar. — Haus no 380 frgot. Giebelbau. — **Zehnthof** von S. Burkard in Würzburg 1574. — An mehreren Häusern steinerne Marien- und Heiligenstatuen 16.—18. Jh. Got. Bildstöcke.

HEILGERSDORF. UFranken BA Ebern.

Pfarr-K. 1753. Sandstein-Epitaphe der Stein-Lichtenstein, M. bis E. 16. Jh.

Schloß (v. Lichtenstein) E. 17. Jh. Nicht großer, aber vornehmer Bau. Anlage 3flügelig, mit tiefem, nach vorn durch kraftvolle Arkaden abgeschlossenen Hof.

HEILIGENKREUZ b. Meißen. K. Sachsen. Inv.

Ehem. **Benedikt.-Nonnen-Klst.** Profanierte Bruchstücke. Wesentlich rom. Bau 1217—21. Am besten erhalten Chorquadrat mit Apsis, und Nebenapsis vom südl. Qsch. Auch die Reste des WBaus sollen interessant sein. Teil der Klostergebäude, rom. Anlage mit got. Zusätzen.

HEILIGENSTADT. OFranken BA Ebermannstadt.

Pfarr-K. wesentlich 1656, got. Chor, rom. Turm, „sehr alter" Taufstein, Emporenbrüstungen mit biblischen Bildern, Grabmäler 1670, 1672.

HEILIGENSTADT. Pr. Sachsen Kreisstadt.

S. **Marien-K.** (Stifts-K.). Stammkirche des Eichsfeldes, schon in 1. H. 9. Jh. vorhanden. Für die bestehende K. Geldsammlungen 1276, beg. angeblich erst 1304, womit die Formen nicht im Widerspruch; nur die Krypta ist älter, M. 13. Jh. (?) — 3sch. Basilika ohne Qsch. mit langgestrecktem Chor. Die Scheitelhöhe der Gwbb. in ganzer Länge gleich, dagegen die Jochweiten auffallend verschieden. Der Chor hat außer dem regelmäßigen $^5/_8$ Schluß 2 gerade Joche, die von schlanken OTürmen (nur einer ausgeführt) flankiert werden. Das Lhs. beginnt in O mit 2 breiten Jochen; es folgen 3 sehr schmale und endlich in W wieder 2 sehr breite. In der Fensterstellung der Sschiffe sind diese Unregelmäßigkeiten für die Außenansicht ausgeglichen, wodurch im Innern des nördl. Ssch. die Gwb.Grundrisse sich stark verschieben. Am Ende des nördl. Ssch. die 2sch. Krypta (?) einer älteren Anlage (M. 13. Jh.) und über ihr eine Empore; auf der SSeite symmetrisch eine Brüstungswand, aber keine Emporenteilung. Lhs. und Chor in durchlaufender Scheitellinie. Querschnitt nach dem gleichs. 3Eck. Die sehr mächtigen Pfll. sind rom. gegliedert (vielleicht, gleich der sog. Krypta, aus älterem Bau), aber die Scheidbgg. haben in ausgesprochener Weise Profile des 14. Jh. Die Gwbb. am WEnde des Lhs. und die turmlose WFassade (Rose erneuert) laut Inschr. 1487 von *Joh. Wirauch.* — Die Ausstattung hat unter der puristischen Rest. 1863 schwer gelitten. [Die schöne Kanzel von 1584 in die Dorf-K. zu Röhrig gebracht.] Schlichter got. Taufkessel. Tumba des Erzbischofs Adolf v. Mainz † 1390. — Bmkw. Statue eines Chorknaben mit Lesepult, im Motiv dem bekannten Naumburger nahe verwandt, doch jünger (A. 14. Jh.). Am NPortal Tympanonrelief S. Martin und der Bettler, stark verwittert.

S. Marien-K. (Altstadt). Got. Hallenkirche mit Doppeltürmen. Baunachrichten fehlen. Stilistisch ergeben sich drei Abschnitte: 1. die WTürme und das erste Joch des Lhs. Sie sind als Abschluß eines älteren (vielleicht im Stadtbrande 1333 zugrunde gegangenen) Gebäudes anzusehen. Formcharakter um 1300. Die Fassade ist die got. Transposition des in Sachsen und Thüringen heimischen rom. Schemas. Der untere Teil ein glattes, nur durch das Portal und wenige Horizontalbänder gegliedertes Rck.; es folgen 2 oktogonale Geschosse, mit Giebelchen gekrönt, und zwischen diesen in mäßiger Höhe aufsteigend eine steinerne Dachpyramide. Sowohl am Mauerteil als am Dach Hervorhebung der Kanten durch kräftig profilierte Stäbe, bzw. Krabben. Diese Fassade, obschon weder groß noch reich, ist durch ihre wohlgestimmte Proportionsschönheit den besten der Zeit zuzuzählen. — 2. Lhs. um und nach M. 14. Jh. Hallenkirche von 5 Jochen, das Msch. nur wenig breiter als die Sschiffe. Kräftige Rundpfll. mit 8 Diensten, alle Gwb.Scheitel in gleicher Höhe. — 3. Chor A. 15. Jh., 1sch., höher als das Lhs. Die angebaute große Kap. richtet ihren polygonalen Schluß nach Norden und ergibt in der Außenansicht eine gut wirkende Gruppe. — Die bei der Rest. des 19. Jh. gefundenen Spuren umfangreicher spgot. Wandmalerei wurden bei der Neubemalung nicht berücksichtigt. Auch die prächtige bar. Altarausstattung (1675) ist beseitigt. Ebenso die meisten Grabsteine. Erhalten ein Taufkessel von 1492. [Interessanter Klappaltar A. 15. Jh. und Reste von Altarplastik im Museum.]

S. Ägidien-K. Der älteste und bestausgeführte Teil ist der rck. Chor, beg. wohl nach dem Stadtbrande 1333. Das Lhs. in nüchterner Hochgotik. Hallenkirche von 5 Jochen, im Querschnitt mit der in Mitteldeutschland nicht häufigen Modifikation, daß die Sschiffe tief herabgezogen sind (ihre Scheitel in der Höhenlage des Msch.Kämpfers). Dadurch wird die Raumwirkung, bei starker Längenausdehnung, gedrückt. Die WFassade (beg. 1370) schließt sich der von S. Marien an. Doch ist von den Türmen nur einer (s) ausgeführt. Das Oktogon hat ein einziges Hauptgeschoß mit Ecktürmchen an den Diagonalen (vereinfachter Freiburger Typus). NTurm 1853, Sakristei 1904. — Vierzehnnothelfer-

Altar 1638, reicher und origineller Aufbau in Sprenss. Kanzel spbar. 18. Jh. Chorstühle E. 17. Jh., aus dem ehemal. Klst. Reifenstein. Bronzener Taufkessel 1507. Denkmal der hll. Aureus und Justinus, ausgezeichnete Arbeit aus 3. Drittel 14. Jh. Grabstein des Kantors Koch † 1605, Ausführung später, in krausem, schwulstigem Fr.Bar.

S. Annen-Kap. 1. H. 13. Jh. Ein kleiner Bau mit großem Wurf. Der Nachdruck liegt auf dem Außenbau. Für die Gotik ungewöhnlich das Thema der zentralen Anlage: Regelmäßiges 8Eck, im Aufbau vergleichbar den Türmen von S. Marien. Die steinerne Dachpyramide entwickelt sich, wie dort, aus einem Kranz von 8 Giebelchen und endet in einer Laterne, die verkleinert die Komposition des Ganzen wiederholt. Für die Formbehandlung bezeichnend die kraftvolle Ausbildung der Kanten. Die Proportionen: Durchmesser 6,5; H. bis Hauptgesims 5,8; von dort bis Laternenfuß 6,3; von dort bis Laternenspitze 6,3.

Rathaus. 1738. Davor Neptunsbrunnen.

Schloß des kurfürstl. Vizedoms. 1736 von *Chr. Heinemann.* Solider Quaderbau, in der Behandlung recht nüchtern. Drei Geschosse zu 13 Achsen. Einziger Kontrast der Segmentgiebel über dem flachen Mittelrisalit. Mansarddach. Im Innern Stuckdekorationen an Wänden und Decken.

Gymnasium (1719). Gegr. 1575. Neubau 1739 von *Heinemann.*

Gefängnis. Erb. 1740 als Waisenhaus.

Wohnhäuser. Über den Stadtbrand 1739 geht weniges zurück. Stattliche Herren- oder Beamtenhäuser aus 18. Jh. sind der „Preußische Hof", das „Deutsche Haus", der „Eichsfelder Hof" und das Ilbergsche Haus.

HEILIGENTAL. UFranken BA Schweinfurt.

Ehem. **Zisterz.-Nonnen-Klst.** Gegr. 1234, erloschen 1564. Die K. (z. T. Ökonomiegebäude) in typisch 1sch. langgestreckter Anlage mit 7/12 Schluß. Die Formen einfache frische Frühgotik, etwa 3. V. 13. Jh. Im Chor Rippengwbb. mit Wulstprofil und vorgelegten Plättchen; auf Wandsäulchen mit Laubknäufen; Fenster 2teilig mit strengem Maßwerk. Langhaus flachgedeckt. Die flachgedeckte „Gruft" unter der Nonnen-Empore zeigt zwischen den beiden Eingängen Ansätze eines ehemaligen Baldachinaltars. — 2 gute Rittergrabsteine (v. Wolfskeel) M. 14. und A. 15. Jh.

HEILIGENTAL. Pr. Sachsen Mansfelder Seekreis.

Dorf-K. spgot. mit rom. Portal, Schachbrettumrahmung; Figuren von größter Unbehilflichkeit; auch die Kapitelle scheinen von hohem Alter.

HEILSBERG. Sachsen-Weimar VB Weimar.

Dorf-K. (ehemals Wallfahrt). 1sch. spgot. um 1500 mit rom. WTurm. — Kanzelbau aus 18. Jh., hinter dem Altar, mit 17 Figuren aus Altarwerken um 1500, aus einer „trefflichen, von Franken beeinflußten, aber selbständigen Werkstatt".

HEIMBACH. RB Cassel Kr. Rotenburg.
Dorf-K. in Architektur und Ausstattung einheitlich 1730 von *A. Rossini.*

HEINITZ. Sachsen AH Meißen.
Schloß. Im 14. Jh. Wohnturm inmitten eines künstlichen Sees; im 1. V. 16. Jh. ausgebaut, die Gwbb. in der eigentümlichen Gratformation der Albrechtsburg; 1585 weitere Veränderungen im Sinne eines heiterprächtigen Landsitzes.

HEINRICHS. Pr. Sachsen Kr. Schleusingen.
Dorf-K. Inschr. 1453 und 1503. Die Wandmalereien im Chor und Lhs. bilden einen Zyklus von der Heilsverkündigung bis zum Jüngsten Gericht; letzteres zerstört. — Gute Fachwerkbauten im Ort.

HELBA. Sachsen-Meiningen Kr. Meiningen.
Gutshaus 1619, schlichter Steinbau mit Staffelgiebeln.

HELDBURG. Sachsen-Meiningen Kr. Hildburghausen.
Stadt-K. Chor 1502, 2 Joche und 5/8 Schluß; die Sterngwbb. wohl noch mittelalterlich; Lhs. 3sch.; seit Rest. 1819 verstümmelte Basl.; Fischblasenfenster; reich überstabtes Portal 1536; Turm nördl. am Chor. — Kanzel (Bruchstücke) 1536 von *Bernhard Friedrich,* die Reliefs Übertragungen *Cranach*scher Gemälde; die Ornamentik phantasiereiche, aber willkürlich dilettantische Frührenss., von derselben Hand der Taufstein. Grabst. Margarete Scholt geb. v. Wirsberg 1535.
Gottesacker-K. E. 15. Jh. — Mehrere ikon. Grabsteine, gut der an der WFront von 1541.
Amtsgericht. Fachwerkbau 17. Jh. — Sonstige **Fachwerkhäuser;** hervorragend Obertorstr. 1 von 1605 mit schöner steinerner Wappentafel.
Bmkw. Reste der **Stadtbefestigung.**
Veste. Die Gebäude gruppieren sich um ein verschobenes Viereck. Der künstlerisch bedeutendste Teil der „Neue Bau" (später und jetzt „französischer Bau") 1560—64 von *Nic. Gromann;* gestrecktes Rck. von geringer Tiefe; nach dem Hof 3, auf der Talseite 5 Geschosse. Wenn Erinnerungen an das Heidelberger Schloß vorliegen, wie behauptet wird, so können sie höchstens in der Gestaltung der Fenster gesucht werden: 2teilig mit Giebelverdachung, die Gewände durch Zahnschnitt gegliedert; Gurtgesimse fehlen. Die Glanzstücke sind die 2 Erker; sie springen von der Erde auf als rck. Risalite vor und sind mit antikisierend flachem Giebel geschlossen; an den Ecken kannelierte jon. und dor. Pilaster; reiche Flächenfüllung mit Trophäen, Rollwerk und figürlichen Reliefs. Zugang durch vorspringende runde Treppentürme. Vorgemach mit Kamin in reicher Meißelarbeit; ein anderer im Fürstengemach.
Schloß-K. 1663—65 jetzt in Verfall.

HELDRUNGEN. Pr. Sachsen Kr. Eckartsberga.
Stadt-K. im 30jähr. Kriege zerstört, Neubau 1682.
Schloß von sehr alter Anlage. 1660 als starke Festung umgebaut.

HELFTA. Pr. Sachsen Mansfelder Seekreis.
Zisterzienser-Nonnen-Klst., jetzt Scheune. Gestrecktes Rck. ohne gesondertes Altarhaus. Erhalten die Nonnenempore und einiges auf die 2. H. 13. Jh. weisende Detail.

HELLINGEN. Sachsen-Meiningen Kr. Hildburghausen.
Pfarr-K. neuklassisch, 1791—94, mit altem Chorturm.
Wasserburg (Ruine) 1515. Quadrat mit kleinem Hof und 4 Ecktürmen, erneuert im 18. Jh.

HELMARSHAUSEN. RB Cassel Kr. Hofgeismar.
Klosterhof. Nach 1604 und 1799 aus einem alten Benedikt.-Klst. umgebaut, von dem noch Portale, Fensterarkaden usw. erhalten sind. Auch die Kirche im Kernbau rom.
Stadtmauern mit Turm teilweise erhalten.
Bürgerhäuser, niedersächsischer Fachwerkbau in guten Exemplaren.

HELMBRECHTS. OFranken BA Münchberg.
Pfarr-K. got. mit Flachdecke.

HELMERS. Sachsen-Meiningen Kr. Meiningen.
Kirche 1672. **Schule** 1670. **Burg** Frankenberg mit rom. Turm.

HELMERSHAUSEN. Sachsen-Weimar VB Dermbach.
Dorf-K. Weiträumiger Bar.Bau 1736—52 mit spgot. Resten. Ländlich reiche Einrichtung. Bemalte Brettertonne. Zahlreiche, meist heraldische G r a b s t e i n e des 17. Jh., Familien v. Heldritt, v. Zweiffel, v. Wangenheim.
Hennebergischer **Freihof,** Amtswohnung des Amtsrichters, Fachwerkbau um 1600.

HELMSDORF. Pr. Sachsen Kr. Mühlhausen.
Dorf-K. 18. Jh. T a u f s t e i n 14.—15. Jh., reich mit Maßwerk geschmückt.

HELSA. Kr. Cassel-Land.
Dorf-K. Aus einem spgot. Bau (Hallenkirche?) 1594 so umgebaut, daß die Flachdecke des quadr. Schiffs von 4, ein kleineres Quadr. umschreibenden Steinsll. getragen wird. Fein behandelte hölzerne Emporen aus derselben Zeit. Der Turm steht abseits, ursp. mit der Kirchhofsbefestigung verbunden, die hohen Fachwerkobergeschosse nach dem 30jähr. Kriege.

HENFSTEDT. Sachsen-Meiningen Kr. Hildburghausen.
Dorf-K. Die Anlage für die ma. Bauten des Werratals die typische: 1sch. mit eingezogenem, turmtragendem quadr. Chor. Im 17. Jh. erneuert. — Ikon. G r a b s t e i n 1521; mehrere heraldische aus 18. Jh. — **Herrenhaus** 1595. — **Ruine Osterburg.**

HENNEBERG. Sachsen-Meiningen Kr. Meiningen.
Dorf-K. um 1500. Das Obergeschoß des Turmes wohl das älteste Beispiel vom Fachwerkbau im Werratal.
Burg der Grafen v. H. Mit die umfangreichste Ruine in den thüringischen Landen. Am besten erhalten der Bergfried, rund, 14 m h., die Ringmauern noch in 10—15 m H.

HENNERSDORF. Sachsen AH Dippoldiswalde.
Dorf-K. architekturlos. — Altarwerk ursp. doppelflügelig, von demselben bmkw. Maler, dem man in Seifersdorf und in der Nikolai-K. in Dippoldiswalde begegnet.

HERBSLEBEN. Sachsen-Gotha LA Gotha.
Dorf-K. spgot. Anlage. — Mehrere Grabsteine. Doppel-Wandgrab des Junkers Christoph Knobloch und seiner Frau † 1612.
Schloß. Gr. unregelmäßiges Halbpolygon. Wesentlich 1554 und 1594. Im „Rittersaal" schöne Stuckdecke.

HERCHSHEIM. UFranken BA Ochsenfurt.
Dorf-K. 1613. Einheitlicher Bau in posthumer Gotik; Zobelsche Patronatswappen. — Altar und Kanzel aus der Erbauungszeit von *Georg Brenck* (ähnlich denen in Darmstadt und Giebelstadt).

HERDA. Sachsen-Weimar VB Eisenach.
Dorf-K. Got. Chorturm mit Fachwerkgeschoß und bar. Haube. Tonnengewölbtes Sch. 17. Jh. — Schnitzaltar um 1500. — Schlichtes **Herrenhaus**, reicher Ofen um 1600.

HERINGEN. Pr. Sachsen Kr. Sangerhausen.
Stadt-K. 1731. — **Schloß** (der Grafen v. Schwarzburg) nach 1590, Rechteck mit 4 runden Ecktürmen, einfache Renss.

HERLESHAUSEN. RB Cassel Kr. Eschwege.
Kirche einschiffig, der quadr. Chor frgot. mit Rippen-Kreuzgwb., das Sch. spgot. 1457 (Inschr.); nördlicher Anbau 1606, Westtür 1777. — Wandgrab des Georg v. Reckrath † 1558, der Verstorbene in einer Nische stehend, Sandstein. (Er war Erbauer des neuerdings gänzlich umgestalteten Schlosses.) Schöne Glocke 1370. Kirchhofsbefestigung (Inschr. 1516).

HERLHEIM. UFranken BA Gerolzhofen. Inv.
Pfarr-K. 1723 von *Greising*. Ansehnlich. Fassade. Deckenstuck. Altäre mit guten Gemälden um 1730—40. Prächtige Kanzel.

HERMANNSFELD. Sachsen-Meiningen Bez. Meiningen.
Dorf-K. mit spgot. netzgwb. Turmchor, Sch. 1758.

HERMSDORF. Sachsen AH Dresden-N.
Schloß. Erste Anlage 16. Jh. Neugestaltung nach M. 17. Jh. Rest. nach Brand 1739 durch *George Bähr*. — Umfassungsmauer mit runden Ecktürmen (vgl. Moritzburg). Hauptbau: Gr. langgestreckt, nicht ganz regelmäßig; Aufbau 2geschossig, in der Mitte schlanker 8eck. Treppenturm, analoge an den Enden; die beiden Portale in dorischem System und einige Fenstergewände sind Überreste aus 16. Jh. Im Erdgeschoß auf der Vorderseite flachgewölbter breiter Korridor, auf der Rückseite die meist quadr. Zimmer; Obergeschoß 1758 umgestaltet. — Wandteppiche mit Darstellungen aus dem chinesischen Hofleben, wohl französisch M. 18. Jh. — Großer Park, Mischung französischer und englischer Gartenkunst.

HERPF. Sachsen-Meiningen Kr. Meiningen.
Kirche 1611. Umbau aus mittelalterl. Burg. Ganz mit Emporen durchsetzt, deren Schnitzereien zu den besten der Gegend gehören. K a n z e l 1620. D e c k e n m a l e r e i e n 1772. P o r t r ä t s von 3 Hennebergischen Fürsten des 16. Jh. — Geschnitzte **Fachwerkbauten** 17.—18. Jh.

HERRENBREITUNGEN. RB Cassel Kr. Schmalkalden. Ehem. **Benedikt.-Klst.-K.** An Stelle einer im 10. Jh. genannten königlichen Burg. Einheitliche Anlage aus 1. V. 12. Jh. Nach Aufhebung des Klst. 1553 als Schloß-K. eingerichtet. Im 30jähr. Kriege schwer beschädigt, 1738 partiell whgest. Ausstattung und Bemalung aus dieser Zeit gut erhalten. 1911 der Chor ausgegraben. — Sächsisch-thüringischer Schulcharakter, Anlage Basilika im Hirsauer Schema. An der Fassade Spuren einer Vorhalle. Auffallenderweise nur ein Turm (W), und zwar ganz in das Msch. einspringend. Dieses wird dadurch auf 4 Arkaden zusammengedrängt. Stützen auf der NSeite als Pfl. mit reich gegliederten Kämpfern, auf der SSeite Wechsel von Pfl. und Würfelknaufsäulen. Hauptchor und Nebenchöre kommunizierten durch Doppelarkaden. — B i l d n i s g r a b s t e i n des letzten Abtes † 1541 gefunden. Der Grabstein des Stifters Pfalzgrafen Siegfried von Orlamünde † 1124 war noch 1875 vorhanden und ist seitdem verschwunden, [hölzerne Nachbildung der Renss. in der Löwenburg bei Wilhelmshöhe]. Ein im Lhs. liegendes W e i h w a s s e r b e c k e n zeigt hochaltertümliches Ornament, vielleicht aus der Burgkapelle der ottonischen Zeit.

Dorf-K. 1730, mit rom. Turm, entstanden aus der ehemaligen Michaels-Kap.

Im Dorf einige gute **Fachwerkbauten.**

HERRMANNSGRÜN. Reuß ä. L. LA Greiz.
Dorf-K. Chorquadrat und Apsis rom., sonst 1616.

HERRNHUT. Sachsen- AH Löbau.
Gemeinhaus der Sozietät. Erb. als Erziehungshaus 1724 von Gf. Zinzendorf durch den Zimmermann *Chr. David.* Schlichter Bruchsteinbau mit Obergeschoß in verputztem Fachwerk.

Gemeinsaal (Kirche). Niedriger rck. Saal (16 : 34 m) mit Flachdecke und Mansardendach. Einrichtung einfachst. An einer Langseite Podium mit den Bänken der Ältesten und dem den Altar vertretenden Tisch. — Der rck. Platz, in dessen Mitte der Gemeinsaal steht, ist umsäumt von den Chorhäusern der ledigen Brüder, Schwestern, der Witwen usw.

Herrschaftshaus. Der 1725 von Zinzendorf errichtete Fachwerkbau machte 1781 einem Neubau Platz (Hauptkasse der Unität).

Vogtshof. Erb. 1730 von Baron v. Maltzahn, E. 18. Jh. vergrößert. Großer, einfacher, schloßartiger Bau.

Die Wohnhäuser des 18. Jh. öfters mit einem Anflug von schlichter Vornehmheit und manchen kleinen Besonderheiten.

HERRNSHEIM. UFranken BA Kitzingen.
Pfarr-K. Chor frgot., um 1300, der nur vom Lhs. (Umbau 18. Jh.) zugängliche WTurm E. 12. Jh. — Bezeichnete Glocke 1308.

HERSFELD. RB Cassel Kr. Hersfeld.
K. des ehem. **Benedikt.-Klst.** Gegr. 769, erster Neubau 831, zweiter Neubau nach Brand 1037, Krypta gew. 1040, Lhs. gew. 1144, 1761 von den Franzosen niedergebrannt, jetzt Ruine. — Großartige Raumschöpfung in schlichten strengen rom. Formen. Bruchstein mit (ursprünglichem?) Verputz und sorgfältig behandelten Hausteingliedern, rote und weiße Schichten wechselnd. Flachgedeckte Basilika auf kreuzförmigem Gr. Ganze lichte Länge (nach Ausschaltung der Vorhalle) 94,5, Lhs. (innen) 47 : 30, Qsch. 57,5 : 13, Langchor 20 : 13. Abweichend von der normalen Anlage des ausgebildeten rom. Stils ist die starke Ausladung der Kreuzflügel, das Fehlen einer Absonderung der Vierung vom übrigen Qsch., der über das Quadrat verlängerte Gr. des Chors. (Aus diesen und anderen Gründen kann vermutet werden, daß der bestehende Bau des 11. Jh. sich der Anlage des 9. angeschlossen habe). Die Krypta hat 3 Sch. von gleicher Breite, quadr. Kreuzgwbb. ohne Gurten, als Stützen 4 Paar Sll. mit steilen attischen Basen ohne Eckzier, Wandpfll. und Wandblenden, in jeder Blende 2 kleine Fenster; der unter der Apsis liegende Raumteil durch stärkere Pfll. abgesondert und mit 3 Altarnischen. Der Langchor durch schlanke Blenden gegliedert (Zusammenhang mit Limburg a. H.); er hat je 4 Fenster, die Apsis ihrer 3. Das Qsch. hat in jedem Flügel eine Apsis und 3 Türen, die Apsiden von ungewöhnlich schlanker, hoher Figur, so daß sie in die Fensterregion hineinragen und hier nur für einen Okulus (mit Vierpaß!) Platz lassen. Im Lhs. je 9 (jetzt ganz zerstörte) Arkaden, die Sll. mit monolithen verjüngten Schaften, schlichten, mächtigen (Seitenlänge mehr als 1 m) Würfelkaptt., attischen Basen mit Ecksporen, einfachst profiliertes Gurtgesims, ungewöhnlich große Fenster mit wenig abgeschrägten Gewänden. Höhe 23 m (übereinstimmend mit der unter gleicher Bauleitung begonnenen Klst.-K. Limburg a. H.). Sehr eigentümlich der WBau, ein Kompromiß von Chor und Eingangshalle. Die letztere ein 13 m tiefes Rck., zur Hälfte über die Flucht der Türme vor-, zur anderen Hälfte in das Msch. einspringend, tonnengewölbt, nach W mit offenem Bogen, nach O Portal. Die mächtigen Mauermassen dieser Vorhalle dienen als Substruktion eines ½ kreisförmig zwischen den Türmen vorspringenden Chors. Breite Treppen innerhalb der Türme führen zu ihm hinauf. Gegen das Msch. ein vorspringender, von 3 Arkaden getragener Altan (Basen in situ erhalten). Von den Türmen, die sehr stattlich waren, nur der südl. erhalten; die 2 obersten Geschosse haben jederseits zwei Doppelfenster und Blenden. Im letzten Geschoß ein rundbg. gewölbtes Gemach mit primitiven Kreuzrippen, die nahe dem Boden auf streng rom. geformten Kragsteinen ruhen. — Das Äußere höchst einfach; etwas lebhafter gegliedert nur die OApsis: 4 Pilaster mit herumgekröpf-

tem Schmiegengesims, darüber das interessante Motiv eines Kranzes kleiner flacher Nischen, Vorläufer des Zwerggaleriemotivs, Bg.Friese fehlen überall. Durch einen Sockel mit attischer Basis nur der WBau ausgezeichnet. Werkstoff: verputzter Bruchstein, an den Gliederungen Sandsteinquadern im Wechsel von weiß und rot. — V o r b a u am nördl. Kreuzarm, Tür und Fenster in reichen sprom. Formen, an den Kapitellen der Ziersäulchen mannigfache figürliche Darstellungen. — In einiger Entfernung (SO) von der K. ein E i n z e l t u r m in reichen Formen des 12. Jh. — S t i f t s g e b ä u d e am südl. Kreuzarm mit sprom. Resten. Reicher Taufstein 2. H. 14. Jh., in Spitzbg.Blenden die 12 Apostel, in den Zwickeln Vögel, Tiere, Engel. — L u l l u s g l o c k e angebl. M. 11. Jh.

Stadt-K. Beg. vor 1323, nach Brand 1439 Umbau als Hallenkirche von 4 Jochen mit 1sch. Chor von 3 Jochen und polyg. Schluß, im W vortretender Turm von 6 Geschossen. Reste von Glasmalerei in Teppichmustern.

Spital-K. 14. Jh. Rck. ohne Chor, nur OS. mit 3 pyramidal gruppierten Fenstern unverändert.

Rathaus. Kräftiger Sprenss.Bau mit barocker Tendenz. Aller Schmuck auf die Giebel geworfen, die das hohe Dach vollständig einschließen, je 2 an den Langseiten, je einer an den Schmalseiten, bez. 1597, 1612.

Kantorwohnung bei der Stadt-K. Fachwerkbau 1460. (Das Datum gültig wohl nur für den Unterbau.)

Vor der Stadt **Schloß Eichhof,** got., spgot. u. renss. Über dem Tor Inschrifttafel zwischen den Statuen zweier Äbte.

HERWIGSDORF. Sachsen AH Löbau.

Dorf-K. 1545; A. 18. Jh. überarbeitet und das Innere als Emporensaal mit einigem Aufwand neu eingerichtet. Hübscher Dachreiter 1727. — Auf dem Kirchhof v. Gersdorfsche G r a b m ä l e r.

HERWIGSDORF. Sachsen AH Zittau.

Dorf-K. Umbau 1692. Der Unterbau des zwischen Sch. und Altarhaus stehenden Turms wohl 13. Jh. Malerische Außenansicht.

HERZBERG. RB Cassel Kr. Ziegenhain.

Schloß. Ausgedehnte Ruine. Inschr. am alten Haus 1483, am nordwestl. Eckturm 1486, Neubauten 1531, 1560. Neubefestigt 1643.

HERZBERG. Pr. Sachsen Kr. Schweidnitz.

Haupt-K. Backstein. Got. Halle aus 14. und 15. Jh. Netz-Gwbb. Eigentümlich die 3 verdrückten Halbpolygone im Chorschluß. — Die B e m a l u n g der Gwbb., Evangelisten, Propheten, Verkündigung, Jüngstes Gericht, hat sich gut erhalten.

HERZOGENAURACH. OFranken BA Höchstadt.

Pfarr-K. Ursp. rom. Basilika wie Münchaurach; die rom. Säulenbasen stecken in der Erde. Durch den got. Umbau 1sch. mit höl-

zerner Tonnendecke. — Steinskulptur 15. Jh. „betender Tempelritter". — Got. Sakramentshäuschen.
2 ansehnliche **Tortürme.**

HERZOGSWALDE. Sachsen AH Meißen.
Dorf-K. Stattlicher, gut eingerichteter Bau 1752—63.

HESSBERG. Sachsen-Meiningen Kr. Hildburghausen.
Dorf-K. Der quadr. turmtragende Chor 1425, 1sch. Lhs. 16. Jh. — Taufstein gemischt got. und renss. — Grabstein der Familie v. Heßberg 1543 von *Bernhard Friedrich.*

HESSENSTEIN. RB Cassel Kr. Frankenberg.
Schloß. Gegr. 1342. Ziemlich gut erhalten.

HESSENTAL. UFranken BA Aschaffenburg.
Kapelle. Große 6figurige Kreuzigungsgruppe aus rheinischem Tuff, angefertigt 1519 in Mainz von einem ausgezeichneten Schüler *Backofens* (demselben, der im Dom von Halle gearbeitet hat).

HETTSTEDT. Pr. Sachsen Mansfelder Gebirgskreis.
Stadt-K. Spgot. Hallenbau mit bar. Ausstattung. Kanzel 1587. Gute Beweinung, Stein, ca. 1500. — Ruinen eines bedeutenden got. **Schlosses.**

HETZLAS. OFranken BA Forchheim.
Dorf-K. mit befestigtem Kirchhof.

HEUSTREU. UFranken BA Neustadt a. S.
Dorf-K. got., mit doppelter Befestigungsmauer, 2 hohe Ecktürme.
Berg-K. rom. und got. Steinerne Bauerngrabkreuze 16. u. 17. Jh. Große Kreuzigungsgruppe 1762.

HEUTHEN. Pr. Sachsen Kr. Heiligenstadt.
Dorf-K. 1749. Verputzbau im Typus Geisleden. Vollständige Rok.Ausstattung. Die Stuckatur angeblich von einem Italiener.

HILDBURGHAUSEN. Sachsen-Meiningen Kreisstadt.
Stadt-K. 1785 von *A. F. v. Keßlau.* In der Konzeption bedeutend. Kuppelraum umgeben von Emporen in 2 Geschossen, östl. anschließend rck. Altarraum. Die Kuppel aus Holz, im Außenbau nicht zum Ausdruck kommend; überhaupt die ganze Behandlung sehr sparsam.
Neustädter oder **Waisen-K.** 1755. Gr. rck., im O mit abgestutzten Ecken; die Emporen haben auch im W analogen Gr., so daß im Innern ein gestrecktes 8Eck. Das Äußere Putzbau mit Teilung durch dorische Pilaster, darüber Triglyphengebälk.
Reformierte K. (jetzt kathol.) 1722.
Rathaus. Spgot., 1572 hergestellt. Ganz einfach, aber energisch gruppiert; großer schlichter Renss.Giebel, seitlich runder Treppenturm mit welscher Haube.
Regierungsgebäude 1760; im Innern vortreffliche Stuckaturen.
Schloß (jetzt Kaserne) 1685—1707 von *E. Gedeler.* Ein mittlerer Hauptflügel und 2 anstoßende Nebenflügel umgeben einen Ehrenhof. Im Innern stuckierte Decken, an die Schlösser in Gotha und Friedrichswerth erinnernd.

Im Schloßpark **Denkmal** für die Königin Luise von Preußen 1815 von *Schulze*.
Wohnhäuser des 18. Jh., nur für den Spezialisten von Interesse.

HILFENSBERG. Pr. Sachsen Kr. Heiligenstadt.
Wallfahrts-K. 1360. 3sch. Hallenkirche von 4 Jochen. Am Chor rom. Spuren, Türen rundbg. mit Perlstab. Das Sch. öffnet sich mit großem Rundbogen gegen W ins Freie. — Kruzifixus aus fr. Ma. Statue des h. Bonifatius 1661. Grabplatte des Fürsten Ernst v. Hessen-Rheinfels 1681.

HIMMELKRON. OFranken BA Berneck. [D.]
Zisterzienser-Nonnen-Klst. Gegr. 1280. Die Kirche beg. wohl nicht viel später. Abmessungen mittelgroß. Anlage 1sch., in der westl. Hälfte Nonnenempore, polyg. Chorschluß ohne Einziehung. Die Bauführung zeigt zwei Abschnitte. Vom ersten der WBau und die an die Klostergebäude stoßende SWand im ganzen Verlauf; Kennzeichen die z. T. erhaltenen schmalen Fensterschlitze. Im zweiten Abschnitt Wölbung beabsichtigt, wie die mit der Mauer bündigen Strebepfll. an der östl. Hälfte der NWand anzeigen; ausgeführt nur im Chorgewölbe (1 Joch $^5/_8$ Schluß). Ferner wurden in dieser Bauperiode (E. 14. Jh.) die Fenster vergrößert und die 3sch. 6jochige Erdgeschoßhalle unter der Nonnenempore angelegt; diese selbst blieb flachgedeckt; der Abschnitt zwischen ihr und dem Chor trägt jetzt stuckierte Stichkappengewölbe von 1699. Westfassade verbaut. Kleiner Dachreiter. — Kreuzgang 1473 (Inschr.), nur ein Flügel vorhanden; er zeigt die spgot. Dekorationskunst phantasievoll und glänzend, wie weit und breit nichts Ähnliches zu finden. Die trefflich gegliederten Netzgwbb. ruhen auf spiralförmig kannelierten Wanddiensten mit üppigen Laubkaptt.; über diesen Statuen (großenteils zerstört) Baldachine; in den mittleren Maschen des Netzes auf dem Kappengrunde Engel aus Stuck, an den Wänden Passionsreliefs. Die auf einer Konsole kniende Statue der Stifterin Elisabeth v. Künsberg mit Christus oder Maria zusammenkomponiert zu denken. — Große Zahl von Grabsteinen: am Boden Burggräfin Anna v. Nürnberg † 1383; an der Wand zunächst dem Eingang Agnes v. Orlamünde † 1300, dem Stil nach 50 Jahre später. Tumba eines Grafen v. Orlamünde mit dem meranischen Wappen 1. H. 14. Jh. Die übrigen von geringerem Interesse. — Holzkruzifix nicht von *Veit Stoß*.
Markgräfl. Schloß (jetzt Erziehungsanstalt) 1748 von *St. Pierre*.

HIMMELPFORTEN. UFranken BA Würzburg. [D.]
Ehem. **Zisterz.-Nonnen-Klst.** Erb. angeblich 1264. Rck. mit leicht eingezogenem, gerade geschlossenem Chor. Dieser in 2 Joche gewölbt; derbe Birnstabrippen auf Laubkragsteinen. Die Strebepfll. am Schiff lassen auch für dieses auf ehemalige Wölbung schließen; bei der Rest. unter der Äbtissin Katharina IV. (1592—1630) wurden die Mauern überhöht und mit flacher Kassettendecke versehen. Die schmalen spitzbg. Fenster maßwerklos. Die westl. Hälfte des Sch. von der Nonnenempore ein-

genommen; die 3sch. gewölbte Halle, auf der sie ruht, später als Sepultur eingerichtet. Hübsche Wendeltreppe, in der sich got. Maßwerkmotive mit späten Renss.Formen vermischen (bez. 1612). Außen im O und W Renss.Giebel und ein zierlicher Renss.Dachreiter. Das SPortal in frgot. Formen jetzt neu, doch wohl nach dem alten kopiert, bezeichnend für die zisterziensische Auffassung der got. Formen. Grabsteine: Elisabeth v. Hutten † 1383, Margarethe v. Hutten † 1400, Ludwig v. Hutten † 1414, Katharina v. Hutten † 1415. — Die Klostergebäude E. 16. Jh., der Kreuzgang noch got. Auch die ältere Ummauerung des Klosterbezirks erhalten.

HIMMELSTADT. UFranken BA Karlstadt.

Pfarr-K. 1613 mit Wappen des B. Julius Echter. Großer Hochaltar aus der Werkstatt *P. Wagners.*

HIMMELTAL. UFranken BA Obernburg.

Ehem. **Zisterz.-Nonnen-Klst.** gegr. 1232, barock umgebaut. — Grabstein des Konrad v. Bickenbach 1354.

HINTERNAH. Pr. Sachsen Kr. Schleusingen.

Dorf-K. 1614. Gute spgot. Formen ohne Renss.Beimischung. Nach alter Überlieferung am rck. Sch. eingezogenes quadr. Altarhaus mit Turm. In dieser Zeit und noch später sind in genauer Wiederholung dieses Schemas, nur in den Maßen wechselnd, mehrere K. in der Umgegend von Schleusingen errichtet.

HIRSCHBERG. Reuß j. L. LA Schleiz.

Fürstl. Schloß, erb. 1678, verödet.

HIRSCHFELD. Sachsen AH Meißen.

Dorf-K. Rom. Anlage mit eingezogenem rck. Chor, das ursp. 1sch. Lhs. 1582 mit rohen Netzgwbb. auf 1 Mittelpfl.

HIRSCHFELD. Sachsen AH Zwickau.

Dorf-K. mit rom. Resten, die auf einen ansehnlichen Bau deuten. 1508 nach O erweitert. — Schnitzaltar 1518. Gute Sandsteinepitaphe 1623, 1732. Rom. Türbeschlag.

HIRSCHFELD. UFranken BA Schweinfurt.

Dorf-K. Chor im spgot. OTurm. Lhs. 18. Jh. Ausstattung um 1780, die Statuen und Reliefs in der Art *J. P. Wagners.*

HIRSCHFELDE. Sachsen AH Zittau.

Pfarr-K. spgot. symmetr. 2 sch. Hallenkirche, Netzgwbb. auf 2 schlanken 8eck. Pfll. Älter (E. 14. Jh.) der eingezogene gestreckte Chor. — Emporen und Stuckdekoration 1718. Ausstattung großenteils aus derselben Zeit. — Schöne Glocke 1573. Hübsche Sandsteindenkmäler rok. und klassizistisch. Im Dorf ausgezeichnete Beispiele von Häusern in Lausitzer Bauart, z. T. mit laubenartig vorgebautem Obergeschoß.

HIRSCHSTEIN. Sachsen AH Meißen.

Schloß. Geht zurück auf eine Warte König Heinrichs I. Älteste Teile der Unterbau der Südspitze, die nördl. stattliches Herrenhaus um 1700.

HÖCHBERG. UFranken BA Würzburg.
Pfarr-K. Großenteils neu. — Bmkw. Ausstattung 1772—88. Sehr gut die K a n z e l von *Peter Wagner*, klassizistisch. M a d o n n a, Holz, um 1480. — S t a t i o n s b i l d e r (Steinreliefs) und Kreuzigungsgruppe 1626, vielleicht von *Mich. Kern.*

HOCHKIRCH. Sachsen AH Löbau.
Dorf-K. Großer Saalbau von 1717. — D e n k m a l für den in der Schlacht bei H. 1758 gefallenen Feldmarschall Keith, den Formen nach um 1780.

HÖCHST b. Gelnhausen RB Cassel.
Wendelin-Kap. 1415 (?), rest. im 18. Jh.

HOCHSTADT. OFranken BA Lichtenfels.
Pfarr-K. 1616. Altar im Aufbau got. Flügelaltäre 1612, die Gemälde bez. *S* im Ring mit 3 Herzen.
Kapelle in Gestalt eines 4eck. Turmes, wohl Überrest einer Burg. Votivrelief mit dem Bilde des Abtes Johann III. von Langheim † 1473.

HOCHSTADT. RB Cassel Kr. Hanau.
Pfarr-K. Spgot. Hallenkirche, Msch. etwas höher als die Ssch., Chor 1 Joch und 5/8 Schluß. Der isoliert stehende Glockenturm wahrscheinlich ehemaliger Torturm.
Rathaus renss., unten offene Steinhalle, oben Fachwerk.

HÖCHSTADT a. Aisch. OFranken BAmtsstadt.
Stadt-K. um 1400, aus welcher Zeit der gewölbte polyg. Chor; die Schiffe 1551, 1571, 1728 umgebaut und mit Emporen versehen; Fassade italisierend bar. — W a n d t a b e r n a k e l 14. Jh. A l t ä r e und K a n z e l rok. Im Chor auf schöner got. Konsole S. G e o r g E. 15. Jh. Hölzerne P i e t a s A. 15. Jh.
Spital-K. 1517, unbedeutend.
Schloß. Westl. Teile 15.—16. Jh., sonst 18. Jh., ohne Kunstwert. **Torturm** aus sp. Ma.

HÖCKENDORF. Sachsen AH Dippoldiswalde.
Dorf-K. ursp. rom. Basilika, sehr verunstaltet. — A l t a r w e r k mit 2 beweglichen und 2 festen Flügeln, um 1515. — G r a b s t e i n e und W a p p e n t a f e l n.

HÖCKENDORF. Sachsen AH Kamenz.
Dorf-K. 19. Jh. Ausstattung und D e n k m ä l e r 16. u. 17. Jh., nicht ohne Interesse.

HOF. OFranken BAmtsstadt.
Stadt-K. S. Michael 1230. Nach Brand 1826 fast ganz erneuert, erhalten nur der Unterbau der WTürme und die Vorhalle. Der alte Gr. scheint dem der gleichzeitig gegründeten Stadt-K. in Bayreuth ähnlich gewesen zu sein.
Lorenz-K. Nach Brand 1292 neugebaut; dann der Unterbau des WTurms; sonst Umbau des 16. und 19. Jh. — F l ü g e l a l t a r 1470. — G r a b s t e i n e A. 17. Jh. B r o n z e e p i t a p h 1730.
Spital-K. Got., ungegliedertes Rck., fast quadr. Flachdecke mit 90 Gemälden von *M. H. Lohe;* weitere 53 auf den Brüstungen der

Doppelempore. Originelle Ausstattung. Schnitzaltar 1511. Gemaltes Epitaph eines Cranachschülers 1573; ein anderer bez. *H H B* 1556 (wohl *Joh. Hagenberger d. Ä.).*
Rathaus 1563—66 von *Nickel Hofmann* von Halle; 1823 eingreifend verändert.

HOF. Sachsen AH Oschatz.
Dorf-K. Ziemlich stattlicher Bau von 1692, das Innere 1844 wesentlich umgestaltet. Mächtiges Altarwerk aus Sandstein, Alabaster und Holz mit Malereien auf Zinkblech, zum Andenken an Dietrich v. Schleinitz † 1612. Taufstein um 1600. Denkmäler: für H. A. v. Haugwitz † 1544, die in Bewegung und Charakteristik vortrefflich gegebene kniende Ritterfigur wäre des *Hans Schickentanz* würdig; S. J. v. Schleinitz † 1559, von einem geringeren Dresdener Meister; andere aus derselben Familie 1595, 1612, 1660.
Schloß. Die beiden älteren Flügel um 1570, die jüngeren nach M. 18. Jh. Prächtiger Kamin aus Meißener Porzellan, aus dem Boxbergschen Palais in Dresden stammend. Gemälde von *A. F. Oeser.* Zahlreiche Sandsteinfiguren aus 18. Jh.

HOFGEISMAR. RB Cassel Kr. Hofgeismar.
Liebfrauen-K. in der Altstadt. — Übergangsstil, z. T. got. umgebaut (Inschr. 1330). — Hallenkirche von 4 Jochen. Der aus dem 12Eck geschlossene Chor im 19. Jh. abgebrochen. Am südl. Ssch. zierliches got. Portal von eigentümlicher Anlage. Am WTurm rundbg. Portal mit Würfelknauf-Säulen. — Chorgestühl 14. Jh., an den Wangen große Blätter. — Über dem Pfarrstand spgot. Altarflügel.
K. in der Neustadt. Got. Hallenkirche. Dicke Rundpfll. mit einfachen Kaptt., an den Schiffmauern gegliederte Kragsteine. Der 1sch. Chor mit polyg. Schluß höher und schlanker. Der WTurm hat diagonal gestellte Strebepfll., unterer Teil bez. 1431, oberer 1460.
Gilde- und Hochzeitshaus. Fr.Renss. Modern umgebaut.
Schlößchen Montcheri. 1789 von *S. L. Du Ry,* eine fast genaue Wiederholung des Schlößchens in Bad Nenndorf.

HOFHEIM. UFranken BAmtsstadt.
Stadt-K. spgot., ausgebaut 1593 (der stattliche Turm wohl von *Wolf Behringer)* und besonders eingreifend 1740. — Mehrere Reste von Holzplastik, u. a. ein hl. Diakon, Richtung *Riemenschneiders.*
Wohlerhaltene **Stadtbefestigung** 16.—18. Jh.

HOFSTETTEN. UFranken BA Gemünden.
Pfarr-K. Turm 16. Jh. Lhs. 1614. Im Hochaltar beachtenswertes Vesperbild, Holz, um 1520.

HOHENBERG. OFranken BA Rehau.
Burg, gut erhalten und sehenswert.

HOHENEICHE. RB Cassel Kr. Eschwege.
Dorf-K. Rom. Anlage. Rom. Tympanon.

HOHENGANDERN. Pr. Sachsen Kr. Heiligenstadt.
Dorf-K. (kath.) neu. Der üppige Rok.Altar aus S. Martin in Heiligenstadt von *E. Rickmann* um 1760; auf ihm spgot. Pietas.

HOHENKIRCHEN. Sachsen-Gotha LA Ohrdruf.
Dorf-K. 1511 mit vermauerten rom. Bogenfriesen. — Kanzelaltar 1776.

HOHENKIRCHEN. RB Cassel Kr. Hofgeismar.
Dorf-K. Rom. Anlage. Rom. Tympanon mit Gotteslamm.

HOHENLEUBEN. Reuß j. L. LA Gera.
Fürstl. Schloß, spgot., 1. H. 16. Jh.; mit der Zeit unansehnlich geworden.

HOHENLOHE. Pr. Sachsen Kr. Merseburg.
Ehem. **Nonnen-Klst.-K.,** erb. ca. 1240. Ungewöhnl. Anlage, fast gleicharmiges Kreuz, flachgedeckt, 2 hübsche rom. Portale an den Kreuzflügeln, am Chor Drillingsfenster.

HOHENSTEIN. Sachsen AH Glauchau.
Stadt-K. 1756. Saalbau mit ½ rd. Schluß, Emporen ringsumgeführt (Veränderungen 1889). Schöner Taufstein 1764.

HOHENSTEIN. Sachsen-Coburg LA Coburg.
Kirche 16.—18. Jh. Holzrelief mit Abendmahl, Sockel eines Altarwerkes aus 16. Jh. Großes reiches Grabmal des Generals v. Imhof † 1768.
Schloß 15.—18. Jh. Mobiliar 17. und 18. Jh. Gut erhaltener Empire-Saal. Reste von rok. Gartendekoration.

HOHENTURM. Pr. Sachsen Saalkreis.
Dorf-K. Rom. flachged. Sch. und eingezogenes quadr. Altarhaus mit ½ kr. Apsis, feine rom. Tür.

HOHLSTEDT. Sachsen-Weimar VB Apolda.
Dorf-K. Ursp. rom. Missionskapelle. Spgot. Pietas.

HOHNSTEIN. Sachsen AH Pirna.
Stadt-K. 1725 von *George Bähr*. Die Umfassungsmauern einer älteren K. mußten benutzt werden. Gr. näherungsweise quadr. mit abgestutzten Ecken, eingezogener quadr. Chor ½ kr. geschlossen; Emporen und Bänke zentrisch aus Kreissegmenten; Kanzel und Orgel über dem Altar. — Äußeres schlichte Lisenenarchitektur, durch die malerische Gruppierung der Dächer und des südöstl. angeschobenen Turmes nicht ohne Reiz.
Schloß. Der ursp. sehr starke Bau halb zerstört, der bestehende seines Charakters entkleidet. Reduzierte Kap. aus 15. Jh. [Kanzel im Dresdener Altert.-Ver.]

HOLLFELD. OFranken BA Ebermannstadt.
Pfarr-K. 1774—77 von *Neumann d. J.* und *Vogel*. — Statuen der Fassade und des Hochaltars von *J. L. Kamm*, Gemälde der Seitenaltäre von *Anwander*.

HÖLLRICH. UFranken BA Gemünden.
Schloß (v. Thüngen). Malerische Wasserburg aus E. 16. Jh., 3 Flügel mit 4 Ecktürmchen. Stuckdecke 16. Jh.

Ruine Reußenberg. Erb. durch die Thüngen 1333. Aufrecht stehen der Wohnbau, Reste des Wirtschaftsgebäudes und des Beringes.

HOLLSTADT. UFranken BA Neustadt a. S.

Dorf-K. stark befestigt mit doppeltem Mauerring; Torturm, Eckturm.

Ehem. **Hof** des Klst. Bildhausen, schöner Komplex von Renss.-Bauten. Stuckdecken 18. Jh.

HOLZHAUSEN. UFranken BA Schweinfurt.

Dorf-K. Turm von 1608, Lhs. 1736. Hochaltar klassizistisch um 1780. Nebenaltäre Frühbarock um 1660; auf ihnen Holzfigg. St. Kilian und St. Rochus nach 1500.

HOLZKIRCHEN. UFranken BA Marktheidenfeld.

Ehem. **Kloster-K.** erb. von *Balthasar Neumann* 1730. Signierter Gr. in der Würzb. Univ.-Bibl. erhalten, woselbst auch die interessanten Konkurrenzpläne *L. Dientzenhofers*. Reiner Zentralbau, in der Komposition für Neumann auffallend einfach. Fast reguläres Achteck, im Innern abgerundet. An den Ecken korinth. Säulen auf hohem Sockel, die ein architraviertes Hauptgesims tragen. Darüber die im Querschnitt nicht ganz halbkreisförmige Kuppel mit geschlossenem Tambour. Außen die Glieder aus rotem Sandstein, Mauer weiß. An den Ecken korinth. Pilaster, dann Gebälk und Attika. Auf dem Pyramidendach zierliche Laterne in Form eines Tempietto. Trotz der nicht bedeutenden Maße (innerer Durchmesser 15 m, Höhe 20 m) ist der Raumeindruck des Innern mächtig. Die Proportionen nach einem genau durchgeführten Triangulationssystem. Die stark klassizistische Architektur ist für *Neumann* in dieser Frühzeit ungewöhnlich; nur die (nicht erstklassigen) Rok.Stuckaturen in der Kuppel und am Gesimse zeigen, daß wir uns am Anfange des 18. Jh. befinden. — An der Außenseite eingemauertes Rotsandsteinrelief des 12. Jh., aus zwei nicht zusammengehörigen Stücken bestehend: Kopf eines Heiligen; Christus auf der Eselin; Gottvater mit dem Einhorn. Die ikonographische Idee nicht recht verständlich. — *Neumanns* Risse für das Klostergebäude kamen nicht zur Ausführung. Das Vorhandene unbedeutend. Eingemauerte Reste des sprom. Kreuzgangs.

HOLZZELLE. Pr. Sachsen Mansfelder Seekreis.

Benedikt.-Nonnen-Klst. Dürftige Reste. Eine ältere Zeichnung der Ruine zeigt ausgebildete rom. Formen; 2 Türme im Winkel zwischen Lhs. und Qsch. (ein Merkmal der Hirsauer Schule, auf welche jedoch der Chor nicht hinweist). [Ein figurenreiches, nach der flüchtigen Abb. zu urteilen, bedeutendes Tympanon jetzt in Eisleben in Luthers Sterbehaus.]

HOMBERG. RB Cassel Kr. Homberg.

Pfarr-K. S. Maria. Beg. 1340, Turm 1374 von *Heinrich v. Hesserode* (Inschr.). Hallenkirche von 4 Jochen, Chor 1sch. 3 Joche und $^5/_8$ Schluß. Schlanke Rundpfll. mit 4 Diensten. Gwbb. der

Ssch. stark gestelzt. Fenster 3teilig, in **Maßwerk** und Gewände reich gegliedert. Der mächtige WTurm in sehr reinen Formen. Stattliches WPortal.

Marktbrunnen. Die 7 Sandsteinreliefs mit Szenen aus der Passion wohl von einem Stationsweg.

Got. Häuser hinter der Kirche und Gasthaus Krone.

Stadtmauer mit Türmen.

HOMBURG A. MAIN. UFranken BA Marktheidenfeld.

Ehem. **Schloß.** Anlage des 16. Jh. mit rundem rom. Bergfried. — In der Burkhardusgrotte (im Schloßberg) kleiner Altar von 1613 mit Figuren und Reliefs aus Alabaster in der Art des *Zacharias Juncker d. Ä.*

HOMBURG a. d. Wern. UFranken BA Gemünden.

Burgruine. Erster Bau 1020. Bis 1381 Herren v. Hohenburg, dann v. Bickenloch. Prachtvoll gelegen. Der sehr große Komplex gliedert sich deutlich in zwei Teile, die Hauptburg, die im Bering und in einigen Bauteilen auf das 12. Jh. zurückgeht. Durch Halsgraben geschieden von der Vorburg. Diese aus dem 14. Jh. ff. mit Kapelle, Wirtschaftsbauten und starker, von großen Mauertürmen bewehrter Ringmauer.

HOPFERSTADT. UFranken BA Ochsenfurt.

Dorf-K. spgot. — Guter Ölberg um 1500. — An der Auber Straße bmkw. Bildstock A. 15. Jh.

HÖRNITZ (ALT-). Sachsen AH Zittau.

Schloß 1651 vom Zittauer Meister *Valentin*. Die Giebel der rck. Anlage mit dem massigen alten Turm wirkungsvoll zusammenkomponiert.

HÖRNITZ (NEU-).

Schloß 1751, gutes Beispiel dafür, wie bei äußerster Beschränkung der dekorativen Mittel doch eine vornehme und reizvolle Wirkung erreicht werden konnte (jetzt Brauerei).

HÖRSELGAU. Sachsen-Gotha LA Waltershausen.

Dorf-K. 18. Jh. Altarwerk A. 16. Jh. mit ungewöhnlich großen, nicht üblen Figg.

HÖRSTEIN. UFranken BA Alzenau.

Pfarr-K. A. 16. Jh., Turm (seitlich) M. 15. Jh., Zinnenkranz und steinerne Dachpyramide. Hochaltar 1774, Seitenaltäre A. 17. Jh. — In der Wilgefortis-Kap. ausgezeichnete Gruppe Anna Selbdritt in der Richtung *Hans Backofens,* die hl. Wilgefortis 1804. — Zehnt- und Elmentshof 17. Jh.

HOSTERWITZ. Sachsen AH Dresden-N.

Dorf-K. schlicht spgot. Anlage, 1774 umgebaut. — Altar um 1580 in der Art des *Hans Walther,* später umgearbeitet; Denkmäler 1641, 1788.

HUBERTUSBURG. Sachsen AH Oschatz.

Jagdschloß. Seit 1721 für den Kurprinzen Friedrich August von *J. Ch. Naumann,* fast ganz neu gebaut 1743—51 von *Joh. Chr. Knöfel,* eine Hauptleistung der Dresdener Schule. Sehr großräumige Anlage inmitten weiter Forsten. Zuerst in Triklinienform 55 : 80 m. Der Hauptflügel durch einen kräftigen polygonalen Mittelbau mit turmartigem Aufsatz, die Seitenflügel durch flache Endrisalite belebt. Aus dieser ersten Zeit stammen auch einige Nebengebäude. Der Umbau verlängerte die Seitenflügel und schloß das Ganze zu einem großen Viereck von 97,5 : 80,5 m ab. Das Äußere blieb einfach in der Behandlung; die innere Ausstattung, an der *Matielli, Knöffler, Dieterici* und *Oeser* teilnahmen, ist großenteils zerstört; eine Ausnahme macht der westl. Ecksaal und die Kapelle; letztere in einfachen Architekturformen, aber durch die durchgehende Verwendung von Stuckmarmor von feiner, vornehmer Wirkung; die Plastik des Hochaltars von *Matielli* dürfte dessen Kunst in ihrem Höhepunkt darstellen; die Gemälde der Seitenaltäre von *Silvestre;* die reizende plastische Dekoration der Eingangsnische mit dem Weihwasserbecken wohl von *Knöffler*.

HÜLFENSBERG. Pr. Sachsen Kr. Heiligenstadt.

Wallfahrts-Kap. Spgot. Hallenkirche, roh und dürftig, neuerdings ausgebaut. Der Kruzifixus („Hülfenskreuz") gilt für Arbeit des 12. Jh.; vielleicht eher archaistische Nachahmung.

HUMMELSHAIN. Sachsen-Altenburg LA Roda.

Dorf-K. Schnitzaltar aus der Saalfelder Schule.

HÜMPFERSHAUSEN. Sachsen-Meiningen Kr. Meiningen.

Kirche got. 1603, rest. 1725 und 1826. Schule 1623.

HÜNFELD. RB Cassel Kr. Hünfeld.

Protest. K. (ehem. Chorherrenstift). Der Umbau 1857 hat wenig vom ma. Bau übrig gelassen.

Kathol. K. Spätestgot. Hallenkirche ohne Strebepfl. — Taufstein 1495.

Ringmauern gut erhalten.

HUTSBERG. Sachsen-Meiningen Kr. Meiningen.

Burgruine. Palas mit rck. und rundbg. Fenstern, darin Steinsitze. An der Ringmauer Reste des Wehrganges.

HÜTTENGESÄSS. RB Cassel Kr. Hanau.

Dorf-K. mit rom. Turm und reichem Renss.Portal von 1597.

I

ICHSTEDT. Schwarzburg-Rudolstadt LA Frankenhausen.

Dorf-K. 1719, rom. Chorturm, tüchtiges Renss.Epitaph.

ICHTERSHAUSEN. Sachsen-Gotha LA Gotha.

Nonnen-Klst.-K. (erst Benedikt., dann Zisterz.). Süddeutsches Schema. 3sch. Basilika mit 3 gleichfluchtigen Apsiden (Inschr. 1154). Das Qschiff über die Sschiffe nicht hinausragend. Im 17. Jh. auf 1 Sch. reduziert, die Doppeltürme im W verderbt erhalten. — Herabgekommenes **Schloß** 16. und 17. Jh.

IHLEWITZ. Pr. Sachsen Mansfelder Seekreis.

Dorf-K. Gutes Beispiel einer rom. Anlage einfachster Art. Rechteck mit eingezogener ½ kr. Apsis.

ILMENAU. Sachsen-Weimar VB Weimar.
Stadt-K. 1609 erneuert mit Schonung der got. östl. und westl. Teile. Hinter dem Altar hoher Kanzelbau etwa 1760—70. **Schloß** 1616, im 18. Jh. etwas überarbeitet. — **Marktbrunnen** 1752.
IMMENHAUSEN. RB Cassel Kr. Hofgeismar.
Stadt-K. Sch. bez. 1409, Chor 1443. Hallenkirche mit polyg. Chor und WTurm. Msch. mit quadr., Ssch. mit schmäleren Gwbb. Schafte 8eck. mit einfachem Kämpferglied. Scheidebgg. aus derselben Grundform profiliert. — Sakramentshaus, Weihwasserstein, Chorstühle spgot.
Rathaus. Fachwerkbau des 17. Jh.
Ringmauern und **Türme** z. T. erhalten.
IMMICHENHAIN. RB Cassel Kr. Ziegenhain.
Kirche des ehem. Augustiner-Doppel-Klst. Frgot. mit rom. Erinnerungen, nach 1250. Einfaches Rck. mit westl. Nonnenempore.
INGERSLEBEN. Sachsen-Gotha LA Gotha.
Dorf-K. Mischbau, älteste Teile 1398. — Am **Herrenhof** Hoftor mit Nebenpförtchen in guter Renss.
INGOLSTADT. UFranken BA Ochsenfurt.
Dorf-K. 1751 von *Balthasar Neumann.* 1sch. flachgedeckte Anlage mit WTurm und belebter Fassade. Ausstattung teils gleichzeitig (Hochaltar), teils älter. Epitaphe der Herren v. Geyer 1570, 1601.
IPTHAUSEN. UFranken BA Königshofen. Inv. [D.]
Wallfahrts-K. M. 18. Jh. Architektonisch unerheblich, doch wegen der inneren Ausstattung besuchenswert. Vermutlich sind es Würzburger Künstler, die sich in diesem volkstümlich abgestimmten Rokoko munter und dreist, dabei mit entschiedener Begabung, haben gehen lassen. Deckengemälde bez. *G. A. Urlaub* 1752. Altarblätter von *Herrlein.*
IRMELSHAUSEN. UFranken BA Königshofen.
Pfarr-K. Zahlreiche v. Bibrasche Epitaphe 16.—18. Jh. Valentin und Kaspar † 1520 von derselben Hand wie die Ritter v. Stein, Fuchs und Truchseß v. Wetzhausen in der Ritterkapelle in Haßfurt. **Wasserburg** der Herren v. Bibra. Malerisch reizender Bau aus Ma. und Renss. — Kamin und Portal 1561.
ISLING. OFranken BA Lichtenfels.
Pfarr-K. Chor und Turm A. 15. Jh., Lhs. 1729, aus derselben Zeit die Ausstattung.

J

JÄGERSBURG b. Forchheim. OFranken.
Schloß. 1718—21 von *Joh. Dientzenhofer* für Bischof Lothar Franz v. Schönborn. Einfaches 3stöckiges Herrenhaus mit Ecklisenen, giebelgekröntem Mittelrisalit, hohem Dach.
JAHNA. Sachsen AH Oschatz.
Dorf-K. Ansehnlicher spgot. Bau A. 16. Jh. Flachgedecktes Sch., eingezogener polyg. Chor mit Glasgemälden.

JAKOBSTAL. Sachsen AH Oschatz.
Dorf-K. Einheitlicher und bezeichnender Bau von 1779.

JECHABURG. Schwarzburg-Sondershausen LA Sondersh.
Dorf-K. 1726 an Stelle einer rom. Stifts-K. — Auf dem **Frauenberg** Grundmauern einer rom. K. von normaler Kreuzgestalt mit Chorquadrat, Apsis und Nebenapsiden.

JENA. Sachsen-Weimar VB Apolda.
Stadt-K. S. Michael. Ehem. Zisterz.-Nonnen-Klst., gegr. M. 13. Jh., Neubau von 1438—1528, Turm erst 1557 voll. Mehrfach erneuert, sehr verständnislos 1873. Noch immer prächtige Raumwirkung. Hallenkirche mit 7 Jochen und Langchor; früher direkt mit dem nördl. anstoßenden Klst. verbunden: unter ihm offene Durchgangshalle (wie in Kahla und in der Deutschordenskirche in Würzburg). 2 Sakristeiräume mit Piscine und got. Steinaltar; der eine im 17. Jh. als Fürstengruft eingerichtet und mit Metallarbeiten von schöner Arbeit. In den Westjochen kunstvolle Bienenzellengewölbe. Im Nordschiff steinerne Nonnenempore (15. Jh.); 1873 nach O verlängert. Im nördl. Ssch. steinerne Emporen, alte und neue Bestandteile gemischt. Außen an der SSeite ein reiches spgot. Portal, von gekünstelter Komposition, aber malerisch wirksam; Kielbogen mit Teilungspfosten, das Ganze in einer tiefen Nische mit Steinbalkendecke, an deren Vorderkante ein schwebender Bogenfries, darüber eine Fenstergruppe. Der WTurm unter Veränderung des Bauprogramms nachträglich (E. 15. Jh.) hinzugefügt. Feine, interessante Bauformen. Über der Eckvermittlung vom 4Eck zum 8Eck befanden sich (jetzt zerstört) Fialen, von welchen dünne, mit Kantenblumen gezierte Strebebögen ausgingen. — Spgot. Taufstein; spgot. Kanzel ganz rest.; bronzene Grabplatte Martin Luthers nach dem Gemälde von *Cranach*, für Wittenberg bestimmt, 1551 hier aufgestellt; Grabstein der Familie Cospoth 1632 bis 1676; zahlreiche Gedenktafeln. — [Von den einst 16 Altären nur das Mittelstück eines einzigen erhalten, jetzt im Museum, wo auch ein bmkw. steinernes Vesperbild von ca. 1350.] Nahe der K. Holzfig. eines Bischofs um 1520. Außen ein verwittertes Selbdritt und (am Turm) ein stilgeschichtlich interessantes Kreuzigungsrelief, wohl vom Jenaer Bildhauer *Hans Gronig*.

Kollegienkirche (Dominikaner). Ursp. 1 sch.; später ein niedriges Ssch. im N hinzugefügt. Das spgot. Gewölbe läßt eine ursp. flache Balkendecke vermuten. Der im S anstoßende Kreuzgang z. T. erhalten. Orgel 1701, mit reichem Prospekt, große Menge von Gedenktafeln und Wandgräber für Professoren und Studenten des 16.—18. Jh.; außen am Turm großes dekoratives sächsisches Wappen 1557 mit Inschr. betreffend die Gründung der Universität. — Vom anstoßenden ehemaligen Dominikaner-Klst., 1558—1858 Universität, sind einige Zellen und das got. Torhaus erhalten.

Garnisons-K. 1686. Viele Gedenktafeln.

Katholische K. Joh. Bapt., rom., 11. Jh. Die Kämpferkaptt. am ehemaligen Apsidenbogen könnten noch spätottonisch sein. Sonst der Chor spgot. umgebaut. Dagegen im Langhaus 3 frühröm. Fensterchen. Das Ganze dem Typus der thüringischen Missionskapellen zugerechnet, leider 1905 durch Querhaus und andere Vergrößerungen entstellt. — Neben dem SPortal Grabplatte der Jutta Sellerz 1382. Auf dem Friedhof doppelseitige Passionsstatue auf Säule bez. *Hans Gronig* 1484, feine Steinskulptur. Manches Originelle unter den Grabmälern des 17. und 18. Jh.

Rathaus, ehemals mit offener Erdgeschoßhalle, um 1340, rest. 1700. Bmkw. der große Vorsaal. Sitzungszimmer mit Ausstattung des 17. Jh. — **Burgkeller**, derbe Renss. um 1546. — **„Göhre“** (Weinhaus) am Markt, mit spgot. Portal. **Haus Weimar**. 1618, 1666; im Innern ziemlich prächtige Stuckdecken. — Mehrere Professorenhäuser des 17. und 18. Jh. — Reste der **Stadtbefestigung**, dazu der malerische runde Pulverturm (13. Jh.?) über Bastei von 1430.

JESBERG. RB Cassel Kr. Fritzlar.

Schloßruine. Seit 15. Jh. in Trümmern.

JESTÄDT. RB Cassel Kr. Eschwege.

Kirche. Rom. Turmchor, später nach O verlängert. Im flachgedeckten Schiff Rundbg.Fenster. Got. Überarbeitungen 1588, 1599 (Inschr.). Hölzerne Emporen. — Grabmal des Wallrab von Boyneburg † 1572, der Ritter in voller Rüstung kniet vor dem Gekreuzigten, umgeben von Weib und Kind.

Edelhof 1561, 1612, schlichtes Bauwerk, z. T. aus Fachwerk.

JOACHIMSTEIN. Sachsen AH Zittau.

Fräuleinstift. Erb. 1722—28 auf Kosten J. S. v. Zieglers. Große prächtige Anlage. Gestrecktes Rck. mit Querflügeln in der Mitte und an den Enden; 3 Geschosse mit 17 Fensterachsen, Erdgeschoß als Sockelbau, die Obergeschosse in den Risaliten mit durchlaufenden Pilastern. Mittelgiebel und geschweiftes Mansardendach. Bedeutend behandeltes Vestibül und Treppenhaus, großer Saal durch beide Obergeschosse, im kreuzgewölbten Erdgeschoß Logier- und Wirtschaftsräume, im 1. Obergeschoß Gesellschaftszimmer, im 2. die Wohnzimmer der 12 Stiftsfräulein. Bildnisse der sächsischen Kurfürsten und aus der Familie v. Ziegler. — Der französische Garten wenig verändert. Reichliche Dekorationsplastik. 2 gesonderte Pavillons mit großem Gartensaal.

JOHANNESBERG. RB Cassel Kr. Hersfeld.

Ehem. **Benedikt.-Propstei**, gestiftet 1013. Von den Gebäuden nur das Bruderhaus erhalten, jetzt Schafstall, außer kleinen rom. Fenstern keine formierte Architektur. Für die K. erwiesen zufällige Grabungen kreuzf. Gr., auch wurden rom. Kapitelle gefunden (verschleudert).

JOHANNISBERG. RB Cassel Kr. Fulda.

Kirche der 812 gegr. **Benedikt.-Propstei.** Am WTurm, dessen bar. Dachwerk einen 8seit. rom. Steinhelm umschließt, schönes sprom. Portal mit Zickzackornament, das Sch. im 15. Jh. erneuert. Inneres barock. — **Schloßbau**, jetzt Domäne, 1769 umgebaut von *Herwarthel* aus Mainz (nach Entwurf von *Welsch?)*. Fresko im Festsaal bez. 1732. Die großartigen Gartenanlagen z. T. erhalten.

JÖHSTADT. Sachsen AH Annaberg.
Stadt-K. 1675. — Altarwerk von *Andreas Petzold* 1676, Holz, 6,3 m Br. : 9 m H., in der Mitte in lebensgroßen freien Figuren die Anbetung der Könige.

JÜCHSEN. Sachsen-Meiningen Kr. Meiningen.
Dorf-K. 1628. Hübsche, stimmungsvolle Inneneinrichtung.

JUNKERSDORF. UFranken BA Hofheim.
Dorf-K. Frgot. Turmchor mit umfänglichen Wandgemälden aus M. 15. Jh. (rest. 1906), an der OWand Jüngstes Gericht; ferner S. Michael und Szenen aus der Geschichte von S. Georg, S. Bernhard, S. Veit. An der Untersicht des Chorbg. die klugen und törichten Jungfrauen. An der WWand des Lhs. S. Christoph u. a. m. Sämtliche Szenen auf weißem Grund mit roten Sternen.

JUNKERSDORF. UFranken BA Ebern.
Dorf-K. sprom. Anlage, Chor im OTurm mit Tonnengwb. — Schönes **Fachwerkhaus** von 1617.

K und C

CABARZ. Sachsen-Gotha LA Waltershausen.
Dorf-K. 1670. Mit hübscher Kanzel.

KADITZ. Sachsen AH Dresden-N.
Dorf-K. um 1500. — Altar 1756 von *F. G. Knöfel*.

KAHLA. Sachsen-Altenburg LA Roda.
Stadt-K. Gemengbau, wesentlich 15. Jh., eindrucksvoller Chor. Die Durchfahrt unter demselben jetzt zugemauert (vgl. Jena). In der Sakristei Reste von Schnitzaltären. — Steinfigg. von einer Ölberggruppe um 1500. — Reste von **Stadtbefestigung**. — **Leuchtenburg**, ¾ Stunden östl. auf hohem Bergkegel. Umfangreiche Anlage mit rundem Bergfried des 12. Jh., Geschütztürme 16. Jh. Alles andere rettungslos verrestauriert (Burghotel).

KÄLBERAU. UFranken BA Alzenau.
Wallfahrts-K. Chor got., Lhs. 17. Jh. Gute sitzende Madonna 14. Jh. Sonstige Skulpturen unbedeutend.

CALBITZ. Sachsen AH Oschatz.
Dorf-K. Der breite WTurm 13. Jh., Sch. 1724 von *David Schatz*, eigentümlich der geschweifte Gr. des Altarhauses. Reiche Barockausstattung.

KALBSRIETH. Sachsen-Weimar VB Apolda.
Dorf-K. 18. Jh. — Guter spgot. Schnitzaltar.

CALDERN. RB Cassel Kr. Marburg.
Pfarr-K. 1250 dem Zisterz.-Nonnen-Konvent geschenkt. Der Bau um weniges älter. Schlichter spätestrom. Gwb.Bau. Haupt-

schiff mit 3 rippenlosen spitzbg. Kreuzgwbb. Nur an der NSeite ein durch spitzbg. Ark. vermitteltes Ssch.

CALLENBERG. Sachsen-Coburg LA Coburg.

Unterschloß. 8eck. Turm, dessen untere Hälfte im 15. und 16. Jh., dessen obere Hälfte im 17. Jh. erbaut. Der Hauptbau 1857 im engl.-gotischen Stil vollständig umgestaltet.

Oberschloß. Erb. auf Mauern des Ma. A. 17. Jh., 1639 voll. Von dem damals geplanten, sehr umfangreichen Schloßbau des Herzogs Johann Casimir ist nur die Schloß-K. erhalten, bzw. fertig geworden. 3sch. Hallenkirche in got. renss. Mischstil. 3 Paar toskan. Sll. tragen das aus Korbbgg. und Spitzbgg. zusammengesetzte Rippengewölbe. Emporen auf Kreuzgewölben. Reich geschnitzte Holztür von 1639 auf der Empore. Rest. 1845 und 1882. — Die farbigen Glasfenster aus alten und neuen Teilen gemischt. — Steinkanzel und Taufstein mit kopiösem Schmuck in originellem Frühbarock. — Der anstoßende Wohnbau 1831, 1882.

KALTENBORN. Pr. Sachsen Kr. Sangerhausen.

Augustiner-Chorherrenstift. Wenige Ornamentreste der rom. K.

KALTENLENGSFELD. Sachsen-Meiningen Kr. Meiningen.

Kirche. Altarhaus im got. OTurm, Hauptraum Emporensaal von 1721.

KALTENNORDHEIM. Sachsen-Weimar VB Dermbach.

Martinsburg. Das „alte Schloß" Ruine, das „neue Schloß" 1752 bis 1754 schlichter Bau für die Behörden.

KALTENSUNDHEIM. Sachsen-Weimar VB Dermbach.

Kirche auf dem stark befestigten Hügel der untergegangenen Wolframsburg. Schlichter spgot. Bau mit Flachdecke, rest. 1604. Turm über dem Chor. — **Fachwerkhäuser** 17. und 18. Jh.

KALTENWESTHEIM. Sachsen-Weimar VB Dermbach.

Dorf-K. auf befestigtem Hügel. Die jetzige K. 1799. Auf der flachen Bretterdecke großes Gemälde der Himmelfahrt.

Burgruine. Nur die Ringmauer streckenweise erhalten.

CAMBURG. Sachsen-Meiningen. Kr. Saalfeld.

Stadt-K. Der vortretende WTurm Überrest der rom. Anlage, sonst spgot. Hallenkirche mit Veränderungen 1703.

S. Cyriacus (1½ km westl. im Walde). Ruine einer einfachen rom. Pfl.Basilika.

Burgruine. Runder rom. Bergfried, vielleicht 11. Jh.

KAMENZ. Sachsen Amtshauptstadt.

Haupt-K. Die Zeit des ersten Baues ungewiß, Wiederherstellung nach Brand im Hussitenkriege 1429. Ursp. 3sch. Hallenbau, nach N um ein 4. Schiff erweitert, gestreckter 1sch. Chor. Der letztere aus Granitquadern, das Langhaus aus Bruchstein mit Backsteingiebeln, welche so angeordnet sind, daß je 2 Schiffe unter 1 Satteldach zusammengefaßt werden. Der Turm springt in die NWEcke ein. Steinerne spgot. Empore im W. — Mittelalterliche Einrichtung. Bmkw. Kreuzigungsgruppe (ehemals auf dem Triumphbogen), Zeit nicht leicht zu bestimmen, etwa A. 15. Jh., aber mit altertümelnden Zügen. Michaelisaltar 1498, im Schreine die Figur des Seelenwägers, Flügel bemalt. Hauptaltar um 1520, 3 Vollfigg. im Schrein, je eine an den Flügeln, sehr unruhiger malerischer Gewandstil, in der Predella Abendmahl, kleinere Figg. im Obergespränge. Protestantische Einrichtung: Kanzel 1566. Holzemporen an den Langseiten 1675—1709. — Votivgemälde von einem Nachfolger Cranachs (wohl *Wolf Krodel*). Epitaph mit Jüngstem Gericht von *Andr. Dreßler* 1554. Sonstige Epitaphgemälde E. 16. und A. 17. Jh. Bildnisgrabsteine (v. Lüttichau, v. Nischwitz) aus derselben Zeit. Wandepitaph v. Ponickau 1617 u. a. m.

Kloster-K. (Franziskaner) nach 1493. 3sch. Hallenbau im Grundriß der Haupt-K. Mit Blenden gezierte Backsteingiebel. Reste spätgot. Gestühls. Mehrere Schnitzaltäre von bmkw. guter Qualität aus dem 2. und 3. Jahrzehnt des 16. Jh.

Unbedeutende kapellenartige Bauten des späten Ma. sind die Katechismus-K. und die Just-K.

Von den älteren Profanbauten ist durch den Stadtbrand 1842 vieles zerstört. Einige Renss.Tore. Adelshäuser der Bar.Zeit, wie z. B. die jetzige Amtshauptmannschaft von 1695. Andreasbrunnen auf dem Markt 1570, in der Art *Chr. Walthers*.

KÄMMERZELL. RB Cassel Kr. Fulda.

Dorf-K. Geräumiger Bau von 1804 mit stattlicher Fassade. — Bilder aus der ehemal. Universität in Fulda.

CANITZ. Sachsen AH Oschatz.

Dorf-K. wesentlich 1697; auf rom. Grundlage.

Schloß. 1758, Trikliniengrundriß, die Flügel nach rückwärts. Der Hauptsaal hat schlichte Holztäfelung und gemalte Tapeten. Park in französischer Anlage.

KANNAWURF. Pr. Sachsen Kr. Eckartsberga.

Schloß. Wasserburg. Im jetzigen Bestande 1564.

CANNEWITZ. Sachsen AH Grimma.

Dorf-K. got. Prächtige Sandsteinkanzel A. 17. Jh., darunter kniender Ritter, wohl Wolf v. Starschedel.

KAPELLENDORF. Sachsen-Weimar VB Weimar.

Ehem. **Zisterzienser-Nonnen-Kloster-K.**, gegr. 1235 mit Resten einer älteren rom. Pfarr-K. 1503 der Chor zugebaut und das Lhs. erhöht, neue Nonnenempore in Länge des alten Schiffs. Mehrere Grabsteine und Epitaphe, interessant das für den Markgrafen von Kirchberg und seine Frau von 1410; beide kniend; oben auf einer Konsole der Schmerzensmann.

Burg (Wasseranlage) von hervorragend guter Erhaltung, got. Palas 14. Jh. mit gesondertem Küchenbau, doppelter Mauerring, Türme 12.—16. Jh., Haupttor Renss.

KARBACH. UFranken BA Marktheidenfeld.

Pfarr-K. Erb. 1611. Turm 15. Jh. Auf dem linken (neuen) Seitenaltar gute Holzfigur St. Wolfgang, E. 15. Jh., Richtung *Riemenschneiders*.

KARLBURG. UFranken BA Karlstadt.
Von einem 889 genannten Klst., angeblich Stiftung der fränkischen Prinzessin Gertrudis, nichts erhalten.
Pfarr-K. spgot. und 17. Jh.

KARLSDORF. RB Cassel Kr. Cassel-Land.
Dorf-K. (französ. Kolonie). 1704 von *Paul Du Ry.*

CARLSFELD. Sachsen AH Schwarzenberg.
Dreifaltigkeits-K. 1684—88, von *Hans Georg Roth,* angeblich nach dem Plan eines Italieners (?). Für Sachsen älteste Vorform des später von *George Bähr* gepflegten Typus von Zentralbauten; Gr. quadr. mit abgestutzten Ecken, durch Anbauten im O (Altarhaus) und W (Vorhalle mit Treppen für die Emporen) in 8Eck verwandelt. Kanzel über dem Altar. — Die virtuos geschnitzten Altarfiguren italienischen Stils vielleicht von *Andreas Petzold.*

KARLSFRIED. Sachsen AH Zittau.
Burg. Erb. von Kaiser Karl IV. 1357, von den Hussiten ausgebrannt. Die Ruine läßt wenig mehr als den Gr. erkennen.

KARLSTADT. UFranken BAmtsstadt.
Pfarr-K. Der einzige bedeutendere got. Bau im Bezirk. Radikaler Umbau einer sprom. Basilika, von welcher erhalten: der WTurm ganz, die unteren Teile der Umfassungsmauern des Lhs., die Vierungspfll. und die alte Sakristei. Im letzten Viertel des 14. Jh. der gestreckte Chor mit $^5/_8$ Schluß (wohl von demselben Meister wie der Chor der K. in Dettelbach), das Qsch. und das als Hallenkirche mit schlanken kämpferlosen Pfll. und Netzgwbb. behandelte Lhs. Im WJoch steinerne Querempore. Das hohe Dach verdeckt die OSeite des schönen rom. Turms. — 1614 dekorative Bemalung von *W. Ritterlein* (vgl. Buchold). Spgot. Wandgemälde im Chor und Qsch. (sehr rest.). Zierliche Steinkanzel mit feinen Reliefs, 1523, Werkstatt *Riemenschneiders.* In der Rienecker-Kap. großer steinerner Salvator 2. H. 14. Jh. Vortreffliche Holzfig. des hl. Nikolaus von *Riemenschneider.* Am Turm interessante Steinstatue, S. Georg zu Pferde, um 1520. — Zahlreiche Grabdenkmäler: hervorzuheben aus der Reihe der Vögte von Rieneck, Barbara † 1465, Anna † 1502; der des Philipp † 1550 von *Peter Dell d. J.* Im südl. Qsch. Denkmal für Friedrich v. Hutten 1727. — In der Sakristei: S. Georg zu Pferde, Silber, hervorragende Arbeit von *Ph. H. Drentwett* in Augsburg 1710, Maria immaculata, Silber, von *J. M. Maurer* in Augsburg 1730. Mehrere gute Kelche rok. und klassizistisch, 1739. — 2 Glocken 14. Jh., eine 1502.
Spital-K. 15. Jh., flachgedeckt. — Altäre einheitlich 1689.
Rathaus 15. Jh., einfach stattlich, Freitreppe, Staffelgiebel. Bmkw. Einrichtung aus fr. 17. Jh.
Zahlreiche gute Fachwerkhäuser: ältestes no 82 von 1449; no 341 Amtskellerei mit dem Wappen des FB. Julius; 345 guter Bar.Bau von 1721.

Bezirksamt. 1717, Wappen des FB. Joh. Phil. v. Greiffenklau. **Stadtmauern** und **Türme,** 14. Jh., großenteils erhalten. Über der Stadt die **Karlsburg** (Ruine). Die erste Gründung wird auf den Frankenkönig Karl Martell zurückgeführt. Seit ca. 1080 Besitz der Bischöfe von Würzburg. Aus karoling. Zeit nichts erhalten; rom. einige Teile des Berings und der Stumpf des Bergfrieds; got. der Palas. In einer Nische sehr schöne Madonna, Holz, um 1490.

CARTHAUSE. RB Cassel Kr. Melsungen.
Ehem. **Kloster-K.** (Scheune). Nur der $^{3}/_{8}$ Chor erhalten. A. 13. Jh. An den Fenstergewänden Säulchen mit Blattwerk.

KASENDORF. OFranken BA Kulmbach.
Pfarr-K. 1492, Veränderungen 17. Jh. — Lhs. flachgedecktes Rck., netzgewölbter Chor 2 Joche und $^{3}/_{8}$ Schluß. Glasgemälde 1486. Ikon. Grabstein 1560 bez. *FH*, ein anderer 1688. Gemälde des 17. Jh. mit interessanter Darstellung der Kommunion der Evangelischen auf dem Augsburger Reichstag 1530. Altar 1662.

CASSEL. Pr. Hessen-Nassau Hauptstadt. [D.]
Brüder-K. (ehem. Karmeliter). Beg. nach 1294, Chor voll. 1331, Sch. voll. 1376. — Unsymmetrisch 2sch. Hallenkirche, gewölbt, im Hauptschiff 8 Joche, im Nebenschiff (N) 4 Joche, gestreckter Chor mit Schluß aus 8Eck. Über dem Choranfang schlanker 6eck. Dachreiter. — Relief vom Tympanon des NPortals, Beweinung, jetzt in der Sakristei. — Epitaphe mit Relieffigg. aus 16. Jh.
Stifts-K. S. Martin. Chor voll. 1367, Langhaus 1453. Nach Einsturz neue Weihe 1462. — Große Hallenkirche mit gestrecktem $^{5}/_{8}$ Chor und 2 WTürmen. Im Sch. 6, im Chor 2 Joche. Die reich profilierten Schafte setzen sich mit einem Teil ihrer Glieder in den Scheidbgg. fort. Die ungleiche Schiffsbreite hat nicht, wie in der frgot. hessischen Schule, zur Stelzung der Sschiffsgwbb., sondern zur Tieferlegung ihrer Scheitel geführt. An den Schlußsteinen des Chors Apostelbilder. Gegen die festlich reiche Wirkung des Innern fällt das Äußere ab. Von den Türmen nur der südl. vollendet, zum Schluß in Renss.Formen übergehend, seit 1892 mit got. Helm versehen, der NTurm ebenso ausgebaut. — Im Chor Marmorgrab Philipps des Großmütigen † 1567 und seiner Gemahlin von *Elias Godefroy (Gottfro)* aus Cambray (Kämerich) † 1569, vollendet 1570 von seinem Schüler *Adam Beaumont;* davor im Fußboden die betreffenden Grabsteine mit Wappen und Allegorien. Epitaphe der Landgräfin Christine mit Bronzerelief von *Phil. Soldan* 1550, des Prinzen Philipp 1619. In der Gruft Särge der landgräflichen Familie. — Orgel 1600 von *Hans Scherer.*
Luther-K. am Graben 1734 von *G. Ghezzi.* Einfacher, turmloser Saalbau in Straßenflucht. Ölgemälde von *J. G. Tischbein.*
Oberneustädter (französische) K. 1698—1706 vom Hugenotten *Paul Du Ry.* Gestrecktes 8Eck mit Walmkuppel, gekrönt von

einer schweren Laterne, die Formen innen und außen die denkbar einfachsten, wenn man auch an der fein profilierten toskan. Ordnung der WFront die gute Pariser Schule nicht verkennen wird. Erhöhung durch die oberen Emporen 1874. Graumarmordenkmal des Grafen v. Broglie, gefallen 1758.

Kathol. K. 1770—1776 von *Simon Louis Du Ry*. Da den Katholiken damals nicht das Recht freier Religionsübung zustand, erhielt die in fortlaufender Straßenflucht stehende Fassade das Aussehen eines, zwar stattlichen, Privathauses. Reicher, wenn auch in klassizistischer Simplizität, das Innere; Emporen auf jon. Sll.; im ½ kr. Chor ein oberer Umgang. Die Flächen in rotem Stuckmarmor; Basreliefs weiß, von *Gérin*. Spgot. Altarflügel angeblich aus Hersfeld. Ölbilder von *L. Cranach* und *J. H. Tischbein*. Bronzene Standleuchter 1626.

Hof- und Garnison-K. 1757—1770. Saalbau.

Unterneustädter K. 1801—08. Saalbau mit kleiner Kuppel und Laterne in der Mitte der flachen Decke.

Bettenhäuser K. 1792. Saalbau. Turm mit Schweifhaube.

Hospital S. Elisabeth mit **K.** Gegr. 1383, erneuert 1587. Sandsteinstatue der h. Elisabeth 15. Jh. in Renss.Nische.

Renthof. Einfacher großer Renss.Bau 1581—1618. Mehrere reich durchgebildete Portale und ein Brunnen mit sitzender Statue in römischer Feldherrntracht. Im Innern spärliche Reste alter Bemalung.

Marstall, voll. 1585. Vierflügelanlage mit Volutengiebel. Treppentürme in den Ecken des Binnenhofes.

Zeughaus 1573—1583, ansehnlicher Massenbau, an einigen Stellen reiche Wappensteine. Portale an der Hauptfront 1766.

Druselturm und **Zwehrenturm,** Reste der von Ldgrf. Ludwig I. 1415 angelegten Stadtbefestigung.

Sog. **Kunsthaus,** ursp. als Schauspielhaus erb. 1594 für Ldgrf. Moritz den Gelehrten, umgebaut 1696 von *Paul Du Ry*.

Orangerieschloß 1701—1711 von Ldgrf. Carl nach italienischen Reiseerinnerungen; jedoch ist die spezielle Stilerscheinung des malerisch empfundenen, im einzelnen viel Reizendes enthaltenden Gebäudes französisch. Architekt *Paul Du Ry* (nicht sicher). Der innere Ausbau erst 1730 voll. In der Mitte Apollosaal mit stuckierten Wänden. Vom einstigen Statuenschmuck vieles zerstört. In einem anschließenden Pavillon das **Marmorbad** 1720 bis 28 mit den ihrer Zeit berühmten Skulpturen von *Pierre Monot*. Als Gegenstück das **Küchenschloß** 1765. Unterhalb der Orangerie breitet sich der großartige **Augarten** aus, entworfen von *Le Notre*, E. 18. Jh. anglisiert.

Alte Gemäldegalerie. 1751 von *Charles Du Ry*.

Garde du Corps-Kaserne. 1768 von *S. L. Du Ry*.

Museum Fridericianum (Bibliothek). 1769—79 von *S. L. Du Ry*, klassizistisch in besonders strenger und trockener, an englische Bauten dieser Richtung erinnernder Auffassung; langgestreckt in 19 Achsen; einzige Pilasterordnung, jonisch, mit untergeordneter Behandlung der in 2 Geschossen angeordneten Fenster, oberer Abschluß durch Balustrade mit Vasen und Statuen, in der **Mitte** vorspringende Tempelfront.

Au-Tor. 1782 von *S. L. Du Ry,* die 2 Wachthäuser abgebrochen. Der Triumphbogen (1824 von *Bromeis*) auf den Platz vor dem Regierungsgebäude versetzt.

Privathäuser. Fachwerkbauten des 16. und 17. Jh. in ziemlicher Menge, einige durch neuerliche Rest. wieder zu Ansehen gebracht. Eines der ältesten Altmarkt 21; Druselgasse 27 ao. 1557; Brüderstr. 2 ao. 1597; Oberste Gasse 17 ao. 1651. Am steinernen Erdgeschoß des Hauses Brink 8 hübsches Vesperbild E. 15. Jh. Wildemannsgasse 19 Steinbau des 17. Jh. mit Diamantquadereinfassung der Fenster. Von *Charles Du Ry* das Haus Theodor Landré Ecke Karls- und Wilhelmsstr. Das Rokoko sehr gut vertreten durch das Haus am Friedrichsplatz gegenüber dem Theater und eine fast mit dem Asamhaus in München wetteifernde Stuckfassade Königsplatz 55. Das Haus des Ministers v. Jungken Ecke Friedrichsplatz und Königsstr. (jetzt k. Schloß) bmkw. als erstes rein klassizistisches Werk *S. L. Du Rys* beg. 1767 (durch Anbau 1821 erweitert und als kurfürstliches Palais eingerichtet). Von d e m s e l b e n 1773 das v. Waitzsche Haus, 1775 das französische Rathaus. Zahlreiche Bauten in gräzisierendem Klassizismus aus der Zeit Jérômes.

CASTELL. UFranken BA Gerolzhofen.

Oberes und unteres **Schloß;** jenes die Stammburg der jetzigen Fürsten Castell. Von dem oberen nur der 5fache Graben und Reste eines Renss.Baus auf dem Burgberg erhalten. Jetziges Schloß spätbarock.

Pfarr- und Schloß-K. 1780 in kühl elegantem Frühklassizismus. Große umlaufende Emporen und charakteristisch protestantischer Kanzelaltar in Alabaster (sog. Castellscher Marmor). In der Anordnung des WTurmes Nachklang des Neumannschen Kirchentypus.

KATHARINENBERG b. Wunsiedel, OFranken.

Ehem. **Wallfahrts-K.** (gestiftet 1462), nur WTurm erhalten.

KAUERN. Sachsen-Altenburg LA Altenburg.

Herrenhaus; STeil E 16. Jh., interessante Stuckdecke; Hauptbau 1701 ff.; in der Kapelle ein R e i s e a l t ä r c h e n aus Elfenbein, gute französische Arbeit des 14. Jh.

KAUFUNGEN. Sachsen AH Rochlitz.

Dorf-K. Rom. eingezogener quadr. Chor mit Turm und ½ kr. Apsis.

KAUFUNGEN. Kr. Cassel-Land.

Ehem. **Nonnen-Klst.-K.** Gegr. 1017 von Kunigunde, der Gemahlin Heinrichs II. auf einem Königshof. Gew. 1025. Unter den sprom. und spgot. Veränderungen hat sich vom Stiftungsbau so viel erhalten, daß die Rekonstruktion, wo nicht in allen, so doch in mehreren Hauptpunkten gesichert ist. Die frühe Entstehungszeit macht den Bau besonders interessant. Die Abmessungen bedeutend: ganze innere L. 56 (eventuell 60 m). Gr. lateinisches Kreuz. Wenn die Kreuzarme nicht das volle Maß der Vierung haben, so ist das wohl nur Ungenauigkeit. Beabsichtigt dagegen ist die unterquadr. Gestalt des Chorhauses (innen 8,8 m br., 7 m tief). Genau dieselben Maße kehren wieder im Gr. des WTurmes. Ob der Hauptchor eine Apsis hatte, ist ungewiß; höher die Nebenapsis am nördl. Kreuzarme. Die sehr hohe Öffnung bezeichnend für Anlagen aus 1. H. 11. Jh. (Limburg, Hersfeld u. a. m.). Eine Krypta hat sicher gefehlt. Die Zahl der Arkaden des Lhs. läßt sich durch die z. T. erhaltenen Fenster auf 7 bestimmen. Die Stützen waren Pfll. Durch die jüngste Untersuchung (Holtmeyer) ist wahrscheinlich gemacht, daß die Sschiffe, obgleich sie nicht breit sind (genau ½ des Msch.) an jedem Ende mit einer Doppelarkade schlossen (vgl. S. Michael in Hildesheim). Sehr interessant wäre es, wenn es sich bestätigte, daß auch das Msch. vom Qsch. durch niedrige Arkaden (4), der Lettnereinrichtung jüngerer Zeiten vergleichbar, abgesondert war. In der Einrichtung des WBaus ist durch z. T. schon in rom. Zeit eingetretene Veränderungen mehreres unklar geworden. Das Erdgeschoß stand durch 3 Arkaden mit dem Msch. in Verbindung. Nach ihrer Zusetzung wurde die Eingangstür der WWand überflüssig und ebenfalls geschlossen. 2 weitere Türen in der N- und SWand scheinen auf Nebenräume in der westl. Verlängerung der Sschiffe geführt zu haben, mit denen sie durch die obenerwähnten Doppelarkaden kommunizierten. Besser gesichert ist Gestalt und Bestimmung des 2. Turmgeschosses: es enthielt die Nonnenempore und öffnete sich gegen die K. in 3 hohen Arkaden. Dann noch 2 weitere Turmgeschosse, das letzte mit offenen Klangarkaden. Im Ganzen erinnert der WBau sehr an westfälische und niederrheinische Anlagen dieser Zeit, von denen es sich immerhin durch die westl. Eingangstür unterscheidet. Rätselhaft ist der verhältnismäßig große 6seitige Nebenturm der NSeite; er steht mit dem übrigen Bau in keinem zeitlichen und ursächlichen Zusammenhang. Holtmeyer erklärt ihn für älter als die K. und vermutet in ihm einen Überrest (Bergfried?) der Königspfalz. — Technische Ausführung von größter Einfachheit: Bruchstein mit Verputz und Quaderecken, die Portale rechtwinklige Einschnitte, sogar ohne Maueranschlag für die Türflügel. — Die Umwandlung des Lhs. in Hallenkirche im 13. Jh. kam nicht zur Vollendung; mit der Marburger Schule kein Zusammenhang, eher mit Westfalen. Am Chor wiederholte Änderungen: im 12., im 13., im 15. Jh. — Reste der Ausstattung unerheblich. 2 spgot. Holzreliefs mit Heinrich und Kunigunde könnten zum Chorgestühl gehört haben. Grabsteine meist sehr beschädigt, gut der der Äbtissin Anna v. d. Borch 1521. — Stiftsgebäude. Zu modernen Zwecken verbaut. Von Interesse nur die Frage, ob in ihnen Reste von der Pfalz Heinrichs II. stecken. Das Inventar bejaht sie. 1. An der SOEcke der ehemaligen Klausur stößt eine Kap. mit ½ Apsis, sicher rom., vielleicht noch etwas älter als die

Klst.K. (in den Quellen von einer S. Georgs-Kap. die Rede). 2. In der jetzigen „Renterei" am WFlügel des Kreuzgangs stecken die rom. Mauern eines quadr. Raumes mit quadr. Unterteilung; etwa eine Doppelkapelle. Auf Grund dieser Reste von Holtmeyer im Inventar eine interessante Idealrestauration der ganzen Pfalzanlage.

KAUSCHWITZ. Sachsen AH Plauen.
Dorf-K. 1763 aus einem alten starken Wartturm inmitten eines Weihers; hohes Kegeldach mit Gaupen und krönender Durchsicht; Treppenanbau in Fachwerk; das Ganze voll Seltsamkeit und malerischen Reizes.

CAVERTITZ. Sachsen AH Oschatz.
Dorf-K. Rom. Anlage, letzte Umbauten 1797 und 1825. — Reicher Altarbau 3teilig mit dominierenden großen Sandsteinreliefs; um 1580; angeblich von *Aegidius de Bruigt* (de Brugk). Reizvolle geschnitzte Kanzel um 1600. — Mehrere bmkw. Denkmäler 16. und 18. Jh., besonders das der Esther v. Schleinitz 1584.

KEFFERHAUSEN. Pr. Sachsen Kr. Heiligenstadt.
Dorf-K. (kath.). Kleiner Bar.Bau 1686, reich ausgestattet, Hauptaltar ähnlich dem zu Ershausen.

KEILA. Sachsen-Weimar VB Neustadt a. d. Orla.
Dorf-K. 1696, unbedeutend. — Im Chor Gemälde (Kreuzigung) von *Paul Keil* aus Neustadt 1604 (vgl. Nimritz und Arnshaugk).

KELBRA. Pr. Sachsen Kr. Sangerhausen.
Kirche des 1251 gegr. **Zisterz.-Nonnen-Klst.** Von einem älteren Bau der rom. Turmunterbau. Die got. Klst.-K. 1 sch. flachgedeckt, in der Spätgotik durch 1 Nebenschiff erweitert. Nach Brand 1607 stark restauriert.

KEMBERG. Pr. Sachsen Kr. Wittenberg.
Stadt-K. Spgot. Ziegelrohbau. — Altartriptychon mit Gemälden von *L. Cranach d. J.* — Sakramentshaus, zierlicher hoher Aufbau aus Sandstein, in der Art der gewöhnlich *Adam Krafft* zugerechneten fränkischen Arbeiten.

KENTZGAU. UFranken BA Haßfurt.
Dorf-K. 1760 mit starkem ma. Chorturm. Gute Rok.Ausstattung. — Reste des ehemaligen **Wasserschlosses.** — Überlebensgroße Kreuzigungsgruppe um 1620.

KERSBACH. OFranken BA Forchheim.
Pfarr-K. 1744 von *Küchel,* einem Schüler Neumanns.

KERPSLEBEN. Sachsen-Weimar VB Weimar.
Große **Dorf-K.** 1720 mit WTurm von 1456. — Daran außen Relief, Kreuzigungsgruppe. — Pomphafter Kanzelbau 3geschossig, bis zur Decke aufsteigend.

KESSELSDORF. Sachsen AH Meißen. Inv.
Dorf-K. 1725 mit got. Resten. Die Emporen von *George Bähr.* [Spgot. Holzfigg. im Altert.-Ver. in Dresden.] Zahlreiche Denkmäler 17. und 18. Jh.

KESSELSTADT. RB Cassel Kr. Hanau.
Schloß Philippsruhe 1701—13 von Gf. Phil. Reinhard v. Hanau. Bedeutende Anlage mit Flügelgebäuden und Eckpavillons. Großer Park und Orangerie. Umbauten 1873.

KEUDELSTEIN. Pr. Sachsen Kr. Heiligenstadt.
Ansehnliches **Herrenhaus** (v. Keudell) aus 16. und 17. Jh., Anlage im Winkelhaken, steinernes Erdgeschoß, 2 Obergeschosse in Fachwerk. Schöner Renss.Turm, Kamin 1671, gemalte Zimmerdecken.

KEULA. Schwarzburg-Sondershausen LA Ebeleben.
Dorf-K. 1652. — Über dem Altar großes anscheinend nicht wertloses Relief mit Grablegung 1. H. 16. Jh., Umrahmung 17. Jh.

KIESELBACH. Sachsen-Weimar VB Dermbach.
Dorf-K. Spgot. Chor mit Sakramentsnische, Sch. im 17. Jh. verändert.

KIRCHAICH. UFranken BA Haßfurt.
Dorf-K. Sprom. E. 13. Jh., überarbeitet und neu ausgestattet A. 18. Jh. — Holzmadonna, gute ländliche Arbeit E. 15. Jh.

KIRCHBRACHT. RB Cassel Kr. Gelnhausen.
Dorf-K. inmitten eines befestigten Totenhofs; flachgedecktes Sch. und eingezogener Turmchor. Die spärlichen Details weisen auf E. 14. Jh.

KIRCHENEHRENBACH. OFranken BA Forchheim.
Pfarr-K. 1796. — Altarstatuen von *B. Mutschelle* aus Bamberg. — Grabmäler der Familie v. Wiesenthau 1587, 1594, 1595, eines bez. H. W. *(Hans Werner)*.

KIRCHENLAMITZ. OFranken BA Wunsiedel.
Pfarr-K. erweitert 1596 durch *Georg Zapf*. Altar 1687.
Gottesacker-K. 1660. — **Rathaus** 1705.

KIRCHGANDERN. Pr. Sachsen Kr. Heiligenstadt.
Dorf-K. (kath.) Einheitlich 1686. Sehr prächtiger Hochaltar 1691.

KIRCHHAIN. RB Cassel Kreisstadt.
Stadt-K. (ehem. Karmeliter-Klst.). Ursp. 3sch. Hallenkirche aus 2. H. 14. Jh. Durch Umbauten (16. Jh. und später) sehr entstellt. — Zierlicher spgot. Taufstein.

KIRCHHASEL. Schwarzburg-Rudolstadt LA Rudolstadt.
Dorf-K. Mit der Langseite an einen befestigten got. Rundturm gelehnt.

KIRCHHEIM. UFranken BA Würzburg.
Pfarr-K. Turm 1. H. 13. Jh., Chor und Lhs. 1701. Stuckatur und Gipsaltäre einheitlich E. 18. Jh. von *M. Bossi* im Charakter Louis XVI.
Synagoge 17. Jh., interessant (ähnliche in Bechhofen, MFranken).

KIRCHLAUTER. UFranken BA Ebern.
Kirche. Grabmal Friedrich v. Guttenberg † 1553.
Schloß. Bar.Anlage aus der Zeit des würzburgischen Fürstbischofs Joh. Gottfr. v. Guttenberg (1684—1698). 3geschossig. Stark artikulierte Horizontalgliederung, schwere Volutengiebel. Innen Stuckdecken um 1720.

KIRCHOHMFELD. Pr. Sachsen Kr. Worbis.
Dorf-K. got., oberes Turmgeschoß und Dach mit Schnitzereien um 1670. — Epitaph Wintzingerode 1634, Sandstein mit aufgelegten Wappen und Inschriften in Bronze.

KIRCHSCHÖNBACH. UFranken BA Gerolzhofen.
Schloß der Grafen v. Schönborn. 2geschossiger Bar.Bau um 1700. Innen gute Stuckaturen. Inmitten eines prächtigen Parks.

KIRCHWORBIS. Pr. Sachsen Kr. Worbis.
Kap. S. Valentin. 1735. 8seitige Holzkuppel mit Laterne.
Fachwerkhäuser mit Schnitzereien 17. Jh., das spgot. Motiv des Eselsrückens an den Türstürzen, wie öfters auf dem Eichsfeld in dieser Zeit, konserviert.

KIRSCHKAU. Reuß j. L. LA Schleiz.
Dorf-K. 1753. Anlage in Durchdringung von Kreis und gleicharmigem Kreuz. Im Innern keine Teilungen. Außen mächtiger dorischer Fries auf desgl. Pilastern. Über dem nördl. Kreuzarm Turm mit schlanker welscher Haube.

KISSINGEN. UFranken BAmtsstadt.
Alte Pfarr-K. Turm 17. Jh. Kirche quadr. Anlage mit umlaufender Empore und Muldendecke von 1772—75, Einrichtung gleichzeitig, in der Art des *Materno Bossi*.
Friedhofs-Kap. Chor von 1446. Lhs. 1737. An der Wand großes Tafelgemälde 1604. Vesperbild 1. H. 15. Jh.
Salinengebäude. Zweigeschossige Anlagen aus E. 18. Jh.

KITTLITZ. Sachsen AH Löbau.
Dorf-K. Großer Saalbau 1751. Doppelemporen auf ovalem Gr. Sie, sowie das gegipste Holztonnengwb. in Formen akademischer Steinarchitektur. — [Guter spgot. Schnitzaltar im Museum zu Bautzen.]

KITZINGEN. UFranken BAmtsstadt. [D.]
Pfarr-K. Joh. Bapt. Der unregelmäßig an der NSeite stehende Turm mit dem anschließenden Portaljoch E. 14. Jh. Er setzt 1sch. Anlage voraus. Um 1416 Planänderung. 3sch. Hallenkirche. Auf der SSeite in 7 Jochen, auf der NSeite nur in 5 Jochen (wegen des Turms). Eine für Franken seltene Anlage die Teilung des Ssch. durch eine überwölbte Empore, die sich auch an der WSeite fortsetzt; eingefügt 1487. Chor 2 Joche und 5/8 Schluß. In allen Teilen Netzgwbb. in einheitlicher Behandlung (2. H. 15. Jh.). Ganze Länge 55 m. — Die Formen zeigen den Fortgang von der späten schulgerechten Hochgotik zur eigentlichen Spätgotik. Klare, elegante Raumverhältnisse. — Zugang zur Empore durch eine überdeckte Freitreppe, die in die Außenansicht einen asymmetrisch malerischen Zug bringt. Der turmlose WBau auf reiche ornamentale und figürliche Schmückung angelegt, wohl nie ganz vollendet und jetzt in starker Zersetzung. — Rest. 1885 und 1909. — Inneneinrichtung großenteils neugot. 1885. Ansehnlicher Sakramentsturm um 1470. Ziemlich reiches Chorgestühl nach 1450. Vornehme klassizistische Marmorkanzel von *Materno Bossi* 1793. An der Chorwand 4 Passions-

reliefs, Holz, vom ehemaligen Hochaltar, aus der Zeit, aber nicht aus der Werkstatt *Riemenschneiders*. Flotte Alabasterreliefs um 1700. An der Sakristeitür schöne got. Beschläge. Familien-Epitaph des Wolf v. Crailsheim, 1546 von *P. Dell d. J.* Desgl. eines jüngeren Crailsheim † 1572 Monogr. *W E.* — Hauptportal mit Altan an der NSeite, um 1400, am Tympanon Jüngstes Gericht. Am WPortal Marienkrönung gegen 1450. — Altargeräte 17. und 18. Jh., die besten Stücke von augsburgischen, einige von örtlichen Meistern.

Protestant. K. (ehem. Ursulinerinnen-Klst., vorher Benedikt.-Nonnen, angeblich gegr. vom hl. Bonifazius) 1686 von *Ant. Petrini*. 1sch. flachgedecktes Lhs. von 6 Achsen, eingezogener gewölbter $^3/_8$ Chor mit seitl. Turm. Die Fensterarchitektur der SSeite und besonders die Fassade in schweren ernsten Barockformen. — Gute Altargeräte 17. Jh.

Kapuziner-K. 1652. Die Altäre gehören zu den besten dieser im allgemeinen wenig tätigen Zeit; eines mit Gemälde von *Osw. Onghers* 1679. Virtuoses lebensgroßes Kruzifix um 1650; ein zweites desgl. am Chorbg. und ein reich dekoriertes hl. Grab für Prozessionen, beide um 1700.

Hl. Kreuz-K. in der Vorstadt Etwashausen. Entworfen von *Balthasar Neumann* 1733, ausgef. 1741—45. Griechisches Kreuz mit leichten asymmetrischen Abweichungen am O- und WTurm. Der Vierungsraum dominiert; vor die konkav abgerundeten 4 Ecken sind gekuppelte Säulenpaare gestellt, von der Wand durch einen Durchgang getrennt. Die unmittelbar über ihren Kämpfern sitzende Kuppel wird von den Kappen der Kreuzarme angeschnitten. Die letzteren schließen im N und S gerade, im O und W werden sie durch Kreissegmente verlängert. Die geistreiche Raumdisposition, in der die Strenge der zentrischen Ordnung nur leicht aufgelockert, nicht aufgehoben ist, würde noch bedeutender zur Wirkung kommen, wäre nicht die Lichtführung wenig glücklich (ein bei Neumann öfters vorkommender Mangel). Die Wand- und Freistützen in toskan. Ordnung. Die zweifellos beabsichtigt gewesene Dekoration in Stuck und Farbe unterblieb. Die Ausstattung ist etwas ärmlich. Schöner Kronleuchter um 1750. — Schön und echt neumannisch das Herauswachsen des WTurmes aus der im Gr. abgerundeten Fassade. Beachtung verdient die **Friedhofsanlage** (in SW der Stadt) von 1542.

Rathaus 1561—63 von *Hans Eckhart* von Schaffhausen. Eckbau. 3 Geschosse mit rck., 2- und 3teiligen Fenstern, die Abtreppung der Giebel mit Segmentstücken überbaut. Im Innern: Erdgeschoß große gewölbte 2schiffige Halle, Obergeschoß mit ehemals durchlaufender Diele, im dritten Geschoß getäfelte Ratsstube.

Häuser. Grabkirchstr. 4 spgot. mit Schwalbenschwanzzinnen und Vorhangfenstern, um 1550. Gasthaus zum Bären, Stuckdecken in fr. Rok. Stattliches protest. Pfarrhaus 1. H. 18. Jh.

Marktbrunnen mit S. Kilian 1. H. 18. Jh.

Mainbrücke aus Mittelalter, 1661 (Wappen des Fürstbischofs Joh. Phil. v. Schönborn) erneuert.
Befestigung. Die der inneren Stadt zur Zeit der Hussitenkriege angelegt. In Resten erhalten, besonders der mächtige Marktturm. Vom äußeren Bering die Mainstrecke mit 8 Halbtürmen (in Wohnungen umgewandelt) und der hohe runde Falterturm 1469.

KLEINBARDORF. UFranken BA Königshofen. Inv.
Dorf-K. Chor im OTurm mittelalterlich, Lhs. 1712 mit hübscher Fassade. — D e c k e n b i l d von *Joh. Peter Herrlein* 1781.
Schloß. Kleiner Renss.Bau 1589—90, überarbeitet im 17. Jh.

KLEINBAUTZEN. Sachsen AH Bautzen.
Dorf-K. Einfacher Saalbau 1678. Die vom Patronatsherrn C. H. v. Nostitz gestiftete Einrichtung bietet im großen Kanzelaltar und dem Betstübchen höchst prächtige H o l z s c h n i t z w e r k e, noch im Charakter des Fr.Barock. Zahlreiche G r a b d e n k m ä l e r der v. Metzrodt, v. Löben, v. Gersdorf, v. Rechenberg, v. Nostitz.

KLEINEBERSDORF. Sachsen-Altenburg LA Roda.
Dorf-K. Sprom. Turmchor. — Spgot. A l t a r w e r k.

KLEINFURRA. RB Erfurt Kr. Hohenstein.
Dorf-K. OTurm über dem Altar; aus rom. Anlage.

KLEINGESTEWITZ. Sachsen-Meiningen Kr. Saalfeld.
Dorf-K. Gut erhaltenes typisches Beispiel einer rom. Anlage mit Chorturm und Apsis.

KLEINHEILIGKREUZ. RB Cassel Kr. Fulda.
Wallfahrts-K. erb. 1696 vom späteren Fürstabt v. Schleifras.

KLEINHERINGEN. Pr. Sachsen Kr. Naumburg.
Dorf-K. Neubau 1724. Recht tüchtiger Kanzelaltar aus gleicher Zeit. Interessantes T r i u m p h k r e u z bez. *H F* (vgl. Görschen).

KLEINHEUBACH. UFranken BA Miltenberg. Inv. [D.]
Schloß der Fürsten v. Löwenstein 1723 ff. Laut Akten nach Plänen von *de la Fosse* in Darmstadt von *Joh. Dientzenhofer.* Unwahrscheinlich bleibt doch, daß man einen schon durch so große Werke legitimierten Meister von der Planlegung ganz ausgeschlossen habe. Die Generalidee dieselbe wie in D.'s Pommersfelden: offenes Hufeisen; an der 84 m langen Gartenfront 19 Fensterachsen, an den Flügeln 11. Wie in Pommersfelden ist der Mittelpavillon überhöht, hat aber nur schwaches Risalit. Die Flügelenden nicht eigentliche Pavillons, nur durch höheres Dach und verstärkte Wandglieder hervorgehoben. Das Treppenhaus seitlich vom Mittelpavillon. In diesem unten Vestibül, oben Hauptsaal, 1728, Dekoration in grauem Stuckmarmor, verglichen mit der Würzburger Schule sehr einfach. Die meisten Innenräume E. 18. und A. 19. Jh. neu eingerichtet. — Niederländische Gobelins. Galawagen, Schlitten und Pferdegeschirr. — Kleine klassizistische Bauten zur Parkdekoration.

KLEINLANGHEIM. UFranken BA Kitzingen.
Pfarr-K. 15. Jh., Turm (O) um 1300. — Grabsteine der Zolner 1574, 1577, 1584. — Friedhofsbefestigung 13.—14. Jh.

KLEINLAUCHSTEDT. Pr. Sachsen Kr. Merseburg.
Dorf-K. enthält interessante Reste einer 2geschossigen rom. Anlage von ursp. wohl nicht kirchlicher Bestimmung.

KLEINOCHSENFURT. UFranken BA Ochsenfurt.
Dorf-K. im Kern rom., verändert A. 17. Jh. — Ansehnliche Altäre mit Wappen des Fürstbischofs v. Guttenberg (1684—1698). — Wartturm am Main.

KLEINRINDERFELD. UFranken BA Würzburg.
Pfarr-K. 1740 *B. Neumann* wegen des übernommenen Risses moniert. Der Bau ausgeführt erst 1768. Doch könnte er auf Neumanns Riß zurückgehen. Die Anordnung des WTurms in seiner Art. Das Lhs. hat nur flache Decke. — Altäre, A. 18. Jh., aus der älteren K. herübergenommen. Kanzel gute Rok.Arbeit.

KLEINSCHIRMA. Sachsen AH Freiberg.
Dorf-K. Chor 14. Jh. Im Schiff bmkw. die Behandlung des Zimmerwerks an Decke und Emporen, 16. Jh. — Sandsteinkanzel und Taufstein 1557. Altarwerk, geschnitzt von *B. Düterich* 1614.

KLEINSCHWABHAUSEN. Sachsen-Weimar VB Apolda.
Dorf-K. rom. mit rck. Chor; Erweiterungen got. und später.

KLEINWENKHEIM. UFranken BA Kissingen. Inv.
Pfarr-K. 1589. Aus dieser Zeit die gotisierende Sakramentsnische. Feine Seitenaltäre um 1740.

KLEINWERTHERN. RB Erfurt Kr. Hohenstein.
Einfache **Dorf-K.** Altar und Kanzel mit Sandsteinreliefs. Großes Sandsteinepitaph des Ph. v. Werthern 1588, die einzige bedeutendere derartige Arbeit in diesem Gebiet.

KLEINWOLMSDORF. Sachsen AH Dresden-N.
Dorf-K. Ursp. spgot. (netzgewölbter Chor), umgebaut 1689 und 1712. — **Herrenhaus** um 1720.

CLETZEN. Pr. Sachsen Kr. Delitzsch.
Verbaute rom. **Dorf-K.** Spgot. Schnitzaltar.

KLINGA. Sachsen AH Grimma.
Dorf-K. In allen wesentlichen Teilen erhaltene, einheitliche Schöpfung des 13. Jh.; quer-rck. WTurm, quadr. Lhs., quer-rck. Altarhaus mit ½ kr. Apsis; einiges rom. Detail.

KLINGENBERG. Sachsen AH Dresden-A.
Dorf-K. einheitlich 1724, schlichter Saalbau, bezeichnend der große Kanzelaltar. — **Herrschaftshaus** einheitlich 1682.

KLINGENBERG. UFranken BA Schweinfurt.
Kirche. Hängeepitaph des Bernh. Kottwitz 1575, vielleicht von *Albert Frid.*
Schloß (der Frhr. v. Zandt). Auf einer Anhöhe gelegen. Zwei Flügel, die durch einen schmalen Zwischenbau verbunden werden. Teilweise noch mittelalterlich. 1543 nach dem Bauernkrieg neugebaut. Mit Mauern, Tor und Graben noch umgeben.

KLINGENTAL. Sachsen AH Auerbach.
Pfarr-K. 1736. Zentrale Anlage in regelmäßigem 8Eck (vgl. Carlsfeld, Schmiedeberg und Loschwitz).

KLIX. Sachsen AH Bautzen.
Dorf-K. neu. Auf dem Altar Sandsteintafel, 3 Streifen mit Kreuzigung, Auferstehung und Jüngstem Gericht, Gedränge kleiner Figuren, um 1580 in der Art des *Chr. Walther*, Kanzel 1702. Zahlreiche Grabdenkmäler der Familien v. Nostitz und Faber, am anspruchsvollsten das große Wandgrab des Ch. F. v. Gersdorf 1725.

CLÖDEN. Pr. Sachsen Kr. Schweinitz.
Dorf-K. Sprom. Backsteinbau.

KLOSTERLAUSNITZ. Sachsen-Altenburg LA Roda.
Kirche beg. 1152, gew. 1180, nach Brand 1212 neue Weihe; im 16. Jh. Lhs. und Türme abgetragen und der OBau stark verändert. 1863 ff. nach den Plänen von *v. Quast* rekonstruiert, die formierten Teile unter Benutzung der in den Trümmern gefundenen Stücke und besonders nach Vorbild von Paulinzelle und Talbürgel. Ist die Anlage im Hirsauer Schema sicher festgestellt?

KLÖSTERLEIN-ZELLE. Sachsen AH Schwarzenberg.
Zisterz.-Klst. Kleine 1sch. K. mit schmalen rom. Fenstern. Am OGiebel unter jüngerem Putz eine alte Schicht, in welcher in Umrißzeichnung die h. Jungfrau und 2 andere Heilige eingeritzt sind. Inschr. *Martinus me fecit;* der Stil weist auf 13. Jh.

KLOSTERRODE. Pr. Sachsen Kr. Sangerhausen.
Ehem. **Prämonstratenser-Klst.**, gegr. M. 12. Jh. Erhalten nur ein gestreckter 2sch. Raum mit rundbg. grätigen Kreuzgwbb.; kleine Nebenräume mit Tonnengwbb.; Fragmente von gekuppelten Würfelkapitellen.

KLOSTERVEILSDORF. Sachs.-Mein. Kr. Hildburghausen.
Ehem. **Klst. Michaelisberg** (Michelstein) gegr. 1189; rege Bautätigkeit A. 16. Jh. — Für landwirtschaftliche und industrielle Zwecke aufgebraucht, so daß nur noch verstreute und verbaute Gebäudeteile erhalten sind.

KNAUTHAIN. Sachsen AH Leipzig.
Dorf-K. modern mit eingefügtem bmkw. rom. Portal. [Flügelaltar aus A. 16. Jh. im Dresdener Altert.-Ver.] Reste eines großartigen Denkmals der Familie Pflugk, 2. H. 16. Jh., im Stil des Moritzdenkmals in Dresden. — Stattliches **Schloß** um 1700.

KNAUTNAUNDORF. Sachsen AH Leipzig.
Dorf-K. Spgot. Erweiterung einer rom. Rundkapelle aus A. 12. Jh., ähnlich der zu Groitzsch.

KNOBELSDORF. Sachsen AH Döbeln.
Dorf-K. Im Kern kleiner rom. Bau aus 12. Jh.; daher ein Portal von einfachem Aufbau, aber sorgfältiger, schöner Behandlung; merkwürdig der ¼ kreisförmige (anstatt rechtwinklige) Rücksprung für die Sll. Im übrigen stillos verbaut.

COBURG. Hauptstadt von Sachsen-Coburg.

Moritz-K. Spgot. Hallenkirche, wesentlich aus 2. H. 15. Jh., mit erheblichen Veränderungen. Die reichen Schmuckformen der Strebepfll. und Fenster 1520 ff. von *Konrad Krebs* (vgl. Torgau). Das Innere 1701 barockisiert, geputzte Flachdecke auf 2 Reihen jon. Sll. in der alten Einteilung (3 Sch. : 5 Jochen), die 2geschossigen Emporen der Ssch. durchschneiden die Fenster. Chor gestreckt, 3 schmale Kreuzgwbb. und 5/8 Schluß. Got. Formen ferner erhalten im WBau; der zwischen die Türme einspringende Teil des Msch. chorartig polygonal geschlossen (jetzt durch die Orgelbühne verdeckt), Gwbb. mit gewundenen Reihungen und reichem skulptierten Detail. Die Doppeltürme bauen sich in 5 niedrigen, durch Wasserschläge geteilten Geschossen schwerfällig auf; nur der linke (nördl.) trägt, durch 3kantige Pyramidenteile vermittelt, ein schlankes, reich geschmücktes Oktogon; das oberste zurückspringende Mauergeschoß und der Bar.Helm A. 17. Jh. — Das Hauptportal ist mit glücklicher malerischer Wirkung dem WChor angegliedert; Statuen, einerseits Adam und Eva, andererseits Maria und Magdalena, M. 15. Jh. Die Figg. an den nördl. Strebepfll. nach 1520. — Mobilien 18. Jh. — Grabdenkmäler: am Schluß des Chors Alabasterepitaph Joh. Friedrichs II. † 1595, ausgeführt bis 1605 von *Nik. Bergner*, einem thüringischen Meister (aus Rudolstadt?); der Sockel und das Hauptgeschoß nach der Breite 3teilig, im Gr. polygonal (entsprechend den Chorwänden), darauf 2 fortschreitend in der Höhe abnehmende Geschosse und Krönung (ganze H. 12 m). Zwischen der überaus reich geschmückten Rahmenarchitektur große Reliefbilder; auf dem Sockel die reichlich lebensgroßen knienden Freifigg. des Herzogs und seiner Familie. In Größe und Schmuckfülle auch von den Weimarer Grabmälern, die ihm am nächsten kommen, nicht erreicht. Die zugehörigen Bodenplatten jetzt an der Wand. — Heraldische Grabplatte, Bronze, für Joh. Ernst † 1553, gegossen in Nürnberg vom Büchsenmeister *Bernh. Eberlein*. — Ikon. Grabplatte, Bronze, für Joh. Casimir † 1633, handwerklich. — Bronzeteile von anderen Grabplatten. — Im Lhs. (Ssch.) ikon. Hochreliefplatte, Stein, des Ritters Albrecht v. Bach † 1441. — Viele Grabsteine an der Außenwand, verwittert. — Kelche und sonstige Altargeräte in größerer Zahl. Von eigenartiger Anlage und vorzüglicher Arbeit ein Hostienschrank von 1607.

Ehrenburg. Herzog Joh. Ernst beschloß 1540 die Übersiedlung von der Veste in die Stadt (vgl. den ähnlichen Vorgang in Landshut i. Bayern), Erbauung der neuen Residenz 1543—49 unter Benutzung des ehem. Barfüßerklst. Erweiterungsbau unter Joh. Casimir beg. 1626, Baumeister *Bonallino*. Nach schwerem Brandschaden 1690 Wiederherstellung. 1816—40 Ausbau in neugot.-englischem Stil durch *Rénier*. — Die alte Anlage umschloß 3 große Höfe. Der Haupteingang war von der Steingasse. 1816 wurde ein Frontwechsel vorgenommen unter Niederlegung des

Hinterhofs und seiner Wirtschaftsgebäude und Ställe. Der jetzige vordere offene Hof (N) ist der alte mittlere. Die neugot. Formen seiner Fassaden umkleiden die alten Mauern des 16. und 17. Jh. Durchschreitet man die doppelte Durchfahrt seines Mitteltrakts, so kommt man in den alten Vorderhof, der den Charakter der Renss. und des Bar. im wesentlichen bewahrt hat. Die Außenfronten an der Stein- und Rückertstr. einheitlich aus der Bauzeit 1543—49; 2geschossig; Zwillingsfenster mit Volutenverdachung; am Dach Zwerchhäuser. Im Hof gehören dieser Bauzeit die Fronten im W und S mit mächtigem Treppenturm im Winkel. Die Front des OFlügels („Altane") 1626 in kräftigem italienischem Bar., jedoch mit gotisierenden Maßwerkbrüstungen; die obere Loggia später geschlossen. Der schöne Brunnen stark renss. Die Bauten 1679—93 stecken im Ausbau des 19. Jh. — I n n e r e s : Die Räume des 16. Jh. haben die alte Einteilung und die alten Gwbb. bewahrt, nicht mehr die Dekoration. Zu beachten vornehmlich die zu den prächtigsten ihrer Zeit gehörenden Bar.-Räume nach 1690; die Künstler nicht bekannt; der Charakter der Stuckdekoration verwandt den gleichzeitigen Arbeiten in Gotha, Altenburg, Eisenberg und Großfahner. Der „Riesensaal"; 28 „Riesen", von der Hüfte ab aus hermenartigen Pfll. herauswachsend, tragen die (nicht hohe) Decke, die sie mit dem einen Arm stützen, während der andere jedesmal einen Bronzekadelaber hält. „Weißer Saal" ebenfalls reich stuckiert. Aus derselben Zeit die besonders prunkvolle Decke des „Gobelinzimmers" und des „Roten Zimmers". Der Bibliothekssaal um 1730. Die Schloßkirche (gew. 1738) ist die glänzendste dieser Epoche in Thüringen; stilistisch noch unberührt vom Rokoko. In den nächsten 70 Jahren ruhte die Ausstattung. 1808 ff. der Marmorsaal und eine Reihe kleiner Zimmer in guter klassizistischer Behandlung. — Deutsche G e m ä l d e des 16. und 17. Jh., darunter 4 von *L. Cranach d. Ä.*

Justizgebäude am Markt. Erb. 1597 ff. als Sitz der Landeskollegien. Der Maler *Peter Sengelaub*, von dem die umfangreichen (verschwundenen) Fassadenmalereien herrührten, soll auch die Architektur entworfen haben. Gestrecktes, nach 3 Seiten freies Rck. in ausgeprägter Horizontalkomposition, darüber hohes Dach mit sehr reich behandelten Giebeln und Zwerchhäusern. Leider ist eine für die Abrundung der Komposition nötige zweite Kontrastwirkung heute nicht mehr vorhanden: der vor den Verkaufsläden des Erdgeschosses sich hinziehende offene Säulengang, dessen Schieferdach bis dicht unter die Luken des Mezzanins reichte. Die glückliche Massenverteilung in Verbindung mit dem reichen plastischen Schmuck der Türme, Erker und Giebel (von *Nik. Bergner*) und der Bemalung der Wandflächen stellte den Bau in die Reihe der prächtigsten Bauten der Sprenss. in Thüringen. Das Innere 1896 gänzlich verändert.

Gymnasium Casimirianum. 1601 ff. von *P. Sengelaub* und *Nik. Bergner*. Die Anlage dem Regierungsgebäude ähnlich, jedoch nur 2geschossig, dadurch ohne Kontrastwirkung des Erdgeschosses, aber mit gesteigerter Betonung der Dachregion, deren Zwerchhäuser die Zahl 6 und volle Geschoßhöhe erreichen. Die Fassadenmalerei auch hier verschwunden. In den Details kommen noch Fr.Renss.Formen (der venezianische Pilaster) und sogar einzelne got. vor (wie auch an Joh. Casimirs Altane in der Ehrenburg). An der Ecke Standbild des Gründers von *Veit Dümpel* 1628. Das Innere enthielt 3 große Auditorien (also ähnliche Grundsätze der Einteilung wie in der gleichzeitigen Universität in Helmstädt).

Zeughaus 1616—21 von *P. Sengelaub*. Der Formencharakter den beiden vorigen ähnlich, mit etwas vordringendem Bar.Charakter (am Portal Rustikasäulen).

Rathaus 1577, im 18. und 19. Jh. stark verändert, die Fassade (1750) unbedeutend, früheste Rok.Formen in Coburg. An der Ecke schöner Renss.Erker- und im Hof stattlicher Renss.Treppenturm. Großer Saal mit geschnitzter Holzdecke. Fürstenporträts (Joh. Friedrich II. von *Sengelaub*).

Hofapotheke, Eckhaus am Markt. 1543 in got.renss. Mischstil aus einem Bau des 15. Jh. adaptiert.

Wohnhäuser des 16.—18. Jh. in größerer Zahl und oft gut erhalten; namentlich ist Coburg eine Stadt schöner Erker. — Besterhaltenes Renss.Haus Herrengasse no 17 ao. 1591; ebenda no 4 sog. Kemnate (Trinkstube der fürstl. Beamten); Spitalgasse no 25 mit steinernen Hofarkaden. Zahlreiche Renss.Portale in Rosengasse und Ketschengasse. Erker in der Judengasse, Spitalgasse und am Markt. — Sp.Barock: Gymnasiumsgasse no 5 um 1700, Spitalgasse no 5 ao. 1739, ebenda no 12 mit reicher Stuckdekoration. Das Rokoko ist schwach vertreten (ganz hübsch Spitalgasse no 14 ao. 1785), reichlicher der Klassizismus. — Die einst zahlreichen Fachwerkhäuser zusammengeschmolzen oder durch Putz verdorben; von ihm kürzlich befreit Steingasse no 14 ao. 1627.

Brunnen Rückertstr. 1679, zwei auf dem Markt 1687.

Veste (166 m über der Stadt). Unter Otto III. als königliches Gut erwähnt, als castrum zuerst 1265. Damals im Besitz der Grafen von Henneberg (bis 1248 des Herzogs von Meran). 1353 durch Erbgang an das Haus Wettin, dem es verblieben ist. — 3 rom. Pfl. im Erdgeschoß des jetzigen „Fürstenbaues" sind Reste des Palas aus 12. oder 13. Jh. Heideloff wollte 1840 Spuren einer rom. Doppelkapelle entdeckt haben; nicht mehr zu kontrollieren. Auch die im sp. Ma. mehrmals genannte Doppelkap. ist verschwunden. Im heutigen Bestande der Veste ist nur weniges (das Zeughaus in den Außenmauern) älter als der Brand von 1500. Auf diesen folgte eine umfassende Erneuerung, bei welcher der Kriegszweck schon der bestimmende war. 1540 Verlegung der Residenz in das Stadtschloß. Der Plan von 1553 zeigt in Übereinstimmung mit dem heutigen Bestande eine doppelte Ringmauer mit Zwinger. Verstärkung der Außenwerke unter Johann Casimir durch *Gideon Bacher* 1614 ff. Belagerung 1635. Ausbesserung und letzte Vollendung 1669—71. Die 1838 begonnene Restauration beeinflußte die bauliche Erscheinung stark, weshalb dem Beschauer Vorsicht zu empfehlen ist. — Die Ringmauern umschreiben, dem natürlichen Fels sich anschließend, ein ungefähres Oval von ungefähr 230 : 110 m. Haupteingang von S durch ein imposantes Bar.Tor von 1671 (der Straßenzug, sowie der hinter dem Tor über der inneren Mauer sich erhebende Turm ist modern). Die beiden keilförmigen SBasteien mit ihren malerischen kleinen Auslugtürmen schon auf Abbildungen von 1625 und 1626. Die SFront hat übereinander 3 Verteidigungsgänge. Der Wehrgang des obersten, östl. vom „hohen Haus", ist moderne Imitation. Der vom NWEingang ausgehende Tunnel um 1553. Der ihn schützende Rote Turm verschwunden. Die Bärenbastei (W) aus 17. Jh. Die am meisten gefährdete OSpitze durch den großen runden Eselsturm (Ruine) gedeckt. Die Fundamente des Bergfrieds beim jetzigen Haupteingang ausgegraben. Die über ihr liegende „hohe Bastei" eine künstliche Aufschüttung, beg. 1551. — Das Innere des Berings wird durch eine Quadermauer in 2 weiträumige Höfe ohne geschlossene Gebäudefolge zerlegt. a) D e r ö s t l. B u r g h o f. Das Hauptgebäude besteht aus 2 im rechten Winkel zusammenstehenden Flügeln: „Hohe Kemnate" und „Fürstenbau", der letztere auf den Grundmauern des rom. Palas, die spgot. Teile nach 1501, die in Fr.Renss.Formen ausgeführten von *Nik. Grohmann* 1553—58; im wesentlichen jedoch die Fassade M. 19. Jh. Hinter der offenen Galerie 2 Räume mit wohlerhaltenen, z. T. reich geschnitzten hölzernen Decken. Der schöne Kachelofen aus A. 17. Jh. (im Kupferstichkabinett) neuerlich in München erworben. Im O schließt sich die K a p e l l e an; durch öfteren Umbau, namentlich auch im 19. Jh., historisch entwertet; „Wiederherstellung" beabsichtigt. Der WFlügel („Hohe Kemnate") hat spgot. Mauerwerk und z. T. spgot. Fenster. Der alte Bankettsaal jetzt Waffensaal; die Türumrahmung neu, alt der eiserne Ofen mit Reliefplatten um 1480. Im selben Geschoß das sog. Lutherzimmer; die Erscheinung wesentlich neu, alt der eiserne Ofen, bez. 1548. (Das Zimmer, in dem Luther 1530 in Wirklichkeit gewohnt hat, ist ein anderes und vollständig verändert.) In den Zimmern des Obergeschosses ist Altes und Neues sehr gemischt; bmkw. das Rosettenzimmer mit spgot. Türgestell und renss. Kachelofen (wohl fremd). Im Jagdzimmer (sog. Hornzimmer) die Wandbekleidung mit Intarsia und Schnitzerei von 1632 aus der Ehrenburg übergeführt; sie gehört zum Schönsten, was in dieser Art in Deutschland zu finden; die Vorlagen zu den Jagdszenen von *Wolfgang Birkner;* die Möbel verschiedenen Ursprunges, aus den Vorräten der Veste zusammengestellt. — b) D e r w e s t l. B u r g h o f. An der SMauer, deren Wehrgang neu, das Zeughaus („hohes Haus") rest. nach Brand 1489, mehrstöckiger Giebelbau, von hübscher Wirkung die Dacherker (Fialen aus Zink 1850); der Turm hat den ma. Charakter eingebüßt.

Die Zisterne mit gutem Renss.Baldachin um 1540. Im übrigen enthält der Hof schlichte Wirtschaftsgebäude. — Die Verlegung der Residenz in die Stadt 1540 ist Ursache, daß die baukünstlerische Entwicklung der Veste über diese Zeitgrenze nicht fortschritt. Die Restaurationen des 19. Jh. sind im einzelnen ärgerlich und irreführend genug, für den summarischen Eindruck aber sind sie ziemlich unschädlich, und zumal die Außenansichten von unvergänglichem Reiz. Ein wertvoller Zuwachs die im 19. Jh. angelegten Kunstsammlungen, aus denen hervorzuheben: wichtiges Schnitzbild der Pietas, M. 14. Jh., 2 Altarflügel, fränkisch, 1. H. 15. Jh., 12 Tafelbilder von *Cranach* und seiner Werkstatt; 7 Fürstenbilder von *Jost Stettner* M. 16. Jh.; zahlreiche Porträts aus 2. H. 16. und 17. Jh.; karolingischer Elfenbeindeckel aus Gandersheim; Sandsteinmadonna aus Königsberg A. 15. Jh.; Holzmadonna A. 16. Jh. aus der H. Kreuz-K. in Coburg; von einem ausgezeichneten Werkstattgenossen *Riemenschneiders;* von demselben Altarwerk, 2 Engel und 3 Relieftafeln; Kruzifix von *Veit Stoß* (?) und zahlreiche andere Holzskulpturen des 15. und 16. Jh. Ausgezeichnete Möbel, Gläser, Waffen. Bedeutende Kupferstichsammlung, auch mit Miniaturen und Handzeichnungen.

KOHREN. Sachsen AH Borna.

Stadt-K. Ursp. rom. Pfl.Basilika, von M. 15. Jh. ab wiederholt überarbeitet; 1878 rest. — Altarwerk 1616, Holzaufbau mit bmkw. Gemälden.

Burg. 2 starke Rundtürme erhalten.

COLDITZ. Sachsen AH Grimma.

Gottesackerk. St. Nikolai. Rom. 12. Jh., einfache rom. Tür. Denkmäler des 16.—18. Jh.

Stadt-K. 15. und 16. Jh., verbaut. Gute Abendmahlsgeräte.

Rathaus 1540, Giebel 1650. — **Wohnhäuser** des 16. und 17. Jh. — **Schloß.** Bedeutende Anlage. Genannt schon im 11. Jh.; der jetzige Bau erneuert 1578—91 von *Hans Irmisch* unter Beibehaltung got. Teile. Später verwahrlost. Am besten erhalten die eingebaute Allerheiligen-Kap. mit Portal in prunkvoll derben Formen von 1584.

KOLITZHEIM. UFranken BA Gerolzhofen. Inv.

Pfarr-K. 1720. Vesperbild um 1500. Alphabetglocke 14. Jh.

CÖLLEDA. Pr. Sachsen Kr. Eckartsberga.

Peter-Pauls-K. 1266 den Zisterz.-Nonnen überwiesen. Ursp. 3sch. Basilika, jetzt sehr entstellt. Im Hochschiff kleine rundbg. Fenster, dagegen die Arkaden spitzbg.

Wiperti-K. Bmkw. großes Alabasterepitaph der Familie v. Werthern 1586.

KOLMDORF bei Bayreuth OFranken.

Schlößchen Karolinenruhe 1760.

KÖNIGSBERG I. FR. Sachsen-Coburg LA Coburg.

Stadt-K. beg. 1397, gew. 1432, Gwbb. voll. 1460 (nach L. Schlenheinz Teile einer rom. Pfalz übernommen). Mittelgroßer, mit Aufwand durchgeführter Bau; durch Brand im 30j. Kriege sehr beschädigt. (Rest. A. 20. Jh.) — Hallenkirche von 3 Sch. und 5 Jochen. Langchor von 2 Jochen und $^5/_8$ Schluß. Im nordöstl. Winkel Turm, im südöstl. Sakristei. Der Chor war durch reichen plastischen Schmuck ausgezeichnet; in Höhe der Fensterbank figurierte Kragsteine; die Statuen fehlen, eine der inneren Chorstatuen erhalten. Außen die Strebepfl. durch Blenden gegliedert; von den in diese eingeordneten Statuen nur die eine der Maria verschont; von den übrigen wenigstens die Konsolen mit Tragefiguren. Unter dem Mittelfenster Blende mit 3 Baldachinen, denen ehemals 3 Statuen entsprochen haben. Unter dem Kaffgesims Spuren von Wandmalerei. Nächst der Sakristei Ölberg-Relief. — Mit dem Chor gruppiert sich der Turm, voll. 1446; davon erhalten, doch mit Beschädigung und Umarbeitung im einzelnen, die 4 ersten Geschosse; Friese, rundbg. mit Nasen besetzt, trennen sie; an den Ecken breite Lisenen und übereck gestellte Streben, ähnlich denen des Chors mit Statuenblenden und Baldachinen geschmückt. Das letzte Geschoß E. 17. Jh. — Viel stärker hat das Lhs. gelitten; das Innere E. 17. Jh. ganz erneuert, dürftig. — Die Ausstattung des Chors mit niedrigen Schranken, Lesepult und Kanzel sprenss. — Grabsteine 1593, 1675, 1676. 1682, 1703.

Gottesacker-K. 1428, rest. 1607 noch in got. Formen. — Unter den zahlreichen Grabsteinen einige von gediegener Arbeit, andere gegenständlich interessant.

Wohnhäuser. Das bemerkenswerteste Marienstr. 111 von 1733; reiche Holzbildhauerei, doch nicht im Sinne des volkstümlichen Fachwerkbaues, sondern vom Steinbau beeinflußt.

KÖNIGSBRÜCK. Sachsen AH Kamenz.

Stadt-K. 1682 von *Chr. Gottschick* und *G. J. Spieß*. Prächtiger Altar 1692 mit leidlichen Gemälden. Interessantes Epitaph M. v. Schellendorf 1763, Holz, vergoldet. — Auf dem **Friedhof** charakteristische Gruftkapellen und Denkmäler des 18. Jh. Die **Wohnhausarchitektur** bietet zahlreiche schlicht reizvolle Stücke aus 18. Jh.

KÖNIGSFELD. Sachsen AH Rochlitz.

Dorf-K. erneuert 1754. — Kostbarer Altarbau aus Marmor, Serpentin und Alabaster 1613.

Schloß, ursp. 13. Jh., wesentlich spgot. und frrenss.

KÖNIGSHAIN. Sachsen AH Zittau.

Kath. Pfarr-K. 1766 von *J. J. Kuntz* in Reichenberg, 1sch. Rck., gedeckt mit 2 böhmischen Kappen. Entlang der Längswände unter den Fenstern Emporen auf gewölbten Arkaden. — Hochaltar; über dem Tabernakel großes Rahmengemälde, von fliegenden Engeln getragen, bez. *Phil. Leubner* 1780. — Schöner Kelch E. 15. Jh.

KÖNIGSHOFEN im Grabfeld UFranken. [D.]

Pfarr-K. 1442—1496. Die Architektur von bmkw. hoher Qualität. Quaderbau. Hallenkirche von 5 Jochen mit mäßig gestrecktem 1sch. Achteckchor. Die Raumverhältnisse ungewöhnlich in die Breite gehend, zum Ausgleich das Msch. stark überhöht. Engmaschige Netzgwbb. Bmkw. zierliche Portale, leider stark rest. Die WEmpore mit gesuchter Einzelbildung ist das Bravourstück eines got. Nachzüglers aus der Juliuszeit; aus eben derselben das noch got. Oktogon des im SO stehenden Turmes, das mit einer welschen Haube übrigens recht gut ins Verhältnis gesetzt ist; kunstvolle 2läufige Schneckenstiege. — Das Relief des Jüngsten Gerichts im Bogenfeld des WPortals sehr ähnlich dem in der Michaels-Kap. in Ochsenfurt. Schöne spgot. Kanzel. Mehrere Messingkronleuchter 17.—18. Jh. Überlebensgroße Madonna, Holz, um 1500. Andere spgot. Skulpturen in der Kapelle über der Sakristei. In letzterer frgot. Aquamanile (Pferdchen) und elegante Elfenbeingruppe der Kreuzigung, 18. Jh.

Rathaus ansehnlich, spgot. und renss. (Kleine Sammlung städtischer Altertümer.)

Wohnhäuser am Markt, bar. und rok., im Übergang zum thüringischen Typus.

Marktbrunnen, Schmiedeeisen, 16. Jh.

Befestigung (Fürstbisch. würzburgisch) nach Specklinschem System, einige Bastionen erhalten.

KÖNIGSTEIN. Sachsen AH Pirna.

Stadt-K. 1810. — **Festung.** Die Anfänge gehen bis ins 12. Jh. Regelrechte Fortifikation seit M. 16. Jh. Der Haupteingang nach den Plänen des Nürnbergers *P. Buchner* 1591. Die Christiansburg 1589—91 von *Buchner* und *Irmisch*. Johannissaal („Neues Zeughaus") 1631. Die Friedrichsburg 1721 erweitert; ihr reicher innerer Schmuck durch Brand 1744 zerstört. Das alte Zeughaus 1594, die alte Kaserne („Gardehaus") 1598, beide von *Buchner*. Aus A. 17. Jh. die Johann-Georgenburg, die Magdalenenburg und die Kommandantur, verändert nach Brand 1806. Bildnisse in großer Menge, u. a. J. R. v. Patkul und Chevalier de Saxe 1768 von *A. Graff*. Der 180 m tiefe Brunnen 1581, das Brunnenhaus 1735 von *Joh. v. Bodt*. Die Garnisons-K. hat im Chor noch Konstruktionen aus 13. Jh., vgl. Kämpfer; umgebaut 1515 und 1631. — Schönes Elfenbein-Kruzifix von *Melchior Barthel* um 1670.

KÖNIGSWALDE. Sachsen AH Zwickau.

Dorf-K. Normale rom. Anlage, Kunstformen nicht erhalten. — Spgot. Schnitzaltar.

KÖNIGSWARTHA. Sachsen AH Bautzen.

Dorf-K. 17. Jh. mit got. Resten. — Adlige Grabdenkmäler in großer Menge.

Schloß erb. für den Reichsgrafen v. Dallwitz † 1796. Nüchterne Lisenenarchitektur. — Bildnisse des wenig bekannten, aber vortrefflichen Malers *Hagelganß* 1755.

CÖNNERN. Pr. Sachsen Saalkreis.

Stadt-K. 1498. 2sch. Halle mit fehlendem südl. Ssch. WTurm im Kern rom. — Spgot. Taufkessel.

CONRADSBURG. Pr. Sachsen Mansfelder Gebirgskreis.
Kloster-K. (Benediktiner). Erste Gründung vor 1133, jetziger Bau undatiert, nach seinen reichen Schmuckformen um 1200. Qsch. und Lhs. fehlen (waren sie etwa überhaupt nicht zur Ausführung gekommen?). Der Chor nach dem Hirsauer Schema; die Nebenchöre kommunizieren mit dem Hauptchor durch je eine Doppelarkade, von einem Blendbogen überstiegen. Die abgefasten 8eck. Pfll. von origineller Ausbildung: an den Fasen Rundstäbe, die oben in ein überfallendes Blatt zusammenlaufen. Die grätigen Kreuzgwbb. ruhen an der Wandseite auf Konsolen. Das Gwb. des Hauptchors eingestürzt; als Ruine abgebildet bei Puttrich; jetzt notdürftig eingedeckt. In der wohlerhaltenen Krypta sind die Pfeiler und Säulen Prachtstücke blühendster rom. Dekorationskunst; glatte Schafte wechseln regellos mit spiralisch kannelierten.

CONSTAPPEL. Sachsen AH Meißen.
Dorf-K. (ehem. Wallfahrt). Rom. Backsteinbau, einer der ältesten des Meißener Landes. Lhs. 1sch., stark vorspringendes Qsch., Chorquadrat (bei der Erweiterung 1884 die Schlußwand durchbrochen und im W ein Turm hinzugefügt). — Taufstein mit Reliefs 16. Jh. Altartafel, Beweinung, von einem nicht unbedeutenden Künstler aus der Nähe *Cranachs*. Lebensgroße Bildnisse Luthers und Melanchthons aus *Cranachs* Werkstatt. Zahlreiche Denkmäler.

CORBETHA. Pr. Sachsen Kr. Merseburg.
Dorf-K. mit rck. WTurm im Übergangsstil.

KORBUSSEN. Sachsen-Altenburg LA Altenburg.
Dorf-K. Rom. 12. Jh. quadr. Chor und Apsis, sonst verändert um 1500.

KORNBERG. RB Cassel Kr. Rotenburg.
Kirche des ehem. **Benedikt.-Nonnen-Klst.** Ganz schmuckloser 1sch. got. Bau mit 8 (meist zerstörten) Kreuzgwbb., Chorschluß aus 8Eck, WEmpore über 2sch. Halle. — Zweistöckige Klostergebäude um einen Hof ohne Kreuzgang.

KÖSSERN. Sachsen AH Grimma.
Herrenhaus, erb. 1695 für Oberhofjägermeister Dietrich v. Erdmannsdorf. In reicheren Formen das Kavalierhaus, nach Entwurf von *Pöppelmann;* besonders stattlich der große Saal.

KÖSTRITZ. Reuß j. L. LA Gera.
Fürstl. Schloß 1689—1704. Der Park eine interessante Anlage der klassizistischen Zeit; Tempelchen usw.

COSWIG. Sachsen AH Meißen.
Pfarr-K. 1sch. Saal mit $^3/_8$Schluß 1497, erhöht und mit Volutengiebeln versehen 1611. Aus dem letzteren Jahr der Gemäldezyklus an der Empore und der flachen Decke. — Schnitzaltar E. 15. Jh., neu montiert A. 17. Jh.

KÖTIZ. Sachsen AH Oschatz.
Herrenhaus. M. 18. Jh. Einfacher stattlicher Bau von *Samuel Locke;* in der Ausstattung manches Hübsche.

KÖTZSCHENBRODA. Sachsen AH Dresden-N.
Pfarr-K. Netzgewölbter polyg. Chor 1477, Sch. 1884. — Altar 1638 von *Zach. Hegewald*, auseinandergenommen, von Interesse die Alabasterreliefs und Sandsteinstatuetten; Denkmäler 1675, 1738. — Im Dorf reizende renss. Brunneneinfassung mit Puttenrelief von *Hans Walther* (?).

KOTTMARSDORF. Sachsen AH Löbau.
Dorf-K. 1735, die hübsche einheitliche Ausstattung (Herrschafts- und Löbauer Ratslogen) gleichzeitig.

KRAKAU. Sachsen AH Kamenz.
Dorf-K. Mehrere Ölgemälde 16. Jh. und gute Bildnisgrabsteine 17. Jh.

KRANICHFELD. Sachsen-Meiningen Kr. Saalfeld.
Stadt-K. 1496, 1sch. flachgedeckt, gewölbter polyg. Chor. Änderungen 1702. — Hübsches Gestühl 1520; Grabstein einer Gräfin Gleichen 1570.
Schloß („Oberschloß"). Die auf einer Abb. von 1682 noch sehr stattliche Gruppe hat seither viel verloren. Der älteste Teil, der sog. dicke Turm, aus 12. Jh. Die sprom. Kap. einfaches Quadrat, Kreuzrippengewölbe, Ecksäulen mit Würfelknäufen; die Außenwand mit fein profilierten Lisenen. — Sonst das Äußere des Schlosses in der Haupterscheinung von 1530; eine Menge größerer und kleiner Giebel in einfacher Fr.Renss. (allein an der SSeite ihrer 8). — **Unterschloß** mit umfänglichen ma. Resten, jetzt modernisiert.

KRANLUCKEN. Sachsen-Weimar VB Dermbach.
Dorf-K. (kath.). Architektur und Ausstattung einheitlich 1750.

KRAUTHAUSEN. Sachsen-Weimar VB Eisenach.
Dorf-K. spgot. mit Kielbogenfenstern. Sch. 1709 verlängert. — **Schloß** 1710 einfach.

CRAWINKEL. Sachsen-Gotha LA Ohrdruf.
Dorf-K. im Kern und manchen Einzelheiten 1421 (I.).

KRAYENBURG. Sachsen-Weimar VB Dermbach.
Burg. Ausgedehnte, sehr zerstörte Anlage. Der Palas aus der Zeit der Grafen v. Frankenstein, 2. H. 12. Jh. [Sll. zur Rest. der Wartburg verwendet.]

KREINITZ. Sachsen AH Oschatz.
Schloß seit 1776.

KREIPITZSCH. Pr. Sachsen Kr. Naumburg.
Schloß. 1865 abgebrannt. Vom alten Bau erhalten Treppenturm 1611 und die in reicher Rustika gehaltene Hofeinfahrt mit Seitenpförtchen 1628.

KREUSSEN. OFranken BA Pegnitz.
Pfarr-K. Got. $^5/_8$ Chor, Lhs. 17. Jh. Hübsches spgot. Sakramentshäuschen. Großer Altar 1688. — An der SSeite 2stöckige got. Kapelle, jetzt Sakristei.

KREUZBERG. UFranken BA Neustadt a. S.
Franziskaner-Klst. 1681—95.

CREUZBURG A. D. WERRA. Bez. Eisenach.
Nikolai-K. Gegr. 1215. Vom rom. Bau erhalten der auffallend große (9 m Dm.) ½ kr. Chor, außen und innen Gliederung durch 7 Blendnischen, Fenster got. erweitert, ursp. wohl flachgedeckt. Wohl schon der rom. Bau nicht in gleichem Maßstab weitergeführt. Jetziger Hauptraum 1785, aus welcher Zeit auch die zum Klassizismus hinneigende Dekoration. Turm (SW) 1428.
Liborius-Kap. 1499; Quaderbau; Netzgwb. auf gewundenen Diensten; Fenster und Strebepfll. in ziemlich reichen Formen.
Friedhofs-Kap. (ehem. Pfarr-K.) 1252; die Rest. 1624 und 1710 haben von den rom. Formen wenig übriggelassen. Friedhofstor reich renss. 1624.
Got. **Kist.-K.** vor der Stadt, jetzt Scheune.
Wohnhäuser mit Renss.Portalen.
Stadtmauer aus Ma., z. T. bis hinauf in rom. Zeit.
Schloß. Palas 1170, stark verändert. Ringmauer gut erhalten, Zinnenkranz und Spuren des Wehrgangs.
Werrabrücke 16. Jh., vielleicht mit Resten von 1223.

KREUZEBER. Pr. Sachsen Kr. Heiligenstadt.
Dorf-K. (kath.) 1738, 4 Kreuzgwbb. und $^3/_8$ Schluß, Pilaster und Fenstereinfassungen in Sandstein.

KREUZWERTHEIM. UFranken BA Marktheidenfeld.
Pfarr-K. Chor und Lhs. erb. 1443, unbedeutend, Turm 1753. Schnitzaltar ca. 1510—20.
Schloß der Fürsten Löwenstein-Wertheim-Freudenberg, erb. 1736, unbedeutend und verrenoviert.

KRIEBSTEIN. Sachsen AH Döbeln.
Schloß. Die gut überlieferte Baugeschichte läßt 4 Abschnitte unterscheiden: vor 1382, nach 1382, 1451, nach 1465; 1566 ausgebaut. An den alten Teilen bmkw. Einzelheiten. In der Rüstkammer gut erhaltenes Wandgemälde um 1400.

CRIMMITSCHAU. Sachsen AH Zwickau.
Stadt-K. 1513. Einfach behandelter wohlräumiger Hallenbau von 15 : 22 m, geteilt in 5 Netzgewölbe; der unsymmetrisch anschließende rck. Chor mit NTurm aus 14. Jh. — Epitaph v. Schönberg 1597, reicher Säulenbau mit vielen Reliefs, von einem Dresdener Bildhauer (Walther?) aus der Schule *Nossenis*. Halbzerstörter Taufstein mit Reliefs, treffliche Arbeit aus 1. H. 17. Jh. — Mehrere schöne Kelche aus M. 15. und A. 16. Jh.

CRÖBERN. Sachsen AH Leipzig.
Dorf-K. 1750—55, stattlich. — Denkmäler der Familien v. Breitenbach und v. Seydewitz aus 16. Jh.

CROCK. Sachsen-Meiningen Kr. Hilburghausen.
Pfarr-K. (ehem. Wallfahrt) spgot. 1489, die damalige Gestalt nicht sehr verändert. — Lhs. 1sch. mit Flachdecke, eingezog. polyg. Chor. Vorspringender WTurm. Charakteristischer spätestgot. Taufstein 16. Jh.

CRÖLLWITZ. Pr. Sachsen Kr. Merseburg.

Dorf-K. spgot., durch zierliches **Maßwerk** in den Fenstern, einen in dieser Gegend ziemlich seltenen Schmuck, sich auszeichnend.

KRONACH. OFranken BAmtsstadt.

Stadt-K. Stattlicher got. Hausteinbau aus 3 Bauperioden, interessant durch deren klare Abgrenzung bei guter Erhaltung. Chor 2 Joche und 5/8 Schluß, Kreuzgwbb. mit großen dekorierten Schlußsteinen, 1. H. 14. Jh. — Lhs. 5jochige Halle nach 1404, Kreuzgwbb. auf Rundpfl. — M. 16. Jh. Verlängerung nach W, Empore, Decke gerippte Flachtonne. Portal mit reicher Stabüberschneidung, darüber Statue des Joh. Bapt. 1540. — Ausstattung großenteils neu. In einer Seitenkap. P i e t a s M. 15. Jh. G r a b d e n k m a l von 1580 von einem Nachfolger des Eichstätters *Loy Hering*. — In der Nähe (NO) zierliche 2stöckige Kap. 1512.

Rathaus. Origineller hochgiebeliger Bau von 1583, Schule der Plassenburg.

Wohnhäuser in Stein und Fachwerk, 16.—18. Jh.

Brunnen mit S. Michael um 1650.

Stadtbefestigung des 16. Jh. großenteils erhalten. Entwürfe zu ihrer Modernisierung von *Balth. Neumann* 1741.

Veste Rosenberg, ehem. der Bischöfe von Bamberg. Gut erhaltene, für die Geschichte des Wehrbaues lehrreiche Anlage. In der Kernburg hoher 4eck. Buckelquader-Bergfried aus 13. Jh. Gut erhaltener got. Bering, an einer Stelle bez. 1487. Einfache Renss.Bauten 1572, 1590, 1595. Der 3. Befestigungsgürtel 17. Jh. Kräftiges Rustikator 1662 ähnlich wie in Forchheim. (Kleines Museum zur Stadtgeschichte.)

KROSIGK. Pr. Sachsen Saalkreis.

Dorf-K., Ruine einer typischen rom. Anlage.

KRUKENBURG. RB Cassel Kr. Hofgeismar.

Burgruine. Bmkw. die 1126 gewölbte, sehr hohe rom. Kap. In der Mitte kreisf. Raum, von 12 m lichtem Durchmesser, ehem. mit Kuppelgwb., 4 rck. Anbauten mit Tonnengwbb. schließen sich kreuzförmig an. Der got. Palas aus der Zeit des Bischofs Wilhelm von Paderborn (1401—15) in großen Teilen erhalten.

CRUMBACH. Kr. Cassel-Land.

Dorf-K. got., rest. 1770, 1sch. mit polyg. Schluß. Interessant der runde WTurm, der als Bergfried diente; Einsteigeloch vom Kirchenschiff aus; an der Kirchhofsmauer Spuren eines Wehrganges.

KÜHNDORF. Pr. Sachsen Kr. Schleusingen.

Dorf-K. Lhs. rck., schmälerer 5/8 Chor mit gutem Maßwerk 1323. — K a n z e l 1630 mit schönen Intarsien. — Als Gattung bmkw. die bäuerlichen E p i t a p h i e n.

Schloß, früher Johanniterkomturei, 1398 abgebrannt, Hauptbau noch mittelalterl., Nebenturm renss.

KULM. Reuß j. L. LA Gera.
Dorf-K. gew. 1223, die ursp. Anlage vollst. erhalten, 1sch. Lhs. mit quadr. Chor und ½ kr. Apsis.

KULMBACH. OFranken BAmtsstadt.
Pfarr-K. Stattlicher spgot. Hausteinbau. Am Chor Inschr. 1439. Wohlräumige Hallenkirche von 5 Jochen, stark eingezogener Chor 2 Joche und 5/8 Schluß. Emporen und Gwbb. des Lhs. modern (1535 hölzerne Tonne), WTurm mit Maßwerkfriesen und Spitzhelm. — Imposanter Barockaltar mit flotten Skulpturen, am Sockel Porträtrelief des Markgrafen Christian (1603 bis 1655). Taufstein mit 4 guten Marmorreliefs A. 17. Jh., viel leicht von *Hans Werner* von Bamberg. Grabsteine 17. Jh., recht gut der des Georg Wolf v. Lainack. Glasgemälde ca. 1550. — Pfarrhaus 1730.
Spital-K. Kleiner, gut gegliederter Barockbau 1738, wohl vom Hofbaudirektor *Fr. Grael*.
Friedhofs-Kap. gotisierend 17. Jh., gute Epitaphe 17. und 18. Jh., zahlreiche kapellenartige kleine Gruftbauten.
Rentamt (ehem. Langheimer Klosterhof). Reich gegliederter und geschmückter Barockbau 1694. Zwei schöne Toranlagen.
Bezirksamt (ehem. Regierung) einfache Renss. mit geschweiften Giebeln wie auf der Plassenburg, Erker bez. 1562 *Caspar Vischer*.
Rathaus 16. Jh., Fassade 1752. — Einige Wohnhäuser der Renss.
Stadtbefestigung teilweise erhalten; Gerichtsturm, wie üblich rot angestrichen, und Pranger.

CUNEWALDE. Sachsen AH Löbau.
Dorf-K. 1780. Großer Saalbau mit Doppelemporen. — Kanzel 1656. Bmkw. Reste von spgot. Altarplastik. Zahlreiche Grabdenkmäler des 17. und 18. Jh.

KUNITZ. Sachsen-Weimar VB Apolda.
Dorf-K. 1774 und 1860. Gutes dreiflügeliges Altargemälde.
Burgruine (jetzt Kunitzburg genannt, der alte Name Gleißberg). Vom rom. Bau der Bergfried und die Südwand des Palas erhalten.

KÜNITZSCH. Sachsen AH Grimma.
Dorf-K. Einheitlich von 1706. — Zwölf Denkmäler 1608 bis 1782.

KÜNSBERGK. UFranken BA Mellrichstadt.
Bedeutende **Burgruine**, z. T. rom.

KUPFERBERG. OFranken BA Stadtsteinach.
Stadt-K. 1280—1300. Frgot. Basilika mit großem Chorturm. — Ansehnliches Spitalgebäude mit Kirche, 1738—42, von *J. J. M. Küchel*.

KÜRBITZ. Sachsen AH Plauen.
Dorf-K. 1624—26 auf Kosten des Frhr. v. Feilitzsch. Für diese dem Kirchenbau ungünstigste Zeit ein außerordentlich stattlicher Bau, dem protestantischen Kultus angepaßt. Der Hauptraum Quadrat von 16,5 m, die Ssch. 2geschossig, Erdgeschoß 5 m h., Empore 7,7 m h. Im O polyg. Altarhaus, im W starker vierseitiger,

oben achtseitiger Turm; in die Winkel dieser Bauteile gegen das Gemeindehaus je eine Wendeltreppe (im ganzen 4) eingeschoben, äußerlich mit 3 Achteckseiten hervortretend. Auf der WEmpore die herrschaftliche Winterbetstube, ehemals reich und behaglich eingerichtet (erhalten ein Kamin von einfach vornehmen Formen, die als Hermen fungierenden Gestalten der Fides und Spes vortreffliche Arbeiten). Die Formen außen und innen ernst und schlicht, mit manchen got. Nachklängen; z. B. die Fenster der unteren Reihe spitzbg., der oberen rundbg., aber mit Maßwerk. Aufwändiger nur das Hauptportal, Rustika mit toskan. Ordnung, übrigens von strengster Behandlung. — Altarwerk aus der Erbauungszeit mit Teilen eines Schnitzaltars von ca. 1500. — Kanzel bez. 1626; die tragende Mosesstatue sowie die Evangelisten der Brüstung, überraschend durch Formenreinheit im Sinne der Hochrenss., von derselben ausgezeichneten Künstlerhand, die den Kamin schuf; das Tektonische in äußerstem Gegensatz zu der Durchschnittsneigung der Zeit von puritanischer Einfachheit und Trockenheit. — Familiengruft der Herren v. Feilitzsch mit Bildnisgrabsteinen von 1511 ab. In der Kirche Ölporträts derselben Familie aus 17. und 18. Jh. Vierflügeliger Altar um 1500 (schlecht rest.).

KÜRNACH. UFranken BA Würzburg.
Pfarr-K. 1723, vielleicht nach Angaben *B. Neumanns*. Eingezogener Chor mit 3seit. Kappenschluß, im N und S Sakristeien, Lhs. flachgedeckt, Kuppeldachreiter, Pilasterfassade, Fenster mit reicher Hausteinumrahmung. — Im Dorf 4 Bildstöcke, einer mit Kreuzigungsrelief bez. 1598. Sehr stattlich die große Freigruppe der Kreuzigung bei der Grießmühle, Zielpunkt der Flurprozession, bez. 1766.

CÜRSDORF. Pr. Sachsen Kr. Merseburg.
Dorf-K. mit rom. Chorturm, Apsis, schmalen rundbg. Fenstern.

KYFFHÄUSER. Schwarzburg-Rudolst. LA Frankenhausen.
Burgruine. Angeblich 1116 zum Schutz der kaiserl. Pfalz Tilleda gegr. Die Konstruktion des Bergfrieds weist auf höheres Alter (?). Von der sehr ausgedehnten Anlage fast nur noch die Grundmauern zu erkennen. — Die Kapelle von derselben einfachen Anlage wie die rom. Landkirchen in dieser Gegend.

L

LAAS. Sachsen AH Oschatz.
Dorf-K. Normale rom. Anlage: flachgedecktes kurzes Schiff, eingezogener quadr. Chor und überwölbte Apsis; von rom. Kunstformen nichts erhalten.

LAMPERTSWALDE. Sachsen AH Oschatz.
Dorf-K. 1722. Flachgedeckter, nach O aus 8Eck geschlossener Saal. — Denkmäler.
Schloß um 1690—1700.

LAMPERTSWALDE. Sachsen AH Großenhain.
Dorf-K. Im modernen Umbau Reste von rom. Fenstern. Der gefällige Haubenturm 1694. D e n k m a l einer Frau v. Miltitz 1598. Glocke 1462.

LANDESWEHR bei Meiningen.
Burgruine. Von der 1525 zerstörten ma. Burg stammt der schräg am Boden liegende Hauptturm. Derselbe wurde 1685 durch Pulver gesprengt. Die Steine der Burg wurden 1682 zum Bau der Elisabethenburg, des Residenzschlosses in Meiningen, verwendet.

LANDSBERG bei Meiningen.
Schloß des Herzogs von Sachsen-Meiningen, neugot. 1836—40 von *Döbner*. Innen große Kunst- und Waffensammlung. 2 Öfen des 16. Jh. aus Saalfeld. Wertvoll 4 geschnitzte und gemalte thüringische A l t ä r e E. 15. bis A. 16. Jh. Vertreten sind: *Valentin Lendenstreich*, der *Meister der architektonischen Baldachine* und der *Meister des Neusitzer Altars*.

LANDSBERG. Pr. Sachsen Kr. Delitzsch.
Stadt-K. sprom. Schiff von 7 : 20 m, im O ½ kr. Apsis, WTurm in gleicher Breite mit dem Sch. und gegen dieses in 2 Bogen geöffnet. Rom. Tympanon, S. Nikolaus zwischen Gotteslamm und Löwe.
Doppelkapelle der seit 1180 genannten Burg. Das weitaus interessanteste Denkmal des Kreises. E. 12., A. 13. Jh. — Rck. von 11,5 : 9 m, Aufbau in 2 gesonderten Geschossen, die durch eine Öffnung im Boden des oberen in Verbindung stehen. Jedes hat 3 grätig gewölbte Schiffe von gleicher Höhe. 2 Doppeljoche, in denen schwere kreuzf. Pfeiler und schlanke elegant dekorierte Säulen kontrastieren (Kapitelle interessante Weiterbildung des Königslutterer Typus); im W ein quer durchlaufender Gang, im O 3 durch beide Geschosse durchgehende Apsiden. Die enge Treppe liegt außerhalb der SWand und ist geraden Laufs. Das zweite Obergeschoß, als Wohnraum dienend, ist spätere Zutat. — Die 2 merkwürdigen P o r t a l e in Sachsen analogielos. Das größere in der Architekturform einfach, nur Rücksprung, aber die Leibungsfläche reich ornamentiert, an den Pfosten figürliche Reliefs, im Tympanon Christus in der Mandelglorie zwischen Engeln, alles sehr verwittert. Am kleineren giebelförmiger Sturz ohne Entlastungsbg. S c h n i t z a l t a r um 1500.

LANGBURKERSDORF. Sachsen AH Pirna.
Schloß. Fester 8eckiger Bau mit westl. im Mittel vorgelegtem 8eckigen Turm, 1611 erneuert; im Innern Stuck- und Schnitzarbeiten 1749.

LANGENAUE. Pr. Sachsen Kr. Zeitz.
Dorf-K. rom., sehr verbaut; die ursp. Formen an Apsis und Portal; s k u l p t i e r t e s T y m p a n o n, Christus im langen Rock am Kreuze stehend, zu Füßen die Weltkugel, oben Sonne und Mond in ornamentaler Stilisierung, neben ihm 2 Palmenbäume; höchst bäuerisch, wohl 12. Jh.

LANGENDORF. Pr. Sachsen Kr. Weißenfels.
Ehem. **Zisterz.-Nonnen-Klst.** M. 13. Jh. Nach Brand 1505 whgest., 1873 rest. Quaderbau, Saalanlage mit Flachdecke. Nonnenempore auf 3sch. Kreuzgewölbehalle.

LANGENHESSEN. Sachsen AH Zwickau.
Dorf-K. Triumphbg. und Chor sprom. — Großes spgot. Altarwerk von 1502 mit 4 beweglichen und 2 festen Flügeln, in den Gemälden Einfluß der fränkischen Schule.

LANGENLEUBA. Sachsen AH Rochlitz.
Dorf-K. rom., sehr verbaut; ein schönes Portal mit 2 Säulenpaaren 1841 zwecklos zerstört.

LANGENLEUBA. Sachsen-Altenburg LA Altenburg.
Dorf-K. Rom. OTurm über dem Chor; Lhs. E. 16. Jh.; reiche Ausstattung im 18. Jh. — Vornehmes Grabmal für Joh. v. Kuntsch † 1714.
Schloß 1707, groß und ehemals prächtig, jetzt in Verfall.

LANGENNAUNDORF. Pr. Sachsen Kr. Liebenwerda.
Dorf-K. 1715, hoher WTurm in Fachwerk. Bemalte Holztonne. Ausstattung fast lückenlos erhalten, behagliche Stimmung.

LANGENREINSDORF. Sachsen AH Zwickau.
Dorf-K. Der gerade geschl. Chor mit Giebelkreuz und die westl. Vorhalle mit massivem Turm enthalten rom. Formen. — Schnitzaltar 1500.

LANGENSALZA. Pr. Sachsen Kreisstadt.
Bonifazius-K. Beg. A. 14. Jh., nach langer Unterbrechung im 15. Jh. weitergeführt. Breit hingelagerte Hallenkirche mit hohem Dach und eingezogenem Chor. Letzterer weicht aus der Hauptachse und hat im Innern nur eine hölzerne Flachdecke. Die spgot. Netzgwbb. des Schiffes stehen auf kunstreichen Rundpfll. aus 14. Jh. Es waren 2 Fassadentürme projektiert, von denen nur der nördl. ausgeführt; Unterbau 1470, Renss.-Oberbau, erreicht die für dieses Gebiet ungewöhnliche Höhe von 81 m. Das große WPortal hat seinen plastischen Schmuck im Bauernkriege verloren; es waren am Gewände 12 Statuen in zwei Rängen und 2×3×4 Statuetten an den Bogenläufen; das von einem Mittelpfosten getragene Tympanon enthält (ziemlich unversehrt) in 3 Reliefstreifen das Jüngste Gericht, Kompositionsschema von S. Lorenz in Nürnberg; von einem fränkischen Künstler (?) am Pfosten ein Opferstock. Um einiges einfacher das nördl. Seitenportal, im Tympanon Kreuzigung. — Das Obergeschoß über der Sakristei hat eine bmkw. bemalte Bretterdecke aus A. 16. Jh.
Stephans-K. 1394 ff. Ursp. Hallenkirche. Die Gwbb. vielleicht im Stadtbrande von 1506 zerstört. Die dürftige Herstellung gab nur Bretterdecken und erhöhte das Msch., welches schlichte Stichbogenfenster erhielt. Reichere Bauformen enthält nur die gerettete Außenansicht der Sschiffe. Sie sind mit einer Maßwerkbalustrade und kleinen Staffelgiebeln, zwischen denen die Fialen der Strebepfll. aufragen, gekrönt. Die Fenster des Maßwerks be-

raubt. An der SSeite großes, lebhaft gegliedertes Portal. Der unorganisch in die SWEcke eingeschobene Turm scheint im Unterbau aus einer älteren Anlage zu stammen; der Oberbau neugot. 1860. — Unter den Grabsteinen sind die ältesten die des Dietrich v. Salza † 1308 und Günther v. Salza † 1322; roh in der Zeichnung und sehr beschädigt.

Augustiner-K. gegr. 1280, war ein sehr gestrecktes einfaches Rechteck; abgebrochen. Vom Kreuzgang sind Bruchstücke erhalten.

Rathaus 1742. — **Marktbrunnen** 1582. — Zahlreiche Reste der **Stadtbefestigung.**

LANGENSELBOLD. RB Cassel Kr. Hanau.

Dorf-K. des 18. Jh., Rundbau mit 4 Vorbauten.

Schloß des 18. Jh. auf den Grundmauern des ehem. Klosters. Im Garten Grabstein eines Abtes aus 15. Jh.

LANGENSTEIN. RB Cassel Kr. Kirchhain.

Dorf-K. Spgot. flachged. Sch. ohne Streben. Der polyg. Chor hat Netzgwb. mit doppeltem Rippensystem, das untere frei schwebend.

LANGEWIESEN. Schwarzburg-Sondersh. LA Gehren.

Stadt-K. 1675.

LANGHEIM. OFranken BA Lichtenfels.

Zisterzienser-Klst., gegr. 1132, verwüstet 1525, Neubau des Konventshauses 1657—80, Abtshaus 1700 ff., Erweiterung des Konventshauses 1730 ff., Brand 1802, Säkularisierung 1803, darauf Abtragung der Ruinen. Erhalten hat sich: eine Kap. vor dem Klostertor und ein Flügel des Konventsbaues (jetzt Brauerei). Die erstere frgot. 13. Jh., 1sch. mit 6 Kreuzgwbb., deren Kämpfer bis zur Fensterbank hinabreichen (ungefähr wie im Refektorium zu Heilsbronn), der Schluß 5rippig über ½ kreisförmigem Gr. Die K. zeigt sich auf Abb. als sehr langgestreckte, platt geschlossene Anlage; Stilformen nicht erkennbar. Die Klosterbauten wetteiferten in Größe und Opulenz mit denen von Ebrach. Der erhaltene Flügel trägt am Giebel die Zahl 1792, die Formen zweifellos um oder vor M. 18. Jh.; wahrscheinlich von *Balth. Neumann;* Pläne desselben für Langheim in der Sammlung Eckart in Würzburg.

LANGHENNERSDORF. Sachsen AH Freiberg.

Dorf-K. 1530 got. mit einigen Resten aus 13. Jh. in der angebauten Wendelin-Kap. Turm im W quereck., Satteldach. Glasgemälde.

LANGULA. Pr. Sachsen Kr. Mühlhausen.

Dorf-K. modern, reich geschmückter spgot. Taufstein.

LAUB. UFranken BA Gerolzhofen.

Dorf-K. 1590. Bedeutende überlebensgroße Sandsteinmadonna aus der Würzburger Franziskaner-K. übergeführt; durch das Stifterwappen auf der Konsole datierbar auf ca. 1320. Reste des Hochaltars von 1590 von *Jörg Maurer* jetzt an der n Lhs.Wand.

LAUCHA. Pr. Sachsen Kr. Querfurt.
Stadt-K. 1479—96. Großer einheitlicher Bau, flachgedeckter Saal, aber vielleicht ursp. auf Gwbb. angelegt; gute Quadermauern und ringsum Strebepfll. WTurm über nach S und W offener Halle.
Rathaus. Renss., wohl jünger als die Wappentafel 1563. — **Stadtbefestigung** teilweise erhalten, am besten das Obertor.

LAUCHRÖDEN. Sachsen-Weimar VB Eisenach.
Dorf-K. A. 17. Jh. Der Turm steht abweichend von der Sitte der Gegend im W. Emporen und hölzernes Tonnengwb. — [**Schnitzaltar** jetzt in der Nikolai-K. in Eisenach.] Gedenktafeln 18. Jh. — Kemenate der v. Rotenhan mit Inschr. 1562, 1575. Hübsches Hoftor. Kamin.

LAUCHSTÄDT. Pr. Sachsen Kr. Merseburg.
Allerlei bescheidene kleine Architekturen erinnern an die Zeit, als L. zu E. 18. Jh. ein besuchter Badeort war. Das unter Mitwirkung Goethes 1802 errichtete Sommertheater jetzt geschickt wiederhergestellt.

LAUDENBACH. UFranken BA Miltenberg. Inv.
Dorf-K. um 1700. — **Schloß** (v. Fechenbach) A. 18. Jh. Zahlreiche Familienporträts, große Porzellansammlung, sehr reicher Schrank M. 17. Jh., spgot. Holzplastik.

LAUDENBACH. UFranken BA Karlstadt.
Dorf, Kirche und Burgruine bildeten eine malerische Gruppe am hohen Mainufer.
Pfarr-K. Charakteristischer Juliusbau von 1613.
Burg. Bis 1291 hohenlohisch, dann hennebergisch und wertheimisch, im Bauernkrieg zerstört. 2 rom. Bergfriede, in z. T. kolossalen Quadern (1,50 m l., 0,50 m h.). — **Neues Schloß** im Dorf einfach renss.

LAUENSTEIN. OFranken BA Teuschnitz.
Burg. Aus der 1. Bauperiode, vor der Zerstörung 1290, der Stumpf des Bergfrieds in ährenförmigem Verband und Teile der Ringmauer und die Torhalle. Aus E. 14. Jh. der sog. Orlamünder Bau (O). Der Hauptbau (N) 1551 bis 1554, von dem Meister von Rottweindorf; Innenraum mit Rippengwbb., Tafeldecken, stattlichem Kamin, geschnitztem Jagdfries, in der Kap. Fresken.

LAUENSTEIN. Sachsen AH Dippoldiswalde.
Stadt-K. Kleine Hallenkirche E. 15. Jh., Schiff nach Brand 1594 erneuert, System ähnlich Stadt-K. zu Pirna, Pfll. mit renss. Elementen. Altarbau aus Sandstein, zugleich als Epit. des Rudolf v. Bünau † 1609 und seiner Gemahlin Anna v. Schleinitz † 1591; großartiges, in 3 Stockwerken staffelförmig sich verengendes Gerüst von starken Sll., zwischen denen Reliefbilder; auf den Absätzen Freifiguren, zu unterst der kniende Stifter; das ebenso gediegen als prachtvoll durchgeführte Werk stilistisch aus niederländischen und italienischen Elementen gemischt, gehört zu den bedeutendsten seiner Art und Zeit in Deutschland. — Von demselben Künstler die große Moseskanzel und der

Taufstein; Mäßigung der Architekturformen, Übergewicht der figürlichen Plastik. — Bünaukapelle (Erbbegräbnis) beg. 1609 von *Lorentz Hornung*, einem aus der Schule Nossenis hervorgegangenen Bildhauer in Pirna. Hauptstücke das Portal und das Epit. von 9 m H. und 5 m Br. Sandstein mit Heranziehung von Alabaster, Achat und Jaspis; sonst Verzicht auf Färbung und Vergoldung; virtuosenhafte Feinarbeit, zumal im Kostümlichen, ein Fortwirken jener niederländischen Tradition, deren bedeutendstes Beispiel das Grabmal des Kaisers Maximilian I. in Innsbruck ist.
Burg. Oft umgebaut, ihre Anlage wesentlich 15. Jh. Die glanzvollere Erneuerung und Ausschmückung durch Günther v. Bünau aus Bruchstücken zu ahnen.

LAUSA. Sachsen AH Dresden-N.
Dorf-K. einheitlich um 1650; gotisierende Erinnerungen noch nicht ganz vergessen. — Altar-Kanzel 1789. — Sandstein-Denkmäler 1632, 1688, 1738, 1759, 1762, 1768, 1787, 1805, 1808, 1810, 1817 — eine stilgeschichtlich bezeichnende Reihe. — **Pfarrhaus** um 1650.

LAUSIGK. Sachsen AH Borna.
Stadt-K. (Benedikt.-Priorat) gegr. 1105; in den Umfassungen völlig erhaltene 4achsige Pfeilerbasilika mit normalem kreuzf. Gr., keine Türme, sparsamste Formen; nur die Tür (W) hat flachgeritztes Blattornament im Charakter des 12. Jh. und rck. Umrahmung mit Schachbrettfries, oben Bogenfries, am Gewände ¼ Rundstäbe anstatt Sll.

LAUSKE. Sachsen AH Löbau.
Schloß. Umgebaut 1770 von Graf v. Breßler in einem an die ital. Renss. sich anlehnenden Klassizismus; bmkw. der runde Speisesaal mit kassettierter Kuppel. — Familienbildnisse und Möbel.

LAUSNITZ, s. Klosterlausnitz.

LAUSNITZ. Sachsen-Weimar VB Neustadt a. d. O.
Dorf-K. 1725; Kanzelbau und andere Ausstattungsstücke aus derselben Zeit.

LAUTER. UFranken BA Kissingen.
Dorf-K. ¾ lebensgroße Steinmadonna E. 13. Jh., eine der allerschönsten der Epoche, wohl sicher vom Meister des Botenlaubengrabmals in Frauenroth und sehr wahrscheinlich von dort verschleppt (eine Zeitlang als Bildstock benutzt).

LAUTERBACH. Sachsen AH Marienberg.
Dorf-K. 2. H. 15. Jh. Aus dieser Zeit der bmkw. Dachstuhl (ein gleicher in Großrückerswalde). Guter Schnitzaltar A. 16. Jh. und Reste der Altarbekleidung. Kindergrabsteine 1585, 1586.

LAUTERBACH. Sachsen AH Großenhain.
Schloß der Frh. v. Iblin. 18. Jh. Schöner Saal mit dekorativen Gemälden, darunter lebensgroßes Porträt der Kaiserin Maria Theresia von (oder nach?) *Merstens*. Hübsches Gartenhaus um 1770.

LAWALDE. Sachsen AH Löbau.

Dorf-K. 1777 mit reizvoller Raumwirkung. Bmkw. Kirchhof, Torturm 17. Jh.

LEBIEN. Pr. Sachsen Kr. Torgau.

Dorf-K. rom., Raseneisenstein, rck. WTurm in Backstein, spgot. Netzgwb. — Kanzel, Altaraufsatz, Emporen renss. E. 16. Jh.

LEHESTEN. Sachsen-Weimar VB Apolda.

Dorf-K. 1683. — **Schloß,** ehemals Besitz des Deutschordens; Wasseranlage; Rundturm mit Eingang von 1551.

LEIDENHOFEN. RB Cassel Kr. Marburg.

Dorf-K. 1. H. 13. Jh. Flachgedecktes Sch. (etwa 12,5 : 9 m), schmucklose rundbg. Tür und vermauerte rundbg. Fenster, der Chor im Erdgeschoß des OTurms, kuppeliges Kreuzgwb. mit spitzen Bogenlinien.

LEIHA. Pr. Sachsen Kr. Querfurt.

Dorf-K. wesentlich in rom. Gestalt erhalten. Kleiner Saal mit eingezogenem Turmchor, rundbg. Portal an nördl. Langseite. Die bar. Ausstattung charaktervoll und gut.

LEIMBACH. Sachsen-Meiningen Kr. Meiningen.

Schloß. A. 17. Jh. mit dem Wappen der v. Butlar; gut erhalten.

LEIPZIG. Sachsen Kr. Meiningen.

Nikolai-K. Älteste Pfarr-K. der Stadt; 1017 dem Bischof von Merseburg geschenkt; 1213 den Augustiner-Chorherren von St. Thomas untergeordnet. Etwa aus dieser Zeit der rom. WBau; Ziegelmauern mit Hausteingliederung; 4 breite Lisenen, an den Ecken mit Rundstäben und oben in Sägefries und Hohlkehle schließend; 2 vermauerte frgot. Fenster der alten Glockenstube, etwa M. 13. Jh., sonst alle Fenster aus späteren Umbauten; im 14. Jh. Auflösung des rck. Mauerkörpers in drei 8eckige Türme; 1555 durch *Hieronymus Lotter* der Mittelturm erhöht und mit einem Helm versehen, die Seitentürme mit Hauben gedeckt. Der $^5/_8$ Chorschluß mit gestrecktem Vorchor vor 1400; aus gleicher Zeit die im NO anschließende Michaels-Kap.; die SOKap. 1467. Die Schiffe Umbau 1513 ff.; Halle von 3 Sch. und 5 Jochen. Die Ssch. durch Emporen erweitert, ähnlich wie in Schneeberg; 1555 Umbau des Turmes; nach dem 30j. Kriege umfassende Reparaturen; von der alten Ausstattung ist vieles beseitigt. [Die Gemälde im Museum, anderes in der Sammlung des Ver. f. Geschichte Leipzigs.] Kanzel spgot., sehr reich ornamentiert; jetzt in der Turmhalle. — 1784—97 eingreifende Umgestaltung des Innern durch *Dauthe.* Die spgot. Pfll. (8eckig mit konkaven Flächen) als antik kannelierte Sll. verkleidet; kein Kapitell, dafür über dem Astragal ein kühn geschwungener Kranz von Palmenwedeln — offenbar ein durch das got. Netzgwb. eingegebener Gedanke. — Altartisch, Leuchter und Taufstein aus Stuckmarmor zeigen den Zeitstil von seiner besten Seite. Die malerische Ausschmückung von *Oeser.* Schmerzensmann Stein ca. 1400.

Thomas-K. gegr. vor 1213 als K. des Augustiner-Chorherrenstiftes. Oft umgebaut. Der älteste Teil wohl die südl. Turmhalle, 14. Jh. Der gestreckte polyg. geschlossene Chor und die Sakristeien 15. Jh. Das Lhs. 1482—96 völlig neu aufgebaut von *Claus Roder;* 3 Sch. von gleicher Breite, 8 schmale Joche, schlanke 8eck. Pfll. Emporeneinbau 1570. — [A l t a r 1721 jetzt in der neuen Johannis-K.], bmkw. T a u f s t e i n 1614 von *Georg Kriebel.* [Der reiche und interessante hölzerne Deckel im Ver. f. Gesch. Leipzigs; ebenda der Fürstenstuhl von 1683, dessen Trophäenkrönung an die Befreiung Wiens aus der Türkengefahr erinnern soll.] G r a b s t e i n des Ritters H e r m a n n v. H a r r a s † 1451 (ausgeführt wohl einige Jahrzehnte später). Stein für Georg und Apollonia v. W i e d e b a c h 1517, kniend von vorn, lebensvolle Figuren, vorzügliches spgot. Rankenwerk. — Großes Alabasterdenkmal der Familie B a c h o f e n nach 1550 mit Weltgericht und Auferstehung. — Epitaph für S e b. H i l l g e r † 1570, Messing mit Email. — Bronzeplatte für N i c. S e l n e c c e r † 1592, saubere Arbeit. — Denkmal des J o h. J e n i t z 1593 in mehrfarbigem Marmor aus der Schule *Nossenis.* — Großes Hängeepitaph für D a n i e l L e i c h e r † 1617; wohl von *Georg Kriebel* aus Magdeburg; die malerisch virtuos behandelten Alabasterreliefs in dreiteilig aufgebauter archit. Umrahmung; das Ornament in extravaganter Knorpelmanier. — Vortreffliche Sandsteinplatte für G e o r g W e i n r i c h 1687. — Zahlreiche Superintendentenbilder, die 5 ältesten 1573—1617 von *Johann de Perre.*

Pauliner-K. (Universitäts-K.). Vom ältesten Bau (1221? 1231?) nichts erhalten außer ein paar Fundstücken. Die jetzige Gestalt durch drei Umbauten i. J. 1480 ff., 1519—21 und 1709—12. Als ursp. Kern erkennt man die normale Anlage einer Bettelordens-K.: Lhs. 3 Sch. und 7 Joche (45 m L.) und schmaler gestreckter Chor mit polyg. Schluß (29 m L.); im 16. Jh. hinzugefügt die Nebenchöre und im S des Lhs. ein zweites Nebenschiff. Von dem die ganze Breite der 3 Chöre einnehmenden Lettner nur geringe Reste erhalten. Das Lhs. Hallenkirche mit Netzgwbb. — F l ü g e l a l t a r A. 16. Jh. die Teile zerstreut; im Mittelschrein die jetzt im Chor auf einer Konsole aufgestellte lebensgroße Figur des h. Paulus. — Von einem Nebenaltar stammen zwei wertvolle g e m a l t e T a f e l n des 14. Jh. — Holzstatue des h. D o m i n i c u s, sitzend, in Meditation (1,13 m hoch), eine künstlerisch hochbedeutende Arbeit um 1400, vielleicht von derselben Hand wie der Grabstein des Kanonikus Bruchterte im Dom zu Naumburg. — Holzstatue des M a r k g r a f e n D i e z m a n n † 1307, im Stil Nachklang von Naumburg, weicher, manierierter, doch immer noch eine hochstehende Kunst. — Grabstein des N i c k e l P f l u g k † 1482, hohes Relief in Sandstein. — Grabplatte der Herzogin E l i s a b e t h v o n S a c h s e n † 1484, flaches Relief, interessant durch die Technik der getriebenen Bronze. — Schöner Grabstein mit der Reliefgestalt eines U n b e k a n n t e n 1515. — Wandgrab des L o r e n z v. R e u tlingen 1528. — Desgl. des Caspar Börner 1547. — Drei Bronzeepitaphe von gleichartiger Behandlung: des Christopher v. Kruschwitz † vor 1549, keine Figg., nur Inschr., Wappen und knappes ornamentales Beiwerk in frühen, noblen Renss.Formen (Meister *N T*, Gießer *J. Behem*); des Adam Moller 1549; des Dr. Joachim v. Kneitlingen 1553; drei Grabplatten der Familie **Maw** 1616—20, Sandstein. ganze Figg. in hohem Relief mit wenig Ornament, ehrlich und gründlich, zumal im Stofflichen musterhaft. — Hängeepitaph des B. Golnitz † 1635, Holzarchitektur mit Übergewicht des Figürlichen, wilde Sp.Renss. — Charakteristische Beispiele aufwandreicher und schwulstiger Barockkunst die Steindenkmäler des J. J. Pantzer von 1673 und des G. T. Schwendendörffer von 1685. — Mehrere Gedenktafeln in der Form von Ölgemälden, darunter bmkw. das der Familie Lawe 1548 von einem Cranachschüler. — „Lasset die Kindlein zu mir kommen" von *L. Cranach d. Ä.* — Die sehr stattlichen spgot. Klst.-Gebäude 1830 und 1893 abgebrochen; erhalten ein Teil der umfangreichen Wandmalereien (abgehoben, jetzt in der Univers.-Bibliothek, in der auch andere bmkw. Kunstwerke).

Barfüßer-K. (Franziskaner). Von dem 1239 beg. Klosterbau nichts erhalten. Die jetzige K. ist Umbau 1494—1504. 2sch. Halle. Die trennenden 4 Pfll. vielleicht Reste der alten NMauer; im S Erweiterung durch eine über dem Kreuzgang angeordnete Empore (wie in der Pauliner-K.). Nochmaliger Umbau 1698. Liturgisch bmkw. die Verlegung der Kanzel auf die Mitte der SSeite; gegenüber tiefe Emporen. Die Rest. 1879 und 1894 gotisierend.

[**Johannes-K.**, ursp. Kap. des Siechenhauses, 1582 in einfachen Formen erneuert, 1894 abgebr. mit Ausnahme des Turmes. Mobilien und Denkmäler erhalten. Bmkw. das Epitaph der Familien Meyer und Perger 1616, eine 3,8 m breite und bis zur Kirchendecke reichende Holzarchit. mit Knorpelornament, die Gemälde von *Johann de Perre;* Marmorepitaph des Andr. Winckler 1675, in der Mitte die lebensgroße Statue des Schmerzensmannes, hervorragende Barockarbeit. — Marmorepitaph des J. G. Sieber von 1680, Relief der Kreuzigung, wohl von *Melchior Barthel.* — Marmordenkmal für Ch. F. Gellert † 1769, einfacher Wandsarkophag mit den trauernden Genien der Tugend und Religion, das Reliefporträt des Dichters haltend. — Schöner Altar von 1721 (mit Christusstatue nach Thorwaldsen) aus der Thomas-K.

Johanniskirchhof. Abteilung III 1680 eingerichtet. [Die schmiedeeisernen Gitter der Erbbegräbnisse z. T. im Kunstgewerbemuseum.] Charakteristische Grabmäler des 18. Jh.

K. zu Eutritzsch, stattl. 1sch. Dorf-K. mit polyg. Schluß und spgot. Netzgwb. — [Marienaltar, bäuerische Holzskulptur um 1400; wertvoller der Annenaltar und Erasmusaltar aus A. 16. Jh.; Museum des Altert.-Ver. in Dresden.]

Paulinum (Pauliner-, d. i. Dominikaner-Klst., später im Gebrauch der Universität). Nahm ursp. das ganze Dreieck zwischen Pauliner-K., der alten Stadtmauer und der heutigen Universitätsstraße ein. Die letzten Reste 1893 abgetragen. — Die Wandgemälde im Durchgang zur Paulinumsbibliothek (jetzt abgesägt) um 1511 ff. Von den Kollegiengebäuden der Universität hat sich nur erhalten: das Fürstenhaus, erb. 1558, wahrscheinlich von *Paul Wiedemann*, als Privathaus, seit 1648 der Universität gehörig. Die Fassade mit got. profilierten rck. Fenstern, Prunkstücke die runden zweistöckigen Erker.

[**Rathaus**, 1556 ff. unter Leitung des Bürgermeisters Hieronymus Lotter von *Sittich Pfretschner* und *Paul Wiedemann*] das neue Rathaus von 1907 steht auf dem Ort der früheren Pleißenburg; ein Turm derselben in den Neubau einbezogen. [Die Bildnisse L. Cranachs an das Mus. der Bild. Künste, andere an die Stadtbibliothek, das Ratssilber an das Kunstgew.-Mus. abgegeben.]

Börse, 1678 von *Christian Richter* (?). Ein nicht großer, aber prächtiger Bau: Einziges Hauptgeschoß über niederem Unterbau. Die schmalen Mauerpfeiler zwischen den Fenstern mit jon. Pilastern besetzt, darauf holländisch-naturalistisches Laubwerk. Abschluß durch Balustrade. An der Schmalseite geräumige Freitreppe (im 19. Jh. erweitert). Das üppig schwere Stuckornament der Decke vom kurbrandenburgischen Hofmaurermeister *Giov. Simonetti*. Deckengemälde von *Hans am Ende* 1687.

Wage, 1555 und 1570.

Fleischbänke, um 1560, mit eigenartig dekoriertem Giebel.

Die **Nikolaischule**, 1568, umgebaut 1746, jetzt Hauptwache.

Die **Innungshäuser**, soweit erhalten, nur durch Bildnis- und sonstige Sammlungen von Interesse.

Verhältnismäßig arm an bedeutenden Monumentalbauten, besitzt Leipzig eine lehrreiche Folge von **Wohnhäusern** des 16.—18. Jh. Spgot. Reste: Burgstr. 19; Grimmaische Str. 5; Reichsstr. 4; Katharinenstr. 2, 4, 20 u. a. m. Renaissance: 1523 Markt 5 (die Fassade jetzt in den Hof versetzt); Auerbachs Hof, Durchgang von Grimmaische Str. 2 zu Neumarkt 14, mit Gemälden aus der Faustsage um 1615; Brühl 15 um 1540; Katharinenstr. 9 um 1550; Reichsstr. 21; Hainstr. 3 Webers Hof, um 1550, bmkw.; Katharinenstr. 26 um 1560; Reichsstr. 10 bez. 1605; Reichsstr. 6 Specks Hof um 1615; Gerbergasse 12 bez. 1690. — Gute Beispiele von Höfen mit Holzgalerien Katharinenstr. 4, Neuermarkt 26 bez. 1698, Reichsstr. 27. — Erker in reicher Holzschnitzerei: Katharinenstr. 21 um 1660; Katharinenstr. 20 um 1680; Grimmaische Str. 31 um 1670; Hainstr. 8 um 1680; Petersstraße 12 um 1680; Petersstraße 39 um 1690, einer der schönsten. — Fassaden unter holländischem Einfluß: Reichsstr. 8 Deutrichs Hof, Giebel um 1670, zweite sehr stattliche Fassade nach Nikolaistr. 15; Hainstr. 17 sehr charakteristisch; Brühl 21 unverletztes altes Geschäftshaus.—In deutschem Barock: Markt 17 von 1705, Markt 2 von 1707; Hainstr. 23, Bärmanns Hof mit sprenss. Portal; sehr stattlich, palastartig Katharinenstr. 31 vom Maurermeister *Fuchs* 1701—4; vom selben ebenda 23, wahrscheinlich auch ebenda 11 Fregesches Haus, und Markt 17 Hohmannsches Haus, der Höhepunkt des Leipziger Barocks; Katharinenstr. 16 von 1715 mit wohldurchdachtem Grundriß, das Detail der Fassade sehr manieriert. In Pöppelmanns Art von *G. Werner* Hohmanns Hof 1728 Petersstr. 15; vom selben Kochs Hof 1732 Markt 3; der Dresdener Richtung gehören ferner Ritterstraße 10; Neumarkt 12; Katharinenstr. 22; Reichsstr. 37 bez. 1720; Brühl 24 bez. 1735; Stiglitzens Hof Markt 13 und Klostergasse 6 um 1740; etwa gleichzeitig Neumarkt 18 mit ausgebildetem Mansardendache. — Rokokobauten: Katharinenstraße 27, das Portal im Grundgedanken noch barock; Markt 5 im Stil der Dresdener Bauten Longuelunes; Klostergasse 5 von 1740 mit barocken Nachklängen; Katharinenstr. 29 vornehmes Kaufmannshaus; Thomasgäßchen 5 und Petersstr. 22 mit Erkern. — Kleine Fleischergasse 4 das erste Kaffeehaus Sachsens (1694) hat darauf bezüglich über der Tür eine treffliche Hochreliefgruppe von etwa 1720.

Ehemalige **Landhäuser**, schloßartig: [Gerberstr. 2—4, 1742 für Kammerrat Richter, die Fassade in *Knöffels* Art; 1845 abgebr., Abb. im Inventar]; Schloß Gohlis, um 1750, ausgemalt von *A. F. Oeser* um 1780; Johannesgasse 6, um 1750, mit zwei bmkw. Statuen von *Pierre Coudroy* um 1780.

Denkmal des Kurfürsten Friedrich August III. auf dem Königsplatz, 1780 nach *A. F. Oeser*, Sockel von *Dauthe*.

Stadtgeschichtliches Museum im alten Rathaus.

LEISLAU. Sachsen-Meiningen Kr. Saalfeld.

Dorf-K. Einfache rom. Anlage, OTurm gut erhalten, Lhs. verbaut.

LEISNIG. Sachsen AH Döbeln.

Stadt-K. 2. H. 15. Jh., rest. nach Brand 1637 und 1882 in stilistisch älteren Formen. — Hallenkirche von 3 fast gleich breiten Schiffen und 4 Jochen, Chor 3 Joche in der Br. des Msch. und 5/10 Schluß. Pfl. 8seitig mit leicht konkaven Flächen, Gwbb. stern und netzförmig, Fenster und Turm in charakteristischen Formen der Spätzeit des 15 Jh. — Hochaltar 1663 von *J. Richter* und *V. Otte*; der Aufbau setzt das spgot. Schema in Barockformen um (ca. 9 m h.). — Taufstein 1638 unbedeutend.

Gottesacker-K. S. Nikolai 1540 und 1674. — Schnitzaltar 1509. — Auf dem Fußboden zahlreiche Grabsteine. Wanddenkmäler 1592, 1671, 1708, 1725, 1727, letzteres an der äußeren WWand, durch Feinheit ausgezeichnet.

Schloß Mildenstein. Der älteste Teil die schlicht rom. Kapelle; Portal und darüber kreisf. Fenster gut erhalten, etwa 1. H. 12. Jh. Großer runder Turm unten in vorzüglichem Quaderwerk, oben Backstein. Die Wohngebäude 14. und 15. Jh. mit starken Veränderungen im 17. Jh.

Sammlung des Altertumsvereins.

LENGEFELD. Pr. Sachsen Kr. Sangerhausen.
Rom. **Dorf-K.** Anlage wie in Hain.

LENGENFELD UNTERM STEIN. Pr. Sachsen Kr. Heiligenstadt.
Kath. K. neu. Auf dem Altar flotte Bar.Plastik.
Fachwerkhaus 1619 aus Buchenholz.

LENGFURT. UFranken BA Marktheidenfeld.
Pfarr-K. 1612—13. Hochaltar gefälliger Baldachinaufbau aus der Zeit um 1780, die lebensgroßen Figg. in der Richtung *P. Wagners*. Auf dem linken Seitenaltar Elfenbeinkruzifix um 1730, Wiener Arbeit, in der Durchbildung des hageren Körpers von äußerster Feinheit und Delikatesse.
Dreifaltigkeitssäule am Markt, 1. H. 18. Jh., Aufbau aus Wolkenballen und Engelsköpfchen. Die Übertragung einer österreichischen Sitte nach Franken erklärt sich aus der Person des Stifters, des von hier gebürtigen Wiener Hofkammerrats v. Neuff.

LENGSFELD. Sachsen-Weimar VB Eisenach.
Kirche mit Benutzung eines Chors aus dem sp. Ma. erb. 1790, einheitlich klassizistische Ausstattung.
Zwei Schlösser. Am älteren mächtige Ruinenreste aus Ma.

LEUBA. Sachsen AH Zittau.
Dorf-K. neu. Zahlreiche Grabdenkmäler des 17. und 18. Jh.
Schloß. Stattlich schlichter Bau um 1700, für H. Chr. v. Schweinitz.

LEUBACH. UFranken BA Mellrichstadt. Inv.
Dorf-K. Einheitlicher Bau von 1795 mit hübscher Fassade und Mittelturm. Ausstattung Rok.Altäre (aus Kloster Bildhausen stammend).

LEUBEN. Sachsen AH Dresden-N.
Dorf-K. neu; aus der alten Glasgemälde von 1512 und das schöne Denkmal des Hans Dehn v. Rotfelser (aus der Frauen-K. zu Dresden).

LEUBEN. Sachsen AH Oschatz.
Schloß um 1770, kleiner Bau von vornehmer Haltung; rok. Möbel, Porzellan, Bildnisse.

LEUBINGEN. Pr. Sachsen Kr. Eckartsberga.
Dorf-K., quadr. Chor und Apsis rom.

LEUBNITZ. Sachsen AH Dresden-A.
Dorf-K. Der WTurm und der vordere Teil des Lhs. A. 15. Jh., der OTeil 1511, weitere Veränderungen 1705. Malerische Innenansicht. Die Felderdecke ausgemalt 1671 von *Gottfr. Lucas*; von demselben die Brüstungen der 3geschossigen Empore. Sandsteinaltar mit großfiguriger Plastik 1730 von *J. B. Reinboth* und *J. Ch. Ebhardt*. Sandsteinepitaphe 1573, 1609, 1726, hervorzuheben das undatierte des Hans Allnpeck d. J. in der Art der *Walther*.

LEUTENBERG. Schwarzburg-Rudolstadt LA Rudolstadt.
Stadt-K. neuklassisch 1812. — **Friedhofs-Kap.**, geschnitzter sitzender Schmerzensmann aus 16. Jh. — **Schloß Friedens-**

burg, große unregelmäßige Anlage aus 15. und 17. Jh. in schlichtesten Bauformen mit umfangreicher Verwendung von Fachwerk. Einige Decken von italienischen Stuckatoren; die Dekoration des sog. Apfelzimmers unter holländischem Einfluß.

LEUTERSDORF. Sachsen-Meiningen Kr. Meiningen.

Kirche, rok. Ausstattung von 1758. 3 Geschosse Emporen auf geschnitzten Holzsäulen. Der WTurm hat auf ma. Unterbau 3 abgestufte Fachwerkgeschosse. — Der Friedhof mit starker Mauer, hohem Torturm und ungefähr 15 Gaden.

Wirtshaus Zur schwarzen Henne mit steinernem Unterbau des 16. Jh.

LEUTRA. Sachsen-Weimar VB Apolda.

Dorf-K. mit geradem Chorschluß, rom. und frgot. Einzelformen, stark verbaut.

LEUZENDORF. UFranken BA Ebern.

Pfarr-K. 1732 im Charakter des frühen Rok. Einheitliche prunkvolle Einrichtung, geschnitzte Holzepitaphien der Frh. v. Erthal 1749 und 1781 in flotter Ausführung. — In der Sakristei gute Rok.-Ornate um 1730.

Malerisch gelegenes **Renss.Schlößchen** mit Wassergraben; innen Stuckdecken um 1750.

LICHTENAU. RB Cassel Kr. Witzenhausen.

Stadt-K. 1415. Unsymmetrisch 2sch. Hallenkirche. — **Stadtmauer** z. T. erhalten, u. a. bedachter Rundturm.

LICHTENBERG. OFranken BA Naila.

Rathaus 1560. — **Schloß** 1562, 1628 (Ruine).

LICHTENBURG. Pr. Sachsen Kr. Torgau.

Schloß renss. 3flügelig, im Hof stark vortretendes Risalit auf 3 Pfll. Schöne Portale. 3seitiger Neptunsbrunnen.

Schloß-K. 1600. 2sch. mit WEmpore.

LICHTENBURG. Sachsen-Weimar VB Dermbach.

Burgruine. Sitz fuldischer, dann hennebergischer Vögte; erst A. 19. Jh. verlassen und großenteils abgebrochen. Umfängliche Anlage mit doppeltem Mauerring. Gut erhalten nur der Bergfried. Die Kemenate bez. 1604, an der NSeite kleiner rom. Mauerrest.

LICHTENFELS. OFranken BAmtsstadt.

Pfarr-K. 1483 (Inschr.) ursp. 3sch. gewölbte Halle, jetzt durchgehende Flachdecke; eingezogener netzgewölbter Chor; Turm seitlich. Zwei B r o n z e g r a b t a f e l n für Sebastian und Wolf v. Scheuenberg; sie gehören zu den wenigen ausgezeichneten Güssen, die außerhalb der Vischerschen Hütte entstanden sind. — Außen am Turm spgot. Ö l b e r g.

Klosterlangheimer Hof, jetzt Rathaus, 17. Jh. — Auf dem Markt **S. Floriansäule.** — Zwei stattliche ma. **Tortürme.**

LICHTENHAIN. Vorort von Jena Sachsen-Weimar.

Kirche. In der Anlage rom., Veränderungen got. und später. An der NWand außen W a n d g e m ä l d e 14. Jh., Szenen aus dem Alten Testament.

LICHTENSTEIN. Sachsen AH Glauchau.

Stadt-K. 1781. Einfaches, bezeichnendes Beispiel der klassizistischen Richtung, dabei der traditionelle Charakter der protestantischen Predigtkirche gewahrt. Rck. mit abgerundeten Ecken, ringsum Emporen. — Altargemälde von *Christ. Leberecht Vogel* 1790.

Schloß. Infolge häufiger Veränderungen ohne archit. Bedeutung.

LICHTENSTEIN. UFranken BA Ebern.

Burg. Eine der stattlichsten Burgen im nordöstl. UFranken. Stammburg der Stein-Lichtenstein. Auf dem weithin sichtbaren Burgberg liegen 3 Höhenburgen nebeneinander; die östliche fast intakt erhalten mit starkem Torbau. Rom. Reste (12.—13. Jh.) enthält besonders die westl. Burg; die übrigen Bauten got. und später.

LICHTENTANNE. Sachsen-Meiningen Kr. Saalfeld.

Dorf-K., wesentlich 18. Jh.; der 8eckige Turm über dem spgot. polyg. Chor. — Rest eines Schnitzaltars um 1500 aus einer „sehr guten oberfränkischen Schule".

LICHTENWALDE. Sachsen AH Flöha.

Schloß. Aus dem rom. Bau ein Tympanon, Kampf eines Löwen mit einem Drachen, großartig stilisiert. — Großer Neubau für Graf v. Watzdorf, 1722—26; höchst stattliche Anlage bei einfacher Formbehandlung; berühmter, gut erhaltener Garten.

LIEBENGRÜN. Pr. Sachsen Kr. Ziegenrück.

Dorf-K. 1718, das quadr. Altarhaus mit Turm auf ma. Grundlage. Die Malereien an Decke und Emporen Proben einer tiefstehenden dörflichen Kunst. — Bauernhäuser in Blockverband.

LIEBENSTEIN. Sachsen-Meiningen Kr. Meiningen.

Burgruine. Got. Palas in 3 Geschossen großenteils erhalten.

Kirche 1822 nach Idee eines antiken Theaters.

LIEBENWERDA. Pr. Sachsen Kreisstadt.

Nikolai-K. Weiträumige Saal-K. (ursp. got. 3sch. Hallenkirche). Turm neu (1903). Taufstein 1671.

Rathaus 1800. — **Schloß.** Vom got. Bau der mächtige Torturm (Lubwort) erhalten, quadr. mit rundem Aufsatz. — Amtsgericht 1579 und 1766.

LIEBSTADT. Sachsen AH Pirna.

Stadt-K. bez. 1499. 1sch. mit 8Eck-Chor; Holzdecke 1577. Die Portale ähnlich denen der Stadt-K. zu Pirna. — Altargemälde aus 15. Jh. (nicht *Dirk Bouts*) mit Umrahmung von 1673. — Ikon. Grabstein des Rudolf v. Bünau † 1615; des Pfarrers Jos. Simon † 1618 (vielleicht vom Meister des Kademannschen Epitaphs in Pirna).

Schloß Kukukstein. Malerisch über der Stadt gelegen. Im Ma. Besitz der Burggrafen von Dohna. Der untere Teil auf alten Substruktionen nach 1402, der obere 16. Jh. Das Innere 1726 ausgebaut. Gute Glasgemälde. Porträts u. a. von *A. Graff*.

LIEBSTEDT. Sachsen-Weimar VB Weimar.
Schloß (ehemals Komturei des Deutschordens). Was sich an Kunstformen erhalten hat, gehört der spätesten Gotik mit Hinneigung zur Renss.

LIMBACH. UFranken BA Haßfurt.
Wallfahrts-K. Großer Bar.Bau 1751—55. 1sch. mit Stichkappengwb. und ringsumlaufenden flachen Emporen. Nach Entwurf von *Balth. Neumann.* Bedeutende Raumdisposition, Behandlung trocken, Stuckdekoration sparsam. Großartiger Hochaltar von *P. Wagner,* um die freistehende Mensa eine ½ kreisförmige Säulenstellung mit Baldachin. Gnadenbild. Madonna E. 15. Jh. Pietas A. 15. Jh. — Hübsche charakteristische Dorfstraße.

LINDENHART. OFranken BA Pegnitz.
Pfarr-K. Chor got., übrigens 1684.

LINDENTAL. Sachsen AH Leipzig.
Stattliche **Dorf-K.** 1710. [Reste eines hervorragenden Schnitzaltars um 1510, jetzt im Altert.-Ver. in Dresden.]

LINDEWERRA. Pr. Sachsen Kr. Heiligenstadt.
Dorf-K. (kath.) 1738. Spgot. Schnitzaltar mit Flügelgemälden.

LINDFLUR. UFranken BA Würzburg.
Evang. K. 1596, rest. 1782. — Epit. Wolfskeel 1562, das Ehepaar symmetrisch kniend vor dem Kruzifix, gut angeordnet und kraftvoll im Ausdruck; wohl vom Meister des Zobeldenkmals von 1558 im Würzburger Dom.

LIPPERSDORF. Sachsen-Altenburg LA Roda.
Dorf-K. 1630. Decke im Chor und Lhs. 1718 von *Michael Zanck* ausgemalt, 55 Szenen aus dem Alten und Neuen Testament in kleinen quadr. Feldern.

LIPPOLDSBERG. RB Cassel Kr. Hofgeismar.
Kirche des ehem. **Benedikt.-Nonnen-Klst.** Rom. 2. H. 12. Jh. Gwb.Basilika auf kreuzf. Gr. Chor 3sch. mit 3 Apsiden. Gebundenes System, im Chor 1, im Sch. 3 Doppeljoche. Den Raum zwischen dem WTurm und dem ersten Doppeljoch des Msch. nimmt die Nonnenempore ein. Die WJoche der Ssch. haben ein Obergeschoß, das durch eine kleine Tür mit der Nonnenempore in Verbindung steht. Die Arkaden des Schiffes werden von Pfll., die Empore von Sll. getragen. Alle Gwbb. grätig, verstärkt durch rck. Quer- und Schildgurten. Nur die Hauptpfll. und nur deren Mschiffsseite mit Vorlagen, kräftig rck., versehen, welche die ½ kr. Schildbgg. aufnehmen. Die Quergurten ruhen auf Auskragungen. Die Zwischenpfll. an den Ecken ausgekehlt und mit dünnen eingelegten Säulchen; der sonst ungegliederte Arkadenbogen leicht abgefast. Das ganze System zeigt den Gewölbebau in einer noch sehr befangenen Auffassung. Sehr schlicht das Äußere, ohne Bg.Friese und Lisenen. Das größte Portal im südl. Ssch. Sein gerader Sturz, an dessen beiden Seiten die Wülste der Sockelgliederung mit kleinen Würfelknäufen endigen, ist sehr eigentümlich mit vertieften Kreisen und übereck gestellten Qua-

draten verziert. — Taufstein rom., sehr reich, besetzt mit 6 halbrunden Türmchen, in denen Figg. stehen, dazwischen figürliche Reliefs; stark verwittert.

LIPTITZ. Sachsen AH Oschatz.

Dorf-K. 1560. Flachgedecktes, nach O aus 8Eck geschlossenes Schiff. — Denkmäler des Hans und Dietrich v. Grünrode A. 17. Jh., Porträtfiguren von tüchtiger Charakteristik.

LISBERG. OFranken BA Bamberg II.

Burg. Gilt für eine der ältesten in Franken.

LISSEN. Pr. Sachsen Kr. Weißenfels.

Pfarr-K., im Ma. mit einem kleinen Mönchskonvent verbunden, verstümmelte kleine got. Basilika.

LITZENDORF. OFranken BA Bamberg.

Pfarr-K. 1715—1718 von *L. Dientzenhofer*. Saalbau. Die SSeite als Hauptschauseite; Pilaster und Gebälk dorisch; in der Mitte das in dieser Verwendung originelle Motiv einer großen durchgehenden Nische, in welcher das Portal.

LÖBAU. Sachsen Amtshauptstadt.

Nikolai-K. 1513 ff. Unregelmäßige Hallenkirche, im 18. Jh. stark verändert, rest. 1884. — Die reizvolle Inneneinrichtung fiel der Rest. zum Opfer. [Schnitzaltar ins Mus. zu Bautzen, die Denkmäler in das Rathaus übergeführt.]

Johannis-K. (Franziskaner). Spgot. Backsteinbau, oft rest. 1sch. Lhs., gestreckter Chor, seitlich von diesem schlanker Turm mit zierlicher 8eck. Krönung.

H. Geist-K. Einfacher Saalbau, spgot. mit bar. Veränderungen. Die Sakristei hat die von der Meißener Albrechtsburg bekannten tiefausgehöhlten Kappen.

Kirchhof der abgebrochenen Frauen-K. Grüfte und Denkmäler des 18. Jh.

Rathaus. Anständiger Bar.Bau nach 1711, Benutzung älterer Mauerteile. — **Wohnhäuser** des 18. Jh.

LOBEDA. Sachsen-Weimar VB Apolda.

Stadt-K. spgot. Chor mit Netzgwb., Lhs. mit Holztonne 1622. — Got. Kirchenstühle; Lesepult 1622; Kanzel 1556; sitzende Madonnenstatue spgot. In der Turmhalle spgot. Wandgemälde. Grabstein renss.

Schloß (sog. untere Lobdaburg, 15.—17. Jh.), unbedeutend.

LOBENSTEIN. Reuß j. L. LA Schleiz.

Fürstl. Schloß, A. 18. Jh., ganz einfach.

LÖBICHAU. Sachsen-Altenburg LA Altenburg.

Schloß für Herzogin Dorothea von Kurland 1798, gutes Beispiel des neuklassischen Stils; die Einrichtung aus der Zeit der Befreiungskriege in seltener Einheitlichkeit erhalten.

LÖBSTEDT. Sachsen-Weimar VB Apolda.

Dorf-K. Chor got., Sonstiges 1616 und 1712. Kanzelbau über dem Altar. — Schnitzaltar A. 16. Jh., gehört zu den besseren. — Bmkw. rom. Altarleuchter.

LOCKWITZ. Sachsen AH Dresden-A.
Dorf-K. Maßgebender Umbau 1670. In $^3/_8$ geschlossener Saal mit 2geschossiger Empore, Kanzel und Altar aus derselben Zeit. Das Ganze ein bezeichnendes Stilbild. Schöner K e l c h 1. H. 16. Jh.

LODERSLEBEN. Pr. Sachsen Kr. Querfurt.
Dorf-K. 1518. Herrschaftsstühle (im Chor) und Altarbau Musterstücke üppigen Barocks.

LÖFFELSTEIG. UFranken BA Schweinfurt.
Dorf-K. 1732 im *Greising*'schen Typus.

LOHMEN. Sachsen AH Pirna.
Stadt-K. 1786. Aus der Schule *G. Bährs.* Gr. 8eckig mit verlängerter westöstl. Achse; chorlos; Kanzel an der südl. Langseite, an der nördl. der ausgebaute Turm. — 3 Gemälde des alten Flügelaltars 1575. — **Schloß** 1524.

LOHR. UFranken BAmtsstadt. Inv. [D.]
Pfarr-K. Von der älteren rom. K. erhalten nur die Sakristei aus 12. Jh. und ein merkwürdiges dekoratives Bruchstück, Arkatur mit Kleebogen, eingemauert an der nördl. Seitenwand. — Im übrigen frgot. Umbau. Im Msch. die Arkaden rundbg. auf got. überarbeiteten Pfeilern, 6 Achsen, Decke flach. Sschiffe 1488 (Inschr.). Der Turm (W) von 1496, stattlich, auch im Stadtbilde von Wirkung. Der Chor war Grabgelege der 1559 ausgestorbenen Grafen v. Rieneck; 11 meist ansehnliche B i l d n i s s t e i n e sind noch vorhanden; hervorzuheben der des Thomas v. R. † 1431. Gut sind auch Reinhard † 1518 und Agnes † 1519, die Tafel für Philipp v. R. † 1559 von *P. Dell d. J.* Die Lehnsleute und Beamten haben ihre Epitaphe im Schiff; die besten die der Elisabeth v. Lauter 1543, Friedrich v. Kerpen 1629 in der Richtung des *M. Kern.* — T a u f s t e i n 1488.
Rathaus. 1601. Got. und renss. Formen noch sehr naiv gemischt. Im Erdgeschoß ringsum große (ursp. offene) Blendarkaden, die Pfll. in ganz ma. Weise aus lebhaftem Wechsel von Hohlkehlen und Rundstäben. Die beiden Obergeschosse modern umgestaltet; regelmäßig verteilte breite 2teilige Fenster mit got. Profilierung. Die Treppe in einem vorgebauten polyg. Turm. Im Innern Vorplätze und Säle mit renss. Decken.
Kurmainzisches Schloß, jetzt kgl. Bezirksamt, mehrere schlanke Rundtürme zu einer originellen Gruppe verbunden, Nordflügel 1561, Südbau 17. Jh.
Mächtiger **Stadtturm** mit großem Gußerker (14. Jh.).

LOHRA. RB Cassel Kr. Marburg.
Pfarr-K. Übergangsstil 1. H. 13. Jh. Gewölbte Pfl.Basilika ohne Qsch. und Turm. Chor rck. Im Chor und Msch. spitzbg. Rippengwbb. Die Gwbb. der Ssch., wie Arkaden und Fenster rundbg. Bmkw. O r g e l 1695.

LOHRA. RB Erfurt Kr. Hohenstein.
Bedeutende **Burgruine.** Ziemlich gut erhalten die rom. **Doppelkapelle.** Im Erdgeschoß tragen 4 Sll., davon 2 mit gewundener

Kannelierung, 3 × 3 grätige, zwischen Gurten eingespannte Kreuzgwbb. Obergeschoß flachgedeckt; Altarhaus quadr.

LOHRHAUPTEN. RB Cassel Kr. Gelnhausen.

Dorf-K., einfacher Saal von 1765, an die NSeite lehnt sich der ma. Turm (vgl. Wölfersheim), in dessen Erdgeschoß ehemals der Chor; die Fenster der Glockenstube mit frgot. (?) Teilung.

LOMMATZSCH. Sachsen AH Meißen.

Pfarr-K. Lhs. 1504—14 von *Peter Ubrich* von Pirna; als 3sch. Hallenkirche geplant, doch nur mit Holzdecke ausgeführt, neuerdings gewölbt. Ein sonderbares, künstlerisch nicht reizloses Bild gewährt der WBau; ein frgot. rck. Turm 14,3 m br., nur halb so tief, ohne Eingang (das jetzige Portal modern), wurde von Ubrich erhöht, um das steile Dach der Hallenkirche zu maskieren; abgewalmtes Satteldach, mit einer Gruppe von 3 Spitzhelmen bekrönt. — Mächtiger, gut durchgebildeter Altar 1714. Kanzel 1619.

Kirchhof mit bmkw. Denkmälern.

LOMNITZ. Sachsen AH Dresden-N.

Dorf-K. neu, spgot. Schnitzaltar.

LONNEWITZ. Sachsen AH Oschatz.

Dorf-K. Kleine rom. Anlage wie Laas. — Bäurischer Flügelaltar um 1510.

LORENZKIRCH. Sachsen AH Oschatz.

Dorf-K. Rom. Anlage wie in Laas und Lonnewitz, doch etwas größer als diese. An der Apsis Spuren eines Bogenfrieses: alle sonstigen Formen sind jüngere Umgestaltungen. — Denkmäler des 17. Jh.

LOSCHWITZ. Sachsen AH Dresden-N.

Kirche 1705 von *George Bähr*, verändert 1848. — Flachgedeckter Saal in länglichem 8Eck, umlaufende Emporen, Kanzel-Altar, Mansarddach mit Dachreiter, Formen sehr einfach. — Mehrere Gedächtnistafeln in Bronze. — Charakteristische **Wohnhäuser** E. 18. und A. 19. Jh.

LÖSSEN. Pr. Sachsen Kr. Merseburg.

Dorf-K. mit angebl. wertvollem, doch schlecht erhaltenem Gemälde, bez. 1522 *J. L.*

LÖSSNITZ. Sachsen AH Schwarzenberg.

Rathaus 1606.

LÜCKENDORF. Sachsen AH Zittau.

Pfarr-K. 1690.

LUDWIGSTADT. OFranken BA Teuschnitz.

Pfarr-K. Der eingezogene quadr. Chor frgot., Lhs. spgot. Hallenkirche, ähnlich denen zu Marktschorgast und Kupferberg. — Schöner messingner Kronleuchter 1697.

LUDWIGSTADT. OFranken BA Teuschnitz.

Pfarr-K. 18. Jh., ältere Grabsteine.

Marien-Kap. (profaniert) frrom. Bruchsteinbau, rund mit 8 halbrunden Exedren. Die Anlage ähnelt der Kap. auf dem Marienberg in Würzburg und der karoling. Pfalzkap. in Altötting. Zur genaueren Altersbestimmung fehlen die Grundlagen.

LUDWIGSTEIN. RB Cassel Kr. Witzenhausen.
Burg. Nicht bedeutend, doch gut erhalten.

LUGAU. Sachsen AH Chemnitz.
Kirche neu. Bmkw. Reste von Plastik des fr. 16. Jh. Darunter ein großes Altarwerk bez. 1516, schon mit Fruchtschnüren der Renss.

LUNGWITZ. Sachsen AH Dippoldiswalde.
Wohlerhaltener **Landsitz** aus M. 16. Jh. 2 Flügel im rechten Winkel, Treppenturm, zahlreiche Giebel ergeben höchst malerische Gruppe bei einfacher Behandlung des einzelnen.

LUPPA. Sachsen AH Oschatz.
Dorf-K. Rom. flachgedeckte Anlage der gewöhnlichen Art, doch von stattlichen Abmessungen; WTurm schmal rck. in gleicher Breite mit dem Sch.

LUSAN. Reuß j. L. LA Gera.
Dorf-K. Quadr. Chor mit ½ kr. Apsis romanisierend frgot., 1sch. Lhs. M. 16. Jh.

LÜTZEN. Pr. Sachsen Kr. Merseburg.
Stadt-K. bez. 1488; 3sch., jetzt ohne Gwb.

M

MACHERN. Sachsen AH Grimma.
Dorf-K. spgot. 1615. — Zahlreiche Denkmäler, meist der Familie v. Lindenau.
Schloß 16.—18. Jh. Im Park (seit 1760) ein dorischer „Tempel der Hygieia" und eine „Ritterburg", in welche manche alte Bruchstücke eingebaut sind.

MADELUNGEN. Bez. Eisenach.
Dorf-K. Einheitlicher Bau von 1767, für diese anspruchslose Gegend bmkw.

MAGDALA. Sachsen-Weimar VB Weimar.
Dorf-K. des 14. Jh., große 1sch. Anlage, oft verändert. — Mehrere Gedenktafeln aus 17. Jh. Kanzelbau 1739.
Rathaus mit schönem renss. Portal 1571.

MAIBACH. UFranken BA Schweinfurt.
Dorf-K. Einheitlicher Juliusbau 1613—1617. Hochaltar klassiz. um 1780. Nebenaltäre schweres Rok. um 1750.

MAIDBRONN. UFranken BA Würzburg.
Ehem. Zisterz.-Nonnen-Klst. Gegr. 1232, im Bauernkrieg beschädigt und noch im 16. Jh. aufgelöst. Der vorhandene, ziemlich kleine Bau frgot. E. 13. Jh. Am besten erhalten der platt geschl. rck. Chor. Über dem WBau mit flacher Nonnenempore ein kleiner Turm, eine fränkische Eigentümlichkeit der Zisterz.-Nonnen-K. (vgl. Himmelpforten bei Würzburg). — Auf dem bar.

steinernen Hochaltar Steinrelief der Beweinung von *Riemenschneider*, nach 1520. Die Grabsteine liegen noch größtenteils im Pflaster des Lhs.

MAIENLUFT. Sachsen-Meiningen Kr. Meiningen.

Von der 1444 zerstörten **Burg** ist der sehr hohe Bergfried aus Quadersteinen gut erhalten.

MAINBERG. UFranken BA Schweinfurt.

Dorf-K. um 1486. 5/8 Chor mit Holzgwb., Lhs. teils gleichzeitig, teils 1686. Einrichtung spgot. und bar.

Schloß (ehem. Hennebergisch). Große giebelreiche Anlage um rechteck. Binnenhof. Nordtrakt um 1485—89, die übrigen Teile 16. Jh. mit Veränderungen im 18. und 19. Jh. In der netzgewölbten spgot. Kapelle drei weibl. Heilige, Stein, E. 15. Jh. Auf der Terrasse Steinfig. der Katharina v. Henneberg E. 15. Jh. und Grabstein des Wilh. v. H. † 1534. Kachelöfen 17. Jh. — Stattlicher Pflegamtshof um 1700 in der Art *Greisings*. Gleichzeitige Stuckdecken. Schöne Balustradentreppe in Holz.

MAINBERNHEIM. UFranken BA Kitzingen. [D.]

Pfarr-K. 1732, Turm (N) in den unteren Geschossen 13. Jh. — Gutes Kreuzigungsrelief 1498.

Altertümliches Stadtbild, auch im einzelnen bmkw. **Wohnhäuser** (Herrenstr. no 87 prächtiger Hof mit Holzgalerien) und vollständig erhaltene **Befestigung** (21 Türme, teils halb-, teils vollrund). Am Obertor die Barockkrönung um ihres trefflich geführten Umrisses willen zu beachten. Vor der Stadt **Friedhof** mit Renss.Portal von 1546 und steinerner Freikanzel von 1816.

MAINROT. OFranken BA Lichtenfels.

Kirche 1680 in gutem deutschen Barock unter Einfluß der gleichzeitigen Bamberger Architektur.

Rathaus 1733. Mehrere **Häuser** in gut erhaltener Holzarchit. 17. und 18. Jh.

MAINSONDHEIM. UFranken BA Kitzingen.

Pfarr-K. nachgot. 1583. — Altäre um 1700, gute Kanzel mit Evangelistenreliefs, Stein, um 1583 vielleicht von *Th. Eysenschmitt* in Würzburg; ebenso der Taufstein. — 4 Bechtolsheimsche Grabmäler 18. Jh.

Schloß (seit 18. Jh. Frhr. v. Mauchenheim gen. Bechtolsheim, vorher Fuchs v. Dornheim). Sehr stattliche spgot. Anlage um 3eck. Innenhof, ausgebaut um 1727. Mehrere Zimmer mit schwerer Stuckdekoration bez. *H* 1628.

MAINSTOCKHEIM. UFranken BA Kitzingen.

Pfarr-K. 1717 mit got. Turm.

Ebracher Klosterhof. Schloßartige Anlage von 1624. Rck. mit Ecktürmen, reich gegliederte Renss.Giebel. Großartige Podesttreppe, vierarmig um 4 freistehende Pfll., gotisierende Maßwerkbrüstungen, zu oberst Rundbgg. Halle mit jon. Sll. — In mehreren architektonisch reich durchgeführten Terrassen geht der Hof in den Garten über, Anlage 1727, jetzt wüst.

MALITZSCHKENDORF. Pr. Sachsen Kr. Schweinitz.
Dorf-K. got. um 1300, Granitquaderbau.

MALSCHWITZ. Sachsen AH Bautzen.
Dorf-K. 1716. Feiner, zierlicher Kanzelaltar. — Bürgerliche Grabdenkmäler des 17. und besonders 18. Jh. in beträchtlicher Menge.

MANGERSREUTH. OFranken BA Kulmbach.
Wallfahrtskap. 1491 (Inschr.).

MANNSTEDT. Sachsen-Weimar VB Apolda.
Dorf-K. wesentlich 1744; hölzernes Tonnengwb., Emporen in 3 Rängen. Kanzelaltar.

MANSFELD. Pr. Sachsen Kreisstadt.
M. ist Name für drei getrennte Orte: 1. Schloß-M., 2. Tal-M. (Stadt), 3. Kloster-M. (Dorf).
S. Georg. Der oblonge WTurm in der Anlage und einigen formierten Details rom.; das 1sch. Lhs. und der polyg. Chor spgot. — 2 Schnitzaltäre; eherne Grabplatte des Grafen Reinhard v. Mansfeld † 1569; Wandgrab 1572; ein zweites, prunkvolleres 1712; Tafel mit dem Bildnis M. Luthers 1540.
Schloß. Schon im 11. Jh. vorhanden; die Abb. bei Merian zeigt einen großen Gebäudekomplex mit starken Mauern und Bastionen; jetzt Gemisch von Ruinen und modernen Wohngeb. — Gr. im Inv. Pr. Sachsen. — Eine stattliche Anlage, etwa um 1400, die Schloßkap. Sakramentsnische mit umfänglicher, einem Altarbau ähnlicher Umrahmung, Holzschnitzerei der Renss. Taufstein 1522. Schönes Epitaph 1525, dem *Backofenschüler* des Hallenser Doms nahestehend. — Zwei Türen zum Felsenkeller mit derb launigen Reliefs in den Bogenfeldern, Gott Bacchus und eine Zechgesellschaft; um 1530.
Kloster-K. Anlage des 11. Jh., jetzt Halbruine. Regelmäßige Kreuzbasilika; im Lhs., das als Summe von 2 Quadraten erscheint, Stützenwechsel. Würfelkapitelle, Bogenfriese, alles ähnlich den Kirchen des Nordharzes.

MARBACH. Sachsen AH Döbeln.
Dorf-K. 1770. Breiter WTurm M. 13. Jh., glatte, torlose Mauermasse, oben frgot. Schallöffnungen in 1 : 2 Achsen. [Schnitzaltar im Altert.-Ver. Dresden.]

MARBURG. RB Cassel Kreisstadt. [D.]
Elisabeth-K. Gegründet 14. Aug. 1235 als K. der Deutschordensniederlassung und zugleich als Wallfahrts-K. zu Ehren der h. Elisabeth † 1231. Die Franziskaner-Kap., in welcher deren Grab stand, mußte dem Neubau weichen; sie lag im Bereich des jetzigen nördl. Querarms. — Neben der Liebfrauen-K. in Trier ist die Elisabeth-K. der früheste Bau Deutschlands in einheitlicher und abgeklärt gotischer Gedankenentwicklung. Die in jüngster Zeit für Wetzlar und Haina erhobenen Prioritätsansprüche haben keinen genügend festen Grund. Jedenfalls hat der Meister seine Kunstanschauungen nicht dort, sondern in Frankreich selbst sich erworben (in Soissons, Reims und Cambray), wodurch er zugleich

in nahe Schulverwandtschaft mit dem Meister der Trierer Liebfrauen-K. tritt. Die Art, wie er den neuen Stil anwendet, ist sehr selbständig. Der Sondercharakter des Planes besteht in der Verbindung eines im Hallensystem aufgebauten Langhauses mit einem streng zentralisierenden Ostbau. Das Problem des Zusammenschlusses dieser beiden Bestandteile ist jedoch nicht vollkommen harmonisch gelöst. Von der Vierung ausgehend, entwickeln sich der Chor und die Kreuzarme genau symmetrisch; jeder dieser Teile hat 1 schmales Rechteckjoch, dann ein Halbjoch, an das sich, mit gemeinschaftlichem Schlußstein, ein halbes 10Eck anschließt. Das Lhs. hat 6 Joche, den durch die Ostpartie vorgezeichneten Abmessungen entsprechend. Dadurch entstehen, abweichend von den westfälischen Hallenanlagen, für die Sschiffe sehr schmale Joche und enger Querschnitt. Eine weitere Folge ist, daß die Sschiffsgewölbe wie auch die Scheidbögen gegen das Msch. bedeutend gestelzt werden mußten, um die gewollte Gleiche der Scheitelhöhe zu erreichen (formal eine empfindliche Härte, die von nun ab auf längere Zeit in der hessischen Schule die Regel blieb). Die Wände des Chors und Qsch. sind in 2 Fenstergeschosse geteilt (nach dem Vorbild von St. Léger in Soissons und St. Yved in Braisne) und diese Anordnung dann auch auf das Lhs. übertragen, wo sie mit dem Hallensystem in Widerspruch tritt. Die Fenster sind in beiden Reihen von gleicher Größe und Form und dank der Abwesenheit von Sschiffsdächern von geringem Abstand, so daß die Auflösung der Wand schon weit gediehen ist. Das Maßwerk ganz einfach, großer, von 2 Spitzbgg. getragener Kreis, bei kräftigem Profil von trefflicher Wirkung. Die Pfll. kreisrund mit 4 Diensten besetzt, im Durchmesser gut zur Höhe gestimmt, weniger gut zu den sehr eng genommenen Arkadenöffnungen, wie denn überhaupt das Lhs. im Verhältnis zu der hohen Raumschönheit der Zentralpartie einen unfreien Eindruck macht. — Das Äußere ergibt sich in seiner Gliederung unmittelbar aus dem Innenbau, doch stört hier nichts mehr die Harmonie; die Komposition ist in hohem Grade klar, die Formensprache voll schlichter Kraft; sie beschränkt sich, wie im Gegensatz zum rom. Stil zu beachten ist, streng auf tektonische Formelemente; freies Ornament, wesentlich Laubwerk, kommt nur an den Portalen vor. Die Strebepfll. steigen senkrecht auf, um erst in der Höhe der oberen Fensterbögen einen starken Rücksprung zu machen; Wasserschläge, entsprechend den Hauptteilungen des Fenstersystems, gliedern sie; ihr oberer Abschluß ist wagerecht, mit dem Kranzgesimse verkröpft, so daß sich Raum zur Anlage von Wasserkesseln ergab, die ihren Inhalt durch einfache Speier entladen. Besonders wuchtig sind die Gesimse geraten, nicht nur das Kranzgesims, sondern auch die beiden Kaffgesimse; letztere vermögen dadurch zugleich als Umgänge (80 cm br.) zu dienen, und es haben demgemäß die Strebepfll. Durchlässe erhalten. — Trotz der nur mittelgroßen Abmessungen (innere L. ohne Turmhalle 56 m, Br. des Langhauses 21,55, Querschiff 39,

H. der Gewölbe 20,2) die Bauführung langsam. Der nördl. Kreuzarm beg. 1249, die zwei ersten Joche (von O gerechnet) beg. 1255, das Langhaus und der Unterbau der Türme bis zum ersten Gesims beendigt 1270, Wölbung der OTeile und feierliche Hauptweihe 1283. Fortführung und Vollendung der Türme 1314—60. In den Stilformen bis E. 13. Jh. wenig Wandel. Dagegen können wegen der Einheitlichkeit des Planes Zweifel nicht unterdrückt werden. Mehreres spräche dafür, daß ursp. ein Zentralbau geplant war: die Herrschaft der älteren Ritterorden, die Bestimmung als Grabkirche, der Schulzusammenhang mit Trier, die sehr erkennbaren Unsicherheiten im Anschluß der OTeile an die W-Teile, besonders zwischen dem ersten und zweiten Joch. Wenn auch der OBau dem Bau in Haina m. E. vorangeht, so dürfte doch die Idee der Hallen-K. von dort entlehnt sein. — Die Fassade ist sehr einfach gehalten, wesentlich auf die ausdrucksvolle und harmonische Führung der großen Linien vertrauend. Wenig stimmt nur das von der Cölner Schule beeinflußte große mittlere Prachtfenster, noch weniger der überreich geschmückte westl. Staffelgiebel. Das WPortal gehört wohl der Bauzeit kurz nach 1270. Es ist besonders zu beachten, als eine von französischen Vorbildern unabhängige, die rom. Portalidee in got. Formen übersetzende Lösung. Die Portale der Langseiten (um 1255—65) noch rundbg. — Die Rest. M. 19. Jh. ist ohne feineres Stilgefühl durchgeführt und hat manche baugeschichtlich wichtige Einzelzüge verwischt. Ihr gehört u. a. der Dachreiter aus Zinkguß über der Vierung, an Stelle eines einfachen älteren, und die Umgestaltung der Dächer.

Ausstattung. Sie ist von seltener Vollständigkeit und Stileinheit. — **Mausoleum der h. Elisabeth** im nördl. Kreuzflügel. Der das Grab übersteigende steinerne Baldachin ist wohl erst um 1290 hierher versetzt und stand vermutlich früher über dem Hochaltar. Das Gemälde der Rückwand (Tod der Elisabeth) durch Übermalung des 19. Jh. entwertet. Der Sarkophag jetzt in der Sakristei, an der Vorderseite des Untersatzes Relief. — Hochaltar um 1290, in der Entwicklungsgeschichte des Altars ein wichtiges Dokument. Hinter der aus Steinplatten zusammengefügten Mensa erhebt sich eine Retabelwand; sie enthält 3 gleich hohe Nischen, darüber Wimperge und Fialen, letztere schon übereck gestellt; das Ornament von vollendetster Meißelarbeit; in den Nischen je 3 Statuetten; es scheint, daß die Nischen ursp. durch auf- und niederschiebbare Holztafeln, welche bemalt zu denken sind, verschlossen werden konnten; an der Rückwand Ansätze zu einem nicht ausgeführten Kreuzgwb., welches vermutlich den metallenen Reliquienschrein tragen sollte. — 4 Seitenaltäre an den östl. Querschiffswänden; Katharinen- und Elisabeth-Altar im NFlügel, Johannes- und Martins-Altar im SFlügel. Im 13. Jh. gestiftet, scheint ihr Retabelschmuck nicht zur Ausführung gekommen zu sein. Jetzt tragen sie mit Schnitzwerk gefüllte Schreine, auf den bemalten Flügeln bez.

1511, 1512, 1514. — Lettner unter dem westl. Vierungsbg. um 1330—40. An ihm ist vieles erneuert und verändert, namentlich die Mittelpartie über dem Laien-(Kreuz-)Altar, welche ursp. auf das Weltgericht bezügliche Figg. enthielt. Der jetzt aus der Mitte aufsteigende hölzerne Bogen aus E. 13. Jh. gehörte zum alten Kreuzaltar; neben ihm ursp. die jetzt in die Sschiffe verwiesenen Kredenztische. Von Interesse die kleine Emporbühne an der Rückseite (welche 1860 den Restaurator Lange verleitet hat, nach dem Schiff zu eine Predigtkanzel auszubilden). — An der SSeite des Chors Zelebrantenstuhl 2. H. 14. Jh., in Holz den Formen des Steinstils nachgehend. Die reizende Statue der h. Elisabeth aus sp. 15. Jh., die Nebenfigg. neu. — Hinter dem Hochaltar Piscina. — An der NSeite Wandtabernakel aus 15. Jh. — Unter der Vierung die Chorstühle der Ritter, einfach, E. 13. Jh. — Grabdenkmäler. Die Mehrzahl im südl. Kreuzflügel („Landgrafenchor") vereinigt, Aufstellung nicht ursp., die Tumben ganz oder überwiegend neu. I. Östl. Reihe: 1. Konrad von Thüringen, Deutschordensmeister † 1241, Ausführung jünger; 2. Aleydis † nach 1333 und ihr kleiner Sohn; 3. Heinrich Otto † 1308 (früher irrig für eine Frau gehalten!) und sein Sohn Heinrich Wilhelm † nach 1297; 4. Johannes † 1311; 5. Ludwig I. † 1458, ausgeführt 1471. II. Westl. Reihe: 6. Ludwig II. † 1471, ausgeführt 1478, und Mechthild 1495; 7. Heinrich III. † 1484; 8. Wilhelm II. † 1509, unter der von Arkaden getragenen Platte der von Schlangen benagte Leichnam; 9. Heinrich und Elisabeth, Kinder Hermanns des Gelehrten. Am Chorschluß Margarethe von Nürnberg. Die künstlerisch bedeutendsten sind Nr. 3 und 4, ausgeführt ca. 1315—30 von demselben ausgezeichneten, in Frankreich gebildeten Meister, dem das Stifterdenkmal in Cappenberg (Westfalen) und das Ravensbergdenkmal in Bielefeld gehört. Zu beachten ist, daß Landgraf Otto, in dessen Zeit die Ausführung fällt, die Tochter des in Bielefeld bestatteten Grafen von Ravensberg zur Gemahlin hatte. — Die an der Wand aufgestellten Grabsteine ohne Bedeutung. — Von den in diesem Bauteil aufgehängten Trauerschilden, Wappen, Fahnen ist nur ein kleiner Teil erhalten; bmkw. die Schilde Konrads und Heinrichs aus 13. Jh. — Im nördl. Kreuzflügel 3 gravierte und niellierte Platten des Hans von Dörnberg und seiner zwei Frauen, E. 15. Jh. — Ornamentale Gewölbemalerei im Chor spgot. — Glasmalerei. Jetzt nur in den Chorfenstern zusammengestellt aus den Teilen einer ursprünglich größeren Folge. Das nordöstl. und südöstl. Fenster der oberen Reihe 2. V. 14. Jh. Alles übrige noch 13. Jh. Genauere Zeitbestimmung nicht leicht. Haseloff entschied sich für Beginn bald nach 1249. Der Stil würde dieser Datierung nicht widersprechen, allein es ist sehr fraglich, ob die Bauführung damals schon weit genug vorbereitet war. Sicher ist aber der Stilcharakter unfranzösisch, aus der byzantinisierenden Epoche der deutschen Monumentalmalerei zu erklären. Kunstwert vom

Besten. Ikonographisch besonders interessant die Szenen aus dem Leben der h. Elisabeth. — Schrein der h. Elisabeth in der Sakristei, rck. Kasten mit steilem Dach, Material vergoldetes Kupfer, Statuetten Christi, Mariä, der hl. Elisabeth und der zwölf Apostel, am Dach Reliefs aus dem Leben der hl. Elisabeth, der Schmuck der Perlen und Edelsteine von den Franzosen 1810 gestohlen; zu den allervorzüglichsten Exemplaren der Gattung gehörend. Kruzifix auf dem Kirchhof südl. vom Chor 16. Jh.

Dominikaner-K. (Universitäts-K.) A. 14. Jh. Unsymmetrische Hallenkirche, Rundpfll. mit runden Gesimsen, flache Decke. Die Strebepfll. an der SSeite wegen des anstoßenden Kreuzgangs nach innen gezogen. Der gestreckte, aus 8 Eck geschlossene Chor höher als das Sch.

Barfüßer-Klst. zur Bibliothek umgebaut.

Karner bei der Pfarr-K. Gr. Rck. Im Erdgeschoß 2 frgot. Kreuzgwbb. Das höhere Obergeschoß, eine ursp. flachgedeckte Kap., 1684 als Pfarrwohnung umgestaltet.

S. Kilians-Kap. 1sch. rom. Gwb.-Bau, 1584 als Speicher eingerichtet, jetzt Schule.

Kugel-K. Gest. 1477 für die Brüder vom gemeinsamen Leben, gew. 1482. 1sch. mit 7 Joch und Schluß aus 8 Eck. Reiches Netzgwb. mit ursp. Bemalung. Großes Sakramentstabernakel um 1482 (von gleicher Hand wie das Fritzlarer). — Das Fraterhaus rck. mit 3 Stockwerken, einfach spgot.

Gottesacker-Kap. S. Michael. Einfach frgot.

Luth. Marien-Pfarr-K. Chor gew. 1297, Sch. gew. 1356, Turm 147—1473. Hallenkirche mit gestrecktem, aus 8 Eck geschlossenem Chor. Letzterer hat nach innen gezogene, keilförmige, an der Stirn mit starken Diensten besetzte Strebepfll. Die Fenster in jüngerer Zeit überarbeitet. Das Äußere des Lhs. verhältnismäßig reich. Im S ein Doppelportal, das mit dem darüber befindlichen 6teiligen Fenster ein Ganzes bildet. Die Streben mit Blenden und Kragsteinen für (jetzt fehlende) Statuen. Das Dachsims reich gegliedert. Der Turm hat mächtige ins Kreuz gestellte Streben, Abschluß mit Gruppen größerer und kleinerer Fialen, Zinnenkränzen, schlankem, von 4 Holzgiebeln umgebenem Holzhelm. Altaraufsatz 1625 mit vielen Alabasterskulpturen, letztere mit Zusätzen nach 1667. Messingtaufkessel um 1590. Wandtabernakel um 1350 mit Stifterwappen, 2 Prophetenhalbfiguren, Weinrebenumrahmung, Zinnenkrönung 2½ m hoch. Das schmiedeeiserne Gitter 1503. Wandgrab des Landgrafen Ludwig III † 1604 und seiner Gemahlin Hedwig von Württemberg † 1590, lebensgroße Bildnisfigg. in Alabaster, reiche architektonische Umrahmung. — Desgleichen für Ludwig IV. † 1626 und Magdalena v. Brandenburg † 1616, errichtet 1628, dem vorigen in der Anlage ähnlich. Schöne Abschlußgitter 1592 und 1831.

Siechenhaus-Kap. Einfach got. E. 13. bis A. 14. Jh.

Rathaus. 1512—24. Bruchstein auf rck. Grundriß, hoher 3stöckiger Aufbau mit Staffelgiebeln. Die Langseitfassade erhält einen kräftigen Akzent durch den Treppenturm mit originellem Renss.-Aufsatz 1586. Sehr fein die Nebenakzente der Erkertürmchen an den Ecken. Ein hübsches Detail die spgot. Tür mit Relief der h. Elisabeth von *Ludwig Jupe* 1524. Getäfelter Saal.

Fürstl. Kanzlei (Regierungsgebäude). Einfacher Renss.Bau von 1575.

Deutsches Haus. Der nur teilweise erhaltene und wechselnden Zwecken adaptierte Gebäudekomplex (jetzt zum Teil für Universitätsinstitute) bildet die Umgebung der Elisabeth-K., früher mit einer hohen Mauer klösterlich abgeschlossen. Seit der Aufhebung des Ordens 1809 wieder gefallen. Erhalten ist, jedoch nicht unverändert, das älteste Bruderhaus mit dem vorgekragten Chorerker der Hauskapelle im Übergangsstil. Als Komturwohnung der spgot. Bau mit Treppengiebel und Erker. Ausgedehnt waren die landwirtschaftlichen Gebäude, davon erhalten der Fruchtspeicher von 1515 und die Mühle von 1513.

Wohnhäuser. Ecke Marktplatz und Steingasse, got. um 1580. Nikolaistr. 133 spgot., am steilen Walmdach 5 polygone hölzerne Türmchen mit Spitzhelmen. Ecke Markt und Wettergasse 296 stattliches Haus des Vizekanzlers Vultejus um 1600, Erdgeschoß spgot. Mehrere gute Fachwerkhäuser und Portale der Sp.Gotik und Renss.

Schloß. Großenteils 13.—15. Jh. Drei Flügel sind so geordnet, daß sie einen schmalen trapezoiden Hof zwischen sich lassen. Der Verteidigungszweck wog nicht ausschließlich vor, so daß einem großartigen Saalbau (voll. 1311) und einer ansehnlichen Kapelle (gew. 1288) Raum gegeben wurde. Diese beiden Bauten sind das Bedeutsamste, was die deutsche Schloßarchitektur der früheren Gotik im Sinne des Kunstbaues geleistet hat. Der Saalbau hat über dem hohen Keller zwei Hauptgeschosse. An der gegen den Abhang liegenden W- und NSeite ist er durch starke Wandpfll. verstrebt, die sich an den Ecken turmartig verstärken und über dem Dachgesims in freistehende 8eckige Türmchen mit Wendeltreppen auslaufen. (Die Spitzdächer neu, vorher welsche Häubchen.) In der Mitte der NSeite ein Risalit mit Staffelgiebel. Künstlerisch der wichtigste Bestandteil ist der das ganze Obergeschoß einnehmende sogenannte Rittersaal 33,5 l., 14 br., 7,8 h.). Seine Anlage nahe verwandt derjenigen der Klosterrefektorien. Eine mittlere Reihe von 4 Pfll. teilt den Raum in 2 Sch., die von 2×5 quadr. Gwbb. überspannt werden. Die kräftigen, unter sich gleichen Rippen (im Profil geschärfter Rundstab, begleitet von 2 sehr kleinen Kehlen; ähnlich im Schloß Rauschenberg) wachsen ohne Vermittelung durch Kaptt., nur durch ganz kleine Kragsteine im Ansatz markiert, aus den Kanten der 8eckigen Pfll. heraus, welche demgemäß übereck gestellt sind. An den Wänden einfache Kragsteine. Die mit Laub geschmückten Schlußsteine sind das einzige Ornament. Der räumliche Rhythmus erhält seinen Charakter durch die tiefe Lage der Kämpferpunkte (2,6 m über

Boden bei 7,8 Scheitelhöhe). An jeder Schildwand je 2 enge zusammengerückte 2teilige Fenster, mit einer oberen kreisförmigen Öffnung Gruppe bildend, alle 3 von spitzbg. Blende eingerahmt (also verglichen mit der Elisabeth-K. eine Rückbildung des Maßwerks). — Die 3 in den Saal führenden Türen wurden 1572 mit üppigem Renss.Täfelwerk umkleidet (neuerdings durch C. Schäfer willkürlich verändert, der auch den großen Renss.Kamin durch einen neugot. ersetzte). — Kapelle. Zweistöckig, mit größter Raumausnutzung den engen Ortsverhältnissen angepaßt. Die eigentliche Kap. im Obergeschoß. Der Gr. verschmilzt in eigenartiger Weise longitudinale und zentrale Anlage. An ein mittleres querrechteckiges Kreuzgwb. schließen sich im O und W symmetrisch Gwbb. aus 5 Seiten des 8Ecks, im N und S flache, trapezförmig sich verengende Nischen, für die der Raum durch erkerartigen Ausbau über der stärkeren Mauermasse des Unterbaues gewonnen ist. Aus dem östl. Polygon führt ein Durchgang in die über dem Burgtor liegende Sakristei. Die Durchbildung des Innern gibt den stilgeschichtlichen Moment des Überganges von der Frühgotik zur Hochgotik in klassischer Formenreinheit. Der Meister steht zu der Schule der Elisabeth-K. in keiner näheren Beziehung. Von Einzelheiten sind hervorzuheben die schlanken, mit abgebrochenen Laubbüscheln besteckten Dienstkaptt. und die eigenartige Zeichnung des Maßwerks, in dem Kleeblattbgg. mit mehrfach gebrochenem Vierpaß verschmolzen werden. Fußbodenmosaik aus farbig glasierten Tonplättchen. Die Polychromie des 15. (16. ?) Jh. wurde durch C. Schäfer entfernt und durch schematische Quadermuster ersetzt, nur ein kolossaler S. Christoph whgest. Am Äußern Strebepfll. von 3eck. Gr., auf dem Rücksprung des Unterbaues ruhend. Der letztere hat im Innern zwei rippenlose Kreuzgwbb.; der Gebrauchszweck des Raumes ist nicht überliefert. 1572 ihm vorgelegt eine Renss.-Laube, die zur malerischen Belebung des Schloßbildes günstig beiträgt. — Der südl. und westl. Flügel wurde in den 60er und 70er Jahren des 16. Jh. renss. verändert. — Abgesondert steht der neue Bau, 1489 ff. — Von der Schloßbefestigung, die noch im 18. Jh. das ganze Plateau umfaßte, sind einige Türme erhalten; dazu die bis zur Kugelkirche reichende Verbindungsmauer mit der Stadtbefestigung.

MARGETSHÖCHHEIM. UFranken BA Würzburg.

Dorf-K. OTurm und OTeil des Lhs. um 1300, Erweiterung nach W 1614, Juliuswappen.

MARGRETENHAUN. RB Cassel Kr. Fulda.

Dorf-K. Chor und Turm (N) 1487, Sch. 1781.

MARIABUCHEN. UFranken BA Lohr.

Wallfahrts-K. E. des 17. Jh. Im Innern rest. Trockene, harte Architektur unter Einfluß *Petrinis*.

MARIABURGHAUSEN. UFranken BA Haßfurt.

Zisterz.-Nonnen-Klst.-K. (Vallis s. Crucis), 1243 aus Kreuztal hierher verlegt. Langsame Bauausführung E. 13. bis M. 14. Jh.

Typische, schmale langgestreckte 1sch. Anlage, 10 m br., 50 m l., turmlos. Die WHälfte flachgedeckt, mit Nonnenempore auf gewölbter Halle (sog. Gruft) (3 Sch., 7 Joche), die OHälfte mit Kreuzgwb. auf Konsolen und 5/8 Schluß. Die die beiden Abteilungen trennende Scheidemauer reichte ursp. bis zu den Gwb.-Kämpfern, 2 Türen führen schiffwärts auf eine flache Empore. — Hochaltar streng bar. A. 18. Jh. Auf einem Seitenaltar (um 1750) reizende **Madonna**, Holz, E. 15. Jh. Von den Grabsteinen interessant der des Heinrich v. Seinsheim † 1345. [Reste von Altarplastik des 15. Jh. in der Universitätssammlung Würzburg.] — Klostergebäude. Erhalten zwei Flügel aus 17. Jh.

MARIA-EHRENBERG. UFranken BA Brückenau.
Wallfahrts-K. 1666, erweitert 1732, sehr simpel.

MARIASONDHEIM s. Arnstein.

MARIENBERG. Sachsen Amtshauptstadt.
Stadt-K. S. Marien. 1558—64, rest. nach Brand 1616; 3sch. Hallenkirche 25,6 : 43,3 m; der östl. Abschluß unregelmäßig 5seitig; an den Gwbb. spgot. Rippendurchsteckungen. — Am Altaraufbau von 1617 großes Gemälde des Hofmalers *Kilian Fabritius*, manieristisch gewandt.
Hospital-K. Flügelaltar aus der Schule *Wolgemuts*.
Rathaus 1533—39; der Plan aus Halle, von *Joh. Hofmann*, wohl einem Verwandten des Nickel Hofmann; das Portal in tüchtiger, etwas derber Renss. ohne got. Reminiszenzen; sonst hat das Gebäude durch Brände gelitten.
Haus Markt Nr. 338, fr. Renss.Portal 1530; ein anderes Zschopauer Straße Nr. 447 und Markt Nr. 104.

MARIENSTERN. Sachsen AH Kamenz.
Zisterz.-Nonnen-Klst. Gegr. 1248. Die K. zeigt keine Formen, die über E. 13. Jh. zurückgehen. Rck. Hallenbau von 7 Jochen, das südl. Ssch. unten zum Kreuzgang gezogen, oben als Empore, welche das Klst. mit dem 2 WJoche einnehmenden Nonnenchor verbindet. Ausnehmend schlanke 8eck. Pfll., ohne Kaptt., mit dem Gewölbefuß durch Konsölchen verbunden. Ähnlich schlicht der übrige Formencharakter, wenn auch vereinzelt etwas Schmuck auftritt, z. B. Laubkränze an den Schlußsteinen. Die Fenster 2pfostig und mit kleinlichem, dürrem Maßwerk. Die WFassade bar. übergangen.
Hochaltar 1751 von *Franz Lauermann* aus Prag; seine 4 Kolossalstatuen 1889 in den Kreuzgang verbannt und durch neue ersetzt. Ebenso wurde mit der Kanzel und den Nebenaltären verfahren. 2 spgot. Nebenaltäre, nicht übel, aber auch nicht hervorragend. An der OWand Glasgemälde ca. 1370—80. — Kreuzgang in der Ausführung der K. vorausgegangen, bald nach 1250. Sehr einfach. Große fensterartige Öffnungen. Die Gwbb. auf Konsolen. — Aus E. 17. Jh. das Haus der Äbtissin, 1731 der neue Konvent; geräumig, in der Behandlung anspruchslos. —

B a r. P l a s t i k : 12 Statuen auf der Brüstung des Kirchgangs, Mariensäule 1720, Dreifaltigkeitssäule 1723, Kruzifix und schmerzhafte Mutter 1725; vermutlich von *Jäkel* aus Prag. — Im Schatz ein interessanter überaus reicher rom. S p e i s e k e l c h nach 1250 und 2 gotische. K a s e l k r e u z in Reliefstickerei um 1530. — D e n k m ä l e r : Bronzene Grabplatten für Bernhard v. Kamenz 1380 und Heinrich v. Kamenz, Bischof von Meißen † 1629, beide um 1629. Sandsteinerne Bildnisplatten für Äbtissinnen 1664, 1697, 1710.

MARIENTAL. Sachsen AH Zittau.

Zisterz.-Nonnen-Klst. gegr. um 1230. Neubau 1685 mit Benutzung wesentlicher alter Teile. — In der K. großer K r u z i f i x u s und anmutiges S e l b d r i t t, um 1515. — B r u n n e n um 1700. — S t a t i o n s b e r g mit kolossaler Kreuzigungsgruppe 1728. — Auf dem Kirchhof bmkw. B i l d n i s s t e i n e der Äbtissinnen.

MARIENWEIHER. OFranken BA Stadtsteinach.

Pfarr-K. Einfacher Barockbau (für Franziskaner) 1717, der Turm 1742 (B a l t h. N e u m a n n z u R a t e g e z o g e n). Rck. mit eingezogenem Chor und ½ kr. Schluß. Decke und Wand r e i c h s t u c k i e r t, im Scheitel 6 größere Gemälde. Klassizist. Hochaltar mit G n a d e n b i l d von ca. 1480. N e b e n a l t ä r e 1770. R e g i n a c o e l i 1695. G r a b s t e i n einer Gräfin von Hohenzollern 1416. Außen K r e u z i g u n g s g r u p p e um 1520—30. — Auf einer Anhöhe gelegen, bietet die K. nach allen Seiten ein wirkungsvolles Bild. Die Flachtonne um 1720 reich stuckiert. WTurm um 1745.

MARISFELD. Sachsen-Meiningen Kr. Hildburghausen.

Pfarr-K. Anlage die typische des Ma.: 1sch. mit eingezogenem Turmchor; der letztere 1497, das Lhs. 1711 erneuert. — **Pfarrhaus.** Fachwerkbau M. 17. Jh. — **Schloß.** 1663 erneuert, Rck. mit 4 Ecktürmen, geschweifte Kuppeldächer. H o f p o r t a l reich geschmückt, doch von roher Arbeit. S t u c k d e c k e 1670.

MARKERSDORF. Sachsen AH Rochlitz.

Dorf-K. sprom., wenig verändert. Glocke 13.—14. Jh. [Altarwerk von *Jak. Müller* im Museum des Sächsischen Altert.-Ver. in Dresden.]

MARKRÖLITZ. Pr. Sachsen Kr. Querfurt.

Dorf-K. Großenteils Neubau 1694. Bmkw. E p i t a p h für Friedrich und Margaretha von Burkersroda († 1570, 1582) bez. *HK*; von derselben Hand (der man auch in Freyburg und Zorbau begegnet) der reiche und geschmackvolle T a u f s t e i n von 1599.

MARKSUHL. Sachsen-Weimar VB Eisenach.

Kirche 1667, 1sch., mit hölzernem Tonnengwb. Stattlich und kräftig der 2geschossige Emporenbau auf geschnitzten Rundsäulen. Gerader Chor mit Kreuzgwb. Geschnitzte K a n z e l, ehemals auf einer Figur des Moses stehend; diese jetzt im Thüringer Museum zu Eisenach. Turmspitze mit 4 Eck-Türmen.

Schloß (zeitweise Residenz einer sächs. Herzogslinie) 1583, mit guten Sandsteinskulpturen. 1. Über den Fenstern 9 Köpfe. 2. Unter den beiden Eckerkern je eine männliche **Halbfigur** als Konsol. 3. Reiches Portal des Treppenturms. 4. Portal des Hofes mit schöner Bekrönung. Der Treppenturm hat oben 3 Geschosse aus Holzfachwerk von 1739. Die Hoffassade z. T. ebenfalls aus schönem Holzfachwerk. Im 1. Stock die ehemaligen Jagdzimmer mit rok. Stuckdecken.

Wohnhäuser mit Holzschnitzerei 17.—18. Jh. Nr. 39, 121, 132.

MARKTBREIT. UFranken BA Kitzingen. [D.]

Prot. Pfarr-K. Stattlicher frgot. Chorturm. An Stelle des angebauten spgot. $^{5}/_{8}$ Chors ursp. eine Apsis. Lhs. wiederholt erweitert. Inneneinrichtung mit Felderdecke und Emporen, behaglich malerisch. A. 18. Jh. — Eine Reihe tüchtiger Bildnisgrabsteine. Hervorzuheben Fr. v. Seinsheim † 1500 mit den Insignien des Schwanenordens und das energisch aufgefaßte Doppelepitaph für Wilh. v. Hohenrechberg von *Jörg Riemenschneider*. Außen Wolf Eckhardt 1565 bez. *W. E.* (vgl. Kitzingen) und Ehepaar Groe 1548 von *P. Dell d. J.* — Unter den Glocken die älteste mit Alphabet in got. Minuskeln 13. bis 14. Jh.

Friedhof vor der Stadt. Angelegt 1566 (vgl. den gleichzeitigen in Mainbernheim). Unter den hölzernen Arkaden lange Reihe von Bildnisepitaphen der Renss.

Rathaus beg. 1579 (rest. 1908). Gelegen hart an der Stadtmauer. Die kraftvolle Giebelfassade gruppiert sich mit dem Maintor (um 1600), die Rückfassade mit dem „schwarzen Turm" zu prächtigen Architekturbildern. Im 2. Geschoß große Diele mit stimmungsvoller Holzarchitektur. Getäfelte Ratsstube; desgleichen das Rundgemach des obersten Geschosses.

Seinsheimsches **Schloß** (Amtsgericht) 1580. — Unter den Wohnhäusern einige von vornehmer Haltung, besonders die symmetrisch zueinander angelegten Erkerfassaden am Eingang der Schusterstraße, E. 17. und A. 18. Jh., auch bmkw. Inneneinrichtung. Gegenüber dem Amtsgericht schöner **Fachwerkbau** 1607 und **Mainkran** 1773. Auch von außen gesehen ist **das Stadtbild** von großem Reiz. Der Mauerring (1529—50) großenteils erhalten. Die hohen schlanken Rundtürme teils mit spgot., teils mit bar. Dächern.

MARKTHEIDENFELD. UFranken BAmtsstadt.

Pfarr-K. 1613. — Hübsches **Bürgerhaus** (Kaufhaus Flasch) 1745, die Fenster mit reichen spbar. Sandsteinumrahmungen, die innere Dekoration im Stiegenhaus und Saal gut erhalten.

MARKTLEUGAST. OFranken BA Stadtsteinach.

Pfarr-K. Got. Polygonalchor, Lhs. und WTurm 1768, Flachdecke mit eleganter aber sparsamer Stuckierung.

MARKTSCHORGAST. OFranken BA Berneck.

Dorf-K. spgot., 2 sch. Hallenbau (symmetrisch?).

MARKTSTETT. UFranken BA Kitzingen.
Pfarr-K. einheitlich nachgot. 1623. Ausstattung des fr. 18. Jh.; — Kirchhofsmauer mit Zehntscheuern. — Wohnhaus Herrenstraße Nr. 144, sehr hübsche Anlage 1750.

MARKTZEULN. OFranken BA Lichtenfels.
Pfarr-K. Chor got., Lhs. 1701, Dekoration 1760.
Rathaus mit Stiegenturm 1588. **Holzhäuser,** 16. und 17. Jh. in guter Erhaltung. [An Haus 53 Überreste aus Klst. Langheim.]

MARKWERBEN. Pr. Sachsen Kr. Weißenfels.
Dorf-K. ursp. rom. mit Chorturm.

MARTINFELD. Pr. Sachsen Kr. Heiligenstadt.
Dorf-K. (kath.) 1723, mit hübscher geschieferter Turmkrönung. Der schöne Stuckmarmoraltar aus dem ehemaligen Klst. Beuren. Schnitzrelief von einem älteren Altar A. 16. Jh. — Stattliche **Edelsitze** (v. Bodungen) 1580 und 1611.

MARTINSKIRCHEN. Pr. Sachsen Kr. Liebenwerda.
Dorf-K. Den Kern bildet eine rom. Anlage, 1sch. mit westl. Querturm und eingezogenem Altarbau. Die Wände des letzteren 1699 durchbrochen und Flügel angelegt. Chor spgot. Rest. 1904. — Mehrere bar. Grabsteine.
Schloß 1754 für Graf Fr. W. v. Brühl (Bruder des bekannten Ministers). Hufeisenanlage. Formen in feinem, mäßig reichem Rok. Die innere Einteilung ist ungestört geblieben, auch die Ausstattung gut erhalten und anziehend.

MASSBACH. UFranken BA Kissingen.
Prot. Pfarr-K. um 1580. Doppelepitaphe Phil. und Marg. v. M. 1528 von *Bernh. Friedrich* (vgl. Münnerstadt), Christoph und Eva v. M. 1568 von *Peter Dell d. J.*

MASSENBUCH. UFranken BA Gemünden.
Pfarr-K. 1702. Gutes Hochaltarblatt von *Nikolaus Treu* 1776. Über dem WEingang rom. Tympanon 12. Jh.; angeblich aus Schönrain.

MAUA. Sachsen-Weimar VB Apolda.
Dorf-K. 18. Jh. mit got. Chor. Schnitzaltar aus derselben ausgezeichneten Altenburger Werkstatt, aus welcher der Altar von 1498 in Arnstadt und der in Großlöbichau.

MAUERSCHEDL bei Mellrichstadt. UFranken.
Kleine 1sch. **Kirche** mit östl. Chorturm, 11.—12. Jh. An die etwa gleichzeitige starke Kirchhofsmauer lehnen sich **23 Zellen** aus etwa 14. Jh., wahrscheinlich eine Schutzanlage für das schon 1424 nicht mehr bestehende Dorf Bischofs. Die Grundmauern 1903 ausgegraben.

MAXEN. Sachsen AH Pirna.
Dorf-K. gegr. 13. Jh., jetzt formlos. — Wertvolles Altarwerk aus Sandstein mit figürlichen Reliefs, 1558. Auf dem Kirchboden gute Holzplastik.
Schloß mit reizvollem Architekturstück aus der Fr.Renss. Anbau 1727.

MECKENRIED. UFranken BA Haßfurt.
Dorf-K. 17. und 18. Jh., der OTurm in der Anlage aus **Ma.** — Mobilien E. 17. und A. 18. Jh.
Friedhofs-Kap. 18. Jh., mit sprom. Chor und Torturm des ehemals befestigten Friedhofes. — Bildstöcke bar.

MECKFELD. Sachsen-Altenburg Kr. Roda.
Dorf-K. Schnitzaltar bez. 1500, vom *„Meister der Baldachine"*.

MEEDER. Sachsen-Coburg LA Coburg.
Dorf-K. Der turmtragende rom. Chor ist, wie öfter vorkommt, durch eine geräumige spgot. Erweiterung in die Mitte gerückt (vgl. aus der Nachbarschaft Groß-Wallbur); ungewöhnlich die reiche und gut erhaltene Ausbildung mit Lisenen, Gesimsen und Bogenfriesen; die große Stärke der nördl. und südl. Mauer läßt den Turm außen oblong erscheinen; auf das dritte rom. Geschoß folgt eines aus beschiefertem Fachwerk mit 2 Helmen von 1652. Das stattliche Lhs. 1723. — Reiches Sternberg-Rosenbergsches Wandgrab 1576. — **Herrenhaus** (jetzt Gasthaus) 17. Jh., Reste der alten, reichen Stuckdekoration.

MEERANE. Sachsen AH Glauchau.
Stadt-K. Wesentlich 1503 mit späteren Umbauten; rom. der zwischen Schiff und Chor stehende Turm. Reste eines großen Altarwerks von *Jak. Müller* in Altenburg 1506.

MEERHOLZ. RB Cassel Kr. Gelnhausen.
Isenburgisches **Schloß,** 1564 aus einem Prämonstr.-Nonnen-Klst. umgebaut; hat großenteils seinen alten Charakter verloren. Der SFlügel enthält die **Pfarr-K.,** an den Fenstern entartetes Fischblasenmaßwerk. — Neben dem Gemeindehaus ein alter **Wartturm.**

MEINEWEH. Pr. Sachsen Kr. Weißenfels.
Verbaute spgot. **Dorf-K.** Prachtvolles vorzüglich gearbeitetes Alabasterepitaph des Günther v. Bünau † 1706.

MEININGEN. Hauptstadt von Sachsen-Meiningen.
Stadt-K. Sie wirkt nach der eingreifenden und willkürlichen Rest. 1884—89 fast wie ein Neubau. 1. Unter der jetzigen K. die Fundamente einer rom. Basilika. Von ihr ist über der Erde erhalten der nördl. Fassadenturm bis zur Firsthöhe des Kirchendaches; die rom. stilisierten Fenster erst von 1884 (vorher got. veränderte); die 8eckigen Obergeschosse und der runde Treppenturm von 1594. Der STurm 1884 ganz erneuert, das got. WPortal durch ein pseudorom. ersetzt. Rom. Zierstücke in der Bibliothek der K. Rom. Fußbodenfliesen im Museum. Rom. Türklopfer an der inneren WTür. 2. Aus got. Zeit (1443—55) erhalten der 5/8 Chor. Das Lhs. (vorher got.) ganz neu. — Von den Grabdenkmälern nur ein kleiner Teil wieder aufgestellt. Interessanter Wappenstein des Hans Volker 1425. 5 Bildnissteine von der Hand des in diesem Gebiet (vgl. u. a. Bibra) stark beschäftigten Meisters *J. H.* 1566—77. Die späteren in Epitaphform. — Älteste Glocke M. 14. Jh.

Residenzschloß (der Name Elisabethenburg neu). Ältester Teil der 1511 durch Lorenz von Bibra, Bischof von Würzburg, erbaute NFlügel; stark neugot. verändert. Das neue Schloß 1682. Auch dieses modern umgebaut, mit Erhaltung einiger Innenräume in Bar., Rok. und Neoantik. Hervorragend die bar. Stuckdecke des Riesensaals von *J. N. Bestheimer* unter Leitung des Römers *Alessandro Rossini.* — Im SFlügel die Schloß-K. 1682—92, mit Stuckdecke, schöner Kanzel und Herzogsloge. Kanzel in Stuckmarmor rok. Flügelgemälde eines ehemaligen Altars, fränkisch um 1510. — Reiche Kunstsammlung. Die Gobelins ehemals im Schloß Ichtershausen. Porzellan aus Klst. Veilsdorf. Im Hennebergischen Haus die Kunst- und Altertumssammlungen des Hennebergischen Geschichtsvereins. An der Fassade Relieftafel von 1603 aus der Schloßkapelle zu Ellingshausen. Auf dem Friedhof treffliches Grabrelief des Reinhard von Wechmar 1488. Im Englischen Garten künstliche Ruinen 1793.
Teil der ma. **Ringmauer** hinter der Burggasse.

MEISSEN. Sachsen Amtshauptstadt. Inv. [D.]

Dom und Schloß. Beide bilden zusammen einen geschlossenen 3eck. Baukomplex in prachtvoller Lage auf einem ringsum freien Felsen über der Elbe. Der Dom ist in seinen OTeilen mit der Umgebung verwachsen, das Lhs. springt frei in den Hof vor, so daß die Fassade demAnkömmling als erster Haupteindruck entgegentritt. Durch den A. 20. Jh. ausgeführten Zubau zweier Türme (von *Carl Schäfer)* das historische Bild wesentlich verändert.

Dom. Frgot. Anlage aus M. 13. Jh., langsam fortgebaut unter mehrfachem Wechsel der Bauidee, zuletzt späteste Gotik. 1. Dem ersten Plan nach 1249 gehört der Gr. mit Ausnahme der beiden Chöre; in ihm leben noch rom. Reminiszenzen; das Qsch. aus 3 Quadraten; die WTürme über die Fluchtlinie der Ssch. vorspringend; beides erinnert an Magdeburg. Am Ende des 13. Jh. waren fertig: das Qsch., das erste Joch des Chors mit Sechskappengwb., das erste (östl.) Joch des Lhs., die Türme bis zu 12,3 m H. und wohl noch weitere Teile des Lhs., deren (z. T. schon geformtes) Material im Umbau des 14. Jh. Verwendung fand. Sicher als Basilika begonnen (vgl. außer der Gestaltung des ersten Joches die Spuren der ursp. Dachlinie an der anstoßenden Querschiffswand). Außen am südl. Kreuzflügel schöne frgot. Giebeldekoration. 2. Die 8eckige Johanneskap. (urkundl. 1291, die Inschrift unecht), gelegen im SWWinkel des Qsch.; 2geschossig; das Obergeschoß ursp. freiliegend; in der formalen Durchbildung das Beste am ganzen Dom (neben dem Lettner), Fenster aus 15. resp. 19. Jh. — 3. Hallenmäßiger Umbau des Lhs. ca. 1300—1380; der Aufbau des 1. Jochs geschont in der Weise, daß nach Ausbrechung des Oberfensters hinter diesem eine Empore angelegt wurde; Verlängerung des Chors; zum Schluß der SO-Turm, sein durchbrochener Helm wohl noch jünger. Querschnitt gleichseit. Dreieck. — 4. Von den um 1400 weitergeführten W-

Türmen nur das zierliche Reliefmaßwerk unter dem 2. Gurtgesims erhalten; aus derselben Zeit das große (jetzt innere) WPortal in akademisch nüchternem Prunk. — 5. Um 1420—30 wurde vor dieses Portal die Fürstenkapelle gesetzt, in der Gestalt eines Chors von 3 Jochen und $^{3}/_{8}$ Schluß; letzte Phase der Hochgotik, die trocken zierliche Behandlung ähnlich der Schloßkap. zu Altenburg. — 6. Seit 1479 das hohe Fenstergeschoß des WBaus, wohl von *Arnold v. Westfalen*, dem Erbauer der Albrechtsburg; es sollte den (durch den Übergang zum Hallensystem massig vergrößerten) Giebel des Lhs. maskieren; wie der obere Abschluß beabsichtigt war, ist nicht mehr ersichtlich; in der 1. H. des 16. Jh. trug er 3 (wohl hölzerne) Helme, die 1547 abbrannten. Durch den 1904 begonnenen Ausbau steinerner Doppeltürme wird der überlieferte Charakter der Fassade wie das ganze Baubild des Domberges völlig verändert. — 7. Sakristei ca. 1500—1506. — 8. Begräbniskap. Georg des Bärtigen 1534. — Im 17. Jh. Umgestaltung der Fürstenkap. und der Georgskap.

Inneres. — Lettner frgot. 2. H. 13. Jh. Das Laubornament, an die Naumburger Schule anschließend, ersten Ranges; aus derselben Zeit die steinerne Rückwand der Chorherrensitze; die Balustrade und die seitliche Erweiterung des Lettners nach 1350; die einst ca. 50 Altäre des Doms großenteils verschwunden; einer in der Dorf-K. zu Boritz. — Hochaltar. Gemaltes Triptychon mit Anbetung der Könige, ca. 1520 (früher in der Fürstenkap.). Der Meister des singulären, sehr hervorragenden Werkes steht der niederländischen Kunst nahe (jedenfalls nicht *A. Dürer!*). — Lettneraltar, vortreffliches Bild aus der Schule *Cranachs;* eher von diesem selbst das Triptychon mit dem Schmerzensmann in der S. Georgskap. bez. 1534. — Im Stirnfenster des Chorhaupts Glasgemälde aus 13. Jh. — Sakramentshäuschen mit Tabernakel ca. 1506. — Chorstühle unter steinernen Baldachinen E. 13. Jh. — An der OWand des Qsch. Spuren von Wandgemälden des 14. Jh., Jüngstes Gericht. — Kanzel 2. H. 16. Jh. — Statuen aus 2. H. 13. Jh.: a) an der Wand des Chors ein Fürstenpaar, traditionell Kaiser Otto I. und Kaiserin Adelheid, wohl als Anfang einer Stifterreihe gedacht, nach dem Muster Naumburgs, wohin auch der Stil weist; gegenüber Johannes und Donatus; b) aus derselben Werkstatt die 3 Statuen der Johanneskap., tüchtige und anziehende Arbeiten. — Aus 1. Viertel 15. Jh. der massenhafte Schmuck des WPortals in einer fleißigen kleinlichen Manier; besser das südl. Seitenportal. Die Statuen an den Wanddiensten der Fürstenkap. aus Holz. — Denkmäler. Die einen großen Teil des Fußbodens bedeckenden Grabplatten wurden seit 1903 entfernt; das Inventar verzeichnet 164 Stück, die Überzahl aus 15. Jh., viele mit eingeritzten Bildnisfigg. Jetzt im NQuerschiff: B. Dietrich v. Schönberg 1476, flaches Bronzerelief auf Steingrund, aus einer sächsischen Hütte; Hildebrand Günther 1483, Rundbild. Im S Querschiff: Dr. Heinrich Stärker 1483, Rundbild in Quadrat, aus einer sächsischen Hütte; B. Johannes v. Weißenbach 1487, Bronze (wohl aus derselben sächsisch-thüringischen Werkstatt im Dom zu Naumburg die Platten für Schönberg und Könnritz); die Sandsteinplatte desselben Bischofs, jetzt an der WWand des Nordschiffs, gehört zu einer Tumba (?); Hauptmann Christoph Ziegler 1517, Halbfigur, Sandstein; Propst Nik. v. Heinitz 1526, Bronze. B. Caspar v. Schönberg † 1463, wohl später ausgeführt, älteste der gravierten Platten des Doms. Herzogin Barbara 1536, gravierte Bronzeplatte. Die Gräber der Fürstenkap. In der Mitte Tumba des Stifters, Friedrichs des Streitbaren † 1428, ausgeführt ca. 1430—40; der Tote vollplastisch auf einem Brokatteppich, das Kurschwert in der Hand, an den Langseiten 24 kleine gravierte Figuren, Klagemänner und Wappenhalter; Werkstatt nicht nachzuweisen. Ringsum die ehernen Grabplatten von 9 weiteren Mitgliedern des sächsischen Hauses. Diese sämtlich aus der *Vischer*schen Werkstatt in Nürnberg, die älteren von Hermann V., die jüngeren (von Kurf. Ernst 1486 ab) von Peter V. — Georgenkapelle: Triptychon von *L. Cranach.* Marmorrelief der Grablegung, ausgezeichnete Arbeit um 1530. Bronzereliefplatte Herzog Georgs † 1539, gravierte Platte der Herzogin Barbara † 1534.

Kreuzgang. Sehr klein, im Winkel zwischen dem Chor und südl. Qusch. Der älteste Teil der nördl. Flügel und Maria-Magdalena-Kap. vor 1274; die übrigen Flügel 1491.

Am Domhof links vom Eingang das Kornhaus, rechts die Domherrenkurie; die Propstei 1497, sehr bezeichnend für die sächsische Spgotik; die Dechantei 1526; der Domherrenhof (jetzt Amtsfronfeste) und nach Osten die Reihe abschließend das

Bischofsschloß, erb. von B. Johann v. Weißenbach (1476—87), vollendet nach 1518. Der mit dem Schloß zusammenhängende große Rundturm an der SOEcke des Schloßberges heißt Liebenstein. Das Torhaus zwischen Bischofsschloß und Domquerschiff zeigt unten rom. Formen, im wesentlichen jedoch Umbau nach 1539.

Landesherrliches Schloß. Der Hauptbau (seit 1676 „Albrechtsburg" genannt) erbaut 1471 bis ca. 1485 von *Arnold von Westfalen (Westveling).* Epochemachend in der Geschichte der deutschen Burgarchitektur, die hier im Begriff ist, in den Palast überzugehen. Innere Raumeinteilung nach einheitlichem Plan, in jedem Stockwerk (Keller und 3 Wohngeschosse) alle Räume in gleicher Höhenlage. Bezeichnend für den Meister ist die Enthaltsamkeit im Ornament. Die kunstvoll figurierten Gwbb. haben nur im 1. Geschoß Rippen, in den folgenden scharfgratige tiefbuchtige Zellen. Die sehr großen Fenster verzichten auf Maßwerk, als oberer Abschluß ist der seither in der sächsischen Schule sehr verbreitete Vorhangbogen eingeführt. Andere für die Folgezeit wichtige Motive: die Dacherker des letzten Geschosses und die große, in einem Turmgehäuse aus der Fassade vorspringende Wendeltreppe. Höchst originell die Konstruktion: die Widerlager nach innen gezogen, so daß sich tiefe, wie Erker erscheinende Nischen bilden; die Mauerstärken von unten nach oben zunehmend, offenbar um den Schub der Gewölbe durch senkrechte Belastung aufzuheben (ein Gedanke, der im Obergeschoß der Domfassade wiederkehrt). Die Fassade entbehrt der senkrechten Teilungslinien, dafür betonen Gurtgesimse die Bedeutung der Stockwerkgliederung. Also in vielen und wichtigen Punkten Abkehr von der eigentlich got. Weise. Der Ornamentlosigkeit hält die Wage eine mit Bewußtsein geübte (im älteren Schloßbau bloß zufällig zustande kommende) malerische Kontrastierung der Massen. — Die an einigen Bauteilen, Wappensaal des NAusbaues und Ausschmückung des großen Wendelsteins, sich zeigende Einmischung von Renaissanceformen geht auf *Jakob von Schweinfurt* ca. 1525—30.

Stadt.

Frauen-K. Gegr. c. 1150 als Kapelle. Nach Bränden 1447 und 1455 als Stadt-K. erneuert. — 3jochige Hllk., Lhs. breiter als lang, mit schlanken 8eck. Pfll. und Netzgwbb. Chorschluß aus 8 Eck. Hölzerne Emporen in 2 Rängen 17. Jh. Über Msch. und Chor durchlaufendes Satteldach, Querdächer über den Ssch. Der hohe W-Turm hat seinen alten spitzen Helm eingebüßt. — [Altar um 1510—20; im Schrein Marienkrönung in fast lebensgroßen Figg., jetzt Altert.-Ver. Dresden. Andere Gemälde im Stadtmuseum.] Grabdenkmäler unbedeutend. — Am ehem. Kirchhof stattliches Tor um 1600.

Franziskaner-K. Erster Bau 1266—72, zweiter (jetziger) 1447—57. Erhalten das Lhs., eine hohe kreuzgewölbte 3sch. Hallenkirche, jetzt durch Balkenlagen geteilt und als Stadtmuseum eingerichtet. Rest. des Kreuzgangs mit Denkm. des 17. und 18. Jh.

Nikolai-K. Kleine 1sch. rom. K., um 1390 erweitert. — Im Chor Wandmalereien des 13. Jh., Tempera auf trockenem Grund, noch erkennbar: Verkündigung, Heimsuchung, Anbetung der drei Könige. An der Empore (17. Jh.) bemalte Balken aus 15. Jh. wieder verwendet. Kleines Altartriptychon um 1480. — 7 Bildnisgrabsteine derer v. Bernstein 1583—1618, drei derer v. Berlepsch 1781—1806. — Von den 3 Glocken die mittlere aus 13. Jh.

Martins-K. 1220 zuerst erwähnt. Einfacher rom. Bau mit quadr. Altarhaus und ½ kr. Apsis. — Ein 1898 entdeckter gemalter Fries mit Totentanz 1900 überstrichen.

Johannes-K. 1615, abgebrochen 1902, erhalten der Kirchhof mit bmkw. bürgerlichen Denkmälern 16.—18. Jh.

Dreifaltigkeits-K. (rechts der Elbe) 17. Jh. Im Chor wohlausgebildete frühest-got. Formen. — Altarbau, Holz, um 1650. Kanzel, Sandstein, 1667. Pfarrerbildnisse 17. und 18. Jh.

Wolfgangs-K. (in Obermeisa), kleiner spgot. Bau, 1sch., an beiden Enden polygonal geschlossen.

Rathaus 1472, vielfach verändert, Ziegelbau, sehr hohes Giebeldach, an der Marktseite 3 große Zwerchgiebel. Kurfürstl. Bildnisse. **Kaufhaus** 1545, jetzt Theater.

Wohnhäuser. Am besten vertreten das 16. Jh.: An der Frauenkirche no 3 ao. 1569 mit reichem Portal und Giebel. Görnische Gasse no 1 ao. 1585. Ebenda no 4 ca. 1580. In derselben Straße mehrere Renss.Türen mit Sitznischen. Heinrichsplatz no 7 ein Erker 1553. Hohlweg no 6 spgot. Fenster. Weinmarkt no 10 Haustor 1607. Markt no 2 reiches Haustor um 1600. Markt no 4 stattlich, 1560 und 1600, im Innern alte Teile. Ebenda no 5a 1548. Afrafreiheit.

Klst. und **K. St. Afra.** Augustiner-Chorherren 1208 erb. als flachged. Pfll.Basl., der 1sch. plattgeschlossene Chor ebenso lang wie das Lhs. und ebenfalls flachgedeckt. Um 1380 ff. Einwölbung des Chors und südl. Ssch. und Anbau der Schleinitz-Kap., 1450 Taubenheim - Kap., 1480 Einwölbung des Msch. Diese Veränderungen führten zu großen Unregelmäßigkeiten. An der Sakristei rom. Formen. Auch die aller Profile entbehrenden spitzbg. Arkaden noch aus dem ersten Bau? — Die Kanzel 1657 Geschenk einer Frau v. Schleinitz und mit Porträtstatuen ihrer Familie (!) geschmückt; Bildhauer *Val. Otto.* Zahlreiche Denkmäler vorzüglich derer v. Schleinitz, künstlerisch meist geringen Ranges; 7 aus 15. Jh.; einigermaßen bemerkenswert Haubold v. Schl. † 1562, Haug v. Maxen † 1569, Heinrich v. Schl. 1654, Hängeepitaph. — Die Klostergebäude 1543 zur Fürstenschule eingerichtet. Einzelne spgot. Teile erhalten. Das Propsteigebäude um 1670. Bildnisse von Kurfürsten und Rektoren. — Am Pfarrhaus sehr hübscher Erker frühester Renss. 1535. — Bmkw. der Jahnasche Freihof 1609. Burglehen 1649 und 1743. — Rote Stufen no 3 gute Backsteingiebel 1510.

Schloßbrücke, z. T. noch 13. Jh.

Johannes-K. und **Jakobs-Kap.** unbedeutend und jetzt profaniert.

Martins-K., kleiner rom. Bau im Typus der Dorf-K. Das 1sch. flachgedeckte Gemeindehaus, der desgl. Chor und die ½ kr. Apsis folgen sich in staffelförmiger Einziehung. Einfache Tür an der SSeite in Formen aus A. 13. Jh. Aufgedeckte Wandgemälde aus 13. Jh. (Totentanz?!) 1900 wieder überstrichen.

S. Wolfgang, Begräbniskap. im Meisetal, in der Art *Arnolds von Westfalen,* origineller Gr. mit 2 aus dem 8Eck gebildeten Apsiden am rck. Schiff.

Rathaus stattlich spgot. seit 1479.

Kornhaus 1520—24 von Meister *Jakob von Schweinfurt.* — Haus gegenüber dem SEingang des Doms 1526; wohl von *demselben;* letztes Kämpfen der Gotik gegen die Renss. — Auch in der Stadt einige alte Häuser zu beachten, z. B. das Hirschhaus mit gutem Renss.Portal.

MELKENDORF. OFranken BA Kulmbach.
Pfarr-K. Got. Hausteinbau E. 16. Jh. Chor im OTurm. Stukkierte Flachdecke um 1730. Außen am Eingang zur Sakristei 2 sprom. Säulenkaptt. eingemauert.

MELKERS. Sachsen-Meiningen Kr. Meiningen.
Dorf-K. 1687. In allen Teilen Fachwerk. Über der Front niedriger Aufbau als Ersatz des Turmes. Ausstattung aus der Erbauungszeit.

MELLINGEN. Sachsen-Weimar VB Weimar.
Große **Dorf-K.** 1669. Stattlicher Kanzelbau 1. H. 18. Jh. — Hölzernes Brunnenhaus 1667. — Dorflinde mit Steintisch.

MELLNAU. RB Cassel Kr. Marburg.
Burgruine, erbaut um 1250; aus dieser Zeit der hohe Rundturm.

MELLRICHSTADT. UFranken BAmtsstadt. [D.]
Pfarr-K. Ostteile letztes Drittel 13. Jh. Chor plattgeschlossen, 2 ungleiche Kreuzgwbb. auf Konsolen, schlanke spitzbg. Fenster mit primitivem Maßwerk. Der vordere Chorabschnitt kommuniziert durch eine Arkade mit dem Erdgeschoß der seitlich sich anlegenden Türme, von denen nur der nördl. ausgeführt ist, merkwürdigerweise auf rom. Formen zurückkehrend. Der Chor im 17. Jh. etwas überhöht, um ihn mit dem Lhs. unter ein fortlaufendes Dach zu bringen. — Das Lhs. 1614 unter A. Julius in 4 weitgespannten spitzbg. Arkaden auf Sll. mit hohen 8eck. Sockeln und jonischen Kaptt. Das Msch. überhöht, doch fensterlos. Eindruck nüchtern. — Mächtiger, sehr banaler Hochaltar 1722 von Künstlern aus der näheren Nachbarschaft. Sakramentsnische 15. Jh., sehr provinziell. Reicher Taufstein 1626. Die hölzerne Madonna auf nördl. Seitenaltar um 1600 mit starken got. Nachklängen. Schönes Ziborium 1745, augsburgisch.
Spital-Kap. mit mehreren guten spgot. Holzfiguren.
Grossenberg-Kap., kleine, einfache rom. Anlage. Holzfiguren um 1500 und 3 Altäre aus A. 17. Jh., Sandstein.
Am **Friedhof** guter Bildstock A. 17. Jh.
Die ma. **Stadtbefestigung** erhalten, nur die Tore abgebrochen.

MELSUNGEN. RB Cassel Kreisstadt.
S. Nikolaus-K. 1415—25, erneuert 1570. Schlichte Hallenkirche mit 1sch. polygon geschlossenem Chor. Rom. WTurm. Über den Sschiffen Walmdächer.
Schloß 1550—55, noch von wesentlich spgot. Erscheinung. — **Rathaus,** freistehender Fachwerkbau mit 4 Ecktürmchen. In der Nähe ansehnliche Holzhäuser des 17. Jh. — **Fuldabrücke** 1569. — **Ringmauern** aus Ma. großenteils erhalten; der Eulenturm mit hohem Kegeldach.

MEMLEBEN. Pr. Sachsen Kr. Eckartsberga.
Benediktiner-Klst.-K. gegr. 975; im 18. Jh. in Verfall geraten, jetzt dürftige Ruine. Flachgedeckte kreuzförmige Basilika. Die Stilformen weisen auf Erneuerungsbau A. 13. Jh., voraussichtlich mit Beibehaltung des älteren Grundrisses. Chor und Qsch. genau nach dem Netze des Würfels, Lhs. 6 Arkaden, 2 WTürme mit

zwischenliegender Vorhalle; lichte Länge 59 m. — Wohlerhalten nur die Krypta, bis zur halben Vierung vorspringend. Grätige Kreuzgwbb. Die 3 Apsiden außen und innen polygonal. Dieselbe Gestaltung des Bogenfrieses kommt an den ältesten Teilen des Magdeburger Doms vor. Das Lhs. hat spitzbg. Arkaden von geringer Höhe; die Pfll. quadratisch mit 2 kräftigen ¾ Säulen unter den Bgg.; die Kaptt. kelchförmig, undekoriert; die mächtige Deckplatte mit dem umgekehrten Profil der attischen Basis. Alle Fenster rundbg. — Ältere Ansichten zeigen einen niedrigen Vierungsturm; dagegen fehlen die im Gr. indizierten WTürme; vielleicht waren sie schon zerstört, vielleicht auch unausgeführt geblieben. — Die Klausur lag ungewöhnlicherweise auf der NSeite. — Ältere Besucher sahen an den Pfll. gemalte männliche und weibliche Gestalten mit Kronen; bei Anfeuchtung noch heute schattenhaft sichtbar, das begleitende Ornament weist auf 13. Jh.
Dorf-K. Reste von spgot. Altarplastik und großes Holzrelief mit Beweinung Christi 1500.
Von der ehemaligen **Kaiserpfalz** ein Torweg und Mauerreste von 5 m Stärke.

MENGERSDORF. OFranken BA Bayreuth.
Pfarr-K. 1521, Veränderungen 1668, 1736.

MENGERSREUTH. OFranken BA Bayreuth.
Pfarr-K. Got. OTurm, Lhs. gotisierend E. 16. Jh. Hölzerne Tonne mit Gemälde um 1700.

MERGELSHÖCHHEIM. UFranken BA Würzburg.
Dorf-K. 1614 in der posthumen Gotik der Juliuszeit.

MERKERSHAUSEN. UFranken BA Königshofen.
Dorf-K. 1737. Deckenfresko von *J. P. Herrlein* 1777 (vgl. Oberaßfeld).
Pfarrhaus renss. und rok. An der Straßenseite bmkw. got. Steinmadonna von ca. 1350.

MERKWITZ. Sachsen AH Oschatz.
Dorf-K. Umbau von 1713; die mit Halbkuppel überwölbte Koncha der alten rom. K. jetzt Sakristei.

MERSEBURG. Pr. Sachsen Kreisstadt. [D.] [Mitteilungen aus Halle.]
Dom S. Laurentius und S. Johannes-Bapt. Spgot. Umbau einer rom. Anlage. I. Grundsteinlegung 1015, erste Weihe 1021, vor 1042 Einsturz des OChors (S. Laurentii) und Neubau desselben, Vierungsturm bis 1070 verzögert. — Der Dom des 11. Jh. doppelchörige Kreuzbasilika, im Gr. quadr. Schematismus, d. h. das Vierungsquadrat wiederholt sich in den Kreuzarmen und dreimal im Lhs., Ssch. von halber Breite, in ihrer Flucht die quadr. WTürme, zwischen ihnen das tonnengewölbte Sanktuarium S. Joh. Bapt., darüber die Kaiserempore, nach W in 2geschoss. Apsis schließend. Mit Ausnahme des WChors und der seitl. Eingangshalle ist die ursp. Anlage im Gr. erhalten. Vom Aufbau: die Krypta und am Oberbau der Kirche die OApsis bis zur Fensterzone, die Seitenmauern des Chorraums und die östl. Rundtürme bis zu den Klang-

arkaden, die unteren Teile des Qsch., die WTürme bis unterhalb der Rundbg.Friese. Material: in den untersten Schichten Großquaderwerk, dann Bruchstein in regelmäßiger Lagerung. Die Krypta: 3×4 quadr. Gwbb. mit scharfen Graten ohne Quergurten. Die Freipfll. mit Kerben auf den Flächen und feinen Ecksäulchen M. 11. Jh. überarbeitet, die Anfangsform entsprach den Wandvorlagen. — Aus 2. H. 12. Jh. die Achteckgeschosse der WTürme. — II. Einsturz des Vierungsturmes von 1230 hatte umfängliche Veränderungen zur Folge, dedicatio 1240: Unterspitze Vierungsbgg., Neuwölbung der Apsiden, Vergrößerung der Hochfenster, als Hauptsache Einwölbung von Chor und Qsch. mit rippenlosen Kreuzgwbb. auf Konsolen und eingestellten Eckpfll. Nach 1230 die Seitenschranken der Vierung, Profilreste an den Pfll. (Die entsprechenden des WChors 1585 beseitigt; der an ihrer Stelle errichtete Renss.Lettner jetzt in der Turmhalle.) Der WChor abgebrochen und das Msch. des Lhs. bis an den neuen WGiebel fortgeführt. — III. Der Umbau des 13. Jh. hatte das Lhs. der alten Basl. unberührt gelassen. B. Thilo v. Trotha ersetzte sie 1504—17 durch die noch bestehende spgot. Hallenkirche auf dem alten Gr., wobei die Stellung der Fensterachsen zu der Jocheinteilung unregelmäßig blieb; Netzgwbb.; außen an den Ssch. eine Folge von Staffelgiebeln mit Flächenmaßwerk aus Backstein; ferner erhielten das Qsch. und die Vorhalle schmuckreiche Portale, die als Specimina der obersächsischen Schulrichtung bmkw. sind. — Rest. von *Fr. Adler* E. 19. Jh. Dabei die 1664 eingezogenen Emporen wieder entfernt. — Der wenig ansehnliche Kreuzgang 14. und 15. Jh., im WFlügel Rest des 11. Jh. — Kanzel 1514 mit Zusätzen von 1526, die letzteren schon mit Renss.Elementen. — Chorgestühl von 1446; die Reliefbilder an der Rückwand hausbackene Arbeiten des Dominikaners *Caspar Schockholz*. Viel besser der Fünfsitz von ca. 1480—90. — Reste von Schnitzaltären zerstreut. — In der Vorhalle steinernes Taufbecken gegen 1200; die vier Paradiesesflüsse, als nackte hockende Männer dargestellt, tragen das runde tonnenartige Gefäß, daran unter Bogenstellungen die Reliefs der Propheten, welche auf ihren Schultern die Apostel tragen (aus der Neumarkt-K. hierher versetzt, zum Motiv vergleiche Byzantinische Elfenbeine und später das Fürstenportal am Bamberger Dom). — In der Kap. am WFlügel des Kreuzgangs großes und gutes Sandsteinrelief eines h. Georg, E. 14. Jh. — Zahlreiche Grabdenkmäler, unter denen nur einiges zu nennen. In der Vierung Gegenkönig Rudolf v. Schwaben † 1080, Bronzeplatte auf modernem Stein, wohl aus einer Magdeburger Gießhütte; flachstes Relief, nur der Kopf stärker hervortretend; etwas unter Lebensgröße; alle Formen, auch die Gewandung, sehr starr, doch die Ornamente zierlich und sorgfältig; die Augen hatten Einlagen von Glasfluß, ebenso das Stirnkleinod der Krone. Nach den historischen Umständen muß Ausführung sehr bald nach dem Tode angenommen werden. Also der älteste datierbare

Bildnisgrabstein in Deutschland. Im nördl. Qsch. Bischof Thilo v. Trotha † 1514 (nicht von *P. Vischer*), eherne Tumba in Kistenform, jetzt mit der Rückseite an die Wand gelehnt, ganz ohne architektonische Glieder, flachstes Relief. An der OWand das zugehörige Epitaph in vergoldeter Bronze, der Bischof in Anbetung der Trinität. An der NWand Epitaph des Bischofs Adolf v. Anhalt. Im nördl. Ssch. Grabstein des Bischofs Friedrich v. Hoym † 1382, interessant durch den erstrebten Porträteindruck, Spuren von Bemalung. — In der Vorhalle Grabstein des Bischofs Sigismund v. Lindenau † 1544, an einem Pfl. das zugehörige Epitaph, bezeichneter Bronzeguß von *Hans Vischer* aus Nürnberg. — Im östl. Kreuzgang Rittergrabstein um 1260—80, ausgezeichnete, leider beschädigte Arbeit in der Richtung des Naumburger Meisters (nach H. Giesau von diesem selbst). — Gregoriusaltar und Marienaltar um 1515—20, von einem Leipziger Meister (vgl. Friedersdorf). Im nördl. Qsch. großes allegorisches Gemälde auf die unbefleckte Empfängnis 1518. — Hochaltar und Orgel 1666. Mehrere ansehnliche Denkmäler aus Renss. und Bar.: v. Bibra 1584, Kostitz 1610, Alabasterrelief magdeburgisch, wohl aus der Werkstatt Gg. Kriebel, v. Wolfersdorf 1628 (in der Vorhalle), Christian v. Zoch 1728. Von den Glocken wird eine (die „Schnurre") dem 12. Jh. zugeschrieben. Die Quarta und Nona 1498.

K. und Klst. St. Petri, gegr. 1091, säkularisiert 1562. Aus der rom. Bauepoche ein Turm und (1911 durch Grabung festgestellt) die Apsis des nördl. Qsch. Sie deuten auf einen ansehnlichen Bau. — Teile des Klst., darunter das große Herrenrefektorium, 1sch., 3 rippenlose, stark steigende Gewölbe im Stil der Übergangsteile des Doms.

Neumarkts-K. S. Thomas, ursp. eine Kreuzbasilika mit 3 Apsiden, flacher Decke und Stützenwechsel; davon nur der Chor unverändert; zwei reiche Portale, daran eine Sl. mit Knotenverschlingung, A. 13. Jh.

K. des Kollegiatstiftes St. Sixti, erster Bau 1045; E. 15. Jh. als got. Hallenkirche umgebaut; 1692 noch einmal verändert.

Stadt-K. St. Maximin, spgot. und modern; die letzten rom. Reste im 19. Jh. beseitigt.

Gottesacker-K., 17 Jh.; an der OWand eingemauert ein spitzbg. Portaltympanon mit ausgezeichnet schönem Rankenornament im Übergangsstil, verwandt den gleichen Bauteilen des Magdeburger Doms.

Schloß. Erbaut von Bischof Thilo von Trotha 1480—89, umgebaut 1605 ff. unter Herzog Georg von Sachsen durch *Melchior Brunner*; die Wirkung ist gleichwohl im ganzen einheitlich. Zumal der geräumige, annähernd quadratische Hof (die vierte Seite wird vom Dom eingeschlossen) gehört zu den eindruckvollsten, großzügigsten Anlagen dieser Art. Treppentürme, Erker, Portale und Zwerchhäuser in kräftigen, nicht schwülstigen Frühbarock-

Formen sind mit gutem Takt auf die langen Fronten so verteilt, daß sie die Symmetrie lebendig durchbrechen, aber doch nicht ganz aufheben. — Ausgezeichnetes Brunnenhaus. — An den Schloßgarten aus 2. H. 17. Jh. erinnern vier Obelisken. — Gartensaalbau 1727.

Rathaus 1475, verändert in der Renss. (vgl. das Wappen). **Marktbrunnen** A. 17. Jh.

Östl. der Gottesacker-K. die kürzlich ausgegrabenen Fundamente der **Burg** König Heinrichs und seiner Vorfahren, darunter und daneben eine vorgeschichtliche Anlage.

MERXHAUSEN. RB Cassel Kr. Wolfhagen.

Ehemalige **Augustiner-Klst.-K.** gestiftet 1213. Flachgedecktes Schiff mit got. Polygonalchor. Die Wandgliederung zum Teil zerstört. Schönes rom. Portal, 4fach abgetreppt, die Kanten ausgekehlt. Die Klostergebäude modernisiert, bmkw. nur ein Erker aus 3 Seiten des 6Ecks, reich gegliederte Fenster mit Vorhangbgg.

MESCHENBACH. Sachsen-Meiningen Kr. Sonneberg.

Dorf-K. spgot., dann öfters verändert. — Spgot. Kanzel.

MESPELBRUNN. UFranken BA Aschaffenburg.

Schloß. Alter Bau 1419 für Peter Echter; Erweiterung 1493. Jetzt wesentl., 1564—69 mehrfach, doch nicht wesentl. verändert. Restauration und Vergrößerung 1742 durch die Grafen von Ingelheim. Wasserburg, berühmt durch die malerisch-poetische Lage in einem engen Tal des Spessart.

METZELS. Sachsen-Meiningen Kr. Meiningen.

Geschnitztes **Holzfachwerkhaus**, bez. 1511 auf dem got. Türbalken. Kleines Museum bäuerlicher Altertümer.

MEUSELBACH. Schwarzburg-Rudolstadt LA Königsee.

Kirche, 1743. Die Kanzel und das originelle Taufbecken aus derselben Zeit.

MEUSELWITZ. Sachsen-Altenburg LA Altenburg.

Dorf-K. 1604, nach Brand 1640 hergestellt. — **Schloß,** 1724 für Feldmarschall Graf Seckendorff; großes Viereck mit kleinem Mittelhof; pompöse Wirkung beabsichtigt, abgeschwächt durch die geringwertigen Surrogatmaterialien.

MICHAELISBERG s. Klosterveilsdorf.

MICHELAU. OFranken BA Lichtenfels.

Pfarr-K. 1804—11. — **Holzbauten** ähnlich Marktzeuln.

MICHELBACH. RB Cassel Kr. Marburg.

Kirche. Übergangsstil. 1. H. 13. Jh. Roher 1sch. Gewölbebau mit schmälerem quadratischen Altarhaus, darüber Turm. Im Schiff 3 rck. Kreuzgwbb. ohne Rippen.

MICHELFELD. UFranken BA Kitzingen.

Pfarr-K. nachgot. A. 17. Jh., OTurm 14. Jh. Emporen 1622. — Guter Bildnisgrabstein 1626.

MICHELSBERG. RB Cassel Kr. Ziegenhain.

Dorf-K. Rom. Anlage, 1575 überarbeitet. 1sch. mit schmälerem rck. Chor, kein Turm.

MIEKEL. Sachsen AH Bautzen.
Dorf-K. 1550, mehrmals erweitert. — Feiner und vornehmer Kanzelaltar 1686. Grabdenkmäler der v. Gersdorf, v. Löben und v. Ponickau.

Schloß erbaut um 1720 von J. A. v. Ponickau; erinnert im kleinen an Schloß Moritzburg. Kurfürstliche Bildnisse des 16. und 17. Jh.

MIHLA. Sachsen-Weimar VB Eisenach. Inv.
Kirche. Lhs. 1711—15, geräumig, sehr nüchtern, bemalte Holztonne. Turm rom. Großes Steinrelief des 14. Jh. Christus am Kreuz, an einer Sakramentsnische, gestiftet von Friedrich v. Wangenheim, durch die Empore zum Teil verdeckt. Geschnitzter Flügelaltar E. 15. Jh., eines der größten Altarwerke Thüringens. Recht gute Schnitzereien auf Goldgrund. Im Mittelfeld die Kreuzigung und 4 Reliefs. Die 2 Flügel, jeder mit 4 Reliefs, sind jetzt getrennt aufgestellt. Grabstein mit Bildnisfigur des Christoph v. Harstall, um 1660. Großes Kruzifix, aus Holz geschnitzt, in der Art des Meisters der Erfurter Grablegung. Große Truhe mit sehr reichen spgot. Beschlägen aus Schmiedeeisen, Silber und Email, mit dem Wappen der Familie v. Harstall.
Das **Graue Schloß** bez. 1536 und 1562. Hohe Giebel, 8eckiger Treppenturm an der Hauptfront mit Blockstufen aus Holz. Das recht gut gemeißelte Wappen der Familie v. Harstall, aus M. 15. Jh., ist später in der Gartenmauer angebracht. Monumentale Stallgebäude aus Quadern 1735.

Das **Rote Schloß.** Sehr reiches Portal mit der Zahl 1581. Das Erdgeschoß aus Stein mit schönen renss. Fenstern. Darüber 3 Geschosse aus z. T. reich geschnitztem Holzfachwerk. Im Innern 3 sehr große Dielen übereinander. In der unteren Diele reiche Stuckverzierungen von 1631. In der oberen Diele die alte geschnitzte Holzdecke und gute Schränke des 17. Jh. Eine der besten Holzbauten Thüringens.

Geschnitztes **Holzfachwerkhaus** mit guten Schnitzereien no 30.

MILDENFURT. Sachsen-Weimar VB Neustadt a. d. O.
Ehemalige **Prämonstratenser-Klst.-K.** gegr. 1193, Hauptbauzeit um 1225—50. Nächst dem Dom von Naumburg der bedeutendste sprom. Bau in Ostthüringen. Freilich nur als Fragment, eingebaut in ein Schloß des 16. Jh., erhalten. Von der Anlage ist folgendes Bild zu gewinnen: Qsch. und Chor zeigen den regelmäßigen Gr. des lateinischen Kreuzes; Hauptchor und Nebenchöre (kürzer) schließen mit ½ kr. Apsiden; sodann noch Altarnischen in der Mauerdicke der Kreuzflügel. Das Lhs. im gebundenen System gewölbt; 4 Doppeljoche; die Hauptpfll. als Gruppen von 8 Halbsll. um einen ungleichseitig 8eckigen Kern; die Zwischenpfll. gegen das Msch. glatt. Im W Doppelturm. Ganze L. 73 m. Von den Klostergebäuden haben sich das Refektorium, der Kapitelsaal und der SFlügel des Kreuzganges, entstellt, im jetzigen Brauhaus erhalten.

MILTENBERG. UFranken BAmtsstadt. Inv. [D.] Altertümliches Stadtbild von großem Reiz. Hauptschmuck die zahlreichen Fachwerkhäuser, meist 16. Jh.

Pfarr-K. Der Bau des 14. Jh. im 18. und 19. Jh. bis zur Unkenntlichkeit verändert. — Altaraufsatz im südl. Ssch. aus der abgebrochenen Marien-Kap., 1624, wohl von *Zach. Juncker*, von demselben die Kanzel 1635. Außen an der WSeite Steinkruzifix 1527, wohl von einem Schüler *Backofens*. Hölzerne Marienstatue um 1400.

Laurentius-Kap. Chor 1456, flachgedecktes Lhs. 1594. — Schönes Schnitzaltärchen um 1520. An den Außenwänden kleine bürgerliche Epitaphe. L. Bruhns schreibt 6 *Mich. Juncker* zu, das beste des Jost Firnhaber, Gastwirten zum Riesen † 1600.

Franziskaner-K. 1567 mit schmalen Kreuzgwbb. Die Skulpturen am Hauptportal von *Zach. Juncker d. J.* um 1655.

Ehem. **Synagoge** got. E. 13. Jh.

Die **Stadtbefestigung** auf der SSeite erhalten, wo sie mit der Burg zusammenhängt. Von der WSeite der „spitze T.", ein Torturm E. 14. Jh. Würzburger Tor 1405.

Rathaus erb. A. 15. Jh. als Mainzer Kaufhaus. Das 2schiff. Untergeschoß als Markthalle.

Amtskelterei (jetzt Pfarrhaus). Schöner Fachwerkbau bez. 1541, Erker 1611 zu einem kleinen Saal mit kassettierter Stuckdecke. — Gasthaus zum Riesen 1590, als Fürstenherberge schon 1504 genannt. — Ältestes Fachwerkhaus (M. 15. Jh.). Hauptstraße no 114. Die schönen am Markt A. 17. Jh. Das ansehnliche Rok.-Haus am Markt 1750.

Schöner Renss.**Laufbrunnen** 1583.

Burg. Im 13. Jh. genannt. Turm aus Buckelquadern, gut erhaltener Wehrgang. Wohnhaus 15.—16. Jh., rest.

MILTITZ. Sachsen AH Meißen.

Pfarr-K. 1738, einfacher Saalbau mit Emporen. — Hübscher Altaraufsatz mit Sandsteinreliefs und Statuetten der Stifter 1622. Zahlreiche Denkmäler.

Schloß. Die Anlage geht auf 13. Jh. zurück, die Erscheinung auf Umbau 1663.

MILZ b. Römhild. Sachsen-Meiningen Kr. Hildburghausen.

Dorf-K. von Mauer und Graben umgeben. Auch sonst als Ganzes bmkw. — Viel **Fachwerkhäuser.**

MISTELBACH. OFranken BA Bayreuth.

Pfarr-K. Chor im OTurm, Lhs. 1689 (?), hölzerne Tonne mit bmkw. Malerei. Grabsteine 16. und 17. Jh.

MISTELFELD. OFranken BA Lichtenfels.

Pfarr-K. 14. Jh. Eine der interessantesten K. im Bezirk. Flachgedecktes Lhs. mit eingezogenem quadratischen Chor, darüber Turm. An der 5achsigen Langseite in der Mitte Tür und kleine Fensterrose, zu beiden Seiten zwei Maßwerkfenster.

MITTELDORF. RB Erfurt Kr. Hohenstein.

Dorf-K. um M. 13. Jh. Rck. mit 2 unterspitzen grätigen Kreuzgwbb., etwas schmälerer quadratischer Chor und ½ kr. Apsis. Der WTurm jünger.

MITTELSTREU. UFranken BA Mellrichstadt.

Dorf-K. Turm im Unterbau 13. Jh. Lhs. 1714. — Altäre 1716. Reliefierter Taufstein 1601. Glocke 1371. — Um die Kirche Reste der alten Gaden aus E. 16. Jh. Karner mit Steinreliefs.

MITTWEIDA. Sachsen AH Rochlitz.

Marien-K. Erneuert nach Brand 1454 durch Meister *Arnold v. Westfalen* bis 1476. Der $^5/_{12}$ geschlossene Chor sehr weit; er entspricht zweien Schiffen des als 3sch. Halle angelegten Lhs. in der Weise, daß seine Achse auf die südl. Pfeilerreihe fällt; das nördl. Schiff durch Empore geteilt; diese Unregelmäßigkeiten von eigentümlich malerischem Reiz; die nördl. Pfeilerreihe vom Bau des fr. 14. Jh. Das Äußere trocken elegant, der Kunigunden-K. in Rochlitz nahe. Der einfache WTurm 1516. — Altarwerk mit reicher Holzschnitzerei 1661 von *Valentin Otto* und *Joh. Richter*, beide aus Meißen. Sandsteinkanzel, von Mosesstatue getragen, an den Brüstungen der Treppe und Bühne die 12 kleinen und 4 großen Propheten; gefertigt 1667 von *Cl. K. Buchau* in Dresden.

An einigen Wohnhäusern hübsche Fr.Renss.Türen.

MITTWITZ. OFranken BA Kronach.

Schloß nach 1525.

MOGGENBRUNN. Sachsen-Coburg LA Coburg.

Schloß 16. Jh. mit rck. vortretendem Treppenturm. Ursp. Wasserburg. Der Graben noch erkennbar. Stattliches Portal mit Pfll., Sll., Türklopfer aus 16. und 17. Jh. Das Innere im 17., 18. und 19. Jh. umgestaltet.

MOHORN. Sachsen AH Dresden-A.

Dorf-K. Stattlicher Chor 1496, Schiff charakterlos. — Schnitzwerke: Pietas, Madonna, sehr bmkw. Arbeiten A. 15. Jh. Großer Altarbau 1604 von ernster, monumentaler Haltung, in der Mitte großes Abendmahlsrelief. Treffliche Bildnisreliefs 1686, 1711.

MÖHRA. Sachsen-Meiningen Kr. Meiningen.

Dorf-K. Saalbau von 1705 mit spgot. Chor. Tonnengwb. aus Holz. Emporen. Anziehendes Gesamtbild des Inneren. — Zahlreiche Fachwerkhäuser 17. und 18. Jh., im Schmuck bescheiden, die Gr. z. T. niederdeutsch. Nr. 75 „M. Luthers Stammhaus".

MÖLBIS. Sachsen AH Borna.

Dorf-K. wesentlich 1688. Glocke 14. Jh. Bosesche Grabmäler.

Herrenhaus (v. Bose) 1714, einfach vornehm.

MOLSCHLEBEN. Sachsen-Gotha LA Gotha.

Dorf-K. spgot. — Doppelflügeliges Altarwerk 1518; im Schrein ungewöhnlicherweise eine einzige Relieftafel mit 6 Szenen aus der Legende des h. Jakobus d. Ä. auf gemeinschaftlichem landschaftlichen Hintergrund. — Schönes Fragment eines zweiten Schnitzaltars.

MOLSDORF. Sachsen-Gotha LA Gotha.

Schloß 1734 für Graf Gotter. Bar. im Übergang zum Rok. Luxuriöse Innenausstattung. Großer Park.

MÖMBRIS. UFranken BA Alzenau.

Dorf-K. Grabsteine Phil. v. Gunsrodt † 1548 bez. B. F. *(Bernh. Friedrich?)*, Walburg v. Adelsdorf † 1562.

MÖNCHRÖDEN. Sachsen-Coburg LA Coburg.

Ehem. **Benedikt.-Klst.** gegr. 1149. Erhalten haben sich, in landwirtschaftlicher Benutzung, einige spgot. Klst.Gebäude. Das Refektorium (Kornhaus) und das Abthaus (Pächterwohnung) zeigen Reste schmuckreicher Behandlung in der Weise des fr. 16. Jh. — An der **Dorf-K.** Unterbau einer rom. Apsis; sonst oft veränderter Gemengbau. An der südl. Außenwand 3 Bildnisgrabsteine von Äbten 1367, 14.., 1474.

MORITZBURG. Sachsen AH Dresden-N. [D.]

Jagdschloß. 1542—46 von *Hans Dehn-Rotfelser* für Kurfürst Moritz; kleinere Veränderungen 1593—1660; Kap. 1672 von *W. C. v. Klengel;* 1722—30 Umbau und Erweiterung durch *Pöppelmann.* — Die Anlage des 16. Jh. hatte eine hohe Ringmauer im Quadrat (genauer 58 : 56,5 m) und mit starken runden Ecktürmen, welche welsche Hauben trugen. In dem dadurch gebildeten weiten Hof stand das Schloß, ein einfach behandelter rck. Bau (15 : 30 m); erst *Buchner* schmückte ihn 1593 mit den auf älteren Abbildungen sichtbaren Volutengiebeln. *Pöppelmann* legte die Hofmauer nieder, vergrößerte das Mittelschloß um ein bedeutendes in Höhe und Breite, verband es durch Flügel mit den Ecktürmen, umgab das Ganze mit Terrassen, Rampen und Brücken. Die innere Einteilung steht unter dem Zwang des Umbaus. Die Außenwände sollten Lisenengliederung erhalten; sie wurde durch (längst erloschene) Ausführung in Malerei ersetzt; jetzt besteht der noch immer bedeutende Reiz des Baus allein in der Massengruppierung und der Lage inmitten eines (auch erst von *Pöppelmann* erweiterten) Waldsees. Im Inneren fällt der ungeheure Reichtum an Ledertapeten ins Auge. Bmkw. die Dekoration der Kap.; das Deckengemälde von *Joh. Fink,* die porzellanene Altarplastik von *J. J. Kändler.* Der Schmuck der Terrassenbalustrade (44 Vasen, 44 Putten, 4 größere Statuen von Piqueuren) zeigt mehrere frisch empfundene Stücke. Der Jäger an der SWEcke aus älterer Zeit, wahrscheinlich 1602 von *Christoph Walther.*

Fasanerieschloß 1769—1782. Voller Gegensatz gegen das Hauptschloß. Dort schweres, derbes Bar. vor Eintritt des französischen Geschmacks; hier die andere Grenze des Rok. schon überschritten, gesuchte Einfachheit in spielend antikisierenden Formen, daneben chinesische und indianische Anklänge als Symbole der Natürlichkeit, die Räume winzig für intimste Zurückgezogenheit eines Liebesidylls.

MÖRSHAUSEN. RB Cassel Kr. Melsungen.
Dorf-K. 1sch. rom. Gwb.Bau von 2 Jochen mit rippenlosen, sehr hochbusigen Kreuzgwbb.; schmälerer rck. Chor; turmlos.

MOTZLAR. Sachsen-Weimar VB Dermbach.
Dorf-K. 16. Jh., umgebaut 1733. — Ausstattung gleichzeitig. Am Hochaltar 2 auffallend gute Holzstatuen. Kruzifix, Pietas und Altarreste spgot.

MÜCHELN. Pr. Sachsen Saalkreis.
Kleine frgot. **Templer**-(?)**K.** Sorgfältige Ausführung in Sandstein. 1sch. mit 2 quadratischen Jochen, $^5/_8$ Schluß, im W Empore. Die Rippen auf geschmückten Konsolen.

MÜCHELN. Pr. Sachsen Kr. Querfurt.
Stadt-K. Gemengbau aus mehreren got. Perioden. Inneneinrichtung 1. H. 18. Jh.
Rathaus 1571, ansehnlich renss. Treppenturm, Erker, Portale in malerischer Gruppierung.

MÜCKENBERG. Pr. Sachsen Kr. Liebenwerda.
Schloß 1737 für Margarethe v. Löwendahl geb. Rantzau. Hufeisenanlage in anspruchsloser Behandlung. Von dem einst reich dekorierten Inneren nur das Treppenhaus erhalten. Der Hauptsaal klassizistisch. Abgesonderte Schloßkap. 1746, auf dem Altar große Kreuzigungsgruppe in Meißener Porzellan. Vom Park wenig erhalten, großes Gittertor um 1800 mit Motiven vom Brandenburger Tor in Berlin.

MÜCKERN. Sachsen-Altenburg LA Altenburg.
Dorf-K. Chorturm mit bmkw. sprom. Einzelheiten.

MÜDESHEIM. UFranken BA Karlstadt.
Pfarr-K. Turm aus der Juliuszeit, Chor und Lhs. 1748. Großes Deckengemälde und Altarausstattung aus derselben Zeit.
Wallfahrts-Kap. Holzfiguren in der Richtung *Riemenschneiders.*

MÜGELN. Sachsen AH Oschatz.
Stadt-K. Einheitlicher Bau aus A. 16. Jh. (Gewölbeschlußstein bez. 1521). Hallenkirche von 3 Schiffen und 3 Jochen, in das 4. Joch der Turm eingebaut (vollendet 1710. Die Ssch. sehr schmal, Sterngwb. auf 8eck. Pfll. mit konkaven Flächen; Fenster 3teilig mit äußerst nüchternem Maßwerk; Chor 1 Joch und $^5/_8$ Schluß. — Sakramentsnische mit Halbfiguren von Propheten und Engeln. Überlebensgroßes Kruzifix. [Flügelaltar von *M. Krodel* 1582 im Dresdener Altertumsmuseum.] Vor der südl. Vorhalle großes prachtvolles Gitter bez. 1648. — Grabmal des Melchior v. Saalhausen † 1504, höchst lebendig behandelte Standfigur in fast voller Rundung; recht tüchtig auch die des Joh. von Haugwitz † 1591 und des Diakonus Stein † 1612; Bar.Epitaphe in verschiedenfarbigem Marmor für Sophie und Georg Dietrich v. Wolframsdorf 1691, 1694.
Schloß Ruhetal. Genannt 1218. Von ma. Bauteilen nichts nachweisbar. Was vorhanden, ist sprenss. und 18. Jh.

Rathaus. Späteste Gotik ca. 1550, durch „stilvolle" **Rest.** entwertet.

MÜGLENZ. Sachsen AH Grimma.

Dorf-K., einheitlicher Bau von 1766, bmkw. durch die verständnisvolle Durchführung eines got. Netzgwb., für jene Zeit etwas Unerhörtes.

MÜHLBECK. Pr. Sachsen Kr. Bitterfeld.

Dorf-K. von einfach rom. Anlage. Rasenstein. Sakramentshäuschen und doppelflügeliger Altarschrein spgot.

MÜHLBERG. Pr. Sachsen Kr. Liebenwerda.

Ehemaliges **Zisterz.-Nonnen-Klst. Güldenstern.** Ein südl. Ausläufer der märkischen Backsteinbaukunst. Gründung 1227, die maßgebenden Baudaten nicht bekannt. Etwa zwischen 1250—80 Umbau des Chors und Qsch., zwischen 1330—50 Umbau des Lhs. (rom. Mauerteile im Qsch. erhalten, besonders der kleeblattförmige Unterbau der nördl. Apsis). Das Ergebnis 1sch. Kreuzanlage mit stark ausladendem Qsch. und gestrecktem Chor. Ganze Länge 60 m, Breite des Lhs. 8,5 m, das Qsch. 9 m. Hauptapsis $^5/_{10}$, von den Qsch.Apsiden die im N unten kleeblattförmig (mit got. vergrößerten Fenstern), oben ½ kr., die jüngere im S einheitlich frgot., im Gr. $^5/_8$. Die Gwbb. sämtlich nach einem der mehreren Brände des 14. oder 15. Jh. erneuert. Der Chor unterhalb der Fenster gepaarte Blendnischen, die Kaptt. der Säulchen erneuert (frgot. Knospen). Das Lhs. hat mehrere Veränderungen durchgemacht, besonders auch in der letzten Rest.; wie weit ursp. die Nonnenempore reichte, ist nicht auszumachen. — Das Äußere in guten Backsteinformen; in den OTeilen die Fenster in Blendnischen eingeschoben; gekreuzter Bg.Fries. In mancher Hinsicht rätselhaft das rom. Portal der SSeite. Die WFassade 15. Jh.; fensterlos; die Gliederung nur durch Blendnischen (in 2 Geschossen) bewirkt; am Giebel wiederum Blenden und auf den Abtreppungen Fialen. Im Gesamteindruck verbinden sich Strenge und Eleganz in reizvollster Weise. Der Dachreiter auf der Vierung ist neu (der alte beim Brande 1539 eingestürzt). — Eingreifende Wiederherstellung 1901—06. — Die Ausstattung der klösterlichen Zeit abgegangen. Einfacher Altar von 1566, der Nachdruck liegt auf den Gemälden, bez. H. G. B. *(Heinrich Godechen)*, Kanzel 1621. Lange Reihe von Grabdenkmälern (1350 bis 1750), im ganzen 40 an der Zahl. Bis E. 15. Jh. nur wenige plastisch und dann sehr minderwertig, die meisten in geritztem Umriß. Von denen des 16. bis 18. Jh. einige leidlich gut. — Klausurgebäude. Gelegen auf der NSeite. Der Kapitelsaal (O) abgebrochen, das Refektorium (N) jetzt Kuhstall, das Äbtissinnenhaus (W) 1717 als Herrenhaus adaptiert, Zellengwbb. im Erdgeschoß deuten auf einen ziemlich aufwändigen Umbau um 1500; demselben gehört auch der mit einem Maßwerkmuster (Netz aus sich schneidenden Kreisen) übersponnene Giebel. Von dem Winkel zwischen dieser Giebelwand und der Kirchenfront führt eine Mauer mit Laufgang auf die ca. 100 m abseits gelegene

Propstei; der Hauptflügel (um 1530) unten schlicht, das Giebeldreieck nach demselben Prinzip wie an der Abtei, aber in einem anderen Muster, einem Flechtwerk aus Spitzbgg., überzogen. Die Anbauten in schlichter Fr.Renss. nach 1554.

Neustädter-K. Schlichter 1sch. Bau nach 1487, mehrfach verändert. — Guter spgot. Schnitzaltar um 1525, später in Renss.Rahmen gebracht. Mehrere Grabsteine.

Friedhof 1566 angelegt, Kap. 1590, bmkw. Altargemälde 1614.

Schloß. Aus einer bedeutenden Wasserburg des Ma. (abgebrannt 1535) nach 1545 als kurfürstliches Verwaltungsgebäude einfachst erneuert. In der Kap. neugot. Altar mit guten Figuren des 15. Jh. (in Erfurt angekauft).

Rathaus. Nach dem Stadtbrande 1535 erneuert. Der mit Maßwerk ähnlich der Abtei dekorierte OGiebel dürfte sich aus A. 16. Jh. erhalten haben, nur der WGiebel dem Jahre 1543 angehören. Inneres modernisiert. (Sammlung des Geschichtsvereins.)

MÜHLFELD. UFranken BA Mellrichstadt.

Dorf-K. Turm frgot. Lhs. 1593. — Grabsteine 1481, 1611, 1704.

MÜHLHAUSEN. OFranken BA Höchstadt.

Pfarr-K. Turm 1464, Chor 1473, Lhs. 1721. — Schöne Bildhauerarbeiten des 16. Jh. vom ehem. Hochaltar, Bilder aus der Schule *Wolgemuts* (?), Grabmal von *Hans Werner* 1613.

MÜHLHAUSEN. UFranken BA Würzburg.

Dorf-K. 1723. Deckenstuckatur und Ausstattung aus derselben Zeit.

MÜHLHAUSEN. Pr. Sachsen Kreisstadt.

Von den 11 K. die Mühlhausen im Ma. besaß, sind jetzt 5 im kirchlichen Gebrauch.

S. Blasien. Pfarr-K. der Altstadt. 1227 in Besitz des deutschen Ordens gelangt. Ältere Baugeschichte unbekannt. Der vorauszusetzenden rom. Basilika konnte der WBau bis zu dem in Höhe von 14,5 m liegenden Rundbogenfries entstammen. Von dieser Linie ab entwickeln sich zwei Türme. Von reicher und stattlicher Erscheinung, beide 8seitig, unter sich in Umriß und Abmessungen gleich, in der Unterteilung und den Einzelheiten verschieden. Der nordwestl. ähnelt in Komposition und Einzelheiten durchaus dem südwestl. der Liebfrauen-K. in Arnstadt; offenbar dieselbe Werkstatt. Er hat 3 Geschosse von je 4,5 m Höhe, sein Partner nur 2 von je 6,7 m Höhe. Am nördl. Turm springen die Geschosse um ein weniges zurück, am südl. Turm stehen sie lotrecht übereinander. Beiden gemeinsam ist die Verstärkung der Ecken durch Bündel von je 3 Runddiensten, die sich mit den kräftigen Gesimsen verkröpfen und in jedem Geschoß auf halber Höhe mittels Ringsteinen in die Wand eingebunden sind. Während die Außenarchitektur des WTurms sich in sprom., und zwar sehr reichen Formen hält, die zu einem Baubeginn bald nach 1227 passen, ist die aus der Vorhalle zur Turmtreppe führende Tür frgot. im Charakter von Maulbronn und Walkenried. Am STurm (vollendet ca. 1260) nimmt auch die Außenarchitektur frgot. Schmuckformen auf (mit speziellen Anklängen an Laon), wie auch die lotrechten Linien gegenüber den wagrechten stärker betont sind, worauf schon die veränderte Stockwerkteilung hinzielte. Im sp. 14. Jh. wurde der Fassadenzwischenbau erneuert, unten ein tiefes Portal, der Oberbau dürftig, mit quergestelltem Satteldach geschlossen. Ferner erhielten die Ecken starke kreuzförmige Strebepfll. und noch später in der Mitte eine formlose Strebemauer. — Um 1260 die Erneuerung der K. mit dem Chor und Qsch. begonnen. Übergangsformen mit Anklängen an Walkenried. Die ursp. Absicht eines basilikalen Aufbaus bald verlassen. — Das Lhs. ist Hallenkirche von 5 Jochen, im Msch. doppelt so breit wie die Ssch. Pfll. rund mit 4 alten und 4 jungen Diensten; die Deckplatten rund, unter ihnen als Kapt. ein ringsumlaufender Blätterkranz; die Scheidbgg. stark gestelzt. Die hohen weiten Fenster 3teilig, Maßwerk aus Vier- und Dreipässen. — Am Äußern haben besonders die Stirnseiten des Qsch. reiche Ausbildung empfangen; im S ein in 4 Rücksprüngen gegliedertes, ornamentarmes Portal, von einem oben abgestutzten Giebel überstiegen; darüber Rosenfenster, dessen Maßwerk aus einfachen Kreisen. An den Ecken diagonal gestellte Strebepfll. mit Fialenkrönung. Die Mauer sonst ungegliedert, nur der Giebel mit Stabwerk besetzt; an den Schenkeln abgeschwungene Kantblumen. An der nördl. Front fortgeschrittenere Formen; der Wimperg des Portals im Lichten ausgearbeitet, die Rose bedeutend größer und aus 14 radianten Blättern gebildet; vor dem Giebeldreieck freistehendes Pfostenwerk. Weiter stehen kleinere Giebel über jedem Joch des Lhs. (quergestellten Sschiffsdächern entsprechend) und umziehen sogar den Chor, abwechselnd mit den Fialen der Strebepfll., woraus eine doch wieder etwas monotone Lebhaftigkeit entsteht. Beeinträchtigt werden die Proportionen durch die mehr als 1 m hohe Aufschüttung des ehemals als Begräbnisplatz benutzten Geländes. — Großer Schnitzaltar E. 15. Jh. — Steinerner Levitensitz A. 14. Jh. — Steinerne Kanzel E. 15. Jh. — Taufstein 1596. — Epitaph des Hermann von Heylingen † 1422, der Gekreuzigte mit Maria und Johannes, am Fuß betende Stifter. — An Stelle des ehemaligen Lettners eisernes Gitter von 1707. — Unter den Altargeräten der Sakristei mehreres bmkw.

S. Marien. Pfarr-K. der Neustadt. Reste einer vor 1200 begonnenen Basilika im 2türmigen WBau. Nur der nördl. Turm unverstümmelt, im Typus von S. Blasien. Spgot. Zwischenbau mit bar. Oberbau, so daß die Fassade (vor Zerstörung des südl. Turmes) schließlich dreitürmig war. — Im übrigen ist die K. völlig Neubau des 14. Jh. Genauere Baudaten fehlen. Der einheitliche Charakter des Innern läßt auf eine nicht zu lange Bauzeit schließen. Der Chor 1328 vollendet. — Hallenkirche mit einer für dieses System ungewöhnlich reichen Grundrißgliederung. Das Lhs. ist bei 5 Schiffen und 5 Jochen etwas breiter als lang (26,3 : 28,4; der Breitenüberschuß fällt auf das Msch.). Es folgt ein Qsch., das über die Fluchtlinie der Ssch. nicht vorspringt, also nur durch seine größere Breite von den übrigen Jochen sich unterscheidet. Im O setzen sich die inneren Ssch. als Nebenchöre (1 quadratisches Joch und Schluß aus 8 Eck), das Msch. als Hauptchor (3 rck. Joche und 8 Eck-Schluß) fort. Die tief ausgekehlten Pfll. von individueller Bildung. Statt der Schlußsteine dienen mehrfach tief herabhängende, mit Blättern besetzte Stengel. — Dem Äußeren mangelt, wie allen Hallenkirchen, die klare Bewegung der Massen; dafür ist Ersatz in besonders reichem Schmuck gesucht. Über jeder Fensterachse ein in Maßwerk aufgelöster Giebel; das Motiv trat zuerst an der Liebfrauen-K. in Arnstadt auf; dort mit Beschränkung auf den Hauptchor; hier in der regelmäßigen Wiederholung wird es monoton, vollends durch die Fortsetzung am Lhs. (im einzelnen einfacher, als Staffelgiebel ohne Maßwerk). Dieselbe, aus der Profanarchitektur entlehnte Form des Staffelgiebels an den Qsch.Fronten. Das Portal des südl. Qsch. fungiert als Hauptportal; darüber, zwischen die Eckstreben eingespannt, ein Altan.

Ausstattung. Hauptaltar mit spgot. Flügelschrein, in der Mitte Marienkrönung, auf den Flügeln je 6 Heilige in 2 Ordnungen, gemalte Außenflügel, Predella jünger. Dahinter S. Nikolausaltar (versetzt). Im nördl. Ssch. 2 gemalte Triptycha. Steinerner Levitensitz M. 14. Jh. Ratsstuhl 1604. In den Chorfenstern beschädigte Glasgemälde aus 14. Jh. Skulpturen: Der Schmuck des Hauptportals in den Münzerischen Unruhen zerstört: An der Brüstung des Altans 4 Statuen, sich herabbeugend, nach der örtlichen Überlieferung der Kaiser und die Kaiserin mit Gefolge, die alljährlich in effigie die Huldigung des Rats entgegengenommen hätten. Zwischen den Fensterbgg. in 4 gesonderten Figuren die Anbetung der h. drei Könige. An der Spitze des Giebels Jüngstes Gericht in verkürzter Darstellung. — Am Teilungspfosten des nördl. SPortals eine Heilige mit Kirchenmodell.

S. Jacobi. Ehemals got. Hallenkirche. Nach Brand 1592 ohne Gwbb. wiederhergestellt. Die jetzigen Holzdecken 1732. Von Interesse jetzt nur das mit ziemlichem Aufwand durchgebildete Äußere. Die WFassade über ungegliedertem Unterbau 2 Türme, der nördl. quadratisch, der südl. 8eckig, gleichzeitig die beschieferten Helme, welche von 4 Erkertürmchen begleitet sind, die ihren Platz ungewöhnlicherweise an den geraden Seiten des 8Ecks haben. Die in der Mitte einer jeden Langseite angeordneten Türen sind mit den Fenstern zusammenkomponiert, letztere mit reichem Maßwerk des 14. Jh.

S. Kiliani. Unbedeutender Bau des 14. Jh.

Allerheiligen. 2. H. 14. Jh. Ursp. einfach rck., sp. nördl. 1 Schiff unter Schleppdach hinzugefügt. Unverhältnismäßig hoher W-

Turm, unten schlank quadratisch, oben 2 8eckige Geschosse und welsche Haube.
Kloster-K. der Büßerinnen der h. Magdalena ord. S. Augustini. Jetzt Turnhalle.
Barfüßer-K. Ankunft der Franziskaner 1225, Baubeginn 1232. 1sch. Rck. von 54 m L. und 11,5 m Br., mit kurzem, wenig eingezogenem Chor; also Typus der reinen Predigtkirche. Flache Decke. Fenster nur an der SSeite, hier auch die 3 Türen. Im südöstl. Winkel zum Chor schlanker 8eck. Turm. Rck. 75 : 10,6 m. der ältere westl. Teil in schlechtem Bruchsteinmauerwerk und ohne Strebepfll., der östl. Teil besser. Jetzt Packhof.
[**Prediger-K.** beg. 1289, im 18. Jh. abgetragen; war eine 3sch. 10 Joch lange Hallenkirche.]
Hospital-K. Ganz kunstlos; jetzt Magazin.
S. Petri. E. 14. Jh. Ehemals kleine Hallenkirche, mit eingezogenem Chor, jetzt der Gwbb. beraubt und auch sonst entstellt.
S. Georg. A. 14. Jh. Rck. ohne gesonderten Chor. Sorgfältiger Quaderbau mit gutem Maßwerk an den Fenstern, von denen 3 an der östl. Schlußwand. Die an beiden Langseiten angeordneten Türen mit den Fenstern zusammengezogen, in einfacherer Fassung das Motiv der Jakobi-K. — Angebaut eine 6eckige Kap. in guter Arbeit des sp. 14. Jh.
S. Martini. Voll. 1360. Kleiner flachgedeckter Bau mit jüngerem aus dem 6Eck geschlossenem Chor.
S. Nikolai. Die größte der Vorstadtkirchen, das 3sch. Innere verbaut, jetzt mit Holzdecken. Das Äußere ganz schlicht. Der südl. Chorwinkel stehende Turm im Unterbau romanisierend frgot.
Rathaus. Planloses Aggregat verschiedenartiger Räumlichkeiten. Die Renss.Teile 1605 mit malerischem Hof.
Stadtbefestigung. Erhebliche Teile erhalten.

MÜLLERDORF. Pr. Sachsen Mansfelder Seekreis.
Dorf-K. mit rom. Turm. An der Außenseite eingemauert zwei „heidnische Götterbilder“ (??).

MÜNCHAURACH. OFranken BA Höchstadt.
Pfarr-K. Kreuzförmige Basilika des 12. Jh. 7 Arkaden auf unverjüngten Sll., Würfelkaptt., an den Deckplatten Schachbrettmuster. Schlichtes WPortal. Chor spgot. Turm am NEnde des Qsch.

MÜNCHENBERNSDORF. Sachs.-Weim. VB Neustadt a. d. O.
Dorf-K. 2 Altarflügel von *Valentin Lendenstreich* aus Saalfeld 1503. — Typische **Wasserburg** aus 2. H. 16. Jh.

MÜNCHENGOSSERSTÄDT. Sachs.-Mein. Kr. Saalfeld.
Dorf-K. Der quadratische Chor und die ½kr. Apsis rom., Lhs. 17. Jh.

MÜNCHENLOHRA. Pr. Sachsen Kr. Hohenstein.
Ehemalige **Nonnen-Klst.-K.** Gewölbte rom. Pfeilerbasilika auf normal kreuzförmigem Gr., lichte L. 34 m. Im Lhs. drei Doppeljoche. Die Hauptpfll. mit rck. Vorlage und Halbsll. Die Pfeilerbasen mit kräftigem attischen Profil; die Kämpfer teils mit dem-

selben, teils mit Blatt- und Rankenwerk geschmückt. Im Msch. grätige Kreuzgwbb., jedoch schon 13. Jh. Die Ssch. waren zerstört, jetzt erneuert. Die westl. Hälfte des Lhs. wird von einer Nonnenempore eingenommen; sie ruht auf gewölbter Halle von 2 Schiffen und 4 Jochen. Die Apsiden haben hohe, mehrgliedrige Sockel und stark ausgebildete Gesimse und Bogenfriese, an den Wänden dünne ¾ Sll.; dieselben am südl. Hochschiff. Der WBau (2 Türme mit Glockenhaus über der Empore) war zerstört, jetzt erneuert. (Grundmauern eines älteren WChors.)

MÜNNERSTADT. UFranken BA Kissingen. [D.]

Pfarr-K. Ansehnlich große ma. Anlage. Das Lhs. A. 17. Jh. neu aufgebaut, erhalten blieben der rom. WTurm und der spgot. Chor. Das sprom. Portal führt in eine Vorhalle mit Kreuzrippengwb. Im ersten Geschoß ehemals Kap., die sich im Rundbg. gegen das Msch. öffnete. Darüber setzt der Turm ins 8Eck um. Fenster und Rundbogenfriese in schweren sprom. Formen. Geschiefertes Obergeschoß und Spitzhelm 17. Jh. — Im Neubau der Juliuszeit wurde das ursp. niedrigere Hochschiff (erkennbar am Anschluß an den WBau) bis zu der durch den got. Chor gegebenen Höhenlage erhöht, das System der flachgedeckten Basilika jedoch beibehalten und der rom. Bogenfries mit den alten Werkstücken wiederholt. Im Innern 4 weitgespannte rundbg. Arkaden, von W nach O in der Öffnungsweite abnehmend, Stützen Rundpfll. mit toskanischem Kapt. Das südl. Ssch. war schon spgot. (1518) erweitert. WEmpore aus der Juliuszeit. — Der spgot. Chor (1 + $^5/_8$) am Anschluß an das Lhs. flankiert von 4seitigen, einfach geteilten Türmen (völlig ausgeführt nur der im SO). — Hochaltar neugot. Aufbau von 1834; die Plastik aus alten und neuen Stücken kompiliert; unter jenen 4 Statuen vom alten Hochaltar, Frühwerke *Riemenschneiders;* die Flügelreliefs jetzt auf der Rückseite; andere Teile verschleudert, z. T. im Münchener Nat.-Mus. Ferner enthält der Altar ein interessantes Tafelbild um 1400 (von einem Antiquar in Nürnberg erstanden) und ein großes Hochrelief, Kreuzigung, wohl mit Recht *Veit Stoß* zugeschrieben, gedrängt, unruhig, in forcierter Charakteristik. Als Flügel des *Stoß*schen Altarwerks, ja sogar als eigenhändig von ihm gemalt, werden neuerdings (von H. Weizsäcker) die 4 jetzt im Chor hängenden Tafeln in Anspruch genommen. — Einzelne Schnitzbilder von zerstörten Altären in der K. zerstreut; darunter mehreres aus *Riemenschneiders* Werkstatt (Maria, Johannes, Anna selbdritt). Interessante Pietas 2. H. 16. Jh.; ferner Salvator und 12 Apostel aus gebranntem Ton, um 1410, doch nur 7 ursprünglich, die übrigen nach der Verwüstung im 30j. Kriege 1642 erneuert, neuerdings steinfarben bemalt. An den 7 Chorfenstern ausgezeichnete Glasgemälde, nicht genau gleichzeitig, um 1420—50. Grabdenkmäler: Phil. v. Schneeberg 1569, Cäcilie v. Schaumburg 1525, Klaus v. Heßberg 1539, am besten Sylvester v. Schaumburg 1534, Freistatue vor Nische. — Vortrefflicher spgot. Kronleuchter. — An der S-

Seite des WTurmes Kap. von 1428 mit großem rohen Ölberg, einem Heiligen Grab, einer Messe des h. Gregor, verdorbenen Epitaphen.

Markt-Kap. Einfacher Bau von 1410.

Augustiner-K. 1752. Geräumiger Saalbau, als Architektur nichtssagend, die Dekoration wird allein durch die sehr großen und vordringlichen Mobilien bewirkt. — Deckenbilder von *Joh. Anwander*. Von demselben das Gemälde des Hochaltars 1754, die der Seitenaltäre 1682 wohl von *O. Onghers*. Reicher Schatz des 18. Jh.

Aula im Gymnasium mit effektvoller Stuckdecke des 17. Jh. von *Zeni*.

Stadtbefestigung mit interessanten Turmanlagen, an zweien Steinmadonnen aus E. 14. Jh.

Rentamt (früheres Deutschordenshaus), stattlicher Renss.Bau, im Hof großer Erker 1671 und Portal 1611 von *Julius Ernes*.

MÜNSTERSCHWARZACH. UFranken BA Kitzingen.

Ehem. **Benediktinerabtei.** Die Gründung wird auf Karl d. Gr. zurückgeführt. Großartiger Neubau durch *Balth. Neumann* 1727 bis 1743, eine seiner bedeutendsten Schöpfungen, auch die Innenausstattung von den ersten Künstlern der Zeit. Nach Aufhebung des Klst. 1821 ff. abgebrochen, weil weder Staat noch Gemeinde die Unterhaltungskosten tragen wollten. Erhalten haben sich nur einige Bruchstücke der Abteigebäude aus der Zeit vor Neumann; Portal bez. 1697, Stuckdecken um 1700 Torhaus. Von *Neumann* ein kleiner 2geschossiger Bau der SSeite. Im Hof 2 hohe Steinvasen mit Putten. — **Mainbrücke** mit Bildstöcken der Renss. und Standfig. der Immaculata um 1750.

MUPPERG. Sachsen-Meiningen Kr. Sonneberg.

Pfarr-K. Das Altarhaus geht auf rom. Anlage zurück. 1720—22 umfangreiche Rest. und Erweiterung. — Prunkvolle Moseskanzel. — Bildnisgrabstein des Hans von Schaumburg 1559, durch Sauberkeit und Schärfe der Arbeit ausgezeichnet. — Reste von ma. Wandmalerei.

MÜRSBACH. UFranken BA Ebern.

Pfarr-K. Nachgot. Chor um 1610; bar. Lhs. — Gute spbar. Einrichtung. — Renss.Epitaphien um M. 16. Jh.

Dreifaltigkeits-Kap. Spgot. um 1516. Gute spgot. Holzfiguren. Im Dorf bmkw. **Fachwerkhäuser** und Verkündhalle 17. Jh.

MUTZSCHEN. Sachsen AH Grimma.

Stadt-K. (ehem. Klst. der Marienknechte). Der westl. Teil aus einer stattlichen, flachgedeckten rom. Anlage; langer spgot. Chor; der Zwischenbau entspricht dem ehemaligen rom. Chor.

MYLAU. Sachsen AH Plauen.

Burg in malerischer Felslage. Gruppiert um einen runden Bergfried mit hochgelegenem Einsteigloch. Die Vorbefestigung aus der Zeit Kaiser Karls IV. Die Kapelle A. 14. Jh. Die Wohnbauten aus der Zeit der v. Metzsch (15. Jh.), umgebaut unter den v. Schönberg (E. 16. Jh.).

N

NÄGELSTADT. Pr. Sachsen Kr. Langensalza.
Untere K. Gehörte zu der 1222 gegr. Deutschordenskommende. In sehr verstümmeltem Zustande kleine kreuzf. Basilika mit Zentralturm, schlicht romanisierend frgot. Detail.
2 überdachte **Brunnen** 1560 und 1568.

NANKENDORF. OFranken BA Ebermannstadt.
Pfarr-K. 1794, im Gr. an Hollfeld erinnernd. — Von dem ehem. spgot. Hochaltar 2 schöne Reliefflügel erhalten. — Spuren ehem. Befestigung.

NASSWANG. OFranken BA Lichtenfels.
Ökonomiegebäude des Klst. Langheim um 1750, eigentümlich die zentrische Anlage.

NAUENDORF. Pr. Sachsen Saalkreis.
Dorf-K. Turm und Schiff rom., die Kunstformen verhältnismäßig aufwandreich.

NAUENDORF. Sachsen-Weimar VB Apolda.
Dorf-K. spgot. — Treffliche Kanzel um 1580, in rein archit. Formen, ohne figürl. Beiwerk.

NAUHAIN. Sachsen AH Döbeln.
Dorf-K. Sie bestand ursp. nur aus dem jetzigen Turm, im Erdgeschoß 12. Jh. — Hübscher kleiner Altar aus A. 16. Jh., im Schrein Anna selbdritt, die Flügel beiderseits mit tüchtiger Malerei.

NAUMBURG. RB Cassel Kr. Wolfhagen.
Pfarr-K. Spgot. Hallenkirche mit polyg. Chor und WTurm. Die Gwbb. in Holz erneuert. — Der 1866 verzeichnete Flügelaltar nicht mehr vorhanden.

NAUMBURG. Pr. Sachsen Kreisstadt. [D.]
Dom SS. Peter und Paul. Sprom. und frgot. Hauptmasse 1. H. 13. Jh. Für Thüringen das Hauptwerk der schönsten Zeit der ma. Baukunst. Kreuzf. Gwb.Basilika mit doppeltem Chor und Doppeltürmen in O und W, aber ohne Zentralturm. Ganze L. der rom. Teile 66 m, durch die got. Chöre erweitert auf 97 m. Vom frrom. Dom (gew. 1044) die Fundamente nachgewiesen, eine regelmäßige kreuzf. Basilikenanlage von ca. 46 m L., die Gestaltung des WBaus ungewiß. Der Neubau begann um 1200 in O. Von ihm erhalten der unter dem OQuadrum liegende mittlere Abschnitt der Krypta; gekehlte Eckkappen am Sockel, geriefelte Schafte, Palmettenkaptt. mit facettierten oder geperlten Blättern, Beginn rheinischer Einflüsse. Die Vorkrypta unter der Vierung um 1220 oder noch später; Gruppenpfll. aus 4 Freipfll. um einen schlanken quadr. Kern, gemeinschaftliche Deckplatte, schwungvolles Blattwerk. Der dritte Abschnitt (2 Joche und ½ kr. Schluß) entspricht der Ausdehnung des OChors vor der

got. Erweiterung; die Formen ähnlich denen des Vorchors; die Kaptt. gehören zu den schönsten des Spätromanismus. Gwbb. grätig, trotzdem mit Schlußsteinen (nur einer, Löwenkopf mit hängender Zunge, erhalten).
Oberkirche, romanische Teile. Sie umfassen den ganzen Dom mit Ausnahme der beiden (got.) Chöre. Baunachrichten fehlen fast ganz. Der Formcharakter deutet durch seine geringe Abwandlung auf verhältnismäßig kurze Bauzeit; sie liegt in der Regierung des Bischofs Engelhard (1207—42). 1249 wird schon zum WChor Geld gesammelt. Seine Ausführung schloß sich der des Langhauses unmittelbar an. In letzterem erkennt man nach Vollendung des ersten Doppeljochs (von O gerechnet) eine kurze Pause. Innerhalb des deutschen Übergangsstils steht N. auf dem konservativen Flügel; Beziehungen zum Rhein, zu Magdeburg und Bamberg sind vorhanden, aber vom got. Element wird nur zurückhaltend Gebrauch gemacht. Die Gesamtanlage erinnert am meisten an Bamberg, ebenso das innere System, jedoch in den Verhältnissen mehr in die Breite geschoben. Der Spitzbg. in gedrückter Form an Arkaden, Gwb.Bgg. und Türen. Keine Diagonalrippen (diese erst im letzten Joch), trotzdem eingekeilte Schlußsteine, Pinienzapfen, Tierköpfe (vgl. sonst Dom zu Magdeburg, Chorumgang, und öfters in Westfalen). Gerader, mäßig steigender Gwb.Stich, Kappen in Stärke von 50 cm. — Das System das gebundene. Die Msch.Joche überquadr. (wie in dieser Zeit am Rhein sehr oft). Hauptpfll. kreuzf. mit vorgelegten ¾ Sll. und schwächeren Vollsll. in den Winkeln; die Vorlagen steigen ohne Unterbrechung bis zu den Gwbb. auf, wo sich die Kämpfer mit einem durchlaufenden Gesims verkröpfen. Die Zwischenpfll. haben dieselbe Anlage abzüglich der vorderen Vorlagen. An den Kaptt. Blatt- und Rankenwerk ohne gotisierenden Einschlag, z. T. mit Formen des Magdeburger Chorumgangs zusammengehend, aber nicht von diesen abzuleiten. Die Fenster des Hochschiffs nicht gruppiert, sondern in den Arkadenachsen. Merkwürdig die Widerlagerung durch Übermauerung der Quergurten der Sschiffe, z. T. in einwärts schräg abfallenden Lagerfugen. Das Äußere in guter Quadertechnik, formenarm und streng; an der NWand Lisenen, deren Weiterführung aufgegeben wurde. — Hauptportal am südl. Qsch. in einer dem Kreuzgang sich anschließenden (späteren) Vorhalle; das Gewände sehr tief, 9 Rücksprünge, aber wenig Schmuck außer dem Tympanonrelief, der Eindruck nüchtern; vor 1228. Im Innern des Altarhauses 2 Türen (zu den Turmtreppen) mit auserlesen schöner Blattwerkfüllung der Bogenfelder im Stil der Krypta.
Die Türme. Das östl. Paar rein rom., quadr. bis zur Höhe des (um sie herumgeführten) Dachgesimses von Chor und Qsch., dann 8seitig; schon in rom. Zeit, dann noch einmal in got., überhöht. Dächer bar. (Ein Bild der ursp. Gestalt gibt die Wiederholung in den OTürmen der Stadt-K. in Freiburg a. U.) — Das westl. Paar, beg. in der rom. Bauperiode, weitergeführt um 1560—70 als

genaue Kopie der Bamberger WTürme; doch kam nur ein Geschoß zur Ausführung; der südl. blieb ganz liegen (erst 1894 ausgebaut), der nördl. im 14. Jh. mit 2 weiteren Geschossen versehen, die sich im Motiv an das erste anschließen. Zwischen den W-Türmen und dem WChor eine Lücke von fast 2 m, nach außen durch eine Verbindungsmauer verdeckt.

Die Chöre. a) Der westliche. Obgleich zeitlich dem Hauptbau unmittelbar folgend (beg. ca. 1250, voll. nicht nach 1270), macht er stilistisch einen großen Sprung in die gereifte Gotik. Vorderteil Quadr. mit 6teiligem Gwb., Schluß aus 5 Seiten des 8Ecks, beide Abteilungen durch breiten, gegliederten Gurt geschieden. Fenster 2teilig, Gewände innen einfach abgeschrägt, außen etwas voller gegliedert, Maßwerk aus 2 Spitzbogen und Kreis, darin eine als Sechspaß aufgelöste Platte. Höchst eigenartig und gegenüber den einfachen Architekturformen von besonders glänzender Wirkung die Wanddekoration über dem Chorgestühl: unten eine tiefnischige Arkatur, die Krönungen ihrer Miniaturgewölbe ein durch die vorgefundenen Fragmente nicht hinlänglich beglaubigtes Werk der jüngsten Rest., die Laubkapitelle, soweit echt, von großer Schönheit, jedoch die Mehrzahl ergänzt; darüber eine zweite, von der Wand als Laufgang sich absetzende Kleinbogenstellung; auf ihrer Höhenlage, vor die Wanddienste gesetzt, Standbilder unter prachtvollen Baldachinen. Im Chorhaupt der Abschnitt unterhalb der Fenster glatt, über dem Kaffgesims Fortsetzung des Laufgangs und der Standbilder. Das Äußere in knappen Formen; reicher nur das in der Kehle mit überfallenden Blattreihen ausgesetzte Hauptgesims und die originellen Fialen über den Pultdächern der sonst ganz einfach gehaltenen Strebepfl. — b) Ostchor. Schmal rck. Vorderjoch und Schluß aus 6 Seiten des 10Ecks, mithin ein Pfl. in der Mittelachse (frühestes Beispiel für diese erst in der Spätgotik häufiger vorkommende Abweichung von der Regel). In den Formen sind mehrfach diejenigen des WChors kopiert; andere, namentlich das Fenstermaßwerk und die abgerissenen Blattbüschel einzelner Kaptt., zeigen die jüngere Zeit; Konsolen und Baldachine an den Wanddiensten deuten auf beabsichtigte, jedoch nicht zur Ausführung gekommene Statuen.

Die Lettner. Der östl. ist der ältere, gleichzeitig mit der Vorkrypta, an deren WWand er sich anlehnt. Eine Halle von 3 Jochen, Kreuzgwbb. auf Bündelpfl., tragen die Bühne. Die Rückwand hat in der Mitte den Laienaltar, zu dessen Seiten 2 Türen, zu welchen 5 in ½ Kr. angelegte Stufen hinaufführen; aus dem Innern des Chors weitere 7 Stufen zur Bühne; gegen Msch. und Qsch. Schranken von 2,70 m H. Eingänge zur Krypta aus den Kreuzflügeln. Als ältestes erhaltenes Beispiel eines ausgebildeten Lettners von besonderem Interesse. — WLettner. Mit dem WChor gleichzeitig. Die Anlage unterscheidet sich von der des östl. dadurch, daß der Chor keine Krypta hat und sein Fußboden nur um wenige Stufen höher liegt als das Schiff. Somit eine von 2 festen Wänden getragene Bühne. Durchgang in der Mitte. Auf der Chorseite 2 Wendeltreppen. Die Verbindung von Architektur, Ornament und figürlicher Plastik ist eine dekorative Meisterleistung höchsten Ranges; im einzelnen gehören die Laubkaptt. zum Vollendetsten, was Deutschland in dieser Art besitzt. Monumentale Skulpturen: a) Am rom. Bau. Tympanon am Portal des südl. Qsch. Christus stehend mit segnender Gebärde, in der von 2 Engeln getragenen Mandelglorie; die Engel haben 4 Flügel; sehr flaches Relief; gut in den Raum komponiert; Formen naturlos. — In der Erdgeschoß-Kap. des NWTurms Standbild der h. Elisabeth auf frgot. Konsole; von einem mäßig begabten Mann aus dem Kreise der Künstler, die das frgot. Turmgeschoß nach Bamberger Muster ausführten. — b) Am W Chor. Mit der architektonischen Dekoration zusammen gedacht und auch gleichzeitig ausgeführt, mit den Säulenbündeln aus einem Block. Dargestellt sind in 12 Standbildern die Stifter und Wohltäter der K. in ihrer Frühzeit, 4 Eckardiner und 4 Wettiner mit ihren Frauen. Auch ist noch in anderem Sinne Ahnenkultus im Spiel: Bischof Dietrich, unter dem der WChor ausgeführt wurde, gehörte selbst dem Hause Wettin an. Die Reihenfolge ist, an der SWand begonnen: 1. Gerburg, 2. Konrad (Gesicht und rechter Arm ergänzt), 3., 4. Hermann und Regelindis, 5. Dietmar (fiel, des Verrates an Kaiser Heinrich III. angeklagt, im Gottesgericht, daher auf seinem Schilde „comes occisus"), 6. Sizzo, 7. Wilhelm, 8. Timo, 9., 10. Eckard und Uta, 11. Gepa, als Witwe geschildert; nach anderer Deutung Adelheid, Äbtissin von Gernrode; 12. Dietrich. Werkstoff: grobkörniger, harter Kalkstein. Bemalung mehrmals wiederholt, zuletzt nach 1532; ursprünglich nur einzelne Teile — Augen, Haare, Gewandsäume, Schmuck und Wappen — mit dünner Lasurfarbe hervorgehoben. Die Tracht ist genau die zeitgenössische, Loden und Leder ihr Material. Der Künstler hat alles Konventionelle abgestreift; er steht der Natur mit offenem Blick, aber doch auch mit voller künstlerischer Freiheit gegenüber, und ebenso frei hat er aus der französischen Schulung seinen persönlichen Stil herausgearbeitet, einen mit unbefangener statuarischer Würde gepaarten Realismus. Diese Gestalten sind nicht Porträts, aber sie könnten dafür gelten. Sehr merkwürdig an einigen von ihnen, besonders am „comes occisus" und der ihm zunächst stehenden, der Ausdruck momentaner Gemütsbewegung. — c) Am W Lettner. Die Balustradenreliefs stellen dar: Abendmahl, Judas' Verrat, Gefangennahme, Petri Verleugnung, Wächter, Pilatus' Handwaschung (die beiden letzten Felder 1734 von einem Stümper ergänzt, doch vielleicht gestützt auf echte Fragmente). Das Relief sehr hoch, die Vordergrundfigg. ganz frei; jede Platte bei 65 cm Höhe 30 cm tief ausgehöhlt. Wahrscheinlich ein Werk des Meisters der Chorstatuen aus vorgerückter Lebenszeit; jene um 1250—60 begonnen, diese vielleicht 1270; die Erfindung von unerhörter Selbständigkeit gegenüber der Tradition; der Realismus der Form noch ungeschminkter; Charaktere und Affekte von leidenschaftlicher Gewalt der Schilderung, die sich auch der Gewandbehandlung mitteilt. Wiederholte Überschmierung mit Farbe hat viel von den feineren Formen zugedeckt. Die an ungewöhnlicher Stelle, nämlich an der Lettnertür, angebrachte Kreuzgruppe zeigt die letzte Phase der Werkstatt nach dem Ausscheiden des Hauptmeisters. Der Gekreuzigte deckt sich im Umriß vollkommen mit dem Wechselburger, aber wie völlig anders ist die geistige Auffassung! Bei Maria und Johannes das Pathos bis zu greller Heftigkeit gesteigert, selbst die Gewandung gleichsam schmerzzerrissen. — Von einem andersgestimmten Schüler des Hauptmeisters der Diakon mit Lesepult, ursp. wohl im Chor, jetzt am Eingang in die Johanneskap. (die von Schmarsow vorgeschlagene Datierung auf ca. 1500 nicht überzeugend). — Im OChor Türbogenfeld mit Weltenrichter zwischen Maria und Johannes dem Täufer; durch den unvollendeten Zustand für das Technische von besonderem Interesse; Komposition und Formcharakter sehr nahe verwandt der Gruppe am OPortal des Mainzer Domes, das daraufhin dem Naumburger Meister zugeschrieben werden muß; das Naumburger Exemplar zeigt aber nicht dieselbe Qualitätshöhe, wird also nach dem aus Mainz mitgebrachten Modell von einem Gehilfen in Arbeit genommen sein. — Ebenfalls aus der Schule des Lettnermeisters das Brustbild Johannes des Täufers über der Tür der Johanneskap. im Domkirchhof. — Altäre. Vieles vom alten Bestand zerstört oder versetzt. Hauptaltar; Mensa aus 14. Jh., Aufsatz von 1567 in wunderlicher Stilmischung. — Auf dem Nebenaltar im letzten Joch des südl. Ssch. steinernes Retabulum mit Kruzifixus und vier Frauen, um 1350. — Spgot. Schnitzaltäre in der Krypta ohne Bedeutung. — Reste von 3 oder 4 Tafelaltären aus der Werkstatt *Cranachs* im Dom zerstreut. Der Barbara-Altar im nördl. Ssch. vollständig, aber in schlechtem Erhaltungszustand. Gestühl: a) Im OChor: schöner frgot. Viersitz, spgot. ihm gegenüber ein gleicher mit Reliefs an den Wangen und Dreisitz am Lettner. b) Im WChor: Stuhlwerk bez. 1516. — Kanzel von 1466 jetzt in der Johannis-Kap.

Grabdenkmäler. Der alte Bestand stark reduziert. Hervorzuheben: Im OChor Hochreliefplatte eines unbekannten Bischofs, vielleicht zum Gedächtnis des Kirchengründers Hildeward, ausgeführt A. 14. Jh. Dieser älteste Grabstein der beste, nachher sinkt der Durchschnittswert. — Im südl. Ssch. Grabstein Münch 1563; Grabstein Bruchterte † 1391 (von derselben Hand wie der Dominikus der Leipziger Paulus-K.); Epitaph Neumarck † 1576, bez. *M. S.*; Epitaph Bünau † 1591, von demselben; Wandstein des Domherrn Schleinitz um 1520, eines der besten im Dom erhaltenen Stücke. — Im nördl. Ssch. Bronzemedaillon für Rudolf von Bünau 1505; Georg v. Molau 1580, bez. *H. K.* — Im NKreuz Grabstein Dompropst von Eckardsberga 1406 (von derselben Hand wie Bruchterte; in beiden Wiederanknüpfung an die

Stileigentümlichkeiten des 13. Jh.); Grabstein Bischof v. Goch † 1422; Bronzerelief des Bischofs Dietrich IV. 1492; Bronzebildnis (in Stein eingelassen) des A. v. Könritz 1496; gravierte Platte des Bischofs Dietrich III. von Bocksdorf † 1466, aus der *Vischer*schen Werkstatt, wohl Jugendwerk *Peters*, dagegen die beiden vorigen aus einer sächsisch-thüringischen. — In der Vorhalle Marmordenkmäler der Maria v. Burgsdorf 1709 und des Reichsgrafen Ernst Dietrich v. Marschall 1771.
Glasgemälde. Im WChor 3 fast volle Fenster aus der Erbauungszeit (?), im OChor 4 (1856 aus den Bestandteilen von ursp. 8 zusammengesetzt). — 2 Teppiche aus 16. Jh., einer mit Bildnis eines Bischofs und Wappen der Schleinitz (wohl Bischof Vinzenz von Merseburg † 1535). — 8 Meßbücher aus A. 16. Jh., die meisten Bilder ausgeschnitten. — Klausur. Ursp. für die NSeite des Doms beabsichtigt, wo noch Ansätze zum Kreuzgang und die für diesen bestimmte Tür in der WWand des nördl. Querhauses vorhanden. Vor 1228 an die SSeite verlegt. SFlügel rom., WFlügel gotisierend, eingewölbt um 1270, die Zellen darüber erst Holz, nach 1532 massiv. Domkirchhof mit manchen der Beachtung nicht unwerten Denkmälern des 16. Jh.
Dreikönigs-Kap. 1416, Untergeschoß älter, das Ganze sehr verwahrlost. An der Außenwand bmkw. gleichzeitige Anbetung der 3 Könige in Einzelstatuen.
Dompfarr-K. S. Marien. Nur der Chor erhalten; 1343; bmkw. die großenteils nach innen gezogenen Strebepfl. sowie geringe rom. Mauerreste des Schiffs.
Johannis-Kap. Ursp. Tauf-Kap. Kleines Rck. von 3 Gwb.-Jochen. Das Detail zierlich und geistreich im Stil des WChors.
Domherrenkurien. a) Ägidienkurie; der vom rom. Bau (ca. 1200—1210) erhaltene Teil umschließt die Kap., kenntlich am Erkerchor; giebelförmige Umbildung des Bg.Frieses; der Kapellenraum mit 8seitiger Kuppel; originelle Überführung aus dem Quadrat. b) Bischofskurie, einfacher spgot. Bau rest. 1581 (die Bischöfe residierten im sp. Ma. meist in Zeitz).
Moritz-K. Zu einem A. 11. Jh. gegr., 1532 aufgehobenen Klst. Die jetzige K. aus A. 16. Jh. (Inschr. 1509, 1512). Die neue Ausstattung 1705—21 wurde durch die Rest. 1875 entfernt. — Ein im Innern und Äußern gleich einfacher Bau. Dem Hauptschiff ist nur nördl. ein Nebenschiff angefügt; der langgestreckte, polygon geschlossene Chor unmittelbare, nur durch einen Bg. geschiedene Fortsetzung des Hauptschiffs, alles unter einem Dach. Holzdecken. Die doppelten Fassadentürme gehen auf rom. Anlage zurück.
[Großer Kruzifixus aus Eichenholz, 13. Jh., der Wechselburger Typus in vergröberter Fassung, doch sehr bedeutend in seiner heroischen Wuchtigkeit. Dazu gehörig Maria mit eigentümlich barocker Häufung der Gewandmotive, kaum von derselben Hand.] — Verdorbener Ölberg (? 13. Jh.). — Trümmer

sp. ma. Altarplastik. — Grabdenkmäler ohne höheren Wert; archäologisch von Interesse der giebelförmig abschließende, jedoch mit umlaufender Inschrift versehene, also liegende Stein des Bischofs Richwin † 1125, ausgeführt etwa E. 13. Jh.

Stadt-K. S. Wenzel. Nach Bränden 1411, 1473, 1517 und aus nachfolgenden Herstellungen in höchst eigenartiger Gestalt hervorgegangen. 1411—73 die östl. Hälfte; für sich betrachtet ergibt sie einen normal angelegten, langgestreckten 1sch. Chor mit $^5/_{10}$ Schluß in ziemlich großen Abmessungen, zu beiden Seiten 2 Türme. Das Gemeindehaus war vor 1473 kaum erst begonnen (das geradlinige Mauerstück mit Portal an der NSeite); ob die jetzige Grundrißdisposition noch 1473 oder nach 1517 getroffen wurde, ist zweifelhaft. Entscheidend für sie ist die Rücksicht auf die an dem Choreingang angeordnete Kanzel. Hallenkirche von 2 kurzen geraden Jochen und polygonalem, einem flachen Kreissegment sich anschließendem westl. Abschluß (1516). Auf diese Weise wurde die Gesamtanlage zu einem Zentralbau, wenn auch einem unsymmetrischen, umgestempelt. Das Gemeindehaus 33 m breit, nur 19 m tief. Die Decken flach, in letzter Gestalt 1724. Bei bedeutender Höhe ist der Raumeindruck ein sehr eigentümlicher. Am Außenbau die OTeile verschwenderisch dekoriert, mit viel eigenwilligen Zügen im einzelnen und starker malerischer Gesamtwirkung; die WTeile fast ärmlich vereinfacht, ausgenommen die 3 Portale im N, S, W. Von den Türmen nur der nördl. ausgeführt. Um 1600 baute *K. Steiner* das Obergeschoß der Sakristei in gut verstandenen got. Formen, gleichzeitig die Balkone des Innern in Renss. Von den 16 ma. Altären nichts erhalten außer einigen gemalten Tafeln: „Lasset die Kindlein zu mir kommen" 1529 von *L. Cranach*, eine der besten Arbeiten seiner späteren Zeit; Anbetung der drei Könige 1522, Frühbild *Cranachs?* Heilige Nacht von *Barth. Spranger*, A. 17. Jh. — Hochaltar riesiges Schreinerwerk von 1680 mit Gemälde von *Hermes* in Dresden. — Kanzel um 1740. — Messingenes Taufbecken 1441, am 6seitigen Kessel Reliefs, Fuß neu. — Von historischem Interesse der Grabstein des Pagen Gustav Adolfs, Augustus v. Leubelfing. — Trümmer eines großen Marmorgrabmals um 1630, u. a. Standbild der Caritas. — Im Schatz gute Arbeiten des Ratsgoldschmiedes *Krugelstein* 1680.

S. Othmar. 1691—99. Rck. von 15 : 26,50 m mit leicht vortretender, gerade geschlossener Altarnische; der östl. Teil in 2 Jochen 3sch., der westl. mit flacher Holzdecke; der erst quadr., dann 8eck. Turm über dem Altarhaus. Architekturformen und Ausstattung sehr schlicht. — Aus älterer Zeit, ca. 1520, ein guter 3flügeliger Schnitzaltar. — Im SFenster des Altarhauses Glasgemälde 1539.

S. Marien. 1712—30. 1sch. Emporensaal; an der Decke, einem Spiegelgwb. aus Holz, hübsche Stuckaturen und flüchtige Gemälde. Das Äußere nüchternster Art.

Wenzelskirchhof. Einige Grabmäler nicht ganz ohne Interesse, z. B. das des Hans Weis, 1568, im Erbbegräbnis Patschke links vom Eingang.

Rathaus. Nach Brand 1517, Dacherker bez. 1528, 1556 die Fürstenstube, 1612 das Hauptportal. Die langgestreckte **Markt**front hat 3 Geschosse, am hohen Walmdach 6 Zwerchgiebel, dekoriert mit blinden verschränkten Kielbgg. in trockenster Spätgotik, aus Ziegeln gemauert (eine in Thüringen seltene Technik) und wie die ganze Front geputzt. Im Innern Stiegentreppen in feiner Frührenss. bez. 1556; aus demselben Jahr der Fürstensaal, dessen Stuckdecke jedoch 1655. — Trinkhorn etwa M. 14. Jh. mit schönem Lederfutteral.

Wohnhäuser. Die Epoche nach den großen Stadtbränden 1517 und 1532 durch Portale, Erker und Giebel reichlich vertreten, jedoch nichts eigentlich Hervorragendes darunter. — **Marktbrunnen** mit S. Wenzelstatue 1579.

Stadtbefestigung. Seit 1820 großenteils niedergelegt; erhalten das Marientor von 1446; klassizistische Wachthäuser am Jenaer Tor.

NAUNDORF. Pr. Sachsen Kr. Delitzsch.

Dorf-K. sprom. Überraschend elegantes Portal; im abgetreppten Gewände je 2 Sll. mit gewundenen oder im Zickzack, dessen Spitzen in Dreiblätter ausgehen, kannelierten Schaften; das Tympanon in 2 Quadranten geteilt, Rosetten und freies Randornament.

NAUNDORF. Sachsen AH Oschatz.

Dorf-K. 1579, 1sch. Saal mit $^3/_8$ Schluß; die stilistische Erscheinung aus Renovation 1737. — Mehrere Grabmäler des 16.—18. Jh.

Schloß E. 16. Jh. mit einigen Veränderungen im 18. Jh. Aus der ersten Bauzeit die mächtigen Giebel mit 4 Fenstergeschossen. — Reichhaltige Porträtgalerie.

NAUNHOF. Sachsen AH Großenhain. Inv.

Dorf-K. 16. Jh., sehr modernisiert. Neue Denkmäler E. 16. und A. 17. Jh.

Schloß 1705, verändert 1757.

NAUSTADT. Sachsen AH Meißen.

Kirche 1591. Saalbau mit eingezogenem, gestrecktem, gewölbtem Chor und $^5/_8$ Schluß. Turm 1717 und 1847. — Altaraufsatz um 1600, heiter und vornehm; Abendmahlsrelief; Stifterstatuetten. — Sandstein-Wandgrab des A. v. Miltitz † 1629, prächtige und gute Arbeit von *J. J. Kändler,* dem berühmten Porzellanformer, 1738.

NEBELSCHITZ. Sachsen AH Kamenz.

Vornehme bar. **Dorf-K.,** erb. 1740 f. vom Klst. Mariastern. Der interessante Plan angeblich von *Gaetano Chiaveri,* dem Erbauer der kath. Hofkirche in Dresden. An diese erinnern die halbrunden Abschlüsse im O und W. Im Innern gut organisierte Wand- und Gewölbegliederung. Die Ausstattung steht nicht auf der Höhe der Architektur. Gemälde des Hochaltars von *Palko.*

NEBRA. Pr. Sachsen Kr. Querfurt.
Kirche beg. 1416 (Inschr.) in vornehmer Bauart; daher der W-Turm mit reichem Portal, im Bogenfeld S. Georgs Kampf mit dem Drachen. Das Schiff nach Brand 1666 dürftig hergestellt. Ansehnliche Epitaphe 1670, 1678 bez. *C. P.*
Burgruine sehr verfallen, Kap. E. 13. Jh., übriges M. 16. Jh.

NEIDECK. OFranken BA Forchheim.
Burgruine bedeutend, zerstört 1553.

NEMMERSDORF. OFranken BA Berneck.
Dorf-K. Der kleine Bau hat 3 Türme, einer got. im O, 2 bar. im W.
Schloß A. 16. Jh., schlicht.

NENKERSDORF. Sachsen AH Borna.
Dorf-K. Geschickter spgot. Umbau einer kleinen rom. Anlage. — Altarwerk 1519 mit 4 beweglichen und 2 festen Flügeln.

NENNSDORF. Sachsen-Weimar VB Apolda.
Dorf-K. von ziemlich gut erhaltener rom. Anlage. Rest eines Säulenschaftes mit wechselnd konkaver und konvexer Kannelierung.

NENTERSHAUSEN. RB Cassel Kr. Rotenburg.
Dorf-K. Ein 1sch. Bau des 17. Jh. wurde mit einem ma. Rundturm so verbunden, daß dieser an der Mitte der SSeite halb vor- und halb einspringt, wodurch die sonst unbedeutende K. ein originelles Ansehen gewinnt.

NESCHWITZ. Sachsen AH Bautzen.
Dorf-K. 17. und 18. Jh., Turm mit hübschem Bar.Helm 1693. — Bmkw. Sandsteinaltar nach 1600. Ein zweiter in der Sakristei. Menge von Grabdenkmälern.
Altes Schloß 1723 für den österreichischen General Herzog Ludwig v. Teck. Französischer Park mit viel und guter Sandsteinplastik.
Neues Schloß 1766—75 für W. v. Riesch von *F. A. Krubsacius* aus Dresden; nur der Mittelbau, mehr tief als breit, ist mehrgeschossig, von sehr geschickter Grundrißteilung. Das ovale, zur Hälfte aus der Fluchtlinie vortretende Treppenhaus enthält 2 Treppenarme mit Podest. In derselben Achse nach der andern Seite oben ein länglich 8eck. Saal mit wenigen Nebenzimmern, unten eine Halle, deren Langseiten in jon. Säulenstellungen aufgelöst sind. Dieselben bilden die Durchgänge zu den langgestreckten eingeschossigen Seitenflügeln, welche die 300 Bäume fassende Orangerie enthielten; die reizenden Wandbrunnen in der Art *Gottfr. Knöfflers*. Die Formbehandlung des Äußeren im Übergang zum Klassizismus, ohne Pracht, doch auch weit entfernt von Nüchternheit. — Der neuere Park im englischen Geschmack. Springbrunnen: Delphin mit reitendem Knaben. Schönes Gittertor. Im Tiergarten behagliches Jagdhäuschen.

NESSELRÖDEN. RB Cassel Kr. Eschwege.
Schloß, mit Steingiebeln und Treppenturm in der Mitte der Front, 1592.

NETRA. RB Cassel Kr. Eschwege.
Pfarr-K. Alt nur der OTurm, dessen Erdgeschoß als Altarhaus diente. Epitaph v. Baumburg 1600. — Schloß aus Renss.

NETZSCHKAU. Sachsen AH Plauen.
Stadt-K. modern. Von einem großen und bedeutenden Altarwerk von 1659 nur die Predella erhalten, elegante Alabasterarbeit wahrscheinlich von *Joh. Heinr. Böhm d. Ä.*, die Komposition dem *Cranach*schen Altar in der Stadt-K. zu Schneeberg entnommen.
Schloß. Baukörper 1462; mehrere Fenster im Vorhang-Bg. geschlossen, ähnlich Sachsenburg und Meißen; die extravagant spgot. Tür derselben Zeit zuzuschreiben, ist kaum möglich. Der große Saal des obersten Geschosses mit mächtiger Balkendecke erhielt 1627 Dekoration in Stuck. Gutes Porträt Karls v. Bose in lebensgroßer Figur, 1623.

NEUBRUNN. Sachsen-Meiningen Kr. Meiningen.
Dorf-K. 1521; umgebaut 1589. Steinerne Kanzel 1629. — Mehrere bmkw. Häuser in Fachwerk. (Die Datierung des ältesten auf 1400 muß Zweifeln begegnen.)

NEUDROSSENFELD. OFranken BA Berneck.
Dorf-K. Hübscher und charakteristischer Bau der Markgrafenzeit (ca. 1760); Stuckaturen von *G. B. Petrozzi*, Malerei von *J. M. Wolker*.

NEUENBERG. RB Cassel Kr. Fulda.
Ehem. **Benedikt.-Klst. Andreasberg.** Die Kirche aus rom. Zeit (Weihedatum zu 1023 überliefert), quadr. Chor mit ½ kr. Apsis, Triumphbg. und Teil des Qsch., Krypta mit gurtenlosen Kreuzgwbb., einfache Würfelknaufsäulen ohne Eckblätter. Altar mit Blick in die Krypta. Amboreste. Die übrigen Teile der K. nach Brand 1440 erneuert und später verzopft. Grabsteine von Pröpsten seit dem 15. Jh. Am WTurm treten wieder rom. Formen auf. — Klostergebäude. Im Umbau von 1440 rom. Bauteile erhalten.

NEUENGÖNNA bei Jena. Sachsen-Weimar VB Apolda.
Dorf-K. Schnitzaltar in der Art des *V. Lendenstreich*.

NEUENSTEIN. RB Cassel Kr. Homberg.
Schloß aus Ma., 1639 erneuert.

NEUGERSDORF. Sachsen AH Löbau.
Dorf-K. Stattlicher Saalbau 1738. — Kanzelaltar 1753, von Gebr. *Herzog*, wohl der beste aus dieser Epoche in der Lausitz.

NEUHAUS. Sachsen-Meiningen Kr. Sonneberg.
Pfarr-K. 1591—93 noch stark gotisierend. — Bildnisgrabstein des Hans Gottsmann † 1611 und seiner Gattin; Erzguß von sorgsamer Ausführung, vielleicht aus derselben (Nürnberger?) Werkstatt, wie die v. Bünausche Platte im Museum zu

Altenburg. Sie befanden sich ursp. wohl zu Füßen des großen Epitaphs im Chor; dieses aus Alabaster; der architektonische Aufbau vortrefflich, weniger die figürliche Plastik.

NEUHAUS. UFranken BA Neustadt.

Schloß (jetzt Kuranstalt). 1767 von *H. Todesco.* 3flügelig, in einfachen Formen. Großer Saal mit Stuckdekoration. — In der Schloß-Kap. Tafelbilder um 1450. Glasscheiben M. 16. Jh. Buchsbaumkruzifix 18. Jh.

NEUHOF. RB Cassel Kr. Fulda.

Schloß der Fürstäbte 1519. Quadr. Wasseranlage, Binnenhof, 4 Ecktürme.

NEUHOF. Sachsen-Coburg LA Coburg.

Schloß. Ehem. Wasserburg des 16. Jh. Davon erhalten die Gwbb. im Erdgeschoß, geschnitzte Balkendecken im 1. Stock, ein Rundturm mit Wendeltreppe. Umbau 1866.

NEUHÜTTEN. UFranken BA Lohr.

In der unscheinbaren **Pfarr-K.** eine wertvolle rom. Kreuzpartikel des 11. Jh. mit Gravierung und Grubenschmelz, Fuß sp. 18. Jh.

NEUKIRCHEN. RB Cassel Kr. Ziegenhain.

Stadt-K. S. Nikolaus. 14. Jh., z. T. erneuert 1497. Hallenkirche von 3 Jochen, unregelmäßig anstoßende Kreuzflügel, netzgewölbter Polygonalchor. Im Chor und Msch. Wandmalereien, kolossaler S. Christoph u. a. m.

NEUKIRCHEN. RB Cassel Kr. Hünfeld.

Wehrhafte **Dorf-K.** von 1515, quadr. OTurm, in dessen Erdgeschoß der kreuzgewölbte Chor. — Wandtabernakel 1560, Taufstein 1588 von Meister *Henthoos.* Flügelaltar A. 16. Jh. — Auf dem Turm hölzernes Obergeschoß und hoher schlanker Helm mit 4 Ecktürmchen. In der Sakristei Tür mit rom. Beschlägen wiederverwendet.

NEUKIRCHEN. Sachsen AH Meißen. Inv.

Kirche. Die schlichte 1sch. Anlage von 1695 gewinnt Bedeutung durch die Ausstattung mit Emporen, Kanzel usw.

NEUMARK. Pr. Sachsen Kr. Querfurt.

Dorf-K. Gut erhaltenes Beispiel einer kleinen rom. Land-K. mit Chorturm.

NEUMARK. Sachsen AH Plauen.

Dorf-K. In Chor und WTurm spgot., Schiff 1739. Auf dem Kirchboden spgot. Triumphkreuz und Glasgemälde von 1489.

Schloß (v. Römer) 1483, mit jüngeren Zutaten. Reihe von Familienporträts.

NEUNHOFEN. Sachsen-Weimar VB Neustadt a. d. O.

Dorf-K. rom. Anlage, der OTurm jetzt zwischen Lhs. und Chor; der letztere spgot. erweitert; das Innere 1699 nach Verhältnissen reich dekoriert. — Spgot. Altarwerke 1487, 1519. Das erstere vom Saalfelder „Meister der Baldachine". — Außen Gedenktafeln von 1367, Sandsteinreliefs.

NEUNKIRCHEN A. BR. OFranken BA Forchheim.
Pfarr-K. (1314—1555 zu einem Augustinerstift). Unsymmetrisch 2sch., d. i. Hauptschiff (mit bar. Flachdecke) und niedrigeres nördl. Ssch. mit Rippengwbb. Im W Turm aus 13. Jh. mit romanisierenden Bogenfriesen, die 8seitigen Obergeschosse spgot. — Im Innern Steinfigg. der hh. 3 Könige und der h. Jungfrau um 1400; Marientod, derbes Holzrelief um 1500; Marienstatue des Nebenaltars um 1500. Grabsteine 14. und 15. Jh., darunter ein kniender Schwanenritter; Wolfram v. Egloffstein Rotmarmor 1459. Epitaph mit Schutzmantelbild, Speckstein und farbige Einlagen, feine Arbeit aus 1. H. 16. Jh. Epitaphe Buttenberg 1600, Stauffenberg 1698. Zahlreiche Gemälde 16. Jh., darunter Übertragungen des Dürerschen Marienlebens. Außen Ölberg roher Art.
H. Grab-Kap. mit reichem Wappenportal um 1700, sonst einfach,
Rathaus 1718, unbedeutend. — **Stadttore** z. T. mit schönen Wappensteinen, eines bez. 1479, anderes 1508.

NEUNKIRCHEN. UFranken BA Miltenberg.
Dorf-K. neu. Große Weihnachtskrippe von 200 Figuren, 1780—1820.

NEUSALZA. Sachsen AH Löbau.
Kirche der böhmischen Exulanten 1679, unerheblich.
Stadtanlage und Wohnhäuser kulturhistorisch von einigem Interesse.

NEU-SCHÖNFELS. Sachsen AH Zwickau.
Schloß 1524; Runderker in fein durchgebildeter Fr.Renss.; darf er in das Datum 1424 eingeschlossen werden?

NEUSES. Sachsen-Coburg LA Coburg.
Dorf-K. Hochgot. Chor mit Kreuzgwb. Ältere Teile vielleicht noch aus rom. Zeit. Umbau 1785.

NEUSITZ. Sachsen-Altenburg LA Roda.
Dorf-K. 1723. — Schnitzaltar, bez. 1515, in der Bemalung gut erhalten, irrig der Saalfelder Schule zugeschrieben; eher Arbeiten eines Schnitzers, der flüchtig durch *Riemenschneiders* Werkstatt gegangen.

NEUSORGE. Sachsen AH Rochlitz.
Schloß, erb. um 1720 von General v. Arnheim. Großartige Anlage in Hufeisenform. Im Garten gerühmte dekorative Skulpturen von *Gottfr. Knöffler*.

NEUSTADT. RB Cassel Kr. Kirchhain.
Pfarr-K. S. Johannes. 1502. Hallenkirche mit nur 1 Ssch., welches bedeutend schmäler. Infolgedessen wachsen die Rippen aus den schlanken runden Schaften in ungleicher Höhe hervor, gegen das Msch. erheblich tiefer. — Sakramentshäuschen spätestgot., turmartig aufgebaut, Arbeit gering. — Spgot. Flügelaltar. — Außen am Chor schöner ikonischer Grabstein des Ritters v. Fischbach und seiner Frau † 1448, ausgeführt später.
Toten-Kap. 1576, noch got.

Schloß. Spgot. und Renss. Ohne Interesse.
Daneben **Junker Hansens Turm.** Rundbau von ca. 50 m Höhe, hübsche Krönung in Fachwerk.
Wohnhaus in der Nähe der Pfarr-K. Erdgeschoß Stein, reiche Fr.Renss., Oberbau aus Fachwerk jünger.

NEUSTADT A. MAIN. UFranken BA Lohr. [D.]

Pfarr-K. (ehem. Klst.-K.) erb. M. 12. Jh. Verlängerung des Chores nachgot. um 1616, Brand 1857 und danach freie Wiederherstellung durch *H. Hübsch;* bis dahin eine der bedeutendsten rom. K. Unterfrankens. — Gr. kreuzförmig, der Chor nach Hirsauer Art ehemals mit Nebenchören (jetzt Turmuntergeschosse; unzugänglich). Lhs. flachgedeckte Basilika mit Stützenwechsel, je eine Arkadengruppe unter einem Blendbg. zusammengestellt; die Höhenverhältnisse aus Mißverständnis der ihm mitgeteilten Maße durch *Hübsch* gesteigert. Alt die ganze NMauer, die zwei Turmuntergeschosse und einige der steilen attischen Basen. In der Sakristei wertvolle Doppelgrabsteine von 1381. Epit. des Abtes Kilian Knecht 1576 von *Chr. Schnebach.* — Andere an den Langhauswänden von gutem Mittelschlag. — Außen eingemauerte bedeutende Reste von rom. frgot. Skulpturen (um 1300), St. Martinus, S. Maria, S. Gertraudis und Karl der Große, nebst Kentauren, Drachen u. a. unter einer Blende zusammengestellt. Sog. Mantel der hl. Gertraudis, spanisch-sarazenisch 12. Jh.
Klst.-Gebäude gleichzeitig mit der Chorerneuerung, ganz Ruine. Reiche Maßwerkfenster des Kreuzgangs erhalten.
Reste der **Peter-Pauls-Kap.** (südl. am Pfarrhof). Ausgrabungen erwiesen eine 1sch. kreuzförmige rom. Anlage, vermutlich die älteste Klst.-K., Bau des Abtes Dietho († 932).

NEUSTADT A. D. SAALE. UFranken. Inv. [D.]

Pfarr-K. 1794 nach Plänen von *A. Geigel* mit Änderungen durch A. Gärtner des Klassizismus. Lhs. 3sch., Muldendach auf 2 × 7 korinth. Sll. Im Altarraum umstehen die Sll. den Altar im Kreis. Die von Geigel beabsichtigte Kuppel nicht ausgeführt, auch nicht die geplante Ausstattung. Diese, sowie das Äußere, ganz nüchtern.
Karmeliter-K. E. 17. Jh. Sehr einfach. Die Pfl.Kämpfer muten merkwürdig romanisch an. Das schöne Türbeschläge aus der ma. Kirche. — Die Rok.Ausstattung geringeren Ranges, doch mit z. T. guter Plastik. Unter den Grabsteinen bmkw. der des Diez v. Schneeberg und Frau 1500.
Stadtmauern 13. Jh., ausgebessert im 16. Jh. Stattlich das Hohetor. Vor demselben Kreuzigungsgruppe 1770.

NEUSTADT A. D. ORLA. Sachsen-Weimar Bezirksstadt.

Stadt-K. E. 15. und A. 16. Jh. 3 Schiffe von gleicher Höhe mit flacher Balkendecke; Chor gestreckt mit $^3/_8$ Schluß; Netzgwb.; unter dem Chor ein ehemals offener Durchgang wie an den Stadt-K. von Jena und Kahla. Fenster 3teilig mit reichem Maßwerk. Im nördl. Winkel zwischen Lhs. und Chor ein hoher Turm in der Art des Jenaischen. — Formenreicher T a u f s t e i n 1494. Großes A l t a r w e r k mit beiderseits gemalten Flügeln aus 2. V. 16. Jh. (nicht von *Cranach*). Zahlreiche Grabsteine und Gedenktafeln.

Hospital-K. got. und 1706. — Gemaltes T r i p t y c h o n von 1495 (?). Got. S c h n i t z f i g g.

Schloß. Entstanden aus einem 1292 gegr. Klst. der Augustiner-Eremiten; sehr verbaut. Hintergebäude 1674.

Rathaus; spgot., bedeutend; der linke Flügel der Marktfront ist der ältere Teil (1465?), der rechte ein jüngerer Anbau; dadurch der große Erker jetzt in die Mitte gerückt; mit ihm gruppiert sich glücklich die Freitreppe des Anbaus. Die Behandlung des Erkers höchst charakteristisch für die späteste Gotik. Ebenfalls reich, doch wenig erfreulich, der große OGiebel. An der NFront wird das Dach von 1, an der SFront von 2 hohen got. Zwerchhäusern durchbrochen. Im Innern mehrere Balkendecken bmkw., durch Rest. des 19. Jh. außen und innen mehrfach verändert. — **Ratskeller,** 16. und 17. Jh. — **Haus** der Familie Schweitzer, Marktstr. B 106, von 1574.

NEUSTADT. Sachsen AH Pirna.

Stadt-K. aus 14. und 15. Jh., 1sch., entstellt. — G r a b s t e i n 1581 wird gelobt.

NEUSTADT. Pr. Sachsen Kr. Worbis.

Wertvolle **Fachwerkhäuser** um 1600.

NEUSTÄDTEL. Sachsen AH Schwarzenberg.

Stadt-K. aus A. 15. Jh., 1sch. mit 3/8 Chor. — Bedeutender A l t a r b a u aus Sandstein und Marmor A. 18. Jh., vielleicht von *J. C. Hähnel.* K a n z e l, ausgezeichnetes Schnitzwerk.

NEUTZ. Pr. Sachsen Saalkreis.

Dorf-K. Typische rom. Anlage etwa wie Talheim, hübsches kleines Portal mit eigentümlichen Zügen, die Öffnung mit Perlstab umsäumt, wie auf dem Petersberg, A. 13. Jh.

NIEBRA. Sachsen AH Zwickau.

Ansehnliche got. **Dorf-K.** — Großer S c h n i t z a l t a r mit 4 Flügeln.

NIEDER-ASPHE. RB Cassel Kr. Marburg.

Dorf-K. Spgot. symmetrisch 2sch. Hallenkirche. Älterer O-Turm, in dessen Erdgeschoß der Chor. Schön gegliederter Holzhelm. 1902 nach W um 2 Doppeljoche vergrößert und im Innern rest.

NIEDERDORFELDEN. RB Cassel Kr. Hanau.

Burgruine.

NIEDERELSUNGEN. RB Cassel Kr. Wolfhagen.

Dorf-K. Rck. got. Schiff und rom. WTurm ohne Tür; die jetzige Verbindungstür zur K. jünger.

NIEDERFROHNA. Sachsen AH Chemnitz.

Dorf-K., voll. 1519. Gute Architektur. Altarwerk von *Andr. Petzold* 1690.

NIEDERFÜLLBACH. Sachsen-Coburg LA Coburg.
Dorf-K. 2. H. 17. Jh. Aus dieser Zeit 4 Grabsteine der Familie von Reitzenstein.

NIEDERGRÄFENHAIN. Sachsen AH Borna.
Dorf-K. Von der ursp. rom. Anlage das Schiff und der turmtragende Chor; um 1500 der Chor erweitert und das Ganze eingewölbt und zu stattlicher Wirkung gebracht; wohl von demselben Meister wie Geithain, Nenkersdorf, Roda.

NIEDERGURIG. Sachsen AH Bautzen.
Schloß um 1700 für Graf Lützelburg. Am tiefen Hof zu beiden Seiten Wirtschaftsgebäude, in der Achse das Wohnhaus, im Gr. quadr., in der Mitte stattliches Treppenhaus und Lichthof, die Frontbehandlung einfach. Unter den Porträts eines von *Angelica Kaufmann* 1786.

NIEDERHOLZHAUSEN. Pr. Sachsen Kr. Eckartsberga.
Dorf-K. Neubau nach Dreißigjährigem Krieg. Ausstattung zum Teil älter und nicht ganz ohne Interesse.

NIEDERLICHTENAU. Sachsen AH Flöha.
Dorf-K. 1746 mit geringen rom. Resten. — Sandsteinaltar und Sandsteinkanzel 1615, saubere Arbeiten derselben Hand. — Glocke 1464.

NIEDERLÖSSNITZ. Sachsen AH Dresden-N.
v. **Minckwitzscher Weinberg.** Terrasse mit Wohnhaus, Lusthaus, Winzerhaus, Pavillon 1713—29.
Wackerbarths Ruhe. Hauptgebäude 1853 im Äußeren umgestaltet, Kapelle 1775 von *Knöffel*, Jakobsturm 1743.
Weinberghaus Friedstein 1771.

NIEDERMITTLAU. RB Cassel Kr. Gelnhausen.
Dorf-K. 17. Jh., rom. WTurm, Schallöffnungen mit Würfelknaufsäulchen.

NIEDERMÖLLERN. Pr. Sachsen Kr. Naumburg.
Dorf-K. Der einfache rom. Bau mit Chorturm und Apsis im wesentlichen erhalten, wenn auch ohne Kunstformen. Taufstein mit rom. Kuppa auf spgot. Fuß.

NIEDERMÖLLRICH. RB Cassel Kr. Melsungen.
Kirchturm spgot. Im Erdgeschoß der ursp. Altarraum.

NIEDERODERWITZ. Sachsen AH Zittau.
Pfarr-K. 1719, im Typus von Bertsdorf, Hainewalde und Spitzkunersdorf, noch größer und stattlicher (16,7 m breit), 3 Ränge Emporen. Einheitliche Ausstattung aus gleicher Zeit. — Pfarrhaus 1746.

NIEDEROPPURG. Sachsen-Weimar VB Neustadt a. d. O.
Kirche 1694, durch korinthische Sll. in 3 Schiffe geteilt, die Ssch. mit flacher Decke, das Msch. mit hohem Spiegelgwb., derbe Stuckdekoration auf farbigem Grunde; wohl von Italienern ausgeführt, die damals viel an den thüringischen Höfen beschäftigt waren. Ausgezeichnet das schmiedeeiserne Gitter.

Schloß 1708 für C. v. Rumohr auf der Stelle einer alten Wasserburg; groß, regelmäßig, in sehr nüchternen Formen. Die innere Ausstattung bis M. 18. Jh.; Schmiedearbeiten, Tapeten, besonders Öfen bmkw.

NIEDERPLANITZ. Sachsen AH Zwickau.

Dorf-K. 1519, umgebaut 1587 als charakteristischer protestantischer Predigtsaal mit Emporen und ohne Chor, die hölzerne Felderdecke mit biblischen Gemälden. Bauherr der kurfürstliche Rat und Professor in Wittenberg Dr. v. Beust. — Bmkw. Altaraufsatz aus Sandstein bez. 1592. *S. L. (Samuel Lorenz).* — Bildnisgrabsteine v. d. Planitz 16. Jh. — Kelch 1656.

NIEDERPRETZSCHENDORF. Sachsen AH Dippoldiswalde.

Dorf-K. 1731—33, zentrale Anlage, ähnlich der zu Lohmen, also in der Richtung George Bährs; erbaut von *J. Ch. Simon.*

NIEDERRABENSTEIN. Sachsen AH Chemnitz.

Dorf-K. Taufstein mit 13 reizenden knienden Kinderfiguren (vgl. Weißbach), 1595 von *Michael Hogenwald.* In der Sakristei Sandsteinreliefs vom ehemaligen Altarwerk, vermutlich vom selben Meister.

NIEDERROSSLA. Sachsen-Weimar VB Apolda.

Gutes Beispiel einer größeren **Dorf-K.** des 18. Jh.; 3sch. mit Emporen; großer 3geschossiger Kanzelbau hinter dem Altar.

NIEDERRUPPERSDORF. Sachsen AH Löbau.

Schloß (v. Nostitz) 1752 von *Andr. Hünigen.* Inneneinrichtung Rok. und Empire.

NIEDERSTEINBACH. Sachsen AH Rochlitz.

Dorf-K. sprom., 1sch. mit eingezogenem Chor und ½ kr. Apsis. — [Altarbehang, Zeugdruck aus 15. Jh., jetzt im Dresdener Altert.-Ver.]

NIEDERTREBRA. Sachsen-Weimar VB Apolda.

Dorf-K. 1750. Groß und relativ reich; aufwändiges Altar- und Kanzelwerk.

NIEDERWALGERN. RB Cassel Kr. Marburg.

Dorf-K. Roher rom. Bau aus A. 13. Jh. Rck. Sch. mit zwei kuppeligen Kreuzgwbb., schmälerer quadr. Chor; am WTurm rippenlose spitzbg. Gwbb. — 1898 durch Anbauten und Entfernung der Gwbb. im Sch. verändert.

NIEDERZWEHREN. Kr. Cassel-Land.

Dorf-K. Der Chor im OTurm, einem hübschen und charaktervollen Vertreter seiner Gattung, erb. 1472, Helm mit Ecktürmchen nach Brand 1552, im Erdgeschoß Reste von Wandmalerei aus der Erbauungszeit. Am Kirchhofe Wehrmauer mit Schießscharten.

NISCHWITZ. Sachsen AH Grimma.

Dorf-K. Wesentlich 1752. Das Altarbild von *Stefano Torelli,* einst weit und breit berühmt.

Schloß, erbaut für den Minister Gf. v. Brühl von *J. C. Knöffel,* im 7jährigen Kriege zerstört, seit 1778 wiederhergestellt.

Deckenmalerei von *A. F. Oeser*. Vor dem Mittelbau 2 hübsche Sandsteinfiguren, Schäfer und Schäferin, von *Gottfr. Knöffler*.

NÖDA. Sachsen-Weimar VB Weimar.

Dorf-K., spgot. um 1500. — Grabstein einer Frau von Milwitz 1597; ausführliche, saubere Darstellung des Kostüms.

NOHRA. RB Erfurt Kr. Hohenstein.

Dorf-K. wie Wolkramshausen. Glocke 1. H. 13. Jh. (?) mit drei figürl. Reliefs.

NORDECK. RB Cassel Kr. Marburg.

Burgruine. Die älteren Teile rom.

NORDHAUSEN. Pr. Sachsen Kreisstadt.

Dom (Kreuzstifts-K.). Gegr. 961 von der Königin Mathilde als Nonnen-Klst., 1219 in Kanonikerstift umgewandelt. Der jetzige Bau: Ostpartie rom. und frgot., Lhs. spgot. — Chor gestreckt rck. mit plattem Schluß (17,5 : 7,8 m). Der Raum wird durch einen breiten, auf schlichten Konsolen ruhenden Gurtbogen halbiert; über der östl. Hälfte ein rippenloses Kreuzgwb. auf unterspitzen Schildbgg.; in der westl. Hälfte 2rck. Kreuzgwbb. mit frühestgot. profilierten Rippen; der Triumphbogen unterspitz mit gerader Leibung. Schmale spitzbg. Fenster mit romanisierendem Gewände; an der OWand zu Dreien pyramidal geordnet (sog. Dreifaltigkeitsfenster), am Gewände Rücksprung mit Säulchen (Schaftringe, Knospenkaptt.). Unter dem Quergurt des Chors Kragstein mit Mondsicheln, wie in Maulbronn und Walkenried. Außen an den Ecken Lisenen, die auf zirka 4 m Höhe abbrechen; unter dem Dach Bogenfries mit Diamantschnitt. Zu Seiten des Choreingangs erheben sich 2 schlanke quadr. Türme. Sie sind in drei, auch im Werkstoff unterschiedenen Abschnitten erbaut; die unteren haben im O kleine Kapp. Die geschilderten Bauteile vermutlich nach Brand 1234, zuerst von einem noch in rein rom. Formanschauung lebenden Meister, dann von einem gotisierenden, der aus Walkenried kam (neben mehreren anderen Anklängen die Halbmondkonsolen der Quergurte). — Unter dem Chor rom. Krypta aus M. oder 2. H. 12. Jh. Sie erstreckt sich nur über die westl. Hälfte des jetzigen Oberbaues. Die Gwbb. grätig zwischen breiten Gurten, stämmige Würfelknaufsäulen; Treppen führen in den Unterbau der Türme. — Das gegen M. 14. Jh. völlig erneuerte, im 15. vollendete (oder überarbeitete?) Langhaus geht zu größerem Maßstab über. Im Gr. 26,5 : 32 m. Hallensystem mit etwas breiterem Msch.; 5 Joche; Pfll. 8eckig mit Bündeldiensten, an den Kapitellen krauses Laubwerk; Netzgwbb. etwa A. 16. Jh.; an den Fenstern reiches Fischblasenmaßwerk; das Hauptportal am östl. Ende des südl. SSch.; die WFront, der Türen entbehrend, war nicht Schauseite. Der hohe OGiebel verdeckt die rom. Türme. — Hochaltar mit Statuen aus Holz, 1726. — Sakramentshäuschen 1455. — Chorgestühl E. 14. A. 15. Jh., überladen mit ornamentalen und figürlichen Schnitzereien wenig gewählten Geschmackes. An den Wänden des Chors 6 Steinstatuen, 3 männliche und 3 weibliche, in fürstlicher Tracht, ihrer Bestimmung nach den Stifterbildern des Naumburger Doms zu vergleichen, jedoch die Personen nicht gesichert; Entstehungszeit E. 13. bis A. 14. Jh.; von einem (lokalen?) Meister, der an Herstellung von Grabfiguren gewöhnt gewesen sein mag; die Körperformen ganz ungenügend, die Gewandmotive gekünstelt; belustigend die Humoresken an den Kragsteinen (in den Gegenständen zum Teil mit dem sog. Physiologusfries des Straßburger Münsters übereinstimmend). — An der O- und W-Wand des Lhs. Statuen des 17. Jh. ohne Wert. — Ikon. Grabsteine: 2 aus 14. Jh., 5 aus 16. Jh. — Kreuzgang, nur geringe Reste, rom. 12. Jh. mit spgot. Umbau.

Frauenbergs-K. (Klst. S. Mariä novi operis). Einheitlicher, aber im Detail zurückgebliebener Bau des fr. 13. Jh. (rest. von *Zeller* 1912). Rom. Pfeilerbasilika von einfacher Formenbehandlung. Gr. normal kreuzförmig 38 m lang, 6 Arkaden auf einfachen quadr. Pfll., die Kämpfer aus Platte und Schmiege. Die Nebenapsiden am Qsch. abgebrochen. Keine Krypta. — Hochaltar; Schnitzwerk von 1459 (die überlieferte Inschrift nicht mehr vorhanden); im Mittelschrein Kreuzigung, an den Seiten je 4 Gruppen aus der Passion in frei herausgearbeiteten Gruppen; das ornamentale Beiwerk zerstört. — Kanzel und Taufgestell 1768. — An der südl. Außenwand Grabstein, 1370 mit eingeritzter Figur Klostergebäude verbaut, Kreuzgang abgebrochen.

Nikolai-K. Spätgot. Hallenkirche ohne Bedeutung. Der Unterbau der turmlosen WFassade einfachst rom. — Hochaltar um 1600, wahrscheinlich ein Hauptwerk des Nordhäuser (später vornehmlich in Magdeburg tätigen) Bildhauers *Christoph Kapup*, erst 1646 zusammengesetzt von *Joh. Duck*. Alabasterbau reich mit Reliefs und Statuetten besetzt. — Kanzel und Taufgestell 1588. — Umfangreiches Marmorepitaph des Dr. Conrad Frommann † 1683 mit Relief der Grablegung. — Epitaph der Elisabeth Stromer † 1596 in Form eines gemalten Flügelaltars; die Gemälde ohne Bedeutung. — Weitere Grabdenkmäler 1664, 1676, 1774. — Bronzene Epitaphplatte von 1577. — Im südl. Ssch. Maria auf der Mondsichel, spgot. Schnitzwerk. — 9 Kelche, der älteste 1351, die anderen 15. bis 17. Jh.

Blasien-K. Unregelmäßiger Gemengbau. Das stattliche got. Sch. mit gestrecktem, aus Achteck geschlossenem Chor deutet auf bedeutendere Bauabsichten (Maßwerk teils geometrisch, teils Fischblasen); indessen kamen vom Lhs. nur 3 Joche zur Ausführung (Hallensystem), so daß der sprom., von 2 wohlgegliederten Achtecktürmen überstiegene WBau geschont blieb. Hochaltar und Gestühl 1735. — Kanzel 1592. An den 6 Brüstungsfeldern Reliefs. — Reich geschnitztes hölzernes Epitaph des Cyriacus Ernst 1585. — Alabastergrabmal W. v. Eberstein 1700. — Grabgemälde 1592. — Epitaphgemälde für Ursula Meienburg von *L. Cranach d. Ä.* 1529. — Desgl. für Michael Meienburg † 1555, große bedeutende Arbeit von *L. Cranach d. J.* bez. 1558, Auferweckung des Lazarus unter Assistenz der Reformatoren und der Familie M.

Petri-K. Der gerade geschlossene Chor in romanisierender fr. Gotik. Das Lhs. im Hallensystem, 14. Jh., öfters umgebaut und geflickt. — Kanzel reiche Renss. E. 16. Jh. — Bronzener Taufkessel 1429; an der Wandung 16 Heiligenreliefs, als Träger 4 Männer in der Zeittracht; rohe Handwerksarbeit bez. *Mester Tile.* — Alabasterepitaph mit lebensgroßer Figur des Stadtschreibers Joh. Pfeiffer † 1552.

Altendorfer K. Ehem. **Zisterz.-Nonnen-Klst.**, um 1350. Ungewöhnlicher Weise 3sch. Hauptschiff polyg., Nebenschiffe platt geschlossen. Nonnenempore Südschiff. Das Ganze sehr entstellt.

S. Jakobi-K. 1744 an Stelle eines rom. Baues.

Kirchhof S. Cyriaci. Im 18. und 19. Jh. gründlich umgebaut. In der Kapelle bmkw. gravierte Grabplatten, darunter die bedeutendste für die Brüder Segemund 1412; die anderen Platten beziehen sich auf Personen, die zwischen 1394 und 1397 starben; sie scheinen alle aus derselben (niederdeutschen? niederländischen?) Werkstatt zu stammen. — [3 andere Hospize mit Kapellen, S. Martin, S. Georg, S. Elisabeth, sind untergegangen, ebenso die 3 Bettelordenskirchen der Stadt. Dem Martinsstift gehörte eine kunstgeschichtlich wichtige Reihe gravierter Messingplatten (Gedenktafeln der Familien v. Urbach und v. Werther) aus E. 14. Jh., nicht flandrisch, sondern aus einer thüringischen Werkstatt; jetzt im Museum, wo auch andere Kunstwerke aus den Kirchen der Stadt.]

Rathaus. 1608—10 auf älterem Gr. Im Erdgeschoß eine Laube von 6 Bogenöffnungen und polyg. Treppenturm. In den zwei Obergeschossen rck. gestürzte Kuppelfenster. Umgebaut 1733 und 1883. Einige Gemächer des 17. Jh. erhalten. — **Ratskeller** 1710.

NORDHEIM. Sachsen-Meiningen Kr. Meiningen.

Kirche 1710—11, 1sch. mit rck. Chor, bmkw. durch die reiche innere Ausstattung. Großer Altarbau bez. 1718. Zahlreiche ikon. Grabsteine aus 2. H. 16. Jh., die meisten von der Hand des Meisters *I H* (vgl. Meiningen, Bibra, Ellingshausen). Bronzeplatte für Caspar v. Stein, gegossen 1633 von *Georg Werter* aus Coburg. Größere Epitaphe der Familie v. Stein 1706, 1745. — **Herrenhaus** (v. Stein) Fassade 1707. **Zehnthaus** u. a. **Häuser** in geschnitztem Fachwerk 1613, 1710, 1754.

Dorftor mit Steinschem Wappen.

Rathaus A. 18. Jh. Der bescheidene bäuerliche Fachwerkbau wirkungsvoll gemacht durch eine zweiflügelige Freitreppe mit Laube.

NORDHEIM. UFranken BA Gerolzhofen.
Dorf-K. bar., mit got. Chor. — Schnitzbild der Pietas um 1500, bei starken Mißgriffen in den Proportionen doch ein bedeutender Wurf.
Ehem. fürstbischöfl. **Amtshaus,** schmucker Renss.Bau um 1600. An einem anderen Hause Steinmadonna um 1350.

NORDHEIM V. D. RHÖN. UFranken BA Mellrichstadt.
Kirche. Turm frgot., Sakristei 15. Jh. Chor und Langhaus 1696. Reste der alten Friedhofsbefestigung. Anziehendes Architekturbild. 6 Grabsteine der Familie von Stein, sämtlich vom Meininger *J. H.* 1554—1583.
Sebastians-Kapelle. Erb. 1636. Gute Holzfigur des hl. Sebastian A. 16. Jh. Sehr originelle Darstellung des Abendmahls mit 30 cm hohen Holzfigürchen, M. 15. Jh. Ummauerung des Werkes erhalten.
Im Dorfe 2 v. d. Tannsche **Schlösser,** das eine, der sog. Judentempel, im Grund 14. Jh., das andere einfacher Bau von 1640.
Ehem. **Zehenthaus.** Mit originellen Schnitzereien. 17. Jh. Reste der alten **Befestigung.**

NORDSHAUSEN. RB Cassel Kr. Cassel.
Ehem. **Zisterz.-Nonnen-Kist.** Die Kirche 1sch. mit 5 Kreuzgwbb. ohne charakterisierten Chor. Die 2 westl. Joche frühest got., noch M. 13. Jh., die 3 östl. spgot. 15. Jh.; ehemals im W Nonnenemporen. Der WTurm älter als die K., anscheinend Wehrbau.

NOSCHKOWITZ. Sachsen AH Döbeln.
Schloß. Wesentlich 17. Jh. Stattliche Anlage, in den Kunstformen spärlich.

NOSSEN. Sachsen AH Meißen.
Kirche 1719, von Interesse die eingebauten Portale aus Kloster Altenzelle, sprom. um 1230, gleichzeitig, doch in verschiedenen Schultraditionen, das mit offenem Bogenfeld aus thüringischer, das andere aus fränkischer Tradition.
Schloß. Große Anlage, malerisch auf Felsen. 1185 erste Nennung; 1512 der Trakt gegen NO; 1556 das „alte Haus" mit Tor in klassischer Renss. unter Einfluß *Pedonanos;* 1628 Südseite, wohl von einem Schüler *Paul Buchners;* 1667 gründliche Umgestaltung der ma. Teile.

NOSTITZ. Sachsen AH Löbau.
Dorf-K. 1679. Die hübsche Inneneinrichtung gleichzeitig, fortgesetzt A. 18. Jh. — v. Zieglersche Denkmäler.

NÖTHNITZ. Sachsen AH Dresden-A.
Schloß. Einfacher Bau des 17. Jh. Das Innere 1745 neu eingerichtet. Der aus der Lebensgeschichte Winckelmanns bekannte Bibliotheksaal des Grafen Bünau nicht mehr in seiner Gestalt von damals.

NOTTLEBEN. Pr. Sachsen Kr. Erfurt.
Dorf-K. 1521. Der spgot. Schnitzaltar wird zu den besten des Gebietes gerechnet.

O

OBBACH. UFranken BA Schweinfurt.
Schloß. Älterer dreigeschossiger Bau mit Freitreppe E. 17. Jh. Westflügel stattlich in Sandstein, dreigeschossig, 1746 bis 1747, in der Richtung *Balth. Neumanns.*

OBERALSFELD. OFranken BA Pegnitz.
Pfarr-K. 1760.

OBERAUFSESS. OFranken BA Ebermannstadt.
Schloß. 1690.

OBERBIMBACH. RB Cassel Kr. Fulda.
Dorf-K. Neuzeit. Rom. OTurm, im Erdgeschoß rundbg. rippenloses Kreuzgwb. — Spgot. S c h n i t z a l t a r. — Kirchhofsmauer mit Schießscharten und 2 Rundtürmen.
Burgruine.

OBERBOBRITZSCH. Sachsen AH Freiberg.
Dorf-K. 18. Jh., WTurm 14. Jh., Abschluß mit 4 Giebeln und Dachreiter. — Das 6flügelige A l t a r w e r k bez. 1521 gehört zu den bedeutendsten des ganzen Landes, die Gemälde von demselben liebenswürdigen Freiberger Meister, dem man in Seifersdorf, Hennersdorf und Dippoldiswalde begegnet.

OBERCRUMPA. Pr. Sachsen Kr. Querfurt.
Kirche. Eine der merkwürdigsten des Kreises. Der eigentümliche Gr. erklärt sich aus dem 1751 vorgenommenen Umbau einer rom. Kreuzkirche. Die gerade OWand mit 3 rom. Fenstern und die Qsch.Fronten mit rom. Portalen erhalten. 1751 wurde die Vierung 8eckig umgestaltet und mit Kuppel versehen, das Altarhaus abgeeckt u. a. m. Es ergibt sich eine außen und innen mehrfach und mit guter Wirkung abgestufte Gruppe.

OBERCUNNERSDORF. Sachsen AH Löbau.
Dorf-K. Vergrößert 1691 und 1749. Ausgedehnte, gut angeordnete Emporen. — Die D e n k m ä l e r des Kirchhofs mit Aufwand.

OBERDÜRRBACH. UFranken BA Würzburg.
Dorf-K. Klassizistisch 1816. Ausstattung A. und M. 18. Jh.

OBEREBERSBACH. Sachsen AH Großenhain.
Dorf-K. Rom. Turm in Breitform. Schiff fast ganz erneuert. — S c h n i t z a l t a r A. 16. Jh. einer von den besseren.

OBEREICHSTÄDT. Pr. Sachsen Kr. Querfurt.
Dorf-K. Anlage rom. Der türlose WTurm in gleicher Breite mit dem Schiff und gegen dieses mit Doppelarkade geöffnet; aus Umbau 14. Jh. die 3fenstrige OWand; weiterhin barockisiert. Im bar. Kanzelaltar gute spgot. S c h n i t z b i l d e r.

OBEREISENHEIM. UFranken BA Gerolzhofen.
Nicht uninteressant die Reste der ehem. **Marktbefestigung,** ein Rundturm bez. 1536.

OBERELLEN. Sachsen-Meiningen Kr. Meiningen.
Kirche. Wesentlich 16. und 17. Jh., Turm im O; rom. WPortal, im Bogenfeld Christus in der Glorie und 2 kniende Figg.; rom. Kämpfergesimse am got. erneuerten Triumphbg.
Herrenhaus got. und renss. Wappentafel 1595 (v. Hanstein). Obergeschoß in Holzfachwerk.

OBERELSBACH. UFranken BA Neustadt. Inv.
Dorf-K. Für eine solche sehr stattlich in Bau und Einrichtung.

OBERESSFELD. UFranken BA Königshofen.
Pfarr-K. in spätem Rok. Gleichzeitiges Deckenbild von *J. P. Herrlein* 1777 (vgl. Markershausen).

OBEREUERHEIM. UFranken BA Schweinfurt.
Stattliche **Dorf-K.** 1755, Bau und Einrichtung einheitlich. Epitaph Bibra 1584. OTurm um 1600.
Schloß Euerburg (v. Heßberg) 1571—1591. Hufeisenanlage. Eingangstür mit korinthischen Säulen und Reliefs.

OBERFLADUNGEN. UFranken BA Mellrichstadt. Inv.
Dorf-K. von 1691. Über der Tür schöne Madonna.

OBERGERSDORF. Sachsen AH Kamenz.
Dorf-K. Got. Mauerteile, wesentlich nach 1750. Das Innere sauber, mit Felderdecke und Emporen. — Reste eines wertvollen gemalten Flügelaltars um 1550, vielleicht von *Andreas Dreßler* in Kamenz. — Charakteristisch zopfige Denkmäler von guter Qualität.

OBERGREISLAU. Pr. Sachsen Kr. Weißenfels.
Dorf-K. mit rom. Spuren, darunter ein Säulenportal, im Tympanon das Lamm und die Evangelistenzeichen.

OBERGRÜNBERG. Sachsen AH Zwickau.
Dorf-K. Umfassungsmauern rom. Der quadr. Chor mit frgot. Gwb., darüber Turm mit rom. Kuppelfenstern.

OBERHASEL. Sachsen-Altenburg Kr. Roda.
Dorf-K. — Schnitzaltar vom Saalfelder „Meister der Baldachine“, trefflich erhalten.

OBERKAUFUNGEN s. Kaufungen.

OBERKOTZAU. OFranken BA Hof.
Pfarr-K. Got. mit Benutzung rom. Mauern. Im Chor Kreuzrippengwb., im Lhs. Netzgwb. WTurm 1688. — Altar mit gut geschnitzter Kanzel 1691. Zahlreiche ikon. Grabsteine meist 2. H. 16. Jh. — **Schloß,** großer Komplex, überwiegend aus 18. Jh.

OBERLAURINGEN. UFranken BA Hofheim.
Dorf-K. wesentlich 1705 mit frgot. Turmchor. Kanzel 1705, reich mit Reliefs besetzt. 4 Grabsteine der Hutten und Wetzenhausen, 17. Jh.

OBERLEINACH. UFranken BA Würzburg.
Dorf-K. Rom. Lhs., 1608 erhöht, 1723 erweitert. An der SSeite schmuckreiches Portal, E. 12. Jh., zweimal abgestuft, an den Bogenläufen stilisiertes Rankenwerk. — Hübsche Sakramentsnische um 1400, gleichzeitige Steinfig. am Emporenaufgang. Guter klassizistischer Taufstein.

OBERLICHTENAU. Sachsen AH Kamenz.
Dorf-K. 2. H. 17. Jh., verschönert unter Chr. v. Holtzendorff 1742. Charakteristische Sandsteindenkmäler des 18. Jh.
Schloß samt dem reich ausgestatteten Park angelegt von Chr. v. Holtzendorff, im 7j. Kriege verwüstet. Im Innern noch einige mit Aufwand dekorierte Räume, der Saal im Obergeschoß um 1730, kleinere Zimmer im fortgeschrittenen Rok. (rest.). Im modernisierten Park Überreste von Kaskaden- und Brunnenfigg.

OBERLIND. Sachsen-Meiningen Kr. Sonneberg.
Pfarr-K. Der quadr. Chor mit Turm in der Anlage frgot., Lhs. 1455, überarbeitet 1748. — Hübscher spgot. Taufstein. — Von Interesse die wehrbaumäßige Ummauerung des Kirchhofs.

OBERLÖSSNITZ. Sachsen AH Dresden-N.
Bennoschlößchen um 1600; quadr. Gr., 2 Geschosse, 2 Hauptgiebel und 2 Zwerchgiebel; die innere Einteilung erhalten.
Hoflößnitz. Wohnhaus um 1653. Das in seiner alten Einrichtung erhaltene Obergeschoß bmkw. Beispiel der Dekorationsweise des 17. Jh.
Spitzhaus (Weinbergshaus) um 1650; quadr. Gr., 2 Geschosse, rundbg. Fenster, origineller Kontur durch das große geschweifte Dach mit Zentraltürmchen. Entstellende jüngere Anbauten.
Haus Sorgenfrei 1786 mit bmkw. Gartenhaus.
Meinholds Weinberg.

OBERMASSFELD. Sachsen-Meiningen Kr. Meiningen.
Kirche 1634, innere Ausstattung 1785, 2geschossige Emporen auf jon. und korinth. Sll., Altar aus Stuckmarmor in Sarkophagform (aus der Schloß-K. zu Meiningen). — Torturm, befestigte Kirchhofsmauer und 3 Gaden erhalten; einer bez. 1565.
Kapelle an der Werrabrücke mit reichem Hennebergischem Wappenschild 1534.
Pfarrhaus 1638 (1688?).
Fachwerkhäuser von 1573, 1578, 1595.
Dorflinde. Die Äste des gewaltigen Baumes auf alter Pfeilerstellung, ringsum gemauerter Sitz und Meßtisch mit 5 in die Platte vertieften Rundmaßen bez. 1525.
Werrabrücke, 5jochig, 16. Jh.

OBERMERZBACH. UFranken BA Ebern.
Dorf-K. Die einzige gut erhaltene rom. K. des Bezirks (1615 rest.). Quadr. Chor. Die Profile archaisch roh; ebenso das figürliche Detail am Chorbogenkämpfer.

OBERNBREIT. UFranken BA Kitzingen.
Prot. Pfarr-K. 1731. — Moseskanzel 1696. Altargeräte augsburgisch 18. Jh.
Rathaus. Stattlicher hoher Steinbau. Über dem rundbg. Tor Brandenburger Wappen 1563. Die Volutengiebel A. 17. Jh. — Bäckerhaus des 18. Jh. mit steinernem Verkaufstisch.

OBERNDORF. Schwarzb.-Sondersh. LA Arnstadt.
Dorf-K. Lhs. ursp. 3sch. flachgedeckte rom. Basilika, die Sschiffe abgetragen. OTurm über dem Chorquadrat. In reicheren Formen

(E. 12. Jh.) eine rck. schließende Chorerweiterung, Ecklisenen und Bogenfries, Teilung durch ½ Sll. mit attischen Basen und Würfel-Kaptt. Über das Maß einer Landkirche geht dieser Bau weit hinaus; was war seine Bestimmung?

OBERNEUKIRCH. Sachsen AH Bautzen.

Dorf-K. 1723, 1873 vergrößert. Schlichter großer Saalbau (1500 Stände), Ausstattung um 1750. Grabdenkmäler: v. Polenz 1609, v. Ponickau 1637, mehrere v. Haugwitz und v. Huldenberg 18. Jh.

Schloß 18. Jh., sehr schlicht. Zahlreiche Bildnisse der Frhr. v. Huldenberg.

OBERNSEES. OFranken BA Bayreuth.

Kap. S. Rupert. Das in der Literatur sich findende Erbauungsdatum 1080 falsche Lesung von 1480; schlichter Bau mit got. Chor und bar. Lhs.

OBERODERWITZ. Sachsen AH Löbau.

Dorf-K. 1816 von *K. Ch. Eschke*, großer Emporensaal in nüchternstem Klassizismus.

OBEROPPURG b. Neustadt a. Orla. Sachsen-Weimar.

Dorf-K. got., mächtiger Turm mit 4 Schützenerkern.

OBERPESTERWITZ. Sachsen AH Dresden-A.

Dorf-K. Charakteristischer Emporensaal aus der Zeit nach dem 30j. Kriege. — Lebensvoller Pastorengrabstein 1637. Auf dem Kirchhof Gruft der Familie Opitz 1770.

OBERREICHENBACH. OFranken BA Höchstadt.

Dorf-K. mit quadr. Chorturm; ein Zeichen alter Gründung.

OBERREINSBERG. Sachsen AH Meißen.

Schloß. Zeigt in seinen Teilen alle Wandlungen des Befestigungswesens und der Kunstformen 1500—1650.

OBERROSPHE. RB Cassel Kr. Marburg.

Dorf-K. Spgot. flachged. Schiff, schmälerer gewölbter polyg. Chor.

OBERROTTENBACH. Schwarzb.-Rudolst. LA Königsee.

Dorf-K. Schnitzaltar bez. 1498, Art des *V. Lendenstreich*.

OBERSCHWAPPACH. UFranken BA Haßfurt.

Dorf-K. Reicherer Bar.Bau 1. H. 18. Jh. — Bmkw. Altäre aus M. und E. 17. Jh.

Schloß. Sommersitz der Äbte von Ebrach. Erb. 1. H. 18. Jh. von *Joh. Leonhard Dientzenhofer* (?), der Formcharakter nahe verwandt dem Klst. Obertheres. Gr. triklinienförmig. Die langgestreckte Hauptfront gegen den Garten; 16 Fensterachsen; Aufbau in 2 Geschossen von niedrigen Proportionen; 3 flache, hauptsächlich in der Dachanlage zur Geltung kommende Risalite. Ausgedehnter Garten in 3 Terrassen, Treppen mit Brunnenbecken.

OBERSCHWARZACH. UFranken BA Gerolzhofen.

Fürstbischöfl. **Jagdschlößchen** (Forstamt) um 1600.

OBERSEIFERSDORF. Sachsen AH Zittau.

Dorf-K. 1714, die 1753 gemalte Holzdecke von bedeutender Wirkung.

OBERSTREU. UFranken BA Mellrichstadt. Inv.
Dorf-K. Türme frgot. Langhaus 1614. Um die Kirche die nahezu vollständig erhaltene Befestigungsanlage mit zahlreichen Gaden des 16. und 17. Jh. — Reste der **Dorfbefestigung. Bildstock** vor dem Dorfe von 1448 mit eigentümlich romanisierendem, verknotetem Säulenbündel. Der Aufsatz von 1551.

OBERTHERES. UFranken BA Haßfurt.
Ehem. **Benedikt.-Abtei.** Gegr. 1047 von Suitger von Bamberg. Völliger Umbau 1715 ff. Die K. (voll. 1724) wahrscheinlich von *Joh. Greising*, 1809 abgebrochen Erhalten blieb (als Schloß) der Klosterbau, 3flügelig, Verputz mit Sandsteingliedern in gediegener Behandlung. Von der unbedeutenden Stuckdekoration des Innern nicht viel erhalten. — Ehem. Verwaltungsgebäude 1696. — Rathaus 1727 und einige hübsche Wohnhäuser; über einem Hoftor der Renss. effektvolle Pietasgruppe des 18. Jh. — Originell aufgebauter Bildstock 1630.

OBERWALGERN. RB Cassel Kr. Marburg.
Kleine, rohe rom. **Dorf-K.**

OBERWEIMAR. Sachsen-Weimar VB Weimar.
Ehem. **Zisterzienser-Nonnen-Klst., M.** 13. Jh., Umbau 1361; sehr entstellt. Rom. Turm von älterer Pfarr-K. Im W Nonnenempore auf gewölbter 2sch. Halle. An der SSeite ein verstümmeltes hochgot. Portal; im Tympanon Relief des Jüngsten Gerichts. — Doppelgrabstein des Grafen Friedrich von Orlamünde † 1365 und seiner Gemahlin Elisabeth. Grabstein des herzogl. Kindes Johann † 1519. — Altarbild von *Cranach d. J.* Reste von frgot. Malerei in den Fensterleibungen.

OBERWEISSENBACH. UFranken BA Neustadt. Inv.
Pfarr-K. 1738. Einrichtung einheitlich 1749. Auf dem Hochaltar recht gute Plastik.

OBERWIRBACH. Schwarzb.-Rudolst. LA Rudolstadt.
Dorf-K. rom., eingezogenes Chorquadrat mit Turm und ½ kr. Apsis.

OBERZELL b. Würzburg s. Zell.

OBHAUSEN S. PETRI. Pr. Sachsen Kr. Querfurt.
Dorf-K. frgot. 2. H. 13. Jh. Das Schema unverändert das landesübliche rom. mit quadr. Turmchor, nur die spitzbg. Form der Fenster trägt dem neuen Stil Rechnung.

OBSCHITZ. Pr. Sachsen Kr. Weißenfels.
Dorf-K. Rom. OTurm mit ½ kr. Apsis.

OCHSENFURT. UFranken BAmtsstadt. Inv. [D.]
Pfarr-K. Von einem Bau aus 2. H. 13. Jh. (gew. 1288) hat sich der in der NOEcke stehende Turm erhalten, ein schlanker 6geschossiger Aufbau, in den mittleren Etagen mit frgot., in den obersten wieder mit rom. Einzelheiten. Die ganze übrige K. 2. H. 14. Jh. Gestreckter Chor mit ¾ Schluß. Lhs. 7jochige Hallenkirche, das Msch. beträchtlich überhöht. Die niedrigen Strebepfl. könnten auf den Gedanken führen, daß ursp. eine

Basilika beabsichtigt war und erst nachträglich **Modifikation** durch Überhöhung der Ssch. eintrat. Die 8eckigen Eckpfll. mit unverändertem Profil in die Scheidbgg. übergehend, Kreuzrippen mit Konsolen. Reiches geometrisches Maßwerk, vereinzelt mit ersten Ansätzen zur Fischblase. Steinerne WEmpore durch alle 3 Schiffe. — Ganze L. 47 m. — Der Hochaltar von 1612, der ähnlich dem in Frickenhausen war, 1892 durch neugot. Aufbau ersetzt; erhalten das große Kreuzigungsrelief von *G. Brenck*. Die Seitenaltäre aus derselben Zeit, 1892 ebenfalls entfernt. — Zierliches, nicht sehr großes Sakramentstürmchen 1496. Außerdem Sakramentsnische E. 14. Jh. — Bronzenes Taufbecken mit reicher, nicht eigentlich lebendiger Gliederung; in vieler Hinsicht ähnlich dem von *Hermann Vischer d. Ä.* in Wittenberg von 1457 (der von *Riemenschneider* gefertigte Deckel nicht mehr vorhanden). — Chorgestühl E. 14. Jh. (Brüstungswände und oberer Abschluß neu.) — Auf der Fenstersohlbank des nördl. Ssch. 3 Steinstatuen aus 2. H. 14. Jh. — Bmkw. Holzstatue einer schmerzhaften Muttergottes, geistreich in Bewegung und Gewandung, bei sehr verfehlten Proportionen, um 1520. Holzstatue des h. Nikolaus, *Riemenschneider* nahestehend.

Neben der Kirche **Michaelis-Kap.** („Karner") bez. 1440, Meßstiftung 1473, Gwb. 1492 (Inschr.). Der Erbauer *Hans Pauer* war erster Polier bei S. Lorenz in Nürnberg. Zweigeschossige Anlage, wie sie namentlich in Mitteldeutschland für derartige Totenkapp. sehr verbreitet ist, ausgeführt mit mehr als gewöhnlichem Aufwand. Hauptgeschoß hoch, hell und klar mit fast ganz aufgelösten Wänden, Sterngwbb. und WEmpore. An der Front doppelflügelige Freitreppe und reiches Portal, im Tympanon Jüngstes Gericht in 2 Streifen. Auf dem Altar Steinmadonna, seitlich 2 Holzstatuen, S. Michael und S. Sebastian, um 1500, effektvolle Arbeiten, von der Würzburger Schule unabhängig.

Spital-K. (Herz Jesu). Flachgedeckter spgot. Saal mit gewölbtem Chor von 1499. Im Tympanon des WPortals die Liebeswerke der h. Elisabeth, um 1450. — Spitalhof mit hübscher Laube in Holzarchitektur 1551.

Kapuziner-K. 1664. 1sch. Gwbbau (Tonne). Altarblätter von *Onghers*.

Kap. S. Wolfgang. Bez. 1463. — Hochaltar mit nicht üblem Gemälde 1699. Steinerne Kanzel 1551 von *Peter Dell d. Ä.*

Die meist starke **Befestigung** aus 2. H. 14. Jh., zu einem großen Teil erhalten. 2 Tore mit schlichten hohen 4eck. Türmen (1567) bestehen noch. Die Mauertürme rund.

Rathaus 1497—1513. An den Schmalseiten Treppengiebel, an der längeren Marktfront Freitreppe (unsymmetrisch), Uhrtürmchen, Steinmadonna (1498) an der Ecke — einfache Mittel zu hübscher Gesamtwirkung. Pranger auf Kragsteinen. Im Erdgeschoß Wachstube, Wage, Lagerhaus; im Obergeschoß Diele

und Ratssaal. Türbeschläge. Spgot. Tische und Schränke. Messingener Eicheimer. Ortsmuseum.
Stattliche Beispiele von **Amtsgebäuden** aus 1. V. 16. Jh., ehemals domkapitelsche, sind das jetzige Rentamt und Bezirksamt. — Am Marktplatz **Fachwerkhäuser** A. 17. Jh. In der Spitalgasse gut durchgeführter Bar.Bau von 1717. — Auf dem Markt Ziehbrunnen von 1573. — An der Landstraße zahlreiche Bildstöcke.
Mauergürtel z. T. erhalten.

OCHSENSAAL. Sachsen AH Oschatz.
Dorf-K. Kleiner, roher rom. Bau, bis auf die Fenster wohlerhalten.

ÖDERAU. Sachsen AH Flöha.
Dorf-K. Geräumige und durch klaren Gr. ausgezeichnete spgot. Anlage; weites Schiff (auf Gwbb. angelegt) mit massiven Emporen zwischen den eingezogenen Strebepfll. Gründlich überarbeitet 1709—25. — Ausstattung um 1720. — Orgel von *Gottfr. Silbermann* 1727. — Grabstein des Pfarrers Paulus Odontius † 1605, mit guter Reliefflgur. —
Rathaus fr. Renss., verändert 1785.

OHRDRUF. Sachsen-Gotha Amtsstadt.
Michaelis-K. 1760. Charakteristisch protestantische Quer-K. Rck. von 27 : 17,5, an 3 Seiten Exedren im Segmentbg.; in einer derselben, und zwar an der Langseite, der Altar- und Kanzelbau; auf der anderen Langseite der Turm.
Trinitatis-K. 1709. Einfacher Emporensaal. Grabstein 18. Jh.
Rathaus 1546. — **Schloß.** Einfache Fr.Renss. mit guten Einzelheiten.

OLBERNHAU. Sachsen AH Marienberg.
Dorf-K. 1639 und 1790. — Altargemälde von *J. Finck* 1648. Mehrere wertvolle Kelche, ein Augsburger bez. *A. L.* und ein Freiberger von *Samuel Klemm.*

OLDISLEBEN. Sachsen-Weimar VB Apolda.
Benedikt.-Klst. bis auf geringe rom. Reste (in das Gutshaus eingebaut) zerstört. — **Dorf-K.** spgot.

OLLENDORF. Sachsen-Weimar BV Weimar.
Dorf-K. spgot. und bar. — Großer Kanzelbau, die ganze Breite des Chors einnehmend, mit zahlreichen Figuren, 1700 von *Valentin Ditmar* aus Erfurt.

OELSHAUSEN. RB Cassel Kr. Wolfhagen.
Dorf-K. rom., verändert 1654. Rom. Tympanon.

OELSNITZ. Sachsen Amtshauptstadt.
Stadt-K. Unterbau der OTürme aus 13. Jh. Aus wiederholten got. Umbauten ging die K. als unregelmäßig 2sch. Hallenkirche hervor. 1888 stark rest.

OEPFERSHAUSEN. Sachsen-Meiningen Kr. Meiningen.
Dorf-K. 1718. Großes, für diese Gegend ungewöhnlich reiches Epitaph des Bauherrn Reichsfreiherrn v. Auerochs † 1731. — Bildnisgrabstein Hans Wilh. v. Haßberg † 1555.

OPPERSHAUSEN. Pr. Sachsen Kr. Langensalza.
Dorf-K. spgot. mit rom. OTurm.

ORB. RB Cassel Kr. Gelnhausen.
Stadt-K. spgot. Hallenkirche, 3 flachgedeckte Joche, ausgebauter polygon. Chor; dieser, der älteste Teil, um 1400. Das Hauptportal auf der NSeite mit massivem Schutzdach auf Kragsteinen; reiche Beschläge. Außen an der Sakristei unter zierlichen Baldachinen zwei Statuen: Schmerzensmann (tüchtiges Mittelgut, um 1450), Madonna (gering). Innen Grabfigur, 1354. — Heiliges Grab um 1500. — Aus derselben Zeit stark übermalte Wandmalerei. — Sonstige innere Ausstattung 1683.

ORLAMÜNDE. Sachsen-Altenburg LA Roda.
Stadt-K., übel verbaut. — Grabsteine, Gedenktafeln usw. ohne besonderen Wert.
Rathaus 1493, Uhrturm 1670.
Burg. Der älteste Teil, wohl aus der Ottonenzeit, die „alte Kemnate", ein Kastenbau von kolossaler Mauerstärke, der Eingang (für Leiter) 10 m über dem Erdboden, in den oberen Stockwerken kleine rundbg. Fenster.

ORTRAND. Pr. Sachsen Kr. Liebenwerda.
Stadt-K. Erneuerungsbau 1563 in verkommener Sp.Gotik, 3sch. Hallenkirche, die Gwbb. nicht ausgeführt. Über dem rck. Altarhaus hübscher Bar.Turm 1730. Türbeschläge 1627.
Friedhofs-Kap. mit Epitaph v. Lüttichau 1548.

OSCHATZ. Sachsen Amtshauptstadt.
Aegidien-K. Neubau nach Zerstörung durch die Hussiten 1443; weitere Brände 1616 und 1842; nach dem letzten von *Heideloff* mit Willkür rest. — Hallenkirche von 3 fast gleich breiten Schiffen in 5 Jochen. Ausladender Hauptchor, rückspringende Nebenchöre, beide aus 8Eck geschlossen. Die Nebenchöre in zwei Geschossen. Unter dem Schluß des Hauptchors eine als regelmäßiges 8Eck gestaltete Krypta; Sterngwb. auf Mittelpfl.; Zugang durch 5 Portale. Am Äußeren zeigen die Strebepfll. Ab sicht sehr reichen Schmuckes, der aber nicht fertig wurde. Das Lhs. völlig entstellt. 2 stattliche WTürme. — Von der ma. Ausstattung wenig übrig: 3 Halbfigg. von einem h. Grab um 1450, Altarkruzifix um 1400, Grabdenkmäler der Sp.Renss.
Franziskaner-K. Erster Bau 1246, wovon die NMauer (ohne die modernen Strebepfll.). Zweiter Bau 1381—1428 als 1sch. Saal. In einer dritten Bauzeit, E. 15. Jh., nach S erweitert und eine symmetrisch 2sch. Hallenanlage geschaffen. Infolgedessen der Chor nicht mehr in der Mittelachse. Unbedeutender 8eck. Turm im SWWinkel am Chor. — Großer Taufstein aus Porphyr ca. 1381. [Kleiner gemalter Flügelaltar und mehrere Holzstatuen im Dresdener Altert.-Mus.] — Die Klst.Gebäude nur aus älteren Abb. bekannt.
Gottesacker-K. 1583. Saal mit $^3/_8$ Schluß. Die Fenster noch got., auch mit Maßwerk. Hübsch behandelte hölzerne Empore

im W. Unter den D e n k m ä l e r n ist das der Susanna Taucher † 1622, junge Frau mit Wickelkind, eine tüchtige, lebensvolle Arbeit.
Rathaus 1537 von *Bastian Kramer,* vielfach verändert. Bmkw. die Freitreppe mit offener Laube über dem Podest, Fr.Renss. im Stil des Dresdener Georgentors. Ratsstube 1545, rest. 1884.
Brunnen 1588 von *Gregor Richter.*
Schloßruine Osterland.

OSCHÄTZCHEN. Pr. Sachsen Kr. Liebenwerda.
Dorf-K. 1686, Lehmfachwerkbau, bmkw. nur durch seine, für die Epoche nach dem 30jährigen Kriege bezeichnende Ärmlichkeit. — S c h n i t z a l t a r E. 15. Jh. Ein z w e i t e r, besserer, im Stall des Schulhauses.

ÖSLAU. Sachsen-Coburg LA Coburg.
Dorf-K. 1517. 1sch. mit $^3/_8$ Schluß. Flachgedeckt. Von Interesse die Neueinrichtung aus 1. H. 17. Jh. An der N- und W-Seite 2geschossige Empore mit ungewöhnlich reichem, wenn auch derb gearbeitetem figürlichen Schmuck, Holz und Stuck; die Unterflächen der Emporen sowie die Decke ebenfalls stukkiert in Quadratwerk. — Aus derselben Zeit die K a n z e l. C h o r b ä n k e um 1700.
Herrenhof 16. Jh. — **Herrgottsmühle,** am Mühlwerk Schnitzerei, bez. 1617.

OSSA. Sachsen AH Borna.
Dorf-K. Von der rom. Anlage des 12. Jh. erhalten: das Chorhaupt, A. 13. Jh. mit Turm überhöht; die SWand des Lhs. mit Säulenportal; die WWand. — A u s s t a t t u n g 1680. Verstümmeltes A l t a r w e r k um 1490.

OSSLING. Sachsen AH Kamenz.
Dorf-K. 1803, groß, sehr nüchtern. Zahlreiche D e n k m ä l e r aus 18. Jh.

OSSMANNSTEDT. Sachsen-Weimar VB Apolda.
Dorf-K. relativ bedeutende spgot. Anlage, 1610 umgearbeitet. Taufstein, Kanzel usw. aus dieser und der nächsten Zeit.

OSTERBURG. UFranken BA Neustadt. Inv.
Burgruine. Die im Schutt gefundenen rom. skulptierten Zierglieder deuten auf einen reich behandelten Bau aus A. 13. Jh.

OSTHEIM. UFranken BA Hofheim.
Pfarr-K. Stattlicher WTurm 1678, Lhs. 1725. K a n z e l 1727. — H o c h a l t a r 1774 mit entsprechendem Gemälde von *Herrlein.* — G l o c k e 14. Jh.
Schmerzhafte Kap. 1675, noch wesentlich got.

OSTHEIM V. D. RHÖN. Sachsen-Weimar VB Dermbach.
Stadt-K. 1615—19. Anlage 3sch., das Msch. (ohne eigene Beleuchtung) mit hölzernem Tonnengwb., die Ssch. mit Flachdecke, zwischen die Säulen der NSeite Emporen eingespannt, Fenster spitzbg., Turm über dem Altar. Das Äußere einfach, Verputzbau, bis auf die 2 in ernsten, guten Renss.Formen aus-

geführten Portale. — Taufstein und Kanzel aus der Erbauungszeit. An der SWand ein eigentümliches Holzschnitzwerk: Szenen aus der Geschichte Christi, in 4 Reihen übereinander; sie sind älter als die um 1738 ausgeführte umrahmende Sll.-Architektur. — Eine Reihe von Bildnisgrabsteinen in meist guter Qualität: a) in der Vorhalle: Hans Veit v. Obernitz † 1577 und Barbara v. Buttlar; Ernst v. Obernitz, † 1573 als Knabe; Chr. v. Stein † 1576, mit Meisterzeichen *I. H.* (vgl. Meiningen). b) Im Hauptraum: Moritz v. Stein † 1560 und Anna v. Ostheim; G. W. v. Stein † 1616; Margarethe v. Stein † 1575, bez. *I. H.* 1580; weitere Glieder dieser Familie 1638, 1684, 1690. Eigentümlich durch das Material, Gußeisen, die Platte des Konrad v. Thüngen † 1626.

Befestigter Kirchhof. In der alten Herrschaft Henneberg und weiter südl. in den fränkischen Gebieten kommt dergleichen in kleinerem Maßstabe oft vor; hier eine wirkliche Festung mit 4 starken, wohlerhaltenen Türmen und Wehrgang; zahlreiche Gaden; einer bez. 1576; die Anlage im Ganzen aus 1. H. 15. Jh.

Von den im 17. Jh. genannten 7 Adelshöfen gut erhalten, der Hansteinsche aus E. 16. Jh.

In der Nähe ein runder **Wartturm.**

OSTRITZ. Sachsen AH Zittau.

Dorf-K. Der rck. Chor aus 2 Kreuzgwbb. im Übergangsstil des 13. Jh., Einfluß der benachbarten Zisterzienser von Mariental; bezeichnend dafür das feingegliederte NPortal. Das Lhs. war Basilika, 1615 1sch. umgebaut. — Hochaltar rck., im Aufbau ein Duplikat jenes in Königshain, das Gemälde ebenfalls von *Leubner* in Reichenberg, bez. 1773. — Auf dem nördl. Nebenaltar Pietas um 1480. — Sandsteinkanzel 1609. — Prächtige Monstranz um 1500. — Kelche des 17. und 18. Jh., z. T. aus Augsburg und Prag. — Zahlreiche Grabdenkmäler des 17. und 18. Jh., hervorzuheben der lebensvolle Bildnisstein des J. H. Dorn v. Dornfeld † 1661.

OTTENDORF. Sachsen AH Pirna.

Dorf-K. spgot. mit ungewöhnlich reich detailliertem Chor. — Altarwerk 1591. — **Schloß.** Gemengbau 15.—18. Jh.

OTTENDORF. Sachsen-Altenburg LA Roda.

Dorf-K. Charakteristische Einrichtung des 17. Jh., Emporen mit Bildern. Gemalte Glasscheiben bez. 1624. — Im Dorf gute Fachwerkhäuser.

OTTENHAUSEN. RB Erfurt Kr. Weißensee.

Dorf-K. (ehem. Klst.-K.). Rom. Doppeltürme im O, von gleicher Anlage wie die in Gangloffsömmern; kleiner polyg. got. Chor. — Ziemlich reicher spgot. Schnitzaltar.

OTTERWISCH. Sachsen AH Grimma.

Dorf-K. wesentlich 17. Jh. — 12 zum Teil ansehnliche Denkmäler der Familie von Hirschfeld 1545—1578.

OTTOWIND. Sachsen-Coburg LA Coburg.

Dorf-K. Spgot. turmtragender Chor, das übrige 1753.

OTTRAU. RB Cassel Kr. Ziegenhain.

Kirche, zuerst genannt 1782. Der jetzige Bau im 13. Jh. in zwei Absätzen errichtet. Rck. Schiff mit schmälerem $^{3}/_{8}$ Chor. Jetzt in allen Teilen Holzdecke. In den östl. Ecken des Sch. je 3 durch Hohlkehlen verbundene Dienste als Träger ehemaliger Wölbung, ihre Basen romanisierend. Im Chor schmale rundbg. Fenster. Im Schiff ein altes spitzbg. Fenster. Die übrigen neu. — Wandtabernakel E. 14. Jh. — Spgot. Wandgrab von ungewöhnlicher Anlage; große, reich umrahmte und gekrönte Blende; das Standbild fehlt. — Ikon. Grabstein 1604, roh. — Bmkw. Kanzel von 1544, noch in spgot. Formen.

OTZDORF. Sachsen AH Döbeln.

Dorf-K. Umbau 1713, unbedeutend. — Sitzende rom. Madonna aus Holz. Eine zweite desgl. wenig jünger. Johannes, ebenfalls Holz, 2. H. 13. Jh., Arbeit eines geringen Handwerkers aus großer Zeit.

OYBIN. Sachsen AH Zittau.

Burg und Kloster. Großartige Ruine in bedeutender Naturszenerie. Erb. um 1316 von Heinrich v. Leipa; aus seiner Zeit die beiden Tortürme, die Zwingermauer, die westl. Burgmauer und Teile des Hauses vor der K.; man erkennt sie an den kleinen unregelmäßig geschichteten Bruchsteinen. 1319 gelangte die Burg an Heinrich von Jauer, 1346 unmittelbar an die Krone Böhmen. Unter Karl IV. der langgestreckte rck. Bau am nördl. Felsenrand. 1365 richtete der Kaiser unmittelbar neben der Burg ein Klst. ein, das er mit Zisterziensermönchen aus Avignon besetzte. Die K. voll. und gew. 1384. 1559 das Klst. aufgegeben, 1577 Brand. 1681 Felssturz. Aufnutzung als Steinbruch. — Kirche. Dach und Gwbb. zerstört, sonst im wesentlichen gut erhalten. Lhs. 1sch., 10,7 m br., 15,5 m h.; Chor etwas eingezogen, 1 gerades Joch und $^{5}/_{8}$ Schluß, 7,2 m br., 14 m l. Die SWand ist aus dem gewachsenen Felsen herausgearbeitet, der erst auf Fensterhöhe zurücktritt. Die NSeite wird durch weitläufige Substruktionen mit 2geschossiger Galerie gestützt; das obere Geschoß, in gleicher Höhe mit dem Kirchenflur, enthält Kapellen. Der Umgang der SSeite erst 1515 aus dem Felsen gehöhlt. Querempore im W. Teilung des Lhs. in 3 Kreuzgwbb. auf gestielten Konsolen. Die Reste des Maßwerkes zeigen reiche, streng geometrische Muster, die Bogenprofile in der lebhaften, kontrastreichen Gliederung der Schule von Prag. (Unter den Steinmetzzeichen 3mal ein in der Schule der *Parler* gebräuchliches). Vortrefflich die Kleinplastik der Konsolen.

Museum im Burgsaale.

Dorf-K. 1732. Hübsche einheitliche Inneneinrichtung.

P

PAHNSTANGEN. Reuß ä. L. LA Greiz.
Dorf-K. Die Anlage ganz rom. erhalten; der Turm, wie in diesem Gebiet die Regel, über dem Altar.

PANNEWITZ. Sachsen AH Bautzen.
Rittergut 18. Jh., bmkw. geschickte und reizvolle Gruppierung der Wohn- und Wirtschaftsräume.

PAULINZELLA. Schwarzb.-Rudolst. LA Rudolstadt. [D.]
Benedekt.-Klst.-K. Im Bauernkriege 1525 beschädigt, bald darauf verlassen und nach Blitzschlag im 17. Jh. verfallen und zum Teil abgebrochen. Dank der Wetterfestigkeit des Materials haben sich in den aufrecht gebliebenen Teilen die Formen gut erhalten und lassen eine der stilkräftigsten Schöpfungen der mittelromanischen Epoche erkennen; Ruinenschönheit und Lieblichkeit der Lage in einem heimlichen Waldtal vereinigen sich zu einem Eindruck von hohem Reiz. — Gegr. vor 1109. Der bestehende Bau beg. 1112 von den aus Hirsau kommenden Mönchen. Bei der Weihe 1132 mindestens die Mönchskirche (Chor, Querschiff und Anfang des Lhs.) vollendet. Das Lhs. wahrscheinlich nach längerer Pause vollendet etwa 1160—70. Die Vorkirche etwa E. 12. bis A. 13. Jh. — Die Anlage nach dem „Hirsauer", d. i. aus dem burgundischen Cluny herübergenommenen Bauschema: lateinisches Kreuz, zu seiten des Chorquadrums parallele Nebenchöre in gleicher Breite mit den Sschiffen des Lhs., Schluß in 3 parallelen halbrunden Apsiden, 2 weitere an der OSeite der Qschiffsflügel, die ihretwegen etwas überhöhtes Quadrat haben. Das Lhs. (Br. : L. = 1 : 2) in 8 Arkaden. Das erste Stützenpaar Pfll., die folgenden Sll. Über dem Pfeilerjoch, im Winkel des Lhs. zum Querhaus waren Türme vorbereitet, sind aber nie ausgeführt worden. Dies alles Hirsauer Merkmale. Dazu als Negatives die Abwesenheit von Krypta und WChor, welche beiden einer sächs.-thüringischen Klst.-K. dieser Zeit nicht hätten fehlen dürfen. An Stelle des WChors Vorhof mit 2 Fronttürmen. Ein wichtiges Novum der Aufbau als reine Säulenbasilika (bisher nur einmal vorgekommen, in der Moritz-K. bei Hildesheim, auch hier unter süddeutschem Einfluß). Die Ostteile sind ganz zerstört, konnten aber durch Ausgrabung im Gr. festgestellt werden. Die Würfelknaufsäulen des Lhs. gehören in der strengen Eleganz ihrer Proportionen und der ausdrucksvollen Schärfe der Linienführung zu den schönsten der ganzen Stilperiode. Spezifisch hirsauische Einzelheiten: die Eckzähne der Kapitelle, die von jedem Kapitell senkrecht zum Arkadengesims aufsteigenden und mit diesen gleichartig profilierten Leisten, die Umrahmung der kleinen Tür am nördl. Qsch. durch Herumführung des Sockelprofiles. Besonderes Interesse nimmt das großartige Hauptportal in Anspruch. Es ist im sächs.-thü-

ringischen Gebiet das erste große Sll.Portal; je 4 schlanke Sll. freistehend vor den Rückspringen, die Bogenläufe in straffer, die Gegensätze von Licht und Schatten vorzüglich wahrnehmender Profilierung. Dies Portal ist mit der WWand gleichzeitig entstanden, nach rundem Rechnungsergebnis ca. 1160—70. Über dem Mauermassiv des Portals eine Empore (ausgesparte Wendeltreppe). Die mit der Wand bündigen Pfeiler zu Seiten des Portals lassen vermuten, daß im ersten Projekt ein offener Vorhof mit seitlichen Bogengängen beabsichtigt war. Die spätere Ausführung hat daraus eine basilikale Vorkirche gemacht. Ihre Pfll. in der spezifisch thüringischen Gliedernug (vgl. Talbürgeln und Petersberg b. Erfurt). — Von den Klst.Gebäuden erhalten ein kleiner rom. Steinbau mit Arkadenfenstern und einige (im Stall des Gasthauses eingebaute) Skulpturreste. Großes Wasserbecken aus der Tonsur. — Stattlicher Fachwerkbau, jetzt Oberförsterei.

PAUSITZ. Sachsen AH Großenhain.

Dorf-K. 1755. Einst ein guter und stattlicher Bau, jetzt ungünstig verändert. — Zahlreiche, doch unbedeutende Denkmäler aus 16. und 17. Jh.

PEGAU. Sachsen AH Borna.

Laurentius-K. Von der 1190 gegr. rom. Kirche hat sich der schmucklose, zweitürmige WBau erhalten; übrigens im 15., 16. und 19. Jh. erneuert. — Sakramentshäuschen um 1463, im Stil der Rochlitzer Kunigunden-K. — Grabmal des Grafen Wiprecht v. Groitzsch aus der abgetragenen Klst.K., eines der schönsten aus dem 13. Jh. erhaltenen. Genauere Entstehungszeit schwer festzustellen, etwa zwischen 1240—1260. Wiprecht lebte im 11. Jh., also Idealporträt. Die 1,85 lange Gestalt ist stehend gedacht, trotz des Kissens unter dem Haupt; in der Rechten die Fahne, deren Tuch sich über das Kissen legt, in der Linken der wappenlose, nur mit Rankenornament gezierte Schild; blauer, mit Edelsteinen (durch Glasflüsse dargestellt) besetzter Leibrock, roter pelzgefütterter Mantel, Vollbart und kurzes Lockenhaar. Material: Sandstein mit Bemalungsresten.—Bibliothek mit bmkw. Handschriften und frühen Drucken.

Rathaus, erbaut 1559 nach den Plänen von *Hieronymus Lotter,* die Anlage ähnlich dessen Leipziger Rathaus.

PEGNITZ. OFranken BAmtsstadt.

Stadt-K. Stillos, jedoch „an Kanzel und Altar bemerkenswerte Schnitzereien".

PEISSEN. Pr. Sachsen Saalkreis.

Dorf-K. mit einzelnen rom. Kunstformen; rom. Taufstein.

PENIG. Sachsen AH Rochlitz.

Bergkirche. Beg. vor 1499, gew. 1515. Große (15 : 41 m) 1sch. Anlage mit 7seit. Schluß. Die Gewölbe nicht ausgeführt; beabsichtigt war eine Halle mit sehr schmalen Sschiffen und vielleicht auch massiver Empore ähnlich Schneeberg. An der NSeite geräumige Kapelle 1306 und massiger, mit der K. nicht in Verband ausgeführter Turm. — Großer und prächtiger Steinaltar

1564 von *Christoph Walther* (gest. von Wolf v. Schönburg), Architektur in korrekter ital. HochRenss., große Menge von Alabasterreliefs, protestantisches Programm, viel Farbe, besonders Blau und Gold. — Holzkruzifix mit alabasterner Marienfigur 1660. — Taufstein 1609 vom Meister von Seyda (*Ulrich Eckhardt*). Kanzel 1607 von *Nik. Schwarz*. Hinter dem Altar Sandsteinepitaph Pistoris 1582, wohl aus der Werkstatt der *Lorenz* zu Freiberg. Ikon. Grabstein eines Altaristen 1517. Über der Sakristeitür Bronzeplatte 1530. Bmkw. Lutherbildnis von 1521 (*Cranach?*). Reliefbildnis Luthers aus Papierteig, vielleicht nach der Form *Alberts v. Soest*. — Die Kapelle der NSeite enthielt früher Begräbnisse der Burggrafen von Leisnig, jetzt der von Schönburg. Schönes Leichenschild des letzten Leisnigers † 1538. Sandsteinepitaph Ph. v. Hassenstein † 1557. Sandsteinplatte der Gräfin Agnes mit deren Relieffigur und den Wappen von Leisnig und Mansfeld. Großes Renss.Epitaph für Hans Ernst von Schönburg † 1586, bez. *Samuel Lorentz*. Epitaph Ch. H. v. Sch. 1607 bez. *Uriel Lorentz*. Beschädigte Sandsteinfig. des sitzenden Christkindes (von einer Madonnenstatue) E. 12. Jh. Altarwerk 1510. Interessante Prozessionsfahnen. Auf dem Kirchhof Erbbegräbnisse der Bar.Zeit mit schönen Eisengittern.

Rathaus 1546, das 3teilige Portal im Charakter des Dresdener Georgenbaues.

Vorstadtkirche **Altpenig**. Rom. Anlage. Erhalten die Apsis und ein schönes Portal, E. 12. Jh.

PETERSBERG B. ERFURT. Prov. Sachsen.

Benediktiner-Klst.-K. Brände der älteren K. 1069, 1080, Neubau der bestehenden beg. unter Leitung des Laienbruders *Ditmar* 1103, als ältester Bau der „Hirsauer Schule" in Thüringen. Weihung der östl. Teile 1109, Brandschaden 1142, Weihung zweier Altäre im Chor 1143, Schlußweihe 1147. Zu erwägen wäre, ob nicht der Brand 1142 sehr umfassende Veränderungen nach sich gezogen habe; alle späteren unerheblich, bis auf den Brand bei der Beschießung 1813; worauf 1816—18 die Obermauern des Msch. und Qsch., sowie die Türme abgetragen und die Kirche als Militärmagazin eingerichtet wurde. Durch Größe und technische Vollkommenheit neben der Klst.-K. Paulinzelle der bedeutendste Bau Thüringens aus der Zeit des reifen rom. Stils. — Flachgedeckte Pfeilerbasilika mit gewölbtem Chor auf kreuzf. Gr. im Hirsauer Schema. Dahin gehört auch die starke Streckung der Längsachse (79 m), d. i. etwas mehr als das Sechsfache der Msch.-Br. Der Chor quadr., begleitet von schmalen Nebenchören, mit jenen durch eine Doppelarkade in Verbindung, zusammen genau von gleicher Breite (18 m) mit dem Lhs. An das östl. Ende der Nebenchöre schließen sich Türme, deren Erdgeschoß sich gegen jene als Kap. öffnet; der Hauptchor um ebensoviel vertieft, so daß nach O eine gerade Abschlußlinie gewahrt bleibt. (Die Annahme, daß eine Apsis vorhanden oder beabsichtigt gewesen, ist irrig.) Die Flügel des Qsch. etwas mehr als quadr., ihre ganze OWand von je einer ½ kr. Apsis eingenommen. Das Lhs. hat 10 Arkaden, in der Grundrißstellung mit sorgfältig durchgeführtem quadr. Schematismus. Die beiden östl. Arkaden des Lhs. waren zum Mönchschor hinzugezogen und die entsprechenden Joche der Abseiten, gleich den Nebenchören, gewölbt (Tonne); außer durch zu vermutende Schranken war die Grenze durch stärkere Bildung der Pfll. bezeichnet; über ihnen im Hochschiff ein Bogen, ähnlich den Vierungsbgg. Dieser Teil der Schiffe war, ebenso wie die Nebenchöre, ursp. in der Tonne gewölbt. Ferner kommt die westlichste Arkade in Abzug; sie bildete eine Vorhalle zwischen zwei Türmen; die letzteren im Gr. etwas über die Fluchtlinie der Sschiffe vorspringend. Sonach bleiben für das Laienschiff 7 Arkaden. Die Pfll. dieses Abschnittes sind quadr. und mit 3 schlanken Halbsll. besetzt, je eine unter den Arkaden, die dritte an der Seite des Msch. in einer nischenartigen Vertiefung, an den Basen Ecksporen; einfache Würfelknäufe; Sockel und Kämpfer nach attischem Profil; gegliederte Archivolten; Gurtgesims mit Schachbrettmuster (vgl. für alle diese Eigentümlichkeiten die schulverwandten Kirchen in Paulinzelle, Talbürgeln, Hamersleben). Die durch einen Kupferstich überlieferten rippenlosen Kreuzgwbb. anscheinend aus 16. und 17. Jh. — Das Äußere erhält durch sein vollendet schön behandeltes Großquaderwerk (eine Errungenschaft der Hirsauer Schule aus ihren burgundischen Beziehungen) eine alle örtlich und zeitlich naheliegenden Bauten hoch überragende monumentale Würde. Vollständig ausgebildet sind infolge der Geländeverhältnisse nur die O- und SSeite, die letztere am besten erhalten. Die Ssch.Wand im unteren Abschnitt (etwa ²/₃) gänzlich ungegliedert; dann schräger Rücksprung, aus dem sich als Jochteilung Halbsll. mit Ecksporen-Basen und Würfelkaptt. erheben; besonders energisch empfunden und mit größter technischer Sicherheit ausgeführt der obere Abschluß durch Schachbrettfries und stark schattendes Gesims, darunter in flacherem Relief ein Bogenfries. Dieselbe Gliederung wiederholt sich am Hochschiff, zieht sich unverändert um das Querschiff und den Langchor hin und motiviert auch die Gliederung der Apsiden — ein nach den ma. Baugewohnheiten ungewöhnlich strenges Gleichmaß. Ungewiß bleibt die Gliederung der OWand des Hauptchors, da sie schon in spgot. Zeit größere Fenster erhalten hatte. Noch fehlt der Schmuck reich ausgebildeter Portale; das gut erhaltene am SKreuz ist am Gewände einfach abgestuft, ohne Sll., die Verbindung der Umrahmung mit dem Sockel im Sinne der Hirsauer Schule. Die WTürme wohl nie ausgeführt, die OTürme zeigen auf älterer Abbildung Ecklisenen und in den zwei Obergeschossen gekuppelte Fenster; spgot. Holzhelme. Die jetzt ganz beseitigten Klst.-Gebäude an der NSeite nebst Kreuzgang neugebaut 1463—80; Obergeschosse Fachwerk. — Die Ausstattung war in der letzten Zeit des Klst. barock. Von den zahlreichen Skulpturen (allein 151 Grabsteine) nichts erhalten als der in den Dom übergeführte berühmte Grabstein des Grafen von Gleichen mit 2 Frauen aus E. 13. Jh. und am Ort ein Kreuzigungsrelief außen neben dem SPortal, dem Meister des Severisarkophages nahe stehend, 2. H. 14. Jh.

PETERSBERG B. FULDA. RB Cassel Kr. Fulda.

Ehem. **Benedikt.-Klst.-K.** (jetzt Pfarr-K.). Auf gewachsenem Basalt und hohen Substruktionen malerisch aufgebaut, zugleich architekturgeschichtlich interessant. Aus dem Stiftungsbau von 837 die Krypta, Tonnengwbb. mit altertümlich rohen Kappen. Marmormensen mit Weihinschriften des Rhabanus Maurus. Wandmalereien in den 3 parallelen Konchen. Im Verbindungsgang Steinsarg des hl. Lioba. Fenster im 13. Jh. eingebrochen. Der Hauptbau enthält Reste einer kleinen, schlicht, fast roh ausgeführten rom. Pfeilerbasilika aus nicht näher zu bestimmender Zeit; 1479 1sch. umgebaut. Achteckiger Vierungsturm 12. Jh. — Rom. Steinreliefs: Christus, Maria, Bonifazius, Pipin; roh, doch lange nicht so alt, wie angenommen wird, erst Spätzeit des 12. Jh.

PETERSBERG B. HALLE. Pr. Sachsen Saalkreis.

Benediktiner-Klst. gegr. 1124. K. gew. 1146. Der jetzige Chor und Qsch. unter Abt Eckehard 1184. — Kreuzf. Basilika nach dem Hirsauer Schema. Hauptchor oblong, Nebenchöre ohne Apsiden; anscheinend vor ihnen ausgeführt die Apsidiole am nördl. Kreuzflügel. Die Chorpartie gewölbt. Die Nebenchöre mit Emporen und unter dem Dach verhehlten Strebemauern sind später (nicht vor A. 13. Jh.) hinzugefügt. Durch diesen Umbau die Hochfenster des Hauptchors verdunkelt und alle 3 Chorschiffe nach außen unter einen einzigen kolossalen Giebel gebracht, eine schwerfällige, dem rom. Stil sonst fremde Gestaltung. — Im Lhs. 5 Arkaden bei auffallend schmalem Msch. Die Pfll. quadr. mit starker Abfasung der Ecken. Der WBau erhebt sich ohne Turm als breite Masse über rechteckigem Gr. und endet in ein Satteldach. Nach innen öffnete er sich mit Empore. — Außen die älteren WTeile sehr formenarm, die jüngeren etwas geschmückter. Durchgreifende Rest. von *Quast* 1853—57. Bmkw. das schön gegliederte Portal des NKreuzarms; es liegt in einem Rahmen, der das Sockelprofil fortsetzt (hirsauisch), im Tympanon sichere Gemäldespuren, Maria mit Engeln. Ein zweites hat am Gewände je 3 Sll. in eigentümlicher Gruppierung, die Türöffnung von Perlstab umsäumt. — Im 13. Jh. erhielt die K. ein großartiges Denkmal der Grafen von Wettin, 10 liegende Gestalten aus Bronze; sie sollen beim Brande 1565 zu Schaden gekommen sein (?); die von *Chr. Walter* in Dresden hergestellten Nachbildungen in Sandstein, an sich geringwertig, zeigen in der Tracht und Haltung wohl ziemlich treuen Anschluß an die Urbilder. — Am Konventsgebäude schöne Details aus A. 13. Jh.

PETTSTADT. OFranken BA Bamberg?
Dorf-K. bar. WFront. Schöne Rok.Altäre.

PETTSTÄDT. Pr. Sachsen Kr. Querfurt.
Dorf-K. Der rom. Charakter einigermaßen erhalten am Chorturm, Spuren einer abgebrochenen Apsis, dürftig spgot. ersetzt. — Sakramentsnische und Schnitzaltar, auf den Flügeln die 12 Apostel in 2 Reihen, 2. H. 15. Jh.

PFAFFENDORF. UFranken BA Ebern.
Schloß. Erb. vor M. 18. Jh. unter den Stein-Altenstein. Eleganter Frührok.Bau, 2geschossig, große Estrade.

PFAFFRODA. Sachsen AH Freiberg.
Dorf-K. 1645 erneuert, architekturlos. — Taufstein, am Fuße 4 der im Lande typischen Kinderfigürchen, Kappen auf den Köpfen, 1655.

PFARRWEISACH. UFranken BA Ebern.
Pfarr-K. 1499—1516. 1sch. Chor; 3sch. flachgedecktes Lhs. Spgot. und renss. Bildnisgrabsteine der Geschlechter Rauheneck und Lichtenstein (1504, 1506, 1507 und 1530).

PFERDINGSLEBEN. Sachsen-Gotha LA Gotha.
Dorf-K. spgot. — Großer Schnitzaltar, die Gemälde „interessant".

PFERSDORF. UFranken BA Schweinfurt. Inv.
Dorf-K. 1794 mit gleichzeitiger eleganter Einrichtung. Nur der Hochaltar rok. 1760 mit virtuosen Figuren von *Rehm* in Erzenhausen.

PFORTA. Pr. Sachsen Kr. Naumburg.
Ehem. **Zisterz.-Klst. S. Mariae de Porta** gegr. 1136, seit 1543 Sitz der berühmten Schule. — Der künstlerische Charakter des Kirchengebäudes wird wesentlich bestimmt durch den 1251 (Inschr.) begonnenen got. Umbau; 1268 (I.) der Chor vollendet; Fortsetzung bis nach 1300. Der rom. Bau ist, bis auf den östl. und westl. Abschluß, im got. erhalten, und es ist kein Grund gegeben, seine Ausführung wesentlich später als die Gründung anzusetzen; also in runder Schätzung M. 12. Jh. Demgemäß für Deutschland das älteste Beispiel einer Zisterzienser-K. von schon ausgeprägtem Typus: Kreuzf. Basilika mit stark gestrecktem Lhs. und je 2 Doppelkapellen an der OSeite des Qsch. Bergner fand an diesen Kapellen Ansätze zu Apsidiolen; es ergibt sich daraus eine staffelförmige Anordnung ähnlich den gleichzeitigen Kirchen in Talbürgeln und Georgental. Das ist die älteste Fassung des Zisterzienserchors. Das Lhs. war eine flachgedeckte stützenwechselnde Basilika von 4 Doppeljochen, das letzte Joch im O zum Chor gezogen und voraussetzlich durch eine Lettnerschranke gegen das Laienschiff abgeschlossen. Erhalten haben sich die (gedrückten) Blendbögen, die je eine Doppelarkade zusammenfaßten; ferner die Oberlichter, ungewöhnlich niedrige Raumverhältnisse dokumentierend, und die ganz schlichten Profile der Pfll. Ursp. L. 55 m, erweitert auf 75 m. — Der got. Umbau begann kurz vor M. 13. Jh. mit der Einwölbung des Qsch.; daher wechseln Über-

gangs- und frgot. Formen mit ausgesprochen got. (14. Jh.) Formen; nicht leicht zu erklären. Vielleicht war das Qsch. im 13. Jh. niedriger angelegt und ist gleichzeitig mit dem Chor noch einmal überarbeitet. — Chor begonnen (Inschr. am südöstl. Strebepfeiler) 1251 und schnell fertiggestellt. Er hat nichts Zisterziensisches mehr an sich. Die Konstruktions- und Zierformen aus genauer Kenntnis der champagnischen und burgundischen Schule. Der Grundriß die früheste ganz reife und klare Formulierung des in Deutschland fortan am meisten verbreiteten Chortypus: 2 rck. Joche und Schluß aus 5 Seiten des regelmäßigen 8Ecks. Das niedrige und sehr massive Erdgeschoß (4,40 m h.) hat keine Arkatur, sondern eine Folge von Sitznischen, Piscinen und Wandschränken. Das Hauptgeschoß ist völlig aufgelöst. Auf der 2 m starken Sockelmauer ein Laufgang, die Fenster in tiefen Nischen, deren Wände von den äußeren Widerlagern zu den inneren Dienstbündeln keilförmig verlaufen. Die Fenster im Polygon 2teilig, im geraden Teil 4teilig (Öffnung 9,7 m h., 1,25 m bzw. 2,50 m breit). Maßwerk, ähnlich wie bei den hessischen Zisterzienserkirchen dieser Zeit, aus Dreipässen und kleeblattförmig gebrochenen Spitzbögen, Reste von Grisailleverglasung. An Kappt. und Schlußsteinen reiches naturalistisches Laubwerk. Schulcharakter mittelrheinisch - hessisch. Ein abweichendes System im ersten Joch: hier öffnet sich ein weiter Spitzbogen gegen die über den alten rom. Querschiffskapellen angeordneten Oberkapellen (S. Trinitatis und S. Margarethe), und über diesen ist die Fensteröffnung als reich gemusterte Rose gestaltet. — Im Gegensatz zum vornehm formenreichen Charakter des Innern, das zu den hervorragenden Leistungen der Epoche gehört, ist das Äußere des Chors von herber Sparsamkeit; die Strebepfll. ohne Fialen oder sonstigen Schmuck, das Hauptgesims ohne Laubfries. — Verhältnismäßig unerfreulich wirkt das Langhaus; Altes und Neues sind im Umbau ungeschickt verbunden, die Bauführung wurde durch wiederholte Unterbrechungen konfus. Der gegebene Stützenwechsel ist beibehalten mit der bizarren Eigentümlichkeit, daß die Zwischenstütze höhere Kämpfer hat als die Hauptstütze, woraus für die Arkadenbögen ungleiche Schenkel entstehen. Erst das Hochschiff gewinnt reinere Formen in Anlehnung an diejenigen des Chors. Die Gwbb. sind schön zu nennen; ihre Dienste auf Konsolen wenig oberhalb der Arkadenpfll. Widerlagerung durch offene Strebebgg. (in der älteren Zisterz.-Archit. verpönt). Das äußere System hat Strebebgg., die ohne Vermittlung von Wandpfll. direkt gegen die Mauer stoßen. Die Strebepfll. am Ssch. spiegeln den Stützenwechsel des inneren gebundenen Systems wider. Zum Schluß (nach 1300) erfolgte Verlängerung um 2 Doppeljoche gegen W und Herumführung des südl. Ssch. um das Qsch. — Die, wie immer bei den Zisterziensern, turmlose WFassade hat außerdem das Eigentümliche, daß sie allein auf das Msch. komponiert ist, während die Sschiffsfronten zurückspringen und durch wagerechten Abschluß mit abgewalmtem Dach noch unscheinbarer werden. Die eigentliche Fassade ist also ein sehr schmales und hohes Gebilde, eingerahmt zwischen 2 weit vorspringende Strebepfll., horizontal geteilt in 3 jedesmal zurückspringende Stockwerke: zu unterst großer Nischenvorbau, in dessen Hintergrund das an sich einfache Portal und über diesem an der Wand eine Statuengruppe; im Mittelgeschoß weites, 5teiliges Maßwerkfenster; zu oberst vor dem abgetreppten Giebel noch einmal eine spitzbg. Nische mit reicher Brüstung und Statuenwand. Sicher eine originelle Idee! Aber um sie überzeugend auszugestalten, reichte die künstlerische Kraft des Meisters nicht hin (von den Einzelheiten mehreres freie Erfindung der Rest. 1854). Völlig ungenügend waren dann die Hände, denen die Ausführung des Statuenschmuckes, der in der Gesamtkomposition eine so wichtige Rolle spielen sollte, zugewiesen war; man sieht erschreckend deutlich, daß der große Naumburger Meister keine Schule hinterlassen hatte.

Innere Ausstattung. Spärlich erhalten; bedeutender nur der prächtige Dreisitz aus M. 14. Jh. und die schöne frgot. Mensa des Hochaltars. Unter den Grabdenkmälern das wichtigste die Tumba des Markgrafen Georg v. Meißen † 1402; 1641 von den Franzosen verstümmelt, 1705 notdürftig wiederhergestellt, Kupferstich in S. Reyhers Monumenta Landgraviorum; an den Seitenwänden Arkatur mit Kielbogenabschluß, in den 14 Nischen das leidtragende Gefolge (vgl. Arnstadt, Querfurt); das Werk läßt hohe Tüchtigkeit der Ausführung ahnen. Von den z. T. stark abgetretenen Grabsteinen fallen 11 ins 13. und 14. Jh., die besten der des Ritters Heinrich Varch † 1294, schöne Umrißzeichnung in der Typik der Naumburger Stifterbilder (Nordmauer der Evangelistenkapelle) und der eines „bürgerlichen Ehepaares", nicht Kinderpaares, aus 1. H. 14. Jh. (3. Pfl. der SSeite). Von 1586 ab eine Reihe von Magisterdenkmälern. — Sonst zu beachten: Gemaltes Triumphkreuz um 1220. Tempera auf Kreidegrund, sehr interessant, ja bedeutend, nichts Ähnliches ist bekannt. Schmerzensmann aus Bronze etwa 1520—30, 80 cm h., Pietas aus Stein (Steinguß?), die Beschreibung im Inv. läßt den Salzburger Typus vermuten. Bronzener Schmerzensmann aus der letzten Klosterzeit.

Klausur. Sie liegt, ein seltener, wenn auch nicht beispielloser Fall, auf der NSeite der K. Die inneren Gebäude mit der Zeit völlig entcharakterisiert. Etwas besser erhalten der Kreuzgang. Die nördl., südl. und westl. Front vom rom. Bau, wenn auch verstümmelt; die erhaltenen Pfll. und Bgg. umschlossen eine Gruppe von wahrscheinlich je 3 kleinen Arkaden auf Säulchen. Ähnliche Gruppen zeigt noch der am OFlügel gelegene Kapitelsaal; er war ursp., wie auch der Kreuzgang, ungewölbt. Das Refektorium am WFlügel ist in der Anlage zu erkennen, aber ohne ältere Kunstformen. — Die Abtwohnung lag abgesondert im O und ist im Erdgeschoß des späteren „Fürstenhauses" erhalten.

Zugehörig die Abtskapelle, eine der feinsten Leistungen des Übergangsstils in Deutschland; um 1230—40 von einem Meister der Maulbronn-Magdeburger Schule, Ornament mehr thüringisch. Kleiner, in 2 kuppelige Kreuzgwbb. geteilter Saal mit polygonaler ($^5/_{10}$) Apsis. An Gewölbstützen und Fenstergewänden ein reicher Apparat gewirtelter Sll. Die Gurten durch starke Betonung des Anlaufs und somit der Entwicklung der reichen Profile aus rck. Werkform charakterisiert. Die Fenster gepaart, bis auf den Sockel herabgezogen; Abschluß der Gruppe durch Okulus. — Aus rom. Zeit noch die Klostermühle, wenn auch stark verändert. — Friedhofslaterne südöstl. vom Chor, gestiftet 1268, archäologisch eine große Merkwürdigkeit. — Betsäule 1521, das Bildwerk stark verwittert. — In der Schulbibliothek Bilderhandschr. (Augustin) des sp. 12. Jh.

PFÜNDHAUSEN. UFranken BA Schweinfurt.

Dorf-K. mit Westfassade um 1750. Rokokostuckaturen und Inneneinrichtung gleichzeitig.

PFÜTZENTAL. Pr. Sachsen **Mansfelder** Seekreis.

Dorf-K. mit schönem rom. Portal ähnlich Neutz.

PHILIPPSTAL. RB Cassel Kr. Hersfeld.

Ehem. **Zisterz.-Nonnen-Klst.-K.** gegr. 1190. Der vorhandene Bau aus dieser Zeit. Flachged. Säulen-Basilika. Querschifflos. Die Ssch. schließen mit ½ kr. Apsis, das Msch. mit niedrigem Triumphbg., jenseits dessen der quadr. Vorchor und große 3fenstrige Apsis, unter ihr (nicht unter dem ganzen Chor!) kleiner Keller ohne Spuren liturgischer Benutzung. Im Lhs. 6 gut proportionierte Arkaden; die Säulenstämme stark geschwellt; Würfelkaptt. in die Breite gehend. Im W Doppeltürme und zwischen ihnen Empore. An der Hauptapsis lebhafte Gliederung durch Lisenen und Halbsll. in 3 sich stark verjüngenden Geschossen. — In got. und neuerer Zeit das alte Baubild erheblich entstellt, 1902 rest. — In der westl. Vorhalle landgräfliche Familiengruft 1743. — Die Klostergebäude zu landgräfl. **Schloß** umgebaut.

PILGRAMSREUTH. OFranken BA Rehau.

Pfarr-K. 1473. Stattlicher spgot. Bau, im Lhs. netzgewölbt. Sakramentshäuschen spgot. Hochaltar 1710.

PILLNITZ. Sachsen AH Dresden-N.

Bergkirche 1723 von *Pöppelmann*, einfaches Rck. mit Flachdecke und Emporen; Altarbau aus Sandstein mit großem Relief um 1650, das Ornament in sog. Knorpelmanier; großes Epitaph eines Herrn v. Pflugk, E. 16. Jh., Schule des *Hans Walther*; Grabstein v. Loß 1609; Grabstein eines Kindes der Familie v. Bünau 1637, hübsch und originell; Gedenktafel für Sophie v. Bünau 1640.

Schloß. Der alte Bau (1610—33) brannte 1818 ab. Wasserpalais („indianisches Lustschloß") für August den Starken 1720 von *Pöppelmann* und *Longuelune;* das als große Hohlkehle gebildete Gesims und die über den Mittel- und Eck-Risaliten hohlgeschweiften großen Dächer mit phantastischen Schornsteinen sollen exotisch wirken. — Eine symmetrische Wiederholung das Bergpalais 1723. — Flügelbauten 1788—91 von *Exner* und *Weinlig*. — Das neue Palais 1818—26. — Die Orangerie nach 1731, wahrscheinlich von *Longuelune*. — Der englische Pavillon (im englischen Park) 1789, die reizende Innendekoration in der Art *Weinligs*. Daneben Statue einer Vestalin 1781 von *Trippel*. — Chinesischer Pavillon 1804.

PINZBERG. OFranken BA Forchheim.

Kirche. 18. Jh. 1sch. flachgedeckt. Reiche Rok.Ausstattung. Der Kirchhof umgeben von hoher Verteidigungsmauer, der untere got., oben bar. Glockenturm dient als Tor.

PIRNA. Sachsen Amtshauptstadt.

Stadt-K. S. Marien. Schon die vorangehende K. war bedeutend; die Urkunden nennen 15 Altäre von 1338—1462. Von einem 1466 begonnenen Neubau der unregelmäßig in die SWEcke eingeschobene Turm. Der Hauptbau 1502—1546. — Hallenkirche mit schwach ausgebildetem Chor; die Ssch. schließen gerade mit abgeschrägten Ecken, das Msch. mit 3 Seiten des 8Ecks. Der 47 m lange Hauptbau geteilt in 7 Joche. Gesamtbreite 25 m, die Ssch. wenig schmäler als das Msch., H. 18 m. Also sehr weite und freie Raumverhältnisse. Die 8eckigen Pfll. von äußerster Schlankheit. Die in der Erzgebirgsschule zum Prinzip erhobene Vereinheitlichung der Decke durch Verwischung der Jocheinteilung noch konsequenter als dort durchgeführt; Grundform des Gwb. ½ kr. Tonne mit Stichkappen, darauf einmaschiges Rippennetz im Msch., Sterne in den Ssch. Im Chorpolygon die Rippen von den Kappen ganz abgelöst und in kräuselnde Verschlingungen („gewundene Reihungen") gebracht, etwa an Hobelspäne erinnernd; die tiefsten Ausläufer ganz naturalistisch als Baumstämme charakterisiert; „wilde Männer" klettern an ihnen empor; die Kappen mit Rankenwerk bemalt. (Auch an den Gewölbeanfängern des Lhs. befanden sich 12 Freifiguren, 1778 abgeschlagen). Fenster hoch, schmal, mit abgeflachtem Spitzbg. geschlossen, Maßwerk spärlich und matt. Als Beispiel spätestgotischer Formengebung bmkw. die Sakristeitür. An der NSeite Renss.Emporen von 1570.

Altarwerk aus Sandstein 1611 von *David Schwenke*, Skulpturen von *Antonius v. Saalhausen*; 10 m hoch, 5 m br., ursp. reich in Farbe und Gold staffiert; an der Staffel Abendmahl zwischen Geburt und Kreuzigung; in der Mitte des Hauptgeschosses Sintflut und Auferstehung des Herrn, seitlich Jakobsleiter und Elias Himmelfahrt; an der Staffel des Obergeschosses die Geschichten des Jonas und Simson, in dem Hauptfeld Christi Himmelfahrt. — Kanzel aus Sandstein 1543 verkünstelt spgot., Schalldeckel 1576. — Taufstein 1561, Fuß 1802 (der alte zeigte Kindergruppen wie in Annaberg). — Unter den zahlreichen Grabsteinen und Epitaphen mehrere hervorragende Stücke:

D. v. Sebottendorf 1585; M. L. Lauterbach 1569; Joh. Rosig 1612; besonders Sup. Kademann 1607, höchst lebendiges Bildnisrelief, Umrahmung nüchtern. Unter den Grabsteinen an der Außenwand hervorzuheben H. W. v. Schönberg † 1645. — Epitaphgemälde von *H. Göding d. Ä.* [Antependium aus 14. Jh. in Seidenstickerei, jetzt Altert.-Ver. Dresden.] — An den Gwbb. großer Gemäldezyklus aus M. 16. Jh., „ein protestantisches Kunstwerk von hoher Bedeutung und Seltenheit". — Orgel 16. Jh., verändert 1678. — Glocke 2. H. 14. Jh.

Dominikaner-Klst. Erhalten die K. und der Kapitelsaal. Die K. Rck. 35 : 12,5 m. Aufbau 2sch., Chor 1sch., etwas eingezogen (zerstört). Im Schiff 8eck. Pfll. von äußerster Schlankheit, Kreuzrippengwbb. auf reich skulptierten Kragsteinen (Farbspuren), der Kämpferpunkt an den Pfll. selbst nicht betont. Stilformen der 1. H. 14. Jh. Der kleine an der SOEcke angefügte Turm 15. Jh. Aus letzterer Zeit das 2sch. und 3jochige Kapitelhaus.

Rathaus spgot. nach Brand 1485 und ren. 1549 und 1581; aus der ersten Epoche die reich umrahmten Türen des Erdgeschosses.

Privathäuser. Pirna hat mehr als die meisten anderen Städte Sachsens vom Gepräge älterer Jahrhunderte bewahrt. Spätgotisches z. B. Markt 3 und 46, Dohnaische Str. 24, Schustergasse 5, Badergasse 6, Kirchplatz 2. — Aus Renss. besonders das Portal Niedere Burgstr. 1 von 1540, ganz in den Formen des oberitalienischen Terrakottastils, gekrönt mit dem Reliefbildnis des Architekten W. B. Ferner Markt 13, Schuhgasse 15, Markt 12 von 1548 im Charakter des Moritzbaues am Dresdener Schloß; Ecke Barbiergasse und Dohnaische Str. mit zierlichen Ecken; Markt 18, Schustergasse 4; Obere Burgstr. 1 von 1624, Markt 9 von 1673, Schustergasse 2 von 1676. Rokoko: Langestr. 10, Badergasse 5.

Schloß Sonnenstein, jetzt Irrenanstalt; von älteren Bauzeiten kaum etwas erkennbar.

PLASSENBURG B. KULMBACH. OFranken.

Erb. von Markgraf Georg Friedrich durch *Caspar Vischer* unter Mitwirkung der Württemberger *Alberlin Tretsch* und *Blasius Berwart.* Hauptbauzeit 1559—1569. Die berühmten Festungswerke 1808 von den Bayern geschleift. Das meiste künstlerische Interesse haben folgende Teile: im äußeren Hof Zeughaus, origineller Kuppelbau mit trotzigem Portal von 1607, im mittleren Bogenfeld Hochrelief des Markgrafen Christian zu Roß; Hauptportal des inneren Baues. Eines der reichsten Dekorationsstücke der ganzen deutschen Renss. die Hoffassaden. Die großartige Wirkung der letzteren beruht auf dem Kontrast des ganz schlicht, ja formlos gehaltenen Erdgeschosses und der 2 in breite Pfll.Arkaden aufgelösten, an den Flächen über und über mit Flachreliefornament bedeckten Obergeschosse; abweichend der N-Flügel, der ehemals den großen Rittersaal enthielt; die 4 Ecktürme mit den zur Kommunikation unentbehrlichen Treppen bilden wieder einfache Massen.

PLAUE. Schwarzb.-Sondersh. LA Arnstadt.
Liebfrauen-K. mit rom. Resten. Ruine **Ehrenburg.**

PLAUEN. Sachsen AH Dresden-A.
Dorf-K. 1700 durchgreifend umgebaut; vom Bau 1467 das einfache WPortal und die kleine Sakramentsnische.

PLAUEN. Sachsen Amtshauptstadt.
Johannis-K. Von der ursp. rom. Anlage die 2 WTürme und die OWand des Qsch.; nach Brand 1430 Umbau als spgot. Hallenkirche im Stil der K. von Annaberg, Schneeberg usw., doch unbedeutender als diese, stark rest. nach Brand 1548. — In die Superintendentur eingebaut die Reste des Deutschritterhauses mit interessanter innerer Einteilung.
Gottesacker-K. (Luther-K.) 1693—1708. Nächst der zu Carlsfeld der älteste Zentralbau im Lande; verschobenes 8Eck mit polygonem Chor und vorspringendem Turm im W, innen Emporen und Holzdecke. — Kleiner 4flügeliger Altar aus der Thomas-K. in Leipzig, umgearbeitet 1587 von *Valentin Silbermann*, die feinen figürlichen Reliefs um 1500.
Rathaus letztes Viertel 15. Jh. im Schulcharakter des Arnold v. Westfalen (Meißen) und wohl von demselben Meister wie die Schlösser in Sachsenburg und Netzschkau (*Hans Reinhart*). Der breite Backsteingiebel nach Brand 1548, gegliedert durch 5 nach der Höhe wachsende Pilasterordnungen, Eckfüllungen in Wellenlinien.

PLÖSSNITZ. Pr. Sachsen Kr. Querfurt.
Dorf-K. Bescheiden rom. Kap. in guter Erhaltung; rck. OTurm, darunter Altarhaus und ½ kr. Apsis.

PÖDELISL. Pr. Sachsen Kr. Querfurt.
Dorf-K. Der ansehnliche rom. Chorturm mit 3teilig gekuppelten Schallöffnungen steht jetzt in der Mitte zwischen der spgot. ziemlich reich behandelten Chorerweiterung und dem schlicht bar. Schiff. — Schnitzaltar bez. *H F* und *Pflugschar* (derselbe Meister in Klein-Heringen, Görschen und S. Moritz in Naumburg).

PODELWITZ. Sachsen AH Leipzig.
Dorf-K., spgot. ohne Auszeichnung in Architektur und Ausstattung, aber im 19. Jh. gänzlich unberührt geblieben und dadurch von einem leider nicht mehr oft anzutreffenden Stimmungswert des Ensembles.

PÖHL. Sachsen AH Plauen.
Dorf-K. Nach Zerstörung im 30jährigen Kriege 1654—61.
Schloß 1572 für Kaspar v. Röder, einfach renss., große tonnengedeckte Halle. Gemäldesammlung. Bmkw. ein reicher Rahmen von *J. H. Böhm.*

POLENZ. Sachsen AH Pirna.
Schloß. E. 17. und A. 18. Jh., eindrucksvolle Anlage von Flur und Treppenhaus.

POLLEBEN. Pr. Sachsen Mansfelder Seekreis.
Dorf-K. Im Turm gekuppelte rom. Fenster mit Kaptt. in Würfelform. Spgot. Schnitzaltar.

POMMERSFELDEN. OFranken BA Höchstadt. [D.] (Archivalische Mitteilungen von Boll.)
Pfarr-K. 1687 und 1750. Zahlreiche Truchsessische Grabsteine 1543—1685. Einer um 1560 von *Peter Dell d. J.*
Altes Schloß. Wasserburg des 16. Jh. Abgebrochen.
Neues Schloß Weißenstein. Das erste in der Reihe der großen fränkischen Spätbarockschlösser, seinerzeit hochberühmt; durch gute Erhaltung und Einheitlichkeit des Stilbildes heute besonders beachtenswert. Erbaut 1711—18 von *Joh. Dientzenhofer* für Lothar Franz v. Schönborn, Bischof von Bamberg und Erzb. von Mainz (noch jetzt im Besitz der Grafen v. Sch.). Bei der Planlegung starker Anteil des baukundigen Bauherrn. 1713, als der Bau schon über das Fundament hinauswuchs, wurde D. nach Wien geschickt, um das Gutachten des berühmten *Hildebrand* einzuholen. Dessen Einfluß geht über das Treppenhaus nicht hinaus, doch auch hier die Grundidee vom Bauherrn selbst. Von *M. v. Welsch* der Marstall und der (verschwundene) Garten. — In der Anlage hier zum erstenmal die Lebensform des 18. Jh. klar ausgebildet (vgl. dagegen die vorangehende Stufe in Seehof). Die Anfahrtstraße durchschneidet den weiten Ehrenhof, auf der einen Seite desselben das triklinienförmige Schloß, auf der anderen der in flacher Kurve gezogene, die Wirtschaftsgebäude maskierende Marstall, eingeschossig, und dadurch das 3geschossige Schloß im Maßstab hebend. Die geradlinige, nur durch leichte Risalite gegliederte Gartenfront hat 27 Achsen, die Flügel 15, an jedem Ende 2 durch höhere Dächer hervorgehobene Pavillons, der mittlere Querbau wird dem Treppenhaus zuliebe weiter vorgeschoben, als die folgende Zeit für angemessen hielt. Mächtiges Mansarddach. Der Aufbau in drei differenzierten Geschossen, das mittlere mit dem niedrigeren oberen durch jon. Pilaster zusammengezogen. Am Mittelbau die Formen reicher und weicher, Ecken abgerundet, gekuppelte korinth. Säulen, Giebel mit großem Wappen, das Erdgeschoß durchaus nur als Unterbau behandelt. — Innere Einteilung. Der mittlere Querbau ist der Repräsentation gewidmet, auf der Hofseite die Paradetreppe, auf der Gartenseite der Festsaal, unter ihm die sala terrena. In den Seitenflügeln die zu den Wohnräumen führenden, sehr bequemen Treppen und breite, helle Korridore. Die Klarheit und Bequemlichkeit der Anordnung sind neue Errungenschaften. Neu auch die gesteigerte Bedeutung des großen Treppenhauses. Hier haben sich „kirchlicher, fürstlicher und theatralischer Pomp zu einem seltenen Effekt zusammengefunden". Es ist, bevor die Neumannschen Schloßbauten es überboten, das großartigste in Deutschland und wird von keinem französischen erreicht. Der über den praktischen Zweck hinaus weite, im Gr. fast quadratische Raum wird an allen 4 Seiten von einer 3geschossigen Galerie umgeben, welche im Eindruck erheblich zur Raumerweiterung beiträgt: unten Pfll., in der Mitte korinth., z. T. gekuppelte Sll., zu oberst Pfll. mit Hermen,

alle Stützen sehr leicht (beinahe an Holzstruktur erinnernd). Schwerer die im freien Mittelraum in zwei Absätzen zum Hauptgeschoß sich emporschwingenden Treppenrampen. Sie treffen in einem mächtigen Mittelmotiv (vgl. die gleichzeitige Treppe *Neumanns* in Ebrach) zusammen und führen durch einen kleinen, besonders gut gelungenen Vorsaal in den Festsaal. Dieser geht durch beide Obergeschosse. An den Wänden wechseln Pilaster und Vollsäulen aus Marmor (nicht stucco lustro); das Kranzgesimse von willkürlich gebildeten Bogen durchbrochen; eine sehr große, durch Stuck und Malerei bewegte Kehle führt zum freskierten Spiegel über. (Schon 1735 fand Wilhelmine von Bayreuth diesen gravitätischen Pomp zu kirchenähnlich; heute stört die schlecht erneuerte Farbe.) Die sala terrena als Grotte phantastisch dekoriert, sehr gut in ihrer Art. — Die Paradezimmer haben ihre Wandbekleidung mit Damast- und Ledertapeten meist verloren; gut erhalten der Deckenstuck und die zierlich eingelegten Fußböden; ganz intakt und in der Farbenstimmung (viel blau und gelb) überaus reizend und originell das Porzellankabinett. — Deckenfresko im Treppenhaus 1718 von *J. R. Byß*, das gleiche im Saal von *Rotmeyer*, die Architekturmalerei neben der sala terrena und im Mittelsaal des Marstalls von *Fr. Marchini*, die Grisaillen im Treppenhaus von *J. Gebhardt*, anderes von Strudel, Kaul, Benkowich, Lazarini; die Stuckaturen von *Daniel Schenk* und *Gg. Hennicke*. — Sehr bedeutend waren die Gartenanlagen; sie sind A. 19. Jh. „englisch" umgearbeitet. — Die große, früher über Deutschland hinaus berühmte Gemäldegalerie hat M. 19. Jh. ihre wertvollsten Stücke durch Verkauf verloren, ist aber noch immer beachtenswert. In der Bibliothek u. a. reichhaltige Reihe architektonischer Publikationen.

POMSSEN. Sachsen AH Grimma.

Dorf-K. rom. Anlage. — Die Ausstattung, renss. und bar., gibt ein malerisches Ensemble, auch sind einzelne Stücke für sich bmkw. Großes Sandsteinepitaph der Familie v. Ponickau 1560; 18 weitere Denkmäler dieser Familie bis 1725.

PONICKAU. Sachsen AH Großenhain.

Dorf-K. Einfacher flachgedeckter Bau mit großem Turm von 1726. — Flügelaltar, geschnitzt und gemalt, A. 16. Jh., nicht übel. Mehrere Denkmäler 18. Jh.

PONITZ. Sachsen-Altenburg LA Altenburg.

Dorf-K., älteste Teile 14. Jh., 1653 durchgreifend umgebaut. — Gedenktafeln 1593 und 1613 in tüchtiger Renss.

Schloß, 1574, stattliche Außenerscheinung.

PORSTENDORF. Sachsen-Weimar VB Apolda.

Schloß. Ehemals Wirtschaftshof des Klst. Pforta, umfangreiche Baugruppe meist aus 18. Jh.

POSA. Pr. Sachsen Kr. Zeitz.

Ehem. **Benedikt.-Klst.-K.** Die Nachgrabungen von 1875 und 1899 ergaben für den Chor (gew. 1122) eine mit Paulinzelle genau übereinstimmende Fünfapsidenanlage (got. umgebaut). Pfeilerreste aus dem Schiff verwandt mit Talbürgel. WTürme durch Merians Stich bezeugt.

Am WAbhang des Berges rom. Palas, von den Rundbogenfenstern nur eines unvermauert, mit schöner Mittelsäule.

POSSENDORF. Sachsen AH Dippoldiswalde.

Dorf-K. voll. 1596; 2sch. Hallenkirche von 3 Jochen, weiträumige Verhältnisse, Formen spätestgot., bmkw. die mannigfaltig gezierten Schlußsteine.

PÖSSNECK. Sachsen-Meiningen Kr. Saalfeld.

Stadt-K. spgot., Chor 1390, Lhs. 1454—88, jetzt der Gewölbe beraubt.

Rathaus. 1443, Erweiterungen 1449, 1531. Stattliche Anlage in eigentümlicher und reizvoller Mischung spätester Gotik und früher Renss. (A. 20. Jh. übel umgebaut). Hauptschmuck der Fassade die in glücklichem Wurf unsymmetrisch an die Seite geschobene Freitreppe; über den Treppenläufen offene Lauben, deren Verdachung in kleine Halbkreisgiebel, staffelförmig ansteigend, aufgelöst ist. Reich dekoriert auch die beiden großen Treppengiebel der Schmalseiten; es wechseln 4 Streifen von Fischblasen mit ebensoviel Reihen kleiner gardinenförmig geschlossener Blendbögen. Im Innern hat sich eine zweischiffig gewölbte Halle, sonst aber wenig von älteren Kunstformen erhalten.

Wohnhäuser. Haus Wohlfahrt am Markt mit schönem Portal von 1565 noch ganz im Sinne der oberitalienischen Fr.Renss.; andere Portale Haus Fischer am Kirchplatz; Steinweg Nr. 55; Krautgasse ao. 1564.

Marktbrunnen 1522 mit der Statue des hl. Mauritius.

Bmkw. **Friedhof** mit K. und vielen Denkmälern des 17. und 18. Jh.

POSTERSTEIN. Sachsen-Altenburg LA Altenburg.

Dorf-K. spgot. und 17. bis 18. Jh. — Bmkw. die reich geschnitzte Herrschaftsempore 1698 und der Altaraufbau aus derselben Zeit.

Schloß. Die höchst malerische Gebäudegruppe, wesentlich 16. Jh., umlagert einen großen ma. Turm.

PÖTEWITZ. Pr. Sachsen Kr. Weißenfels.

Dorf-K. Rom. Turm. Das Langhaus got. 3sch. umgebaut. — Bmkw. spgot. Schreinaltar.

POTTENSTEIN. OFranken BA Pegnitz.

Pfarr-K. Got. 2sch. Halle, „während der Chor sprom. (?) Formen erhielt“, Ausstattung bar. — **Schloß.**

PREDEL. Pr. Sachsen Kr. Zeitz.

Dorf-K. Chor spgot. 1507, Langhaus 1701, der sehr stattliche Turm Fr.Renss. — Schreinaltar um 1500.

PRESSECK. OFranken BA Stadtsteinach.

Pfarr-K. Chor got., Sch. bar.

PRETTIN. Pr. Sachsen Kr. Liebenwerda.

Stadt-K. Got. Backsteinrohbau. 3sch. kreuzf. Basilika von

3 Gewölbejochen. — Großer Schnitzaltar um 1500, nordwestdeutsch oder niederländisch, 1614 von der Kurfürstin Hedwig, einer dänischen Prinzessin, geschenkt.
Runder got. **Torturm** in Backstein.

PRETZFELD. OFranken BA Ebermannstadt.
Kirche 18. Jh. Entwurf von *Joh. W. Küchel.*
Schloß 16. Jh. auf ma. Grundlage.

PRETZSCH. Pr. Sachsen Kr. Wittenberg.
Stadt-K. 1sch. flachgedeckt, spgot. und bar. — Altar 1652 von *J. G. Kretschmer* aus Dresden. Gemälde, Kreuzigung, von *D. Heuer* aus Leipzig. Grabmal der Königin Eberhardine. Arnimsche Epitaphe 18. Jh. Außen am Turm Rittergrabstein 14. Jh.
Schloß 1634.

PRICHSENSTADT. UFranken BA Gerolzhofen. Inv. [D.] Ein altfränkisches **Stadtbild**, an dem man, wenn sich die Gelegenheit bietet, nicht vorübergehen sollte. Inmitten großer Weiher. Fast der ganze Mauergürtel des 15. bis 16. Jh. erhalten. Charaktervolle Torgruppe mit 2 runden Flankentürmen, in Franken ein seltener Typus. Mitten im Städtchen großer Turm mit spitzbogiger Durchfahrt und originellem sprenss. Dachwerk. **Kirche** ursp. got., dann bar. überarbeitet und baulich ohne Interesse, doch enthält sie eine originelle bemalte Steinkanzel des 17. Jh. — Freihof 1592.

PRIESSNITZ. Sachsen AH Borna.
Dorf-K. um 1500, 1616 durch Hans v. Einsiedel im Geschmack niederländischer Sp.Renss. glänzend ausgestattet, besonders die herrschaftlichen Betstuben. Die Gemälde von *Johann de Perre* aus Antwerpen, ansässig in Leipzig.

PRIETITZ. Sachsen AH Kamenz.
Dorf-K. 1881 fast ganz erneuert. — Altar, gute Tischlerarbeit von 1646. Denkmäler des 18. Jh., über die in der Lausitz recht gute Durchschnittsqualität noch hinausgehend.
Herrenhaus (v. Stammer) um 1770. Größere Porträtreihe, u. a. von *Anton Graff* und *Chr. Leberecht Vogel.*

PROBSTZELLA. Sachsen-Meiningen Kr. Saalfeld.
Dorf-K. wesentlich 1755. — Altarwerk fränkisch um 1500.

PROFEN. Pr. Sachsen Kr. Zeitz.
Dorf-K. Rom. Turm. Schöner spgot. Chor 1495. — Ausstattung in guter Renss., desgl. Decke und Emporen in kräftiger Polychromie.

PRÖLSDORF. UFranken BA Haßfurt.
Pfarr-K. 1766. Eleganter Rok.Bau. In der Verbindung des W-Turmes mit der Fassade Nachklang Neumannscher Anlagen. — Im Pfarrhof bmkw. Kaselkreuz 15. Jh.

PROMNITZ. Sachsen AH Großenhain.
Schloß der Grafen v. Wolffersdorf, 1603, im wesentlichen unverändert.

PROSSELSHEIM. UFranken BA Kitzingen.
Pfarr-K. Posthum got. Neubau 1614. — Derb wirkungsvolle Ausstattung um 1700. — Dorfbrunnen unter einem von 6 toskan. Sll. getragenen Haubendach.

PROZELTEN siehe Stadtprozelten.

PULSNITZ. Sachsen AH Kamenz.
Pfarr-K. Über Resten einer got. Anlage ein Emporensaal aus M. 18. Jh. — Reicher Kelch 1487. Zahlreiche Denkmäler der Barockzeit.
Schloß (v. Maxen) 1718. Gute Inneneinrichtung aus verschiedenen Epochen des 18. Jh. Bildnisse. Glasscheiben.
Rathaus schlicht renss. Wohnhäuser 18. Jh.

PURSCHENSTEIN. Sachsen AH Freiberg.
Schloß aus Ma. und Renss. Abb. von 1755 zeigt eine bedeutende Anlage von 5 Türmen von hohen bar. Helmen gekrönt; davon jetzt nur einer erhalten; sonstige Kunstformen spärlich.

PUSCHENDORF. OFranken BA Höchstadt.
Pfarr-K. 1489. Chor, im Gr. 1+$^5/_8$, netzgewölbt. Im Langhaus Holztonne. Tüchtiger Quaderbau mit energisch profilierten Fenstern. Malerischer Innenraum. 3 Schnitzaltäre aus der Erbauungszeit. Gemalte Wappenscheiben nürnbergischer Familien.

Q

QUEIENFELD. Sachsen-Meiningen Kr. Meiningen.
Kirche 1719. Saalbau mit 2 Geschossen Emporen, Turm um 1546, die Fenster in got. Formen. — Auf dem nahen Weinberg die Grundmauern der ehemals berühmten Wallfahrts-K.

QUERFURT. Pr. Sachsen RB Merseburg. Kreisstadt.
Stadt-K. Ursp. spgot. Hallenkirche, in jüngerer Zeit durch Emporeneinbauten u. a. m. stark verändert. Die rom. Sll., welche die Orgelempore tragen, wahrscheinlich aus Klst. Marienzelle. Am WTurm gefälliges Portal 1. H. 15. Jh. — Großer bar. Altarbau.
Friedhofs-K. Unbedeutender Barockbau mit ansehnlichen Epitaphen.
Rathaus. Schlicht sprenss.
Schloß. Weitläufiger Komplex von Festungswerken, Beamten- und Wirtschaftshäusern. Die Oberburg Anlage des 12. und 13. Jh. Imposanter runder Bergfried (der „dicke Heinrich") von 21 m Durchmesser und 4,5 Mauerstärke; dann ein quadr. Wohn-Turm. Im Übergang zur Renss. ein vom Kardinal Albrecht von Mainz 1535 errichteter Wohnbau. Die mitten im weitläufigen Bering freistehende Kapelle etwa E. 12. Jh. Qsch. und Chor normale Kreuzanlage mit Apsiden, das 1sch. Lhs. von geringer Ausdehnung, im W Vorhalle und Herrschaftsempore. Im äußeren Auf-

bau die schlichten rom. Formen noch gut zu verfolgen, das Innere 1716 barockisiert. Über der Vierung 8seitiger Turm mit Lisenen und Bogenfries. — Grabkapelle E. 14. Jh. Tumba des Gebhard v. Querfurt † 1383, an den Seitenwänden das Trauergefolge in einer Art feierlichen Tanzschrittes mit merkwürdiger Gestikulation; die Arbeit stimmt zu der an der Tumba Herzog Georgs in Pforta.

R

RABENECK. OFranken BA Pegnitz.
Burg. Wohnturm und Palas erhalten, Vorburg Ruine.

RABENSTEIN. OFranken BA Pegnitz.
Burg mit Wappenstein von 1495, eine der ansehnlichsten in OFranken, noch bewohnt.

RABOLDSHAUSEN. RB Cassel Kr. Homberg.
Dorf-K. Alabasterepitaph des W. v. Wallenstein † 1604 und seiner Ehefrau Ch. v. Berlepsch.

RÄCKNITZ. Sachsen AH Dresden-A.
Denkmal für General Moreau † 1813.

RADEBERG. Sachsen AH Dresden-N.
Stadt-K. Kernbau 1486, Umbauten 1714, 1808, 1887. — Kanzel und Taufstein 1730 von *J. C. Feige.*
Schloß. 1543—46 unter Leitung von *Hans Dehn* durch einen Meister aus dem Kreise des *Hans Schickentanz,* erneuert 1628 durch *Ezechiel Eckhardt.* — Hauptbau auf 3eck. Gr., nur 2 niedrige Geschosse, Portal, Fenster, Kamin interessante Beispiele der Dresdener Frührenaissance.

RADEFELD. Pr. Sachsen Kr. Delitzsch.
Dorf-K. Turm sprom., Sch. spgot.

RADIBOR. Sachsen AH Bautzen.
Kirche neu. Aus der alten mehrere hübsche Ausstattungsstücke 16. bis 18. Jh. — Holzplastik in auffallender Menge. Madonnenstatue A. 15. Jh., ausgezeichnet, sicher Import. Aus derselben Kunstrichtung eine zweite desgl. und eine Pietas. Altarschrein mit geschnitzten Mittelfigg. und gemalten Flügeln, um 1450. Geringer 2 Selbdritt und Apostelstatuen um 1480 u. a. m.
Schloß 1709, große Behandlung, einfach, Gr. fast quadr., in der Mitte Lichthof und Treppenhaus.

RADMERITZ. Sachsen AH Zittau.
Dorf-K. Turm 1702. Ansehnliches Grabmal des J. v. Ziegler, Stifters v. Joachimstein † 1734. Ausstattung um 1734. Prächtiges Gruftgebäude 1744.

RALBITZ. Sachsen AH Kamenz.
Dorf-K. Niedriger Gewölberaum von 1752. Ausstattung charakteristisch katholisch. — Im Dorf Dreifaltigkeitssäule.

RAMMELBURG. Pr. Sachsen Mansfelder Gebirgskreis.
Schloß. Auf ma. Grundlage im 16.—18. Jh. erneuert. 1575 die den unteren Raum des Bergfrieds einnehmende Kapelle eingerichtet, Decke und Oberteil der Seitenwände bedeckt mit biblischen Darstellungen in „hoch erhabenem Bildwerk".

RAMMENAU. Sachsen AH Bautzen.
Schloß nach 1417. Stattliche Anlage in Hufeisen-Gr., die Wirtschaftsgebäude nach einheitlichem Plan hinzukomponiert. Geräumiges, vornehmes Treppenhaus, gemalte Architekturen in der Art *Oesers*. Die sonstige Inneneinrichtung zeigt 3 Stilepochen, das Barock des ersten Erbauers mit reichen Stuckdecken, die Zeit des Gr. v. Hoffmannsegg um 1700 und die Kleistsche Zeit um 1800 mit pompejanischem Zimmer.

RANDERSACKER. UFranken BA Würzburg.
Dorf-K. Im Kern rom. Pfl.-Basilika, 1605 gotisierend umgebaut. Gut erhalten der rom. Turm (SO), Quaderbau in ungewöhnlich reicher Gliederung, die unteren Teile E. 12., die oberen gegen M. 13. Jh. — Ausstattung um 1700. Auf den Seitenaltären G e m ä l d e von *Oswald Onghers*, 1683 und 1704. Seinsheimsche G r a b s t e i n e E. 14. Jh. — F r i e d h o f s b e f e s t i g u n g nach 1609.
Großer **Zehnthof** des Würzburger Domkapitels, angelegt (Inschr.) 1332, verändert 1615. Im Ort zahlreiche schlichte H ä u s e r 16.—18. Jh. Am Gasthof zur Krone feines Rok.Gartenhäuschen, Schule *Neumanns*. — B i l d s t ö c k e in großer Zahl, meist 17. Jh.

RANIS. Pr. Sachsen Kr. Ziegenrück.
Stadt-K. spgot. 1sch. polyg. geschlossen, Turm seitlich im N. Von der ehemals reichen Ausstattung wenig übrig.
Schloß, got. und renss., mit hohen Giebeln, höchst malerisch.

RASDORF. RB Cassel Kr. Hünfeld.
Pfarr-K. (K. des schon 815 vorhandenen Benedikt.-Klst.). Einheitl. 13. Jh. mit Wiederverwendung karolingischer Sll. vom Bau des Rhabanus Maurus. — Basilika auf kreuzf. Gr. Je 5 niedrige Arkaden, deren ungegliederte steile spitzbg. Bgg. auf 3 Paar Sll. und einem Paar rck. Pfll. ruhen. Basen jetzt im Fußboden verborgen. Kaptt. den korinth. roh nachgebildet, hohe Deckplatte mit Karnies und Schmiege. Am westl. Ende Emporeneinbau (verbaut). Die flache Decke bei der got. Erneuerung des Obergadens beibehalten. Die Vierungspfll. rund mit 4 Diensten für das Kreuzrippengwb. Über der Vierung ein mehrgeschossiger 8seitiger Turm, zu dem eine steinerne Wendeltreppe aus der Chorecke hinaufführt; der Chor mit $^5/_8$ Rippengwb. — Die ganze L. ca. 40 m, H. des Turms über 50 m.

RATENDORF. Sachsen AH Rochlitz.
Dorf-K. 1sch. rom. Anlage mit eingezogenem quadr. Chor und Apsis, Turm über dem Chor. — S c h n i t z a l t a r 1510.

RATSFELD. Schwarzb.-Rudolst. LA Frankenhausen.
Fürstl. **Jagdschloß** 1698. Außen sehr einfach. Die Kapelle in strengem Barock der klassischen Richtung. 1908 umgebaut.

RATTELSDORF. OFranken BA Bamberg I.
Pfarr-K. 1465 ähnlich Hallstadt; 1823 zur Hälfte abgebrochen und erneuert.

RAUENSTEIN. Sachsen-Meiningen Kr. Sonneberg.
Dorf-K. 1453. Hübsche Steinkanzel A. 16. Jh.
Burg erb. um 1350, zerstört 1640, Spuren edlerer architektonischer Durchbildung.

RAUHENECK. UFranken BA Ebern.
Burgruine. Polyg. Bering mit Renss.Türmen; am ehem. Palas noch rom. Reste (wohl 13. Jh.); Wehranlage mit Gräbern gut erhalten.

RAUSCHENBERG. RB Cassel Kr. Kirchhain.
Pfarr-K. 4 Bauzeiten. Aus E. 12. Jh. das nördl. Ssch. nebst den nordwestl. Schiffsarkaden; rippenlose, kuppelig steigende Kreuzgwbb. auf Kragsteinen, von roher Ausführung. A. 14. Jh. das Msch. erneuert, 3 rck. Kreuzgwbb., Fenster nur an der südl. Seite, südl. Ssch. unterdrückt; renoviert 1453. Chor 2 Joche und polyg. Schluß, spgot. Netzgwb. in gewundenen Reihungen. Schmuckloser WTurm. — Ikon. Grabstein 1584. — Holzstatuette der h. Jungfrau, gute spgot. Handwerksarbeit. — Kruzifix aus gleicher Zeit. — Altarflügel um 1400.
Burgruine. Der in 3 gewölbten Stockwerken erhaltene Wohnturm M. 13. Jh. interessant in Anlage und Einzelheiten.

REDWITZ. OFranken BA Wunsiedel.
Pfarr-K. E. 14. Jh., verändert M. 16. Jh. Hallenkirche mit eingezogenem Chor in 2 Jochen, 5/8 Schluß, im Lhs. 3 Joche. Rundpfll. mit einfachen Kaptt. Kreuzgwbb. — Hübsches Sakramentshaus 1498, ca. 4 m h. Außen Ölberg 2. H. 15. Jh.
Kathol. K., gest. 1777 von der Kaiserin Maria Theresia.
Rathaus umgebaut aus got. Schloß; Erker bez. 1591, andere Bauteile 1509, 1593, 1642.

REGENSBERG. OFranken BA Forchheim.
Schloß ziemlich erhalten.

REIBERSDORF. Sachsen AH Zittau.
Dorf-K. 1736, 1sch., Empore in 3 Geschossen ringsumgeführt. Kanzelaltar 1780. Nicht üble Rittergrabsteine 1552, 1619. Gräfl. Einsiedelsche Gruft 1746.
Schloß 1763 von *Andreas Hünigen* in Zittau. U-förmige Anlage, die kurzen Schenkel nach dem Hof, die Formen ein schlichtes, schon dem Klassizismus zuneigendes Rokoko. Die Innendekoration z. T. erhalten. Prächtige Empiremöbel. Zahlreiche Familienbildnisse (Einsiedel und Verwandte), Graf Joh. Georg v. E. von *A. Graff*, Graf Heinrich v. E. in der Art *J. F. A. Tischbeins*. Meißener Porzellan mit einigen hervorragenden Stücken. — Die ursp. französische Parkanlage in der englischen Umwandlung noch zu erkennen. Reizender Gartentempel von *Eschke* 1796 (etwas verändert 1830).

REICHELSBERG. UFranken BA Ochsenfurt.
Burg. Im 13. und 14. Jh. hohenlohisch, im 15. Jh. weinsbergisch. 1525 zerstört. Großartige Ruine. Die Regelmäßigkeit der Anlage deutet auf späteres Ma. Die Zwingermauer hat 7 Rundtürme.

REICHELSBURG b. AUB. UFranken BA Ochsenfurt.
Burgruine.

REICENAU. Sachsen AH Zittau.
Dorf-K. 1690 von *Heinrich Proscher*. Weiträumiger Saal mit Doppelempore und flacher Holzdecke. Reste von spgot. Altarplastik [z. T. im Dresdener Altert.-Ver.]. Altar 1819, die Holzfigg. von *Gareis* in Ostritz. Prächtige Orgel 1769.

REICHENBACH. RB Cassel Kr. Witzenhausen.
Ehem. **Nonnen-Klst.-K.** Vielfach veränderte rom. Basilika ohne Qsch., Chor quadr., überall Holzdecken. Im Schiff 6 Arkaden, je zwei Würfelknaufsäulen wechseln mit 1 Pfl.
Burgruine.

REICHENBACH. Sachsen AH Plauen.
Dorf-K. 1720 mit rom. Mauerresten. — Schönes Altargerät E. 17. und A. 18. Jh., augsburgisch. — Orgel von *Gottfr. Silbermann* 1725.

REICHENBERG. Sachsen AH Dresden-N.
Dorf-K. Chor 1513, das 1sch. Lhs. älter. — 2 Taufsteine, der eine rom. 13. Jh., der andere, reich geschmückte, 1620. — Denkmäler: 1621 Kind von zwei Engeln getragen, 1625 die Mutter mit Blumenstrauß und Gebetbuch.

REICHENBERG. UFranken BA Würzburg.
Schloß, seit 1378 Besitz der Wolfskeel, nach Verwüstung im Bauernkriege whgest. im 17. Jh.

REICHENFELS. Reuß j. L. LA Schleiz.
Burgruine 14. Jh. 1806 Neubau begonnen und wieder schon Ruine geworden. Museum des Voigtl. Altert.-Ver. mit Resten von spgot. Altarplastik.

REICHMANNSHAUSEN. UFranken BA Schweinfurt.
Dorf-K. 1607—15. Kanzel A. 18. Jh. mit bemerkenswerter Figurenplastik.
Burgruine. Rechteckige Anlage. Türme, Mauern und Gräben teilweise erhalten, besonders beträchtliche Teile des großen, südl. Bergfrieds. 14.—15. Jh. Mit Bauernhäusern eingebaut.

REIDEBURG. Pr. Sachsen Saalkreis.
Dorf-K. mit rom. Turm.

REIFENSTEIN. Pr. Sachsen Kr. Worbis.
Ehem. **Zisterz.-Klst.** Die bestehende K. 18. Jh. Im Schiff 5 Joche, im Chor 2 Joche. Kreuzgwbb. Beträchtliche Reste des got. Kreuzgangs. Klostergebäude bar. mit stattlichem Treppenhaus.

REINERSDORF. Sachsen AH Großenhain.
Dorf-K. um 1550. Verändert. — Kanzelaltar um 1730. Bmkw. Denkmal des Georg v. Kommerstädt 1559, Sandstein und Alabaster, der Aufsatz um 1580, Dresdener Schule.

REINHARDSBRUNN. Sachsen - Gotha LA Waltershausen.
Herzogl. Schloß an Stelle eines einst hochberühmten **Klosters;** gegr. im 11. Jh.; im 16. Jh. verfallen; 1601 Amtshaus. Erhalten eine Reihe von Grabsteinen thüringischer Landgrafen bis auf Ludwig den Springer † 1123 zurückgehend, jedoch sämtlich A. 14. Jh. ausgeführt, als Ahnenreihe nach derselben Idee, wie die wettinischen Grabmäler auf dem Petersberg bei Halle und in anderer Form die Stifterbilder in Naumburg und Meißen. Hochreliefs auf vertieftem Grunde. Zwei Hände, beide nicht ersten Ranges, zu unterscheiden: von der ersten sind Ludwig der Springer, Ludwig III., Ludwig IV.; von der zweiten Adelheid, Ludwig I., Hermann und Ludwig der Eiserne. Außer dieser Reihe das Grab Friedrichs des Gebissenen † 1324, einst im Katharinen-Klst. zu Eisenach.

REINHARDTSDORF. Sachsen AH Pirna.
Dorf-K. ursp. 15. Jh., erweitert im 17. Jh. WGiebel mit schönem Portal, bez. 1675.

REINHARDTSGRIMMA. Sachsen AH Dippoldiswalde.
Dorf-K. Umbau 1742, am Äußern spgot. Formen erhalten; ungewöhnlich langes, flachged. Schiff, Chor mit Sterngwb. — Sandsteinaltar mit Abendmahlsrelief 1601. Orgel von *Gottfr. Silbermann* 1731. — Ikon. Doppelgrabstein für H. v. Schönberg und Gemahlin 1615, in lebensvoller Charakteristik.
Schloß 1767 in der Richtung *Knöffels*. Im Park Marmordenkmal für Anna v. Bülow von *L. Grossi* 1790.

REINHARZ. Pr. Sachsen Kr. Wittenberg.
Kirche 1704 mit ungestört erhaltener Ausstattung.
Jagdschloß für August d. Starken 1701. Von Wasser umgeben. Großer Mittelbau mit niedrigen Seitenflügeln, schlanker achtstöckiger Turm mit Zwiebelhaube, 3 vollständig in der Originalausstattung erhaltene Zimmer. Altmeißener Porzellan.

REINHOLTERODE. Pr. Sachsen Kr. Heiligenstadt.
Dorf-K. (kath.). Gut behandelter Gwb.Bau 1761. Aufwendiges Mobiliar.

REINSBERG. Sachsen AH Meißen. Inv.
Schloß. Bis heute im Besitz der von Schönberg. Nach Verbrennung durch die Kroaten 1632 auf den ma. Grundlagen erneuert.

REINSDORF. Pr. Sachsen Kr. Querfurt. Inv.
Ehem. **Klst.-K.,** gew. 1206. Davon erhalten Chor und Qsch., im 17. Jh. als evang. Pfarr-K. umgebaut. — Tympanon, Maria zwischen Engel und Bischof, A. 13. Jh., zu vergleichen mit Freyburg. Die Decke im 18. Jh. trefflich stuckiert, weniger gut die Gemälde.

REINSTÄDT. Sachsen-Altenburg LA Roda.
Kirche spgot. mit interessanten Einzelheiten. Zahlreiche Reste von got. Schnitzaltären. Grabsteine v. d. Pfordten, z. T. feine Renss.Arbeiten.
Burg in dem einfachen Typus der „Kemnate“, in 4geschossigem spgot. Aufbau gut erhalten.

REITZENGESCHWENDE. Pr. Sachsen Kr. Ziegenrück.
Dorf-K. 1711. Das Innere heiter und festlich in naiv ländlichem Geschmack. — Bauernhäuser im Blockverband.

REITZENSTEIN. OFranken BA Naila.
Schloß 1557 an Stelle älterer Burg.

REMLINGEN. UFranken BA Marktheidenfeld.
Sog. **Würzburgerschloß,** erb. E. 14. Jh. von Graf Johann I. von Wertheim. Typische Wasserburg, unvollständig erhalten. **Kastellsches Schloß.** Komplex einfacher Bauten um 1560.

REMSE. Sachsen AH Glauchau.
Dorf-K. Kleine 1sch. rom. Anlage mit Holzdecke. Die wahrscheinlich noch rom. Steinempore (Reste) könnte durch das nahe ehem. Nonnenklst. veranlaßt sein. — **Kloster.** Erhalten ein dreigeschossiger Quaderbau mit rippenlosen Kreuzgwbb. Bestimmung ungewiß.

RENGELRODE. Pr. Sachsen Kr. Heiligenstadt. Inv.
Dorf-K. (kath.) 1738. Sorgfältig ausgebildeter Quaderbau.

RENGERSBRUNN. UFranken BA Gemünden. Inv.
Pfarr-K. 1777. Hochaltar wohl aus der Werkstatt *P. Wagners* in Würzburg in beginnendem Klassizismus. Holzfigur der Madonna um 1460. — Gute Kanzel in der Art der *Bossiarbeiten,* E. 18. Jh. — Hochzeitsbecher, Silber vergoldet, bessere Augsburger Arbeit von 1670. — Großes prächtiges Ziborium, würzburgisch, um 1720.

RENTWEINSDORF. UFranken BA Ebern.
Pfarr-K. Große Anzahl von Epitaphien der Freih. v. Rotenhan, darunter gute Renss.Arbeiten in Sandstein 1588 und 1600 von G B E, dem originellsten und frischesten unter den nordfränkischen Bildhauern.
Schloß (Frhr. v. Rotenhan). 1751. Stattlich, doch nüchtern. Rok.-Bau. Innen feine Rok.Dekoration. Im Schloßpark schöne Orangerie um 1750. Vor dem jetzigen Schloß stehen noch Türme und Wehrbauten des alten Schlosses um 1520.

REPPERNDORF. UFranken BA Kitzingen.
Pfarr-K. Umbau der Juliuszeit. Der Turm (O) hat Formen aus 2. H. 13. Jh. — Altar 1608 mit Gemälden von *Hans Haunisch.*

RETZBACH. UFranken BA Karlstadt.
Pfarr-K. 1736—40 von *B. Neumann.* Typisch für die kleineren Landkirchen des großen Meisters. Lhs. mit 3 Kreuzgwbb. auf toskanischen Pilastern, eingezogener polyg. Chor, schlanker W-Turm, Äußeres verputzt mit roten Sandsteinpilastern. — Altarblatt von *Zaner* 1741. — Prächtiges Rok.Ziborium um 1770 bez. *D (Joh. Dörffer* in Würzburg). Schöner Kelch 15. Jh.
Wallfahrts-K. Chor 14. Jh., Lhs. 1625. — Gnadenbild der Madonna 14. Jh. — Im Pfarrhof reiches rom. Säulchen.
Rathaus. Hübscher Fachwerkbau um 1574.

RETZSTADT. UFranken BA Karlstadt.
Pfarr-K. Wesentlich Neubau von 1726. Der Turm (im NO) hat im 3. Geschoß gekuppelte rundbg. Schallöffnungen mit zierlich behandelten Säulchen aus sp. 12. Jh. Am Aufgang zur K. ein originelles rom. Portal als Rahmen eines Kruzifixes wiederverwendet; an der abgeschrägten Kante des Bg. phantastische Tierfigg. — Deckenbilder von *S. Urlaub* 1728. Hauptaltar vom Schreinermeister *Joh. Uhl* (der Riß von *B. Neumann* approbiert). Monstranz von *Stipeldey* in Augsburg 1793. Prozessionstafel („Blutschild") aus Silber, um 1700.
Gute **Fachwerkhäuser,** meist 17. Jh., an zweien spgot. Madonnenstatuen. — Mehrere Bildstöcke 18. Jh.

REUCHELHEIM. UFranken BA Karlstadt.
Dorf-K. Bau und Einrichtung einheitlich 1750. Die Altäre in derbem Rok., dekorativ von famoser Wirkung. Deckengemälde bez. *J. P. Herrlein* 1753.

REURIETH. Sachsen-Meiningen Kr. Hildburghausen.
Dorf-K. Der turmtragende quadr. Mittelbau ist der ehem. Chor der rom. K. Das übrige öfters erneuert. Bmkw. die mit zierlichem Renss.Ornament bemalte Bretterdecke bez. 1596.
Burg, ziemlich gut erhalten, der WFlügel 14. Jh.

REYERSBACH. UFranken BA Mellrichstadt.
Dorf-K. Sehr feine Rokokoaltäre (aus Kloster Bildhausen stammend).

RIEDE. RB Cassel Kr. Wolfhagen.
Schloß. 16. Jh. Noch bewohnt.

RIENECK. UFranken BA Gemünden.
Stadt-Pfarr-K. 1809 von Streiter in Aschaffenburg. In der Kreuzkap. bmkw. Altar 1628, in einfacher Ädikula figurenreiche Kreuzigung.
Kleines **Rathaus** 1522 auf malerischem Platz. Saal 1660.
Burg. Einst Sitz des gleichnamigen, 1559 ausgestorbenen Grafengeschlechts. Die Wohnbauten und der Bering erneuert. Erhalten aus der rom. Zeit der NBergfried, der WBergfried und die rom. Kapelle an der Ostseite; alle Bauten aus 12.—13. Jh. Der NBergfried ein Unikum in seiner Art. Ganz aus riesigen Buckelquadern. In der Mauerdicke, die die kolossale Stärke von 7 m erreicht, oben im 3. Geschoß eine kleine rom. Kapelle (H. 3,54 m, Durchmesser 5 m). Dreikonchenanlage; an den Ecken zwischen schwachen Wandpfeilern, welche die Quergurten tragen, eingebundene ¾ Säulen, auf denen die Diagonalgurten ruhen; diese von einfach rechteckigem Grundriß; die Säulen haben attische Basis mit den zum Überfang umgebildeten Eckblättern der Spätzeit; auch die rom. Mensa erhalten. Außerdem größere isolierte Burgkapelle A. 13. Jh. Der WBergfried, ebenfalls aus Buckelquadern, ist ein etwas kleineres und einfacheres Seitenstück zum nördlichen. Die rom. Kapelle der OSeite einschiffig, flachgedeckt

mit OApsis. Über dem WPortal, später eingefügt, 2 Grabsteine (?) des 13. Jh., wahrscheinlich eines Herrn von Rieneck und seiner Frau.

RIESA. Sachsen AH Großenhain.

Ehem. **Benedikt.-Nonnen-Klst.** Einfache spgot. Kirche, 1848 durchgreifend erneuert. Am OFlügel des Klst. (Brauerei) die kleinen renss. Fenster der Nonnenzellen. Im NFlügel Refektorium mit schönem Kreuzgwb. Der SFlügel E. 16. Jh. als Schloß umgebaut, jetzt Rathaus. — Von der alten Befestigung ein mächtiger quadr. Turm. — Der Friedhof reich an Denkmälern des Rokoko und Klassizismus.

RIETH. Sachsen-Meiningen Kr. Hildburghausen.

Dorf-K. 1682, rom. OTurm.

RIMBACH. Pr. Sachsen Kr. Heiligenstadt.

Dorf-K. spgot. — Schnitzaltar von besserer Qualität, v. Hansteinsche Grabsteine roh.

RIMPAR. UFranken BA Würzburg.

Pfarr-K. 19. Jh. Sandsteinaltar, reiche Arbeit des fr. Barock, Wappen des Fürstbischofs v. Ehrenberg (1623—31). Zahlreiche (8) Bildnisgrabsteine der Grumbach; hervorzuheben Eberhard † 1487, mit Unrecht *Riemenschneider* zugeschrieben, Valentin † 1520, Konrad † 1527, Kunigunde † 1507. Der Steinaltar in der Turmkapelle zwischen 1623/31, Aufbau noch in spgot. Schema.

Schloß. Nicht groß, aber als Architekturbild imponierend, wesentlich Umbau aus der Zeit des Bischofs Julius, der Rimpar zu seinem Sommersitz machte, 1613 ff. 2 Wohnflügel im Winkelhaken, an der Außenecke mächtiger Rundturm. Das Äußere hat wenig Schmuckformen. Im Innern bmkw. 3 Repräsentationsräume; im Hauptsaal ruht die kasettenartig behandelte Gipsdecke auf 6 toskan. Sll., an den Wänden breiter Figurenfries in Stuck mit Szenen aus der römischen Geschichte, Stilrichtung italistisch, im Ornament Floriselemente. Die Skulpturen am Hofportal um 1610 von *Mich. Kern.* — Lusthaus des Schloßgartens, seiner Dekoration beraubt (Mädchenschule).

Rathaus 1614. — Menge von häuslichen Heiligenbildern und Bildstöcken.

RITTERSHEIM. UFranken BA Ochsenfurt.

Pfarr-K. 1783. Reiche klassizist. Stuckdekoration. Altarbau von *Winterstein*, mit den Seitenaltären zu einer wirkungsvollen Gruppe zusammengeschlossen. — Hinter dem Chor Turm aus M. 13. Jh.

ROCHLITZ. Sachsen AH Rochlitz.

Petri-K. Erster Bau 12. Jh. Zweiter (jetziger) Bau M. 15. Jh., voll. 1499. Gemeindehaus, Halle, gleich breit wie lang, 3 Schiffe und 3 Joche, das Msch. bedeutend breiter als die Ssch., kein Turm. Taufstein 1548 noch mit got. Ornament.

Kunigunden-K. von *Arnold v. Westfalen* (dem Meister des Meißener Schlosses) voll. 1476. Anlage ganz ähnlich der Petri-K., nur der Schluß aus 5 Seiten des 10Ecks. Die westl. Turmhalle rom. Sie wurde vom Dach der später angelegten Langhaushalle weit überragt und deshalb abgewalmt. Um diese unschöne Lösung zu verdecken, errichtete man nach Brand 1688 den hohen 8eck. Mittelturm, während die Seitentürme niedrige Hauben erhielten (vgl. Nikolai-K. in Leipzig). Die Hauptwirkung des Lhs. ist auf die Südseite verlegt. Tür und Fenster mit Kielbogenumrahmung auf Konsolen, dazu Kant- und Kreuzblumen. Dasselbe Motiv dreimal übereinander an den Strebepfl. Mehrfach wachsen an Gliedern und Flächen kleine Figürchen hervor, oder bloß Köpfe oder Hände. Nach alter Zeichnung war auch eine Folge von seitlichen Giebeln mit quergestellten Firsten vorhanden. Der ganze Reichtum der Erscheinung hat doch etwas Unorganisches und Starres. — Großes Altarwerk um 1500, 4 bewegliche und 2 feste Flügel, mit der Bekrönung 8,57 m hoch. [Ein anderer Flügelaltar von 1521 jetzt in der Hospital-K.] — Im Chor Reste von Glasmalerei um 1500.

Schloß sehr reduziert; einzelne Teile Werk *Arnolds v. Westfalen*, Museum mit örtlichen Kunstaltertümern.

ROCHSBURG. Sachsen AH Rochlitz.

Dorf-K. Einfach normal rom. Anlage. Portal in Art der Wechselburger Vorhalle, also ca. 1220—30. — Großes Freigrab des Wolf v. Schönburg † 1581 und seiner Gemahlin † 1567; am Unterbau zwischen korinth. Sll. die zwölf Apostel, oben die lebensgroßen knienden Gestalten der Verstorbenen.

Schloß. Ausgedehnte Anlage. Die Hauptburg im geräumigen 4eck. Hof, ältester Teil der runde Bergfried. Künstlerisch interessanter der Ausbau 1470 f. unter Hugold v. Schleinitz durch *Arnold v. Westfalen.* Rest. nach Bränden 1547 und 1582. In der Kap. bedeutendes Altarwerk 1576, die 10 steinernen Reliefs von *Andreas Lorentz* aus Freiberg. In einem Nebenraum Schnitzaltar von 1522.

RÖCKEN. Pr. Sachsen Kr. Merseburg.

Dorf-K. mit rom. Turm und spätestgot. Chor.

RODA. Sachsen AH Borna.

Dorf-K., rom. Mauern, eingewölbt im 15. Jh. von einem Meister der Rochlitzer Hütte, vielleicht demselben, der in Kohren tätig war.

RODA. Sachsen-Altenburg.

Kreuz-K. Alte Gründung (angeblich 1013), mit rom. Mauerbestandteilen. Durch häufige Umbauten charakterlos und unansehnlich geworden.

Stadt-K. E. 16. Jh. in der ungewöhnlichen Form eines großen (21 m Durchmesser) Achtecks. Drei Ränge Emporen eingebaut 1650, Freitreppen von außen; flache Decke; der polyg. Chor spgot.

Zisterz.-Nonnen-Klst.-K. Gestrecktes Rechteck von 37,5 : 14,7 m. Die OWand hat 3 große pyramidal gruppierte spitzbg. Fenster im Stilcharakter von A. 1300. Im W 3 quergestellte Arkaden, welche eine Empore trugen. Die Langseiten könnten dem Stiftungsbau um 1240 angehören; Fenster klein, zu 2 gruppiert; an der SSeite schlichtes frgot. Portal mit rohem Madonnenrelief. Auf der NSeite nebenschiffartige Erweiterung mit Erbbegräbnis der Herren von Lobedaburg.

RODACH. Sachsen-Coburg Amtsstadt.

Stadt-K. Lhs. 1695 und 1755; der eingezogene, längliche, polyg. geschlossene Chor E. 14. Jh., doch vielfach verändert; seitlicher Turm 1471. — Reste der **Stadtbefestigung** von 1550.

RÖDELSEE. UFranken BA Kitzingen.

Kath. Pfarr-K. 1779.

Prot. Pfarr-K. 1770.

Stattliche **Profanbauten:** das Crailsheimsche Schloß, der Ebracher Zehnthof (beide ca. 1600) und das gräfl. Castellsche Zehnthaus (Gasth. zum Löwen) von 1648.

RÖDERAU. Sachsen AH Großenhain.

Dorf-K. 1786—1817.

RÖDERN. Sachsen AH Großenhain.

Dorf-K. um 1650. — Bmkw. Denkmäler (v. Leschwitz) 1537 und 1540, dem Hans Schicketanz nahestehend; weitere 1555, 1588, 1594. — **Schloß** 2. H. 16. Jh.

RÖDERSDORF. Reuß j. L. LA Schleiz.

Dorf-K. Spgot. Mehrere Schnitzaltäre.

RODERSDORF. Sachsen AH Plauen.

Kirche, ehem. des Deutschordens. Schlicht spgot. mit zierlicher WEmpore. Die kunstvolle Altarbekleidung ursp. für die Feldgottesdienste Gustav Adolfs von Schweden. — Gute schmiedeeiserne Grabkreuze.

RODEWISCH. Sachsen AH Auerbach.

Petri-K. Geräumiger 1sch. flachged. Barockbau 1729—36. Löblicher Altarbau; die Reste des ma. Schnitzaltars auf dem Kirchboden.

RODIGAST. Sachsen-Weimar VB Apolda.

Dorf-K. Anlage rom.

ROHR. Pr. Sachsen Kr. Schleusingen.

Ehem. **Nonnen-Klst.-K.** (von Fulda abhängig). Erb. nach M. 13. Jh., jetzt Ruine. Gr. Rck. 36,5 : 7,2 m; durch Quermauer in 2 gleiche Hälften geteilt; die westl. enthielt die Nonnenempore über hölzerner Zwischendecke. Schmale spitzbg. Fenster. An die SSeite lehnte sich ein quadr. Turm.

Dorf-K. Vermutlich die 825 als zu Fulda gehörig genannte S. Michaelis-K. (Dieser Name in Verbindung mit der Lage auf einem Hügel haben an eine ehemalige heidnische Kultstätte denken lassen.) Ältester Teil die Krypta; Gr. überhöhter ½ Kr. mit Radius von 4 m, außen rck. ummantelt (wohl als Unterbau eines OTurms), in der Mauermasse ½ kr. Nischen; das in primitiver Weise in Mörtelguß mit Bruchsteinen ausgeführte Gwb. ruht auf 4 formlosen Pfll.; die Steine über der nördl. Stollentür zeigen Riefelung. Alles dieses weist auf hohes Alter, wahrscheinlich vor 950. — Die K. rck. 28,7 : 8,7 m. Form und Größe sprechen

dafür, daß dieser Bau die ältere Klst.-K. war. Spätere Veränderungen haben 2 kleine rundbg. Fenster übrig gelassen. An der WSeite Rest eines Paradieses. — Befestigter Kirchhof, Wall, Graben, Tor; letzteres rom., später mit neuem Wehrturm überbaut; davor eine Art Zwinger mit Vortor.
Baderei, reich verzierter Fachwerkbau 1686. Gegenüber großes Hoftor mit Sitzkonsolen 1619.

ROHRBACH. UFranken BA Karlstadt.
Pfarr-K. 1778 von *Geigel.* Sehr gute klassizist. Einrichtung, die Altarfigg. in der Richtung *P. Wagners.* Bmkw. Monstranz und Kelche von *Stipeldey* in Augsburg 1797.
Kreuz-Kap. 1712. Reste guter Altarplastik um 1500, Richtung *Riemenschneiders,* wohl von derselben Hand wie die Figg. in Großlangheim. Gute Pietas um 1490, verwandt der in Eußenheim.

ROHRBORN. Pr. Sachsen Kr. Weißensee.
Dorf-K. Chorturm aus rom. Anlage.

RÖHRIG. Pr. Sachsen Kr. Heiligenstadt.
Dorf-K. Bar. mit dem in dieser Gegend regelmäßig angewendeten $^{3}/_{8}$ Chor. — Ein gutes Stück die renss. Kanzel mit unten eingebautem Beichtstuhl.

RÖHRSDORF. Sachsen AH Kamenz.
Herrenhaus. Große schlichte Winkelhakenanlage um 1720. Die hübsche Innenausstattung um 1760. Zahlreiche Porträts.

RÖHRSDORF. Sachsen AH Chemnitz.
Dorf-K. Architekturlos. — Die Kanzel aus Porphyrtuff, bez. 1565, im Aufbau eine der besten ihrer Zeit, die figürliche Plastik allerdings minderen Wertes. Große Glocke A. 15. Jh. Die zwei großen Ölgemälde auf Holz aus A. 17. Jh. bildeten den Verschluß einer Orgel in Chemnitz.

RÖHRSDORF. Sachsen AH Pirna.
Schloß A. 17. Jh. Prachtvolle Kachelöfen ähnlich denen in Wiesenstein. Porträts von *A. Graff.* Gartenstatuen bez. *Gottfr. Knöffler.*

RÖMERSHAG. UFranken BA Brückenau. Inv.
Schloß. Einfacher Renss.Bau (v. d. Tann), 1729 für den Abt von Fulda 3flügelig erweitert. Im Treppenhaus schönes Kruzifix um 1500.

RÖMHILD. Sachsen-Meiningen Kr. Hildburghausen.
Stadt-K. 1450—70. Halle von 3 Jochen, merkwürdig die Anlage eines doppelten Chors im O und W, beide in Breite des Msch. vorspringend und polyg. geschlossen, Turm im NO über der Sakristei. — Üppig geschmückter Fuß eines zerstörten spgot. Sakramentshäuschens; Altarbau 1686, tüchtig; Votivgemälde 1482. Ein wertvoller Besitz die seit 1865 im Chor aufgestellten 7 Grabsteine: Georg I. von Henneberg 1465; Johannetta 1481; Hermann VII. 1465; Albrecht v. Waldstein 1470; Elisabeth v. Wirtemberg 1501; Friedrich II. 1488; Anna v. Mansfeld 1542. Die wichtigsten Stücke (Südkap.) das Erzbild Ottos IV. † 1502, doch früher ausgeführt, aus der

*Vischer*schen Werkstatt (Peter?), und das Hochgrab Hermanns VIII. und der Elisabeth von Brandenburg, nach (wahrscheinlich eine längere Reihe von Jahren) 1507, dem Todesjahr der Elisabeth; nahe verwandt dem Hohenzollerndenkmal in Hechingen; die persönliche Urheberschaft *Peter Vischers* wird fast allgemein angenommen, aber es fehlt dafür nicht nur die äußere Beglaubigung; die architektonische Dekoration der Tumba in matter Spätgotik verrät in keiner Weise den Meister des Sebaldusgrabes; von sehr reiner, wenn schon nicht von sehr lebendiger Formenschönheit die stehend gedachten, einander in Profilstellung zugekehrten Porträtfiguren der Deckplatte; nicht gleichwertig die Eckstatuetten. — Zahlreiche Gemälde, z. T. inhaltlich interessant, künstlerisch unerheblich; manches bmkw. unter den Geräten und Paramenten.

Gottesacker-K. 1708—12 von *Chr. Richter.*

Schloß Glücksburg. Oft umgestaltet. Den ältesten Kern (Hinterschloß und Mittelschloß) bildet der Bau Friedrichs II. 1465 ff. Eine zweite Bauzeit 1540 ff. Eine dritte unter Leitung von *Chr. Richter* 1676—78. Eine vierte 1724.

Prinzenpalais ca. 1770.

ROMMERSHAUSEN. RB Cassel Kr. Ziegenhain.

Edelhof. Interessante Anlage aus 16. und 17. Jh. Im Herrenhaus auch das Innere gut erhalten. Außen Bildhauerarbeiten des *Philipp Soldan* von Frankenberg.

ROMSCHÜTZ. Sachsen-Altenburg LA Altenburg.

Dorf-K. 1725—33.

Schloß 1712, Innenraum um 1770 mit Aufwand neu dekoriert.

RONSHAUSEN. RB Cassel Kr. Rotenburg.

Dorf-K. mit rom. OTurm über dem gewölbten Altarhaus.

ROPPERHAUSEN. RB Cassel Kr. Ziegenhain.

Burgruine. Rom. Wohnturm.

RÖPPISCH. Reuß ä. L. LA Greiz.

Dorf-K. Rom. Anlage wie Pahnstangen.

ROSENAU bei Coburg.

Schloß. 1809—1817 mit Benutzung eines Mauerteils des 16. Jh.

ROSENTAL. RB Cassel Kr. Frankenberg.

Stadt-K. 1sch. Gwb.Bau 1518, der schmälere polyg. Chor 14. Jh.

ROSENTAL. Sachsen AH Kamenz.

Wallfahrts-K. 1778. Großräumiger gewölbter Hallenbau, Ausstattung gleichzeitig. Eine schöne Bar.Arbeit die silberne Expositur bez. 1691. Kelche got. und bar.

ROSSACH. Sachsen-Coburg LA Coburg.

Dorf-K. 1756 mit 2 Geschossen. Emporen auf dorischen Sll. Spgot. Chor.

ROSSDORF. Sachsen-Meiningen Kr. Meiningen.

Dorf-K. Großer, 1730 verlängerter Saalbau; in der östl. Hälfte Emporen und Tonnengwb. mit reicher Bemalung von 1697. Der in gutem Umriß aufgebaute WTurm 1733. Kirchhofsmauer mit Schießscharten.

RÖSSEN. Pr. Sachsen Kr. Merseburg.
Dorf-K. Frgot. mit OTurm.

ROSSFELD. Sachsen-Coburg LA Coburg.
Dorf-K. Der Chor aus A. 16. Jh. hat die in diesem Gebiet seit Jahrhunderten gebräuchliche Form, quadr. mit darüber stehendem Turm, beibehalten; das rck. Lhs. 1750 fast neu aufgebaut.

ROSSLEBEN. Pr. Sachsen Kr. Querfurt.
Dorf-K. Frgot. Rechteckchor mit 3 schlanken spitzbg. Fenstern. Lhs. 1690, sehr nüchtern.
Klst.-K. fast spurlos zerstört. Ältere Ansichten ergeben eine sprom. Anlage ähnlich Memleben. In der Klosterschule 4 Reliefs, Äbtissinnenbilder in Renss.Umrahmung, nach den stilistischen Merkmalen von *Arntz Semler* von Freyburg. Das neue Schulgebäude 1740—42 in bescheidenen Formen.

ROSSRIETH. UFranken BA Mellrichstadt. Inv.
Wasserschloß mit Fachwerkgiebeln und Türmen mit Fachwerkobergeschoß. Sehr malerische Anlage aus 1. H. 16. Jh.

ROSSWEIN. Sachsen AH Döbeln.
Stadt-K. 1522. Die beabsichtigte 3sch. Hallenkirche unterblieb, Ausbau erst 1595—1611 und nur 1sch. mit flacher Holzdecke und Emporen. — **Rathaus** 1505, rest. nach Brand 1806.
Tuchmacherhaus, erb. A. 16. Jh. als Absteigequartier des Abtes von Zelle; schmuckreiches Portal 1537.

ROTENBUCH. UFranken BA Lohr.
Ehem. **Jagdschloß** der Erzbischöfe von Mainz. 4flügelige Wasseranlage des 17. Jh. in einfachen Formen. Durch eine Brücke mit einer Kap. des 15. Jh. verbunden.

ROTENBURG I. TH. Schwarzburg-Rudolstadt.
Burgruine. Der runde Bergfried im Unterbau aus fr., im Hauptteil aus sp. Ma. Künstlerisch interessant und relativ gut erhalten der frgot. Wohnbau mit großem Saal im Obergeschoß.

ROTENBURG. RB Cassel Kreisstadt.
Stifts-K. S. Elisabeth, beg. 1370, weitergeführt 1484—1501, verstümmelt 1822, z. T. wiederhergestellt 1892. Hallenkirche mit ursp. 5 Jochen im Schiff, 3 Jochen im Chor, dazwischen 2 Türme (WTürme nie vorhanden). Eine der größten K. Kurhessens. — Denkmal des Landgrafen Hermann † 1658 und seiner Gemahlin † 1683.
Pfarr-K. S. Jakob, bez. 1392. 2sch. Hallenkirche mit 1sch. Chor, Gwb. nur in letzterem, Turm (N) zwischen Chor und Lhs., spgot., aber mit Rundbogenfries und Ecklisenen. Schöner marmorner Tisch aus der Schloß-K.
Georgs-Kap. (Hospital) an Stelle der alten Burg.
Schloß. Im SFlügel (16. Jh.) 2sch. Kirche (jetzt kath.). Reich geschnitzter Hochaltar.
Gute **Fachwerkhäuser** 16.—18. Jh., im Detail Renss.Motive häufig.

ROTENFELS. UFranken BA Lohr.
Pfarr-K. 1614. Typischer, ziemlich bedeutender Bau der Nachgotik des Bischofs Julius. Turm 1750. Polyg. Chor mit deko-

rativem Sterngwb. Lhs. dreiachsig, mit flacher Holzdecke, gotisierende Maßwerkfenster. Aus der Erbauungszeit die freundliche, dekorative Ausmalung von *W. Ritterlein* (vgl. Karlstadt, Büchold). Auf dem linken (neuen) Seitenaltar Madonna, Holz, E. 14. Jh. — Figurenreiche Kanzel und Sakramentshäuschen Sandstein, 1613. Bmkw. für die plastische Stilentwicklung. Monstranz 1615, Stiftung des Fürstbischofs Julius, Augsburger Arbeit, in der gleichen Mischung von got. und Renss.Motiven, wie sie die Bauten dieser Zeit tragen.

Schloß. Stattlich, gut erhalten. Zur Hauptburg der rom. Bergfried, Buckelquadern, rom. Kamin, die mit ziemlichem Aufwand ausgeführten Wohngebäude des 16. Jh. Vorburg mit ausgedehnten Wirtschaftsgebäuden 16.—17. Jh.

Rathaus 1595 in reicheren Renss.Formen.

ROTENHAN. UFranken BA Ebern.

Burgruine. Stammburg des gleichnamigen Geschlechtes. Die 4 m starken Mauerreste aus dem gewachsenen Stein gehauen.

ROTENKIRCHEN. RB Cassel Kr. Hünfeld.

Dorf-K. Rck. mit WTurm. Gilt für frührom.

ROTENSTEIN. Sachsen-Weimar VB Apolda.

Dorf-K. Lhs. und Turm in der Anlage frgot., Chor spgot. 16. Jh.

Rathaus mit spgot. Stabwerkportal.

Im Dorf einige stattliche rundbg. Torfahrten.

ROTH. Sachsen-Meiningen Kr. Hildburghausen.

Dorf-K. Der turmtragende Chor in der Anlage rom., Lhs. E. 16. und 18. Jh. — Kanzel 1738, hübsch, nicht ganz von der gewöhnlichen Art.

RÖTHA. Sachsen AH Borna.

Georgen-K. ursp. rom., auf 2 WTürme berechnet, von denen nur der nördl. ausgeführt; Schiff flachgedeckt, durch Pfll. geteilt; der eingezogene gewölbte Chor nach 1510. — Altarwerk um 1620; das Hauptgemälde vielleicht von *Johann de Perre* (vgl. Prießnitz). v. Friesensche Epitaphe und Bildnisse.

Marien-K. (ehemals Wallfahrt), spgot. in der Richtung der Rochlitzer Hütte, einheitlich und wohlerhalten. Rck. mit $^3/_8$ Schluß. Durchweg Netzgwbb. — Altarwerk um 1520, bmkw. durch frühen Anklang an die Renss.

Schloß (v. Friesen) 1655 nach Zeichnung von *Chr. Bodenstein* in Weißenfels. Reiche Innenausstattung. Porträtgalerie mit Stücken von *Pierre Gaudreau* (Marschall v. Sachsen), *Rigaud (?), Silvestre, Graff*.

ROTHSCHÖNBERG. Sachsen AH Meißen. Inv.

Kirche 19. Jh. — Altar 1614. Zahlreiche, z. T. reiche Denkmäler der Schönberg.

Schloß. Sehr alte Anlage, ältester erhaltener Teil 15. Jh. Anbau 1738.

ROTTELSDORF. Pr. Sachsen Mansfelder Seekreis.

Dorf-K. mit rom. Turm.

ROTTENBAUER. UFranken BA Würzburg.
Ev. Pfarr-K. von 1490, unbedeutend. — Zahlreiche Grabsteine der Wolfskeel, M. 16. bis A. 17. Jh.
2 Wolfskeelsche **Schlösser**, bar., im jetzigen Zustand unerheblich.

ROTTENDORF. UFranken BA Würzburg.
Dorf-K. Gotisierender Umbau 1613. Deckengemälde 2. H. 18. Jh., nicht schlecht. Vortreffliche klassizist. Ausstattung.

RÖTTINGEN. UFranken BA Ochsenfurt.
Pfarr-K. Geräumiges flachgedecktes Lhs. sprom. mit Veränderungen A. 17. Jh. Interessant der einheitliche Chorbau in früher Kompromißgotik (Ablaß 1287). Über dem quadr. Vorchor mit Rippengwb. erhebt sich der noch rom. gegliederte OTurm. Anschließend Apsis, Sockel ½ kr., Mauern in 7 Seiten des 12Ecks, Ecklisenen, schmale Spitzbg.Fenster, Zinnenfries, primitive Wasserspeier. — Ausstattung 17. und 18. Jh. — Zahlreiche Grabsteine. Ältester und interessantester der Petronella Truchsessin von Baldersheim † 1414. Großer Ölberg 18. Jh.
Spital-K. 1614. Auf einem der klassizist. Altäre liebenswürdige feingefühlte Holzmadonna um 1470.
Ringmauern großenteils erhalten. — Im Rentamtsgebäude Reste der Hohenlohischen Burg des 13. Jh. — **Rathaus** nach 1750. Alte Trinkgefäße. — Der sog. **hohe Bau** im unteren Teil 13. Jh., mit sprom. Fenstern, oben spgot. Fachwerk.

ROTWERNDORF. Sachsen AH Pirna.
Schloß seit 1556. Eigenartige Grundrißanordnung; aus einem Rck. von 26 : 10 m springen übereck 4 Ausbauten mit Volutengiebeln vor; Fassadengliederung durch Pilaster.

RÜCKINGEN. RB Cassel Kr. Hanau.
Dorf-K. 1596, am Schnörkelgiebel Inschr. 1609. Im Innern zahlreiche Grabsteine und Wappen der Herren v. Rückingen und von Rüdigheim. — 2 **Schlösser** dieser Adelsfamilien.

RUDELSBURG. Pr. Sachsen Kr. Naumburg.
Burg. Zuerst genannt 1171, Ruine seit 1641, mehrere Teile gut erhalten, der quadr. Bergfried in der Hauptmasse rom. Die Vorburg, jetzt nur durch einen Mauerrest angedeutet, war von außerordentlicher Ausdehnung als Wohnsitz zahlreicher Burgmannen.

RÜDENHAUSEN. UFranken BA Gerolzhofen.
Schloß der Fürsten Castell. Um 1285 zuerst erwähnt. Äußerst malerische Anlage des 14.—16. Jh. mit polyg. Bering und 2 Flankentürmen; innen einige charakt. Zimmer des frühen 16. Jh. Erweiterungen 1910.
Westl. davon das **neue Schloß**; M. 18. Jh., im 19. Jh. verändert.
Kirche. Epitaphe der Grafen Castell, die ältesten (E. 13. Jh.) heraldisch.

RÜDIGHEIM. RB Cassel Kr. Hanau.
Kirche. Frgot. 1sch., 4 kurzgewölbte Joche mit $^5/_8$ Apsis. Teilweise erhaltene Außenbemalung. Gehörte zu einer **Johanniter-Kommende,** von welcher ein jetzt als Fruchtscheuer der Domäne

dienender Bau erhalten ist. An der SSeite gekuppelte spitzbg. Fenster aus 13. Jh. G r a b s t e i n des Komturs Phil. v. Reifenberg 1495.

RUDOLSTADT. Hauptstadt von Schwarzburg - Rudolstadt. **Stadt-K.** 1634—36, noch wesentlich got. mit bar. Einzelheiten. 3sch. Halle mit vortretendem $^5/_8$ Chor. Hölzerne Emporen in 2 Rängen. Pfll. 8eckig. Fischblasenfenster. Das Seitenportal in guter Renss. von älterem Bau beibehalten. — Hölzerne K a n z e l von einer Mosesfigur getragen 1636; derb bar. A l t a r a u f s a t z mit wiederverwendeten spgot. Gemälden.

Ludwigsburg. 1734.

Schloß Heideckaburg, nach Bränden 1571 und 1735, formenarmer Massenbau. Rokoko-Festsaal, Gr. aus verschieden gerichteten Kurven, Dekoration reich und nicht schlecht, Deckengemälde von *Deisinger*.

Rathaus 1524 als adliges Stadthaus, 1724 und 1784 umgebaut.

Wohnhäuser. Einige aus 16. Jh.; hübsch die Hofgalerie in der Oberen Marktstraße no 8.

RUGENDORF. OFranken BA Stadtsteinach. **Pfarr-K.** 15. Jh., nachgot. Kanzel 1658, Taufstein 1661, Altar 1663. Gut ornamentiertes Chorgestühl, Emporen mit biblischen Szenen bemalt. 2 gute E p i t a p h e 1564, 1658.

RUHLA. Sachsen-Gotha und Sachsen-Weimar. Die weimarische **Kirche** 1682. Anlage im Winkelhaken mit hölzernem Tonnengewölbe. — Kleines Dorfmuseum.

RUNDSTEDT. Pr. Sachsen Kr. Merseburg. **Dorf-K.** 18. Jh., auf der herrschaftlichen Prieche V i e r z e h n n o t h e l f e r a l t a r um 1500, nicht ohne Interesse.

RUPPENDORF. Sachsen AH Dippoldiswalde. **Dorf-K.** Vom Bau des 13. Jh. ein sprom. Portal erhalten. Umbau 1674. S c h n i t z a l t a r um 1500.

RUPPERSDORF. Sachsen AH Löbau. **Dorf-K.** Kleines 1sch. Lhs., quadr. Chor und ½ kr. Apsis, letztere sicher rom. — Zahlreiche v. Nostitzsche G r a b d e n k m ä l e r 16.—18. Jh.

RUPPERTSGRÜN. Sachsen AH Zwickau. **Dorf-K.** Bez. 1513. Interessanter kleiner Gewölbebau. Das Emporensystem von Annaberg, Schneeberg usw. auf eine 1sch. Anlage übertragen. Die wenig über ein Meter tiefen Emporen ziehen sich um den 3seitigen Schluß herum. In ihrer Fluchtlinie, also nur wenig von der Wand abgerückt, ein Pfeilerpaar, von dem das kunstvoll figurierte Sterngwb. ausgeht. Fenster rundbg. In einigen Details Ansätze von Renss., frühestes Beispiel dafür im Kreise der ländlichen Architektur. — Runde K a n z e l mit derben Reliefs.

RUSSDORF. Sachsen-Altenburg LA Altenburg. Ansehnliche **Dorf-K.** 1729—33.

RUSTENBERG. Pr. Sachsen Kr. Heiligenstadt. **Schloß** bar. Im Park 1 sprom. und 1 renss. T a u f s t e i n.

Burg. Gründung des 11. Jh. Bis 1802 bewohnt, jetzt Ruine; die frgot. Kap. z. T. erhalten. Großes Amtshaus 18. Jh. — Ganz in der Nähe Spuren der **Kunzenburg.**

RUSTENFELDE. Pr. Sachsen Kr. Heiligenstadt.

Dorf-K. Stattlicher einheitlicher Bau von 1740. — Altar und Kanzel gehören zu den reichsten im Eichsfeld, im Stil für die Entstehungszeit altmodisch.

S

SAAL. UFranken BA Königshofen.

Wallfahrts-K. auf dem Findelberg 1785, gute Fassade. — Altäre und Kanzel 1788 von *Winterstein*, Übergang zum Klassizismus.

SAALBORN. Sachsen-Weimar VB Weimar.

Dorf-K. rom.-got. Übergang. — Altarkruzifix „ganz ausgezeichnete Arbeit des 12. Jh." aus vergoldetem Kupfer.

SAALBURG. Reuß j. L. LA Schleiz.

Stadt-K. Mischbau ohne Interesse. — Im Fürstenstand ein renss. Ofen. Tüchtiger Altarbau 1665.

Bmkw. Reste der Stadtbefestigung.

Klst. Heiligenkreuz gegr. 1310; Ruine des Wohnhauses der Nonnen; die K. zerstört.

SAALECK. Pr. Sachsen Kr. Naumburg.

Burgruine. Der enge Raum nötigte zu vereinfachter Anlage: zwei durch Schildmauern verbundene Rundtürme, wohl M. 12. Jh.

SAALECK. UFranken BA Hammelburg.

Burgruine.

SAALFELD. Sachsen-Meiningen Kreisstadt.

Johannis-K. 1209—1272; hiervon der Unterbau der beiden O-Türme am Anfang des Chors. Erneuerung beg. 1389. Lhs. voll. 1456. — 3sch. Halle von 28 : 22 m, geteilt in 4 Joche, wovon das erste den Turm trägt. Gestreckter Chor mit 8Eck-Schluß. Im Lhs. einfache Kreuzgwbb., im Chor Netzgwbb. (1514). In den Fenstern reiches Fischblasenmaßwerk. Der Hauptschmuck der Kirche die 2 Portale aus A. 15. Jh. (W und S); die Statuen ihrer Umgebung zerstört, erhalten die Tympanonreliefs (W Jüngstes Gericht, S Anbetung der Könige und Kreuzigung). An der letzten Fensterbrüstung der Sakristei NSeite Relief mit Schweißtuch der hl. Veronika (nach Lehfeldt 1. H. 13. Jh.). Der bar. Ausbau 1895 durch neugot. ersetzt. — Reste von spgot. Altären, einer von dem „Meister der architektonischen Baldachine"; bar. Kanzel; Relief von 1516 (ehemals an der Brückenkapelle) mit der hl. Kümmernis (S. Wilgefortis) und dem Spielmann; Tumbendeckel eines Gf. v. Orlamünde, 14. Jh., und zahlreiche Grabsteine und Gedenktafeln; Glasmalereien in den Langhausfenstern, hervorragend, im Entwurf Dürerische Anleihen. Im nördl. Sschiff hl. Grab, 15. Jh.

Siechenkapelle, Kernbau frührom. Die Fenster frgot. erweitert, im 17. Jh. dürftig rest. — Schnitzaltar M. 15. Jh.

Barfüßer-Klst., 13. Jh., im 17. als protestant. Predigt-K. umgebaut. Im 19. Jh. profanisiert. Im Erdgeschoß jetzt städt. Museum. Im obersten Geschoß Deckengemälde des 17. Jh. — Spgot. Kreuzgang z. T. erhalten.

Nikolai-K. (jetzt Armenhaus), von einem einfachen frührom. Bau, der die Kapelle der Kaiserpfalz gewesen sein könnte, nur die glatten Mauern und zugemauerte Rundbogenfenster (1912 alles barbarisch verputzt). Auch die späteren Veränderungen (1265 Einrichtung für Zisterziensernonnen?) nicht mehr erkennbar.

Amtsgebäude, 1610.

Rathaus 1526—37. Dachfirst parallel zur Hauptfront; in deren Mitte 8eckiger Treppenturm, zur Hälfte vorspringend und in kleinen Giebeln endigend; mit ihm gruppieren sich rechts und links 2 Zwerchhäuser (in etwas jüngeren Formen); 2 Erker modifizieren etwas die sonst festgehaltene Symmetrie der Gesamtkomposition. Die Formen spgot. im Übergang zur Renss.; an den Wandflächen Spuren von ornamentaler Malerei.

Herzogl. Schloß. An Stelle des völlig niedergelegten Benedikt.-Klst., einige rom. Kaptt. jetzt im städt. Mus. Schlichter großzügiger Bar.Bau von 1677. Hufeisenanlage. Großes Treppenhaus und Festsaal mit allegorischen Deckengemälden. Einige Zimmer in reicher Ausstattung des 17. Jh. erhalten. Kapelle 1719. Schloßgarten.

Hofapotheke um 1200; ursp. Amtshaus des kaiserl. Vogtes; im 15. Jh. Rathaus; nach Brand 1880 „hergestellt", mit Beseitigung aller Bestandteile eines spgot. Umbaues. Alt: das Erdgeschoß, das erste Zwischengesims, die Eckdienste, das Fensterpaar über der Tür der Marktfront, ein Teil der Fenster des ersten Obergeschosses und einige sonstige Details.

Stadtapotheke. Inschr. 1617 und 1620. Das Portal und die Giebel der 2 Zwerchhäuser in reicher, derb effektvoller Sp.Renss.

Haus Gerdts, 1609. Dem vorigen ähnlich und wohl von demselben Meister. — Sonstige Wohnhäuser des 15. und 16. Jh. in größerer Zahl.

Schloß Kitzerstein; in einigen Teilen bis 1435 hinaufreichend; sieben kleine spgot. Ziergiebel; die ganze Gruppe höchst malerisch.

Burgruine Hoher Schwarm, erb. nach 1200 an der Stelle einer weit älteren Kaiserpfalz. Großer quadr. Wohnturm mit kleinen Rundtürmen an den Ecken.

Von der **Stadtbefestigung** 4 Tore erhalten.

Friedhof mit Resten einer Renss.Halle.

SAATHAIN. Pr. Sachsen Kr. Liebenwerda.

Dorf-K. Die stattlichste und älteste (ca. 1600?) unter den vielen Fachwerkkirchen des Kreises.

Herrenhaus, schlicht bar., 4flügelig, im Hof einst offene Arkaden.

SABABURG. RB Cassel Kr. Hofgeismar.
Schloß. Gegr. 1334, erneuert 1490, von Landgraf Wilhelm IV. 1589 zum Jagdschloß eingerichtet; teils Ruine, teils bewohnt.

SACHSENBURG. Sachsen AH Flöha.
Schloß. 1488 von *Hans Reynhart;* bedeutende Anlage, seit der Verheerung im 30j. Kriege entstellt.

SACHSENBURG. Pr. Sachsen Kr. Eckartsberga.
Burgruine.

SACHSENDORF. Sachsen - Meiningen Kr. Hildburghausen.
Dorf-K. E. 15. Jh. Lhs. 1sch.; eingezogener, turmtragender quadr. Chor; die 3 Ränge Emporen aus 17. Jh. — Am Triumphbogen ausdrucksvolle Kreuzigungsgruppe, 16. Jh.

SACHSENHAUSEN. Sachsen-Weimar VB Weimar.
Dorf-K. (ehemals Wallfahrt). Chor 1425, Lhs. und WTurm Mitte 16. Jh. — Spgot. Altarwerk.

SACKA. Sachsen AH Großenhain.
Dorf-K. Umbau 1607, der Chor Rest eines ma. Rundbaus. Das gut behandelte Zimmerwerk von *M. Schumann* in Dresden. — Altar mit Reliefs und Statuetten 1619. Acht Denkmäler der Familie vom Toß 16. Jh. Stattliches Marmorepitaph einer Frau v. Flow 1707.

SALLMANNSHAUSEN. Sachsen-Weimar VB Eisenach.
Dorf-K. 16. Jh., Einrichtung 18. Jh. — Guter Schnitzaltar um 1500, jetzt über dem Chorbogen.

SALZ. UFranken BA Neustadt.
Dorf-K. Unter späteren Veränderungen als Kern eine kleine rom. Pfeilerbasilika zu erkennen. Starker OTurm, um den Spitzhelm 4 kleine Schützenerker.

SALZBURG B. NEUSTADT. UFranken BA Neustadt. Inv. [D.]
Burgruine. Eine der größten in Deutschland. Die Identität mit der namensgleichen Pfalz Karls d. Gr. und der Ottonen unhaltbar. Der vorhandene Bau gehört in der Anlage wie auch in seinen meisten künstlerisch formierten Teilen ins 11. bis 13. Jh., in welcher Zeit die Burg würzburgisches Lehen war; die 450 m langen Ringmauern umschreiben ein unregelmäßiges Trapez; kein ausgesprochener Mittelpunkt; die Gebäude sind regellos zerstreut wie in einer kleinen Stadt (S. war im sp. Ma. Ganerbschaft und von 7 bis 9 Familien bewohnt). — Torturm um 1200, schöne Buckelquadern, beide Seiten der Durchfahrt durch Portale in kräftigen und zugleich eleganten Formen (Zickzack) charakterisiert. Weiterhin rechts die 1848 in speudoromanischen Formen vollkommen erneuerte Kap. (Wallfahrt); westlich davon neben dem Turm „Jungfernkuß", wo sich der Palas an die Außenmauer lehnte, rom. Fenster und Spuren eines Kamins. Ein anderer Wohnbau, noch mit 2 Treppengiebeln, links vom Hauptweg (fälschlich „Münze" genannt), die Fensterarchitektur mit das Reizvollste, was wir von profaner Frühgotik besitzen. Rom. Formen an mehreren Wohntürmen. Im Voitschen Ansitz gut erhaltene spgot. Innenräume.

SALZUNGEN. Sachsen-Meiningen Kr. Meiningen.
Stadt-K. Flachgedeckter Saal von 1789, umgebaut 1908. Durch die Stadtbrände 1640 und 1786 fast alle älteren Gebäude vernichtet. Von Wohnhäusern zu nennen der stattliche „Hünische Hof" um 1624 und ein Fachwerkhaus von 1619 in der Brenngasse. Einfach gefällige Bürgerhäuser der Zopfzeit.
Husenkirche vor der Stadt. Sehr alte Gründung (775?), jetzt ein ärmlicher Bau um 1500. Dasselbe gilt von der Wendels-K. von 1481.
Friedhofs-Kap. spgot., im Innern geschnitzte Holzarchitektur des 16. Jh. und viele Epitaphe von besserer Qualität.

SANGERHAUSEN. Pr. Sachsen Kreisstadt.
Jakobi-K. Spgot. 3sch. Halle (Gwbb. nicht ausgeführt); der langgestreckte Chor höher und mit reichem Netzgwb. — Der Flügelaltar der größte und beste des Kreises. Einfacher spgot. Taufkessel. Großes Grabmal von 1618 aus der Werkstatt des kurfürstl. Hofbildhauers *J. M. Nosseni.*
Ulrichs-K. Ehem. Benediktiner-Klst., gegr. E. 11. Jh., 1265 den Zisterz.-Nonnen überwiesen, 1389 Brand. — Kreuzf. rom. Basilika mit ausgebildetem Hirsauer Chor (vgl. Bosau, Paulinzelle, Wimmelburg), die Seitenschiffsgewölbe noch rom., wenn auch (wegen des stark oblongen Gr.) wohl nicht ursp. geplant. Das Msch. war flach. Das Qsch. hat die ungewöhnliche Anordnung, daß die Arme aus 2 Jochen zusammengesetzt sind; das erste in der Breite der Ssch., das zweite quadr.; das erste mit Tonnengwb., das zweite mit rundbg. Kreuzgwb. Einwölbung des Msch. im 13. Jh.; die Gwbb. ruhen auf Kragsteinen, haben rck. Gr., spitzbg. Gurtbgg., aber keine Kreuzrippen. Die Strebepfeiler aus 16. Jh. Die Arkadenpfeiler kreuzförmig, einfach abgeschrägte Deckplatten mit flach skulptiertem, steif gezeichnetem Ornament aus demselben lombardisch geschulten Kreise, dem man in Quedlinburg. Gröningen und Magdeburg (Liebfr.) begegnet. — Ob der 8eck. got. Vierungsturm einen rom. Vorläufer gehabt hat, wird nicht klar; WTürme sind nie vorhanden gewesen. Tympanon mit Ludwig dem Springer und dem hl. Ulrich. — Kanzel 1620. — Figurierter spgot. Taufkessel.
Schlösser. Altes 1446, im Erdgeschoß Kreuzgwbb. auf Bündelpfeilern. Neues 1586 und 1612.
2 km vor der Stadt Ruine der **S. Katharinen-K.** im Helmstal, gew. 1220, flachged. Basilika mit 1 spitzbg. Arkade.

SANKT GOTTHARDSBERG b. Amorbach. UFranken.
Frauenkloster (Ruine). Gegr. 1138? Verwüstet im Bauernkrieg, 1629 hergestellt, seit Blitzschlag 1714 Ruine. — Rom. Pfeilerbasilika von 7 Arkaden, vielgliedrige Deckplatten, Gurtgesims mit Schachbrettmuster. Chor got. Portal sprenss.

SANKT HELENA b. Gräfenberg. OFranken.
Dorf-K. mit Schnitzwerk, Auffindung des hl. Kreuzes, *Veit Stoß* (vermutlich mit Unrecht) zugeschrieben.

SANKT JOHANNIS. OFranken BA Bayreuth.
Pfarr-K. 1771. Schloß einfach renss., Portal 1617.

SANKT KILIAN. Pr. Sachsen Kr. Schleusingen.
Dorf-K. 1689 im Typus Hinternah, noch got.

SANKT KUNIGUND. UFranken BA Ochsenfurt.
Kapelle. Der Ausbau unter Bischof Julius 1614 hat den rom. Kern nicht erheblich verändert. Derselbe stammt aus der Zeit bald nach der Heiligsprechung der Kaiserin Kunigunde im Jahre 1200 und der davon ausgehenden Verbreitung des Kunigundenkultus in Franken. 1sch. Quaderbau mit eingezogenem Chor im OTurm, aus dem eine ½ kr. Erkerapsis vorkragt. Die Krypta 1614 ausgebrochen und z. T. zugeschüttet. Schiff flachgedeckt. An den Längsseiten einfache rom. Portale und rom. Fenster. — Eine Tür im Chor (mit ornamentiertem Tympanon) führte zu einer Außenkanzel, wohl für Ausstellung von Reliquien. Dem Teilungspfosten einer gekuppelten Klangarkade ist karyatidenartig eine weibliche diademtragende Figur vorgelegt (Kunigunde). — Friedhofsmauer mit Torbau.

SANKT MICHELN. Pr. Sachsen Kr. Querfurt.
Dorf-K. sprom. A. 13. Jh. Das Äußere fast unberührt; quadr. Chor, rck. WTurm.

SANKT WOLFGANG. RB Cassel Kr. Hanau.
Von dem 1468 gegr. **Kloster** wenig erhalten. Grundmauern einer 3sch. Kirche. Der noch vorhandene befestigte Torturm trug auch die Glocken.

SAYDA. Sachsen AH Freiberg.
Stadt-K. 1502, 4jochige Halle mit Netzgwb., Portal und reizvoller Vorhalle. — 3 Wandgräber der Familie v. Schönberg, besonders bmkw. das jüngste von 1605, die kunstvoll entworfene Architektur in der Art *Nossenis,* ungenügend die Bildnisfigg. — Taufstein mit figürl. Reliefs um 1500.

SCHAALA. Schwarzburg-Rudolstadt LA Rudolstadt.
Dorf-K. Lhs. 1700. Der jetzt in der Mitte stehende Turm, Mauern 13. Jh., spgot. bekrönt mit doppelt abgestuften Zinnen und schlankem Helm von origineller Wirkung. Befestigter Friedhof. — Schnitzaltar aus der Saalfelder Schule um 1500 („Meister der Baldachine"). Die Flügelgemälde nach Stichen von *M. Schongauer* (Erfurter Ausstellung 1903).

SCHACHTEBICH. Pr. Sachsen Kr. Heiligenstadt.
Dorf-K. 1719, ganz schlicht. In bar. Rahmenarchitektur ein spgot. Altar aus A. 16. Jh., Schnitzrelief der hl. Sippe und 4 Flügelgemälde.

SCHALKAU. Sachsen-Meiningen Kr. Sonneberg.
Stadt-K. Spgot. Das 1sch. Lhs. mehrmals verändert, der verlängerte polyg. Chor 1520. — Grabsteine der Familie v. Schaumberg.
Burgruine Schaumberg, wenig erhalten.

SCHANDAU. Sachsen AH Pirna.
Stadt-K. umgebaut 1645 und 1704. — Moseskanzel 1706.

SCHARFENBERG. Sachsen AH Meißen. Inv.
Burg. Rom. um 1200 (Burgtor), im 14. Jh. erweitert (überwölbte Hofstube). Nach Zerstörung im 30j. Kriege 1654 ausgebaut.

SCHARFENSTEIN. Sachsen AH Marienberg.
Burg. Die ältesten Teile 2 Rundtürme, der größere in Mauerstärke 3,25 m. Bedeutende Veränderungen 1533; daher ein Backsteingiebel mit derben spgot. Verschlingungen zwischen dünnen Pfll.

SCHARFENSTEIN. Pr. Sachsen Kr. Worbis.
Schloß frühes Ma. bis bar.

SCHEIBENBERG. Sachsen AH Annaberg.
Stadt-K. 1571. — Bmkw. Schnitzaltar um 1500.

SCHELLSITZ. Pr. Sachsen Kr. Naumburg.
Dorf-K. Der rom. OTurm (1226) bildet eine Einschnürung zwischen dem got. 5/8 Chor und dem Schiff von 1719; letzteres hat gemalte Flachdecke. Bar. Kanzelaltar. Der alte Hochaltar, ein gutes spgot. Schnitzwerk, jetzt auf der Empore.

SCHENKENSCHLOSSHOF. UFranken BA Würzburg.
Burgruine Roßberg. Erhalten nur der got. Bergfried, doch in voller ursp. Höhe von 28 m.

SCHERBDA. Bez. Eisenach.
Dorf-K. 15. und 17. Jh. Die Gemälde an den Emporen und der hölzernen Tonnendecke 18. Jh. Grabsteine (v. Wangenheim, v. Kutzleben, v. Creuzburg) 16. und 17. Jh.

SCHERNECK. Sachsen-Coburg LA Coburg.
Kirche um 1700, rck. spgot. Chor mit rippenlosem Kreuzgwb. Kanzel um 1650 mit vielen Schnitzfigg.

SCHESSLITZ. OFranken BA Bamberg I.
Pfarr-K. got. Hallenkirche, Chor vor 1421, Lhs. 1448 (Inschr.), rest. 1650. — Grabsteine des Grafen Friedrich v. Truhendingen und seiner Gemahlin ca. 1360, zweier Herren v. Wiesenthau 1569, 1570. — Hochaltargemälde von *Mattenheimer* um 1780. — Auf dem Kirchhof schönes Steinbild der hl. Jungfrau um 1450, aus der Martins-K. zu Bamberg stammend.

SCHIERITZ. Sachsen AH Meißen.
Schloß wesentlich 1556 und 1601, stattlich mehr durch die Lage als durch die Architektur.

SCHILDAU. Pr. Sachsen Kr. Torgau.
Stadt-K. Ursp. rom. Basilika, spgot. eingewölbt, rest. 1730 und 1829. — Schnitzaltar der sächs. Schule 15. Jh.

SCHILDECK. UFranken BA Brückenau.
Burgruine aus 13. Jh., wenig erhalten.

SCHIRGISWALDE. Sachsen AH Bautzen.
Kath. Stadt-K. 1739, stattlicher 1sch. Gwb.Bau in strengem Bar.-Charakter. Sumptuöse Altarausstattung, sehr hübsch namentlich die Kanzel mit Rok.Elementen.

SCHIRMDING. OFranken BA Wunsiedel.

Kirche. 1sch. mit 2 sprom. Kreuzgwbb. und schmalen rundbg. Fenstern.

SCHKAUDITZ. Pr. Sachsen Kr. Zeitz.

Dorf-K. Rom. 12. Jh. in Sandsteinquadern. Bmkw. Detail an Dachgesims und Portal.

SCHKEITBAR. Pr. Sachsen Kr. Merseburg.

Dorf-K. Rom. WBau mit Empore (für Nonnen?).

SCHKÖLEN. Pr. Sachsen Kr. Weißenfels.

Burg aus Ma., mächtige turmreiche Anlage.

SCHLEBERODE. Pr. Sachsen Kr. Querfurt.

Dorf-K. mit interessantem rom. OTurm. — Kanzelaltar und Taufengel geschickte, sehr manierierte Arbeiten des 18. Jh.

SCHLECHTSART. Sachsen-Meiningen. Kr. Hildburghausen.

Dorf-K. 1606, rom. OTurm.

SCHLEID. Sachsen-Weimar VB Dermbach.

Dorf-K. (kath.). Erb. 1743 vom Fürstabt Amandus von Fulda (wohl von demselben Meister wie die K. in Bremen). Außen und innen durch dorische Pilaster gegliedert, bmkw. Gr. des Altarhauses, der Turm hinter diesem. H a u p t a l t a r: 4 Sll. aus Stuckmarmor umgeben in ½ Kr. das Tabernakel. Aus der ehem. K. ein hübscher s p g o t. S c h n i t z a l t a r und Taufstein bez. 1529. — Am ehem. P f a r r h a u s Hoftor 1591.

SCHLEINITZ. Sachsen AH Meißen.

Schloß. Wesentlich spgot. 16. Jh. und renss. In der sonst beengten Anlage fällt die geräumige Kapelle auf; Gratgewölbe im Stichbogen; Sakramentsnische bez. 1518.

SCHLEIZ. Reuß j. L. Amtsstadt.

Stadt-K. spgot. unbedeutend. — A l t a r b a u 1721, für diese Gegend ungewöhnlich prunkvoll, in der Mitte das Abendmahl in einer Gruppe von Freifiguren in ²/₃ Lebensgröße.

Berg-K. frgot. 2. H. 13. Jh., erneuert 15. Jh. Gestreckter Chor mit Schluß aus 8Eck, etwas breiteres 1sch. Lhs. mit eingezogenem Strebepfl. und Emporen. Der Turm auf der NSeite am Beginn des Chors. — Das Innere durch Barockausstattung in malerische Wirkung gesetzt. A l t a r a u f s a t z 1635. T u m b a Heinrichs des Mittleren † 1500, charakterisiert durch die Fülle des alle Flächen überwuchernden spgot. Laubwerks; die Figur unbedeutend. — E p i t a p h Heinrichs II. von Reuß, † 1639, kolossal, künstlerisch schwach. — Weitere Gedenktafeln und Grabsteine in ungewöhnlich großer Menge.

Schloß. Im 16. Jh. stattlicher Wehrbau. Nach Brandschäden im 18. Jh. erneuert.

SCHLETTAU. Sachsen AH Annaberg.

Ulrichs-K. 3sch. 4jochige Hallenkirche des 15. Jh., der Chor älter.

Schloß. Am nördl. Teil reiche spgot. Fensterumrahmungen mit Vorhangbögen; das übrige entstellt.

SCHLETTAU. Pr. Sachsen Saalkreis.
Dorf-K. rom., ziemlich gut erhalten.

SCHLEUSINGEN. Pr. Sachsen Kreisstadt.
Stadt-K. Chor spgot., das flachgedeckte Schiff 1723. In der Aegidienkap. 11 Grabsteine der Grafen v. Henneberg 1444—1583.
Bertholdsburg 1274—1583 Sitz der Gfn. v. Henneberg. Großer malerischer Schloßhof mit 2 Portalen 1. H. 17. Jh., andere Teile got. — Am Schloßberg got. Brunnenbau, Oktogon mit Rippengwb.
Gymnasium 1577. Originelles Weichhaus „Alter König".

SCHLÜCHTERN. RB Cassel Kreisstadt.
Ehem. **Benedikt.-Klst.** (mit Einschluß der K. als Lehrerseminar eingerichtet). Die K. war Hallenkirche aus 15. Jh. Zwischen dem rom. WTurm und den Klostergebäuden ein Raum mit 2 rippenlosen Kreuzgwbb. auf ½ Sll. mit Würfelknäufen und eckblattlosen Basen. Ein zweiter Turm an der NSeite des Chors, daran ebenfalls rom. Reste. Die Krypta mit 1 rundbg. Tonnengwb., westl. quer davor ein schmälerer, ebenfalls mit Tonne gedeckter Gang. Am rck. Chor rom. Sockel. — S. Andreas-Kap. sprom. von 2 Kreuzrippengewölben überdeckt. — Huttensche Kap. 1354 in guten got. Formen. — Kreuzgang-Kap. mit Grabsteinen von 1377, 1383, 1480. — Got. Küche. Sonst die Klostergebäude gänzlich verändert.
Rathaus renss. 1567.

SCHLÜSSELAU. OFranken BA Bamberg II.
Ehem. **Zisterz.-Nonnen-Klst.** gegr. 1280, niedergebrannt 1525, spätestgot. 1599 als Pfarr-K. erneuert. — Langgestreckte 1sch. Anlage mit polyg. Chor, am WGiebel steigender Spitzbogenfries. — Grabstein des Gottfr. v. Schlüsselberg 1308.

SCHLÜSSELFELD. OFranken BA Höchstadt.
Pfarr-K. „alter und kraftvoller Bau teils in got., teils in renss. (bedeutet wohl bar.) Stil". „Schöne Glasgemälde". Hochaltar aus der Universitätskirche in Würzburg.
Rathaus 1723. — **Brunnen** mit Petrusstatue 1715.

SCHMACHTENBERG. UFranken BA Haßfurt.
Burgruine. Erhalten 2 Rundtürme und Ringmauer.

SCHMALKALDEN. RB Cassel Kreisstadt.
Stadt-K. S. Georg. Beg. 1437 von *Jörg Meier* aus Erfurt. Gwb. im Chor 1500 (Inschr.), im Schiff 1506. — Hallenkirche von 4 Jochen, 1sch. Chor von 3 Jochen und Schluß aus 8Eck. Schafte 8eckig, ohne Kaptt., 4 vorgekragte Dienste. Die Dienste im Chor für (jetzt modern ergänzte) Statuen und Baldachine unterbrochen. Im Chor Netzgwb., die gewundenen Reihungen mit Nasen besetzt, die Rippen wachsen aber nicht aus den Diensten, sondern aus den Gewölbeanfängern heraus. — Äußeres: Sandsteinquaderbau, am Chor reich dekoriert, Steinmetzporträt. Von 2 WTürmen ist der südl. im Unterbau rom., die Turmdächer bar. Reiches 2teiliges WPortal, über dem Flachbogen ein Eselsrückenwimperg mit Kantblumen. — In der „Lutherstube" über der Sakristei einige

Bildwerke. — Kanzel reich geschnitzt, Taufstein mit biblischen Szenen auf Metall gemalt 1560. An der WEmpore 16 Tafelbilder von 1503. Grabsteine 17. Jh. Großer got. Sakristeischrank und ansehnliche got. Kelche. Tafelbild mit Kreuzigung um 1450. Schnitzaltar um 1500. Prachtvoller messingener Kronleuchter.

Hospital-K. von 1339, neuerlich verrestauriert.

Friedhofs-Kap. 1760 mit recht guten Grabsteinen des 17. Jh. — Das Gespring, gefaßte Quelle in Renss.Architektur.

Hessenhof. Fachwerkbau, 1551, übertüncht und verdorben; das steinerne Erdgeschoß geht auf ca. 1200 zurück. In einem als Herrentrinkstube gedeuteten, mit Flachtonne gedeckten Raum Wandgemälde aus 1. H. 13. Jh., Szenen aus Iwein; künstlerisch nicht hohen Ranges, sehr merkwürdig wegen des für diese Zeit seltenen profanen Stoffes.

Rathaus. Einfach spgot. 1419. Bei Erweiterung 1907 die alten Teile stark verändert, doch manches noch von Interesse.

Herrenhäuser. Große Kemnate in der Weidebrunnergasse, vom Bau von 1410 noch vieles erhalten. Heilig-Grab-Haus in der Pfaffengasse, später Henneberger Hof, Westhälfte got., Osthälfte renss. Rosenapotheke in der Steingasse 1545. Todtenwarthsche Kemnate am Altmarkt 1575.

Bürgerhäuser. Vorwiegend Fachwerkbauten des 16. und 17. Jh. Bmkw. die zahlreichen üppigen Stuckdecken (Lutherplatz 7, Weidebrunnergasse 2, Auergasse 3, Steingasse 8 und 137 u. a. m.). Vor der Stadt zahlreiche **Gartenhäuser** des 18. Jh., meist in feiner baulicher Gestaltung.

Stadtbefestigung. Der doppelte Mauerzug fast ganz erhalten, die Türme meist, die Tore alle abgetragen.

Schloß Wilhelmsburg. Hauptarbeit 1585—1589. An der Planung war sicher der Bauherr, Landgraf Wilhelm IV. von Hessen, erheblich beteiligt, Ausführung durch *Christoph* und *Hans Müller*, „Hofschreiner und Baumeister". Auf Benutzung von Mauerteilen der vorangegangenen ma. Burg wurde Verzicht getan, daher der Gr. ungewöhnlich regelmäßig, Viereck außen 51 : 62 m, innerer Hof (wegen ungleicher Tiefe der Flügel) näher dem Quadrat. Der Hauptbau ist von mehreren Zwingern umschlossen, er selbst aber hat den Charakter des Wehrbaues ganz aufgegeben; doch erinnern die niedrigen Stockwerke (3 an der Zahl), die Sorglosigkeit in bezug auf symmetrische Gruppierung der Fenster, der Mangel an Wandgliederung u. a. m. noch immer an die ma. Bauweise. Wie bei den meisten Schlössern und Rathäusern der Epoche traten lebhaftere Formen erst oberhalb des Hauptgesimses ein; die ehemalig reich verzierten Zwerchhäuser sind jetzt allerdings stark reduziert und das Dach erniedrigt. Einigermaßen auffallend ist der Mangel an Türmen; es ist nur der wenig hochragende an der Schloßkirche vorhanden, im Erdgeschoß aus Ma. Die innere Einteilung kennt keine Korridore; geschickte

Gruppierung der Zimmer macht sie bequem zugänglich durch die 4 in die Ecken des Hofes gelegten Schnecken, mit 2 Türen auf jedem Podest. Der architektonisch gehaltvollste Teil ist die in der SWEcke angelegte, nach außen nicht selbständig gekennzeichnete Kapelle. Die Anlage folgt dem in den Schlössern von Torgau (1544) und Stuttgart (1566) begründeten Typus. Ein Rck. von 13,2 : 16,6 m wird auf 3 Seiten von geräumigen Emporen umschlossen; dieselben bauen sich 3geschossig in 2 resp. 3 Achsen auf; an der schließenden Schmalseite übereinander — diese spezifisch protestantische Anordnung tritt hier zum erstenmal auf — Altar, Kanzel und Orgel. Wie in allen Teilen des Schlosses haben die Proportionen etwas Gequetschtes; die Arkaden öffnen sich in Korbbögen zwischen sehr niedrigen Pfll., die Decke hat abgeflachte Kreuzkappen aus Stuck konstruiert. Sehr reich die Dekoration (vom Niederrheinländer *Wilhelm Vernucken*): Pilaster, Archivolten und Zwickel mit sog. Beschlägsornament in flachem Relief, an der Decke zierliches Rollwerk, unterhalb ihrer auf dem obersten Scheidbogen liegende Apostelgestalten (offenbar Ableitungen aus Michelangelos Sistina). Die Ausführung überall in Stuck mit diskretem Zusatz von Farbe und Vergoldung. Lübke: „in der ganzen deutschen Renaissance kenne ich keinen Innenraum von ähnlicher Feinheit der Dekoration". An den jetzt kahlen Emporenbrüstungen ehemals Tafelgemälde, auf denen die Antithesis Christi und des Papstes durchgeführt war (anscheinend im Anschluß an *Cranachs* Holzschnittwerk „Passional Christi und Antichristi"), sie bildeten meist den Mittelpunkt der farbigen Dekoration. — Auch in den übrigen Teilen des Schlosses hat sich viel von dem ursp. Schmuck erhalten. Die niedrigen Fenster und Türen (letztere meist 2 m H. : 1 m Br. mit Holzintarsien) sind mit Wandmalereien eingerahmt; nordisches Rollwerk wechselt mit antiken Grotesken; einigemal erscheinen breitspurige Landsknechte als Türwächter; Kamine; Öfen mit gußeisernen Teilen (einer bez. 1584). Die vollständigsten Ensemblewirkungen im „Riesensaal", hauptsächlich Malerei auf Wandverputz und gemalte Deckenfelder auf Leinwand, weit gespannte hölzerne Deckenträger auf reich gestalteten steinernen Wandpfll. Großer Kamin. Der Riesensaal hat bei einer Grundfläche von 12,5 : 25 m nur 4,5 m H., wie denn auch die süddeutschen Schloßsäle dieser Zeit niedrig proportioniert zu sein pflegen. Sehr gut erhalten das Landgrafenzimmer im Erdgeschoß. Über mehrere Räume verteilt die bmkw. Sammlungen des Hennebergischen Gesch.-Ver. Die Gartenterrassen aus A. 17. Jh. sehr zerstört.

SCHMERLENBACH. UFranken BA Aschaffenburg.

Benedikt.-Nonnen-Klst. 1769.

SCHMIEDEBERG. Pr. Sachsen Kr. Wittenberg.

Stadt-K. 1450. Hallenkirche in Backstein mit Resten eines älteren Granitbaus. Jetzt flachgedeckt. Chor $^3/_8$ in voller Breite der K.

Rathaus 1648 mit hübschen Giebeln und Portalen.
Privathäuser mit renss. Portalen zahlreich.

SCHMIEDEBERG. Sachsen AH Dippoldiswalde.

Dreifaltigkeits-K. 1713—16 von *George Bähr*. Griechisches Kreuz mit sehr kurzen Armen; die in 3 Geschossen aufgebauten Emporen bilden im Gr. ein regelmäßiges 8Eck; der Kanzelbau hinter dem Altar. T a u f s t e i n vom Dresdener Hofbildhauer *Benjamin Thomae*. In der Sakristei Wachsbüste, wohl von *Dubut*.

SCHMIEDEHAUSEN. Sachsen-Meiningen Kr. Saalfeld.

Dorf-K. Der quadr. Turmchor rom.

SCHMOCHTITZ. Sachsen AH Bautzen.

Schloß. Hauptgebäude 1764 vom jüngeren *Pöppelmann*. Im (stark veränderten) Park Sonnentempel, anmutige Kinderfigg., Sphinx (hervorragend), Monumente für Kurfürst Friedrich August III. 1769 und P. A. v. Schönberg, den Gründer des Parks.

SCHMÖLLN. Sachsen-Altenburg LA Ronneburg.

Stadt-K.; erster Bau 1159, Neubau 15. Jh. 3sch. Hallenkirche, seit Brand 1772 mit Holzgwb.

SCHMORKAU. Sachsen AH Oschatz.

Dorf-K. Regelrechte rom. Anlage, aller Kunstformen beraubt.

SCHNABELWEID. OFranken BA Pegnitz.

Pfarr-K. Got. Chor im OTurm, Schiff 18. Jh., Grabstein 17. Jh. **Schloß** mit Rund-Turm einfach renss.

SCHNEEBERG B. AMORBACH. UFranken.

Dorf-K. Die Architektur (16. Jh.) im jetzigen Zustande ohne Interesse. Sehr stattlich in der Fülle seines Bildhauerwerks der H o c h a l t a r, 2. V. 17. Jh., Stiftung eines Mainzer Domherrn, wohl von *Zach. Junker*.

SCHNEEBERG. Sachsen AH Schwarzenberg.

Stadt-K. S. Maria und S. Wolfgang 1515—26. Baumeister *Hans v. Torgau*. — Hallenkirche von 3 Sch. und 5 Jochen; Schiffsbreiten und Jochbreiten gleich; der östl. Abschluß gibt eine flache Ausbuchtung, 4 Seiten des 16Ecks nehmen die ganze Breite der K. ein. Die lichten Maße: 61 m L., 27 m Br., 19,12 m H. Die Gwbb. haben über alle 3 Sch. weg ein einheitliches Rippenmuster, weniger verwickelt als in Annaberg und Chemnitz. Die Emporen, wie überall in dieser Schule, aus Stein, und dem System organisch eingeführt, laufen rings um den ganzen Raum, auch um den Chor; die Verbindung zwischen ihren einzelnen Abteilungen wird nicht, wie in Annaberg und Chemnitz, durch Verkröpfung um den Strebepfeiler, sondern durch Zurückziehung des letzteren bewirkt. — Großer A l t a r b a u in strenger Barock-Architektur von 1712. Der alte F l ü g e l a l t a r von 1539 teilweise in den neuen aufgenommen; gute Arbeit aus der Werkstatt *Cranachs*; interessant als umfassende symbolische Darstellung des evangel. Glaubensbekenntnisses, zu beachten auch das Weltgericht auf der Rückseite. — K a n z e l 1540, Sandstein mit Farbe und Vergoldung, in den Formen noch got. Erinnerungen;

überarbeitet 1607. — Im Chor 4 Grabmäler des 17. Jh. — Hinter dem Altar Gemälde des Schneebergers *Wolfgang Krodel* 1561. **Hospital-K.** von 1567, erneuert 1737.
Rathaus 1527—79, erneuert nach Brand 1719. Einige Kleinkunstwerke. — Kurfürstenbilder von *Andr. Engelhard* in kunstreichen Rahmen von *Andr. Petzold*. Kleine Holzädikula mit Kreuzigungsrelief bez. 1551 *W K (Wolf Kreuter)*.

SCHNEY. OFranken BA Lichtenfels.
Pfarr-K. modern mit Turm von 1507. In der Sakristei bmkw. Grabmal.
Schloß aus *Dientzenhoferscher* Zeit auf ma. Burganlage.
2 malerische **Torbauten** und **Mauerreste** aus **Ma.**

SCHÖLLKRIPPEN. UFranken BA Alzenau.
Pfarr-K. spgot. mit steinerner Dachpyramide. — **Schloß,** aus einer alten Wasserburg umgebaut.

SCHÖNAU. Sachsen AH Löbau.
Dorf-K. Einheitliche rom. Anlage: kurzes Rck. mit eingezogenem Chorquadrat und Apsis. Gwbb. spgot. [Spgot. Altar im Museum Bautzen]. Pastorengrabstein 1653, tüchtig.

SCHÖNAU. UFranken BA Gemünden. Inv.
Kloster-K. Gegr. 1190 für Zisterz.-Nonnen. Vom got. Bau (1. H. 14. Jh.) erhalten der gerade geschlossene Chor und die jetzige Sakristei. 1699 (Umwandlung für Franziskaner) das jetzige Langhaus mit 6 schmalen Kreuzgwbb. angefügt und der Chor teilweise verändert. Die Ausstattung aus der Erbauungszeit, Altarblätter von *Greinlein* (1702) und von *Seb. Urlaub* (1755). Im Psaltierchor 3 Holzfigg., Maria und die beiden Johannes, gute Arbeiten aus der Werkstatt *Riemenschneiders*.

SCHÖNBACH. UFranken BA Haßfurt.
Dorf-K. In der Überarbeitung des 18. Jh. der sprom. Charakter ziemlich gut bewahrt. — **Mobiliar** ca. 1650—1700. **Madonna** auf der Mondsichel A. 15. Jh.

SCHÖNBERG. RB Cassel Kr. Ziegenhain.
Dorf-K. (französ. Kolonie) 1706 von *Paul Du Ryn*.

SCHÖNBERG. Sachsen AH Oelsnitz.
Dorf-K. Zu nennen wegen einer Anzahl von Grabsteinen 1485—1669.

SCHÖNBORN. Sachsen-Weimar VB Neustadt a. d. O.
Dorf-K. mit rom. Altarhaus. — Altarbild „an *Hans v. Culmbachs* Art erinnernd“ (?).

SCHÖNBRUNN. OFranken BA Wunsiedel.
Pfarr-K. Sprom. Chor-Turm, Lhs. bar. Ikon. Grabstein 17. Jh. Kalkstein und Eisenguß.

SCHÖNBURG. Pr. Sachsen Kr. Naumburg.
Burg. (Ansehnliche Ruine.) Sprom. ohne wesentliche Veränderungen. Mächtiger, freistehender Rund-T. über 30 m hoch, darin ein Gemach mit Kamin in Formen, die am Naumburger Dom ca. 1220 zur Erscheinung kommen, also nicht der „älteste Kamin

Deutschlands". Palas und Kapelle, in der Anlage gut zu erkennen. Mehr zerstört die Vorburg, doch auch hier rom. Kennzeichen.

SCHÖNBUSCH s. Aschaffenburg.

SCHÖNERSTADT. Sachsen AH Döbeln.

Dorf-K. Oft umgebaut. Von Interesse ein einfach, aber stattlich und sorgfältig durchgebildetes rom. Portal. — Holzstatuen, Reste eines Altars aus A. 16. Jh., mit der beste aus dieser Gegend.

SCHÖNFELD. Sachsen AH Dresden-N.

Dorf-K. Chor 1676 Netzgwb. mit renss. Profilen. — Altar mit Gemälde von *Jonas Eywick* zu Pirna 1658; einfache Sandsteindenkmäler 18. Jh.

Schloß einheitliche Schöpfung von 1573 ff. Inmitten eines Teiches. Rechteck mit je 3 Zwerchgiebeln an jeder Langseite, der mittlere von einem 6eck. Treppen-Turm überschnitten. Die innere Einteilung sehr regelmäßig. Im Erdgeschoß Gewölbe, in den 2 oberen bemalte Balkendecken.

SCHÖNFELD. Sachsen AH Großenhain.

Dorf-K. nach 1754. Zahlreiche Denkmäler derer v. Sahla.

Schloß. 1570—90. Ohne eigentliche künstlerische Bauidee von hochmalerischer Wirkung und interessanter Detailbehandlung. Leider 1882 vollständig umgebaut. Portal, Kamine, gemalte Holzdecken erhalten.

SCHÖNFELS, s. Alt- und Neuschönfels.

SCHÖNHAGEN. Pr. Sachsen Kr. Heiligenstadt.

Dorf-K. 1741. In den bar. Hauptaltar sind 2 got. Altäre verarbeitet.

SCHÖNRAIN. UFranken BA Gemünden.

Im 12. Jh. kleines Klst. mit Burg. Vom ersteren rom. Basis und andere Spaliere erhalten. Der Wohnbau der kleinen Burg 16. Jh.

SCHONUNGEN. UFranken BA Schweinfurt. Inv.

Dorf-K. 1740 nach Plänen aus dem Baubureau *B. Neumanns.* ½ kr. Chor im got. OTurm. Wohlgegliederte Fassade.

SCHOTTENSTEIN. OFranken BA Staffelstein.

Pfarr-K. bar. 1703, got. Turm. — Grabdenkmäler 16. Jh.

SCHRAPLAU. Pr. Sachsen Mansfelder Seekreis.

Dorf-K. rom., wohl 12. Jh.; gleiche Anlage wie in Unter-Röblingen (s. dort), doch größer und etwas geschmückter. Apsis mit Lisenen und Bogenfries, Säulenportal, Tympanon. — Von der „alten" Burg (ao. 979 „Scrapenlevaburg") und der „neuen" Burg (erb. 1206) dürftige Spuren.

SCHREBITZ. Sachsen AH Oschatz.

Große spgot. **Dorf-K.** 1sch., Netzgwb., WTurm.

SCHRECKSBACH. RB Cassel Kr. Ziegenhain.

Dorf-K. 1754 — **Schloß** 1580.

SCHULPFORTE s. Pforta.

SCHÜPTITZ. Sachsen-Weimar VB Neustadt a. O.

Dorf-K. mit rom. Turmchor, daran ½ kr. Apsis; Lhs. um 1500. — Schnitzaltar 16. Jh.; Weihrauchgefäß 13. Jh.

SCHWALLUNGEN. Sachsen-Meiningen Kr. Meiningen.
Dorf-K. Gemengbau 16.—18. Jh. Spuren starker Kirchhofsbefestigung. Dazu gehörig 4eck. Wohnturm („Kemenate") von 1537. — Von den Fachwerkhäusern des 16. und 17. Jh. sind auch nach dem Brande 1894 noch einige gute Beispiele übrig geblieben; no 35 von 1548, no 91 von 1599, no 39 von 1663.

SCHWANEBERG. UFranken BA Kitzingen.
Schloß in schöner Lage am Steigerwald. Die Teile in Buckelquadern aus Ma.; wesentlich Umbau durch Bischof Julius.

SCHWAPPACH (Ober- und Unter-). UFranken BA Haßfurt.
Stattliche **Amtshöfe** des Klosters Ebrach von *Joh. Dientzenhofer*.

SCHWARZACH. OFranken BA Kulmbach.
Pfarr-K. Gotisierender Flachdeckbau 1610, Maßwerkfenster, Doppelempore auf 3 Seiten, Chor im OTurm. Grabstein 1542, 1609. — **Wirtshaus** schöner Fachwerkbau 1680.

SCHWARZBACH. Sachsen AH Grimma.
Dorf-K. wesentlich rom., neuerdings rest. — Glocke aus 13. Jh.

SCHWARZBACH. Sachsen-Meiningen Kr. Meiningen.
Kirche, in den ältesten Teilen spgot. Gerader Chorabschluß. Flache Decke mit 4 großen Gemälden. Moseskanzel.
Mehrere geschnitzte **Holzfachwerkhäuser** des 17.—18. Jh. mit gut geschnitzten Eckpfosten.

SCHWARZBURG. Schwarzburg-Rudolstadt.
Schloß. Der alte Bestand durch Brände 1695 und 1726 fast ganz vernichtet. Danach neu aufgebaut. Stattliche Hoffassade. — 2 Schnitzaltäre von *Valentin Lendenstreich*, dem Hauptmeister der Saalfelder Schule, 1479 und 1503.

SCHWARZENBERG. Sachsen Amtshauptstadt.
Stadt-K. 1690—99 von *Joh. Georg Roth* (vgl. Carlsfeld). 1sch. Saal von 34,3 : 18,6, bedeutende Raumwirkung, würdevolle Barockausstattung.

SCHWARZENBORN. RB Cassel Kr. Ziegenhain.
Dorf-K. Schiff im Übergangsstil flachgedeckt, eingezogener quadr. Chor etwas jünger.

SCHWARZENFELS. RB Cassel Kr. Schlüchtern.
Schloßruine 16. und 17. Jh.; Bergfried; an der SSeite ein bewohnbares Gebäude, jetzt Amtsgericht. Im Hof reiches Barockportal und Brunnen von 1621.

SCHWEBDA. RB Cassel Kr. Eschwege.
Dorf-K. mit rom. Turm. — v. Keudellsche Grabsteine. — Got. **Wasserburg** der v. Keudell.

SCHWEBENRIED. UFranken BA Karlstadt.
Pfarr-K. 1752 mit OTurm aus der Juliuszeit. Gute Rok.Mobilien, namentlich der Orgelgehäuse.

SCHWEBHEIM. UFranken BA Schweinfurt.
Schloß (v. Bibra). Rechteck. Bering mit Graben und großem, von Türmen flankiertem Doppeltor 1576; 2 dreigeschossige Häuser mit Staffelgiebeln 1526, die Treppentürme 1574.

SCHWEINA. Sachsen-Meiningen Kr. Meiningen.
Pfarr-K. schlicht spgot. Inneneinrichtung mit Emporen 1696, für diese Gegend reich.

SCHWEINFURT. UFranken BAmtsstadt. [D.]
Pfarr-K. Baudaten fehlen. Sprom. Bau von hoher künstlerischer Qualität, durch Flickarbeit des sp. Ma. und 18. Jh. entstellt. Aus älterer rom. Bauzeit der Unterbau der 2 den Eingang in den Chor flankierenden Türme (jetzt 1). Im 2. Viertel 13. Jh. Neubau des Qsch., welches so breit angelegt wurde, daß es durch Zwischenpfll. in 2 Schiffe zerlegt werden mußte; die Vierung und die Flügel mit je 2 rck. Gwbb. Ihre Kreuzrippen rck. mit Einkerbung in der Mitte. Die beiden Pfll. haben Bündelform, jedoch unter sich verschieden. An ihren Kapitellen sowie den Wandkonsolen wechselt stilisiertes rom. Blattwerk mit frgot. Knospen, alles in vorzüglich schwungvoller Behandlung. Der Vorderchor hatte ebenfalls 2 rck. Gwbb., wie die beim spgot. Umbau 1335—1400 stehengebliebenen Konsolen anzeigen. Um dieselbe Zeit Erneuerung des Lhs., davon nur das südl. Portal in guter Arbeit des 14. Jh. erhalten; sonst flachgedeckter Notbau nach Brand 1554. Am Äußeren interessiert jetzt nur die sprom. südl. Qsch.Front. Das Portal nicht groß, aber von auserlesener Erfindung und Ausführung; das Tympanon ausgebrochen, von den Statuen eine got., die andere modern. Im Obergeschoß entsprechend der Zweiteilung des Innern 2 große Kreisfenster mit reich profiliertem Gewände, getrennt durch eine die Mittellinie einnehmende Lisene. Am Giebel Arkatur von 5 pyramidal ansteigenden Spitzbgg. auf Säulchen mit Knospenkaptt. Der beim Übergang zum protestant. Kultus geschonte spgot. Hochaltar 1806 durch einen klassizist. ersetzt. Die Figuren desselben in der K. zerstreut. Taufstein 1367. Kanzel 1694, Grabsteine, unter dicker Tünche; bmkw. Konrad v. Seinsheim 1369, Marg. Fuchs Art des *P. Dell d. J.* um 1550. An der Außenwand Epitaph des Berthold Rucker † 1377, vor dem Heiland kniend; interessant für die Entwicklungsgeschichte der Epitaphform. Schöne Abendmahlskannen E. 16. Jh.
Rathaus 1570 ff. von *Niklas Hoffmann* aus Sachsen. Es wird den besten seiner Gattung zugezählt. Bei mäßigem Reichtum des Zierwerks wirkt es vornehmlich durch die malerische und doch klare und wohlproportionierte Gliederung der Massen. Hauptbau von ca. 28 m Br. und 18 m Tiefe; das traditionelle Motiv eines aus der Mitte der Fassade vorspringenden Treppenturms ist zu einem rck. Vorbau erweitert mit Altan und turmartig über den Giebel hinaufgeführtem Erker und einer Durchfahrt im Erdgeschoß. Das Innere besteht aus mehreren Hallen und Sälen, die sich in einem Rückflügel fortsetzen; die Wendeltreppen sind nach innen gelegt. Das Detail entspricht der sächsischen Schule; noch mit gotischen Erinnerungen. Von der inneren Dekoration sind nur Teile, diese vorzüglich, erhalten.
Gymnasium 1582.
Mühltor 1564. Teile der Befestigung gut erhalten.

SCHWEINITZ. Sachsen-Altenburg LA Roda.
Dorf-K. Unerheblicher Gemengbau. Von Interesse ein **Altartriptychon**, wahrscheinlich Stiftung Friedrichs des Weisen, die Schnitzerei gilt für Saalfelder Arbeit, die Gemälde nicht aus *Wolgemuts* Werkstatt (so Lehfeldt), die Anklänge an Schongauer durch Kupferstiche vermittelt; sie kommen in der Saalfelder Werkstatt öfters vor, z. B. auf dem Altar in Schaala.

SCHWEINSBERG. RB Cassel Kr. Kirchhain.
Stadt-K. um 1500. Einfache Hallenkirche, 3 Joch Stern- und Netzgwbb. ohne Strebepfeiler. — Ikon. Grabsteine der Familie Schenk zu Schweinsberg 1503, 1564, 1568, 1569, 1578.
Schloß, ausgedehnte, großenteils spgot. Anlage, teils Ruine, teils bewohnt.

SCHWEPNITZ. Sachsen AH Kamenz.
Dorf-K. Einfacher Saalbau 1747. Sehr reich an bar. und rok. Denkmälern.

SCHWETA. Sachsen AH Döbeln.
Schloß. Renss. Stattlicher Kamin.

SCHWETA. Sachsen AH Oschatz.
Dorf-K. 1751. Zentralbau unter Einfluß *G. Bährs*. Gr. in Form eines Vierpasses. Flachdecke. Einrichtung gleichzeitig.

SCHWICKERSHAUSEN. Sachs.-Meiningen Kr. Meiningen.
Schloß 1540, im Hof Grabsteine 1560, 1570. Große Stallgebäude 1579, 1595, im Kuhstall Tonnengwb. von 7,35 m Spannung.

SEBNITZ. Sachsen AH Pirna.
Stadt-K. 1sch. mit 3/8 Chor, ursp. gewölbt. — Reicher Altarbau bez. *Martin Roth* 1586. Kanzel 1621. Gute Madonnenstatue E. 15. Jh.

SEDLITZ. Sachsen AH Pirna.
Schloß und Lustgarten 1719—1732 für Graf Wackerbarth, Entwurf von *Pöppelmann*, verkürzt ausgeführt von *Knöffel* und *Longuelune*; rest. 1846; im Garten dekorative Figuren, Vasen usw.

SEEBACH. Sachsen AH Dippoldiswalde.
Dorf-K. des 18. Jh. mit rom. OTurm. — Figurenreiche Alabaster-Epitaphe der Familie v. Berlepsch.

SEEBACH. Bez. Eisenach.
Dorf-K. einheitlich 1734—36. Die Ausstattung (bis 1754) die reichste des Gebietes. Die Deckengemälde von *Joh. Kasp. Wahna*.

SEEBURG. Pr. Sachsen Mansfelder Seekreis.
Ausgedehntes, verhältnismäßig wohlerhaltenes **Schloß.** Hauptgebäude 17. Jh. Einzelne Teile gehen bis in rom. Zeit zurück, darunter die **Kapelle,** nach dem Typus der Dorfkirchen dieses Gebietes (vgl. Unter-Röblingen). Außerdem größere **Schloß-K.,** spgot.

SEEGA. Schwarzburg-Rudolstadt LA Frankenhausen.
Dorf-K. quadr. Chor mit romanisierend got. Turm.

SEEGNITZ. UFranken BA Kitzingen.
Rathaus 1608. — Auf dem Friedhof kleines Epit. bez. TK *(Thomas Kistner)*.

SEEHOF. OFranken BA Bamberg I.
Schloß Marquardsburg. Bedeutende Anlage. 1686—95 von *Petrini* aus Würzburg für Bischof Marquard v. Stauffenberg. 4 in Quadr. gestellte Flügel, an den Ecken breite niedrige Türme; im wesentlichen noch der Schloßtypus von Aschaffenburg; hinzugekommen die Korridore an der Hofseite. Die Türme und das Dach 1711 durch *Joh. Dientzenhofer* verändert, die innere Ausstattung durch *B. Neumann* 1729, Stuck von *J. J. Vogel.*

SEELITZ. Sachsen AH Rochlitz.
Dorf-K. aus E. 15. Jh. Ungewöhnlich groß und aufwändig: Gr. ähnlich der Kunigunden-K. in Rochlitz, doch sind die Gwbb. nicht zur Ausführung gekommen. — Schnitzaltar jetzt in der Sakristei; an seiner Stelle bar. Aufbau 1771. — Mehrere Grabsteine.

SEIBELSDORF. OFranken BA Steinach.
Pfarr-K. 1735, helle und geräumige K. im sog. Markgrafenstil. Turm 1753.

SEIDMANNSDORF. Sachsen-Coburg LA Coburg.
Dorf-K. Spgot. Emporen bez. 1538.

SEIFERSDORF. Sachsen AH Dresden-N.
Dorf-K. einheitlich 1604. Langgezogenes, $^3/_8$ geschlossenes Rck., Gewölbe mit aufgeputzten Rippen. — Das umfangreiche Altarwerk scheint Erweiterung (A. 17. Jh.) eines 1595 gefertigten Grabmals aus der Schule *Hans Walthers;* unter den zahlreichen anderen Grabmälern besonders die des Joachim und des Wolf Dietrich v. Grünrod † 1604, 1606 bmkw.
Schloß. Wasserschloß 1531, neugotischer Umbau beendet 1822. — Hervorragende Porträtreihe, u. a. Goethe 1787, Königin Luise v. Preußen 1788, beide von *Darbes,* mehrere Glieder der gräfl. Brühlschen Familie von *Graff.*
Das **Seifersdorfer Tal,** einst ein Hauptziel der Dresdner Naturfreunde, seit 1781 von Gräfin Christiane v. Brühl in einen romantischen Park umgewandelt: Altar der Tugend, Ruine der Vergänglichkeit, Hütte des Pythagoras usw. (vgl. Kupferwerk von W. G. Becker 1792, 2 ao. 1800).

SEIFERSDORF. Sachsen AH Dippoldiswalde.
Dorf-K. architekturlos. Ansehnliches Altarwerk von 1518, die tektonischen Formen in lebendiger Verschmelzung von Fr.-Renss. und Got., die Malereien in der Art des Meisters von Dippoldiswalde, doch von geringerer Qualität.

SEIFHENNERSDORF. Sachsen AH Zittau.
Dorf-K. 1796. Großer Saalbau mit 3 Rängen Emp., nüchtern klassizistisch, von *K. Ch. Eschke.*

SEINSHEIM. UFranken BA Kitzingen.
Dorf-K. Holzmadonna von einem der besseren Gesellen *Riemenschneiders.*

SEITENDORF. Sachsen AH Zittau.
Pfarr-K. 1795. Turm 1569, Haube mit lebhaftem Kontur 1760, im Innern spitzbg. im Übergang zur Renss.

SELIGENTAL. RB Cassel Kr. Schmalkalden.
Dorf-K. 1687, noch gotisierend. Emporen mit bibl. Bildern bemalt. — Mehrere gute F a c h w e r k h ä u s e r.

SERRFELD. UFranken BA Königshofen.
Dorf-K. spgot. mit frgot. OTurm. — Gute geschnitzte Altarflügel um 1480. — Kirchhofsbefestigung mit Gaden, auch als malerische Gruppe reizvoll.

SESSLACH. OFranken BA Staffelstein.
Anziehendes altertümliches **Stadtbild.** Mauern und Türme auf größere Strecken gut erhalten. Häuser des 16.—18. Jh. in stattlicher Anzahl, Stein und Fachwerk.
Kirche. Got. Hallenkirche mit schief gestelltem Chor, entstanden 1522 durch Anbau an ältere 1sch. K. A. 18. Jh. das Innere barockisiert.

SEUSSLINGS. OFranken BA Bamberg II.
Pfarr-K. um 1470. Doppeltürmig. Unter dem Chor ältere (rom.?) Krypta. G l a s f e n s t e r. Relieftafeln vom ehemaligen H o c h - a l t a r um 1480.

SEUSSLITZ. Sachsen AH Großenhain. Inv.
Ehem. **Kloster-K.** 1726 von *George Bähr* gänzlich umgebaut, rest. 1911, Saalbau mit 3 Emporen, großer Kanzelaltar. — Grabstein des Konrad v. Schleinitz † 1288, Ritterfigur in geritzter Zeichnung. Wappenstein eines Schlieben 1408. Mehrere Denkmäler der Pistoris und Köckeritz 16. und 17. Jh.
Schloß. Wahrscheinlich auch von G. Bähr. 2geschossig, schlichte Lisenenarchitektur, mittlerer Akzent durch Freitreppe und Giebel (mit Wappen der Grafen v. Bünau), hohes, stark geknicktes Mansarddach, im Treppenhaus und Hof Sandsteinstatuen, 3 Brüsseler Bildteppiche. Großer Park, die ursprüngl. Anlage zum Teil erhalten.

SIEBENEICHEN. Sachsen AH Meißen.
Schloß (v. Miltiz) hoch über der Elbe. Der ältere Teil (SO) um 1550, der jüngere 1745. In der inneren Einrichtung mehreres bmkw. — Zahlreiche Grabdenkmäler 16. und 17. Jh. im Schloßhof. — F ö r s t e r h a u s, sehr reizvoller Bau des 16. Jh.

SIEMERODE. Pr. Sachsen Kr. Heiligenstadt.
Dorf-K. 1sch. bar., reich bemaltes hölzernes Tonnengwb. Ungewöhnlich gutes spgot. H o l z r e l i e f (hl. Sippe).

SIERSLEBEN. Pr. Sachsen Mansfelder Gebirgskreis.
Dorf-K. rom. 12. Jh. — Hübsche S a k r a m e n t s n i s c h e 1484.

SINNERSHAUSEN. Sachsen-Meiningen Kr. Meiningen.
Ehem. **Wilhelmitenklst.,** im Bauernkriege zerstört, später Gutshof. An der Gartenmauer rohe frgot. S t e i n f i g u r, im Garten mehrere R o k. - F i g u r e n.

SITTENDORF. Pr. Sachsen Kr. Sangerhausen.
Dorf-K. mit rom. OTurm.

SITTICHENBACH. Pr. Sachsen Kr. Querfurt.
Ehem. **Zisterz.-K.** fast spurlos verschwunden. Bis zur Säkularisation scheint der Bau aus M. 12. Jh. unverändert bestanden zu

haben; auf ihn gehen 2 mächtige Würfelkaptt. zurück mit ½ kr. Schilden wie in Paulinzelle und deren Basen. — Nahebei 2 frühgot. Kapellen. Am Fenstermaßwerk auf Säulchen der Eindruck des Naumburger Doms zu erkennen.

SITZENRODA. Pr. Sachsen Kr. Torgau.

Dorf-K. gegr. 1198, spgot. Umbau 1571. — Schnitzaltar 15. Jh. Mehrere Epitaphe 1530—1626.

SODEN. RB Cassel Kr. Schlüchtern.

Huttensches Schlößchen. 1536 und 1591. Gut erhalten.

SODENBERG. UFranken BA Hammelburg.

Ruine. Schwer zugängliche Höhenburg. Erb. im 14. Jh. von den Thüngen. Sehr verfallen.

SOMMERACH. UFranken BA Gerolzhofen.

Interessantes Beispiel einer zum größten Teil erhaltenen spätmittelalterlichen **Dorfbefestigung.**

SÖMMERDA. RB Erfurt Kr. Weißensee.

Stadt-K. S. Bonifazius. 1sch. flachgedeckt mit gewölbtem Chor 1462; Turm nördl. daneben. — Guter Schnitzaltar. Hinter ihm 2 Gemälde A. 15. Jh.

Rathaus 1529 ff. ziemlich groß, entstellt.

SOMMERHAUSEN. UFranken BA Ochsenfurt.

Anmutiges **Mainstädtchen** mit 4 Rundtürmen, 3 Tortürmen, 2 Figurenbrunnen. In der Kirche schöne geschnitzte Kanzel 1621 von *Gg. Brenck.* Von *demselben* das große hölzerne Hängeepitaph Casp. Weber 1622.

Schloß der Grafen v. Rechteren. — Rathaus kräftiger Renaissancebau. — Auf dem Friedhof originelle Steinkanzel mit Überdachung.

SÖMMERSDORF. UFranken BA Schweinfurt.

Dorf-K. 1795 mit nachgot. Turm. Marmoraltar aus St. Michael in Würzburg, um 1750. Reste eines spgot. Altars um 1510.

SOMSDORF. Sachsen AH Dresden-A.

Dorf-K. 1711 umgebaut, ein übrig gebliebenes Fenster der NSeite scheint rom. [Reste eines großen Altarwerks um 1500 im Dresd. Altert.-Ver.]

SONDERSHAUSEN. Hauptstadt von Schwarzb.-Sondersh.

Trinitatis-K. nach 1621. Im Chor naiv-naturalistische Barockdekoration, in den Winkeln des Polygons standen, jetzt wegrestauriert, 4 Palmbäume; darauf die 4 Evangelisten, jetzt an der WWand. Reicher Kelch um 1400.

Kloster-K. S. Crucis 1398, im Innern verbaut.

Fürstl. Schloß 1538 ff. Rittersaal mit schwerer Stuckdekoration E. 17. Jh., NFlügel 2. H. 18. Jh. Karussell 1709, 8eck. mit Emporen in 2 Rängen.

Siedelhof bei der Trinitatis-K., feiner Rok.Bau.

SONDHEIM V. D. RHÖN. Sachsen-Weimar VB Dermbach.

Pfarr-K. 16. Jh., schlicht spgot. Malerische Bar.Einrichtung. Die Emporen mit biblischen Gemälden 1606, Taufstein 1606, Kanzelaltar 1775, auf der hölzernen Flachdecke Kolossalgemälde (Himmelfahrt) von *Peter Herrlein* 1775. — Hohe befestigte Kirchhofsmauer. — Von den Adelshöfen ist nach dem Dorfbrande 1840 wenig übrig geblieben.

SONNEBORN. Sachsen-Gotha LA Waltershausen.
Kirchenruine mit frgot. Chor. Grabsteine des M. v. Wangenheim 1588 gehören zu den besseren.

SONNEFELD. Sachsen-Coburg LA Coburg.
Ehem. **Zisterz.-Nonnen-Klst.** gegr. 1264. Der mächtige Chor, 3 Joche und 5/8 Schluß, überragt das unansehnliche spgot. Lhs. Seine strengen und sorgfältig ausgeführten Formen aus der Bauzeit 1327 (Rest. 1856). — Grabsteine aus der Erbauungszeit: Heinrich v. Sonneberg in gesucht bewegter Haltung auf Konsole mit Halbfigur eines betenden Mönchs; Kunigunde v. Sonneberg; Äbtissin Anna v. Henneberg † 1356, vielleicht der beste Grabstein Südthüringens aus der Hochgotik.

SONTRA. RB Cassel Kr. Rotenburg.
K. S. Georg. 1483—93. Unsymmetrisch 2sch. Hallenkirche. An den spitzbg. Türen gekreuzte Stäbe. Fischblasenmaßwerk. Turm 17. Jh. Unter den Kragsteinen der Sakristei in der SOEcke der sog. Wodanskopf.
Rathaus, malerischer Fachwerkbau mit Türmchen und hoher Freitreppe.

SORNITZ. Sachsen AH Meißen.
Rittergut. Normales Beispiel eines „festen Hauses". Rechteck von c. 12 : 20 m, an den Ecken, diagonal zueinander, 2 Rundtürme, Satteldach, auf der Langseite großes Zwerchhaus um 1550, Unterbau 1741 verändert.

SPANGENBERG. RB Cassel Kr. Melsungen.
Stadt-K. Niedrige spgot. Hallenkirche von 3 Jochen, höherer 1sch. Chor, gestreckt mit Schluß aus 8Eck. Der WTurm aus E. 13. Jh. hat ein reich gegliedertes Portal, gekuppelte Fenster, 4 Steingiebel und schlanken hölzernen Helm. — Tumba der Landgräfin Anna † 1462, an den Seiten 8 von Engeln gehaltene Wappen, die Liegestatue hat zu Häupten 2 Engel, zu Füßen Löwe und Hund; vortreffliche Arbeit.
Hospitals-K. Schlicht spgot. 1sch. — Holzskulptur, Pietas.
Schloß. Spgot. und Renss. Gut erhaltene Anlagen aus dem A. und E. des 16. Jh. mit älterem Tor-Turm, umgeben von tiefen, trocknen Gräben und kunstvollem Wall. In verschiedenen Sälen figürliche und ornamentale Malerei.
Schöne alte **Fachwerkhäuser** in neuester Zeit durch Brand und Umbau zerstört.
Ringmauern schlecht erhalten, besser 3 **Türme** (1 runder und 2 viereckige).

SPARNECK. OFranken BA Münchberg.
Kirche got. mit Grabmälern aus 15. und 16. Jh.

SPIELBERG. Pr. Sachsen Kr. Querfurt.
Dorf-K. Die OTeile, quadr. Chor mit Turm und Apsis, ziemlich intakt rom.

SPIESSCAPPEL. RB Cassel Kr. Ziegenhain.

Ehem. **Prämonstratenser-Klst.-K.** Erb. 2. H. 12. Jh. als flachged. Basilika auf kreuzf. Gr. von mittelgroßen Abmessungen. Um 1500 Chor, Qsch. und östl. Teile des Lhs. niedergelegt. Jetzt besteht nur der Rest des Msch., mit 6 Arkaden, das nördl. Ssch. und der spgot. West-Turm. Die rom. Bauformen verhältnismäßig reich. Im System wechseln quadr. Pfll. und verjüngte Sll. Die Würfelknäufe mit skulptiertem Ornament bedeckt; an mehreren eine von Rankenwerk umgebene menschliche Figur; an einem 8 Männer- und Weiberköpfe, deren Haar und Bart in langen Strähnen durcheinander geschlungen. Die Fenster des Ssch. haben wellenförmig profiliertes Gewände, die des Msch. sind durch Rundstab, Schräge und Kehle gegliedert. Das WPortal hat im Gewände 5 Rücksprünge mit ¾ Sll. ausgestellt; am Tympanon in Kleeblattumfassung die Brustbilder des Salvators, der Mutter Gottes und des Täufers. Die Vorhalle spgot. 1504. — In der spgot. Turmkapelle (S. Michael) ein Altarbaldachin in spätesten und reichsten rom. Formen. — In der Vorhalle Steinreliefs von 1500 und 1504. — Springbrunnenbecken bez. 1509 aus dem ehem. Kreuzgang.

SPITZKUNNERSDORF. Sachsen AH Zittau.

Dorf-K. 1712 von J. Kirschstein, dem Erbauer der K. von Hainewalde und dieser gleich. Altar mit gediegenen Schnitzfiguren von *Fr. Bühner* aus Böhmen. Zahlreiche bar. Grabdenkmäler.

SPORA. Pr. Sachsen Kr. Zeitz.

Dorf-K. rom. Apsis und rom. Turmunterbau, sonst modern.

SPREMBERG. Sachsen AH Löbau.

K. 1901 völlig umgebaut, erhalten 2 Renss.Portale. — Zahlreiche Grabdenkmäler bar. und rok., unbedeutend.

STADTILM. Schwarzburg-Rudolstadt LA Rudolstadt.

Pfarr-K. Lhs. und Chor 1780 umgebaut; nur wenige got. Reste beibehalten, darunter das wichtigste die 2 Portale an der N- und SSeite mit Vorhallen in reicher und guter Hochgotik. Die hier aufgestellten Statuen der Madonna und 6 Apostel erinnern an die im Triangel des Doms zu Erfurt. Der platte Chorschluß aus der alten K. herübergenommen. Das schön geliederte Portal (3 m groß) in Paulinzeller Tradition. Im W 2 ansehnliche Türme, rom. und rom.-got., letztes Geschoß hochgot. mit niedriger Steinpyramide, Eckfialen und Wimpergen — eine treffliche Komposition, aber neuerdings völlig verrestauriert.

Ehem. **Kloster** der Zisterz.-Nonnen. Der spätgot. Unterbau der Nonnenempore eingebaut in das zu A. 17. Jh. errichtete **Schloß.** (Verständnisloser Anbau A. 20. Jh.)

STADTLAURINGEN. UFranken BA Hofheim.

Pfarr-K. wesentlich 1731.

Rathaus, schöner Fachwerkbau bez. 1563.
Zehntscheuer mit gutem Bar.Portal bez. 1628.

STADTLENGSFELD. Sachsen-Weimar VB Eisenach.
Pfarr-K. WTurm mit rom. Schallöffnungen. Schiff 1790.
Schloß (ehem. v. Boineburg) ma. Wasseranlage, im 17. und 18. Jh. umgebaut.

STADTPROZELTEN. UFranken BA Marktheidenfeld.
Pfarr-K. Architektonisch wertvoll nur der Chor aus 2. H. 15. Jh. Langhaus im 17. Jh. nachgot. verändert. Turm von 1628. — Im Innern gute Sandsteinfigur einer weiblichen Heiligen, um 1430.
Rathaus erb. um 1520, mit späteren Veränderungen. **Malerischer,** zweigeschossiger Bau mit ausspringendem Treppenturm und Erker. Im Sitzungsaal des Obergeschosses die alten Durchzüge und ein Glasfenster, bez. 1600.
Burgruine Prozelten (auch unter anderen Namen bekannt: Klingenburg, Lauffenburg, Henneburg). Durch die Geschlossenheit der Gesamtanlage, die Harmonie der einzelnen Teile und die Kühnheit des Aufbaues eine der schönsten Süddeutschlands. Die Anlage gliedert sich in zwei Teile, die Hauptburg mit den zwei Bergfrieden und den beiden Palas und die Ringmauer mit großen Bastionstürmen und dem Torbau. An der ganzen WSeite entlang ein unterirdischer Wehrgang. 1. Rom. E. 12. Jh. der NBergfried und der nördl. Teil des OPalas. 2. Großartiger Umbau und Erweiterung der Gesamtburg durch den Deutschherrenorden im 15. Jh. Aus dieser Zeit der kleine Bergfried, der WPalas und die Ringmauer. Einzelne Änderungen spgot.

STADTSCHWARZACH. UFranken BA Kitzingen.
Pfarr-K. Lhs neu. Chor 1467. — Pompöser Hochaltar um 1730, die feineren Seitenaltäre um 1710. Spgot. Chorstuhl mit Flachschnitzerei. Sitzende Madonna 1. H. 14. Jh., bäuerisch.

STADTSTEINACH. OFranken BAmtsstadt.
Marien-Kap. 1690, Apsis aus 13. Jh.
Marter 1764. Bmkw. reich skulptierter Rok.Aufbau auf jon. Säulen.
2 Stadttürme und Strecke der Mauer. Burgruine Nordeck (Hennebergisch); zerst. 1525.

STAFFELSTEIN. OFranken BAmtsstadt. [D.]
Pfarr-K. Der älteste Bestandteil der große, in Quadern ausgeführte Turm, jetzt nördl. neben dem Chor, ursp. wohl Chor-Turm. Sonst Neubau 1481, 1515. Inneres umgestaltet 1730. Spgot. Hallenbau nach dem besonders in Mittelfranken häufigen Typus mit erniedrigten Sschiffen; die Hochwand im bar. Umbau zu Emporen eingerichtet. Die bar. Ausstattung gibt ein hübsches malerisches Innenbild. — Neben der Haupttür Rotmarmorrelief 1484; am Turm ein verwitterter Rittergrabstein 14. Jh.

S. Annen-Kap. Schönes geschnitztes Marienbild, aber nicht „*Veit Stoß*".
Rathaus 1687, Erdgeschoß mit Quaderecken, über dem Portal ein an Kaiser Lothar erinnerndes Relief; Obergeschosse Fachwerk. 4 **Tortürme** 14. Jh. (?).

STAUCHITZ. Sachsen AH Oschatz.
Schloß für A. H. v. Lüttichau 1700—1708 von *J. R. Petersell.* 15achsige 2geschossige Front mit breitem 3geschossigem Mittelrisalit; am flachen Giebel Nachklänge von Renss.Voluten. Sehr stattlicher und tiefer Vorsaal mit doppelläufiger Treppe. Reihe von Bildnissen.

STAUSEBACH. RB Cassel Kr. Kirchhain.
Pfarr-K. 15. Jh. 3sch. Hallenkirche mit gestrecktem, aus 8Eck geschlossenem Chor, beide zu je 3 Jochen. Reiche neubemalte Netzgwbb.—Einfache K a n z e l etwa E. 15. Jh. W e i h w a s s e r s t e i n spätestgot. 16. Jh. — Befestigter Kirchhof.

STECKELBERG. RB. Cassel Kr. Schlüchtern.
Burgruine. Im 12. Jh. vorhanden, die erhaltenen Reste anscheinend 16. Jh.

STEDTEN. Sachsen-Gotha LA Gotha.
Dorf-K. 1745; durch Einheitlichkeit der Anlage und der verhältnismäßig aufwändigen Ausstattung ein gutes Stilparadigma. — **Schloß** 1737, einfach.

STEDTEN. Pr. Sachsen Mansfelder Seekreis.
Rom. **Dorf-K.**, das Detail geschmückter als gewöhnlich; got. überarbeitet. Großer F l ü g e l a l t a r.

STADTFELD. Bez. Eisenach.
Dorf-K. Umbau 1721. Die v. Boyneburgschen Grabsteine aus 17. Jh. (9 an der Zahl) gehören zu den besseren ihrer Art. — **Schloß** 1667, im Saal von 1755 die Wände mit Leinwandgemälden, Szenen aus dem ländlichen Leben, bespannt.

STEDTLINGEN. Sachsen-Meiningen Kr. Meiningen.
Kirche 1736, sehr reiche K a n z e l. — Geschnitztes **Fachwerkhaus** 17.—18. Jh.

STEIN. Sachsen AH Zwickau.
Schloß, sp. Ma. und Renss., schmucklos, doch als Anlage bmkw. und wohlerhalten.

STEIN. Pr. Sachsen Kr. Heiligenstadt.
2 **Edelsitze** der Herren von Hanstein (das im 14. Jh. genannte Dorf Steina abgegangen). U n t e r s t e i n erb. 1544, stattlicher steinerner Unterbau, Fachwerkobergeschoß. Noch ansehnlicher angelegt O b e r s t e i n 1582, 1594.

STEINACH. UFranken BA Kissingen.
Pfarr-K. 1613. K r u z i f i x u s; durch eine in der Seitenwunde verborgene Urkunde von 1516 als eigene Arbeit *Riemenschneiders* beglaubigt; Holz; mit ausgeprägtem Streben nach weicher Schönheit in Haltung und Körperform. K a n z e l 1620.

STEINAU. RB Cassel Kr. Schlüchtern.
S. Katharinen-K. 1481—1511. Unsymmetrisch 2sch. Hallenkirche

mit gestrecktem platt geschlossenem Chor. Turm im NO. — Geringe Steinfiguren, Reste eines h. Grabes. — Spgot. Kanzel von Stein.

Schloß. Erster Bau 1290, jetziger spgot. 16. Jh. 5seitige Anlage, umgeben von hoher Mauer und trockenem Graben. An der NW-Seite ein 3stöckiger Saalbau, über 30 m lang. Das Erdgeschoß mit Netzgwb. auf 5 Mittelsäulen. Das 2. Geschoß enthielt den Bankettsaal (jetzt Heuboden); Reste von Malerei mit ausschweifenden Liebesszenen. Durch alle 3 Geschosse ein Erkervorbau mit reich profilierten Vorhangbögen und Fischblasenblenden. Sehr hoher Schloßturm mit bar. Bedachung.

Amtshaus 1562 spgot.

Rathaus 1561 spgot. mit ehemals offener Erdgeschoßhalle.

Gasthaus zum Schwan 1620.

Ringmauern z. T. doppelt und Stadttürme ziemlich gut erhalten.

STEINBACH. Sachsen AH Borna.

Dorf-K. 1717. Stuckdecke und sonstige tüchtige Bar.Dekoration. — Stattliches Herrenhaus (v. Pflugk) 1715.

STEINBACH. Pr. Sachsen Kr. Eckartsberga.

Dorf-K. von typischer rom. Anlage: 1sch. Lhs., schmälerer quadr. Chor und ½ kr. Apsis, Ausbildung ungewöhnlich fein.

STEINBACH. UFranken BA Haßfurt.

Dorf-K. 1770 mit gefälliger Ausstattung der gleichen Zeit.

STEINBACH. UFranken BA Lohr.

Pfarr-K. 1723 wahrscheinlich von *Balthasar Neumann*. Den Typus der kleineren Neumannkirchen (vgl. Retzbach, Wiesentheid, in großem Maßstabe St. Paulin in Trier) hat auch dieser anmutige Bau: eingezogenen, 3seitig geschlossenen Chor, 1sch. Lhs. mit einspringendem WTurm. — Ausstattung gut. — Hochaltar etwas früher als der Bau. Linker Seitenaltar von *Leunenschloss* 1723. — Silbergetriebenes Kruzifix, Augsburger Arbeit um Mitte 18. Jh. — Kreuzpartikel, Silber vergoldet; um 1730, elegante Augsburger Arbeit, vermutungsweise nach *Neumanns* Entwurf.

Schloß der Herren von Hutten. Erbaut 1724 ff. (Inschrift) von *Balthasar Neumann*. Der ganz originelle Grundriß Längsbau, von zwei Querflügeln rechtwinklig durchschnitten, so daß der Längsflügel noch als Risalit an den Schmalseiten vortritt, während die inneren Schnittpunkte abgerundet sind, macht die äußere Erscheinung reich trotz einfacher Behandlung. Im Innern in der Mitte der 2geschossige, große Saal mit guten Stuckaturen im Charakter des fr. Rokoko. Reiche Ahnengalerie.

STEINBACH-HALLENBERG. RB Cassel Kr. Schmalkalden.

Burgruine Hallenburg. Bis ins 16. Jh. Sitz einer Linie der Henneberger. Um 1600 verfallen.

Dorf-K. Lhs. 1653, Turm 1698, beide gotisierend. 3geschossige Empore mit Brüstungsbildern in Grisaille. Opulente Bar.Kanzel. — Befestigter Kirchhof, am Tor bez. 1605.

STEINBERG. OFranken BA Kronach.
Pfarr-K. angeblich im 15. Jh. aus einer Burg.

STELZEN. Sachsen-Meiningen Kr. Hildburghausen.
Pfarr-K. Gediegener spgot. Bau 1467, mit Benutzung älterer Teile.

STEPFERSHAUSEN. Sachsen-Meiningen Kr. Meiningen.
Dorf-K. Erweiterungsbau 1702. Eine der stattlicheren Kirchen dieser Epoche. Gut behandelte 3geschossige Emporen. — Die Kirchhofsbefestigung mit Tortüren stand mit dem ehem. Schloß in Verbindung. — Fachwerkhäuser 17. und 18. Jh.

STERNBERG. UFranken BA Königshofen.
Pfarr-K. (1673) mit guter Fassade. Stattlicher Hochaltar.
Schloß um 1660—70, 4flügelig mit 4 quadr. Ecktürmen (Schema wie bei dem Aschaffenburger Schloß).

STERPERSDORF. OFranken BA Höchstadt.
Wallfahrts-Kap. 1763.

STETTBACH. UFranken BA Würzburg.
Dorf-K. Zwei männliche Holzfigg. neben dem Hochaltar, schwache Arbeiten ohne näheren Zusammenhang mit *Riemenschneider*.

STETTEN. Sachsen-Weimar VB Dermbach.
Dorf-K. Wesentlich Umbau 1652. Am Portal sind 2 rom. (?) Kaptt. wiederbenutzt. Am Taufstein von 1651 Ölgemälde in Kartuschen.

STETTFELD. UFranken BA Haßfurt.
Dorf-K. Chorturm 15.—16. Jh., Lhs. 1730, Mobilien aus gleicher Zeit. — Chorbg. Kruzifix überlebensgroß, um 1520, bmkw. — Glocke 1354.
Mühle A. 17. Jh., eine der reichsten Fachwerkbauten der Gegend.

STEUDNITZ. Sachsen-Weimar VB Apolda.
Dorf-K. rom. und spgot. Interessant die rom. Bohlentüren mit altem Beschlag.

STÖCKACH. UFranken BA Hofheim.
Schloß um 1730. Im Dorf schönes Fachwerkhaus.

STOCKHEIM. UFranken BA Mellrichstadt.
Altes **Zehnthaus.** Mächtiger Fachwerkbau des 17. Jh.
Ansehnliche Reste der **Dorfbefestigung.**

STOLBERG. Pr. Sachsen Kr. Sangerhausen.
Stadt-K. S. Martin 1484, Hallenkirche mit Holzdecke. Schöne bronzene Grabplatte der Elisabeth von Stolberg, geb. Gräfin v. Wirttenberg, † 1505, nach allen Kennzeichen eine Arbeit der *Vischer*schen Werkstatt, desgl. die Gedenktafel für den schon 1488 verstorbenen Theologieprofessor Rispach mit Schmerzensmann. Großes Wandgrab für den gegen die Türken 1737 gefallenen Grafen G. F. v. Stolberg. Handwerkliche Bildnisse von Luther und Melanchthon 1611, besser die Pastorenporträts 1656, 1672.

Die alte **Münze** (jetzt Konsistorium), stattlicher, reich mit Schnitzerei gezierter Fachwerkbau 1535. — **Rathaus** 1482, rest. 1600. — **Schloß**, große Gebäudegruppe, deren östl. Teile aus 16. Jh., mit stattlichem renss. Portal.

STOLLBERG. UFranken BA Gerolzhofen.

Von der ma. **Höhenburg** ist die Anlage mit Gräben, sowie Teile des sechseckigen Bergfrieds (Wohnturm) mit Wehrgangresten erhalten.

STOLLBERG. Sachsen AH Chemnitz.

Marien-K. Ursp. rom. Anlage (von welcher der Triumphbg.) umgebaut 1. H. 15. Jh. als regelmäßige 2sch. Hallenkirche, eingezogener Chor 1 gerades Joch und $^{5}/_{8}$ Schluß. Über dem Chor Dachreiter. — Spgot. Schnitzaltar mit den 14 Nothelfern.

STOLPEN. Sachsen AH Pirna.

Stadt-K. 1490, durch Umbau 1793 entstellt. — **Veste.** Ruine, einige Teile noch unter Dach. Prächtiges Renss.Eingangstor nach M. 16. Jh., nicht 1521; dieses Datum (ein sehr frühes für Renss.Architektur in Deutschland) kommt nur der Nebenpforte zu. — Kapelle 1405 und 1440.

STOLZENBURG. RB Cassel Kr. Schlüchtern.

Burgruine, mit Bergfried, ehem. Besitz der Hutten.

STOLZENHAIN. Pr. Sachsen Kr. Liebenwerda.

Dorf-K. 1592. Anlage unverändert ma., Fenster rundbg. — Intakte Ausstattung um 1680, recht gut der Altar.

STÖRMTAL. Sachsen AH Leipzig.

Dorf-K., langgestreckter Bau mit eigentümlichem, im Dreipaß angelegtem OChor und WTurm. Der Chor im Gr. rom., Aufbau gotisierend 16. und 17. Jh.

STÖSITZ. Sachsen AH Oschatz.

Herrenhaus 1764—66. Architektur und Ausstattung tüchtige Leistung von Dresdner Künstlern zweiten Ranges.

STRALSBACH. UFranken BA Kissingen.

Pfarr-K. 1801. Seitenaltar um 1750. bizarr und schwärmerisch.

STRASSBERG. Sachsen AH Plauen.

Dorf-K. von 1576, großer 1sch. Bau, tiefe Emporen, 2 Geschosse spitzbg. Fenster, platter Chor.

STRAUCH. Sachsen AH Großenhain.

Dorf-K. Wohl die älteste des Bezirks; zur ¾ kreisförmigen Apsis vgl. Sacka. — Grabdenkmäler (v. Köckeritz) sprenss. und bar. — **Herrenhaus** nach 1750. Dekorative Malereien um 1770. Zahlreiche Porträts.

STREHLA. Sachsen AH Oschatz.

Stadt-K. Spgot. Von Interesse die Ausstattung. Hochaltar 1605 von *Hans Ditterich* aus Freiberg, großes Auferstehungsrelief, am Sockel Abendmahl; die lebensgroßen Statuen gehören zu den besten der Zeit. Kanzel von 1565, ein merkwürdiges Werk der Keramik, die farbige Glasur leider überstrichen; die tragende lebensgroße Mosesstatue mit einem Rundpfeiler verschmolzen, an Brüstung und Treppengeländer Reliefs. Denkmale des Hans v. Beschwitz † 1496, tüchtige vollplastische Standfigur; des Seb. Pflugk † 1557; des Otto Pflugk † 1568 (wohl von *Hans Walther*); der Margarethe Pflugk † 1573 (*Christoph Walther* zugeschrieben); des Otto Pflugk † 1591, bez. *WK*, das Ornament unter niederländischem Einfluß; des Hans Pflugk † 1618 (Art *Ch. Walthers*). Die zahlreichen Denkmäler des 17. und 18. Jh. haben geringeres Interesse.

Rathaus 1751, schlicht.

STREITBERG. OFranken BA Ebermannstadt.

Burgruine, umfängliche Anlage, wenig erhalten.

STREUFDORF. Sachsen-Meiningen Kr. Hildburghausen.

Dorf-K. Wohl ältestes Exemplar der in diesem Gebiet vorherrschenden Anlage eines eingezogenen turmtragenden Chors; noch einige rom. Formen. Um 1500 Verlängerung des Chors. Das 1sch. Lhs. 1706 erneuert. — Moses-Kanzel 1650; Taufstein 16. Jh.; im Chor Holzstatuen des Auferstandenen und der Kriegsknechte von 1718; ikon. Grabst. 1701, 1716.

STRUPPEN. Sachsen AH Pirna.

Dorf-K. Kernbau rom. Das rck. Sch. im 16. Jh. verändert; bmkw. rom. Portal erhalten; eingezogener quadr. Chor mit spätestrom. Rippengwb. aus 2. H. 13. Jh. — Im **Pfarrhaus** Reste eines Schnitzaltars aus E. 14. Jh.

STRUTH. RB Cassel Kr. Schmalkalden.

Dorf-K. 1771. — Dorflinde mit ummauertem Tanzplatz.

SUHL. Pr. Sachsen Kr. Schleusingen.

Stadt-K. 1645 und jünger. Großzügiger Bar.Bau. Ansehnlicher Bar.Kanzelbau.

Kreuz-K. 1731 f.; Gr. Rck. mit vorgeschobenem Altarhaus; die äußere Pilastergliederung soll an die kathol. Hof-K. in Dresden (?) erinnern. Unter Baueinfluß der K. ein Bürgerhaus mit fein stukkierter Fassade.

Schloß, gruppiert sich um einen unregelmäßig 4eck. Hof; Portale und andere Kunstformen mit Inschr. von 1538—1661, die Substruktionen gehen bis 13. Jh. zurück.

SULZA (DORF). Sachsen-Weimar VB Apolda.

Kirche in der Anlage rom.; die sichtbaren Formen wesentlich 15. und 17. Jh.

SULZA (STADT). Sachsen-Weimar VB Apolda.

Kirche aus A. 18. Jh., Kanzelbau 1716 von einem italienischen Stuckator.

SÜLZENBRÜCKEN. Sachsen-Gotha LA Gotha.

Dorf-K. Mischbau rom. bis 18. Jh. — Bmkw. gesticktes Antependium um 1400.

SULZFELD. UFranken BA Kitzingen. [D.]

Pfarr-K. am Chor bez. 1491, Lhs. nachgot. A. 17. Jh., Portal 1710 (der got. Eindruck durch moderne Rest. wahrscheinlich verstärkt). An der Außenwand mehrere Epitaphe, das beste

1605. Großer Ö l b e r g im bekannten Schema, 1497 gestiftet vom Schultheißen Lorenz Götz und zur Erinnerung an diesen † 1534 eine Bronzetafel.
Rathaus 1609, dank der Gunst des B. Julius sehr üppig für das winzige Städtchen; wild bewegter Giebelkontur, zwei derb effektvoll umrahmte Portale.
Heiligenstatuen an den Häusern ungemein zahlreich und von verhältnismäßig hoher Qualität.
Allerliebst das am Mainufer zwischen Weinbergen steil aufgebaute **Stadtbild** mit manchem stattlichen Treppengiebel und vielen kleinen, meist zerbröckelten Mauertürmen.

SULZFELD. UFranken BA Königshofen. Inv.
Pfarr-K. Got. Chor, isolierter Glockenturm, starke Kirchhofsbefestigung. — Auf einem Rok.Seitenaltar schöne spgot. **M a - d o n n a.**
Schloß 1526. — Feiner Bildstock 1629 wohl von *Jul. Ernes.*

SÜLZFELD. Sachsen-Meiningen Kr. Meiningen.
Kirche 1630—31, befestigter Friedhof mit Portal von 1594. Mehrere bmkw. **Fachwerkhäuser,** Datierungen 1612, 1619. — **Dorflinde** mit alter Steinbank.

SULZHEIM. UFranken BA Gerolzhofen.
Schloß ehem. Kloster Ebracher Amtshof um 1720 von *Balth. Neumann* (?). Im Verhältnis zum Zweck enorm opulenter Paradebau. Gestreckter Mittelbau, an den Enden Querflügel vor- und rückwärts ausspringend. Im Detail Kreuzung bambergischer und würzburgischer Formen (vgl. einerseits Oberschweppach, andererseits Untertheres). Schöne Treppenanlage. Vornehm dekorierte Hauskapelle. In den Zimmern Rok.Tapeten.

SULZTAL. UFranken BA Hammelburg.
Pfarr-K. Erb. 1804. Die an dieser Stelle überraschende stattliche klassizistische Einrichtung von *Bossi* u. a. aus Kloster Oberzell bei Würzburg.

SYHRA. Sachsen AH Borna.
Dorf-K. rom. Anlage, im 16. Jh. umgebaut. A l t a r w e r k (Holz) 1598. Aus demselben Jahr die K a n z e l mit Wiederverwendung der got. Altarfiguren. Mehrere v. Einsiedelsche G r a b d e n k - m ä l e r.
Herrenhaus 1620, Umbau einer ma. Wasserburg.

SYLBACH. UFranken BA Haßfurt.
Dorfrathaus 1598. Allerliebster Fachwerkbau.

T

TAL. Sachsen-Gotha LA Waltershausen.
Kirche des ehem. **Wilhelmitenklst.** A. 14. Jh., rest. E. 15. Jh., entstellt. — Ruine **Scharfenberg,** fast nur der runde Bergfried erhalten.

TALBÜRGEL. Sachsen-Weimar VB Apolda. [D.]
Benedikt.-Klst.-K. Unter den rom. Denkmälern Thüringens an Wert in vorderster Reihe. Der Stil eine Weiterführung desjenigen von Paulinzelle. OBau 1142—1150, WBau bis A. 13. Jh. (die frühere Inschr. am Portal 1201 nicht mehr sichtbar). Lhs. nach 1200 fortgesetzt. — Der Chor zeigt das Hirsauer Schema in einer in Deutschland sonst nicht, aber an Kluniazenser- und frühesten Zisterzienserkirchen Burgunds öfters vorkommenden Modifikation: neben dem Chorquadrat mit Apsis je z w e i Nebenchöre von gleicher Anlage, aber sukzessive kleiner werdenden Maßen, so daß die ganze Gruppe der 5 Chöre im Gr. staffelförmig zurückspringt. Um dieser Anordnung Raum zu geben, sind die Flügel des Qsch. über das gewöhnliche Maß verlängert. Die Chöre werden gewölbt gewesen sein; alles übrige flachgedeckt. Eine Krypta war nicht vorhanden. (Diejenige, die im 15. Jh. nebst einem got. Chor angebaut wurde, verschwunden.) Die Sschiffe des Lhs. enden mit Türmen, wie in Paulinzelle beabsichtigt war, doch nicht, wie dort, das Erdgeschoß in das Schiff einbezogen, sondern als massive Mauer ausgeführt, nur gegen das Qsch. mit einer kleineren Doppelarkade geöffnet. Der zwischen diesen OTürmen liegende Abschnitt des Msch. war gegen die Gemeinde-K. durch eine Bogenstellung abgeschlossen (Vorform des Lettners). — Das Lhs. hat jederseits 6 Pfll. in auffallend dichter Stellung. Ihr Gr. ist oblong mit 6 Dreiviertelsäulen besetzt, davon 4 an den Ecken und je 1 unter dem Scheidbogen, wodurch die Gesamtform einen gestreckten Gr. erhält. Das Profil der Scheidbgg. im Anschluß an die Pfeilergliederung aus 3 Wulsten und Rücksprüngen zusammengesetzt. Reich gegliederte Sockel, die eingebundenen Sll. jede mit eigener Basis und eigenem Würfelkapitellchen, einzelne jedoch mit vegetabilischem Schmuck, welcher ebenso wie die Palmettendekoration des Gurtgesimses der Nordwand erst nach 1200 ausgeführt sein kann. Der baugeschichtliche Vorgang ist hier unklar. — Im W ist dem Msch. eine 4 m starke Mauermasse vorgelegt, in welche die Portalnische eingreift; das Gewände abgetreppt und jederseits mit 4 Sll. besetzt. Die 3sch. Vorhalle mit grätigen Kreuzgewölben. Ungemein charaktervolle Gestalt der stämmigen Sll., die Schäfte stark geschwellt; mächtige Würfelkapitelle und attische Basen in Eckhülsen. Im W waren Türme nicht vorhanden. — Gesamtlänge 72 m. — Jetzt ist nur das Lhs. (mit zerstörtem Lichtgaden) als Kirche im Gebrauch, 1860 sehr nüchtern whgest.; OBau und

Vorhalle Ruine, südl. Ssch. abgetragen, die Klostergebäude bis auf wenige Keller verschwunden. — Pietas, Holz, um **1500**. — Grabsteine des 16. und 17. Jh.

TALHEIM. Pr. Sachsen Kr. Bitterfeld.

Dorf-K. gut erhaltene typisch rom. Anlage. Bruchstein, die Backsteinteile jünger. Kurzes flachged. Schiff, eingezogener quadr. Chor und ½ kr. Apsis, im W rck. Satteltorm. Dies ergibt eine 4fache von O nach W steigende Höhenabstufung.

TALLEBEN. Schwarzburg-Rudolstadt LA Frankenhausen.

Dorf-K. mit sprom. Chorturm. — **Wohnhäuser** 1541, 1548.

TANN. RB Cassel Kr. Gersfeld.

Gottesacker-K. mit großem v. Tannschem Epitaph.

Stadttor 1557 rundbogig mit Flankentürmen, geschweifte Hauben.

Schloß. Das Portal mit Tannschem Wappen, bez. 1680. Brunnen mit bronzenen Delphinen.

TANNEBERG. Sachsen AH Meißen.

Dorf-K. E. 15. Jh., im 18. Jh. umgebaut. — Schönes Wandgrabmal von *Andreas Walther* 1575.

TANNENBERG. Sachsen AH Annaberg.

Dorf-K. Bmkw. Altarwerk, bez. 1521. Die Gemälde in der Dekoration schon mit Renss.Motiven, von derselben Hand wie die Altäre in Einsiedel und Ehrenfriedersdorf.

TANNENBERG. RB Cassel Kr. Rotenburg.

Burg, teils Ruine, teils noch unter Dach, der letztere Teil aus 16. und 17. Jh. Dabei 7stöckiger Wohnbau mit ausgekragter Kapellenapside.

TAUBENHEIM. Sachsen AH Meißen.

Dorf-K. Chor mit Zellengwb. in der Art *Arnolds v. Westfalen*. Rom. Triumphbg. Im Lhs. bemalte Holzdecke ca. 1650. Hübscher schlanker Haubenturm. — Altaraufsatz aus Sandstein mit 4 Reliefs 1606. Reliefierter Taufstein wenig älter.

Schloß wesentlich 17. Jh.

TAUBENHEIM. Sachsen AH Löbau.

Dorf-K. 17. und 18. Jh. — Reich an Grabdenkmälern.

TAUCHA. Sachsen AH Leipzig.

Dorf-K. stattlich nüchterner Predigtsaal von 1772. — Beweinung Christi, lebensgroßes ausdrucksvolles Holzschnitzwerk des 16. Jh.

TAUTENBURG. Sachsen-Weimar VB Apolda.

Dorf-K. Schnitzaltar mit gemalten Flügeln.

Schloßruine. Erhalten ein trapezförmiger rom. Turm mit Zinnenkranz.

TEICHA. Pr. Sachsen Saalkreis.

Dorf-K. einfach rom., breiter Turm mit Satteldach. Got. Sakramentsnische. Spgot. Schnitzaltar, einer von den besseren. Auf dem Friedhof Grabsteine des 18. Jh., bmkw. durch Ornamente und Trachten.

TEICHWEIDEN. Schwarzburg-Rudolstadt LA Rudolstadt.
Dorf-K., rom. Anlage, spgot. umgebaut. — Guter spgot. S c h n i t z a l t a r.

TEILHEIM. UFranken BA Würzburg.
Dorf-K. 18. Jh. mit Chorturm aus M. 13. Jh. Charakteristisches Beispiel für den Formenkampf der Übergangszeit. — A l t ä r e um 1700, auf einem (nördl.) gute lebensgroße H o l z f i g., Madonna, um 1480, das Kind 18. Jh. — P r i e s t e r g r a b s t e i n 1496. — K a n z e l um 1525, früheste Renss.

TEISTUNGENBURG. Pr. Sachsen Kr. Worbis.
Ehem. **Zisterz.-Nonnen-Klst.** Die bestehende Kirche 1724, Tonnengwb. mit aufgeputzten Rippen, Nonnenempore, WPortal mit figurengeschmücktem Nischenaufbau. Reste des Kreuzgangs.

TENNEBERG. Sachsen-Gotha LA Waltershausen.
Schloß. Im 13. Jh. genannt; wesentl. 16.—18. Jh. Mehrere bar. D e c k e n g e m ä l d e.

TENNSTEDT. Pr. Sachsen Kr. Langensalza.
Pfarr-K. Kreuzgewölbter aus 8Eck geschloss. Chor 1418 (Inschr.). Das 3sch. Lhs. nach Brand 1659 mit flachen Holzdecken hergestellt.

TETTENBORN. RB Erfurt Kr. Hohenstein.
Dorf-K. Turm frgot. E. 13. Jh. Sch. und Chor bezeugen die Fortdauer des got. Stils noch 1608.

TEUTLEBEN. Sachsen-Weimar VB Apolda.
Dorf-K. Verhältnismäßig gut erhaltene rom. Anlage; 1sch.; Chorquadrat mit Turm und ½ kr. Apsis mit der alten Halbkuppel; im W eine Empore auf 2 rippenlosen Kreuzgewölben, der Fußbodenbelag aus Platten mit Tier- und Pflanzen-Ornamenten in vertiefter Zeichnung. Auch sonstiges rom. Detail. — T a u f s t e i n 1586, vielleicht nach rom. Muster; prächtige K a n z e l hinter dem Altar A. 18. Jh.

THALLWITZ. Sachsen AH Grimma.
Dorf-K. Chor um 1440, Schiff 1626. — Zahlreiche D e n k m ä l e r, meist der Familie v. Holtzendorff.
Schloß des 16. Jh., modern ausgebaut. Bedeutender P a r k in französischer Art 1764.

THAMSBRÜCK. Pr. Sachsen Kr. Langensalza.
Stadt-K. Sch. 1669. Der got. Turm im O und über dem Altarhaus; wohl in Nachwirkung einer rom. Anlage. — Großes R e n s s.-E p i t a p h der Familien v. Berlepsch und v. Haugwitz.

THANGELSTEDT. Sachsen-Weimar VB Weimar.
Dorf-K. Rom. OTurm, in dessen Erdgeschoß der Chor. — A l t a r w e r k 1498.

THARANDT. Sachsen AH Dresden-A.
Kirche charakterlos. In der Sakristei K r e u z i g u n g s g r u p p e um 1500, temperamentvolle Arbeit eines sonst nicht bekannten Künstlers von selbständiger Physiognomie. Die darunter an-

gebrachte P r e d e l l a 17. Jh. Ungewisser Herkunft das eingemauerte rom. P o r t a l , von nicht gewöhnlicher Feinheit, um 1220—30. — Tüchtige i k o n. G r a b s t e i n e 1634, 1667.
Schloß 1446 unter Oberleitung *Arnolds v. Westfalen* (vgl. **Meißen**) umgebaut, jetzt Ruine.

THEILHEIM. UFranken BA Schweinfurt.
Ansehnliche **Dorf-K.** 1758 von einem Nachfolger Neumanns, wohl *J. M. Fischer*. Geschmackvolle Einrichtung in gemäßigtem Rok.

THEKLA. Sachsen AH Leipzig.
Dorf-K. aus Granitfindlingen, rom. 12. Jh., Chor rck. Bemalte Bretterdecke 1670, gleichzeitig die Empore mit bemalter Brüstung. — Glocke aus 13. Jh. — Am A b e n d m a h l s k e l c h der Knauf hervorragende Arbeit des 13. Jh., Fuß 15. Jh., Kuppa neu.

THEMAR. Sachsen-Meiningen Kr. Hildburghausen.
Stadt-K. beg. 1488; mehrere spätere Umbauten laufen ineinander. 1sch. mit eingezogenem, länglichem, gewölbtem Achteckchor; daneben Turm. Die 2geschossige Emporenanlage von 1541 mit hübsch durchgebildeten Einzelheiten. — Im Chor 4 spgot. S c h n i t z a l t ä r e mit gemalten Flügeln, der älteste der an der SOSeite.
Amtshaus bez. 1665, ansehnlicher Fachwerkbau. — **Wohnhäuser** bez. 1601 (Hintere Stadt 170), 1672 (Römhilder Str. 65). — **Stadtbefestigung** 1457.

THEUMA. Sachsen AH Plauen.
Kirche, ehem. des Deutschordens. 1sch. Gewölbebau um 1400. — Vierflügeliges A l t a r w e r k A. 16. Jh.

THIERBACH. Sachsen AH Plauen.
Dorf-K. in großem befestigtem Kirchhof. — A l t a r und D e c k e n s t u c k mit biblischen Darstellungen um 1680.

THIERSTEIN. OFranken BA Wunsiedel.
Burg. Umfangreiche Ruine mit hohem Bergfried; zerst. 1553, rest. 1640, verbrannt 1725.

THOSSEN. Sachsen AH Plauen.
Dorf-K. Vierflügeliges A l t a r w e r k um 1500; über der Predella die liegende Stifterfigur.

THRENA. Sachsen AH Grimma.
Dorf-K. rom. Anlage. Stattlicher spgot. S c h n i t z a l t a r , wohl aus dem Klst. Eiche.

THULBA. UFranken BA Hammelburg.
Ehem. **Benedikt.-Nonnen-Klst.** Gegr. 1127. Das Klst. im Bauernkrieg zerstört. Die rom. Kirche erhalten, stattliche kreuzf. Pfeiler-Basilika. Im Lhs. ein Teil der Stützen ausgebrochen, vielleicht ursp. Stützenwechsel. Rest eines Kreuzganges mit Würfelknaufsäulen. — Rok. E p i t a p h e.
Ehem. **Propsteihaus** (jetzt Pfarrhaus) 1701; rest. 1736.

THUNDORF. UFranken BA Kissingen.
Wasserschloß mit Haubentürmen, um 1600.

THÜNGEN. UFranken BA Karlstadt.
Protest. K. Charakterlos verbaut. Thüngensche Grabsteine 18. Jh.

Kath. K. neu. Auf den neuen Altären bmkw. Reste älterer Plastik, bez. *GB (Gg. Brenck)* 1627, auffallend viel gotische Details.
Friedhofs-Kap. neu an Stelle eines sprom. Baues. Zahlreiche v. Thüngensche Grabsteine aus dem 16. Jh., zwei von *P. Dell d. J.*
Schloß, Mischbau, wesentlich 2. H. 16. Jh.

THÜNGERSHEIM. UFranken BA Würzburg.

Dorf-K. Gotisierend 1602, sprom. Turmunterbau. — Taufstein 1590. Kanzel 1605. Orgel und Chorstühle rok. Bürgerliche Epitaphe des 17. Jh. Kirchhofsmauer mit Gaden. — 3 einfache Tore 1588, 1609, 1751. Altertümliche Straßenbilder. Haus no 260 gefälliger spgot. Bau mit ansehnlicher Zimmerausstattung. An no 188 Madonna um 1520, an no 189 Johannes um 1780. — Zahlreiche (9) Bildstöcke 15.—18. Jh.
Brunnenhaus mit schöner Madonna von *Riemenschneider*.

THURM. Sachsen AH Glauchau.

Dorf-K. 1729. — Schnitzaltar um 1500. Kelch 1571. Grabmal des Wolf v. Weißenbach, † 1584, von *Samuel* und *Uriel Lorentz* aus Freiberg; reicher Aufbau in bedeutenden Maßen, die lebensgroßen Gestalten des Verstorbenen und seiner zwei Frauen gut charakterisiert. Farbiger Marmor mit Vergoldung.

THURNAU. OFranken BA Kulmbach.

Kirche. Schlicht rck. Bau um 1700; die ausgezeichnete Deckenstuckatur von derselben Hand wie in der Ordenskirche in Bayreuth. — Großer Kanzelbau, 6 Sll. in perspektivischer Verkürzung. Kanzel auf 2 lebensgroßen Stuckfiguren, Moses und Johannes.
Marktbrunnen mit Neptun um 1700.
Schloß der Grafen Giech. Ältester Teil, A. 13. Jh., die sog. Kemenate; Treppen-Turm 1591; schöner Erker 1570. Weiter westl. einfacher Renss.Bau 2. H. 16. Jh. Am Haupthof der Karl-Maximiliansbau und der Hans-Georgenbau 1729—31. Festungswerke z. T. 2. H. 15. Jh. Die Bildhauerarbeiten an Erkern, Wappentafeln usw. stehen nahe den Arbeiten an der Plassenburg.

TIEFENAU. Sachsen Großenhain.

Schloß-K. 1716, reich ausgestattet.
Schloß 1704 für A. F. v. Pflugk. Treppenhaus mit lebensgroßen Sandsteinstatuen. Park mit Wasseranlagen und 4 Gartenhäuschen. Stattlicher Wirtschaftshof.

TIEFENORT. Sachsen-Weimar VB Dermbach.

Dorf-K. Wesentl. spgot. Das Innere unterscheidet 7 Bauzeiten. Eingemauert ein rom. Türsturz in flacher Giebelform. Steinkanzel 1550, gotisierend. Grabst. des Grafen Adam v. Bruhlingen, † 1538, in guter fr. Renss. Andere Grabst. 17. Jh.

TIEFENSEE. Pr. Sachsen Kr. Delitzsch.

Schloß. Gut erhaltenes Beispiel eines einfacheren adligen Landsitzes E. 16. oder A. 17. Jh.

TIEFURT. Sachsen-Weimar VB Weimar.
Dorf-K. aus 15. und 18. Jh.
Schloß ganz bescheidene Anlage von ca. 1760.

TINZ. Reuß j. L. LA Gera.
Dorf-K. Mischbau aus 14.—17. Jh. Bmkw. spgot. Schnitzaltar.
Fürstl. Lustschloß 1748 ff.

TONNDORF. Sachsen-Weimar VB Weimar.
Dorf-K. WTurm rom., Lhs. 1494.
Burgruine mit Resten aus 12. Jh.

TORGAU. Pr. Sachsen Kreisstadt.
Stadt-K. S. Marien 1484. 3sch. Hallenkirche von schönen Raumverhältnissen. Im O Schluß mit 3 polyg. Apsiden, die mittlere durch einen 2achsigen Langchor hinausgeschoben. Kreuzgwbb. auf 8eck. Pfll., im Chor Zellengwb. Doppeltürmige rom. WFront (der STurm bar. erneuert); im Zwischenbau gekuppelte Schallöffnungen, deren Sll. sprom. Knospenkaptt. haben. Got. WEingang und Fensterrosen. Renss. Sakristei. — Hölzerne Kanzel mit Evangelisten 1582. Taufstein 1693. Marmorner Altaraufsatz 18. Jh. — Bronzeplatte der Sophie v. Mecklenburg † 1503 aus der *Vischer*schen Hütte, bez. 1504. Grabst. der Katharina v. Bora, Dr. M. Luthers Ehefrau † 1552, halbrundes bemaltes Relief. Zahlreiche Epitaphe an der Außenwand, darunter das des Baumeisters Konrad Krebs † 1540. — Triptychon bez. 1509. — Lutherporträt in Papiermasse 16. Jh. — Bmkw. Altargeräte. [Ein lange verschollen gewesenes Hauptbild *L. Cranachs* jetzt im Mus. Frankfurt a. M.]
Alltags-K. (Militärmagazin.) Spgot. Hallenkirche von 4 Achsen, verlängerter Chor von 3 Achsen, $^3/_8$ Schluß. Die Fenster des Lhs. 3teilig mit Vorhangbg. und überschnittenem Stabwerk, die Chorfenster 2teilig mit rundbg. Maßwerk und Fischblasen. Im Lhs. Netz-, im Chor Zellengwb. — Grabst. 1463.
Nikolai-K. (profaniert) frgot. (?) 3sch. Basilika mit interessanten Skulpturresten an den Kapitellen. Im W 2 Türme mit renss. Giebeln und Bischofsmützen.
Rathaus große 3flügelige Anlage, ehemals rein renss., wovon jetzt noch der SOGiebel und ein prächtiger Erker.
Stadtmauer Bruchstein mit Backsteinzinnen und halbrunden Weichhäusern.
Stattl. Militärmagazin 18. Jh.
Privathäuser: Leipziger Str. 68 Halle mit Sterngwb.; Breitestr. 354 mit Deckenmalerei am oberen Treppenflur 1556; Renss.Portale häufig, hervorzuheben Schloßstr. 453.
Schloß Hartenfels. Spgot. und renss. auf Grundlagen des 13. und 14. Jh. Für die Erscheinung am wichtigsten die Bauzeiten 1533 bis 1544 und 1616—23. Mit seinen vielen teils runden, teils viereckigen Türmen und hochragenden Mauermassen gibt das Schloß besonders vom jenseitigen Elbufer eine großartige Wirkung. Das Innere, das ehemals u. a. *Cranach*sche Wandmalereien aufwies, ist durch die Verwendung als Kaserne verdorben. Architek-

tonisch am bedeutendsten, eine Hauptleistung der Fr.Renss. in Deutschland, ist die Hoffront des 1533—35 von *Konrad Krebs* erbauten OFlügels. Langgestreckter 4geschossiger Aufbau mit mäßig großen spgot. Vorhangfenstern und einem auf mittlerer Höhe balkonartig vorgekragten Laufgang; von durchschlagender Wirkung als Vertikalkontrast das aus der Mitte vorspringende Treppenhaus; schlichter rck. Unterbau in Höhe des Erdgeschosses mit Altan und doppelter Freitreppe; darauf die eigentliche Wendelstiege im Gr. eines ³/₈ geschlossenen Kirchenchors; der Aufbau in Pfll. aufgelöst, zwischen denen die Spirallinien der Stiege auch nach außen sichtbar gemacht sind; Pilaster und Brüstungen mit reichstem Fr.Renss.Ornament (aus Elbsandstein von Dresdener Steinmetzen angefertigt); der krönende Giebel folgt der Krümmung des Gr. Das Ganze die renaissancemäßige Umsetzung des analogen Motivs am Schloß zu Meißen; Kenntnis des Schlosses von Blois möglich, doch nicht notwendig. Ein an die NSeite geschobener Erker von höchster Pracht und Feinheit der Dekoration und ein aus der SOEcke aufsteigender schlanker Turm mit offenen Umgängen vervollständigt durch Brechung der Symmetrie den malerischen Gesamteindruck. Das Innere enthielt einen das ganze Hauptschloß einnehmenden Saal von 14 : 70 m. — **Schloßkirche** 1543—44 von *Nickel Grohmann*. Von Luther persönlich eingeweiht und tatsächlich „die erste protestantische Kirche". Die Anlage erklärt sich aber nicht sowohl aus neuen Forderungen des protestantischen Gottesdienstes, als aus der Eigenschaft als Schloßkirche, deren mehrere in dieser Gegend schon E. 15. Jh. ähnlich ausgestattet waren (Ziesar, Wolmirstädt). Die Kirche ist lediglich ein in den NFlügel des Schlosses eingebauter Saal, gleich den übrigen Teilen 3geschossig, was im Innern zur Anlage von Doppelemporen führt; dieselben ruhen auf Flachbögen, die zwischen die einwärts gezogenen Strebepfll. gespannt sind; die Decke ist eine abgeflachte Tonne mit Rippennetz. Kein abgesonderter Altarraum. Die Kanzel am Mittelpfeiler der SSeite. — Der prachtvolle Altaraufsatz stammt aus der Schloß-K. zu Dresden; keine Künstlerbezeichnung; Art der *Walther*. Eine dekorativ vorzügliche Arbeit die Dedikationstafel mit dem Porträt Luthers zwischen denen der Prinzen Joh. Wilhelm und Joh. Friedrich, gegossen 1545 durch *Wolf* und *Oswald Hilger*.

TRAGNITZ. Sachsen AH Döbeln.

Dorf-K. Spgot. flachged. Schiff mit verhältnismäßig großem Chor. Das Innere im 17. Jh. umgestaltet, mit seiner gemalten Felderdecke, seinen Emporen, Stübchen und Stühlen „wohl das malerischste in Sachsen". Der Altar 1659 von dem Bildhauer *V. Otte* und dem Maler *J. Richter* (vgl. Leisnig).

TRAPPSTADT. UFranken BA Königshofen.

Schloß (früher v. Bibra) um 1700. Ein älterer Bau von 1616. Guter, großfiguriger Ofen.

Dorf-K. Gleichzeitig mit dem Schloß, mit nicht übler Fassade.

TRAUN. Sachsen-Weimar VB Neustadt a. d. O.
Dorf-K. Der rom. Turm östl. über quadr. Altarhaus.

TRAUSTADT. UFranken BA Gerolzhofen.
Dorf-K. Zwei gute spgot. Holzfiguren um 1500 im Stil *Riemenschneiders*. Stattlicher Hochaltar um 1680.
Ehem. **Schloß** (jetzt Brauerei). Um 1680 unter dem Freih. Voit-Rieneck. Das Innere verwüstet. Im einstigen Festsaal bmkw. Reste einer ernst-pompösen Dekoration in Stuck und Malerei, besonders interessant durch die Zeitstellung, Epoche der ersten Wiederbelebung der Kunst nach dem 30jährigen Kriege.

TRAUTZSCHEN. Sachsen AH Borna.
Dorf-K. 1475. WTurm mit 8eck. Obergeschoß und originellem Dach (wohl 17. Jh.). — Bmkw. Sandsteinwandgrab des Burgold Puster † 1567. — Glocke mit Reliefbildern bez. 1462.

TREBEN. Sachsen-Altenburg LA Altenburg.
Dorf-K. um 1450, WTurm A. 13. Jh. — Große Gedenktafel für H. v. Bünau 1600.

TREBEN. Pr. Sachsen Kr. Merseburg.
Dorf-K., spgot. und modern, rom. Apsis des 11.—12. Jh.

TREBGAST. OFranken BA Kulmbach. [D.]
Pfarr-K. 1740. Für eine ganze Reihe von Dorfkirchen aus der Zeit des Markgrafen Friedrich typisch und besonders stattlich. Am breiten, flachgedeckten Sch. eingezogener quadr. Altarraum, darüber Turm. Da am Chorbg. noch got. Profile vorhanden sind, wird die Disposition ins hohe Ma. zurückgehen. Sonst ist die Kirche in schönen Quadern völlig erneuert. An den Seiten 2 ansehnliche Portale, bmkw. die Profilierung der Fenstergewände; der Turm 3geschossig, sehr hübsch die Überführung zuerst in ein ungleichseitiges, dann in ein regelmäßiges 8Eck. Das Innere ganz einheitlich erhalten (nur die moderne Färbung etwas störend); ringsum tiefe Emporen, schönes Orgelgehäuse, hervorragend gut stuckierter Plafond, Kronleuchter mit venezianischem Glas, die Kanzel am Aufbau über dem Altar zwischen den Standbildern Petri und Pauli. Das Ganze zwischen Reichtum und Armut in anständiger Mitte, von gebildetem Geschmack, heiter, reinlich; nicht leicht kann für den protestantischen Geist im Zeitalter des Rationalismus ein angemessener Ausdruck gedacht werden. — Reste einer prächtig skulptierten renss. Steinkanzel in der Holzlege des Pfarrhauses.
Pfarrhaus aus der Zeit der K., gediegener Quaderbau.
Rochus-Kap. anscheinend sehr alter Kern, jetzt formlos.

TREBSEN. Sachsen AH Grimma.
Schloß, 1522 für Hans v. Minckwitz. In bedeutenden Abmessungen. Der mittlere Flügel lehnt sich an einen kolossalen wohl älteren Rundturm; spgot. Giebel; Veränderungen 1783.

TREFFURT. Pr. Sachsen Kr. Mühlhausen.
S. Bonifazius-K. Sprom. ca. 1230—50, unter Einfluß von S. Blasien in Mühlhausen und indirekt von Walkenried. 1sch. kreuzförmige Anlage in schmuckreicher Ausführung; einfacher und

etwas jünger, schon stark mit got. Elementen durchsetzt das Chorquadrat und die 3 Apsiden. Chor und Qsch. mit spitzbg. Rippengwbb., Rippenprofile in geschärfter Rundstab begleitet von 2 kleinen Kehlen, schlanke Wanddienste mit Teilungsringen, an den Kapitellen romanisierendes Blatt- und Knospenwerk; Kleeblattpiscinen in der Art derer von Walkenried. Das Lhs. jetzt mit Bretterdecke, Qsch. und Lhs. mit Rundbogenfries, Chor und Apsiden ohne dasselbe. Die Portalnische am nördl. Kreuzarm zur Gewinnung größerer Tiefe halb vorgebaut, 3 Rücksprünge mit Säulen, die eckigen Teile des Gewändes wie der Archivolte mit doppeltem Zickzackstab besetzt; ein nordwestfranzösisches Motiv; soll man an einen von dort kommenden Arbeiter denken? Das Tympanon wird ein Gemälde getragen haben. Der schlichte WBau hat 1866 einen frei erfundenen Aufsatz erhalten; vorher ein Fachwerkgeschoß.

Rathaus. Einfacher Renss.Bau mit vortretendem Turm und Freitreppe.

Burg Normannstein. Stattliche Ruine; der Rundturm und das zunächst anstoßende, einst durch eine hölzerne Brücke verbundene Gebäude 13. Jh.

TREISBACH. RB Cassel Kr. Marburg.

Dorf-K. frgot. 1sch., am 6eck. Chor die Ecken mit ½ säulenförm. Strebepfll. Kleine Schlitzfenster.

TRENDELBURG. RB Cassel Kr. Hofgeismar.

Stadt-K. 2. H. 15. Jh. Unbedeutende Hallenkirche. K a n z e l 1633. W a n d m a l e r e i, h. Christophorus u. a. Vier G r a b s t e i n e 1577—1604.

Burg. Wohngebäude und 1 Hauptturm von 1456 umgeben von Gräben und Mauern mit 4 Ecktürmen.

TRENNFELD. UFranken BA Marktheidenfeld.

Pfarr-K. um 1614 umgebaut. E p i t a p h i e n ; an der Außenseite H. von Reinstein † 1349, R. v. Gebsattel † 1540 von *P. Dell d. J.*

TREPPENDORF. Sachsen-Meiningen Kr. Saalfeld.

Dorf-K. (ehem. Wallfahrt), rck. Chor mit frgot. Kreuzgwb., Lhs. spgot. und 1756. — A l t a r w e r k um 1480.

TREYSA. RB Cassel Kr. Ziegenhain. [D.]

Ehem. **Pfarr-K.** („Totenkirche"). Um 1230—40 sprom. begonnen; beabsichtigt als Basilika mit flachem Msch. und gewölbten Sschiffen. Von diesem bis zu halber Höhe ausgeführten Bau die ungegliederten rundbg. Arkaden (5 Paare) auf quadrat. Pfll. Etwa 1250 der Stil unter dem Eindruck der Marburger Elisabeth-K. geändert, doch mit Beibehaltung des basilikalen Querschnittes. Die rck. Vorlagen der Pfll. als Bündeldienste umgearbeitet, den Außenwänden Strebepfll. vorgelegt. Die Fenster der Ssch. blieben rom. rundbg., die Hochfenster spitzbg. mit ziemlich ungeschicktem Maßwerk. Einheitlicher der Chor, etwa 1270—80, Quadrat mit $^5/_8$ Schluß. — Aus der SSeite der ganz einfachen WFassade steigt der ebenfalls einfache Turm auf; von Interesse nur die Krönung mit 4 großen Giebeln, ebensoviel diagonal gestellten kleinen und gemauerten 8eck. Helmen. Im Innern das polychrome System noch erkennbar. — Nach dem 1834 begonnenen, dann eingestellten Abbruch Ruine ohne Gwb. und Dach.

Dominikaner-K. (jetzt Pfarr-K.). Um 1350. Unsymmetrisch 2sch. Hallenkirche. Der Chor schließt sich dem nördl. Sch. an. Das Sch. mit 8, der Chor mit 3 Jochen und Schluß aus 8Eck. Die Formen tunlichst vereinfacht, nur die Portale reicher. Die abwechselnd 8eck. und runden Schafte ohne Kaptt., die Scheidbgg. im Profil ½ 8Eck. Über dem Ssch. standen Giebel und quergestellte Dächer. Im Winkel zwischen Ssch. und Chor ein runder Treppen-Turm, der alte Dachreiter zerstört. — Ikon. Grabstein des Hermannus de Wildungen, episcopus [titular.] Scopiensis † 1396, kleinere Nebenfigg. zweier Geistlichen. — Reliefs von gebranntem Ton, Stationsbilder, an den Strebepfl. (15. Jh.). — Bmkw. die Totenleuchte am Treppen-Turm, 2. H. 14. Jh. — Orgelbühne von Holz bez. 1466.

Spital-K. zum H. Geist. E. 14. Jh. Rck. mit 3 Kreuzgwbb. und $^3/_8$ Schluß. Das Äußere, ohne Strebepfll., hat in dem an der SW-Ecke angebrachten zierlichen 7seitigen Baldachin und dem über dem steilen WGiebel aufsteigenden steinernen Glockentürmchen einen eigentümlichen und anziehenden Schmuck. — Blende mit dem in Stein gehauenen Leichnam Christi, schlichte Handwerksarbeit um 1400. — Bei der Rest. 1910 wurden an allen Wänden Spuren von figürlicher Malerei entdeckt.

Rathaus. Steinernes Erdgeschoß mit got. spitzbg. Fries. Die folgenden Geschosse Fachwerk 1649. Ungeschickt rest. — Brunnen mit kleiner Rolandfig.

Stadtmauer an verschiedenen Stellen in voller Höhe erhalten.

TRIEFENSTEIN. UFranken BA Marktheidenfeld.

Ehem. **Klst.-K.** (Augustiner Chorherren), gegr. 1102. Jetzige Kirche erb. 1685 ff., wohl nach dem Risse von *Valentin Pezani*, von welchem nachweisbar 1696 die Klostergebäude aufgeführt wurden. Was den stattlichen, aber architektonisch nicht gehaltvollen Bau wertvoll macht, ist die in den Jahren um 1780 (die Deckengemälde voll. 1786) hinzugekommene Ausstattung. Die Stuckaturen von *Augustin Bossi,* ebenso von ihm die prächtigen Altäre und die Kanzel aus Stuckmarmor. Die Altargemälde von *Osw. Onghers* 1694 f. von der früheren Ausstattung herübergenommen. Die großen Figg. des Hochaltars, das Tabernakel, ferner das Chorgestühl, die Orgel und die Beichtstühle in der Richtung *P. A. Wagners,* die Deckengemälde von *Januarius Zick.* Die Tendenzen des frühen Klassizismus haben in dieser vortrefflich erhaltenen Kirche ein Hauptbeispiel. Reduktion der Stuckaturen auf ein Minimum, Ornamentik und Motive der klassischen Architektur und architektonische Funktionen vortäuschend; völliger Parallelismus in der Anordnung, so daß sogar bei der an das Klst. angebauten Nordseite die nicht vorhandenen Fenster durch ein-

gesetzte Spiegelscheiben ersetzt sind; sparsame, aber fein berechnete Anwendung der Farbe im zarten, kühlen Dreiklang von meergrün, weiß und mattgold.
Klostergebäude, erbaut 1696 ff. durch *Valentin Pezani*, mit Verwendung weniger älterer Teile; schmucklos. Jetzt Schloß des Fürsten von Löwenstein-Wertheim-Freudenberg.

TRIESTEWITZ. Pr. Sachsen Kr. Torgau.

Dorf-K. 1582. Einheitliche gut erhaltene Barockausstattung, Gestühl, Empore, Decke reich bemalt. Epitaphe 1689, 1704.

TRIMBERG. UFranken BA Hammelburg.

Kirche E. H. 18. Jh. Hochaltar um 1770, an Stelle des Gemäldes große plastische Komposition der Marienkrönung, wohl von *Peter Wagner*.
Burg-Ruine. Bedeutend. Erstmals erwähnt 1018. Stammburg eines altberühmten Geschlechtes. Baugeschichtlich sind zwei Perioden deutlich erkennbar. Die Innenburg in der Anlage rom.; jedoch reichen nur mehr der Bergfried und die ihn einschließende Schildmauer in das 12. Jh. zurück. Die beiden Palas 17. Jh. Bering mit Bastionstürmen 15.—16. Jh. Ähnlichkeit in der Gesamtanlage mit der Prozeltener Burg.

TROSSENFURT. UFranken BA Haßfurt.

Dorf-K. sprom. 2. H. 13. Jh. Das Schiff im 18. Jh. verunstaltet, gut erhalten der Chorturm mit ½rund. Apsis, über dem Quadrum Rippengwb. auf Eckpfl. mit Würfelkaptt., schwerer, gediegener Quaderbau. — Üppige Ausstattung in ländlichem Geschmack, um 1730—50. Anmutige, sorgfältig durchgebildete Madonna, um 1500.

TROSTADT. Sachsen-Meiningen Kr. Hildburghausen.

Ehem. **Prämonstratenser-Nonnen-Klst.** Die Kirche einfaches Rck., in den unteren Teilen rom., in den oberen spgot., jetzt zu landwirtschaftlichen Bedürfnissen eingerichtet.

TRUSEN. RB Cassel Kr. Schmalkalden.

Dorf-K. 1744. Emporen mit bibl. Bildern in blau-weiß. — Kindergrabstein 1570. Zinnerne Weinkanne, feine Renss. um 1550.

TÜCHERSFELD. OFranken BA Pegnitz.

2 **Burgen**, geringe Reste.

TÜCKELHAUSEN. UFranken BA Ochsenfurt.

Ehem. **Klst.-K.** Gegr. 1138 von Otto v. Bamberg als Prämonstratenserdoppelklst. 1350 mit Karthäusern besetzt. Beschädigung im Bauernkrieg. Eingreifender Umbau beg. 1613. Im jetzigen Zustand Kreuzanlage mit 1sch. Lhs.* Die rom. Anlage nicht mehr sicher festzustellen. Rom. Formen, und zwar schon A. 13. Jh., hauptsächlich an der Außenwand des platt geschlossenen Chores; das große rom. Fenster wird an der Rundung von Zacken, gleichsam einem gebogenen Rundbg.Fries, umsäumt. Das Qsch. hatte an seiner OWand große Apsiden (durch Ausgrabung nachgewiesen); seine Flügel im 14. Jh. durch eingezogene Zwischenwände abgesondert und zweigeschossig geteilt. Die WFassade aus der Juliuszeit, verwandten Charakters mit Dettelbach. Vor der großen ungegliederten verputzten Fläche hebt sich das reiche und kraftvolle Portal in fr. Barockform (bez. 1615) mit großer Wirkung ab; an den Kanten Diamantquadern. Außerdem geben die schweren bar. Giebeldekorationen der Außenansicht das Gepräge. — Großer figurenreicher Hochaltar von *Wolfgang Auwera* nach 1750. Kanzel um 1720 aus S. Barbara in Würzburg. Bedeutendes Chorgestühl in reicher Rocailledekoration 1746. Schöne Monstranz um 1720.

Klostergebäude. Der typische Charakter der Karthause gut erhalten. Der weitläufige Kreuzgang mit 14 abgesonderten Zellen ist so angelegt, daß die Kirche den WFlügel in der Mitte durchschneidet. Vor der Kirche das Verwaltungsgebäude. Der große Hof mit 2 Brunnen von 1715 (polygonale Becken mit Mittelstatuen) gibt ein charaktervolles Architekturbild.

Pfarr-K. S. Lambert (profaniert) 1sch. rom. Anlage mit eingezogenem 4eck. Chor. Interessantes rom. Detail.

U

ÜBIGAU. Pr. Sachsen Kr. Liebenwerda.

Stadt-K. langgestrecktes Rck., Anlage frgot., Backsteinrohbau, Rest. 1681.

ÜBIGAU. Sachsen Dresden-N.

Schloß 1724 für Graf v. Flemming. Terrassenunterbau; Kernbau von 20 : 13,5 m mit wenigen, aber großen Gemächern; allseitig eine (1726 von *Eosander v. Göthe* hinzugefügte) 2geschossige Pfeiler- und Bogenhalle, deren der ital. Hochrenss. nahestehende Haltung sich erheblich von der sonst in Dresden üblichen Bauweise unterscheidet; der Garten in wenigen großen streng architektonischen Motiven; erhalten nur die Kindergruppen auf der Brüstungsmauer.

UDER. Pr. Sachsen Kr. Heiligenstadt.

Dorf-K. (kath.). Auf rom. Grundlage 1608 umgebaut, Portal 1720. Die Emporen an kath. Kirchen der Barockzeit ungewöhnlich. Einheitliche ungestörte Barockausstattung. Got. Klappaltar.

UDESTEDT. Sachsen-Weimar VB Weimar.

Große **Dorf-K.**, wesentlich 16. Jh., der seitlich stehende Turm um 1380. — Schnitzaltar 1520 (in veränderter Anordnung) wohl fränkische Arbeit, die bmkw. gemalten Flügel jünger. — Glasscheiben 1594.

UHYST. Sachsen AH Bautzen.

Große **Dorf-K.** von 1801, gestrecktes 8Eck mit 3facher Holzempore, Turm an der einen, Sakristei, Kanzelaltar und Orgel an der anderen Längsseite.

ULBERSDORF. Sachsen AH Pirna.

Dorf-K. Altar, die Gemälde bez. *Gottfr. Schaicker* 1685 (Reste des got. Schnitzaltars auf dem Kirchboden). 9 Grabplatten E. 16. bis A. 17. Jh., meist derer v. Hermsdorf.

UMMERSTADT. Sachsen-Meiningen Kr. Hildburghausen.

Stadt-K. Das ansehnliche Sch. 1748, spgot. quadr. Chor, darüber Turm.

Gottesacker-K. rom. Anlage mit OTurm, im 16. und 17. Jh. umgestaltet. Befestigter Kirchhof.

Marktbrunnen 1743.

UMPFERSTEDT. Sachsen-Weimar VB Weimar.

Dorf-K. aus 12. Jh. Der Chor-Turm mit gekuppelten Fenstern. Der Chor frgot. nach O erweitert, platt geschlossen, Staffelgiebel mit Kruzifix. Lhs. 16. Jh. mit Holztonne.

UNSLEBEN. UFranken BA Mellrichstadt.

Dorf-K. 1sch. spgot., älter das quadr. Altarhaus mit 1812 erneuertem Turm. — 4 adlige Epitaphe 16. Jh., das des Truchsessen von Wetzhausen † 1575 erinnert an den Meininger Meister *J. H.*

Schloß (Wasseranlage), guter Typus eines fränkischen Reichsrittersitzes, älteste Bestandteile vielleicht noch rom., wesentlich jedoch renss. und bar. Einige getäfelte Zimmer mit ornamentaler Bemalung 16. Jh.

UNTERDÜRRBACH. UFranken BA Würzburg.

Dorf-K. um 1800. Gleichzeitige Ausstattung. Auf dem Hochaltar bmkw. Kreuzgruppe von *Peter Wagner*.

UNTEREBERSBACH. UFranken BA Neustadt.

Pfarr-K. 1600. Charakteristischer „Juliusbau".

St. Peter und Paul. Chorturm unten rom.

UNTERERTHAL. UFranken BA Hammelburg.

Pfarr-K. Im Mauerwerk rom., 12. Jh.; im 16. Jh. verändert. Drei Renss.Epitaphe der Familie von Erthal, einer bez. *HR* 1554. Werke des gleichen Meisters kommen in der Gegend öfters vor (Thüngen, Windheim, Hammelburg).

UNTERESSFELD. UFranken BA Königshofen.

Dorf-K. Für die Gegend bezeichnender Spätbarockbau (1699). Reiche Fachwerkhäuser und charakteristische **Hofanlagen** mit skulptierten Toren, meist in schwerem Barock.

UNTERGREISSLAU. Pr. Sachsen Kr. Weißenfels.

Dorf-K., vielleicht zu dem im 13. Jh. erwähnten, dann verschollenen Nonnenkonvent gehörig. Sprom. Apsis, durch schlanke Halbsäulen gegliedert, Sockel und Fenstergewände fein profiliert; desgl. Portal.

UNTERHOHENRIED. UFranken BA Haßfurt.

Kath. Pfarr-K. 1816. Zentralbau mit dorisierender Vorhalle und Giebel.

Prot. Pfarr-K. 1sch. Bau des 15. Jh., im 18. verändert. — Wertvoller Schnitzaltar A. 16. Jh. Glocke 14. Jh. Eine zweite 1510.

UNTERLAUTER. Sachsen-Coburg LA Coburg.
Kirche 1740, hohe Kirchhofsmauer mit Schießscharten 16. Jh.
Ehem. **Herrenhaus** mit Wappenstein 1517.
Brunnenhaus 1510 und 18. Jh.

UNTERLEINACH. UFranken BA Würzburg.
Dorf-K. Gotisierend A. 17. Jh. — Hochaltar 1743 von *Benedikt Schlecht.*

UNTERLEITERBACH. OFranken BA Staffelstein.
Pfarr-K. 1439—52, umgebaut im 18. Jh. — Kanzel 1590. Großes Grabmal für L. v. Schaumburg von *Hans Werner* 1588. Großer Altar mit Reliefflügeln aus der Nürnberger Schule um 1500.

UNTERMASSFELD. Sachsen-Meiningen Kr. Meiningen.
Wasserburg 1538. Starke Ringmauer mit runden Bastionstürmen, ähnlich Bibra, einer bez. 1669.

UNTERMERZBACH. UFranken BA Ebern.
Schloß (ehem. v. Rotenhan). Wesentlich 2. H. 18. Jh. 3geschossig mit schräggestellten Ecktürmen. Architekturformen einfach. — Der Aufbau über Barockterrassen im Gesamteindruck sehr wirkungsvoll.

UNTERMHAUS. Reuß j. L. LA Gera.
Kirche einfach got. M. 15. Jh.
Fürstl. Residenzschloß Osterstein, einst Grenzveste gegen die Slawen, der kolossale Bergfried mit 4 m Mauerstärke. Jetzt wesentl. 1686—1735; die Schloß-K. 1752. Das Äußere, wie an den übrigen thüringischen Fürstenschlössern der Zeit (Weimar, Altenburg, Eisenberg, Saalfeld, Weißenfels usw.) ganz anspruchslos; etwas aufwändiger die Innenräume; bmkw. Stuckdecken.

UNTER-NEUBRUNN. Sachs.-Meiningen Kr. Hildburghausen.
Dorf-K. 1490, erweitert 1723.

UNTERPLEICHFELD. UFranken BA Würzburg.
Rest eines ehem. Grumbachschen **Schlosses.**

UNTERREICHENBACH. RB Cassel Kr. Gelnhausen.
Dorf-K. Schon 810 erwähnt; jetziger Bau 1748. — Doppelgrabstein zweier Gräfinnen v. Weilnau 1364.

UNTERRISSDORF. Pr. Sachsen Mansfelder Seekreis.
Dorf-K. rom. Der Turm, wie in dieser Gegend häufig, ohne Tür, d. h. zur Verteidigung eingerichtet; durch 2 Rundbgg. mit dem Sch. verbunden, an den Kämpfern rom. Ornamente, Seitentür mit rom. Tympanon.

UNTERRÖBLINGEN. Pr. Sachsen Mansfelder Seekreis.
Beispiel einer größeren rom. **Dorf-K.** Sch. rck. mit 3 Fenstern und 2 Türen; im W niedriger Turm, gegen das Sch. in 2 Arkaden geöffnet; quadr. Vorchor und ½kr. Apsis. — Eine ähnliche Kirche in Ober-Röblingen.

UNTERSIEMAU. Sachsen-Coburg LA Coburg.
Kirche spgot. 16. Jh. Die 3geschossigen Emporen 17. Jh., Gemälde der Flachdecke (apokalypt. Reiter) 18. Jh. — Ikon. Grabstein 1557.

Schloß. Das obere 2. H. 16. Jh., erhöht 1682; das untere 16. Jh. mit neuklassischem Saal.
Pyramide zum Gedächtnis der goldenen Hochzeit des Herzogs Ernst Friedrich 1799.

UNTERSTEINACH. OFranken BA Stadtsteinach.
Pfarr-K. Schiff sprom., netzgewölbt 1506. Turm 1715. Kanzel und Altar in schöner Schnitzarbeit 1631.

UNTERSUHL. Sachsen-Weimar VB Eisenach.
Dorf-K. 1615. Merkwürdigerweise ein Rundbau, Altarhaus in ⅝kr. ausgebaut, innen ringsum Emporen mit Gemälden um 1700, origineller Dachhelm.

UNTERTHERES. UFranken BA Haßfurt.
Pfarr-K. 1730. Flachdecke mit Stuckdekoration. Altäre gegen 1760.

UNTERWEID. Sachsen-Weimar VB Dermbach.
Dorf-K. 1719. OTurm von alter Anlage. — Ummauerte Dorflinde, bez. 1578.

UNTERWEISSBACH. Schwarzb.-Rudolstadt LA Königsee.
Dorf-K. 1767. Gut erhaltenes Altarwerk, Saalfelder Arbeit von 1510.

UNTERWELLENBORN. Sachsen-Meiningen Kr. Saalfeld.
Dorf-K. rom. E. 12. Jh., nicht allzu stark verändert, das Innere mit bar. Emporen gefüllt. — Schnitzaltar 1512, die Figuren ungewöhnlich groß.

UNTERWÖLLNITZ. Sachsen-Weimar VB Apolda.
Dorf-K. 1743. Bäuerlicher Zentralbau.

UNTERZELL b. Würzburg, s. Zell.

UTENBACH. Sachsen-Meiningen Kr. Saalfeld.
Dorf-K. von typisch rom. Anlage: Lhs. kurzes Rechteck, eingezogener quadr. Chor turmtragend, ½kr. Apsis. In den Einzelheiten der ursp. Stilcharakter verwischt.

UTENBACH. Sachsen-Weimar VB Apolda.
Dorf-K. Lhs. und OTurm (jetzt Mitte) mit gutem rom. Detail, nach dem zu urteilen die Kirche die bedeutendste des Bezirkes war; übel verunstaltet und verbaut.

UTTERSHAUSEN. RB Cassel Kr. Fritzlar.
Dorf-K. Chor 1520, Sch. 1767. — 2 Sandsteinreliefs, S. Georg und Kreuztragung, spätestgot.; das letztere jetzt als Vorderwand vorn im Altar eingemauert.

ÜTTINGEN. UFranken BA Marktheidenfeld.
Pfarr-K. 1730 mit beachtenswertem Ölgemälde, bez. *J. J. Siecht* 1621.

V

VACHA. Sachsen-Weimar VB Dermbach.
Stadt-K. Vom ma. Bau erhalten der WTurm mit rohem sprom. Portal und kleinen frgot. Fenstern. Obergeschoß 16. Jh. — In der Sakristei 2 Bildnisgrabsteine 1621; sorgfältige Kostümbilder.
Klst.-K. der Serviten. Der allein erhaltene Chor um 1400 dient als Friedhofs-K. — Wandgemälde E. 15. Jh. (rest.). Rittergrabsteine v. Mansbach 1483, v. d. Tann 1424.
Haus Widemark, sehr stattlicher Fachwerkbau auf steinernem Erdgeschoß, erb. 1613 von *Hans Weber* aus Hersfeld in hessischem Charakter. Die innere Ausstattung z. T. erhalten. — Auch sonst mehrere gute **Fachwerkhäuser,** namentlich das ehem. Rathaus. (1878 brannten 64 Wohnhäuser ab.)
Der **Brunnen** von 1613 mit S. Veitsstatue wird zu den schönsten in Thüringen gerechnet.
Stadtbefestigung in beträchtlichen Teilen erhalten. — In der Nähe die vorgeschichtliche **Burg Oechsen.**

VACHDORF. Sachsen-Meiningen Kr. Meiningen.
Dorf-K. inmitten der Ringmauer einer ehem. Wasserburg. Kirche nach 1626. Einfache, ansprechende Ausstattung aus derselben Zeit.

VARGULA. Pr. Sachsen Kr. Langensalza.
Dorf-K. Einfach got. 1434. Steinerne Moseskanzel 1609.

VEITHÖCHSHEIM. UFranken BA Würzburg. [D.]
Pfarr-K. von 1690 mit sprom. Turm. Ausstattung aus der gleichen und der nächstfolgenden Zeit.
Friedhofs-Kap. einfach rom. 12. Jh., Veränderung 1589. — Gute Bar.Plastik.
Schloß. Erste noch bescheidene Anlage für Fürstbischof v. Dernbach (1680—82) von *Petrini.* Der Kavalierbau neben der Kirche 1748. Erweiterung des Schlosses durch Pavillonanbauten 1753. Im Treppenhaus bmkw. Skulpturen von *P. Wagner* um 1770. Die hübsche, doch nicht bedeutende Ausstattung der Zimmer rok. und klassizistisch. — Den Ruhm Veithöchsheims machen die ausgedehnten Gartenanlagen des Fürstbischofs Adam Friedrich von Seinsheim 1763—75 (Leiter, doch kaum Erfinder, der Bauamtmann *Geigel).* Der kleinere ältere Teil liegt in der Achse des Schlosses, der jüngere seitlich, Verbindung durch Terrassen. — Die räumliche Ausdehnung nicht sehr groß (der untere Garten 300 m lang, 200 m breit), viel Wasser als Springbrunnen, Becken und See, ganz verschwenderisch reich die plastische Dekoration, in der Veithöchsheim unerreicht ist. Sie verteilt sich auf 3 Künstler (mit Gehilfen): *Auwera,* noch in bar. Tradition (Figg. des Schloßparterres, Neptun an der nördl. Gartenmauer), *Dietz,* ein leichtsinniger, überbeweglicher Rokokogeist (der sog. Helikon im großen See, die große Orpheusgruppe

mit den Tieren, die koketten Allegorien in halb idealer, halb modischer Tracht), *P. Wagner*, ein gediegener Vertreter des eigentlichen Zopfes, d. h. des Überganges vom Rok. zum Klassizismus (große Ruinenkaskade mit Neptun, Ceres, Saturn). Wagner arbeitete über 1775 hinaus. — Obschon der Eindruck der Vegetation heute ein erheblich anderer, als der gewollte, und auch die Einteilung nicht ganz intakt ist, bleibt uns der Garten von Veithöchsheim einer der anschaulichsten Vertreter der Gartenkunst des 18. Jh., die wir noch haben.

VEITLAHM. OFranken BA Kulmbach.

Pfarr-K. 1597. In origineller Weise gotisierend. Flachged. Lhs. mit eingebautem Treppen-Turm. — Gute ikon. Grabsteine der Herren v. Künsberg 16. und 17. Jh. Bronzeepitaph 1551 gegossen von *Kunz Neilich*. — Befestigter Kirchhof.

VEITSBERG. Sachsen-Weimar VB Neustadt.

Kirche. Ältester Bestandteil der OSchluß des nördl. Ssch., vielleicht von einem Bau des 11. Jh. (Lehfeldt vermutet Burgkapelle der Grafen v. Gleisberg) und in diesem Fall der älteste erhaltene kirchliche Bau im thüringischen Vogtland. Das Kreuzrippengewölbe unmöglich von 974 (Lehfeldt nach Mothes); immerhin ist die Konstruktion altertümlich, indem der eine Diagonalbg. durchgeht (von NO nach SW), der andere in zwei Armen gegen ihn stößt. — Die übrigen Teile der K. zeigen eine verworrene Folge von Erweiterungen und wiederum Reduktionen: sprom., hochgot., spgot. — Altarwerk um 1480. Außen an den Streben Reliefs aus der Passion (nach Lehfeldt um 1360, nach Mothes um 1170). — Got. Wandmalerei am Triumphbg. und am Chorgwb. — Glasbilder in den Chorfenstern nach Lehfeldt um 1210 (?).

VESSRA. Pr. Sachsen Kr. Schleusingen.

Kloster-K. (Prämonstrat.) Ruine. Gegr. 1131, Brand 1201 kaum von umfassend zerstörender Wirkung. Kreuzf. flachged. Basilika mit strenger Quadratur in den Abmessungen des Gr. und Triangulatur des Querschnittes. Lhs. 32 : 16 m, 9 Arkaden auf schlichten quadr. Pfll., am Sockel attisches Profil, am Kämpfer Schmiege mit Schachbrettmuster. Die Fenster des südl. Ssch. rundbg. und einfach abgeschrägt, die des nördl. Ssch. got. erweitert. Der westl. Vierungsbg. auf Kragsteinen. Gegen N und S sind keine Vierungsbgg. vorhanden. Der quadr. Vorchor mit ½kr. Apsis und die ½kr. Nebenapsiden zerstört, doch in den Fundamenten zu erkennen. Keine Krypta (die Gewohnheiten der Prämonstratenser in dieser Hinsicht dieselben wie die der Hirsauer und später der Zisterzienser). Pfll. und Bgg. in Sandsteinquadern, Mauern in Bruchstein. — Der WBau wohl nach dem Brand von 1201. Zwei vierseitige Türme flankieren die rck. Vorhalle; Kreuzrippengwbb.; Rippenprofil rck. mit vorgelegtem Plättchen und leicht geschärftem Rundstab; auf Ecksäulchen mit dekorierten Würfelkapitellen ruhend. Nach außen öffnet sich die Vorhalle in einer weiten rundbg. Arkade, in das Schiff führt ein reiches, dreifach abgetrepptes sprom. Portal. Die Fassade beginnt mit energisch profiliertem Sockel. Die wagerechte Teilung durch Gesims und Bogenfries entspricht der Höhenabstufung der Schiffe; schmälere und breitere Lisenen vollenden die wohlproportionierte, von keinen Fenstern unterbrochene Flächengliederung. Hierauf folgt in anderem Material je ein freistehendes Turmgeschoß mit spitzbg. Blenden und ein Zwischenhaus mit Satteldach, an der niederen Wand eine rundbg. Arkatur. Die Obergeschosse aus späterer got. Zeit und in schlechterer Technik. Am nördl. Qsch. die Begräbniskap. der Grafen v. Henneberg, gew. 1182; die Bestimmung der analog im S errichteten ist ungewiß; vielleicht die 1149 gew. Abtkapelle S. Georg? — Rom. Taufstein, breite Schale mit säulenartigem Fuß. — In der Klostermauer eine Torfahrt; das Gewände dreifach abgetreppt und mit Sll. ausgestellt, die Bg.Läufe mit Zickzackornament in rck. Umrahmung; eine daneben befindliche kleinere Tür vermauert. Die jetzige Schmiede wird als ehemalige Pförtnerei gedeutet.

VIERZEHNHEILIGEN. Sachsen-Meiningen Kr. Saalfeld. **Dorf-K.**, früher Wallfahrt, geräumiger Bau aus M. 15. Jh.

VIERZEHNHEILIGEN. OFranken BA Staffelstein. [D.] **Wallfahrts-K.** und **Zisterzienserpropstei.** Entwurf von *Balthasar Neumann* 1743. Der Bauführer *Krohne* gestattete sich starke Abweichungen, durch die nach N.'s Urteil sein Gedanke ganz verpfuscht war. N. hatte den Chor länger und die Stellung des Gnadenaltars unter der Vierung gewollt. N.'s umgearbeiteter Plan konnte, da der Bau begonnen war, die Fehler nur teilweise korrigieren. Der zweite Bauführer, N.'s Schüler *Kuchel*, hielt sich genau an den Willen des Meisters. Vollendung erst 1771. — Die immer weiter ausgreifende Phantasie des großen Rokokomeisters wagt in diesem Alterswerk ein Äußerstes. Zwar die Außenansicht verrät noch nichts Ungewöhnliches; sie scheint einer kreuzförmigen Basilika (wie sie auch ursp. projektiert war) zu entsprechen. Aber das Innere ordnet sich keiner einzigen bekannten Raumkategorie ein. Es ist möglich, daß *Neumann* die erste Anregung von der benachbarten Klosterkirche Banz empfangen hat; nur erscheint *Dientzenhofers* Kühnheit im Vergleich mit dem, was hier unternommen wurde, schüchtern. Der erste Anblick läßt das geometrische Prinzip, nach dem die Gewölbe und ihre Stützen geordnet sein könnten, durchaus im unklaren. Die Gerade kommt nur vor, wo sie statisch unvermeidlich ist, d. h. als Senkrechte an Pfeilern und Säulen; alle zur Grundfläche parallel laufenden Linien sind Kurven, und zwar Kurven zweiter Ordnung, ebenso die Gewölblinien. Nach und nach entdeckt man dann folgendes: Auf der M. der Längsachse steht der Gnadenaltar der vierzehn Nothelfer; über ihm eine ovale Flachkuppel, von Freipfll. mit vorgesetzten kolossalen korinth. Sll. getragen; hieran schließt sich nach der Längsachse im O und W je ein kleineres Oval; wo sie sich mit dem mittleren tangieren, werden Querachsen gebildet; eine kürzere, an die Umfassungsmauer des Lhs. reichende im W; eine längere, auch nach außen als Qsch. sich geltend machend, zwischen dem Hauptoval und dem Choroval. Diese Figuren werden jedoch nur in den Gewölben selbst erkennbar, die Grundrißstellung der Stützen bringt von ihnen nur Segmente zur Erscheinung, ja, man kann sagen, daß Gr. und Gwbb. gegeneinander arbeiten. Im Zentrum der Vierung liegt nicht ein Höhenakzent, sondern eine Senkung, der Schnitt von 4 Peripherien. Sodann gibt es keine zusammenhängenden Kämpferlinien, da über allen Intervallen Stichkappen in die Kuppelflächen eingreifen. An den Kreuzungspunkten der beiden Querräume mit dem Längsraum, wo man sonst eine zusammenhängende Form oder eine Höhensteigerung zu finden gewohnt war, fliehen sich hier die Gewölbelinien und sinken sie ein. Im Sinne der Hochrenss. wäre dies alles barbarische, antiarchitektonische Willkür; was *Neumann* sucht, ist die Poesie des Geheimnisvollen. Leider hat der Meister in seinem abstrakt gewordenen Denken durch einige schwere Fehler sein eigenes Werk gestört. Die ganz entsetzliche Gestalt der Nebenräume, in denen man auf der einen Seite gerade Linien, auf der anderen unverständliche Kurven hat, mag noch hingehen. Unentrinnbar störend sind aber die Fenstereinschnitte, die völlig außer Zusammenhang mit dem inneren Rhythmus das Bild an zahllosen Stellen durchlöchern. Sie sind es auch, die keinen vollen Genuß an dem für sich sehr harmonischen Kolorit der prachtvollen Verkleidung mit Marmorstuck aufkommen lassen. — Die Frage, ob diese Architektur dem Bar. oder dem Rok. zuzuzählen sei, ist müßig. Entschiedenen, programmatischen Rokokocharakter haben aber die Altäre, soweit sie von *Neumann* selbst herrühren, vor allem der zentrale Gnadenaltar; an ihm ist jeder Anklang an die architektonische Form vermieden. Nicht ganz so extrem die Seitenaltäre von *J. M. Feichtmayer*. Das Hochaltarblatt und sämtliche Fresken von *Giuseppe Appiani* (mehrere nach dem Brand 1835 erneuert). — Die doppeltürmige Fassade ist ein Schaustück für sich; im gigantischen Höherstreben sucht es in seiner Weise mit got. Fassaden sich zu messen.

VIESELBACH. Sachsen-Weimar VB Weimar.
Dorf-K. wesentlich 17. Jh. — Kanzelbau 2. H. 18. Jh., die Figuren aus spgot. Altarwerken.

VITZENBURG. Pr. Sachsen Kr. Querfurt.
Schloß 2. H. 16. Jh. Portal bez. 1574. Verlorene Inschr. von 1587 gab den Baumeisternamen *Nickel Delitzscher*. NFlügel 1694. Treppenpavillon 1767. Alle Einzelheiten stark rest.

VOIGTSBERG. Sachsen AH Ölsnitz.
Große **Burg**, im jetzigen Zustande ohne kunstgeschichtliches Interesse.

VOLKACH. UFranken BA Gerolzhofen.
Stadtpfarr-K. 1sch. spgot. Kirche mit polyg. geschl. Chor (Baubeginn 1413) mit spgot. Netzgewölbe und ursp. 3sch. Lhs. (um 1474), das im 18. Jh. durch Herausschlagen der Pfll. und Ein-

ziehung einer stuckierten Spiegeldecke 1sch. umgestaltet wurde. Das Äußere besitzt reiche spgot. Gliederung. Details in der Art des Meisters *Hans Bock* (Dommeister um 1500 in Würzburg), der um 1512 erwähnt wird. Turm nördl. vom Chor mit Bar.Aufbau (an der Galerie Inschr. 1694) und Kuppel. — Einrichtung Rok.; Würzburger Charakter um 1750. — Taufstein um 1600 mit Wappen. — Pietas Gußstein, südbayrischer Import um 1420. — Reiche Paramente des 17. und 18. Jh.

St. Michaels-Kap. Vor dem Südtor. Tympanon um 1400—1420; Krönung Mariä.

Wallfahrts-K. auf dem Kirchberg. 2. H. 15. Jh., 3sch. geplant, jetzt 1sch. — Im Hochaltar Pietas (Gnadenbild); um 1380—1400 mit Resten der alten Fassung. — Rosenkranzmadonna um 1500; hervorragende Arbeit, wohl mit Recht *Riemenschneider* zugeschrieben. — Epitaphe 16.—17. Jh., Vogt v. Brosselsheim † 1551 von *P. Dell d. J.* Überreste einer lebensgroßen Wachsgruppe, einen Ritter und dessen Frauen darstellend; erhalten nur einige Köpfe und der Holzkern. Großes Steinkruzifix bez. TK *(Thomas Kistner)* 1555. — Am Weg zur Kirche drei spgot. Reliefs, Stationsbilder (1521). — 2 Glasfenster mit Stifterbildern (Schwarzenberg) jetzt im Rathaus, um 1450—80.

Rathaus. Renss.Bau mit Freitreppe (1544).

Amtsgericht. Guter Renss.Bau um 1600; eine schöne Kassettendecke.

Behäbige **Bürgerhäuser,** spbar. und rok. — Eine hervorragende Leistung des Würzburger Spätbar. Greisingscher Richtung das „Schelfenhaus". Stuckierte Zimmer. Reicher und ansehnlicher, großfiguriger, schwarzglasierter Kachelofen um 1700. Von der **Stadtbefestigung** stehen noch 2 Tore; spgot. in der Anlage, mit hübschen Renss.Giebeln.

VOLKENRODE. Sachsen-Gotha LA Gotha.

Klst.-K. Beg. 1131, gew. 1150. Teils verfallen, teils dürftig wiederhergestellt. Ursp. regelmäßige Kreuzbasilika. Quaderbau. Hauptapsis erhalten, Nebenapsiden untergegangen. Am Triumphbogen abgebrochene Pfeilervorlagen (für Triumphkreuz). Reste des Kreuzgangs rom. und got.

VOLKERODE. Pr. Sachsen Kr. Heiligenstadt.

Dorf-K. Ansehnlicher Bar.Bau, wohl von demselben Meister wie Geisleden.

VOLKERSBERG. UFranken BA Brückenau.

Einsiedelei von 1113 zum **Klst.** erweitert 1661. — Leidensstationen und große Kreuzigungsgruppe 1754. Reiche Monstranz 1737. Beschauzeichen Fulda. Kruzifix um 1500.

VÖLKERSHAUSEN. Sachsen-Weimar VB Dermbach.

Kirche 1731. Typisch protest. Emporensaal, über dem Altar Kanzel und Orgel.

Schloß der Frh. v. Stein. 1. H. 18. Jh. Teile der ersten Einrichtung erhalten.

Oberförsterei 1613. Mehrere Häuser in geschnitztem Fachwerk.

VÖLKERSHAUSEN. UFranken BA Mellrichstadt.
Kirche und Einrichtung einheitlich um 1790.
Schloß (v. Stein) A. 18. Jh. Stattlich, 13 Fensterachsen. Stuckdecken.

VOLKMARITZ. Pr. Sachsen Mansfelder Seekreis.
Dorf-K. Im W rom. Turm, türlos gegen das Sch. in 2 Rundbgg. geöffnet, im Obergeschoß gekuppelte rom. Fenster (vgl. Unterröblingen).

VOLKMARSEN. RB Cassel Kr. Wolfhagen.
Pfarr-K. S. Maria. Frgot. 2 H. 13. Jh. Hallenkirche mit quadr. Chor und vortretendem WTurm. Msch. doppelt so breit wie die Sschiffe, 3 Joche, starke Rundpfll. mit 4 alten und 4 kurz ausgekragten jungen Diensten, reiche Laubkaptt. Die Gurtbgg. rck. mit vorgelegtem Rundstab, Kreuzrippen mit Birnstab. An der N- und SSeite je ein Portal; das südl. sehr reich und zierlich, Marienstatue im Tympanon, Petrus und Paulus unter den Fialen des Wimpergs. Ein drittes Portal am Turm, im Tympanon thronender Heiland. Einfache Strebepfll. mit wagerechtem Abschluß zur Aufnahme der Wasserausgüsse. Der Turm mit spgot. Obergeschoß und welscher Haube. — Zwei Wandtabernakel, E. 13. und E. 14. Jh.
Holzhäuser des 16. und 17. Jh.
Stadtmauer im SO erhalten.

VOLSBACH. OFranken BA Pegnitz.
Pfarr-K. um 1470. Die Strebepfll. am Chor in reicher Behandlung. Innendekoration 1680.

W

WABERN. RB Cassel Kr. Fritzlar.
Lustschloß 1704, im Innern umgebaut ca. 1770 von *S. L. Du Ry* (jetzt Strafanstalt). 3 Gebäude in Hufeisenstellung, durch Galerien verbunden.

WACHAU. Sachsen Dresden-N.
Dorf-K. ma. Ursprungs, 1689 umgestaltet.
Schloß seit 1730 für Graf Schönfeld. Großartige Vestibül- und Treppenanlage, sonst von der alten Innendekoration nichts erhalten.

WACHSENBURG. Sachsen-Gotha LA Gotha.
Burg (eine der „drei Gleichen"). Nach 1710 zur Festung eingerichtet. Die ma. Teile (gekuppeltes rom. Fenster) sehr entstellt.

WÄCHTERSBACH. RB Cassel Kr. Gelnhausen.
Stadt-K. mit WTurm von 1519.
Isenburgisches **Schloß,** bedeutende ehem. Wasserburg mit 4 Ecktürmen, von denen 2 erhalten. Aus der 2. Bauperiode um 1525 die zierlichen Erker am WTurm. Dritter Umbau um 1650.

WAHLHAUSEN. Pr. Sachsen Kr. Heiligenstadt.
Dorf-K. Umbau von 1718. Kanzelaltar und umfängliche Emporen machen den evangel. Charakter in dem sonst kathol. Kreise sofort kenntlich. Die Decke und alle Holzteile 1775 von dem Schullehrer geschickt ausgemalt. Grabsteine der Herren von Hanstein.

WAHREN. Sachsen AH Leipzig.
Dorf-K., frgot. Kernbau. Taufstein aus 13. Jh. Hübsches geschnitztes Lesepult E. 15. Jh. Beschläge der Türflügel, naive dörfliche Kunst, könnte ins 13. Jh. hinaufreichen.

WAEHRSDORF. Sachsen AH Zittau.
Dorf-K. 1713. Orgel mit reizendem Rokokoschnitzwerk 1766, stimmungsvolles Grabmal 1798.

WAISCHENFELD. OFranken BA Ebermannstadt.
Pfarr-K. um 1450. Der Chor 1550 got. erneuert, 1750 die ganze Kirche überarbeitet.

WAITZENBACH. UFranken BA Hammelburg.
Schloß. Malerische Wasseranlage. Hauptbau 1570, die Kuppeltürme an den Ecken um 1680.

WALBECK. Pr. Sachsen Mansfelder Gebirgskreis.
Kloster gegr. 992. Die Kirche fast spurlos verschwunden, ihr Material wahrscheinlich in das jetzige **Schloß** verbaut, in dem der alte Klosterkreuzgang noch erkennbar. Rittergrabstein mit eingeritzter Fig. um 1300.

WALDAU. Pr. Sachsen Kr. Schleusingen.
Dorf-K. 1601 wie Hinternah.

WALDAU. RB Cassel Kr. Cassel.
Kirchturm spgot. 16. Jh. Der 8eck. hölzerne Helm von 4 ausgekragten Ecktürmchen umgeben.

WALDBÜTTELBRUNN. UFranken BA Würzburg.
Dorf-K. bar. — Krönung Mariä, Holzgruppe, um 1500, nicht aus der Werkstatt *Riemenschneiders*, doch ihr verwandt.

WALDENBURG. Sachsen AH Glauchau.
Stadt-K. spgot. ursp. 1sch., dann ein zweites Schiff im S angebaut. — Wandgrab des Hugo v. Schönburg † 1566, vom Dresdener Bildhauer *Chr. Walther*, das bedeutendste Werk dieser Gattung in Sachsen vor dem Auftreten *Nossenis* (vgl. auch Penig).

WALDHEIM. Sachsen AH Döbeln.
Schloß-K. E. 16. Jh. Rck. mit polyg. Schluß. Reiches Netzgwb. Die Strebepfll. als Halbzylinder ausgebildet. Fenster rundbg. mit got. Maßwerk. — Altar 1594 von *Joh. Maria Nosseni*, 1716 umgestaltet.

WALDKIRCHEN. Sachsen AH Auerbach.
Dorf-K. mit rom. Portal, alte Beschläge.

WALDSTEIN. OFranken BA Münchberg.
Burgruine.

WALLDORF. Sachsen-Meiningen Kr. Meiningen.
Dorf-K. Kirchhofsbefestigung mit 5 Türmen. Der größte ist Bergfried der ehem. Burg. Kirche E. 16. Jh. Bildnisstein der Marschalk v. Ostheim.
Synagoge, aus einer Scheune umgebaut, Ausstattung 1789. — Mehrere sehr ansehnliche Fachwerkhäuser: Schmiede 1592, das „rote Haus" um 1600, Gasthaus zum freien Ritter (Herrenhaus v. Marschall) 1697.

WALLENBURG s. Auwallenburg.

WALLENSTEIN. RB Cassel Kr. Homberg.
Burgruine mit hohem Rundturm und erheblichen Resten der Ringmauer.

WALLRODA. Sachsen AH Dresden-N.
Dorf-K. ohne Interesse. — Schnitzaltar A. 16. Jh. Taufbecken aus Sandstein feine renss. Arbeit um 1650. Die Orgel das erste Werk *J. G. Silbermanns.*

WALSDORF. OFranken BA Bayreuth.
Kirche. Schönes Denkmal des Vizekanzlers Reuß 1599.

WALTERSHAUSEN. Sachsen-Gotha Amtsstadt.
Stadt-K. 1723, zentral abgeecktes Quadrat, Emporen über Pfll. in ellipt. Grundstellung. Turm 1458. Schnitzaltar A. 16. Jh.

WALTERSHAUSEN. UFranken BA Königshofen.
Schloß. Erb. um 1540, verändert 1723. Aus 16. Jh. ein Saal mit bemalter (allegor. Figg.) Holzdecke; in einem anderen und in mehreren Zimmern Stuckdekoration, die zu den feinsten Schöpfungen des fränkischen Rokoko gehört.

WANDERSLEBEN. Pr. Sachsen Kr. Erfurt.
Dorf-K. Erweiterung eines rom. Baus. — Spgot. Schnitzaltar.
Gasthaus. Fachwerkbau aus 16. oder 17. Jh. — **Gehöft** mit Jahreszahlen 1541—1605. — **Burg Gleichen,** ausgedehnte Ruine mit rom. Kapelle.

WANFRIED. RB Cassel Kr. Eschwege.
Rathaus, früher Landgräfl. Rotenburgsches Schlößchen aus dem E. d. 17. Jh. Oberstock — reicher Fachwerkbau; Innenräume noch mit alten Tapeten usw.
Gasthaus zum Schwan mit reich skulptiertem, jedoch z. T. zerstörtem großem Steinportal aus dem A. des 17. Jh.

WANGENHEIM. Sachsen-Gotha LA Waltershausen.
Dorf-K. spgot.; 9 Grabsteine der Familie v. W. (vgl. Sonneborn).

WARTBURG b. Eisenach. Inv. [D.]
Der ma. Name „Wartberg". Zuerst genannt 1080 in den Kämpfen Ks. Heinrichs IV. mit den sächsisch-thüringischen Fürsten, dann erst wieder 1113. E. 12. bis M. 13. Jh. Wohnsitz der Landgrafen aus dem Hause Schaumburg. Um 1250 an die Wettiner, die zugleich Markgrafen von Meißen. Der letzte, der hier dauernd residierte, war Friedrich der Freidige († 1324). Instandsetzung unter Kurfürst Friedrich dem Weisen (1485—1525). 1522 über-

setzte hier M. Luther das Neue Testament. Restauration und Umbau durch Nickel Grohmann nach 1547. Verstärkung der Befestigung während des 30jährigen Krieges. Die gegenwärtige Gestalt durchgreifende Restauration der erhaltenen und völliger Neubau der früher abgetragenen Baulichkeiten unter Großherzog Karl Alexander durch *Hugo v. Ritgen*. Die Idee war, im hinteren Hof das bauliche Bild in der Zeit der Minnesänger, im vorderen das der Reformationszeit wiederherzustellen: — in strengerem Sinne ein unerreichbares Ziel. Heute dürfen wir die restaurierte Wartburg als Zeugnis für die Sinnesweise der Mitte des 19. Jh. schon wieder als historisches Denkmal ansehen.

Mittelalterliche Bauten:

1. Das Landgrafenhaus. Urkundl. Nachrichten über die Bauzeit fehlen durchaus. Von den zuletzt mit der Frage beschäftigten Forschern setzte sich P. Weber für 1205—1210 (Regierung Hermanns I.) ein, G. Voß für die Zeit vor oder um 1180 (Regierung Ludwigs III.). Mit der Hypothese von Voß, daß der Erbauer identisch mit dem der Doppelkapelle in Schwarzrheindorf bei Bonn (1151) sei, können wir uns hier nicht auseinandersetzen. — Im Gr. regelmäßiges Rechteck von 14 : 38 m. Aufbau: Keller und 2 Hauptgeschosse, das 3. wenig später hinzugefügt, somit das Gurtgesims zwischen 2. und 3. Geschoß ursp. Dachgesims. Verbindung von Wohn- und Repräsentationszweck; die geschützte Lage gestattete die wehrbaulichen Rücksichten in zweite Reihe zurückzuschieben. Entlang den Wohnräumen Gänge mit offenen Arkaden in vorzüglich schön rhythmisierter Teilung. Sie geben der Hoffassade den Charakter der Pracht- und Schauseite. Der obere Aufbau, bedingt durch den Wunsch nach einem großen Festsaal, stört den Rhythmus empfindlich. Von den Sll. hat etwa der dritte Teil noch die ursp. Zierglieder. Die Freitreppe links von 1856. Der ursp. Zugang vermutlich über eine hölzerne Treppe, die im Fall eines Angriffs leicht beseitigt werden konnte. Die Fenster an der Außenmauer der Talseite neu. — Die innere Einteilung ist die alte. Im Erdgeschoß an beiden Enden quadr. Räume mit 4 Gwbb. auf Mittelsäule; zwischen ihnen ein Saal mit Balkendecke. Die in der sog. Elisabeth-Kemenate aufgestellten kunstgewerblichen Gegenstände z. T. alt und wertvoll, doch von auswärts erworben. — Wohlerhaltene Innentreppe, die zum mittleren Geschoß emporführt. Hier das Landgrafenzimmer mit erneuerter Holzdecke und erneuerten Arkadenfenstern. Reich verzierte rom. Stützsäule. Wandgemälde von *M. v. Schwind*. Der Sängersaal mit Holzdecke und zwei alten Stützsäulen. Wandgemälde von *Schwind*, den sagenhaften Sängerkrieg darstellend. Anstoßend die Sängerlaube, zu der Stufen hinanführen, erneuert. Kapelle, nicht im ursprünglichen Bauplan vorgesehen, wahrscheinlich von Landgr. Ludwig für seine Gemahlin Elisabeth eingebaut. Eine reich verzierte rom. Mittelsäule trägt die Kreuzgewölbe. Fenster der SSeite mit skulptierten Kaptt. alt. — Holzkanzel von 1628. Got. Chorstuhl. Viele kleinere ma. Ausstattungs-

stücke.—Elisabethgalerie mit Wandgemälden von *M. v. Schwind.* Wendeltreppe aus dem 19. Jh. führt zum Obergeschoß, das einen einzigen großen Saal enthält, dessen Ausstattung durchweg neu ist. Die Arkaden der Zwischenwand sind sämtlich alt, die der W- und NWand zum Teil. Decke und Dach nach Ritgens Entwurf rekonstruiert.

2. Der hintere Bergfried im Hofe der Hauptburg, got. Sein hohes Dach wurde 1803 abgetragen und durch einen Zinnenkranz ersetzt.

3. Ringmauer der Hauptburg gegen S und W im Unterbau alt, in den oberen Teilen meist erneuert.

4. Zisterne im Hofe der Hauptburg, jetzt ohne Überdeckung und mit einem ganz irreführenden Zinnenkranze aus dem 19. Jh. umgeben.

5. Torturm in der Vorburg, Unterbau rom., Oberbau im 16. Jh. abgetragen bis zur Dachhöhe des aus got. Zeit stammenden

6. Ritterhauses, das aber bei der Restaurierung im 19. Jh. durch romanisierende Arkadenfenster entstellt wurde. Im Erdgeschoß Wachstube mit got. eisenbeschlagener Tür. Im 1. Obergeschoß reizvolle Eingangshalle mit spgot. Deckenbemalung. Gegen S stößt an das Ritterhaus

7. die Vogtei, das massive Erdgeschoß aus 15. und 16. Jh., der Oberstock aus Fachwerk, mehrfach erneuert. Hier eingebaut das got. geschnitzte „Pirckheimerstübchen“ aus Nürnberg; in der traditionellen Lutherstube alt nur die Bohlenwand und Decke; die trefflichen Bildnisse der Eltern des Reformators von *Cranach* 1527; die eisenbeschlagene Tür aus Tirol. An der SSeite der Vogtei got. Holzerker aus Nürnberg angebaut.

8. Der Margarethengang, ein überdeckter Verbindungsgang auf der westlichen Ringmauer der Vorburg.

9. Der Elisabethengang, überdeckter Verbindungsgang mit angebautem Schützenerker auf der östlichen durchweg wohlerhaltenen Ringmauer der Vorburg.

Bauten aus der Zeit der Restauration (1838—1867): Das an der SSeite des Palas angebaute, massive, in rom. Stile gehaltene Badehaus an der Stelle eines früheren Fachwerkbaues. An der WSeite das Gadem (Gästehaus) in Fachwerkstil. (Der Keller unter diesem Gebäude ist noch mittelalterlich.) Nördlich an den Palas anstoßend die in rom. Stil ganz massiv erbaute neue Kemenate mit Wohnräumen für den Hof (Keller mittelalterlich), auf drei Seiten um den Hauptturm herumgebaut, der ungefähr auf den Fundamenten des alten, ebenfalls quadratisch gewesenen, im 18. Jh. abgetragenen Hauptturmes neu errichtet ist. Torfahrtshaus, das Haupt- und Vorburg scheidet, in rom. Stile gehalten, darüber ein länglicher Wohnraum, die sog. Dirnitzlaube; endlich an der WSeite, teils in der Haupt-, teils in der Vorburg stehend, die Dirnitz, massiv in got. Stil erbaut. Unterbauten z. T. noch mittelalterlich. Im Erdgeschoß der reichhaltige Rüstsaal, in den oberen Geschossen Wohnräume für Gäste.

Reich geschnitztes „Schweizerzimmer", aus dem Schlosse der Herren v. Salis-Soglio bei Chur, treffliche Sp.Renss.Arbeit. An der NSeite außen rom. Steinrelief: Simson mit dem Löwen.

Die in den ehem. großherzogl. Zimmern verteilten alten Kunstwerke sind wertvoll, doch ohne Beziehung zum Ort.

WARZA. Sachsen-Gotha LA Gotha.

Dorf-K. 1520 und 1554, in den Zierformen nicht uninteressant.

WASEWITZ. Sachsen AH Grimma.

Dorf-K. kleiner, gut erhaltener rom. Bau wohl noch 12. Jh.

WASSERLOSEN. UFranken BA Hammelburg.

Kirche. Zwei virtuose Rokokoaltäre mit Altarblättern von *Nic. Treu.* 1762.

WÄSSERNDORF. UFranken BA Kitzingen.

Pfarr-K. Einheitlich spgot. 1496. — **Madonna**, Holz, um 1480. 5 Epitaphe der Schwarzenberg und Seinsheim. Das älteste und beste Stück die betende Profilfigur des Kilian v. Seinsheim † 1502, sehr feiner Porträtkopf, die untere Hälfte der Platte zerschlagen.

Schloß (nach dem Aussterben der Linie Seinsheim-W. im 16. Jh. an die Schwarzenberg). Neubau 1555. 4flügeliger Wohnbau, Ringmauer mit Türmen. Formen einfachst. Im Innern eine Reihe von Zimmern im Zustande des 16. Jh. Fachwerkwände mit farbiger Bemalung.

WASUNGEN. Sachsen-Meiningen Kr. Meiningen.

Stadt-K. 1584, im Charakter einer größeren Dorf-K., 1sch. mit $^3/_8$ Schluß, spitzbg. maßwerklose Fenster. Inneneinrichtung mit Holztonne und hübsch geschnitzten Emporen E. 17. Jh.

An und in der ganz einfachen **Friedhofs-Kap.** (mit rom. Mauerresten) zahlreiche, durchweg bescheidene Grabsteine.

Rathaus 1533, einer der ältesten und tüchtigsten Fachwerkbauten des Gebiets. (Einige Veränderungen 1904.)

Amtshaus 1606. Auf hohem steinernen Erdgeschoß ein Fachwerk-Obergeschoß mit Giebel. Alte Inneneinrichtung. Stattliches Hoftor in origineller Rustika, bez. 1611.

Mehrere **Höfe** ritterlicher Familien. Zweifelshof 1576. Marschalksches Damenstift 1596, im Innern Stuckdecken. Weyenhof 1630, auch hier Stuckdecken in Quadraturwerk. — Bürgerhäuser des 17. Jh. in guter Fachwerkarchitektur. — Reste der **Stadtmauer.**

Burgruine Maienluft. Hoher 4eck. Bergfried in Buckelquadern, Abschluß rest.

WATZENDORF. Sachsen-Coburg LA Coburg.

Kirche 1729, an der Flachdecke Gemälde, Chor spgot. rck. mit rippenlosem Kreuzgwb.

WECHSELBURG. Sachsen AH Rochlitz.

Schloß-K. (früher K. des Augustiner-Klst. Zschillen). Gegr. 1168 von den Wettinern. Das Weihedatum 1184 nicht maßgebend; die einheitliche Formengebung weist auf das 2. bis 3. Jahrzehnt des 13. Jh. — Eine der spätesten Flachdeckbasiliken, in der Erscheinung klar und frei. Normaler kreuzf. Gr., 54,3 m l. Mauern

Gneisbruchstein, für die Gliederungen harter Rochlitzer Sandstein. Im Lhs. 6 Achsen. Die Pfll., auch die der Vierung mit Ecksäulchen. Aus späteren Zeiten keine Veränderungen als die spgot. Einwölbung des Lhs. im 15. und die des Qsch. im 14. Jh. Die WTürme schließen eine nach dem Schiff sich öffnende Empore ein. Die WWand ohne Eingang; derselbe ist an die NSeite verlegt; Doppelportal mit 3seitig offener Vorhalle; die reichen und zierlichen Details enthalten Erinnerungen an den sog. Königslutterer Stil und noch mehr an Kreuzgang und Choreingang des Magdeburger Doms. Das Äußere durchgehend mit fein profilierten Lisenen und reichen Bogenfriesen belebt; an den Mauerecken feine Rundstäbe; die Fenster des Chors mit Säulchen im Gewände; über dem Apsidendach am OGiebel ein Vierpaßfenster. An den Giebeln des Qsch. Erneuerung der Dächer noch in sprom. Zeit zu erkennen. Die WTürme nur bis zur Höhe des Schiffs ausgeführt; nach dem Kirchenmodell auf dem Grabe des Stifters zu schließen, wäre auch ein Vierungsturm beabsichtigt gewesen. — Das Innere birgt Bildhauerwerke, die unter den edelsten Kleinoden deutscher Kunst zu nennen sind. Einheitlich nach Vollendung der K., also um 1230—35, leider nicht mehr in ursprünglicher Anordnung. Bis zu den eingreifenden Veränderungen im J. 1666 lag der Fußboden des Chors, veranlaßt durch die Krypta, 2,5 m höher als jetzt; zu ersehen aus der Höhenlage der Arkatur in der Apsis und der Basen der Ecksäulchen an den Triumphbogenträgern. Gegen das Qsch. war der Chor durch einen Lettner abgeschlossen. Jetzt ist derselbe hinter den Altar, an die Grenze der Apsis, zurückgeschoben und bei dieser Operation auch in seiner Zusammensetzung verändert. (In einem Wirtschaftsraum des Schlosses befinden sich formierte Trümmer, die über die ursp. Gestalt Aufschluß geben könnten.) Der jetzige Altartisch vor dem Mittelbogen ist modern. Es liegt nahe, zu glauben, daß sich unter ihm die Eingangstreppe zur Krypta befand, während die seitlichen Arkaden zu den Chortreppen führten. Seine Laubdekoration ist die ursprüngliche; die in den Zwickeln befindlichen Halbfiguren von Kain und Abel haben diesen Platz erst bei der letzten Rest. erhalten; vorher gehörten sie zur Kanzel (Abb. bei Puttrich). Die zweite Höhenabteilung enthielt unter dem großen Mittelbogen, jetzt mit modernem Relief ausgestattet, wahrscheinlich die Kanzel; zu deren beiden Seiten in Wandnischen 4 Gestalten des Alten Testaments (Daniel und David, Absalom und ein ungewisser Prophet. Die Gegenstände der Kanzelreliefs sind: an der Front Christus in der Glorie umgeben von den Evangelistenzeichen und begleitet von Maria und Johannes d. T. („Dusis"); an der linken Schmalseite die eherne Schlange, an der rechten Isaaks Opferung; die oben genannten Halbfiguren Abels und Kains sowie zwei Halbfiguren von Engeln werden schicklich auf die Zwickel der Bögen verteilt, von denen man die Kanzel getragen denken muß. Die Kanzelbrüstung hatte ursp. polyg. Gr., so daß die Seitenfelder mit Maria und Johannes in stumpfem Winkel zurücksprangen. Mithin Anordnung der 5 Relieftafeln ‾_/‾. Endlich die Krönung des ganzen Aufbaues, die kolossale Kreuzigungsgruppe; die starke Ausbiegung der Hüfte (byzantinisch) und die Durchbohrung der Füße mit einem einzigen Nagel eines der frühesten Beispiele; zu Häupten Christi im Dreipaß der Kreuzesendigung die Halbfigur des Vaters mit der Taube; zunächst den ausgestreckten Armen, wieder in Dreipässen (vgl. Halberstadt), zwei über Betrachtung der Wundmale in Jammer ausbrechende Engel; zu den Füßen Marias eine gekrönte weibliche Gestalt, zu den Füßen Johannes eine desgl. männliche, auf die überwundenen Mächte des Judentums und Heidentums gedeutet; zu den Füßen Christi Adam, der in einem Kelche das erlösende Blut auffängt. Die Gesamtkomposition also eine Darstellung der im alten Bunde verheißenen und antitypisch vorgebildeten, im neuen vollzogenen Welterlösung. — An ihrem ursp. Platz zwei als Melchisedek und Abraham (als Heerführer) vermutete Freistatuen. — Die Kreuzigungsgruppe aus Eichenholz, in den Figuren etwas mehr als lebensgroß; alles übrige Bildwerk aus dem grobkörnigen und harten Rochlitzer Stein; Bemalungsspuren bis zur letzten Rest. gut sichtbar. Der Stil eine freie Verarbeitung byzantinischer Anregungen, den Freiberger Skulpturen in den Voraussetzungen verwandt, aber ohne direkte Beziehung zu ihnen. In der Ausführung am vollkommensten ist die Kreuzigungsgruppe; feierliche Ruhe der Linien, Reinheit des Formgefühls, Mäßigung und Verinnerlichung des Pathos und im Zusammenklang aller dieser Eigenschaften eine Monumentalität, die für die deutsche Kunst damals eine neue Offenbarung war. In der Behandlung erinnert noch einiges an die Traditionen der Kleinkunst; es weist zurück auf das, was zu überwinden nötig gewesen war. Von anderer Hand die in Stein ausgeführten Stücke; besonders die Kanzelreliefs mehr realistisch, voll Größe, schwierigen Aufgaben der Verkürzung gewachsen. — Ungefähr derselben Zeit, doch in der Qualität nicht auf gleicher Höhe das *Grab der Stifter*, des Grafen Dedo von Wettin und seiner Gemahlin Mechthildis; lebensgroße Gestalten, auf der Tumba ruhend.

WECHTERSWINKEL. UFranken BA Mellrichstadt. [D.]
Ehem. **Zisterz.-Nonnen-Klst.**
Kirche. Gew. 1179, z. T. abgebrochen 1895. Ursp. 3sch. rom. Basilika, nur ein Teil des Lhs. erhalten, ursp. langgestreckt und der Chor in 3 (jetzt 1) Apsiden. Breite 19,7, Länge 18,3 m. 4 Arkaden auf einfachen rom. Pfll. und glatten Rundbgg. Soweit im Stil zu 1179 passend. Jünger das einfache WPortal mit Rundbogentür und kleinem rom. Kruzifixus. — *Barockaltar* aus Kloster Bildhausen. Kleine Predella mit Bild einer Äbtissin 1558.
Propstei von 1792. Mit schönem Treppenhaus.

WEESENSTEIN. Sachsen AH Pirna.
Schloß auf hohem Felsen über der Müglitz. Erste Anlage angeblich von König Heinrich I. Von A. 15. bis E. 18. Jh. im Besitz der

Bünau. Aufbau, dem Felsen folgend, in 8 Stockwerken, die unteren die jüngsten, so daß die Kellereien im 5., die Ställe im 3. Stockwerk liegen. Die Vorburg auf einem durch Brücke verbundenen zweiten Felsplateau. Im sog. Mönchsboden Wandmalereien der frühesten Renss. Einrichtung der Schloßkirche 1738—41. Der „steinerne Saal“ 16. Jh. Schmuckreiches Hauptportal 1575. Aus A. 18. Jh. Stuckdecken, Ledertapeten, bmkw. Möbel. Im Gartenflügel gute klassizist. Ausstattung. Porträts von Rotari, Mengs, Graff, Vogel, Leypoldt, Torelli. — Oben im Walde Jagdschlößchen mit prachtvollen Rok.-Öfen.

WEHNDE. Pr. Sachsen Kr. Worbis.

Dorf-K. 1670 gotisierender Barock.

WEHRDA. RB Cassel Kr. Hünfeld.

Dorf-K. An den got. OTurm 1567 ein rck. Schiff angebaut, der Turm wehrbar. Viele Grabsteine 16.—18. Jh.

WEHRDA. RB Cassel Kr. Marburg.

Dorf-K. mit wehrbarem Turm (ca. 1490) auf befestigtem Kirchhof. — Spgot. Schnitzaltar.

WEHRSHAUSEN. RB Cassel Kr. Marburg.

Marien-K. OHälfte 1475, WHälfte jünger. Rck. mit 6 Kreuzgwbb. auf Laubkragsteinen, polyg. Schluß. Hübscher Dachreiter.

WEIDA. Sachsen-Weimar Kr. Neustadt a. d. O.

Stadt-K. (ehem. Franziskaner); 1sch. got. Bau mit $^3/_8$ Schluß; im 16. Jh. ein südl. Ssch. angebaut; turmlos; das WPortal in einfachen frgot. Formen. — Kanzel und andere Ausstattungsstücke 1646 ff. Tüchtiges lebensgroßes Kruzifix 1680.

Friedhof. Portal 1580. Kanzel, interessanter kleiner Freibau von 1608.

Peters-K. Ruine mit großem rom. Turm.

Wieden-K. Ruine; Lhs. und doppeltürmiger WBau rom. Um M. 14. Jh. begonnen mit dem Chor ein Neubau, der nicht beendet wurde; ausgezeichnete Leistung der in diesem Teile Deutschlands wenig vertretenen Hochgotik. Der Chor schließt mit 5 Seiten des 8Ecks. Maßwerk und Laubwerk von bester Zeichnung. — In der WVorhalle Spuren von Wandmalerei (13. Jh.?).

Nonnenklst.-K., aus E. 12. und E. 14. Jh., sehr verbaut, später städt. Kornhaus.

Rathaus 1580, rest. nach Brand 1687, denen zu Altenburg und Gera verwandt.

Schloß Osterburg; eine noch immer bedeutende Baugruppe, wenn auch nicht mehr so reich wie auf der Ansicht Merians. Großer runder Bergfried; der erste, ca. 30 m hohe Absatz 2. H. 12. Jh.; der zweite Absatz, 22 m hoch, von kleinerem Radius, und die beiden Zinnenkränze aus dem späten Ma. Die Wohngebäude im 16. und 17. Jh. um- und ausgebaut, ihrer Zwerchhäuser und sonstigen Schmuckes großenteils beraubt. In der Kap. rom. Bündelpfll., ähnlich denen im Klst. Mildenfurt.

WEIDELSBURG. RB Cassel Kr. Wolfhagen.
Burgruine. Noch ziemlich viel erhalten, 14.—16. Jh. 2 große Wohngebäude, umgeben von Mauern mit 9 halbrunden Türmen und tiefem Graben.

WEIKERSGRÜBEN. UFranken BA Gemünden.
Pfarr-K. Guter spgot. Flügelaltar um 1490. — Holzfigur St. Nikolaus, würzburgisch um 1500.

WEILAR. Sachsen-Weimar VB Eisenach.
Dorf-K. Einheitlich 1740. — Hübscher Rok.Kanzelaltar, mit der Orgelempore verbunden. Im Herrschaftsstand mehrere Flügelgemälde E. 15. Jh. (in diesem Gebiet selten).
Schloß (v. Boineburg) M. 18. Jh. Ausstattung aus dieser und der Folgezeit. Gemälde- und Waffensammlung.
Auf dem Beyer vorgeschichtliche **Wallburg.**

WEILBACH. UFranken BA Miltenberg. Inv.
Dorf-K. 1789. Stuckierung und Altareinrichtung aus derselben Zeit, nur der Hochaltar A. 18. Jh. — Auf der **Brücke** prächtige Rok.Madonna 1775.

WEIMAR. Kr. Cassel-Land.
Dorf-K. Mauern im W frrom., nach O sprom. erweitert, Gwbb. spgot. — Steinkanzel spgot., Empore renss.

WEIMAR. Hauptstadt von Sachsen-Weimar. [D.]
Haupt- und Stadt-K. Spgot. Halle. Beg. 1498, umgebaut 1735. — Großer Reichtum an Grabmälern (im Inv. werden ihrer 49 beschrieben). Darunter 6 große Wandgräber: 1. für Herzog Joh. Wilhelm † 1573; Triumphbogen in den Formen italienischer Hochrenss. mit einzelnen nordisch-barocken Zügen; — 2. für Herzog Johann III † 1605 und Gemahlin von *L. Tüttich* und *H. Hünefeld* aus Leipzig; die Triumphbogenform klar durchgeführt, die Einzelheiten sehr barock; in der Hauptnische die Ölbergsgruppe; — 3. für die Kurfürstin Agnes † 1555, reliefierte Wandtafel auf hohem Fuß; — 4. für Friedrich Wilhelm I. † 1602; der Herzog und die Herzogin Freifiguren, kniend vor dem Kruzifix; dieses Hauptfeld flankiert von gekuppelten korinth. Sll. mit verkröpftem Gebälk; an dem hohen Sockel und der Attika Relieftafeln; — 5. für Johann Friedrich III. † 1565; das Motiv ähnlich dem Epitaph der Kurfürstin Agnes; — 6. für die Herzogin Dorothea Susanna, Witwe Joh. Wilhelms, † 1592; geteilt durch 4 jonische Pilaster, vor welchen 4 jonische Freisäulen; die Verstorbene dreimal, als Kind, Braut und Witwe (oder mit zwei Töchtern?); Alabaster, roter Marmor und Schiefer. Unter den Grabplatten am meisten bmkw.: 7. Kurfürstin Margarethe † 1521; Bronzeguß aus der Werkstatt *P. Vischers*, flaches Bildnisrelief, Umrahmung durch einen Kleeblattbg. mit leichter Andeutung von Maßwerk; am Rande der Platte die Umschrift in got. Minuskeln mit einer schmalen Bordüre von renss. Ornament; — 8. Lucas Cranach „pictor celerrimus et consul Witebergensis" † 1553; Sandstein; die Porträtfigur künstlerisch von mäßigem Wert; — 9. Herzog Wilhelm d. Tapfere † 1482; Bronze; die Zeichnung in kühnen derben Umrissen ver-

tieft geschnitten; der Herzog im freien Raume stehend, halb links gewendet; — 10. Joh. Friedrich d. Großmütige und Gemahlin, beide † 1554; zwei Tafeln aus Bronze auf steinernem Sockel; nur mit Wappen und Inschriften; Umschließung durch ein schönes eisernes Gitter; Entwurf des Ganzen vom Maler *Peter* [*Gothland*], die Bronzeplatten vom Bildhauer *Hermann* in Erfurt und dem Büchsengießer *Jacob Schlaf* in Eisleben; — 11. Kurfürstin Agnes † 1555 (zusammengehörig mit dem Epitaph No. 3); Bronzeplatte, bloß ornamental behandelt, in der Mitte das große Wappen in stärkerem Relief. — Altartriptychon von *L. Cranach*; des Meisters letztes Werk, in dem seine lange verwahrloste Kunst sich noch einmal hebt; bez. 1552, ein Jahr vor seinem Tode, vollendet von seinem Sohn 1555; auf dem Hauptbilde in der Mitte Christus am Kreuz; links der Auferstandene als Sieger über Tod und Teufel; rechts die Porträtgestalten Luthers und Cranachs, von Johannes dem Täufer auf das Kreuz hingewiesen; auf den Flügeln Porträts der kurfürstlichen Familie; auf den Außenseiten Christi Taufe und Himmelfahrt. — Drei Lutherbildnisse zu einem Triptychon zusammengestellt, das linke bmkw. Original von *Veit Thim*, die beiden anderen Kopien nach *Cranach*.

Residenzschloß. Die seit 1651 von *Moritz Richter* erbaute Wilhelmsburg hatte einen ähnlich unbewegt massigen und düsteren Charakter wie der Friedenstein in Gotha. Nach Brand 1774 unter *Goethes* Leitung Um- und Neubau (bis 1803). Architekten: *Steiner, Ahrens, Thouret, Genz*. Drei Flügel umgeben einen rck. Hof, der an der vierten Seite frei bleibt; mäßig gegliedert; Formen nüchtern neuklassisch. Vor der SWEcke einige von dem älteren Schloß gerettete Baulichkeiten: der Schloßturm, im Unterbau von 1439, in den Obergeschossen 1727 von G. H. Krohne; die „Bastille" mit großem renss. Tor um 1550, Säulenhalle an der Parkseite aus 17. Jh.

Rotes Schloß, 1574 als Witwensitz der Herzogin Susanna erbaut; der Erker beraubt und sonst einfach.

Gelbes Schloß, im selben Gebäudekomplex wie das vorige; 1702.

Grünes Schloß (jetzt Bibliothek), in ursp. reicher, an den Schauseiten durchaus bemalter Renss.; 1760 und 1803 das Äußere vereinfachend umgebaut, das Innere rok.

Wittumspalais, erb. nach 1750 in bescheidenen Formen.

Stadthaus 1526—1547. — **Haus** der Familie v. Lützelburg (jetzt Staatsanwaltschaft) 1568. — **Cranachhaus am Markt** (von C. bewohnt 1552—53), wesentlich E. 16. Jh. — **Haus Herderplatz No. 16,** ehemals dem Deutschorden gehörig, 1566, Renss. strengerer Richtung. — Das **Goethe-** und das **Schillerhaus;** neben ihrem Erinnerungswert als Typen des vornehmeren und des bescheideneren mitteldeutschen Bürgerhauses am E. 18. Jh. nicht uninteressant. — Ein ähnliches Doppelinteresse bietet der Park mit seinen Ziergebäuden aus Goethes Zeit.

WEISCHWITZ. Sachsen-Meiningen Kr. Saalfeld.
Dorf-K. wesentlich 1792. — Drei Figuren von einem Altarwerk um 1500 „zu den vorzüglichsten Erzeugnissen der Saalfelder Werkstatt zu rechnen".

WEISMAIN. OFranken BA Lichtenfels.
Pfarr-K. Spgot. Alt nur der Chor; das Lhs. (Halle) erneuert; genauere Anhaltspunkte für die ursp. Gestalt waren nicht mehr zu finden.
Rathaus 1634. — Gut erhaltenes Torhaus mit Turm.

WEISSENBACH. UFranken BA Brückenau. Inv.
Schloß (v. Thüngen), groß, in einfachen Formen, 1784.

WEISSENBERG. Sachsen AH Löbau.
Stadt-K. Stattlicher Altar 1666. — Lange Reihe v. Gersdorfscher Grabsteine 16.—18. Jh.
Rathaus nach Brand 1787, ältere Teile benützend.

WEISSENBORN. Sachsen AH Freiberg.
Dorf-K. ohne ausgeprägten Stil. — Stattliches Epitaph des Adolf v. Hartitzsch bez. 1612, in der Art der gleichzeitigen Arbeiten in Sayda und Lauenstein. — 3 ikon. Grabsteine derselben Familie 1557, 1632, 1664. — Schloßruine.

WEISSENBORN. Sachsen AH Zwickau.
Dorf-K. 14. Jh., umgearbeitet 1430 und 1552. — Selbdritt, gutes Schnitzwerk um 1500. Glocke 14. Jh., mit 1489 und 1538.

WEISSENBRUNN AM WALD. Sachsen-Coburg LA Coburg.
Kirche 1508 (Inschr. über der NTür), umgebaut 1753.
Schloß 1556.

WEISSENFELS. Pr. Sachsen Kreisstadt.
Stadt-K. S. Marien. Sandsteinquaderbau. Am WTurm Inschrift 1303; das übrige nach Brand 1429 erneuert bis 1480, doch wohl mit Benutzung der alten Grundmauern. Die Schmalseite des Ssch. spricht für ehemalige Basilika. Jetzt die drei Schiffe von gleicher Höhe, das Gwb. des Msch. nicht ausgeführt (Balkendecke), in den Ssch. Netzgwbb. Die Fensterachsen der SSeite entsprechen nicht den Arkaden. Die Ssch. schließen sonderbarerweise mit 2 Polygonalseiten, der in Breite des Msch. vorgebaute Chor hat 2 Joche und $^5/_{10}$ Schluß. Seine Fenster und Strebepfll. sind sehr reich dekoriert, ungefähr in der Art der Schloß-K. zu Altenburg, während das Lhs. sparsam gehalten ist. — Hochaltar 1524, sonstige Ausstattung 1670—84.
Ehem. **Klst. S. Clara** (profaniert und ruinös). Im wesentlichen der Gründungsbau von 1285. Sehr langgestreckt (9,9 : 52,9), der Chor nicht abgesetzt, aber durch (spätere) Gwbb. vom flachgedeckten Lhs. unterschieden. Er schließt $^3/_8$. Im W 2jochige Nonnenempore. Die schlanken Fenster 2teilig, als Maßwerk einfacher Kreis über 2 Spitzbgg. — Die spgot. Kanzel aus der Stadt-K. versetzt. — Die als Magazine vernutzten Klst.-Gebäude in der Anlage noch zu erkennen.
Schloß Neu-Augustusburg. 1664—90 von *Erhard Lindner;* der Entwurf wohl von *Moritz Richter,* ähnlichen Charakters wie die

Schlösser von Weimar und Gotha. Imposanter Massenbau in schlichtesten Einzelformen. 3 Flügel in Triklinienstellung. Je 21 Fensterachsen in 3 Geschossen. Keine Giebel. Einziger Akzent der breite turmartige Aufsatz auf dem Mittelflügel. Die innere Ausstattung durch Umwandlung zur Kaserne zerstört. Von namhaftem Interesse die von Leonhard Sturm, dem Theoretiker des protestantischen Kirchenbaus, gerühmte Kap. Saalbau mit Emporen nach dem durch das Schloß von Torgau vorbildlich gewordenen Typus. Sehr reiche „täppisch-überzierliche" Dekoration in weißem Stuck auf rosa und apfelgrünem Grunde. **Rathaus** 1670, Turm 1690 von *Chr. Richter*. — **Bürgerhäuser** renss. und bar.

WEISSENOHE. OFranken BA Forchheim.

Ehem. **Benedikt.-Klst.-K.** gegr. im 11. Jh., neu erbaut und ausgestattet 17.—18. Jh., ohne künstlerische Bedeutung.

WEISSENSEE. RB Erfurt Kreisstadt.

Nikolai-K. (jetzt Remise). Einfacher 1sch. rom. Bau mit got. Veränderungen.

Petri-Paul-K. Der gestreckte got. Chor, 3 Joch und $^5/_8$ Schluß nach 1331, das 1sch. flachgedeckte Gemeindehaus jünger. 2 Schnitzaltäre um 1500.

Landgrafenburg. Die rom. Anlage vollständig erhalten, ähnlich dem Landgrafenhause der Wartburg und wahrscheinlich von demselben Meister erbaut. Fenster vermauert. Im Erdgeschoß des Turms rom. Sll. Erhalten auch das rom. Außentor.

WEISSIG. Sachsen Großenhain.

Forsthaus. Reizvoller Bau von 1804.

WEISTROPP. Sachsen AH Meißen.

Dorf-K. 1499. Stark verändert. Im großen WTurm Vorhangsbögen. — Schloß ohne Interesse. Porträts von *Graff* und *Tischbein*.

WEITERSHAUSEN. RB Cassel Kr. Marburg.

Dorf-K. Roher 1sch. Gwb.Bau im rom.-got. Übergangs-Stil, 1700 rest.

WELKERS. RB Cassel Kr. Fulda.

Dorf-K. neu. Flandrisches Altarwerk mit geschnitzter Kreuzigung in 23 Figuren, E. 15. Jh.

WENDELSTEIN. Pr. Sachsen Kr. Querfurt.

Burg. Seit M. 14. Jh. Besitz der Witzleben, im 16. Jh. als fürstengleicher Edelsitz eingerichtet, im 30jähr. Kriege zerstört; jetzt größerenteils Ruine, einige Gebäude notdürftig unter Dach. Das 1596 für Wolf Dietrich v. Witzleben von *Friedrich Fuß* errichtete „Neue Schloß" zeigt im Hauptportal Hochrenss. in vornehm behandelter jon. Ordnung; an der Tür des Treppenturms Elemente des Florisstils.

WENIGENJENA, Vorstadt von Jena. Sachsen-Weimar.

Dorf-K. Ursp. als langgestreckte Klst.-K. geplant. Unvollendet. Chor mit $^5/_8$ Schluß hochgot., die Gewölbe 1902 ergänzt. Dürftiges kleines 1sch. Lhs. aus A. 16. Jh. Außen an der SSeite reich angelegtes und sorgfältig ausgeführtes, aber unvollendet gebliebenes Portal aus der ersten Bauzeit.—Sakramentsnische, auf der Grenze von Hoch- und Spgot. — Gedenktafeln aus 17. und 18. Jh. — Im Chor Wandmalereien des 14. Jh., Jüngstes Gericht, Passion und Heiligenlegende.

WENIGENLUPNITZ. Bez. Eisenach.

Dorf-K. Sauberer Emporenbau 1796. — Grabst. einer Frau v. Fernrode 1588.

WENKBACH. RB Cassel Kr. Marburg.

Dorf-K. Rom. 12. Jh. Der breite OTurm bildet mit seinem Erdgeschoß den Chor. Abgewalmtes Satteldach mit 4 Erkern. Am flachged. Sch. nur die SMauer rom.

WERDAU. Sachsen AH Zwickau.

Stadt-K. 1760 vom Dresdener Baudirektor *S. Locke.* Hallenbau mit Emporen. Stuckierung von *A. Vogel.* Reicher Kelch M. 15. Jh.

WERKEL. RB Cassel Kr. Fritzlar.

Kirchturm, spgot. von 1508 mit hohem, schlankem Holzhelm, woran 4 Ecktürmchen.

WERLESHAUSEN. Pr. Sachsen Kr. Heiligenstadt.

Ansehnlicher **Edelsitz** der Herren v. Harstein 1565, steinerner Unterbau, 2 hohe Fachwerkgeschosse, Treppenturm und Erker.

WERMERICHSHAUSEN. UFranken BA Kissingen. Inv.

Pfarr-K. 1601 und 1614, an der NWand rom. Reste. — Vor der K. Steinkruzifix, gute Arbeit, 1760.

WERNBURG. Pr. Sachsen Kr. Ziegenrück.

Dorf-K. Chor rom., Sch. jünger. Ausstattung von einigem Interesse.

Kap. S. Veit. Kleiner malerischer spgot. Bau. Am Chorgiebel reiche Maßwerkblenden.

Schloß 1580. Stattlicher Renss.Bau. Im Erdgeschoß große gewölbte Halle.

WERNECK. UFranken BA Schweinfurt. [D.]

Schloß 1733—1737 von *Balthasar Neumann* für Fürstbischof K. Fr. v. Schönborn. Das Programm war Vereinigung eines fürstlichen Sommersitzes mit den Baulichkeiten eines großen Hofgutes. Palladianische Gedanken, näher liegend die Idealentwürfe von Sturm und Decker, haben die Gesamtkomposition beeinflußt, man kann aber noch weiter zurückgehen und sich an die mittelalterliche Gliederung in Hauptburg und Vorburg erinnert fühlen. Das Hauptgebäude erinnert im Grundriß an das Schönbornsche Schloß in Gaibach: Viereck in starker Betonung der 4 Ecken durch Pavillons; nur ist der vierte Flügel weggeräumt, um den „Innerhof" in den „Vorhof" (Neumanns eigene Bezeichnungen) übergehen zu lassen. Die Grenze ist durch schlanke Türme (im Innern Treppenaufgänge) akzentuiert. Der Vorhof, etwas breiter (was für die perspektivische Wirkung wichtig ist), schließt nach vorn im Halbkreis. Von dessen Scheitel führt eine schmale Gasse auf das Eingangstor und die Brücke über den kanalisierten Wernfluß.

Zu beiden Seiten die Wirtschaftsgebäude mit gesonderten Binnenhöfen. Es steht sich also eine breitgelagerte, niedrige und eine enger zusammengefaßte, höher ansteigende Baugruppe gegenüber. (Der für den Ankommenden sehr bedeutende perspektivische Eindruck wird gegenwärtig durch einen quer durch den Hof gelegten Flügel — das Schloß ist Irrenanstalt — gestört.) Die Hauptschauseite ist die nach dem Garten. Lehrreich die Vergleiche mit Pommersfelden und Würzburg. Gegen O der Rhythmus der Massen geschlossener, gegen W die Behandlung um einiges weniger reich, was sich nur z. T. aus der Bestimmung als Landsitz erklärt. Neumann war hier zu keinen Konzessionen an fremde Geschmacksvorbilder gebunden. Das Formgefühl ist um einen Grad „deutscher". Jeder Bauteil hat seine eigene Bedachung, die Gesamtsilhouette ist trotzdem ruhig und geschlossen, die Formbehandlung der Risalite nur um ein leichtes gesteigert: Wandgliederung durch Pilaster, an den Rücklagen durch Lisenen u. a. m. — Längenmaße: Gartenfront 77 m, Wernfront 126 m, Achse vom Brückentor bis zum Schluß des Hofes 106 m. — Die innere Einrichtung schon durch den Großherzog von Toskana A. 19. Jh. gänzlich umgestoßen und später nach den Bedürfnissen der Irrenanstalt weiter verändert. Nur die Kapelle hat das ursprüngliche Gepräge ziemlich bewahrt. Treppenhaus umgebaut. Schmiedeeisernes Eingangstor von *Oegg*. Der von Neumann in strenger geometrischer Beziehung zum Schloß entworfene Garten anglisiert. Die Gartenfiguren wohl von *Ferd. Dietz.*

WERNFELD. UFranken OA Gemünden.
Kirche unter B. Julius 1612. Bmkw. Alabasterrelief mit Taufe Christi.

WERNSTEIN. OFranken BA Kulmbach.
Schloß. Über Buckelquaderfundamenten des 13. Jh. kleiner Renss.Bau 1567. Befestigung mit reicher Tordekoration 1576, anscheinend von *Caspar Vischer.* Im Vorwerk großer Festsaal 1580—93, Porträtmedaillons und Ornament im Charakter der Plassenburg.

WESTENFELD. Sachsen-Meiningen Kr. Hildburghausen.
Dorf-K. 1579, verändert 1731.

WESTHAUSEN. Sachsen-Meiningen Kr. Hildburghausen.
Dorf-K. rom. Anlage mit OTurm, in spgot. Zeit gründlich umgebaut.

WETTER. RB Cassel Kr. Marburg.
K. des 1015 gegr. **adligen Jungfrauenstifts.** Baudaten fehlen. Möglicherweise etwas vor der Elisabethkirche in Marburg begonnen, ist sie doch wesentlich unter deren Einfluß ausgeführt, mit Neigung zu etwas altertümlicherer Prägung der Einzelformen. Gr. und System gleichen, bei bedeutend kleineren Abmessungen, ganz dem Marburger, mit dem Unterschied, daß die Kreuzarme nicht polygonal, sondern in gewöhnlicher Weise gerade schließen. Das Qsch. enthält also außer der quadr. Vierung je 2 rck. Ge-

wölbefelder. Das Lhs. 5 Joche. Ganze innere L. 40 m. Von Marburg abweichende Züge sind sonst noch: die Schaftringe an den Diensten der OTeile; die schlichten runden Sockel; die fast zur Hälfte nach innen gezogenen Strebepfl.; die primitive Bildung des Maßwerks durch Ausschnitt aus Steinplatten; die Walmdächer auf den Kreuzflügeln (die jetzigen Dachgiebel eine willkürliche Zutat von *G. G. Ungewitter*). Das Hauptdach aus 15. Jh.; vorher über dem Msch. ein gesondertes Satteldach und quergestellte Dächer über jedem Joch der Sschiffe. Ursp. geplant wahrscheinlich 2 WTürme. Jetzt ein einzelner großer von 1506. Die spgot. Bemalung des Innern von *C. Schäfer* beseitigt und nach vorgefundenen frgot. Resten erneuert; ob für das Ganze zutreffend, ist natürlich zweifelhaft. Auch am Äußeren des Chors Spuren eines gemalten Frieses. — Stifterdenkmal der Almudis und Dinkmudis. Schöner Zelebrantenstuhl 1466. Taufstein frgot., 6 auf Löwen ruhende Säulen stützen das halbkugelige Becken. — Altar mit Retabelgemälde, 7 Passionsszenen, 13. (??) Jh. — Wandmalereien im Chor spgot.
Von dem alten **Stiftsgebäude** geringe Reste.
Von der Stadtbefestigung Teile mit Wehrgang erhalten.

WETTESINGEN. RB Cassel Kr. Wolfhagen.
Dorf-K. sprom. mit 2 rippenlosen Kreuzgwbb. WTurm wehrhaft, ohne Tür. Bemalte Steinkanzel und Taufstein aus 13. Jh.

WETTIN. Pr. Sachsen Saalkreis.
Stadt-K. spgot. unbedeutend.
Burg, malerisches Landschaftsbild, architektonisch ohne Interesse.

WETTRINGEN. UFranken BA Hofheim.
Pfarr-K. Wesentlich 1775. Sehr ansehnlicher Hochaltar, die Figg. in der Richtung *P. Wagners*, ebenso die vortrefflichen Kruzifixe auf den Seitenaltären. Pietas A. 16. Jh. — Mehrere Bildstöcke.

WETZHAUSEN. UFranken BA Hofheim.
Ev. Pfarr-K. Einheitlich 1707, ebenso die Ausstattung. — Bmkw. durch Vollständigkeit und z. T. auch durch Qualität die lange mit 1460 beginnende Reihe von Grabmälern der Truchsessen v. Wetzhausen, 31 an der Zahl. — Bmkw. Kelch 14. Jh.
Schloß. Großer 4flügeliger, 4geschossiger Bau des 16. Jh., Einzelheiten got. und renss.

WEYER. UFranken BA Schweinfurt.
Dorf-K. Got. OTurm mit Chor 1. Hälfte des 15. Jh. Der übrige Bau nebst Stuckaturen um 1730.
Pfarrhaus. Unter Abt Baumann von Ebrach (1703—14) erbaut. Gute Stuckdecken um 1730.
Malerischer **Gemeindebrunnen** auf zehn steinernen Säulen. Erneuert 1840.
Bildstock der Kreuzigung mit Stifter von 1623.

WICKERSHAIN. Sachsen AH Borna.
Marien-K. (früher Wallfahrts-K.). Durch wiederholte Um- und Anbauten hat die ursp. rom. Anlage (von welcher der turm-

tragende quadr. Vorchor und die WWand) eine sehr unregelmäßige Gestalt erhalten; der Chor von 1424 von eigentümlicher Verschiebung des polyg. Gr.

WIEDERAU. Sachsen AH Rochlitz.

Dorf-K. Von der rom. Anlage erhalten der Chor und das schöne Südportal.

WIEDERAU. Sachsen AH Borna.

Schloß (Gf. Hennicke) 1705, schmuckloser Putzbau von vornehmen Verhältnissen. Bmkw. die unveränderte Ausstattung des durch 2 Geschosse gehenden Saales. — Porträts von *Graff*, Venusstatue bez. *Balth. Permoser* 1724, von demselben die Jahreszeiten.

WIEDERKUNFT, FRÖHLICHE. Sachs.-Altenburg LA Roda.

Jagdschloß Joh. Friedrichs des Großmütigen beg. 1547. Inmitten eines von Waldbächen gebildeten Teiches. Nach vielen Beschädigungen im 19. Jh. sehr willkürlich rest. Ursp. ein großer, von Gräben, niedrigen Mauern und Ecktürmen mit Zwiebeldächern umgebener Hof; im Innern freistehend der Wohnbau aus Fachwerk; mit vielen Erkern und Türmen. — Die jetzige Ausstattung mit renss. Möbeln verschiedenen, meist fremden Ursprungs. 4 Gemälde aus der Schule *Cranachs* schildern das Leben Joh. Friedrichs. Relief-Brustbild desselben aus Papierteig und bemalt, eine damals in Thüringen beliebte Technik.

WIEDERSBACH. Pr. Sachsen Kr. Schleusingen.

Dorf-K. 1601, wie Hinternah.

WIESENBRONN. UFranken BA Kitzingen.

Pfarr-K. Turm (W) um 1300, Lhs. 1603. — Altar A. 17. Jh. mit bmkw. Gemälde von *Hans Heunisch*. — Grabmal des brandenbg. Geh. Rats Joh. Buttner † 1605 und seiner Frau, 2 Tafeln in schönem Bronzeguß von *Joh. Weinmann*.

WIESENFELD. RB Cassel Kr. Frankenberg.

K. einer um 1200 gestifteten **Johanniter-Kommende.** Frgot. 1260. Rck. mit Schluß aus 6Eck, im Sch. 4 oblonge Kreuzgwbb. An der NSeite großer 5geschossiger Turm ohne Tür, nur mit Leiter ersteigbar, also zu Verteidigungszwecken errichtet (rest. 1903).

Johanniterhaus. 1587, unbedeutend und verwahrlost.

WIESENFELD. Pr. Sachsen Kr. Heiligenstadt.

Dorf-K. 1768. Gutes Beispiel des ansehnlichen Eichsfelder Bar.-Typus (vgl. Geisleden, Rengelrode, Reinholtsroda, Volkerode, Wüstheuterode).

WIESENTHAU. OFranken BA Forchheim.

Dorf-K. spgot., stark rest. — Altäre 17.—18. Jh. Kanzel bar. mit spgot. Figg. Reich geschnitzter Beichtstuhl 18. Jh. Epitaphe der Familie v. Wiesenthau 1581, 1590, 1605.

Schloß, stattlicher Renss.Bau mit Rundtürmen, Schneckenstiegen, Rittersaal. Im Bauernkrieg zerstört, neu gebaut 1566.

WIESENTHEID. UFranken BA Gerolzhofen. [D.]

Pfarr-K. 1727—32 von *Balth. Neumann;* Bauführer der oft von Neumann verwendete und später im Kurfürstentum Trier selbständig auftretende *J. G. Seiz.* In ihr gibt der große Künstler seine Idee einer Landkirche, freilich mit ungewöhnlich reichlichen Mitteln, die ihm der vornehme Bauherr (Schönborn) zur Verfügung stellte, ausgeführt. Die Raumdisposition ganz einfach: hoher klarer Saalbau mit flacher Spiegeldecke, eingezogener Chor. Außen Verputzbau mit Sandsteingliederung. Mansarddach. Im Detail neben spezifischen Rokokoformen (Fenster) Elemente des dorischen Stils (Pilaster und Fries). Der Turm wächst hinter dem Fassadengiebel aus dem Dach; ein interessanter, indes kaum geglückt zu nennender Versuch. Die Innendekoration nachneumannisch; gemalte Scheinarchitektur an Wand und Decke von *Giov. Marchini* gut verbunden mit den prächtigen Stuckmarmoraltären. Auf dem Hochaltar bmkw. gut die Statue des h. Mauritius.

Kreuzigungsgruppe vor der K. 1766; groß, virtuos, enorm theatralisch.

Schloß der Grafen v. Schönborn; weitläufiger Komplex um einen quadr. Binnenhof, Eckturm mit Haubendach, Ausführung 16. bis 18. Jh. im ganzen schlicht. Geschmackvoll eingerichtete Rok.-Zimmer.

Gräfl. Gruftkapelle, ca. 1730. Im Innern Scheinarchitektur von dem Maler der Kirche (eine einstürzende Kuppel darstellend).

Rathaus in behäbigem fränkischen Fr.Rok.

WILDBURG. UFranken BA Königshofen.

Burgruine. Von der ehem. Stammburg des Dynastengeschlechtes Wildburg-Henneberg nur unbedeutende Reste erhalten.

WILDENBERG. UFranken BA Miltenberg.

Burgruine ca. 1170—1250. Eine der schönsten, die sich aus rom. Zeit erhalten haben; Gelnhausen und Münzenberg nicht nachstehend (die Inschriften jetzt im gräfl. Erbachischen Schloß Eulbach nicht einwandfrei). Die Anlage klar und regelmäßig. Ungewöhnlicher Aufwand an Kunstformen: rom. die Torhalle, darüber Kap. mit ausgekragtem Altarerker; der Palas rom. und frgot., ganz glänzende Fensterarchitektur.

WILDENFELS. OFranken BA Forchheim.

Burgruine bedeutend.

WILDPRECHTSRODA. Sachsen-Meiningen Kr. Meiningen.

Kirche 1683.

Schloß (v. Butlar). Der einzige ansehnliche Renss.Bau der Gegend, 17. Jh.

WILHELMSBAD bei Hanau RB Cassel.

Badanlage 1779, Brunnentempel, Logierhaus, Theater, Karussell; im Park künstliche Ruine, Insel mit Pyramide, Eremitage.

WILHELMSHAUSEN. RB Cassel Kr. Hofgeismar.

K. des ehem. **Zisterz.-Nonnen-Klst. Wahlshausen.** Rom. 12. Jh. Flachgedeckte Basilika auf kreuzf. Gr., Apsiden am Chor und Qsch., im Lhs. 4 Arkaden mit Stützenwechsel. An den Sll. attische Basen mit Eckblättern, Würfelknäufe mit Pflanzenornament.

Eine Tür am südl. Kreuzflügel umrahmt mit dem Profil der attischen Basis, im Tympanon Agnus Dei. (Nebenapsiden und Sschiffe jetzt zerstört.) 1892 rest. und vielfach verändert.

WILHELMSHAUSEN. Kr. Cassel-Land.

Ehem. **Nonnen-Klst.-K.** Im 13. Jh. Zisterz.-Nonnen. Die Bauformen der Kirche weisen auf 12. Jh. Im 30jährigen Kriege halb zerstört, 1891 rest. — Kleine kreuzf. Basilika (28 m l.). Der Gr. des Qsch. und Chors zeigt genau dieselben Abweichungen vom quadr. Schema wie Kaufungen. Hauptapsis alt. Im Lhs. 4 Arkaden mit Stützenwechsel. Wuchtige Sll. mit kurzem, stark verjüngtem Schaft, an den Flächen der Würfelkaptt. eingetiefte Palmette. WFassade turmlos. Rom. (?) T a u f s t e i n.

WILHELMSHÖHE bei Cassel. [D.]

Ein im 12. Jh. gegr. **Nonnenklst.** 1527 aufgehoben. Bescheidenes landgräfl. **Schloß.** Im 17. Jh. vergrößert. A. 18. Jh. unter Landgraf Karl Neubau (Entwurf von *de la Fosse* 1710) mit großartiger Parkanlage geplant. Nur die letztere wurde unter Karl wirklich begonnen, von seinen Nachfolgern fortgesetzt. Den Schloßbau verwirklichte erst Wilhelm IX. (Abbruch des alten Schlosses Weißenstein 1786—90). Der erste Entwurf von *Wailly* 1785 wurde abgelehnt; desgl., wegen zu großer Ausdehnung, der unter dem Einfluß Palladios entstandene, künstlerisch sehr bedeutende Entwurf von *H. Chr. Jussow* 1786. Den Auftrag erhielt *Salomon Louis Du Ry* (aus der in Cassel, s. dort, in mehreren Generationen tätigen Hugenottenfamilie). Die vorgeschlagenen Lösungen sehr verschiedenartig, übereinstimmend jedoch in der Stilfrage. Der in seiner Jugend bei Blondel in Paris gebildete Künstler hatte sich unumwunden dem Klassizismus englischer Färbung zugekehrt. Der Bau des nördl. Flügels begann 1788, der Mittelbau 1792, die Innenarbeiten 1803 vollendet. — Die Anlage modifiziert mit interessanter Wirkung, zumal in Anpassung an das bewegte Gelände und die ansteigenden Baummassen des Parkes, den traditionellen Hufeisengrundriß in der Weise, daß dessen 3 Flügel in 3 selbständige Gebäude aufgelöst, dann aber durch segmentförmige Zwischenbauten wieder verbunden worden, und zwar so, daß die Achsen der Nebengebäude zu dem Hauptgebäude in stumpfem Winkel anlaufen. Nicht befriedigend ist das Höhenverhältnis der Zwischenbauten; sie waren auch ursp. auf das Erdgeschoß beschränkt; die Obergeschosse teils unter Jerôme, teils erst 1829 hinzugefügt. Wie sehr die apsidialen Schlüsse der Hauptbauten und überhaupt der ganze Rhythmus durch sie gestört wird, leuchtet ohne weiteres ein. — Das Schloß von Wilhelmshöhe vertritt zusammen mit dem von Koblenz am bedeutendsten die dem Empire vorangehende Phase des Klassizismus. Der Nuancenunterschied der beiden Gebäude ist bezeichnend für den Unterschied der strengeren, großzügigeren englischen (von den Zeitgenossen oft „römisch“ genannten) und der weicheren französischen Richtung. In der inneren Einrichtung drängt sich der französische Geschmack wieder vor, doch schon im Gepräge des eigentlichen Empire. Ein Verzeichnis der Gemälde von 1790 gibt 45 Nummern, zu denen später noch manches hinzukam, vieles wieder beseitigt wurde. Unter den Gegenständen überwiegt die römische Geschichte, auch ein Zyklus aus Tasso war vorhanden. Die Künstler großenteils Deutsche. Die bekanntesten Namen *F. H. Tischbein, Hackert* und *Nahl.*

Der **Park.** Beg. bald nach 1700 unter Landgraf Karl in Erinnerung an die Gärten in Rom und Frascati durch den römischen Architekten *Giov. Fr. Guernieri* — vielleicht das Grandioseste, was irgendwo der Barockstil in der Verbindung von Architektur und Landschaft gewagt hat. Diese Anlage, die, wo nicht ganz, so doch in bedeutenden Teilen, tatsächlich zur Ausführung gekommen war, wich seit 1786 dem noch bestehenden Naturpark im englischen Geschmack. Bei *Guernieri* war das Hauptmotiv die mit reichem architektonischen Beiwerk ausgebildete Kaskadenfolge, die sich von der Höhe des Habichtswaldes bis zum Schloß Weißenstein hinzog, 3500 Fuß rhein. l., die Mittelbahn 6,5 m br., zweimal durch Absätze mit Rundmotiven und eine breite Querallee mit vielen Becken und Springbrunnen durchbrochen. Davon hat sich nur der oberste Abschnitt erhalten, endend in das phantastisch-kolossalische Oktogon mit dem Herkules (der „kleine Herkules" aus einer älteren Anlage des 17. Jh.). Auch der englische Park wollte auf Mitwirkung der Architektur nicht verzichten. Doch in einem grundsätzlich anderen Sinn, als das Barock. Nicht um architektonische Durchbildung des Geländes und Pflanzenwuchses handelte es sich, sondern um Anlage zerstreuter Einzelarchitekturen, die in der (scheinbar) freien Natur malerische Zentren bilden und durch ihre gegenständliche Bedeutung Stimmung machen sollten. Künstliche Ruinen u. a. wurden beliebt. Im ersten Projekt *Du Rys* sollte sogar das Schloß selbst einen Ruinenflügel erhalten. Im Charakter einer imaginären Urkunst das „Grab der Vögel". Römisch die „Sibyllengrotte" und die kleine Nachbildung der Zestiuspyramide. Inzwischen kam aus England die romantische Schwärmerei für die Gotik. So entstand (erster Plan 1790) die Löwenburg, anfangs als Ruine beabsichtigt. Auf Verlangen des Landgrafen ein vollständiges, wohnbares, allerdings im Maßstab der einzelnen Bauteile klein gegriffenes Bergschloß — kulturhistorisch merkwürdig als eine der frühesten Schöpfungen sentimentaler Neugotik in Deutschland. Entwurf von *Jussow.* Für die dem Schlosse näherliegenden Zierbauten kehrte derselbe mit gutem Takt wieder zu klassischen Formen zurück: Säulenhalle und Tempel am Bowlingreen und reizvoller Entwurf (nicht ausgeführt) zum Philosophentale. — Eine chinesische Galerie, eine Moschee und eine Eremitage des Plato sind seither wieder verschwunden. — Unter den Nebengebäuden des Schlosses das wichtigste das Theater von 1808 (jetzt mit starker Veränderung Tennishalle) und das Pflanzenhaus.

WILHELMSTAL bei Cassel. [D.]

Schloß. Es gehört nicht zu den größeren, aber zu den reizvollsten unter den Rok.Schlössern Deutschlands. Erb. von Mitgliedern der aus Frankreich stammenden, in mehreren Generationen in Cassel ansässigen Architektenfamilie *Du Ry*. Drei Flügel in aufgelöster Triklinienstellung. Anlage des Ganzen und Ausführung der Kavaliershäuser von *Karl D.* Sein Sohn *Simon Ludwig D.* war schon 1749 in Paris mit der Durcharbeitung des Entwurfs für den Mittelbau (corps de logis), im ersten Plan wohl nur dieser allein, unter den Augen *Blondels* beschäftigt (ausgeführt erst nach dem 7jährigen Kriege). Die bei großer Feinheit der Sandsteinarbeit etwas kraftlose Fassade zeigt schon eine leise Tendenz zum Klassizismus; das Innere ist reines Rokoko, allerdings nicht in jener ekstatischen Prachtlust, der vor allem die geistlichen Fürsten des katholischen Deutschlands huldigten, auch in ihren Schlössern, sondern leichter in der Haltung, feiner und anheimelnder; wie denn auch der Gr. und die Abmessungen in erster Linie auf Wohnlichkeit ausgehen. — Zur Seite standen *Du Ry* der Bildhauer *J. A. Nahl* und der Maler *J. H. Tischbein*. — Die kleinen Wachthäuser um 1770 in derjenigen Abwandlung des Rok., die man „Zopf" zu nennen pflegt.

WILHELMSTAL bei Eisenach. Sachsen-Weimar.

Großherzogl. Schloß. Malerische Gruppe von niedrigen schlicht bar. Einzelhäusern, zwei Reihen in einer Längsachse geordnet. Am NEnde ellipt. Festsaal A. 18. Jh. Umgestaltung der beiden NHäuser unter Goethes Leitung 1790. Aus derselben Zeit der Brunnen in der Querachse. Weitere verbindende Zutaten 1850.

WILLERSHAUSEN. RB Cassel Kr. Eschwege.

Pfarr-K. Spgot. Hallenkirche mit älterem quadr. Chor. Im Schiff je 4 schlanke Rundpfll., mit spiralisch um den Schaft sich windenden Ansätzen.

Schloß, meist Fachwerkbau, ohne Bedeutung.

WILLMERSREUTH. OFranken BA Kulmbach.

Pfarr-K. Sprom. Chor im OTurm, Kreuzrippengwb. Lhs. 1753 umgebaut. — Holzfigg. Reste eines Altars von ca. 1520. Bmkw. Taufstein 2. H. 16. Jh.

WILSDORF. Pr. Sachsen Kr. Querfurt.

Dorf-K. Die rom. Anlage unverändert. Rck. OTurm in gleicher Br. mit dem Schiff. Türrahmen der NSeite aus 3 rom. Grabsteinen.

WILSDRUFF. Sachsen AH Meißen Inv.

Jakobi-K. Typische und einheitliche Anlage des 12. Jh. Wenig gestrecktes Rechteck, eingezogener quadr. Chor, Apsis. — Skulpturen 1. H. 15. Jh. Große Glocke um 1250.

Nikolai-K. 1896 fast ganz erneuert. Schönes frgot. Portal stark ergänzt. — Denkmäler der Schönberg.

WIMMELBURG. Pr. Sachsen Mansfelder Seekreis.

Benediktiner-Klst. gegr. ca. 1060. Stattliche Kirche im Stil der 2. H. 12. Jh. Jetzt Ruine; leidlich erhalten nur Teile des Chors und Qschiffs (lichte Länge des Qsch. 22 m). Ausgebildeter Hirsauer Gr. mit 5 Apsiden. Nebenchöre (gewölbt) und Hauptchor (flachgedeckt) kommunizieren durch je zwei niedrige Arkaden (also ähnlich Konradsburg, doch ohne den dortigen Blendbg.); Pfll. mit Ecksäulchen in der Art des Meisters von Königslutter. Der Bogenfries der Apsis bildet eine Wellenlinie (wie in Klst. Mansfeld).

WINDECKEN. RB Cassel Kr. Hanau.

Stadt-K. 1455—96, 3sch.

Schloß (Amtsgericht) 16.—17. Jh.

Rathaus, spgot. Massivbau mit Staffelgiebeln. Bmkw. Inneneinrichtung.

Stadtmauer mit Wehrgang und Scharten.

WINDHAUSEN. Kr. Cassel-Land.

Herrenhaus, anspruchslos behaglicher Bau von 1789. Die Anlagen des Ministers von Schlieffen (von 1781 ab) ein charakteristisches Beispiel des sentimentalen Naturparks und seiner Requisiten: Einsiedelei, Freundschaftsdenkmal, Altar, Arminiusgrab, gotische Ruine, Teufelsbrücke.

WINDEHAUSEN. Pr. Sachsen Kr. Sangerhausen.

Pfarr-K. Im platt geschlossenen Chor frgot. Drei-Fenster-Gruppe, am Gewände Ringsäulen.

WINDHEIM. UFranken BA Hammelburg.

Pfarr-K. 1766. Guter Bau der Neumannschule, wahrscheinlich von Hauptmann *Fischer* (vgl. Fuchsstadt). Stattlicher Hochaltar von 1696, ehem. in Hammelburg.

WINDISCH-HOLZHAUSEN. Pr. Sachsen Kr. Erfurt.

Dorf-K. mit wohlerhaltenem rom. OTurm und Apsis.

WINDISCHLEUBA. Sachsen-Altenburg LA Altenburg.

Ansehnliche spgot. **Dorf-K.** mit Netzgwb., WTurm rom. 12. Jh.

Schloß; bedeutende Anlage; E. 14. Jh. verständnisvoll hergestellt. Ringmauern und Ecktürme ma., Hauptwohngebäude (SFlügel) im 1. und 2. Geschoß um 1450, das Obergeschoß und die sehr stattlichen Giebel und Zwerchhäuser 1532. Auch die anderen Gebäude enthalten bmkw. Einzelheiten. Rok.Saal. Wertvolle Sammlung von ma. Kleinkunstwerken.

WINTERHAUSEN. UFranken BA Ochsenfurt.

Hübsches Gesamtbild mit manchen der Aufmerksamkeit werten Einzelheiten.

Pfarr-K. 1497 und 1573 umgebaut. Der Chorturm hat 3 sprom. Geschosse. Bar. Hochaltar mit bmkw. spgot. Schnitzbildern; im Hauptfeld Kreuzigung, in der Predella Abendmahl. Starke Kirchhofsbefestigung aus sp. Ma.

Mauritius-K. (prof.). In der Anlage fast genaue Wiederholung der Lambert-K. in Tückelhausen, 1sch. mit eingezogenem quadr. Chor, Stilformen frgot. um 1300.

Rathaus 1738, gefälliger Bau des Würzburger fr. Rok.

WIPFELD. UFranken BA Schweinfurt.

Dorf-K. um 1780—90, aufwändige klassizist. Ausstattung von *Bossi*. Glocke 13.—14. Jh.

WIPPRA. Pr. Sachsen Mansfelder Gebirgskreis.
Burgruine. Sehr verfallen.

WIRSBERG. OFranken BA Kulmbach.
Pfarr-K. 1. H. 18. Jh. Gutes Beispiel einer Landkirche im sog. Markgrafenstil. Kanzelaltar (sächsisch-thüringischer Einfluß).

WIRTHEIM. RB Cassel Kr. Gelnhausen.
Dorf-K. spgot., in allen Teilen flachgedeckt, auch in dem ½ 8eck. Chor; sorgfältiges Maßwerk.

WITTENBERG. Pr. Sachsen Kreisstadt. [D.]
Stadt-K. Unscheinbare Hallenkirche von gedrückten Verhältnissen. Chor und WBau mit 2 Türmen um 1300, Lhs. A. 15. Jh. Die 3 Sch. schließen platt in gleicher Flucht, das nördl. ist verbreitert, daher die Unregelmäßigkeiten des Schlusses. Errichtung von Emporen zu 1516 und 1540 gemeldet. Die jetzigen neugot. Der Predigtstuhl M. Luthers (1543) in der Lutherhalle, das Altarwerk *L. Cranachs d. Ä.* modern verunstaltet. An der nördl. Chorwand Gemälde von *L. Cranach d. J.*, die Bekehrung Pauli, des Meisters letztes Werk, 1586. Taufbecken in Rotguß von *Hermann Vischer* 1457, 8eck., auf Löwen ruhend, am Kessel Reliefs von Heiligen. Einfacher ikon. Grabstein Bugenhagens. Großes Epitaph für Matth. v. Schulenburg 1569 von *G. Schröter*. Das ausgezeichnete Alabasterrelief, Grablegung, am Grabmal L. Cranachs d. J. † 1586 von *S. W.* (*Sebastian Walther* in Dresden). Tafel für Kaspar Lindemann von *Ulrich Gretel* in Leipzig. — Außen an der NSeite Relief, Christus als Weltenrichter 1310; am WPortal Maria mit Heiligen aus derselben Zeit; am Chor Judensau.
Schloß-(Universitäts-)K. ca. 1490—1500, rest. seit 1885. Das Äußere entspricht ungefähr dem alten Zustande, das Innere durchaus rest. (von Fr. Adler). Reck. von 6 Achsen mit 3/8 Schluß. Zwischen den nach innen gezogenen Pfll. eine ringsumlaufende, von Stichbögen getragene Empore, dem entsprechend ein niedriges unteres und ein hohes oberes Fenstergeschoß. — Große Bronzegrabplatten für Friedrich den Weisen und Johann den Beständigen; jene bez. *Peter Fischer* (sic) *Norimbergensis* A. 1527; diese, eine fast genaue Nachahmung, *H V (Hans Vischer)*. Außerdem dieselben beiden Kurfürsten in lebensgroßen knienden Marmorstatuen. Die Bronzetafel auf dem Grabe Luthers moderne Kopie des Exemplars in Jena. Bronze-Gedächtnistafel des Juristen Henning Goeden von *P. Vischer* 1521 (Wiederholung im Dom zu Erfurt).
Schloß erb. von Friedrich dem Weisen 1490—99. Sehr entstellt. Bmkw. die beiden Treppenhäuser, die sich nach dem Hof in Lauben öffnen. Über dem Portal schön gemeißelte Wappen. 2 runde Türme an den Ecken. Ursp. Zustand auf dem Titelbilde des Wittenberger Heiligtumbuchs.
Rathaus spgot. und renss. An der langen Marktseite außer dem (modernisierten) Erdgeschoß 2 Geschosse zu 13 Achsen, Vorhangbögen; später hinzugefügt ein Renss.Portal mit Altan und

4 Renss.Zwerchhäusern. — **Apotheke L. Cranachs.** Straßenseite durch neuen Verputz entstellt, besser erhalten der Hof, darin ein nicht sicher zu deutendes Relief eines Geharnischten. **Häuser Melanchthons** und **Bugenhagens.** Das **Lutherhaus** (ursp. Augustiner-Klst.) hat durch die Rest. 1840 einen gänzlich falschen Charakter erhalten; unberührt das 1540 in Pirna gefertigte Portal und im ganzen auch Luthers Wohnstube.

Alter Friedhof vor dem Elstertor; renss. Portal ca. 1560 mit Relief des Weltenrichters. Die Grabsteine von Luthers Tochter Elisabeth und Melanchthons Nichte Magdalene haben nur Inschriften.

WITTGENDORF. Sachsen. AH Zittau.

Dorf-K. 1754. Gute G r a b m ä l e r E. 17. Jh.

WITZELRODA. Sachsen-Meiningen Kr. Meiningen.

Dorf-K. E. 16. Jh. Charakteristische Inneneinrichtung um 1702.

WITZENHAUSEN. RB Cassel Kr. Witzenhausen.

Stadt-K. Angeblich 1404. Lhs. 3sch. mit überhöhtem, fensterlosem Msch. Jetzt Bretterdecken. Der gewölbte Chor höher. — Grabmal der Familie v. Bodenhausen 1575; mehrere lebensgroße Rundfigg. knien auf einer von Sll. getragenen Plattform, darüber Relief mit der Auferstehung Christi.

Wilhelmiter-Klst. 2 Säle (jetzt Schafstall); der kleine mit 4 Gwbb. auf 1 Mittelpfl.; der größere durch 4 achteckige Schafte, aus deren Kanten die Rippen herauswachsen, in 10 Gwb.Felder geteilt; Ähnlichkeit mit dem Rittersaal des Marburger Schlosses. Die Klostergebäude jetzt zur Kolonialschule eingerichtet.

Klus-Kap. am rechten Werraufer. Alle Fenster mit rom. Profilen.

Hospitals-Kap. S. Michael. Einfacher spgot. Bruchsteinbau um 1392. Der sonst schmucklose kleine WTurm trägt einen bmkw. Aufbau; 4 Sll., durch Eselsrücken verbunden, die Öffnungen mit Maßwerk gefüllt, Krönung mit steinernem Helm.

Rathaus. Einfacher Renss.Steinbau, 1819 durch Resauration nach einem Brande zur Unkenntlichkeit entstellt.

Wohnhäuser in Fachwerk.

Reste der **Stadtbefestigung.**

WITZLEBEN. Schwarzburg-Sondershausen LA Arnstadt.

Dorf-K. mit rom. Resten.

WOFFLEBEN. RB Erfurt Kr. Hohenstein.

Dorf-K. 1751. Der eigentümliche Gr. erklärt sich aus den Experimenten des protestantischen Kirchenbaues.

WOLFERSTEDT. Sachsen-Weimar VB Apolda.

Dorf-K. mit romanischen Details, darunter bmkw. Portal.

WOLFHAGEN. RB Cassel Kreisstadt.

Pfarr-K. S. Anna. 2. H. 13. Jh. Niedrige Hallenkirche in schlichten, kräftigen Formen. Chor aus 8Eck. WTurm 1303 (Inschr.), das bmkw. Dach 1501.

Vor der Stadt **Kapelle** in vorzüglichen hochgot. Formen.

WOLFMANNSHAUSEN. Sachs.-Mein. Kr. Hildburghausen.
Dorf-K. Im Sch. schöne Felderdecke aus 17. Jh., östl. Chorturm im Erdgeschoß rom. Hübsche Ausstattung um 1730.

WOLFSMÜNSTER. UFranken BA Gemünden.
Pfarr-K. Turm A. 14. Jh., das geräumige Langhaus 1734 mit ursp. guter gleichzeitiger Ausstattung (stark rest.). Glocken 1412, 1786.
Schloß Wolfsmünster. Malerische Anlage von 1584 mit Treppengiebeln.

WOLKENBURG. Sachsen AH Rochlitz.
Dorf-K. 1794 nach Entwurf von *J. A. Giese* in der Richtung von *C. G. Langhans*. Die das Schiff von 3 Seiten umgebende Empore von dor. Säulen getragen; der Altartisch ohne **Aufsatz**; hinter ihm in der Nische Gemälde von *A. F. Oeser* und *H. V. Schnorr v. Carolsfeld*.
Die ältere K. (um 1400) jetzt **Erbbegräbnis** der Grafen Einsiedel. Altarwerk aus farbigem Marmor 1657, ausgezeichnete Arbeit von *J. H. Böhm*. Schöne Gedenktafel des bei Kaiserslautern gefallenen Gf. Friedrich v. E., Eisenguß aus Lauchhammer.
Schloß (Gf. Einsiedel). Got. Formen im SBau. Sonst alles gründlich umgebaut. Die klassizistische Saalausstattung vom Besten. Familienbildnisse u. a. von *Mengs*, *Graff* und *Grassi*. Großer Park, englisch umgearbeitet.

WOLKENSTEIN. Sachsen AH Marienburg.
Stadt-K. nach Brand 1689, einfacher 1sch. Bau. — Altarwerk aus mehrfarbigem Gestein 1652 von *Joh. Böhme*.
Burg, in jetziger Gestalt ohne Interesse.

WOLKRAMSHAUSEN. RB Erfurt Kr. Hohenstein.
Dorf-K. Sprom. WTurm, got. Sch. mit ⅝ Achteckschluß.

WOLKSHAUSEN. UFranken BA Ochsenfurt.
Pfarr-K. Erb. 1616, nach W verlängert 1778. Die vortrefflich in das Architekturbild eingegliederten Altäre von *Auwera* und *Steuerwald* (letzterer ein Lokalmeister in Kitzingen).
Sebastians-Kap. 1771. Stuckatur und Altäre gleichzeitig. Ein älterer Altaraufsatz um 1650 an der NWand. Hinter der Kap. bmkw. Bildstock um 1400.
Im Dorf lebensgroße Standfig. des hl. Michael 1743.

WOLMIRSTADT. Pr. Sachsen Kr. Eckartsberga.
Dorf-K. spgot., 1sch., mit Netzgwb.

WOMMEN. RB Cassel Kr. Eschwege.
Gutshaus, Portal Frührenaissance 1535.

WONFURT. UFranken BA Haßfurt.
Pfarr-K. Zentralbau von 1824. Altäre und Kanzel um 1700.
Friedhofs-Kap. Bmkw. Grabsteine des sp. 16. und des 17. Jh. Gute Kreuzigungsgruppe um 1750.
Schloß. E. 16. Jh., einige Veränderungen 1695.

WONSEES. OFranken BA Ebermannstadt.
Pfarr-K. 18. Jh. — Epit. Guttenberg 1541, Giech 1601.

WORBIS. Pr. Sachsen RB Erfurt. Kreisstadt.
Stadt-K. 1756, im 19. Jh. rom. (!) rest.
Klst.-K., bar. Im Sch. 6, im Chor 2 Joche, Kreuzgwbb.
Hardtkap. 1749. Großer Schnitzaltar 15. Jh.
Amtsgericht, schöner Fachwerkbau mit Erker, 16. und 17. Jh.

WORMSLEBEN. Pr. Sachsen Mansfelder Seekreis.
Kirche. Angeblich älteste des Gebietes. — Jetzt stillos bis auf ein primitiv aussehendes rom. Tympanon.

WÜLFERSHAUSEN. UFranken BA Königshofen.
Pfarr-K. 1607. Charakteristisches Beispiel der von Bischof Julius begünstigten Nachgotik.

WÜLFERSHAUSEN. UFranken BA Karlstadt.
Dorf-K. aus der Juliuszeit, im 18. Jh. überarbeitet. Die guten Rok.Mobilien in Würzburg gearbeitet.

WUNSIEDEL. OFranken BAmtsstadt.
Pfarr-K., spgot. Anlage, Lhs. und Turm 1730 umgebaut.
Spital-K., spgot., unbedeutend. — **Gottesacker-K.** 1672.

WÜRDENHAIN. Pr. Sachsen Kr. Liebenwerda.
Dorf-K. 1577 und 1747. — Spgot. Flügelaltar, zusammengesetzt aus einem größeren und kleineren. Die Figuren nicht übel.

WÜRZBURG. UFranken. Inv. [D.]
Dom S. Kilian. Nächst den 3 großen rheinischen Domen (Mainz, Speier, Straßburg) die größte rom. Kirche Deutschlands. Ganz rom. noch der Außenbau; im Innern spricht die barocke Dekoration mit, kann aber den rom. Raumeindruck nicht ganz übertönen. — Der älteste, dem Salvator geweihte Dom (M. 8. Jh.) stand an der Stelle des späteren Neumünster. Im heutigen Bau die Hauptmasse 12. Jh., beg. noch 1133 von B. Embricho nach Entwurf des Laienbaumeisters *Enzelin*, gew. 1188. Von einem Bau des 11. Jh. die WTürme, die ein Lhs. beträchtlich kleineren Maßstabes voraussetzen. Aus 13. Jh. (nach 1237) die OTürme, die Erhöhung der Apsis, die Giebel des Qsch. Die Zutaten des 15. und 17. Jh. unten zu erwähnen.
Grundriß und Inneres. Einzige, aber genaue Analogie die Klst.K. Hersfeld. Kreuzf. Basl., vom normalen rom. Schema darin abweichend, daß Kreuzarme und Vorchor beträchtlich gestreckt. Apsiden an der OWand des Qsch. und die Beschränkung der Vierungsbögen auf O und W, so daß das Qsch. ein ungeteilt durchlaufender Raum war. Dies alles wie in Hersfeld. Merkwürdig und einzigartig das rom. Tonnengwb. 0,80 stark über dem Vorchor. Im Lhs. 10 Arkaden. Die rom. Form der Pfll. noch erkennbar, unter der Bogenleibung rck. Vorlage; die entsprechenden Halbsll. in der Barockzeit entfernt, Würfelkaptt. und Deckplatten erhalten. E. 15. Jh. die Sschiffe got. eingewölbt (Wappenschlußsteine der Domherren dieser Zeit: Bibra, Giech, Redwitz, Seckendorf u. a. m.). Unter B. Julius 1608 im Msch. und Qsch. Tonnengewölbe mit Stichkappen. Die

ausgezeichnet schöne und dem Raumcharakter taktvoll angepaßte Stuckdekoration 1701 von *Pietro Magno*.
Krypta 18. Jh. von *B. Neumann*, ohne künstlerischen Anspruch.
Äußeres. Bruchsteinmauerwerk mit Hausteingliedern. Bogenfriese und Pilaster etwas mager. — An der WFront der Mittelteil und das Portal neuromanisch 19. Jh. Die äußere Vorhalle 1644 abgebrochen; aus ihr die jetzt innen aufgestellten Knotensll. mit den an den Tempel zu Jerusalem erinnernden Inschr. Jachim und Booz (Stilcharakter 1230). Die Türme in den Obergeschossen 12., in den übrigen 11. Jh. Im Innern ganz mit einer Podesttreppe ausgefüllt; ansteigende Tonnengwbb.; Schlitzfenster. Die letzteren verhinderten jede andere Gliederung. — Die OTürme nach 1237 mit den westl. auf gleiche Höhe gebracht und dadurch im Verhältnis zur übrigen Baumasse von allzu magerer Schlankheit; die oberen Geschosse an sich sehr elegant; das Eckmotiv in der Überleitung zum Oktogon möglicherweise durch Bamberg (indirekt also Laon) angeregt.
Ausstattung [Hochaltar und Sakramentshaus, beide von *Riemenschneider*, 1701 beseitigt. Singepult, Messingguß von *Hans Wurzelbauer* in Nürnberg 1644, jetzt in der Ornatkammer]. Hochaltar 1701, Baldachin auf 4 Schwarzmarmorsll. Pfarraltar am nördl. Chorpfl. 1709 von *B. Esterbauer*. Gegenüber Brunoaltar 1705 von *demselben*. Propstaltar an der Stirnseite des nördl. Qsch. von *P. Magno*, Bild von *O. Onghers*. Von demselben der Dechantsaltar. In der nördl. Seitenapsis Marienaltar, 1716 von *J. Ph. Preiß*, Gemälde von *Onghers* 1662. Korrespondierend der Peter-Pauls-Altar von *Nik. Lenkhardt*, Gemälde von *Bühler* 1626. Im Lhs. 15 Altäre an den Freipfll., 1793 von *P. Wagner*, nach einheitlichem Schema, aber mit wechselnden Detailformen, z. T. mit älteren Gemälden: Kreuzabnahme und Mariä Himmelfahrt von *Sandrart*, Drei Könige von *Merian*. Kanzel 1609 von *Mich. Kern*. — Taufbecken 1279 von Mstr. Eckard, das einzige größere Gußwerk Süddeutschlands aus 13. Jh. — Chorgestühl 1749, die Schnitzereien von *Lucas Auwera*.
Steinskulpturen. — Dreikönigsgruppe an den Pfll. des Msch. E. 13. Jh. In einer Nische am WEnde des südl. Nebenschiffs Gruppe des Marientodes um 1470, beinahe lebensgroß, ernst und stimmungsvoll. — Christus und 4 Apostel, an den westl. Pfll. des Lhs., von *Riemenschneider*, früher an der Marienkapelle.

Holzskulpturen. Beträchtlich überlebensgroßes Kruzifix am Chorbogen, 1478, von großartiger Auffassung, wichtig für die Zeit vor der Ankunft Riemenschneiders. — Mehrere kleinere Arbeiten in der Ornatkammer.
Bischofsdenkmäler. Neben denen des Mainzer Doms die großartigste Reihe, die Deutschland besitzt. Sie wurden im 18. Jh. an Wänden und Pfeilern aufgestellt. Die älteren bildeten

Deckplatten von Tumben, die jüngeren sind Bildnisepitaphe; die zu den letzteren gehörigen Bodenplatten (über der wirklichen Grabstelle) sind teils untergegangen, teils an den Seitenschiffswänden aufgestellt. Im 16. Jh. kam das Ädikula-Epitaph mit Reliefbild auf.

Im Querschiff: des B. Gerhard von Schwarzburg † 1400, überlebensgroß, die Gewandung dekorativ sehr wirksam, dabei ist es wichtig, daß mit ihr auch das gesagt wird, was eigentlich Sache der Figur wäre; im Kopf könnte man ein fein gestimmtes Porträt zu sehen glauben, trüge nicht der von demselben Meister gefertigte Konrad von Weinsberg in Mainz auch ganz dieselben Züge. — B. Konrad v. Bibra † 1544 von *Peter Dell d. Ä.*

Im Langhaus. — Nördliche Reihe. 1. Pfl. NSeite: B. Gottfried III. v. Hohenlohe † 1322 (mit neuer falscher Inschrift), das Schwert führen die Würzburger Bischöfe als Herzöge von Franken; trotzdem die Rechte zum Segnen erhoben. SSeite: B. Otto v. Wolfskeel † 1345, ausgezeichnetes Beispiel für den Stil des 14. Jh.; die große Schleppfalte von der linken Hüfte zum rechten Fuß im Schema der Apostel des Kölner Doms. Rundfigur. — 2. Pfl. NSeite: Domdechant Peter v. Aufseß † 1522, flacher Erzguß, wohl aus der *Vischer*schen Hütte. OSeite: B. Albert v. Hohenlohe † 1372, die Sförmige Schwingung so trefflich in die Charakteristik einbezogen, daß sie kaum noch als konventionell wirkt. — 3. Pfl. NSeite: Epit. des Erasmus Neustetter 1594 (Grabplatte s. oben). — 4. Pfl. OSeite: B. Johann v. Eglofstein 1411, Standbild unter Baldachin, Porträtkopf. — 5. Pfl. NSeite: Dompropst v. Frankenstein 1789 vom Bamberger *Mutschelle*. OSeite: B. Johann v. Grumbach 1466, Standbild unter Baldachin, fein, vornehm, geschmackvoll; vom Würzburger Meister *Leonhard Strohmeier*. — 7. Pfl. OSeite: B. Adam Friedrich v. Seinsheim 1779 von *J. P. Wagner* nach dem Entwurf des Hofmalers *Christoph Fesel*. — 8. Pfl. SSeite: B. Philipp Adolf v. Ehrenberg † 1631, ausgeführt 1664 von *J. Ph. Preiß*.

— Südliche Reihe. 1. Pfl. NSeite: B. Mangold v. Neuenburg † 1303. Keinesfalls wesentlich jünger, wichtig für den Übergang vom Stil des 13. Jh. zu dem des 14. Jh. (Pinder glaubt an einen in Sachsen geschulten fränkischen Künstler); der merkwürdig individuelle Kopf im 18. Jh. übergangen. SSeite: B. Gottfried v. Spitzenberg † 1190 auf dem Kreuzzug; der Stein, trotz der jüngeren Inschrift, gleichzeitig, ältestes Zeugnis der Monumentalplastik in Würzburg. — 2. Pfl.: B. Wolfram v. Grumbach-Wolfskehl † 1333, die Auffassung als Standfigur zum ersten Male konsequent durchgeführt. — 3. Pfl. NSeite, neben der Kanzel: B. Gottfried Schenk v. Limburg 1455. — 4. Pfl. OSeite: B. Johann v. Brunn 1440; die Gesichtszüge sind individuell, verraten aber nicht einen 80jährigen Greis. NSeite: B. Rudolf v. Scherenberg 1493 von *Riemenschneider*, dessen Stil von seiner besten Seite zeigend. — 5. Pfl. NSeite: B. Lorenz v. Bibra 1519; bei Lebzeiten bestellt; das Beiwerk zeigt, wie sich der alternde

Meister *Riemenschneider* mit den eindringenden Renss.Formen auseinandersetzte; vielleicht jedoch unter Mitwirkung eines jüngeren Gehilfen; die Putten haben auch in den Köpfen mit dem bekannten Engeltypus *Riemenschneiders* nichts gemein; übrigens ist das Verhältnis der Figur zur tektonischen Umgebung vorzüglich abgewogen und die Verbindung verschiedenfarbiger Steine mit zartem Geschmack durchgeführt. — 6. Pfl. NSeite: B. Melchior Zobel zu Gutenberg, ermordet 1558, Hauptwerk des vielbeschäftigten, aber unerfreulichen *P. Dell d. J.* — 7. Pfl. NSeite: B. Friedrich v. Wirsberg 1573 von *W. Sarder* aus Eichstätt. OSeite: B. Franz Ludwig v. Ertal 1795, vielleicht von *A. Eckart.* — 8. Pfl. NSeite: B. Julius Echter v. Mespelbrunn 1617 nach L. Bruhns von *Nik. Lenkhardt.* SSeite: Ritter Sebastian Echter, des Bischofs Bruder, 1577, von *Peter Osten* aus Ypern, der sonst Weltlichen versagte Ehrenplatz vom Bruder, dem Bischof, erzwungen.

Die zu den Bischofsdenkmälern gehörenden Grabplatten z. T. erhalten, jetzt an der Wand des südl. Ssch., sämtlich Nürnberger Bronzegüsse; der beste, Lorenz v. Bibra 1519, vielleicht nach Zeichnung Riemenschneiders (interessant im Gegensatz zum Denkmal das spgot. Sprengwerk).

Denkmäler für Würdenträger des Domkapitels. — Im nördl. Qsch.: über der Sakristeitür J. K. Kottwitz v. Aulenbach 1610 von *Zach. Juncker.* F. L. v. Stromberg 1673 von *J. Ph. Preiß.* — Im südl. Qsch.: Neidhart v. Thüngen, B. v. Bamberg, Domprobst v. W. † 1598 von *Hans Juncker,* unter den Denkmälern des Frühbarock das schönste. B. Konrad v. Thüngen † 1540 von *Loy Hering.* Moritz v. Hutten, B. v. Eichstätt, Domprobst v. W. † 1552 von *Martin Hering.* K. F. v. Thüngen † 1629 von *Balth. Grohe.* G. H. v. Stadion † 1716, ovales Ölporträt in reicher Stuckumrahmung. — Im südl. Ssch. hervorzuheben Georg v. Giech † 1501 und Peter v. Aufseß † 1522 aus der *Vischer*schen Gießhütte. Erasmus Neustätter 1570 von *Erhard Barg.* — Im nördl. Ssch.: J. Ph. L. v. Frankenstein † 1780 von *F. M. Mutschele.*

Domkreuzgang. Spgot. neu erbaut. Der WFlügel 1423 beendet, zuletzt der OFlügel 1453. Die eigentümlich figurierten Rippengwbb. einheitlich, die Öffnungen fensterartig mit Stab- und Maßwerk ausgestaltet. Im Lichten 50 m l., 36 m br. Im O anschließend das Kapitelhaus, eine 2sch. Halle von 8 Achsen, das Erdgeschoß diente als Sepultur des Kapitels. Im Kreuzgang Denkmäler von Laien in großer Menge. Hervorzuheben: Heinrich v. Seinsheim 1360, schlanke Ritterfigur in engem Lederpanzer, Martin v. Rotenhan 1560 von *Christoph Schnebach,* Paul Fuchs 1540 von *Peter Dell d. Ä.,* Jakob Fuchs 1558 von *Th. Kistner,* Baur v. Eisenberg 1623 von *Mich. Kern.* In der Sepultur: Martin v. Wiesenthau 1554 von *Th. Kistner,* Georg v. Lichtenstein 1508 und Heinrich und Joh. Schott von Schottenstein

1512, beide von derselben feinen Hand, Schenk v. Limburg 1576, Guß von Jörg Straubinger in Nürnberg.

Domkapitelsakristei. Hervorzuheben: Mitra mit den 4 Kirchenvätern um 1600; byzant. Elfenbeinkästchen, rom. bemaltes Elfenbeinkästchen; schöne Kaseln des 17. und 18. Jh.

Glocken. Im südl. OTurm sog. „Heinle" 12. Jh.

Schönbornkapelle am nördl. Qsch., gegr. 1721, erster Plan von *M. v. Welsch,* nach Stockung vollendet 1729—36 von *Balth. Neumann,* dem der Bau im wesentlichen zuzuschreiben. Dominierend der kreisrunde Kuppelraum, anschließend ellipt. Exedren. 4 Denkmäler für geistl. Fürsten des Hauses Schönborn: Joh. Phil. von Mainz † 1673, Joh. Phil. Franz von Würzburg † 1724, Fr. Karl von Würzburg und Bamberg † 1746, Lothar Franz von Mainz und Bamberg † 1739. — Gitter 1754 von Gg. Oegg.

Augustiner-K. (bis 1803 Dominikaner). 1274 im Bau. Die heutige Erscheinung 1741 f. durch *B. Neumann.* Der frgot. Chor beibehalten, nur dekorativ umgestaltet. Es ist bezeichnend für den elastischen Geist des großen Meisters, daß er das Lhs., obgleich es völlig neu aufgebaut wurde, dem got. Raumbilde anpaßte. „Die Kirche, daß sie so hoch muß werden, obligiert der schöne alte, gut gewölbte Chor." Nur die Pfeilerabstände machte er weiter: vorher 7, jetzt 4 Joche. Im Querschnitt schlanke Basilika. Dem Charakter einer Bettelordenskirche gemäß ist die Dekoration einfach. Nur am Chor die Decke stuckiert (von *Ant. Bossi).* Der dekorative Effekt des Lhs. beruht allein auf den an den Pfll. aufgestellten Altären; echt rokokomäßig ohne Sll., nur brillant geschnitzte Rahmen, in denen teils Gemälde (von *Urlaub, Joh. Zick* u. a.), teils plastische Gruppen; sehr schön eine spgot. Pietas. Hochaltar 1771. Kanzel in der Art von *Wolfg. Auwera.* Deckengemälde von *Ermeltraut.* Schönes Sebastiansreliquiar A. 17. Jh.

Klostergebäude im Charakter der Nachgotik. Steinkanzel E. 14. Jh.

S. Burkard. Zu dem 751 gegründeten Benediktiner-Klst. Der ältere westl. Teil der K. kleine rom. Basl. mit Stützenwechsel, Formen des 12. Jh., Gr. vom Neubau 1033; kein Qsch.; am Ende der Sschiffe OTürme. — An der NWand gut und originell gegliedertes Portal um 1168. Sehr reizvoll die Obergeschosse der OTürme, um 1240—50, mit frgot. Anklängen; im Innern ganz mit Treppen ausgefüllt, wie die Domtürme. Der sprom. WTurm abgebrochen. Jetzt am Giebel bar. Erkerturm. — Die spgot. Erweiterung nach O, Qsch. und Chor, in größerem Maßstab. — Großer Flügelaltar 1589, in allen Teilen bemalte Reliefs. — Chorgestühl M. 15. Jh., bar. Zusätze 1699. — Im nördl. Qsch. Opferstock um 1170; auf ihm niedergelegt ein kapitellähnlicher Block mit bmkw. Reliefs E. 13. Jh. — Votivrelief mit Kreuzigung M. 14. Jh., aus dem Leprosenhause. — Holzf i g u r e n : im südl. Qsch. Maria auf der Mondsichel um 1470—80, recht gut; Marienbüste von *Riemenschneider* um 1490. Chorbogenkruzifix um 1520.

G l o c k e n : im WTurm 2. H. 12. Jh. (64 cm), im NTurm 1249.

Deutschhaus-K. 1280 im Bau, voll. 1296. Örtliche Verhältnisse bedingten im W eine Straßendurchfahrt. Der anschließende sprom. Turm nicht zu erklären, es wäre denn, daß er einem älteren Bauplan angehörte; die in seinem Erdgeschoß befindliche Kapelle wohl identisch mit der 1226 geweihten. Im übrigen ist der Bau einheitlich, 1sch. Anlage von 6 Jochen, regelmäßiger 5/8 Chor. In diesem und der anschließenden Osthälfte hohe, schmale, 2teilige Spitzbg.Fenster, schmale Kreuzgwbb. auf vorgekragten Diensten. Alle Formen fein und elegant, auch die figürlichen Bestandteile der Schlußsteine von guter Hand. Das Portal (S) ohne Plastik. Die Kleinheit der K. deutet darauf, daß auf Besuch von Laien nicht gerechnet wurde. Über der Durchfahrt Empore. Stilistisch zeigen die älteren Teile Beziehungen zu Wimpfen. — Die herald. G r a b s t e i n e der Komture erst vom 16. Jh. ab. — K o m t u r e i 1604. Im Obergeschoß sehr gute Stuckdecken.

Franziskaner-K. beg. bald nach 1250, die Formen des WFensters deuten auf Vollendung gegen E. 13. Jh. Der Gr. der typische: langgestreckter, gerade geschlossener Chor, Lhs. Basl. von 6 J., ursp. flachgedeckt. Unter B. Julius Restauration: Gewölbe (in Netzform) eingezogen, die kreisrunden Oberfenster zugesetzt, die schlanken Rundpfll. mit ungeschmückten Kelchkaptt. alt. Bei aller Schlichtheit der Formen spricht die schöpferische Frische der Erbauungszeit. Traurige Rest. 1882. — A u s s t a t t u n g großenteils neu. Kanzel 1781, zopfig. — P i e t a s von *Riemenschneider* um 1510 (aus der Karmeliter-K.). — G r a b d e n k m ä l e r : Weihbischof Gg. Antworter † 1499, schöner Entwurf in mäßiger Ausführung. Epit. für das Kind Daniel Echter † 1582 wohl von *Joh. Robyn.* An der WWand Epit. Fronhofen † 1548, wohl von *P. Dell d. Ä.* Grabsteine Mich. Truchseß v. Wetzhausen † 1513, Hans v. Grumbach † 1529, Peter v. Randersacker † 1540. Großes Wandgrab Heinrich Zobel von Giebelstadt, Ehepaar mit 9 Kindern, das bedeutendste dieser Zeit in Unterfranken nach 1589, wohl von *Joh. Robyn.* Wandgrab Hans Zobel (Fragment) nach 1577 von *Peter Osten.* Großes Thüngendenkmal 1625 von *Mich. Kern.* — Über der V a l e n t i n u s - K a p. ein von B. Julius erbauter Saal, der vor der Erbauung der Universität als Aula diente; am Gwb. interessante Stuckdekoration, die Gemälde fehlen jetzt. — K r e u z g a n g E. 13. u. A. 14. Jh. K l o s t e r p f o r t e von *Mich. Kern.* B i b l i o t h e k ausgestattet um 1715. W i n t e r r e f e k t o r i u m 1675. S o m m e r r e f e k t o r i u m A. 18. Jh.

S. Gertrudis-K. 1133 Pfarr-K. Unter B. Julius 1611 Neubau. 1sch. flachgedeckter Saal, Spitzbg.Fenster mit nachgot. Maßwerk.

Hochaltar 1699. Kanzel um 1806. Deckenstuck 1707. Außen bürgerliche Grabmäler.

Stift Haug. Gegr. um 1000. Seit 1656 wegen der Stadtbefestigung abgebrochen. Rom. Spolien im Luitpoldmuseum. — Neubau durch B. Joh. Phil. v. Schönborn 1670—91 von *Ant. Petrini*. Erster großer Barockbau in Franken. Gr. 1sch. Kreuz, stark ausladende Arme, Lhs. und Chor nur wenig länger, unter sich gleich, Chorschluß polygonal. Qsch. 37 m im Lichten, Länge von O nach W 60 m, Kuppel 15 m. Kreuzgwbb. mit Hervorhebung der Gurten, in den Seitenkapp. Quertonnen, Sicherung durch Streben. Innen und außen dominiert die Kuppel auf hohem 8eck. Tambour. Die Wände bzw. Pfeiler mit korinth. Pilastern. Alle Formen, besonders das Hauptgesims, wuchtig und ernst, ein wenig trocken, Zurücktreten der Dekoration hinter die Konstruktion (stumpfe Tönung 19. Jh.). Mit seltener Geschlossenheit folgt die Ausstattung dem Baucharakter. — Der mächtige, strenge Hochaltar 1694 von *Brand*. Bedeutend die Altäre des Qsch. An allen dreien die Gemälde von *Onghers*. (Das reiche Tabernakel des Pfarraltars um 1760 von *P. Wagner*). Die 10 Seitenaltäre 1690—1714, auch an ihnen die Gemälde von *Onghers*. Kanzel 1693 wohl von *Brand*, ebenso das Orgelgehäuse.

Äußeres. Abgesehen von der Kuppel im Gepräge nordischer als das ganz italienische Innere. Strebepfll. und hohe Dächer, welche den Kuppeltambour überschneiden. Die über die Fluchtlinien des Lhs. vorspringenden WTürme machen die Fassade breit und ruhig, Teilung in drei leise abnehmende Stockwerke, senkrechte Gliederung durch schwache Lisenen, zwischen ihnen Nischen mit Statuen. Die Türme endigen in einem niedrigen Geschoß mit Plattform und Balustrade, darüber schlanke Helme mit zweimaligem Laternendurchbruch (eine eigentlich norddeutsche Form). — Glocken aus 2. H. 13. und Anfang 14. Jh., die größte 1395, andere 15. und 16. Jh.

Klst. Himmelpforten siehe dort.

Käppele (Wallfahrts-K. auf dem Nikolausberg). Die Gnadenkapelle von 1653 blieb als Nebenkap. bestehen, Hauptbau 1748 bis 1750 von *Balth. Neumann*. Zentralbau. An den dominierenden, niedrigen Kuppelraum (mit Laterne) schließen sich kurze Nebenarme im Gr. eines Korbbogens und der ebenso, nur wenig tiefer gestaltete Chor, am Eingang Orgelempore in Wellenlinien, außen 2 kleine 8eck. Fassadentürme. Reiche Gewölbedekoration in Stuck mit Gemälden von *Math. Gündter*. Altäre 1768—97. Prachtvolle Orgel um 1750. — Die Gnadenkap. (s. oben) 1778 ff. erhöht und neu dekoriert. Altäre schon klassizistisch. — Eine ausgezeichnete Komposition der den Berg hinaufführende Treppenweg. Die plastischen Gruppen der 14 Leidenstationen von *P. Wagner* 1767 bis c. 1775.

Karmeliter-K. 1662—69 von *Ant. Petrini*. Schlichter 1sch. Gwb.-Bau, reicher die (ganz italienisch gehaltene) Fassade. — Hochaltar mit Gemälde vom Rubensschüler *Abraham Diepenbeck.* Die Seitenaltäre z. T. von *J. B. de Rüll,* von *demselben* an den Wänden die Ordensheiligen. Kanzel 1796. Kruzifix von *Jakob Auwera* 1712.

Marienkapelle auf dem Grünen Markt. Auf dem Platz der 1349 zerstörten Synagoge beg. 1377, Chor voll. 1393, Lhs. c. 1430 bis 1470. Trotz der langen Bauzeit im wesentlichen einheitlich. Hallenkirche von 5 J., gestreckter 1sch. Chor von 4 J. In letzterem Kreuzkappengwb., im Lhs. Netzgwb. Der Turm nördl. neben der Fassade 1441—60 von *Eberh. Friedeberger* aus Frankfurt. (Sein durchbrochener Helm modern, nach dem Muster der Eßlinger Frauen-K.) Überaus schlanke Raumverhältnisse. Noch bezeichnender für die Zeit das in allem Schmuckreichtum etwas dürr bleibende Äußere. — Am WPortal Madonna um 1440 von einem mittelrheinischen Meister; das Portal selbst nebst dem Tympanonrelief (Jüngstes Gericht) älter, um 1420. SPortal: im Tympanon Marienkrönung, die Gewändfiguren wohl nie ausgeführt, an den flankierenden Strebepfll. standen die (neuerdings ins Luitpoldmuseum verbrachten) überlebensgroßen Figuren von Adam und Eva, 1491—93 von *Riemenschneider.* NPortal: Tympanonrelief Mariä Verkündigung, um 1430—40; durch Anmut der Typen und Güte der Arbeit besonders ausgezeichnet; die Komposition lockerer, als frühere Zeiten sich erlaubt hätten. — Statuen an den Strebepfll.: die 14 von *Riemenschneider* 1502—06 ausgeführten durch Kopien ersetzt, die verwitterten Originale jetzt z. T. im Dom, z. T. im Museum. — Inneres: Die bar. Ausstattung 1856 entfernt. Im südl. Ssch. zart empfundenes Relief des Marientodes mit dem Wappen der Schwarzburg, also um oder nach 1400. Mit demselben Wappen, aber von einem anders gerichteten Meister das Kreuzigungsrelief. An der NSeite bronzene Gedenktafel für Sebast. Rotenhan 1518. An den Pfll. des Lhs. und den Diensten des Chors zahlreiche Holzfigg., 4 am Chorbogen aus *Riemenschneiders* Werkstatt. — Grabdenkmäler: Das Inv. zählt ihrer 30. Hervorzuheben: Martin v. Seinsheim † 1434, Konrad v. Schaumberg † 1499 von *Riemenschneider,* bärtiger Ritter vor Kruzifix von *Chr. Schnebach,* von *demselben* Epit. Kuelwein 1565, Barbara Betzoldin mit ihren zwei Männern von *Veit Baumhauer* nach 1562. — In der Schatzkammer schöne Augsburger Silberfigg. aus 17. und 18. Jh.

St. Michael (Jesuiten). Erster Bau 1606—10. Zweiter (bestehender) Bau 1765 ff. von *J. P. Geigel* und *J. M. Fischer,* Chor 1798. Das Äußere nüchtern, das Innere von bedeutender Raumwirkung, in den Formen unsicheres Wollen zwischen Barock und Frühklassizismus. Stuckierung von *Materno Bossi,* Deckengemälde (voll theologischer Finessen) vom Mainzer Hofmaler *Joseph Appiani.* Kanzel von Bossi. Reicher Schatz von Meßgeräten. — Das Kollegiengebäude: Nordflügel 1715 bis 1719 von *Greising,* bedeutend. Westflügel 1724—29 von *B. Neumann,* Südflügel klassizistisch.

Neumünster-K. Erster Bau unter B. Heinrich (995—1018, vgl. den Stein am Chor „Henricus me fecit"), maßgebender Umbau 1045 bis 1085 und 1223—47. Barockisierung des Inneren und Erweiterung nach W von *Joseph Greising* 1711 ff. — Rom. Anlage: flachgedeckte Pfl.Basilika mit zwei schwach ausladenden Querschiffen; der westl. Abschluß nicht mehr zu ermitteln; der Turm steht außer Verband an der NWEcke. Am Äußeren die rom. Formen überall sichtbar, besonders am spätestrom. 8eck. Turm, erb. um 1240 (Zusammenhang mit Gelnhausen). Die Ostkrypta („Kreuzgruft") erstreckt sich bis unter die Vierung. Ursp. 3sch., im 18. Jh. 1sch. umgebaut. An den Wandsll. teils frrom. Würfelkaptt., teils reiche sprom. Blattkaptt. — 2. der rom. Ost- und Langbau von Greising eingewölbt und barock verkleidet. Neu hinzugefügt im W der mächtige 8seitige Kuppelraum, besonderer Vorzug die reichliche Beleuchtung. Die Fassade aus rotem Sandstein im Mittelteil auf segmentförmigem Gr., in den Seitenteilen einspringend polygonal; im Aufbau reiche Gliederung durch korinth. Sll. und Pilaster, Freitreppe, die Behandlung der sehr komplizierten Komposition sicher, weich, voll perspektivischer Reize (jetzt durch Abbruch der umgebenden Gebäude nicht mehr ganz zu würdigen). Es werden Zweifel erlaubt sein, ob der Entwurf ganz von Greising selbst. In jedem Fall die schönste Barockfassade in Franken. — Einzelheiten: Stuckaturen 1715—20, etwa 10 J. jünger im Chor und Querhaus, wo schon rok. Anklänge. Die Deckengemälde von Münchenern: im rom. Bau von *Joh. Zimmermann* 1732, im Kuppelraum von *Nik. Stuber* 1736. Hochaltar aus Stuckmarmor mit der Apsidenrundung organisch verbunden, von den Brüdern *Dominikus* und *Johannes Zimmermann* 1724, Tabernakel von *Gg. Winterstein* 1778. Theklaaltar 1761, Frühwerk von *Januarius Zick*. Michaelsaltar 1773 in der Richtung des *Nik. Treu*. Der Dreikönigsaltar im Kuppelraum vom Bildhauer *Jakob Auwera* und dem Maler *J. J. Scheubel* 1737. Desgl. der Kiliansaltar. Bonifaciusaltar und Burkardusaltar bez. *Dom. Zimmermann*. Orgelgehäuse von *J. Auwera* 1730. Kanzel 1758. Chorgestühl 1780 (mit frgot. Bestandteilen). — An den Pfll. des Msch. die zersägten Flügelgemälde eines Altars von 1514, bemerkenswert. Die Ölgemälde im Hochschiff von *Joh. Zimmermann* 1733 ff. — Steinskulpturen: In der Vorhalle Madonna von *Riemenschneider* 1493, eine seiner frischesten und besten. — Holzfigg.: In der Krypta Christus am (modernen) Kreuz, die Hände über die Brust gelegt, um M. 14. Jh. Am Sakramentsaltar lebensgroße Halbfiguren der drei Frankenapostel aus Irland Kilian, Kolonat und Totnan, von *Riemenschneider*. — Steinsarg des hl. Kilian, Schriftcharakter M. 13. Jh. Desgl. für den hl. Megingaud. Neuere Grabmäler: Abt Trithemius † 1516 von *Riemenschneider*. Vitus Krebser † 1594, Bronzeguß. Im ganzen 17 Stück erhalten.

[Kreuzgang („Lusamgärtlein") jetzt im Hof des Luitpoldmuseums. Spätes 12. Jh.]

St. Peter. 1717—20 von *J. Greising*. Eingebaut rom. WTürme (um 1100) und got. Chor. Reiche Barockfassade, im Mittelteil polygonal vorspringend, Innendekoration reich. Hochaltar um 1730—40, die Seitenfigg. E. 17. Jh. in der Art von *Kaspar Brand*. Seitenaltäre 1720 mit Gemälden von *Leunenschloß*. Rok. Kanzel, um 1740—50, vielleicht von *Wolfgang Auwera*, unübertrefflich brillant und graziös. — Grabdenkmal des Truchsessen von Rheinfelden, Malteserkomtur, † 1812, bez. *J. B.* (Joh. Baunach).

Schottenklst.-K. S. Jakob. Voll. 1146, durchgreifend rest. unter B. Julius. Langgestreckte, querschifflose Pfl.Basl. Von den 10 Jochen die 2 östl. gewölbt und dadurch als Chor herausgehoben. Schluß in 3 parallelen Apsiden (nur 1 erhalten). Sehr schlanke Raumverhältnisse. — Das Klostergebäude bescheidene 4flügelige Anlage aus E. 16. Jh., z. T. erneuert nach 1744.

St. Stephan (ehem. Benedikt.-Klst.). Die rom. K. war eine Basilika mit doppeltem Chor und doppeltem Querhaus. Davon erhalten die Krypta (1114), der WChor und der Stumpf der Türme. Ein Umbau beg. 1715, jedoch erst 1788 das Lhs niedergerissen. In der heutigen Erscheinung ein weiter ungeteilter Saal mit niedrigerem Qsch. Leitung des Umbaues von *Ph. Geigel*, Stuckaturen von *M. Bossi*, Malereien von *K. Huber* von Weißenhorn. Bildhauerarbeiten von *Gg. Winterstein* (Bruder des Abtes), dem vielleicht überhaupt der dekorative Gesamtentwurf gehört. Feiner, zarter Frühklassizismus, Weiß und Gold, Gestühl und Kanzel in natürlicher Holzfarbe (Fassung kam nicht mehr zustande), Decke Spiegelgewölbe auf Stichkappen, ein einziges durchlaufendes Gemälde. — Sakristei 1714 im Charakter *Greisings*. — Klostergebäude schlicht barock, Inschr. 1693 und 1712. Abtei 1628. Rest des spgot. Kreuzgangs.

Ursulinerinnenklst.-K. (ehem. Antoniter). Erb. um 1729. Gute gleichzeitige Dekoration. Holzfig. des hl. Antonius um 1470 bis 1480. Zwei hervorragend schöne Rok.Kasulen.

[Eingegangene Kirchen und Klöster (das Inv. zählt 26 auf): Augustiner 1270—1302, 1688 Umbau durch *Petrini*. Erhalten schöner Gartenpavillon in der Art *Greisings*. — Nonnenklst. St. Afra, gegr. 1151, Neubau 1675 ff. Jetzt Studienseminar. — Damenstift St. Anna. 1750 von *B. Neumann*, A. 19. Jh. als Stadttheater eingerichtet. — Dominikanerinnen-Klst. 2. H. 13. Jh. Nach 1803 zu Wohnhäusern umgebaut. — Johanniterkomturei 2. H. 17. Jh., jetzt Privatbesitz. — Kapuziner, gegr. 1616, jetzt profaniert. — Katharinenkap., abgebrochen 1809, Tympanon um 1200 im Museum. — Martinskap., wahrscheinlich Taufkap. des ältesten Doms, A. 19. Jh. als Wohnhaus umgebaut.]

Schloß und Festung Marienberg. Erste Erwähnung 704. Seit 1250 ständiger Sitz der Bischöfe. Großer Ausbau unter B. Scherenberg (1466—1495). Umfassende Neugestaltung unter

B. Julius Echter seit E. 16. Jh. (Ansicht von Leypold 1603). Unter B. Joh. Phil. v. Schönborn seit 1650 die modernen Festungswerke von *J. G. Fernauer,* dann *Petrini* und anderen Italienern. 1719 Ingenieur *Neumann* zuerst genannt. — Anlage der Hauptburg gestrecktes Rechteck, umlaufen von einem schmalen Zwinger und der Scherenbergschen Ringmauer. Eine instruktive Folge von Stiltypen die Festungstore: Scherenbergtor 1482, Echtertor 1606, Neutor 1657, Guttenbergtor 1684. Die Fassaden und das meiste im Innern herabgekommen. Im OFlügel malerische Bibra-Wendeltreppe 1511. Im NFlügel der Kaisersaal, lang, niedrig, weitgespannte Kreuzgewbb. — Im Hof freistehender runder Bergfried aus Ma. mit Treppenturm unter B. Julius. — Rundkapelle, erste Erwähnung 822, nach jüngerer, nicht unglaubwürdiger Nachricht erb. 706. In der 3,65 m dicken Mauer 6 runde und 2 eckige Nischen. Kuppelgwb. Der ganze Bau einheitlich, eine direkte Übertragung frühchristl. nordital. Form. Stuckdekoration unter B. Julius. Hochaltar 1700 mit Gemälde von *O. Onghers.* Im Pflaster Grabsteine, darunter die Eingeweide von 21 Fürstbischöfen. Wertvolle Altargeräte. — Barocker Fürstengarten.

Residenz. Der alte Wohnsitz der Bischöfe war die Marienburg. Das 1700—1705 von *Petrini* erb. kleine Stadtschloß am Rennweg wich bald dem heutigen Bau. Dieser von den zwei Bischöfen aus dem Hause Schönborn: Phil. Franz 1719—24 und Friedr. Karl 1729—1746. (Andere Schönbornsche Schloßbauten in Gaibach, Pommersfelden, Werneck, Bruchsal, Heusenstamm, Ehrenbreitenstein, Schönbornsruhe.) Unter Hutten (1724—29) und Ingelheim (1746—49) stockte der Bau. Für die innere Ausstattung noch wichtig die Regierungen C. Ph. v. Greiffenklaus 1749—54 und A. F. v. Seinsheims 1765, die Platzanlage mit dem Gesandtenbau und den Kolonnaden. 1806—14 Sitz des Großherzogs Ferdinand von Toskana, der in der inneren Einrichtung verhängnisvolle Veränderungen vornahm. — Die Gschichte des Bauplans, wie die der meisten Schlösser dieser Zeit, verwickelt. Der erste Entwurf 1719 gemeinschaftlich vom Bauherrn und dem als Architekt erst wenig erprobten Ingenieurhauptmann *Balthasar Neumann.* Darauf nachdrücklich geltend gemachte Ratschläge des Oheims Schönborn, Kurfürsten von Mainz (der soeben sein Schloß in Pommersfelden vollendet hatte) und des Bruders, damals Reichsvizekanzler in Wien, und Gutachten und Abänderungsvorschläge der Architekten *Hildebrand* in Wien (Meister von Eugen von Savoyens Belvederepalast), *Boffrand* und *de Cotte* in Paris. Trotz der „kollektivistischen" Planung hat der Bau eine sehr bestimmte und einheitliche Haltung bewahrt, die wesentlich auf *Neumann* zurückgeht. — Der erste Entwurf, gartenseits geradlinig und in der Längenausdehnung mit dem ausgeführten Bau übereinstimmend, gab einen mäßig ausgedehnten Mittelbau, stadtseits einen Ehrenhof flankiert von je einem quadr. Seitenblock mit Innenhof. Die in Mainz vom Kurfürsten mit seinem Baumeister *Maximilian von Welsch* 1720 ausgearbeitete Abänderung verstärkte die Seitenflügel, so daß sie je zwei Binnenhöfe und an der Seitenfront ein ovales Mittelrisalit empfingen. Baugeschichtlich eine Hauptfrage ist, wie sich das Fassadensystem des Nordblocks (Eckrisalit 1723 fertig) zwischen Welsch und Neumann verteilt. Hildebrands Einfluß zeigt sich am meisten in der Portalfassade und dem an der Gartenseite ihr entsprechenden Kaiserpavillon, sowie in der Kirche. Die stark abweichenden Vorschläge der Pariser fanden keine Aufnahme, nur daß auf ihren Rat das von Neumann geplante zweite Treppenhaus, symmetrisch zum allein ausgeführten, aufgegeben wurde. Die stärkste Bautätigkeit fällt in die 30er Jahre, 1744 war der Außenbau vollendet. Der Aufriß zeigt zwei Hauptgeschosse und zwei Halbgeschosse. Die Risalite springen im Verhältnis zur großen Baumasse wenig vor, sind aber durch reichere Gliederung ausgezeichnet; ebenso die Fronten des Ehrenhofs. Prachtportale im Sinne früherer Zeit fehlen. Die Unterschiede in der Behandlung des Details sind nicht stark genug, um den einheitlichen Charakter des Ganzen zu stören. Höchst rühmenswert die scharfe und bezeichnende Bildung der Profile. Maße des Gr.: Gartenfront 167 m, Seitenfronten 90 m, Ehrenhof 54 m tief, 61 m breit. Höhe 2×10 m, Hauptgesims und Balustrade 3 m. — Das Treppenhaus. Es wäre, wenn nach Neumanns Idee ausgeführt, das großartigste der Welt geworden. Schon das Erdgeschoß hätte eine wunderbare Raumfolge ergeben. Jetzt hat die Verschiebung auf die Seite unleugbar etwas Mißliches. Der Baugedanke wesentlich anders, als in den älteren Treppenhäusern von Ebrach und Pommersfelden: dort zwei Läufe, an der Wand aufsteigend und in der Mitte sich vereinigend, hier Beginn mit einem Lauf, der auf halber Höhe sich teilt und umdreht, also Fortgang von Enge zur Weite. Das Erdgeschoß (Grundfläche 20×30 m) durch 24 toskan. Sll. in 5 Schiffe geteilt, das Hauptgeschoß ein einziges, durch keine Freistützen gegliedert, um den Treppenschacht herum ein geräumiger Umgang, überhaupt größter Raumluxus. Die Dekoration nicht einheitlich: das Gemälde an der stark abgeflachten Muldendecke vom Venezianer *G. B. Tiepolo* 1752, 1753, Thema: Apollos Reich ist angebrochen, Jupiters Boten bringen der Welt davon Kunde, — die Welt dargestellt durch die 4 Weltteile. Die Wanddekoration (Skizze erhalten) war sehr bewegt und farbig beabsichtigt, das Stiegengeländer in Eisen. Die bis 1764 verzögerte Ausführung klassizistisch und kalt, von *Ludwig Bossi*; Balustrade und Figuren von *P. Wagner*, Kronleuchter von *Materno Bossi*. — Weißer Saal, zuerst als Sommerspeisesaal gedacht, später Salle des Gardes, 1744, 1754 von *Anton Bossi*, für ihn charakteristisch die krausen, stachligen, zuckenden Rok.Formen. Die Farblosigkeit Vorbereitung zu dem farbenstrahlenden Kaisersaal (Bau 1737—42, Ausstattung 1749 bis 1753, Stuck von *A. Bossi*, Gemälde von *Tiepolo*). Ein Höhepunkt des reifsten Spätbarock in der Verschmelzung von Architektur, Dekoration und Malerei; man beachte die Auflösung der Geraden schon im Grundriß, die Harmonisierung des in der Farbenwahl restlos gefügigen Stuckmarmors mit den Gemälden Tiepolos u. a. m. Gegenstand der letzteren: Brautfahrt und Trauung Kaiser Friedrich Barbarossas. — Die erste Bischofswohnung im Nordblock, eingerichtet unter Hutten. Das meiste später verändert, erhalten einige Decken. Die Wohnung Friedrich Karls lag im Südflügel; in der Toskanazeit zerstört. Unter Friedrich Karl auch die große Flucht der Repräsentationsräume an der Gartenseite begonnen; 1737 bis 1745 die drei Zimmer südl. vom Kaisersaal (erstes Alexanderzimmer, Thronsaal, venezianisches Zimmer, Spiegelzimmer, dieses in der ersten Idee von *Byß)*; die anschließende große Galerie in der Toskanazeit zerstört und aufgeteilt. Weiter in Angriff genommen die Zimmerfolge nördl. des Kaisersaals. Die letzten in dieser Reihe (Napoleonszimmer, Teezimmer, grünlackiertes Zimmer) sind aus den 60er Jahren und zeigen das gealterte Rokoko. Der sog. Ingelheimer Trakt (z. T. Umarbeitung der ersten Bischofswohnung) 1776—79 springt zum Frühklassizismus über, besonders augenfällig die veränderte Farbenhaltung, Weiß und Weiß oder Weiß und Silber. Die Hauptdekorateure unter Fr. Karl waren A. Bossi, W. Auwera und Gg. Oegg, unter Seinsheim *Materno Bossi* (Neffe Antons und Bruder Ludwigs), *J. P. Wagner* und der jüngere *Oegg*.—Der Südflügel 1806 ff. neu eingerichtet von *N. A. de Salins de Montfort*. Sein Klassizismus trocken und gedankenarm. Im Echozimmer vor 1803 ein Spiegel mit Spitzbogen.

Die Schloßkirche. Ursprünglich war für sie das Nordoval bestimmt (Entwürfe von *M. v. Welsch)*. Jetzt an der SWEcke. Anfang der 30er Jahre im Bau. Die Behauptung R. Pfisters, daß sie ausschließlich Hildebrands Werk sei, bedarf der Nachprüfung, wenn auch Wiener Einwirkung im ganzen nicht zu leugnen ist. Ein 1sch. Raum, aber äußerst kompliziert gegliedert. Die ineinander geschobenen 5 Ovale bedingen schon Grundriß und Wandgliederung, klar treten sie erst in den Gewölben hervor. Gegenüber den unendlich vielen Kurven wirkt die auf halber Gesamthöhe durchlaufende Horizontale des Gurtgesimses sehr eigentümlich. Die Anlage von 2 Hochaltären übereinander ein Wunsch des Bischofs, der direkt aus dem Schloß zur Messe gehen wollte. Die Dekoration (deren schwüle Glut, die von der Architektur angeschlagene leidenschaftliche Stimmung wirkungsvoll steigert) ist von *Antonio Bossi* (1734 von Neumann in Dienst genommen), die Deckengemälde (1735 ff.) von *J. R. Byß*, der schon in Pommersfelden für die Schönborns tätig, dann nach Wien gezogen war. Die Gemälde der Seitenaltäre von Tiepolo 1752. Die plastischen Figuren am oberen Altar wohl von *Joh. Wolfg. Auwera*.

Der Platz. Der sog. Rosenbachsche Hof an der NSeite älter als das Schloß, wohl von *Greising*, von *Geigel* 1765—70 der auf der SSeite korrespondierende Gesandtenbau und die Verlängerung ihrer Fluchten durch die Kolonnaden. Abschluß des Ehrenhofes durch ein Gitter schon 1733 von Hildebrand geplant; neuer Entwurf desselben 1737, 1744 fertig. Der Abbruch 1821 ein bitterer Verlust auch für die Gesamtwirkung. Der Gr. aus mehrfach geschwungenen Kurven; zu den Seiten der 3teiligen Pforte je 7 feste Gitter zwischen Steinpfll. mit Statuenkrönung. Das Eisenwerk von dem genialen Schlosser *J. G. Oegg* aus Tirol; erhalten von ihm die Gartentore und vieles im Innern.

Hofgarten. Die Ausdehnung durch das Festungswerk beschränkt. Pläne oft gewechselt. Die reiche Gartenplastik 1771—80 von *P. Wagner*.

Juliusuniversität. 1582—91. Entwurf von dem in Mainz ansässigen Niederländer *Georg Robin*, ausführender Meister *Wolf Beringer*. — 4 Flügel von gleicher Höhe umgeben einen quadr. Hof, der südl. enthält die Kirche, der nördl. den Eingang, der westl. und östl. entsprechen sich genau. Formcharakter z. T. Hochrenss., z. T. und mehr Fr.Bar., an den Gwbb. noch got. Rippen. Die rustizierten Hofhallen später geschlossen. Der Bibliotheksaal durch Neumann adaptiert. Der Gesamtcharakter hält gut die Mitte zwischen Zweckbau und Prunkbau. Die Heiterkeit des 16. Jh. hat er nicht mehr.

Kirche (Jesuiten). Beg. 1586, gew. 1591. Eine der wenigen bedeutenden Kirchenbauten der deutschen Renaissance. 3sch. Gewölbehalle, in den Abseiten 3geschossige Emporen (ihr Zweck berührt sich mit dem der protestantischen Kirchen dieser Zeit, d. h. es sollte Platz für viel Zuhörer der Predigt geschaffen werden). Die Konstruktion noch gotisch gedacht, dem humanistischen Formideal Rechnung getragen in den vor die Pfll. gesetzten ½ Sll. und Gesimsen in den 3 Ordnungen. Der feineren Belebung entbehren sie. — 1617 stürzte das Gewölbe ein und beschädigte den Alabasterhochaltar und das Juliusdenkmal. Wiederherstellung seit 1696 durch *Petrini*. Von ihm die Gwbb., die Pilastergliederung der Außenwände, der WTurm, leichtlich der schönste des oberdeutschen Barock. Älter das WPortal, 1628, Figg. von *Mich. Kern* (nach L. Bruhns).

Juliusspital. Erster Bau 1576—1585 unter B. Julius Echter von dem vorher beim Kurfürsten von Mainz bediensteten Niederländer *Georg Robin*. Nach Brand 1699 Neubau durch *Petrini* und *Greising*. Neuer Brand 1745. Die Wiederherstellung unter Oberleitung von *B. Neumann* ließ die Fassaden unverändert. Die SFassade klassizistisch erneuert 1789—93. Über dem Portal großes Sandsteinrelief, darstellend die Stiftung durch B. Julius, von *B. H. Nickel*. Im Mittelpavillon des NFlügels die Kirche; ursp. ähnlich der Univers.-K., jetzt frostig klassizistisch, von *Geigel* und *Materno Bossi*, die Ewiglichtfigur, lebensgroß, von *P. Wagner*. In der Mitte des Gartens Brunnengruppe von *Jakob Auwera* 1706. Der Gartenpavillon rechts (ursp. Anatomie)

1705—14, vermutlich von *Greising*. Apotheke mit schöner sp.rok. Ausstattung.

Bürgerspital. Gestiftet 1319. Von 1717 im Hof der „rote Bau", die Zuschreibung an *Neumann* bedenklich, vielleicht von *Greising*. Kleine got. Kirche. Hochaltar 1742 von *J. W. Auwera*, Seitenaltäre 1714 von *P. Wagner*. Feine Steinfig. der Madonna um 1416. Kruzifix, unbemalt, *Riemenschneider* zugeschrieben. Stifterdenkstein um 1330. Grabstein des Stifters Johannes vom Steren (de Ariete) † 1329 und Ekro v. St. † 1343. Silberne Maria 1730.

Hofspital. 1794. Die Kirchenfassade von *A. S. Fischer* streng klassizistisch. Die Figg. am Hochaltar wahrscheinlich von *B. H. Nickel*. Treffliches Relief der 14 Nothelfer, vielleicht von Jörg Riemenschneider.

Ehehaltenhaus (im **Ma.** Leprosen) Neubau nach 1600.

Josephspital (Hueberspflege) Stiftung für Dienstmägde. Einfacher Bau nach Entwurf aus dem Bureau B. Neumanns. Über dem Portal hübsches Relief von Ant. Nickel.

Dietrichspital 1670 von *Kaut* und *Petrini*, nach 1724 Flügel von *B. Neumann*.

Rathaus. Sehr verwickelter Gemengbau. Ältester Teil (13. Jh.) der Graf-Eckartsbau, unten rom. Der Hauptraum der sog. Wenzelsaal, 4 Gwbb. auf Mittel- und Wandpfl. mit reichem, interessantem Blattkapitell. Bemalung M. 14. Jh. Ursp. über dem Portal Relief mit Weltenrichter 1405, bedeutend. — Ratskapelle 1359, erweitert 1628. — Weiter zurück der Rote Bau bez. 1659.

Domherrenkurien. Nach älterer Vorschrift gegen die Straße zu geschlossen („Curiae claustrales"), seit 17. Jh. diese Bauweise aufgegeben. Nur die wichtigeren können hier genannt werden. — Hof Conti Herrengasse 8, E. 16. Jh., frühestes Beispiel der Nichtbeachtung der Klaustralvorschrift. Reicher Erker, Skulpturen erinnern an *Joh. Robyn*. In der Hauskap. Alabasteraltar 1611 von *M. Kern*. Guttenberghof Herrenstr. 1 um 1710—20. Vornehm stuckierte Zimmer 1784—94. Hof Heideck Domerschulgasse 1 um 1625, sehr charakteristische Kurie, Portal von *M. Kern*. Hof Seebach Domerschulg. 3, spgot. Hof Marmelstein Domerhofg. 2, entworfen 1747 von *Neumann*, große 3flügelige Anlage mit Binnenhof und Garten. Hof Tannenberg Paradeplatz 2 1574. Hof Ussigheim, weitläufige Anlage, rom. Kapelle. Schönes Gartenhaus um 1710. Bechtolsheimer Hof, E. 17. Jh. von *Petrini*. Repräsentatives Treppenhaus und Saal. Fichtelscher Hof, Fassade 2. H. 17. Jh., übriges 1724 von *B. Neumann*. Bronnbacher Hof, seit 12. Jh. im Besitz des Klst., jetziger Bau 17. Jh. Ebracher Hof um 1750, Straßenfront klassizistisch. Hof Emeringen 1699 von *Petrini*, ansehnliches Treppenhaus. Hof Heidenheim Franzisk.- und Ursulinergasse, mächtig und düster, zwei rom. Tore. Huttenscher Hof von B. Neumann 1725, Stuckierung Spätzeit des 18. Jh. Huttenschlößchen von Neumann.

Rückermainhof (ehem. Amtshof des Stiftes St. Burkard) 1715—23 von *Greising*, ein hervorragendes Werk des eigentlich deutschen Barock, warm und phantasievoll. Schöne Stuckdecken um 1720.

Zuchthaus bei St. Burckhard, erb. 1809 als Leibgardekaserne von *Späth*, kräftig und originell in der Verbindung von Rustika und dor. Sll.

Privathäuser. Sandhof (so genannt nach Besitzern des 13. und 14. Jh.), einheitlicher Bau seit 1587, jetzt Weinhaus und schwer verunstaltet. Wittelsbacher Hof 1591. Hof Wohlfahrt 16. Jh. und 1661. Ehemannsches Haus Augustinerstr. 12, um 1580. Haus Bachmann Neubaustr. 2, reich behandelter Fachwerkbau A. 17. Jh. Nonnenhof Franziskanerstr. 8, ausgedehnter Fachwerkbau. Bronnbachergasse 37 sitzende Maria mit Jesus und Johannes M. 17. Jh. Hof zum grünen Stein Franzisk.Gasse 3 1693, an der Kellertreppe ein frrom. Türsturz eingemauert. Haus *Petrinis* Marktplatz 2 1685. Zum Hohen Haus, Ecke Haugerkirchgasse 1696. Hof zum großen Willmut Karmelitengasse 1708. — Von *Greising* und seiner Schule: Sanderstr. 7 1714, hübsches Gartentor. Neubaustr. 14 1716. Hof Friedberg Bronnbachergasse 43 um 1714, stattlicher Hof, respektables Stiegenhaus. Alte Kaserngasse 16 schöner Saal mit Stuckatur um 1760; ähnlich Ursulinengasse 4, 6, 8. Grabenberg 1 für einen Kanonikus von Neumünster 1702, reicher Saal um 1760. Haus zum Klettenberg um 1710 mit schöner Madonna. Mehreres in der Semmelstraße. Hausmadonna Textorstr. 26 und Semmelstr. 1 von *Balth. Esterbauer*. Johanniterg. 17 Art des *Jakob Auwera*. Von *Neumann* und seiner Schule: Haus des Gg. Oegg Kapuzinerg. 3 1746; Neubaustr. 8, 10, 12 (no 10 bez. 1736); Eichhornstr. 13 1738; Marktpl. 14—16 1741; Domstr. 17; Augustinerstr. 16; Karmeliteng. 28; Reuerweg 6; N.s eigenes Haus Franziskanerg. 2, Anpassung eines älteren; Haus zum Falken nächst der Marienkap., 1735 für einen Kaufmann von dem Hildebrandschüler und Untergebenen Neumanns Ing.-Leutn. *Tatz* aus einem älteren dekorativ umgestaltet, sehr bezeichnend für das bürgerliche Rokoko; ähnliche Umarbeitung der Fassade am Hof zum Rebstock Neubaustr. 7 1737; elegante Stiegenhäuser Bronnbacherstr. 22 und Theaterstr. 6. Die Hausmadonna seit 1720 ohne Gehäuse: Blasiusg. 9, Rote Löweng. 7.
Klassizistisch: Russischer Hof Theaterstr. 1, Stuckierung von Domstr. 19, Kürschnerhof 4, Bahnhofstr. 11.

Mainbrücke 1473—88, an den Wölbungen die Jahreszahlen 1512 und 1543. Die Brückentore inzwischen entfernt. Die Heiligenstatuen unter B. Friedrich Karl von den Brüdern *Becker*.

Mainkranen von *Neumann d. J.* 1772.

Brunnen. Auffallenderweise erst aus 18. Jh. Vierröhren-Br. 1765 von *Lucas Auwera* und *P. Wagner*. Fischer-Br.

auf dem Fischmarkt und Bäcker-Br. in der Semmelstr. um 1770, beide von *Daniel Köhler*. Chronos-Br. auf der Hofstr. um 1780, Figg. von *Wagner*. Ceres-Br. auf der Neubaustr. von *B. H. Nickel*. Br. auf dem Grünen Markt 1805. Br. vor dem Burkardertor A. 18. Jh.

WURZEN. Sachsen AH Grimma.

„Dom". Den ältesten Teil der langgestreckten Anlage (63 m) bildet im W eine sprom. Pfeilerbasilika von 3 spitzbg. Arkaden, ursp. flachgedeckt, im ganzen ähnlich der Frauen-K. zu Grimma. Erweiterungen 13., 14., 16. Jh., neugot. rest. 1817. — Steinstatuen, zum Chorbau von 1513 gehörig, jetzt im Lhs.

Schloß 1491.

WÜSTHEUTERODE. Pr. Sachsen Kr. Heiligenstadt.

Dorf-K. (kath.) 1804. Gewölbter Quaderbau, noch ganz in dem herkömmlichen Eichsfelder Bar.Typus.

WYHRA. Sachsen AH Borna.

Dorf-K. Einheitlicher Bau von 1494; die auch für das Lhs. (1sch. 3jochig) beabsichtigten Gewölbe nur im Chor (eingezogen 2 Joche und 5/8Schluß) zur Ausführung gelangt.

Z

ZABELSTEIN. UFranken BA Gerolzhofen.

Burgruine aus 13. Jh., ehedem bedeutend, nach Beschädigung im Bauernkriege 1586 von Bischof Julius erneuert, jetzt nur spärliche Reste.

ZABELTITZ. Sachsen AH Großenhain.

Dorf-K. 1580. Quadrat mit eingezogenem quadr. Chor. Netzgwb. Gemalter Flügelaltar um 1580. — Denkmal des Nickel Pflug 1580. Altarähnlicher Aufbau in sauberer Steinarbeit. Mehrere Bronzetafeln.

Schloß 1589 für Kurfürst Christian I. von *P. Buchner*. Wohlerhalten der große Stall. Das Wohngebäude nach 1728 für Gf. Wackerbarth. Großer Park mit Sandsteingruppen in der Art *G. Knöfflers*.

ZAHNA. Pr. Sachsen Kr. Wittenberg.

Stadt-K. Rom. Granitquaderbau, ursp. 3sch., jetzt 1sch. kreuzf. Von den ursp. 3 Apsiden 1 erhalten. Am Qsch. Granitportale. Im W rck. Turm, unten Granit, oben got. Backstein

ZEHISTA. Sachsen AH Pirna.

Schloß; erb. im 16. Jh., daher einige Volutengiebel; umgebaut 1736 vom Gf. Brühl.

ZEIGERHEIM. Schwarzburg-Rudolstadt LA Rudolstadt.

Dorf-K. Beg. rom., Sch. und quadr. Chor, über welchem der Turm, wie oft üblich im Gebiete der Saale. Frgot. umgestaltet: Chor verlängert und beide Joche mit spitzbg. Tonnengwbb.;

Hauptgesims aus Werkstein, an den Ecken des O- und WGiebels zu Ohren verkröpft. Das südl. Fenster des östl. Chor-Joches erweitert mit Maßwerk der Hochgotik. Bmkw. hölzerne Emporen des Sch. 1715. — Guter Schnitzaltar um 1490, vom Saalfelder „Meister der Baldachine". — Glocke 1499.

ZEIL. UFranken BA Haßfurt.

Stadt-K. 1713 mit Beibehaltung des got. Chorturmes (nunmehr W). Im Chor reiches Deckengemälde von *J. P. Herrlein* 1761. Altäre um 1730. — Glocke 1379, eine zweite A. 14. Jh.

Golgatha-Kap. mit großer Kreuzigungsgruppe unter einem von 4 Sll. getragenen Dach, 1623.

Rathaus 17. Jh. 2 Steingeschosse, oberstes in Fachwerk.

Rentamt (vorher bischöfl. bambergisches Jagdschloß) erb. von Lothar Franz v. Schönborn gegen 1700.

Mehrere gute **Fachwerkhäuser.** No 126 von 1689 mit besonders reichem Schnitzwerk (ähnliches in Königsberg i. Fr.).

ZEILFELD. Sachsen-Meiningen Kr. Hildburghausen.

Dorf-K. 1734 im Anschluß an die für diese Gegend typische ma. Anlage, 1sch. Lhs. mit eingezogenem quadr. Chor, darüber Turm. — Altarwerk A. 16. Jh.

ZEILITZHEIM. UFranken BA Gerolzhofen.

Pfarr-K. 16. Jh. mit origineller bemalter Holzdecke.

Schloß des späten 17. Jh., eine der frühesten fränkischen Bauten der Familie Schönborn. 4flügelig um einen quadr. Hof. Innen einige sehr vornehm dekorierte Zimmer.

ZEITHAYN. Sachsen AH Großenhain.

Dorf-K. 1595, im Chor Tonnengwb. mit Rippennetz. — Schleinitzsches Wandgrab 1698, die gut charakterisierte Bildnisfigur in reicher Umrahmung von Marmorsll. Doppelgrab 1620.

ZEITLOS. UFranken BA Brückenau. Inv.

Prot. **Pfarr-K.** 1737. — Denkmal des Generals Gf. v. Thüngen † 1709, lebensgroßes, gespreiztes Standbild.

ZEITZ. Pr. Sachsen Kreisstadt.

Pfarr-K. S. Michael. Die OWand des Qsch., der Apsidenbogen und der Unterbau der 2 WTürme frührom. Für das letztere, in Thüringen durch kein älteres Beispiel beglaubigte Motiv ist das Fehlen genauerer Datierung besonders zu bedauern. Langhaus, Chor und Stirnwände des Qsch. frühgot. gegen 1300. Die schmalen Fenster zu je 2 gruppiert. Aus dieser Zeit die bmkw. Wandgemälde des Chors mit Stuckauftrag an Nimbus und Gewandsäumen. Von den einst 12 Kolossalfigg. (2—3 m hoch) sind 7 wiederhergestellt. — Spätgot. Umbau als Hallen-K. nach der Zerstörung durch die Hussiten 1429. Spätgot. Wandgemälde, darunter Totentanz. Übermalt mit einem kolossalen S. Christophorus. Die Gemäldespuren im Qsch. frühgot. In der Sakristei guter bar. Ölberg.

Schloß-K. S. Peter u. Paul. (Bis zur Verlegung des Bistums nach Naumburg im 11. Jh. Domkirche.) Ältester Teil die Krypta, erb.

974 ff., erweitert nach 1032, die Gwbb. aus 12. Jh. Wichtige Zeugnisse für den Stand der ottonischen Kunst nahe den damaligen Ostmarken sind die 2×4 Säulen, in denen fast verloschene Erinnerungen an die Antike mit mühsamen Neubildungen sich mischen; besonders bezeichnend ein nach der Würfelform tastendes Kapitell, auf dem gleichwohl in flachem Relief aufgerollte Akanthusstengel ausgearbeitet sind. — Von der Basilika des 12. Jh. hat sich erhalten die Vierung, ein Teil des QHauses und Teile der WTürme. — 1433—44 Umbau als spätgot. Hallen-K. An den ähnlich wie im Erfurter Dom gegliederten Bündelpfll. 13 lebensgroße Standbilder. Rom. Taufstein, Becken vierpaßförmig, Fuß als attische Basis. An den Wänden ein Kreuzigungsrelief in Alabaster aus 16. Jh. und 7 Grabdenkmäler der Bar.Zeit. In der Krypta 13 reiche Zinnsärge aus der Familie der Herzöge von Sachsen-Zeitz. 16 Grabsteine (durch moderne Zementrestauration mißhandelt) im Kreuzgang.

Franziskaner-K. um 1300. Hauptschiff mit 1 Ssch., der gegen 1400 verlängerte Chor mit $^5/_{10}$Schluß, das Ssch. unten zum Kreuzgang gezogen, oben als Empore ausgebildet (vgl. **Marienstern**). — In einem Raum des ehemaligen Klst. (jetzt Konferenzzimmer des Gymnasiums) bmkw. Spuren von Wandmalerei des 15. Jh.

Nikolai-K. neu. Aus der alten die Glocken (wahrscheinlich von *F. Eisenberg)*, ein Gemälde *Cranachs d. Ä.*

Stephans-K. An Stelle eines ma. Klst. 1739. Gute Rokoko-Ausstattung.

Rathaus 1502—09 von *Sebald Waldstein* aus Altenburg. Bezeichnend für die letzte Phase der Spätgotik. Die Komposition beruht auf der Kontrastierung der ganz schlichten, durch unregelmäßige Fensterreihen schwach belebten Wände mit der reichen Ausstattung der Giebel (**Maßwerk** aus gebrannten Formsteinen) und des mit 5 Erkern besetzten hohen Satteldachs (rest. 1909). Ratskeller 1505, großräumig, mit 4 Rippengewbb. eingedeckt.

Schloß. Die ma. Anlage im 17. Jh. verstärkt, 8 Rundtürme, in den herzogl. Zimmern Stuckdekoration um 1700, Saal mit Kassettendecke. — Bmkw. **Stadtbefestigung** 14.—16. Jh., von ihr 6 Türme erhalten.

ZELL A. M. bei Würzburg UFranken. [D.]

Prämonstratenser-Klst. Oberzell. Gegr. 1128. Der Bau bald darauf beg. Chor und Qsch. A. 17. Jh. neu aufgebaut (1838 z. T. wieder abgetragen). M. 17. Jh. das rom. Lhs. eingewölbt, unter Abt Hammerich (1692—1720) stuckiert, WFassade bez. 1696. — Das unter der Bar.Hülle erhaltene rom. Lhs. gehört zu den klarsten und gediegensten Bauschöpfungen aus der Klasse der rom. Sll.Basiliken. Das Lhs. hat 8 Arkaden, die Sll. verjüngt und geschwellt, die att. Basen eckblattlos, die Würfel-Kaptt. jetzt vom Stuck verdeckt. Im WBau ist die doppelgeschossige Vorhalle hinsichtlich der ursp. Anlage nicht mehr ganz deutlich. Die Turmhallen hatten Öffnungen (jetzt zugesetzt) gegen die Sschiffe. Das rom. Portal am 1. Joch des südl. Ssch. führte in den ehemaligen Kreuzgang. Die 1696 vorgeblendete Sandsteinfassade ist mit jonischen Pilastern 1geschossig gegliedert; Statuen von *Maucher*. — Stiftergrabmal 1604, wohl nach got. Vorbild. — Klostergebäude 1744—60. Keine von den ganz großen Anlagen, aber in der reichen und vornehmen Behandlung ihres Meisters, *Balth. Neumanns*, würdig. Die Fassade in langgestrecktem Aufbau von 19 Achsen, die linke Hälfte (Abteiflügel) nicht ausgeführt; im Aufbau Erdgeschoß, Hauptgeschoß, Mezzanin in ausgeprägter Kontrastierung; die Endrisalite wenig, das mittlere stark herausgehoben. Im Treppenhaus interessiert vor allem die Raumlösung; die Dekoration nicht hervorragend. Die Innenräume (Kapitelsaal, Sommer- und Winterrefektorium) einheitlich in Stuck dekoriert. Im Erdgeschoß Deckengemälde von *Franz Asam* 1758 (dem Sohn Cosmas Damians). Rom. Hoftor, aus M. oder 2. H. 12. Jh., durch die Seltenheit derartiger Anlagen (vgl. Bd. IV, Remagen) besonders interessant. Geteilt in Einfahrt für Wagen und kleines Fußgängerpförtchen, Gewände und Bgg. reich profiliert; Quadermauer; Abschluß des Torbaues durch Rundbogenfries. — Reich behandelte rom. Säulenreste, wohl vom Kreuzgang, an mehreren Stellen des bar. Neubaues wiederverwendet.

Prämonstratenserinnen-Klst. Unterzell. Von dem ursp. Doppelklst. abgezweigt. Die vom Generalkapitel 1141 verlangte Verlegung in größere Entfernung erst im 13. Jh. ausgeführt. 1609 bis 1611 Neubau von einem „welschen Baumeister". Trotzdem in den von F.-B. Julius gepflegten gotisierenden Formen, 1sch., Sterngewbb., Spitzbg.Fenster mit Maßwerk. Vom alten Bau blieb erhalten, in unregelmäßiger Stellung an der SSeite, der 5geschossige rom. Turm. Die K. seit der Aufhebung des Klst. 1803 profaniert. — Klausurgebäude renss., aus der Juliuszeit. Saaldekoration um 1720.

ZELLA-ST.-BLASII. Sachsen-Gotha LA Ohrdruf.

Stadt-K. 1768, verwandt der Michaels-K. in Ohrdruf, s. dort.

ZELLA a. d. Werra. Sachsen-Weimar VB Eisenach.

Propsteigebäude, jetzt Forsthaus, an einer Ecke bez. 1592. Ringmauer.

ZELLA b. Dermbach. Sachsen-Weimar.

Kirche der ehemaligen Propstei. 1715—32. Eine der besten Leistungen aus der Epoche der von Fulda geleiteten lebhaften Tätigkeit des katholischen Kirchenbaues in dieser Gegend. Prächtige Sandsteinfassade auf geschweiftem Gr. und mit Kolossalfigg. in Nischen. Die Kreuzgwbb. des 1sch. Raumes von Pilastern, im Chor von Stuckmarmorsll. getragen. Würdevolle Altarausstattung. Gutes Holzrelief mit Grablegung Christi um 1500. Schönes Silbergerät ca. 1780—90. — Propsteigebäude 1718. Reich dekorierter Festsaal.

ZELLA. Pr. Sachsen Kr. Mühlhausen.
Ehem. **Benedikt.-Nonnen-Klst.,** jetzt für landwirtschaftliche Zwecke umgebaut und schon vorher sehr entstellt. Erkennbar eine ziemlich große 1sch. rom. Anlage.

ZELLINGEN. UFranken BA Karlstadt.
Pfarr-K. 1785 von *Geigel.* 1sch. Saal mit Muldendecke und eingezogener Chorapsis. Die 2reihige Fensteranlage erklärt sich aus der Wiederverwendung der Mauern eines Schloßbaues. Das Innere ziemlich reich klassizistisch dekoriert von *Materno Bossi* (vgl. Kirchheim), mehr mit dem Pinsel als mit Stuck. Altäre und Kanzel aus grau- und violettem Stuckmarmor, auf den Fensterbänken die Stuckbüsten der Apostel.
Mariahilf-Kap. Bmkw. die Altäre von *Peter Wagner* 1788.
Rathaus. A. 17. Jh., einfach. Markttor E. 15. Jh. mit behäbiger Bar.Haube.

ZEUCHFELD. Pr. Sachsen Kr. Querfurt.
Dorf-K. Im Schiff einzelne sprom. Formen; OTurm und eingezogener rck. Chor mit frgot. Dreifenstergruppe.

ZEUBELRIED. UFranken BA Ochsenfurt.
Pfarr-K. Anlage gleich der Mauritius-K. in Wintershausen. Um 1300. Im Detail noch rom. Erinnerungen. — Bmkw. Renss.-Kanzel 1598. Über dem NPortal Statue des h. Blasius, Holz, M. 14. Jh. Ölberg E. 15. Jh. — Gute Bildstöcke 18. Jh.

ZEUZLEBEN. UFranken BA Schweinfurt.
Dorf-K. von 1753—55, mit prächtiger gleichzeitiger Inneneinrichtung von *Bossi.* Turm nach 1602.

ZIEGELHEIM. Sachsen AH Glauchau.
Dorf-K. 1507 in trefflicher Architektur der Rochlitzer Schule. Ungewöhnlicher Gr.: zwischen dem mächtigen WTurm und dem langgestreckten Chor ein kleines querrck. Gemeindehaus. Kunstvolle Sterngwbb. mit reicher Durchsteckung der Rippen. — Stuhlwerk und Emporen um 1642, gut. Gleichzeitig die Malerei der Chorgwbb., zwischen den Aposteln das Bildnis Luthers.

ZIEGENHAIN. RB Cassel Kr. Ziegenhain.
Schloß. Großer Gemengbau um 5eck. Hof, hauptsächlich spgot. Ehem. **Landratsamt,** 1659 in noch ma. Weise.
Große **Fruchtspeicher** von 1543 und 1577.
Fachwerkhäuser aus 16. und 17. Jh.

ZIEGENHAIN b. Jena. Sachsen-Weimar VB Apolda.
Dorf-K. beg. 1424 als Wallfahrts-K., hauptsächlich E. 15. Jh. Langer Chor mit 5/8Schluß, am 1sch. Lhs. im W 3sch. QHaus, jetzt dachlos, Portal vom selben Steinmetzen, wie die Portale der Stadt-K. in Jena. — Reste eines spgot. Schnitzaltars und spgot. Wandmalerei. Hübsche renss. Weinkanne 1610; Rest einer Kirchenfahne aus 2. H. 15. Jh. Bar. Kanzelbau auf 4 Palmbäumen. — Von den 3 **Burgen** oberhalb Ziegenhain (eine schon 937 genannt) jetzt nur ein runder frrom. Bergfried erhalten, der sog. Fuchsturm (Haube 1909).

ZIEGENRÜCK. Pr. Sachsen Kreisstadt.
Stadt-K. einfachst spgot. mit Flachdecke.
Schloß. Großer massiver Steinkasten mit ma. Resten.

ZIERENBERG. RB Cassel Kr. Wolfhagen.
Pfarr-K. 1430. Hallenkirche mit kreisrunden Schaften, blattlose Kaptt.
Rathaus. Fachwerkbau mit reich verzierten Schwellen und ehem. 4 Ecktürmchen. Über einer Tür Inschr. 1590.
Fachwerkhäuser aus 16. und 17. Jh.
Ringmauern z. T. erhalten.

ZILLBACH. Sachsen-Weimar B Dermbach.
Kirche im Bankettsaal des ehem. Jagdschlosses. Eingangstür bez. 1595. Das neue Jagdschloß 1790.

ZIPSENDORF. Pr. Sachsen Kr. Zeitz.
Dorf-K. 1407, 1sch. mit ³/₈Chor; Netzgwb. Die ansehnlichste got. Dorf-K. des Kreises.

ZITTAU. Sachsen Amtshauptstadt.
Johannis-K. Der spgot. Bau, eine doppeltürmige Hallenkirche, durch Brand 1757 zerstört. Neubau beg. 1766 nach Entwurf von *Andr. Hünigen* (mit Beibehaltung des alten NTurms). 3sch. Pfll.Halle, das breite, an beiden Enden in den ½Kr. übergeführte Msch. mit Muldendecke, die mit Emporen durchsetzten Sschiffe flachgedeckt. — Konstruktionsfehler nötigten im 19. Jh. zu einem Umbau, beg. 1834 nach Entwurf von *Schinkel*. Das Mittelstück der Fassade neukomponiert, das Innere mit schucklosem Detail. — Zahlreiche Denkmäler des 17. und 18. Jh. erhalten; unter ihnen das des Prokop Naso † 1608, ein Meisterwerk der Renss.-Dekoration. Interessantes Hungertuch, Ölmalerei auf Leinwand, die 6,80 m br., 8,20 m h. Fläche in 90 Felder geteilt; wohl vom Franziskanerkonventualen *Vincentius*.
Petri-Pauli-K. (Franziskaner). Zusammenfassung von 3 nicht planmäßig zusammengehörenden Bauteilen. 1. die frühere Nikolaus-Kap., jetzt Sakristei, sp. 13. Jh., zierliches frgot. Detail mit rom. Erinnerungen. 2. Chor gegen 1293. Gestrecktes Rck., gedeckt mit 4 Kreuzgwbb. (in Backstein) auf Konsolen. 3. Lhs. 15. Jh., 2sch. Hallenkirche, Pfll. in Backsteinformen. — Innere Einrichtung 1658 ff. Schlichtes Chorgestühl 15. Jh. Trefflicher Altarbau 1668; ebenso die Kanzel. Empore in kräftigem Holzwerk. Am Ssch. die *Noack*sche Betstube mit guter Fassade, 1696. — Denkmäler. Ältestes 1449, Frau und Kind in geritzten Umrissen. Auf dem Kirchhof bar. Gruft-Kapp. Mehrere mit vorzüglichen eisernen Gittern. — Klostergebäude. Erhalten der got. Kapitelsaal. Bibliotheksaal im WFlügel 1662.
Frauen-K. Der ma. Bau durch Brände 1475 und 1535 zerstört. Nur der Chor mit Qsch. whgest. (Letzte Rest. 1897.) Die Formen im Übergangsstil, etwa 1260—80, weisen auf böhmische Beziehungen; wegen der Seltenheit vorgotisch. Denkmäler in der Lausitz besonders beachtenswert. Im Qsch. werden die Kreuzarkaden von der Vierung durch je eine Doppelarkade abgeson-

dert. Unmittelbar an die Vierung schließt sich die polyg. ($^5/_8$) Apsis. Hohe, schmale Rundbg.Fenster. Arkaden und Gwbb.-Linien spitzbg., Rippen derb rck., teils auf dünnen Diensten mit Knollenkaptt., teils auf gestielten Konsolen. Das Äußere mit Blenden auf ähnlichen Diensten zierlich gegliedert. — Im Altarbau von 1619 eine schöne spgot. Madonna. Kanzel 1619 von *Michel Greger*. Emporen aus derselben Zeit. Die Wände bergen einen reichen Schmuck von hölzernen Bar.-Epitaphen. Die steinernen Denkmäler an den Außenseiten opulent und meist von guter Qualität. Ein Teil ins Stadtmuseum gebracht.

Kreuz-K. beg. 1410. Plan ähnlich der Serviten-K. in Prag. Lhs. quadr. mit Mittelpfl., von dem sich ein regelmäßiger Stern entwickelt. Eingezogener Chor. Material Sandstein. — Der Gekreuzigte mit Maria und Johannes, gute Schnitzw. aus 2. H. 15. Jh. Ausstattung noch 1651. Das 17. und 18. Jh. außerordentlich freigebig mit Grabdenkmälern, namentlich von den Gruft-Kapp. des Äußeren sind mehrere geradezu luxuriös, so die Mönchsche um 1710, die Schrönsche um 1720, die Finksche um 1730.

Dreifaltigkeits-K. (Weber-K.) Einfach spgot. um 1440. 1sch. mit $^3/_8$Schluß. An Stelle der zerstörten Gwbb. Flachdecke des 17. Jh. Die Grabdenkmäler wiederum sehr zahlreich.

Hospital-K. Kleiner 1sch. Bau des 14. Jh., wiederholt rest. Portal und Fenster noch ausgeprägt frgot. Das Innere durch mannigfaltige Einbauten recht malerisch.

Altes Gymnasium 1571 mit Benutzung von Resten des Johanniterkreuzhofs. Denkmal des Gründers Joh. v. Dornsbach. † 1580.

Vom **Rathaus** des 16. Jh. haben sich nur der Turm und die Keller erhalten.

Marstall, zugleich Rüstkammer und Schüttboden, bez. 1511. Der mächtige Dachraum im 18. Jh. umgebaut.

Von den einst zahlreichen **Brunnen** haben sich die folgenden, durchweg plastisch reich durchgebildeten, erhalten: Marsbrunnen 1585, Samariterinnenbrunnen 1697, Herkulesbrunnen 1708, Schwanenbrunnen 1710.

Wohnhäuser. (Geschichtliche Marksteine sind die Stadtbrände 1589 und 1608 und die Beschießungen 1632 und 1757.) a) Fr.-Renss. Neustadt 32 und 34, prächtige Sandsteintore. b) Sp.-Renss. Markt 3 und 15, Bautzener Str. 2 und 11. c) Fr.-Bar. Markt 24 (Amtsgericht) von 1678; Neustadt 23 von 1681; Markt 4 von 1689, hoch und schmal, reiches Detail, Eindringen Dresdener Einflüsse, auch die Rückfassade zum Johanniskirchhof zu beachten. d) Sp.Bar. Markt 9 von 1710, 7 Fenster br., guter Aufbau und prächtiges Detail; Weberstr. 20 von 1717; Wettinerstr. 21 von 1728; Markt 16, Bautzener Str. 6 von 1745. e) Rok. Lebhafte Bautätigkeit nach Stadtbrand 1757. Markt 13 von 1767.

Städtisches Museum.

ZÖBLITZ. Sachsen Kr. Marienberg.
Stadt-K. 1729 von *J. Ch. Simon*, sehr einfach.

ZORBAU. Pr. Sachsen AH Querfurt.
Dorf-K. Rom. OTurm, der frgot. Rechteckchor Ersatz für die rom. Apsis; alles sehr entstellt.

ZÖRBIG. Pr. Sachsen Kr. Bitterfeld.
Stadt-K. ursp. rom. Anlage, nach spgot. und neuester Rest. ohne Interesse.

ZÖSCHAU. Sachsen AH Oschatz.
Dorf-K. Wenig veränderter rom. Bau. Das kurz-rck. Lhs. flachgedeckt, der eingezogene quadr. Chor mit Hängekuppel zwischen mächtigen Gurtbgg., darüber der Turm (in jetziger Gestalt 17. Jh.), die Apsis aus der Halbkugel gewölbt, die Fenstergewände z. T. alt. — Granitener rom. T a u f s t e i n im Gutspark. Spgot. S a k r a m e n t s n i s c h e. Guter F l ü g e l a l t a r um 1520, besonders die Relieffig. des Schreins, S. Nikolaus, von sorgfältigster Ausbildung.

ZSCHAITZ. Sachsen AH Döbeln.
Dorf-K. Turm 1515, Schiff 1717. Rck. mit gestutzten Ecken. — Stattlicher A l t a r b a u mit Gemälden 1655, K a n z e l 1656.

ZSCHEILA. Sachsen AH Meißen.
Dorf-K. Quadr. Gemeindehaus mit eingezogenem quadr. Chor, kreuzgewölbt, M. 13. Jh., 1512 Erweiterung nach W.

ZSCHEIPLITZ. Pr. Sachsen Kr. Querfurt.
Ehem. **Klst.K.**, rom. Anlage mit OTurm und Apsis nach dem Typus einer Dorf-K., nur durch die größere Länge des Schiffs ausgezeichnet.

ZSCHEPPLIN. Pr. Sachsen Kr. Delitzsch.
Dorf-K. spgot. Backsteinbau. — Fr.Renss. T a u f s t e i n mit figürl. Reliefs. Mehrere E p i t a p h e des 17. Jh., für dieses Gebiet von guter Qualität.

ZSCHOPAU. Sachsen AH Flöha.
Martins-K. E. 15. Jh., oft erneuert.
Burg alter Gründung. Umbau 1545 durch Kurfürst Moritz; aus Ma. der starke runde Bergfried.

ZWÄTZEN b. Jena. Sachsen-Weimar VB Apolda.
Dorf-K. Chor und Turm (1513) got., Lhs. rom. mit schmalen Schlitzfenstern und rom. Bohlentür mit altem Beschläge. S c h n i t z a l t a r 1517, guter thüringischer Durchschnitt. G r a b s t e i n e von Deutschordensrittern, deren Embleme auch am K a n z e l b a u (Zopf). — Die Komtureigebäude gänzlich verbaut.

ZWETHAU. Pr. Sachsen Kr. Torgau.
Dorf-K. renss. Seitwärts in 8 m Abstand rom. Turm mit gekuppelten Schallöffnungen.

ZWICKAU. Sachsen Kreishauptstadt.
Marien-K. Erster Bau gew. 1118, zweiter beg. 1328, dritter 1465 bis 1506. Infolge dieser verwickelten Baugeschichte zeigt der Gr. viele Unregelmäßigkeiten. Die ältesten Teile im WBau. Querschifflose Hallenkirche ähnlich Annaberg, Schneeberg usw.

Nur deutet der zuerst begonnene Chor auf die ursp. Absicht, die Ssch. schmäler zu halten; er schließt mit 5 Seiten des 16Ecks. Lichte Maße 59,5 m l., 31 m br., 17 m h. Die äußere Erscheinung reich, im Gegensatz zu der sonstigen Tendenz der Erzgebirgsschule; die Strebepfl. kräftig vortretend; sie selbst sowohl als die zwischen ihnen liegenden Wandflächen in glänzender, wenn auch einigermaßen einförmig wirkender Weise mit blindem Stab- und Maßwerk, durchflochtenen Kielbögen usw. überkleidet. Unter dem Dachgesims taucht der Rundbogenfries wieder auf, in charakteristischer Umbildung des rom. Motivs; an Baldachinen, Giebeln usw. nimmt das Maßwerk öfters naturalistische Astformen an (vgl. Schloß-K. in Chemnitz). — Die Kirche nimmt durch die wenig versehrte Fülle ihrer Ausstattung eine bevorzugte Stellung ein. Großes Altarwerk von *Michael Wolgemut* aus Nürnberg 1479; 4 bewegl. und 2 feste Flügel; 7 m l., 2,50 m h. Der Schrein und die Innenflügel geben Maria und 8 weibliche Heilige in Schnitzwerk; alles übrige ist gemalt; die erste Wandelung zeigt Verkündigung, Geburt, Anbetung und h. Sippe, die zweite Wandelung Ölberg, Geißelung, Kreuztragung, Kreuzigung. — Taufstein, Kelchform in blühender Fr.Renss. 1536, vielleicht von *Hans Speck*. — Sicher von diesem die Kanzel, z. T. in farbiger Terrakotta, schmuckreiche Treppe mit Tür; Schalldeckel 1651. — Reste von Chorstühlen mit Laubwerk, Getier und Fratzen, E. 15. Jh. Prunkvoller Ratsstuhl von 1617. Kalandstübchen in der südwestl. Turmempore mit prachtvollem Ofen aus emaillierten Kacheln um 1540. Bemalte Orgeltürflügel 1627. — Heiliges Grab, bez. 1507; aus Lindenholz geschnitzter freistehender Schrein mit hohem turmartigem Aufbau; das figürl. Element tritt gegen das architektonische zurück. — Freigruppe der Maria mit dem Leichnam des Herrn A. 16. Jh.; Lindenholz, noch in der feinen alten Bemalung; nicht manierfrei, aber edel und tief gedacht; unter den deutschen Bildhauerarbeiten dieser Epoche verdient dies anonyme (neuerdings von Flechsig dem Zwickauer *Peter Bauer* zugeschriebene) Werk einen hohen Rang. — Grabsteine und besonders Gedenktafeln in sehr großer Zahl. Messingplatten: ikonisch Martin Römer 1560, die meisten heraldisch. Freigrab nebst Epitaph für Karl v. Bose 1637. Von den über den Emporen hängenden Epitaphen die bmkw.: Joh. Seling 1591, der Rahmen in der Art des *Schreckenfuchs*; Joh. Zochendorf 1662, farbiges, plastisches Kniebild; Obristwachtmeister v. Heldreich † 1674, lebensgroße, lebendig behandelte Holzfig.; Bürgermeister Mühlpfort † 1534; unbekannte Stifterfamilie 1559 bez. *W. K.* (*Wolf Kirchner?*). — Unter den Altargeräten Meisterwerke der spgot. und renss. Silberschmiedekunst. Abendmahlskanne vom Zwickauer Meister *M W* 1622, Hostienbüchse *C W* 1661.

Katharinen-K. gegr. nach 1212, in verschiedenen got. Epochen umgebaut, zuletzt 1571. Der gestreckte, platt geschl. Chor und die Sakristei aus 14. Jh. Das Gemeindehaus durch Hinzufügung von Ssch. in Hallenkirche umgewandelt. Das schmuckreiche Äußere durch Rest. des 19. Jh. entcharakterisiert. — Altarwerk, ganz gemalt, A. 16. Jh. (von *Hans v. Kulmbach?)*, 2 feste und 2 bewegliche Flügel. — Kanzel von *Hans Speck*.

Rathaus 15. und 16. Jh., im 19. Jh. entstellt. Interessante Glasgemälde bez. *C. R.* 1581. Silberschatz.

Gewandhaus 1522; der nördl. Backsteingiebel zeigt die got. Formen in einer für diese Zeit und Gegend bezeichnenden Degeneration.

Schloß Osterstein, für Kurfürst August ausgebaut von *Hans Irmisch* 1565—85; sehr entstellt.

ZWÖNITZ. Sachsen AH Chemnitz.

Stadt-K. 1sch., erneuert nach Brand 1687. Das hölzerne Gwb. durch Laubrippen belebt, auch die ganze bar. Ausstattung aus Holz, gut erhalten, die Emporenträger in Gestalt von Palmbäumen.

Ortsverzeichnis,

geordnet nach Staaten und Verwaltungsbezirken.

SACHSEN.

Kreishauptmannschaft Bautzen.

Bautzen. Baruth. Bischofswerda. Burkau. Frankental. Gaussig. Göda. Gröditz. Großhartau. Guttau. Kleinbautzen. Klix. Königswartha. Malschwitz. Miekel. Neschwitz. Niedergurig. Oberneukirch. Pannewitz. Radibor. Rammenau. Schirgiswalde. Schmochtitz. Uhyst.

Kamenz. Bischheim. Brauna. Elstra. Glauschnitz. Großröhrsdorf. Höckendorf. Königsbrück. Krakau. Marienstern. Nebelschitz. Obergersdorf. Oberlichtenau. Ossling. Prietitz. Pulsnitz. Ralbitz. Röhrsdorf. Rosental. Schwepnitz.

Löbau. Bernstadt. Bertelsdorf. Berzdorf. Cunewalde. Ebersbach. Eibau. Friedersdorf. Glossen. Großhennersdorf. Herrnhut. Herwigsdorf. Hochkirch. Kittlitz. Kottmarsdorf. Lauske. Lawalde. Neugersdorf. Neusalza. Niederruppersdorf. Nostitz. Obercunnersdorf. Oberoderwitz. Ruppersdorf. Schönau. Spremberg. Taubenheim. Weißenberg.

Zittau. Althörnitz. Bertsdorf. Gicßmannsdorf. Großschönau. Grunau. Hainewalde. Herwigsdorf. Hirschfelde. Neuhörnitz. Joachimstein. Karlsfried. Königshain. Leuba. Lückendorf. Mariental. Niederoderwitz. Oberseifersdorf. Ostritz. Oybin. Radmeritz. Reibersdorf. Reichenau. Seifhennersdorf. Seitendorf. Spitzkunnersdorf. Waehrsdorf. Wittgendorf.

Kreishauptmannschaft Dresden.

Dippoldiswalde. Bärenstein. Frauenstein. Geising. Glashütte. Hennersdorf. Höckendorf. Lauenstein. Lungwitz. Niederpretzschendorf. Possendorf. Reinhardtsgrimma. Ruppendorf. Schmiedeberg. Seebach. Seifersdorf.

Dresden-Altstadt. Brießnitz. Döhlen. Fördergersdorf. Grillenburg. Klingenberg. Leubnitz. Lockwitz. Mohorn. Nöthnitz. Oberpesterwitz. Plauen. Räcknitz. Somsdorf. Tharandt.

Dresden-Neustadt. Großeckmannsdorf. Hermsdorf. Hosterwitz. Kaditz. Kleinwolmsdorf. Kötzschenbroda. Lausa. Leuben. Lomnitz. Loschwitz. Moritzburg. Niederlößnitz. Oberlößnitz. Pillnitz. Radeberg. Reichenberg. Schönfeld. Seifersdorf. Uebigau. Wachau. Wallroda.

Freiberg. Kleinschirma. Langhennersdorf. Oberbobritzsch. Pfaffroda. Purschenstein. Sayda. Weißenborn.

Großenhain. Blochwitz. Dallwitz. Frauenhayn. Gröba. Lampertswalde. Lauterbach. Naunhof. Oberebersbach. Pausitz. Ponickau. Promnitz. Reinersdorf. Riesa. Röderau. Rödern. Sacka. Schönfeld. Seußlitz. Strauch. Tiefenau. Weissig. Zabeltitz. Zeithayn.

Meißen. Altzelle. Batzdorf. Bieberstein. Boritz. Burkhartswalde. Choren. Constappel. Coswig. Grumbach. Heiligenkreuz. Heinitz. Herzogswalde. Hirschfeld. Hirschstein. Lommatzsch. Miltitz. Naustadt. Neukirchen. Nossen. Oberreinsdorf. Reinsberg. Rothschönberg. Scharffenberg. Schieritz. Schleinitz. Siebeneichen. Sornitz. Tanneberg. Taubenheim. Weistropp. Wilsdruff. Zscheila.

Pirna. Altstadt. Borna. Borthen. Dittersbach. Dohna. Eschdorf. Friedrichswalde. Gamig. Gottleuba. Großsedlitz. Hohnstein. Königstein. Langburkersdorf. Liebstadt. Lohmen. Maxen. Neustadt. Ottendorf. Polenz. Reinhardtsdorf. Röhrsdorf. Rottwerndorf. Schandau. Sebnitz. Sedlitz. Stolpen. Struppen. Ulbersdorf. Weesenstein. Zehista.

Kreishauptmannschaft Leipzig.

Borna. Auligk. Dittmansdorf. Elstertrebnitz. Eschfeld. Frohburg. Geithain. Gnandstein. Greifenhain. Groitzsch. Kohren. Lausigk. Mölbis. Nenkersdorf. Niedergräfenhain. Ossa. Pegau. Prießnitz. Roda. Roetha. Steinbach. Syhra. Trautzschen. Wickershain. Wiederau. Wyhra.

Döbeln. Altenhof. Beerwalde. Buch. Gersdorf. Gleisberg. Großweitzschen. Grünlichtenberg. Knobelsdorf. Kriebstein. Leisnig. Marbach. Nauhain. Noschkowitz. Otzdorf. Roßwein. Schönerstadt. Schweta. Tragnitz. Waldheim. Zschaitz.

Grimma. Altenbach. Ammelshain. Belgershain. Bernbruch. Brandis. Burkartshain. Cannewitz. Colditz. Döben. Dornreichenbach. Erdmannshain. Falkenhain. Fremdiswalde. Glasten. Grethen. Grubnitz. Klinga. Kössern. Künitzsch. Machern. Müglenz. Mutzschen. Nischwitz. Otterwisch. Pommssen. Schwarzbach. Thallwitz. Threna. Trebsen. Wasewitz. Wurzen.

Leipzig. Baalsdorf. Cröbern. Engelsdorf. Gautzsch. Großzschocher. Gundorf. Knauthain. Knautnaundorf. Lindental. Podelwitz. Störmtal. Taucha. Thekla. Wahren.

Oschatz. Ablaß. Altmügeln. Altoschatz. Bloßwitz. Borna. Bornitz. Calbitz. Canitz. Cavertitz. Dahlen. Hof. Hubertusburg. Jahna. Jakobstal. Kötitz. Kreinitz. Laas. Lampertswalde. Leuben. Liptitz. Lonnewitz. Lorenzkirch. Luppa. Merkwitz. Mügeln. Naundorf. Ochsensaal. Schmorkau. Schrebnitz. Schweta. Stauchitz. Stösitz. Strehla. Zöschau.

Rochlitz. Burgstädt. Erlau. Geputzig. Göhren. Gräfenhain. Ober-Kaufungen. Königsfeld. Langenleuba. Markersdorf. Mittweida. Neusorge. Niedersteinbach. Penig. Ratendorf. Rochsburg. Seelitz. Wechselburg. Wiederau. Wolkenburg.

Kreishauptmannschaft Zwickau.

Annaberg. Buchholz. Ehrenfriedersdorf. Elterlein. Gelenau. Jöhstadt. Scheibenberg. Schlettau. Tannenberg.

Auerbach. Klingenthal. Rodewisch. Waldkirchen.

Chemnitz. Alt-Chemnitz. Bräunsdorf. Einsiedel. Lugau. Niederfrohna. Niederrabenstein. Röhrsdorf. Stollberg. Zwönitz.

Flöha. Auerswalde. Augustusburg. Ebersdorf. Frankenberg. Lichtenwalde. Niederlichtenau. Öderau. Sachsenburg. Zschopau.

Glauchau. Hohenstein. Lichtenstein. Meerane. Remse. Thurm. Waldenburg. Ziegelheim.

Marienberg. Forchheim. Großolbersdorf. Lauterbach. Olbernhau. Scharfenstein. Wolkenstein. Zöblitz.

Ölsnitz. Elster. Schönberg. Voigtsberg.

Plauen. Geilsdorf. Kauschwitz. Kürbitz. Mylau. Netzschkau. Neumark. Pöhl. Reichenbach. Rodersdorf. Straßberg. Theuma. Thierbach. Thossen.

Schwarzenberg. Carlsfeld. Grünhain. Klösterlein-Zelle. Lößnitz. Neustädtel. Schneeberg.

Werdau.

Zwickau. Altschönfels. Blankenhain. Crimmitschau. Härtensdorf. Hartenstein. Hirschfeld. Königswalde. Langenhessen. Langenreinsdorf. Neuschönfels. Niebra. Niederplanitz. Obergrünberg. Ruppertsgrün. Schönfels. Stein. Weißenborn.

THÜRINGEN.

Sachsen-Weimar-Eisenach.

Apolda. AG Allstedt: Kalbsrieth. Oldisleben. Wolferstedt. Apolda: Hainichen. Nauendorf. Niederrossla. Niedertrebra. Osmannstedt. Sulza. Utenbach. Buttstedt: Großneuhausen. Gutmannshausen. Hardisleben. Mannstedt. Teutleben. Jena: Altengönna. Ammerbach. Beutnitz. Bürgel. Dornburg. Döthen. Frauenprießnitz. Göschwitz. Großlöbichau. Großschwabhausen. Hohlstedt. Kleinschwabhausen. Kunitz. Lehesten. Leutra. Lichtenhain. Lobeda. Löbstedt. Maua. Nennsdorf. Neuengönna. Porstendorf. Rodigast. Rotenstein. Steudnitz. Talbürgel. Tautenburg. Unterwöllnitz. Wenigenjena. Ziegenhain. Zwätzen.

Dermbach. Bremen. Geisa: Bermbach. Borsch. Buttlar. Geismar. Kranlucken. Motzlar. Schleid. Kaltennordheim: Brunnhardtshausen. Diedorf. Empfertshausen. Erbenhausen.

Helmershausen. Kaltensundheim. Kaltenwestheim. Unterweid. Zella. Zillbach. Ostheim: Lichtenburg. Sondheim. Stetten. Vacha: Dorndorf. Kieselbach. Krayenburg. Tiefenort. Völkershausen.

Eisenach. Berka vor dem Hainich. Bischofsroda. Burkhardroda. Farnroda. Großenlupnitz. Krauthausen. Creuzburg. Madelungen. Marksuhl. Mihla. Ruhla. Scherbda. Seebach. Stadtfeld. Wartburg. Wenigenlupnitz. Wilhelmtal. Zella a. d. Werra. Gerstungen: Berka. Brandenburg. Dankmarshausen. Dippach. Frauensee. Großensee. Herda. Lauchröden. Sallmannshausen. Untersuhl. Stadtlengsfeld: Lengsfeld. Weilar.

Neustadt a. d. Orla. Auma: Braunsdorf. Schönborn. Traun. Neustadt: Arnshaugk. Daumitsch. Dreitzsch. Keila. Lausnitz. Neunhofen. Nieder- u. Oberoppurg. Weida. Frießnitz. Mildenfurt. Münchenbernsdorf. Schüptitz. Veitsberg.

Weimar. Blankenhain: Berka. Heilsberg. Magdala. Saalborn. Thangelstedt. Tonndorf. (Großrudelstedt): Eckstedt. Nöda. Ilmenau: Vieselbach: Großmölsen. Kerpsleben. Ollendorf. Udestedt. Weimar: Belvedere. Ehringsdorf. Ettersburg. Heichelheim. Kapellendorf. Liebstedt. Mellingen. Oberweimar. Sachsenhausen. Tiefurt. Umpferstedt.

Sachsen-Altenburg.

Altenburg. Breitenhain. Flemmingen. Langenleuba. Romschütz. Rußdorf. Treben. Windischleuba. Meuselwitz. (Ronneburg): Großstechau. Kauern. Korbussen. Löbichau. Mückern. Posterstein. Schmölln: Gößnitz. Ponitz.

Roda. Eisenberg: Klosterlausnitz. Kahla: Altenberge. Bibra. Dienstädt. Großkröblitz. Gumperda. Hummelshain. Meckfeld. Neusitz. Oberhasel. Orlamünde. Reinstädt. Schweinitz. Wiederkunft, Fröhliche. Roda: Drackendorf. Kleinebersdorf. Lippersdorf. Ottendorf.

Sachsen-Gotha.

Gotha. Apfelstedt. Günthersleben. Haarhausen. Ichtershausen. Ingersleben. Molschleben. Molsdorf. Pferdingsleben. Stedten. Sülzenbrücken. Wachsenburg. Warza. Gräfentonna. (Tonna:) Großfahner. Herbsleben. Volkenrode.

Ohrdruf. Liebenstein: Elgersburg. Gera. Gräfenroda. Ohrdruf: Crawinkel. Georgenthal. Hohenkirchen. Zella.

Waltershausen. Tenneberg: Cabarz. Friedrichroda. Hörselgau. Reinhardsbrunn. Tal: Ruhla. Wangenheim: Ettenhausen. Friedrichswerth. Großenbehringen. Hastrungsfeld. Sonneborn.

Sachsen-Meiningen.

Hildburghausen. Eisfeld: Brünn. Crock. Sachsendorf. Stelzen. Unterneubrunn. Heldburg: Gellershausen. Gompertshausen. Hellingen. Rieth. Schlechtsart. Ummerstadt. Westhausen. Hildburghausen: Adelshausen. Bedheim. Ebenhard. Heßberg. Klosterveilsdorf. Michaelisberg. Roth. Streufdorf. Zeilfeld. Römhild: Behrungen. Haina. Milz. Westenfeld. Wolfmannshausen. Themar: Dingsleben. Henfstedt. Marisfeld. Reurieth. Trostadt.

Meiningen. Amalienruhe. Belrieth. Bettenhausen. Bibra. Einhausen. Elisabethenburg. Ellingshausen. Fasanerie. Feldeck. Grimmental. Habesburg. Helba. Henneberg. Hermannsfeld. Herpf. Hutsberg. Jüchsen. Landeswehr. Landsberg. Leutersdorf. Melkers. Neubrunn. Nordheim. Obermaßfeld. Queienfeld. Schwickershausen. Stedtlingen. Stepfershausen. Sülzfeld. Untermaßfeld. Vachdorf. Walldorf. Salzungen: Allendorf. Altenstein. Dietlas. Feldeck. Frankenberg. Frankenstein. Frauenbreitungen. Helmers. Leimbach. Liebenstein. Möhra. Oberellen. Schweina. Wildprechtsroda. Witzelroda. Wasungen: Hümpfershausen. Kaltenlengsfeld. Maienluft. Metzels. Oepfershausen. Roßdorf. Schwallungen. Schwarzbach. Sinnershausen.

Saalfeld. Camburg: Kleingestewitz. Leislau. Münchengosserstädt. Schmiedehausen. Utenbach. Vierzehnheiligen. Gräfental: Lichtentanne. Probstzella. Kranichfeld: Achelstädt. Saalfeld: Aue am Berg. Gorndorf. Graba. Großkochberg. Treppendorf. Unterwellenborn. Weischwitz. Pößneck.

Sonneberg. Schalkau: Effelder. Meschenbach. Rauenstein. Sonneberg: Gefell. Mupperg. Neuhaus. Oberlind.

Schwarzburg-Rudolstadt.

Frankenhausen. Göllingen. Ichstedt. Kyffhäuser. Ratsfeld. Rotenburg. Seega. Thalleben.

Rudolstadt. (Königsee:) Allendorf. Meuselbach. Oberrottenbach. Unterweißbach. Leutenberg: Bucha. Burglemnitz. Eyba. Rudolstadt: Blankenburg. Greifenstein. Kirchhasel. Oberwirrbach. Schaala. Schwarzburg. Teichweiden. Zeigerheim. Stadtilm: Bucheloh. Griesheim. Paulinzella.

Schwarzburg-Sondershausen.

Arnstadt. Alkersleben. Dornheim. Espenfeld. Oberndorf. Plaue. Witzleben.

Sondershausen. Ebeleben: Allmenhausen. Keula. Gehren: Großbreitenbach. Langewiesen. Sondershausen: Bendeleben. Großfurra. Jechaburg.

Reuß ältere Linie.

Greiz. B u r g k : Friesau. Pahnstangen. Röppisch. G r e i z : Fraureuth. Gottesgrün. Herrmannsgrün.

Reuß jüngere Linie.

Gera. Geißen. Köstritz. Kulm. Lusan. Tinz. Untermhaus. H o h e n l e u b e n.
Schleiz. H i r s c h b e r g : L o b e n s t e i n : Ebersdorf. Harra. S c h l e i z : Kirschkau. Reichenfels. Rödersdorf. Saalburg.

PREUSSEN.

Regierungsbezirk Merseburg.

Bitterfeld. Alt-Jeßnitz. Beyersdorf. Brehna. Friedersdorf. Mühlbeck. Talheim. Zörbig.
Delitzsch. Beerendorf. Benndorf. Brinnis. Cletzen. Eilenburg. Grebehna. Hayna. Landsberg. Naundorf. Radefeld. Tiefensee. Zschepplin.
Eckartsberga. Auerstedt. Beichlingen. Burghäseler. Burgwenden. Cölleda. Gorsleben. Heldrungen. Kannawurf. Leubingen. Memleben. Niederholzhausen. Sachsenburg. Steinbach. Wolmirstadt.
Halle und Saalkreis. Beesenlaublingen. Böllberg. Brachstedt. Buschdorf. Cönnern. Giebichenstein. Hohenturm. Krosigk. Mücheln. Nauendorf. Neutz. Peissen. Petersberg. Reideburg. Schlettau. Teicha. Wettin.
Liebenwerda. Alt-Burxdorf. Blumberg. Boragk. Elsterwerda. Großkmehlen. Großthieming. Langennaundorf. Martinskirchen. Mückenberg. Mühlberg. Ortrand. Oschätzchen. Prettin. Saathain. Stolzenhain. Übigau. Würdenhain.
Mansfelder Gebirgskreis. Arnstein. Conradsburg. Ermsleben. Falkenstein. Hettstedt. Mansfeld. Rammelburg. Siersleben. Walbeck. Wippra.
Mansfelder Seekreis. Alsleben (Stadt und Dorf). Amsdorf. Benkendorf. Burgisdorf. Eisleben. Esperstadt. Gerbstedt. Gödewitz. Heiligental. Helfta. Holzzelle. Ihlewitz. Müllerdorf. Pfützental. Polleben. Rottelsdorf. Schraplau. Seeburg. Stedten. Unterrißdorf. Unterröblingen. Volkmaritz. Wimmelburg. Wormsleben.
Merseburg. Atzendorf. Beuchlitz. Corbetha. Cröllwitz. Cürsdorf. Dehlitz u. B. Ermlitz. Hohenlohe. Kleinlauchstedt. Lauchstedt. Lössen. Lützen. Röcken. Rössen. Rundstedt. Schkeitbar. Treben.
Naumburg. Abtlöbnitz. Altenburg. Benndorf. Flemmingen. Görschen. Hassenhausen. Kleinheringen. Kreipitzsch. Niedermöllern. Pforta. Rudelsburg. Saaleck. Schellsitz. Schönburg. Schulpforte.

Querfurt. Albersrode. Almsdorf. Altenroda. Balgstedt a. U. Barnstedt. Baumersrode. Bottendorf. Branderode. Braunsdorf. Burgscheidungen. Dobichau. Ebersroda. Eichsstädt. Freyburg. Gatterstedt. Göhrendorf. Goseck. Großosterhausen. Laucha. Leiha. Lodersleben. Markrölitz. Mücheln. Nebra. Neumark. Obercrumpa. Obereichstädt. Obhausen. Pettstädt. Plößnitz. Pödelisl. Reinsdorf. Roßleben. Sankt-Micheln. Schleberode. Sittichenbach. Spielberg. Vitzenburg. Wendelstein. Wilsdorf. Zeuchfeld. Zorbau. Zscheiplitz.

Sangerhausen. Artern. Beiernaumburg. Bernecke. Bielen. Brücken. Gonna. Görsbach. Grillenberg. Hain. Heringen. Kaltenborn. Kelbra. Klosterrode. Lengefeld. Sittendorf. Stolberg. Windehausen.

Schweinitz. Clöden. Frauenhorst. Gölsdorf. Herzberg. Malitschkendorf.

Torgau. Annaburg. Axien. Belgern. Dautzschen. Dommitsch. Elsnig. Graditz. Lebien. Lichtenburg. Schildau. Sitzenroda. Triestewitz. Zwethau.

Weißenfels. Burgwerben. Dobergast. Droyssig. Großcorbetha. Großpötewitz. Hassel. Langendorf. Lissen. Markwerben. Meineweh. Obergreißlau. Obschitz. Pötewitz. Schkölen. Untergreißlau.

Wittenberg. Kemberg. Pretzsch. Reinharz. Schmiedeberg. Zahna.

Zeitz. Aue. Breitenbach. Gleina. Haynsburg. Langenaue. Posa. Predel. Profen. Schkauditz. Spora. Zipsendorf.

Regierungsbezirk Erfurt.

Erfurt. Alach. Bechstedtwagd. Gottstedt. Nottleben. Petersberg. Wandersleben. Windisch-Holzhausen.

Heiligenstadt. Bernterode. Besenhausen. Birkenfelde. Bischofstein. Burgwalde. Dieterode. Dingelstedt. Ershausen. Freienhagen. Geisleden. Geismar. Gerbershausen. Groß-Bartloff. Günterode. Hanstein. Heuthen. Hilfensberg. Hohengandern. Hülfensberg. Kefferhausen. Keudelstein. Kirchgandern. Kreuzeber. Lengenfeld. Lindewerra. Martinfeld. Reinholterode. Rengelrode. Rimbach. Röhrig. Rustenberg. Rustenfelde. Schachtebich. Schönhagen. Siemerode. Stein. Üder. Volkerode. Wahlhausen. Werleshausen. Wiesenfeld. Wüstheuterode.

Langensalza. Nägelstadt. Oppershausen. Tennstedt. Thamsbrück. Vargula.

Mühlhausen. Ammern. Annerode. Dörna. Falken. Helmsdorf. Langula. Treffurt. Zella.

Nordhausen u. Kreis Hohenstein. Ascherode. Bleicherode. Dietenborn. Kleinfurra. Kleinwerthern. Lohra. Mitteldorf. Münchenlohra. Nohra. Tettenborn. Woffleben. Wolkramshausen.

Schleusingen. Altendambach. Christes. Heinrichs. Hinternah. Kühndorf. Rohr. St. Kilian. Suhl. Veßra. Waldau. Wiedersbach.

Weißensee. Gangloffsömmern. Ottenhausen. Rohrborn. Sömmerda.

Worbis. Adelsborn. Beuren. Bischofferode. Bodenrode. Bodenstein. Breitenworbis. Gerode. Groß-Bodungen. Hauröden. Kirchohmfeld. Kirchworbis. Neustadt. Reifenstein. Scharfenstein. Teistungenburg. Wehnde.

Ziegenrück. Altenbeuthen. Blankenberg. Blintendorf. Bodelwitz. Liebengrün. Ranis. Reitzengeschwende. Wernburg.

Regierungsbezirk Cassel.

Cassel. Breitenbach. Crumbach. Dörnhagen. Elgershausen. Eschenstruth. Helsa. Karlsdorf. Kaufungen. Niederzwehren. Nordshausen. Oberkaufungen. Waldau. Weimar. Wilhelmshausen. Wilhelmshöhe. Wilhelmstal. Windhausen.

Eschwege. Abterode. Bischhausen. Boyneburg. Brandenfels. Germerode. Herleshausen. Hoheneiche. Jestädt. Nesselröden. Netra. Schwebda. Wanfried. Willershausen. Wommen.

Frankenberg. Basdorf. Haina. Hessenstein. Rosental. Wiesenfeld.

Fritzlar. Besse. Büraberg. Gudensberg. Jesberg. Uttershausen. Wabern. Werkel.

Fulda. Adolfseck. Blankenau. Giesel. Großenlüder. Haimbach. Johannisberg. Kämmerzell. Kleinheiligkreuz. Margretenhaun. Neuenberg. Neuhof. Oberbimbach. Petersberg. Welkers.

Gelnhausen. Alsberg. Altenhaßlau. Aufenau. Birstein. Burgjossa. Höchst. Kirchbracht. Lohrhaupten. Meerholz. Niedermittlau. Orb. Unterreichenbach. Wächtersbach. Wirtheim.

Gersfeld. Tann.

Hanau. Bergen. Bischofsheim. Bockenheim. Bruchköbel. Hochstadt. Hüttengesäß. Kesselstadt. Langenselbold. Niederdorfelden. Rückingen. Rüdigheim. St. Wolfgang. Wilhelmsbad. Windecken.

Hersfeld. Aua. Ebersberg. Friedewald. Hattenbach. Johannesberg. Philippstal.

Hofgeismar. Gottesbüren. Grebenstein. Haudea. Helmarshausen. Hohenkirchen. Immenhausen. Krukenberg. Lippoldsberg. Sababurg. Trendelburg. Wilhelmshausen.

Homberg. Falkenberg. Neuenstein. Raboldshausen. Wallenstein.

Hünfeld. Burghaun. Hauneck. Neukirchen. Rasdorf. Rotenkirchen. Wehrda.

Kirchhain. Albshausen. Allendorf. Amöneburg. Anzefahr. Langenstein. Neustadt. Rauschenberg. Schweinsberg. Stausebach.

Marburg. Bauerbach. Caldern. Christenberg. Ebsdorf. Elisabethbrunnen. Frauenberg. Fronhausen. Leidenhofen. Lohra. Mellnau. Michelbach. Nieder-Asphe. Niederwalgern. Nordeck. Ober-Rosphe. Ober-Walgern. Treisbach. Wehrda. Wehrshausen. Weitershausen. Wenkbach. Wetter.

Melsungen. Altenburg. Altenstein. Breitenau. Carthause. Dagobertshausen. Felsberg. Gensungen. Harle. Heidau. Mörshausen. Niedermöllrich. Spangenberg.
Rinteln. (Exklave Grafschaft Schaumburg.) Siehe Bd. V.
Rotenburg. Amushausen. Blankenheim. Heimbach. Kornberg. Nentershausen. Ronshausen. Sontra. Tannenberg.
Schlüchtern. Altengronau. Schwarzenfels. Soden. Steckelberg. Steinau. Stolzenburg.
Schmalkalden. Auwallenburg. Barchfeld. Fambach. Haindorf. Hallenberg. Herrenbreitungen. Seligental. Steinbach-Hallenberg. Struth. Trusen. Wallenburg.
Witzenhausen. Allendorf. Arnstein. Berlepsch. Lichtenau. Ludwigstein. Reichenbach.
Wolfhagen. Altendorf. Breuna. Burghasungen. Ehlen. Ehringen. Elmarshausen. Merxhausen. Naumburg. Niederelsungen. Oelshausen. Riede. Volkmarsen. Weidelsburg. Wettesingen. Zierenberg.
Ziegenhain. Hausen. Herzberg. Immichenhain. Michelsberg. Neukirchen. Ottrau. Rommershausen. Ropperhausen. Schönberg. Schrecksbach. Schwarzenborn. Spießkappel. Treysa.

BAYERN.

Regierungsbezirk Oberfranken.

Bamberg I. Altenburg. Buttenheim. Giech. Gügel. Hallstadt. Litzendorf. Rattelsdorf. Scheßlitz. Seehof.
Bamberg II. Burgebrach. Burgwindheim. Ebrach. Frensdorf. Lisberg. Pettstadt. Schlüsselau. Seußlings.
Bayreuth. Bindlach. Bischofsgrün. Eckersdorf. Emtmannsberg. Gesees. Kolmdorf. Mengersdorf. Mengersreuth. Mistelbach. Obernsees. St. Johannis. Walsdorf.
Berneck. Gefrees. Goldkronach. Himmelkron. Marktschorgast. Nemmersdorf. Neudrossenfeld.
Coburg. Ahorn. Callenberg. Großheirath. Grub am Forst. Hohenstein. Moggenbrunn. Neuhof. Neuses. Niederfüllbach. Rosenau. Rossach. Scherneck. Seidmannsdorf. Unterlauter. Untersiemau. Watzendorf. Weißenbrunn. K ö n i g s b e r g i. F r.: Altershausen. (N e u s t a d t :) Einberg. Fechheim. Mönchröden. Öslau. R o d a c h : Breitenau. Elsa. Gauerstadt. Großwalbur. Meeder. Ottowind. Roßfeld. S o n n e f e l d : Gestungshausen. Hassenberg.
Ebermannstadt. Aufseß. Burggailenreuth. Drügendorf. Freienfels. Heiligenstadt. Hollfeld. Nankendorf. Oberaufseß. Pretzfeld. Streitberg. Waischenfeld. Wonsees.
Forchheim. Effeltrich. Eggolsheim. Gräfenberg. Hetzlas. Jägersburg. Kersbach. Kirchenehrenbach. Neideck. Neunkirchen. Pinzberg. Regensberg. St. Helena. Weißenohe. Wiesenthau. Wildenfels.

Höchstadt a. A. Büchenbach. Hannberg. Herzogenaurach. Mühlhausen. Münchaurach. Oberreichenbach. Pommersfelden. Puschendorf. Schlüsselfeld. Sterpersdorf.

Hof. Feilitsch. Oberkotzau.

Kronach. Mittwitz. Steinberg.

Kulmbach. Buchau. Burggehaig. Harsdorf. Kasendorf. Mangersreuth. Melkendorf. Plassenburg. Schwarzach. Thurnau. Trebgast. Veitlahm. Wernstein. Willmersreuth. Wirsberg. Zwernitz.

Lichtenfels. Altenkundstadt. Burgkundstadt. Gärtenroth. Hochstadt. Isling. Langheim. Mainrot. Marktzeuln. Michelau. Mistelfeld. Naßwang. Schney. Weismain.

Münchberg. Helmbrechts. Sparneck. Waldstein.

Naila. Lichtenberg. Reitzenstein.

Pegnitz. Betzenstein. Bronn. Creussen. Gößweinstein. Lindenhart. Oberalsfeld. Pottenstein. Rabeneck. Rabenstein. Schnabelweid. Tüchersfeld. Volsbach.

Rehau. Hohenberg. Pilgramsreuth.

Stadtsteinach. Grafengehaig. Guttenberg. Kupferberg. Marienweiher. Marktleugast. Presseck. Rugendorf. Seibelsdorf. Untersteinach.

Staffelstein. Banz. Döringstadt. Schottenstein. Seßlach. Unterleiterbach. Vierzehnheiligen.

Teuschnitz. Lauenstein. Ludwigstadt.

Wunsiedel. Alexanderbad. Epprechtstein. Katharinenberg. Kirchenlamitz. Redwitz. Schirnding. Schönbrunn. Thierstein.

Regierungsbezirk Unterfranken.

Alzenau. Dettingen. Emmerichshof. Ernstkirchen. Großwelzheim. Hörstein. Kälberau. Mömbris. Schöllkrippen.

Aschaffenburg. Großostheim. Hessental. Mespelbrunn. Schmerlenbach. Schönbusch.

Brückenau. Maria-Ehrenberg. Römershag. Schildeck. Volkersberg. Weißenbach. Zeitlos.

Ebern. Albersdorf. Altenstein. Baunach. Daschendorf. Eyrichshof. Fischbach. Frickendorf. Gereuth. Gleusdorf. Heilgersdorf. Junkersdorf. Kirchlauter. Leuzendorf. Lichtenstein. Mürsbach. Obermerzbach. Pfaffendorf. Pfarrweisach. Rauheneck. Rentweinsdorf. Rotenhan. Untermerzbach.

Gemünden. Adelsberg. Burgsinn. Harrbach. Hofstetten. Höllrich. Homburg. Massenbuch. Rengersbrunn. Rieneck. Schönau. Schönrain. Weikersgrüben. Wernfeld. Wolfsmünster.

Gerolzhofen. Abtswind. Alitzheim. Altenschönbach. Astheim. Bimbach. Castell. Dimbach. Fahr. Gaibach. Hallburg. Herlheim. Kirchschönbach. Kolitzheim. Laub. Nordheim. Obereisenheim. Oberschwarzach. Prichsenstadt. Rüdenhausen.

Sommerach. Stollberg. Sulzheim. Traustadt. Volkach. Wiesentheid. Zabelstein. Zeilitzheim.

Hammelburg. Altstadt. Aura. Diebach. Euerdorf. Fuchsstadt. Saaleck. Sodenberg. Sulztal. Thulba. Trimberg. Unterertal. Waitzenbach. Wasserlosen. Windheim.

Haßfurt. Augsfeld. Buch. Ebelsbach. Eltmann. Gleisenau. Kentzgau. Kirchaich. Limbach. Maria-Burghausen. Meckenried. Oberschwappach. Obertheres. Prölsdorf. Schmachtenberg. Schönbach. Schwappach. Steinbach. Stettfeld. Sylbach. Trossenfurt. Unterhohenried. Untertheres. Wonfurt. Zeil.

Hofheim. Aidhausen. Bettenburg. Birkenfeld. Birnfeld. Bramberg. Bundorf. Burgreppach. Eichelsdorf. Friesenhausen. Goßmannsdorf. Happertshausen. Junkersdorf. Oberlauringen. Ostheim. Stadtlauringen. Stöckach. Wettringen. Wetzhausen.

Karlstadt. Altbessingen. Arnstein. Aschfeld. Bonnland. Büchold. Bühler. Duttenbrunn. Erbshausen. Eußenheim. Fährbrück. Gänheim. Gauaschach. Gramschatz. Himmelstadt. Karlburg. Laudenbach. Mariasondheim. Müdesheim. Retzbach. Retzstadt. Reuchelheim. Rohrbach. Schwebenried. Thüngen. Wülfershausen. Zellingen.

Kissingen. Aschach. Bildhausen. Bocklet. Bodenlauben. Burglauer. Ebenhausen. Eltingshausen. Frauenroth. Großwenkheim. Hassenbach. Hausen. Kleinwenkheim. Lauter. Maßbach. Münnerstadt. Steinach. Stralsbach. Thundorf. Wermerichshausen.

Kitzingen. Biebelried. Biebergau. Buchbrunn. Bullenheim. Dettelbach. Effeldorf. Etwashausen. Fröhstockheim. Gerlachshausen. Gnotzheim. Groß- und Kleinlangheim. Herrnsheim. Mainbernheim. Mainsondheim. Mainstockheim. Marktbreit. Marktstett. Michelfeld. Münsterschwarzach. Obernbreit. Prosselsheim. Repperndorf. Rödelsee. Schwaneberg. Segnitz. Seinsheim. Stadtschwarzach. Sulzfeld. Wässerndorf. Wiesenbronn.

Königshofen. Alsleben. Althausen. Aubstadt. Breitensee. Eibstadt. Eyershausen. Findelberg. Gabolshausen. Gollmuthausen. Ipthausen. Irmelshausen. Kleinbardorf. Merkershausen. Obereßfeld. Saal. Serrfeld. Sternberg. Sulzfeld. Trappstadt. Untereßfeld. Waltershausen. Wildburg. Wülfershausen.

Lohr. Maria-Buchen. Neuhütten. Neustadt a. M. Rotenbuch. Rotenfels. Steinbach.

Marktheidenfeld. Böttigheim. Dorfprozelten. Esselbach. Fechenbach. Grünau. Hafenlohr. Hasloch. Holzkirchen. Homburg. Karbach. Kreuzwertheim. Lengfurt. Prozelten. Remlingen. Stadtprozelten. Trennfeld. Triefenstein. Üttingen.

Mellrichstadt. Bahra. Eußenhausen. Filke. Fladungen. Künsbergk. Leubach. Mauerschedel. Mittelstreu. Mühlfeld. Nordheim. Oberfladungen. Oberstreu. Reyersbach. Roßrieth. Stockheim. Unsleben. Völkershausen. Wechterswinkel.

Miltenberg. Amorbach. Amorsbrunn. Bürgstadt. Engelberg. Groß- u. Klein-Heubach. Laudenbach. Neunkirchen. Schneeberg. St. Gotthardsberg. Weilbach. Wildenberg.

Neustadt a. S. Bischofsheim. Brend-Lorenzen. Heustreu. Hollstadt. Kreuzberg. Neuhaus. Oberelsbach. Oberweißenbach. Osterburg. Salz. Salzburg. Unterebersbach.

Obernburg. Himmeltal.

Ochsenfurt. Aub. Baldersheim. Bieberehren. Bolzhausen. Butthart. Darstadt. Eibelstadt. Erlach. Eßfeld. Euerhausen. Frickenhausen. Gaukönigshofen. Gelchsheim. Giebelstadt. Goßmannsdorf. Gützingen. Herchsheim. Hopferstadt. Ingolstadt. Kleinochsenfurt. Reichelsberg. Reichelsburg. Rittersheim. Röttingen. Sommerhausen. St. Kunigund. Tückelhausen. Winterhausen. Wolkshausen. Zeubelried.

Schweinfurt. Abersfeld. Bergrheinfeld. Brebersdorf. Eckardshausen. Egenhausen. Ettleben. Euerbach. Garstadt. Geldersheim. Gochsheim. Grafenrheinfeld. Grettstadt. Hausen. Heidenfeld. Heiligental. Hirschfeld. Holzhausen. Klingenberg. Löffelsteig. Maibach. Mainberg. Obbach. Obereuerheim. Pfersdorf. Pfundhausen. Reichmannshausen. Schonungen. Schwebheim. Sömmersdorf. Theilheim. Werneck. Weyer. Wipfeld. Zeuzleben.

Würzburg. Bergtheim. Burggrumbach. Eisingen. Erlabrunn. Estenfeld. Gerbrunn. Güntersleben. Heidingsfeld. Himmelpforten. Höchberg. Kirchheim. Kleinrinderfeld. Kürnach. Lindflur. Maidbronn. Margetshöchheim. Mergelshöchheim. Mühlhausen. Oberdürrbach. Oberleinach. Oberzell. Randersacker. Reichenberg. Rimpar. Rottenbauer. Rottendorf. Schenkenschloßhof. Stettbach. Teilheim. Thüngersheim. Unterdürrbach. Unter-Leinach. Unterpleichfeld. Unterzell. Veitshöchheim. Waldbüttelbrunn. Zell.

Künstlerverzeichnis.

Zeitfracht Medien GmbH
Ferdinand-Jühlke-Straße 7,
99095 - DE, Erfurt
produktsicherheit@zeitfracht.de

FSC
www.fsc.org
MIX
Papier | Fördert
gute Waldnutzung
FSC® C083411